本书系作者徐望主持的国家社科基金艺术学项目（青年项目）"文化资本与消费社会双重视阈下的当代中国文化消费研究"（立项号：17CH221，结项号：艺规结字［2020］309号）的结项成果。

文化资本时代的
中国文化消费论

The Theory of
Chinese Cultural Consumption
in the Era of Cultural Capital

徐望 著

江苏人民出版社

图书在版编目(CIP)数据

文化资本时代的中国文化消费论 / 徐望著. —— 南京：
江苏人民出版社，2022.8
ISBN 978 - 7 - 214 - 25941 - 7

Ⅰ. ①文… Ⅱ. ①徐… Ⅲ. ①文化生活－消费－研究
－中国 Ⅳ. ①G124

中国版本图书馆 CIP 数据核字(2021)第 216151 号

书　　　名	文化资本时代的中国文化消费论	
著　　　者	徐　望	
责 任 编 辑	胡海弘	
装 帧 设 计	陈　婕	
责 任 监 制	王　娟	
出 版 发 行	江苏人民出版社	
地　　　址	南京市湖南路 1 号 A 楼,邮编:210009	
照　　　排	江苏凤凰制版有限公司	
印　　　刷	江苏扬中印刷有限公司	
开　　　本	787 毫米×1092 毫米　1/16	
印　　　张	29.25　插页 1	
字　　　数	689 千字	
版　　　次	2022 年 8 月第 1 版	
印　　　次	2022 年 8 月第 1 次印刷	
标 准 书 号	ISBN 978 - 7 - 214 - 25941 - 7	
定　　　价	98.00 元	

(江苏人民出版社图书凡印装错误可向承印厂调换)

我国文化消费理论的三路演进与当下汇通(代序)

武汉大学国家文化发展研究院院长,教授、博士生导师　傅才武

尽管文化消费在中国古代社会就受到重视,以文人士大夫为主体的文化消费的历史和规模都领先于西方,[①]然而中国文化消费理论的形成并非本土文化理论自然演进的结果,而是西方文化工业理论、文化批判理论和大众文化理论进入中国后与中国文化发展改革实践相结合的产物。当代中国正在形成中的文化消费理论,是一种以文化消费行为为基础探讨国家文化现代转型和技术创新双维约束下国家文化领导权、社会文化生产和个体文化权利之间重组和运转的结构化理论,也是一种汇聚文化产业、艺术经济和文艺消费理论于一体的"中层理论",即处于文化哲学和文化社会学等宏观理论与大众日常文化生活之间的"桥梁"理论,用来指导文化领域可验证命题的实践研究。

一、西方文化批判理论的兴起

学界对于文化消费的关注始于工业革命后发达国家消费社会的形成。20世纪初,以美国制度经济学家托斯丹·邦德·凡勃仑(Thorstein B Veblen,1857—1929)《有闲阶级论》为代表,经济学家和社会学家关注到了人类社会中的"炫耀性消费"现象,西方经济学家通过对于文化消费这一现象的深入观察,阐释了文化、阶级和制度之间的关系,拓展了从文化消费研究社会经济和社会阶层的方法路径。

20世纪40—50年代,西方马克思主义学者,如意大利的安东尼奥·葛兰西(Gramsci Antonio,1891—1937)提出了"文化领导权"理论,第一次明确地将文化生产和文化消费与文化权利联系起来,将文化消费定义为文化在实践中被挪用和被创造出新意义的过程。他认为,消费者购买商品总是处于特定的社会历史脉络和文化语境下,商品在消费过程中被转换"挪用"而成为特定的文化符号,表达具有指向性的价值意义,因而,控制文化生产和文化消费过程就可能掌控文化和意识形态的主导权。

法兰克福学派对文化工业的批判则让"文化消费"概念得以在全世界广泛传播。西奥多·阿多诺(Theodor Wiesengrund Adorno,1903—1969)的文化工业批判理论认为,文化消费是一个完全被动的消费过程,文化消费的后果早已为大众文化的商品化及标准化的文化生产所决定:"随着文化的高雅目标与价值屈从于生产过程与市场的逻辑,交换价值开始主

---

① 参见秦开凤《宋代文化消费研究》,北京:商务印书馆,2019,第8页。

宰人们对文化的接受。"①赫伯特·马尔库塞(Herbert Marcuse,1898—1979)的文化审美价值丧失理论提出,"文化工业"的标准化批量生产、以娱乐消遣为主的消费方式,极大消解了文化产品特有的人文价值,造成消费者人格的片面化,"不仅把文化推向单调,更把大众推向单调平庸"②。

20世纪中期,皮埃尔·布尔迪厄(Pierre Bourdieu,1930—2002)、戴维·思罗斯比(David Throsby)、让·鲍德里亚(Jean Baudrillard,1929—2007)等学者相继从"文化资本"的角度,将价值因素引入文化学和艺术学范式中,西方学界有关文化消费的研究出现了一个小小的兴盛期。布尔迪厄的"品位区隔"理论从阶级之间的文化审美差别入手,对不同阶层的文化消费行为进行了分析,为理解社会分层和贫富分化提供了独特的理论视角。而鲍德里亚的"符号消费"理论以商品的象征价值为切入点,认为在发达的商品社会中人们的消费主要不再是物的消费,而是符号消费,符号消费的目的在于对差异的追求;借助于符号消费,人们完成其社会身份的建构。这一理论开创了商品社会对文化批判的新视角。

法兰克福学派开了文化批判理论之先河,其著名的文化工业理论的提出被视为大众文化研究和现代文化产业的理论基点。继法兰克福学派之后,20世纪60年代中期伯明翰学派的大众文化和大众传媒理论,成为大众传媒时代人们理解文化产业、文化市场和文化消费的基础理论。其开拓者之一斯图亚特·霍尔(Stuart Hall,1932—2014)通过精细的文化权力分析,认为大众文化不仅是自上而下的意识形态"消费"过程,也是自下而上的意识形态"生产"过程,是政治权力的意识形态编码与解码的整体性呈现。西方批判理论的有关文化与商品、文化与资本、文化与权力的关系等问题框架,为中国学界的讨论提供了一个基础性的起点。③

二、文化消费理论的引入与中国学者的本土化努力

中国学界对于文化消费研究的重视,离不开改革开放以来商品经济的快速发展和消费社会高速成长这一时代背景。与日益成长的消费社会相配套的消费主义价值观,在个人的消费选择、生活策略追求、个体的自我认同中起着重要的作用,对社会大众产生着越来越普遍、越来越深刻的影响。文化消费既作为一种经济行为又作为一种日常生活方式,服务于构建激励、影响社会思潮的社会机制。

中国学界对于文化消费的研究进程,与中国文化市场的发展阶段紧密联系在一起。它以文化产品的生产和销售为研究对象,经历了一个缓慢的恢复过程。新中国成立后到"文化大革命"前的17年间,我国共摄制了影片600多部、纪录片约1000部、新闻片1800部左右、科教片640多部、美术片127部,尽管大众文化产品的生产有进展,但是文化产品的分配只是作为计划体制下的"福利",文化产品并没有成为真正意义上的大众消费产品。真正形成大众文化消费现象,是在20世纪80年代中国文化市场兴起之后。正是文化市场的兴起,赋

---

① [德]马克斯·霍克海默、[德]西奥多·阿多诺:《启蒙辩证法》,渠敬东、曹卫东译,上海:上海人民出版社,2020,第121页。
② [美]马尔库塞:《单向度的人——发达工业社会意识形态研究》,刘继译,上海:上海译文出版社,1989,第2页。
③ 参见单世联《"文化工业"的概念化与问题化——重读〈启蒙的辩证〉》,《马克思主义美学研究》2017年第1期。

予了芸芸大众在商品消费过程中的选择权,文化消费成为可能。1980—2000 年的 20 年间,中国的文化消费从"补偿性的增长"回归正道。但中国大众文化消费的快速增长是在进入 21世纪之后。随着经济的发展、居民收入的增长和一系列新兴技术的应用,社会生产的能力和规模得到了巨大的提升。1952—2018 年,中国国内生产总值从 679 亿元增长到 900309 亿元,经济规模扩大了 175 倍。1952 年,第一、二、三产业增加值占国内生产总值的比重分别为50.5%、20.8%和 28.7%;到 2018 年,第一、二、三产业增加值占国内生产总值的比重分别为7.2%、40.7%和 52.2%,服务业对经济增长的贡献率超过 50%。1978—2018 年,全国居民人均可支配收入从 171 元增长到 28228 元,实际增长 24.3 倍。这不仅催生了异常丰富的文化产品,还使社会大众拥有了更多的自由时间。正是在这一背景下,大众文化消费需求被激发,正如马克思所指出的:"真正的经济节约是劳动时间的节约。而这种节约就等于发展生产力。节约劳动时间等于增加自由时间,即增加使个人得到充分发展的时间。"[1]"这种时间不被直接生产劳动所吸收,而是用于娱乐和休息,从而为自由活动和发展开辟广阔天地。"[2]进入 21 世纪,文化消费的成长进入到一个需要理论创新的新时期,文化消费理论的研究终于得到了学界的广泛关注。

中国学界关于文化消费理论的研究,历经 30 多年。在 1985 年的全国消费经济研讨会上,"文化消费"作为一种经济范畴被正式提出,"文化消费"概念正式进入中国学界的视野。进入 20 世纪 90 年代,中国学界开始借用西方理论来诠释中国文化消费现象,以 20 世纪 80年代的文学消费为起点来讨论中国的文化消费的价值和功能。中国学界以马克思主义艺术生产和艺术消费理论为基础,吸收了法兰克福学派和伯明翰学派的"机械复制""文化工业""大众文化消费"等理论,又结合了马歇尔•麦克卢汉(Marshall McLuhan,1911—1980)、迈克•费瑟斯通(Mike Featherstone)、布尔迪厄等的文化媒介、大众文化和文化资本理论,形成中国的文化消费理论。

从总体上看,中国文化消费理论的本土化过程大体有三条方法论路径:

(一)文艺学的方法路径。花建、于沛合著的《文艺消费学》(合肥:安徽文艺出版社,1989),讨论了文艺消费的社会属性、文艺消费的社会过程、文艺消费的社会引导和调节等三个方面的问题。童庆炳主编的《文学理论教程(第五版)》(北京:高等教育出版社,1992)引入了"文学消费"概念,已开始深入到文学消费理论的纵深层次。蒋原伦、张柠主编的《媒介批评》丛书(桂林:广西师范大学出版社)等,以文化消费理论为依据对文学作品进行阐释。钱中文的《新理性精神文学论》(武汉:华中师范大学出版社,2000)、赵勇的《透视大众文化》(北京:中国文史出版社,2004)、王一川主编的《大众文化导论》(北京:高等教育出版社,2009)均从各自的角度探讨了消费文化语境下的文艺学美学话语重构等问题。

(二)文化经济学的方法路径。王恒富、石争主编的《文化经济论稿》(北京:人民出版社,1995)在国内学界较早展开对文化经济和文化消费的研究。单世联翻译的《法兰克福学派史》([美]马丁•杰伊著,广州:广东人民出版社,1996),系统梳理了法兰克福学派的文化消费相关理论脉络。胡惠林、李康化合著的《文化经济学》(太原:书海出版社,2006)从文化

---

[1]《马克思恩格斯全集》第 46 卷,北京:人民出版社,1980,第 218—219 页。
[2]《马克思恩格斯全集》第 26 卷,北京:人民出版社,1974,第 281 页。

需求和供给均衡的角度,解读了文化消费的形态与结构。尹世杰的《消费经济学》(北京:高等教育出版社,2007)论述了政治制度、经济体制、经济发展水平以及价值观念、消费者素质对文化消费的影响。顾江的《文化产业经济学》(南京:南京大学出版社,2007),借助传统的S-C-P分析结构框架,分析了文化消费相关问题。厉以宁的《文化经济学》(北京:商务印书馆,2018)从文化史的视角,强调了文化消费在经济调节、利益分配中的重要性。此外,夏林的《文化经济论》(郑州:河南文艺出版社,2000),程恩富主编的《文化经济学》(天津:南开大学出版社,2007),杨继瑞、郝康理等合著的《文化经济论》(成都:西南财经大学出版社,2007)均从文化经济学的角度,对文化消费理论进行了深入探讨。

(三)艺术经济学的方法路径。李书亮的《艺术经济学概说》(北京:文化艺术出版社,1983)探索性地提出了加强我国艺术经济学研究的观点。王兆祥、姜若宁合著的《艺术经济学初论》(《民族艺术研究》1992年第1期)探讨了艺术生产、艺术劳动以及文艺作品的价值形成和价格问题,并分析了艺术生产与艺术消费和需求的关系。孙仪先的《论艺术与经济》(博士学位论文,东南大学艺术学系,2002)分析了当代艺术经济学研究历程,他依据政治经济学和艺术学的基本范畴提出两个艺术经济学的框架。王文章的《艺术体制改革与管理初探(北京:华夏出版社,1993),蒋昌忠、宋丹娜主编的《转型期艺术表演团体改革模式研究》(武汉:湖北人民出版社,2002),傅才武、宋丹娜合著的《文化市场演进与文化产业发展》(武汉:湖北人民出版社,2007)等研究了中国艺术表演团体的体制与效率问题,就中国艺术表演团体的发展轨迹、改革的起源与动力进行了经济学和文化学的研究探讨,也涉及文化(艺术)消费的研究。李万康的《艺术市场学》(北京:生活·读书·新知三联书店,2005)、李康化的《文化市场营销学》(太原:书海出版社,2005)均从艺术市场的角度对艺术消费进行了研究。顾兆贵的《艺术经济原理》(北京:人民出版社,2005),按照艺术生产、分配、交换和消费四个环节,对艺术生产过程进行了研究。孟晓驷的《文化经济学思维:物质与文化均衡发展分析》(北京:人民文学出版社,2005)分析了文化及艺术经济学的基本问题,提出了人对物质产品和文化产品生产与消费的一般态度。庞彦强的《艺术经济通论》(北京:文化艺术出版社,2008),从艺术商品的理论和价值规律入手,分析了艺术生产理论和消费理论。

但与西方文化消费理论源于自发成长的商品经济土壤中的发展轨迹不同,中国商品经济的发展经历了从计划经济体制到市场经济体制的艰难转轨。因此,与西方学界把文化消费理论定位于文化批判、大众传播和文化交往行为理论不同,中国学者大多将文化消费行为放到中国社会大转型的大背景下,作为连通政府文化行业与社会文化机构、政府公共供给与个人文化权利的基本桥梁,因此将它定位为"中层理论"(或曰"渡船理论"),这一理论被喻为推动文化行业从文化管制体系向文化治理体系过渡的"渡船"。

对于中国文化学界来说,文化消费作为居民的经济行为,具有强烈的经济属性,是国民消费结构的重要组成部分;作为社会交往方式,又具有社会属性,是人类文明的原生创造力与技术、制度以及意识形态的交汇层。社会性的文化消费行为,既包藏着一种基于族群共识性选择的历史惯性,经由每个个体在日常生活中不经意或刻意的经济活动,渗入政治经济和社会体系的各个层面,构成了不断积累的文化权利;又包含了文化政策的基本属性,即文化消费作为推动文旅融合、文化事业与文化产业连接的政策纽带,蕴含了连接供给端和需求端的协同政策逻辑,正是在这一意义上,文化消费的规模和绩效成为观察中国文化体制改革进程的"晴雨表"。

在这一特殊背景下,中国学者开辟出一条与西方学界存在明显差异的研究方法路径。例如刘玉珠提出,扩大文化消费响应了文化产业转型升级的内在要求,由此国家需要建构相应的促进文化消费的政策。[①] 顾江与车树林、张苏秋、高莉莉等(2014,2015,2016)持续关注各省文化消费的发展状况,对中国文化消费的宏观经济影响因素开展了多层次的分析研究。[②] 齐勇锋提出,文化消费将成为引领市场结构调整、推动产业转型和国民经济升级换代的重要动力。[③] 彭翔、李丽提出,扩大和提升文化消费,有利于我国文化产业增长模式的优化与转型,即由单边投资驱动转变为消费与投资的双边驱动。[④] 金元浦提出,发挥新消费引领作用是加快推动产业转型升级、实现经济提质增效的重要途径,同时还提出我国文化消费在整个居民消费中层次较低。[⑤] 傅才武、曹余阳提出,文化消费对于促进文化产业发展、推动我国产业结构优化升级以及提高国民素质都有着十分独特的价值。[⑥] 范玉刚提出了文化产业供给侧结构性改革的路径。[⑦] 李向民则提出文化产业供给侧结构性改革应当将消费需求作为重要考量。[⑧] 焦斌龙从消费侧涉入新常态下我国文化产业供给侧结构性改革领域。[⑨] 陈波与侯雪言、丁程从公共文化参与的角度,论述了基层居民文化消费的阻碍,提出了场景改造的策略。[⑩]

中外学界关于文化消费研究的区别在于:西方学者从一开始就重点关注参与者或者消费者个体的状况,关注国家政策与个体文化权利保障之间的平衡;中国学者则大多采用宏观经济视角的传统框架——从制度、收入、教育、生命周期等层面关注消费环境对个体文化消费决策的影响,重点关注文化政策的作用机制,以及文化消费政策对于国家经济和文化建设的功能作用。西方学者重在探索文化消费的社会机制和个体文化参与的动机;中国学者不仅探求社会文化组织的运行机制和个体参与的动机,还在此基础上将文化消费政策作为实施国家目标的手段,将文化消费理论作为国家文化管制体系向国家文化治理体系转型的"中间渡船"。

本人有幸承担了 2015 年原文化部、财政部"拉动城乡居民文化消费试点"项目的理论研究和政策设计,承担了武昌、合肥两个城市的试点模式设计任务,在试点过程中主持设计了"微信公众号+公共文化单位绩效评价积分+文化市场积分兑付消费"的平台政策模式,并取得试点成功。随后,这一试点经验被国家相关部门采用。2016 年原文化部、财政部联合

---

① 刘玉珠:《发展文化产业需扩大文化消费》,《经济日报》2014 年 9 月 18 日第 8 版。
② 高莉莉、顾江:《能力、习惯与城市居民文化消费支出》,《软科学》2014 年第 12 期。张苏秋、顾江:《居民教育支出对文化消费溢出效应研究——基于全国面板数据的门限回归》,《上海经济研究》2015 年第 9 期。车树林、顾江:《文化消费的社会网络效应——基于全国 31 个省市区面板数据的实证分析》,《消费经济》2016 年第 6 期。
③ 齐勇锋:《文化消费的现状与发展趋势》,《前线》2015 年第 3 期。
④ 彭翔、李丽:《海外经验:推动文化消费的三个路径》,《中国文化报》2015 年 3 月 7 日第 4 版。
⑤ 金元浦:《我国文化消费的现状与发展趋势》,《中国国情国力》2016 年第 12 期。
⑥ 傅才武、曹余阳:《探索文化领域供给侧与消费侧协同改革:政策与技术路径》,《江汉论坛》2016 年第 8 期。
⑦ 范玉刚:《文化消费对健全文化产业发展体系的促进作用》,《艺术百家》2016 年第 3 期。
⑧ 李向民:《以供给侧改革引领文化消费》,《新华日报》2017 年 2 月 9 日第 22 版。
⑨ 焦斌龙:《新常态下我国文化产业供给侧结构性改革的思考》,《经济问题》2017 年第 5 期。
⑩ 陈波、侯雪言:《公共文化空间与文化参与:基于文化场景理论的实证研究》,《湖南社会科学》2017 年第 2 期。陈波、丁程:《中国农村居民文化参与分析与评价:基于场景理论的方法》,《江汉论坛》2018 年第 7 期。

下发了《关于开展引导城乡居民扩大文化消费试点工作的通知》（文产发〔2016〕6号），将文化消费试点城市由2015年的4个扩展到45个。2016年后，随着经济发展环境的日益"紧窄"，拉动文化消费被视为应对经济下滑的政策措施之一，国家又相继出台了《关于进一步扩大旅游文化体育健康养老教育培训等领域消费的意见》（国办发〔2016〕85号）、《关于完善促进消费体制机制进一步激发居民消费潜力的若干意见》《完善促进消费体制机制实施方案（2018—2020年）》（国办发〔2018〕93号）等一系列文化消费政策，引导大众文化消费。文化消费的理论研究、行动研究和政策设计三者紧紧联系在一起，成为新时期国家文化体制改革的政策手段。由此也固化了中国学界关于文化消费理论研究的"中层理论"范式。

在中国研究文化消费的学术群体中，徐望是青年学者中的翘楚。她借承担2017年度国家社科基金艺术学项目"文化资本与消费社会双重视阈下的当代中国文化消费研究"（批准号：17CH221）之机，深入研究文化消费的理论和实践问题，取得了明显的成绩。她基于对于当下中国扩大文化消费意义的认知（如，文化消费可增强文化凝聚力和引领力，是兑现文化"为人民服务"、凸显文化的社会效益的基本途径，是全面建设"文化强国"的题中之义），深入文化消费的政策功能和社会价值研究领域，相继发表了《文化生产的商品化转向——消费社会文化生产图景分析》（《理论导刊》2016年第4期）、《五端发力拉动文化消费内需》（《中国国情国力》2017年第1期）、《文化资本和消费社会双重视阈下的文化消费研究述评》（《新闻战线》2018年第2期）、《消费社会背景下文化消费伦理体系构建探索》（《艺术百家》2018年第3期）、《我国大众与分众文化市场发展评析》（《江汉学术》2018年第3期）、《论西方和中国消费社会的形成》（《南京航空航天大学学报》2018年第4期）、《文化消费要对接供需两端》（《人民论坛》2018年第17期）、《文化资本时代的文化消费》（《学习论坛》2018年第9期）、《文化消费生态的现代化治理体系建构研究》（《北京科技大学学报（社会科学版）》2019年第4期）、《以文化消费促进少数民族文化传承发展的路径探索》（《民族艺术研究》2019年第6期）、《乡村振兴背景下引导与扩大农村文化消费的路径》（《农村经济与管理》2020年第2期）、《我国民族地区文化消费特点、现状与潜力发掘研究》（《云南民族大学学报（哲学社会科学版）》2020年第3期）等论文，充分阐述了文化消费在促进文化产业发展、社会建设以及少数民族地区发展上的独特作用。在此基础上，她将课题结题成果汇成《文化资本时代的中国文化消费论》一书，在前辈学者业已取得进展的文化资本研究和文化消费研究领域，努力实现这两种理论的连接，以期为文化产业学界提供一种新的研究视角。

本书的这种研究视角，包含了一定的历史合理性。它与中国文化行业改革转型的历史大背景相关。大致而言，中国学界对文化消费的研究与中国文化产业发展的阶段性特征相关。

在文化产业发展的第一阶段（约1980—2010），学界和社会往往从文化行业中的经营性文化和经济部门中的文化部门来理解文化产业，将文化产业看作从宣传文化系统中独立出来的文化经济部门，看作文化领域内因制度创新而带来的一种新的财富创造方式、新的文化业态和产业形态。这一阶段，学界对文化消费的认识与对物质经济领域消费的认识并没有大的差异，讨论焦点集中于由文化产业本身的精神价值属性赋予文化消费的特殊性，探索文化消费的价值构成。

进入2010年以后，中国文化产业发展进入第二阶段。第二阶段不同于第一阶段的特征是,文化产业作为一种经济活动,增速下降,在第一阶段由制度创新带来的改革红利越来越小,文化产业领域先期改革不彻底的负面效应日益显现,文化企业特别是国有文化企业在诉诸市场的能力不足之后,反过来诉诸行政垄断或者政策红利,从而导致文化发展动力不足、社会文化总福利受损。文化产业在实践中"跑偏"的现实表明,"发挥市场的重要作用"和"更好地发挥政府的作用"之间仍然面临重大的理论难题和政策难题。于是学界转而求索于基础市场理论,将研究重点转向大众文化消费的需求侧,力图从需求侧而不是传统的供给侧来打开文化产业发展和深化文化体制改革的新路。

徐望努力将"文化资本"与"消费社会"相结合,建构一种新的理论视阈,用来探索第二阶段文化消费的内在机理,这一研究既有时代性、前沿性,也极有挑战性,表现出青年学者对于理论探索和创新的锐气。尽管其研究成果还存在不足,在政策分析、指标设计等方面也有待继续深入,但瑕不掩瑜,其在研究思路的创新和理论与实证相结合方面的进展,均可圈可点,可以为文化消费领域的深入研究提供很好的参照与借鉴。

三、数字信息时代文化消费研究的新任务

当前,数字信息技术革命为中国学界的文化消费研究开辟出全新研究领域。尤其是近年来居民文化消费与大数据、云计算、人工智能、虚拟现实等前沿技术"蔓延式"衔接后,催生了一系列极具数字特性的碎片化、精准化、定制化文化消费形态,进而使文化体验和互联分享成为文化消费模式中不可割裂的标准化环节。资源、技术与体验交互的沉浸式消费空间,正在逐渐替代原来与其它物质消费领域无差别的传统消费场景。在以数字技术为基础的消费时代,文化符号在资本和商业模式的双重驱动下将增强其作为空间生产媒介的作用,进入到一种文化空间的生产与再生产过程。与此同时,文化领域中生产者与消费者界限的突破和居民的广泛参与,为文化符号塑造与文化空间的再生产带来了新的动能,也带来了文化空间消费、大众文化传播以及文化权利分异等多重研究课题。

此外,内容生产和知识付费的新经济形态,也正在将身份认知从原本界限分明的供需两端剥离出来,以"共同创造"的协作分享机制融合了生产和消费两端,进而从根本上改变了文化消费的基本结构。因此,对于文化消费理论的研究,不应该也无法拘泥于传统经济学、管理学或社会学的单一学科研究范式,必须要放到多学科交叉的大背景下进行全方位、立体式的观察,这无疑又对新时期文化消费研究提出了更高的要求。这更加要寄望于中国文化产业领域的新一代学者。

2020 年 10 月 24 日

目 录

我国文化消费理论的三路演进与当下汇通(代序) ················· 1

导 言 ··· 1

第一章 文化资本理论探源 ··································· 7
　　第一节 社会学视角下的文化资本理论研究述略 ··········· 7
　　第二节 经济学视角下的文化资本理论研究述略 ··········· 11

第二章 文化资本时代的到来 ································· 16
　　第一节 文化资本时代轮廓扫描 ························· 16
　　第二节 文化资本积累转化与当代文化消费的关系 ········· 22

第三章 消费社会与文化消费研究述略 ······················· 26
　　第一节 消费社会相关概念和理论 ······················· 26
　　第二节 消费社会理论背景下的文化消费研究 ············· 31

第四章 消费社会的来临 ··································· 36
　　第一节 西方和中国消费社会的形成 ····················· 36
　　第二节 消费社会理论解读 ····························· 42

第五章 消费社会的文化生产与消费 ························· 55
　　第一节 消费社会与文化产业 ··························· 55
　　第二节 消费主义与文化物化 ··························· 60

第六章 文化生产的商品化转向 ····························· 67
　　第一节 文化商品化是大势所趋 ······················· 67
　　第二节 我国大众与分众文化市场成形 ··················· 77

第七章 文化商品化大潮下的文化消费伦理思考 ··············· 89
　　第一节 分解消费主义,巩固主流意识形态 ··············· 89

第二节 基于文化消费伦理,建构文化消费文明生态 ……………………………… 95

第八章 文化消费基本知识点 …………………………………………………… 112
  第一节 "文化消费"概念 ……………………………………………………… 112
  第二节 文化消费行为 ………………………………………………………… 117

第九章 文化消费心理学初探 …………………………………………………… 122
  第一节 消费心理与文化消费心理 …………………………………………… 122
  第二节 文化消费心理解析 …………………………………………………… 127
  第三节 消费者的文化消费心理 ……………………………………………… 141
  第四节 诱导文化消费的心理战术 …………………………………………… 153

第十章 发展文化消费的现实意义 ……………………………………………… 157
  第一节 文化资本与消费社会双重视阈下的文化消费意义 ………………… 157
  第二节 增强文化软实力,全面建设"文化强国" …………………………… 161
  第三节 迎向全面小康社会,实现人的全面发展 …………………………… 165
  第四节 推动休闲经济浪潮,激活学习型社会 ……………………………… 173

第十一章 我国文化消费现状与问题 …………………………………………… 177
  第一节 消费大环境变革 ……………………………………………………… 177
  第二节 文化消费总体趋势向好,显现可喜势头 …………………………… 180
  第三节 文化消费仍是短板,存在一段较长瓶颈 …………………………… 191
  第四节 文化消费样本采集分析报告(2017) ……………………………… 209

第十二章 开启我国文化消费新纪元 …………………………………………… 256
  第一节 多端口协同发力的文化消费拉动对策 ……………………………… 256
  第二节 我国文化消费前景展望 ……………………………………………… 272

第十三章 乡村振兴战略下提振农村文化消费研究 …………………………… 276
  第一节 乡村振兴战略下农村文化消费问题的提出 ………………………… 276
  第二节 以江苏农村为例的农村居民文化消费样本调研报告(2019) …… 281
  第三节 农村文化消费问题解剖 ……………………………………………… 338
  第四节 引导与扩大农村文化消费的路径 …………………………………… 344

第十四章 民族地区文化消费与民族文化协同发展研究 ……………………… 352
  第一节 民族地区文化消费相关研究述略 …………………………………… 352
  第二节 民族地区文化消费特点与现状 ……………………………………… 354
  第三节 以文化消费促进民族文化传承发展的路径 ………………………… 362

第十五章 改革开放以来文化消费相关政策法规梳理与评价 …………… 371

第一节 伴随文化消费市场变迁的文化消费相关政策法规梳理 …… 371

第二节 文化消费相关政策法规效能评价指标体系建立探索 ……… 395

第十六章 教育以外主要文化消费门类发展趋势报告(2016—2019) …………… 409

第一节 文化消费门类分类依据和界定逻辑 ……………………… 409

第二节 文教类消费 ……………………………………………… 413

第三节 体育类消费 ……………………………………………… 420

第四节 旅游类消费 ……………………………………………… 426

第五节 娱乐类消费 ……………………………………………… 431

第六节 产品类消费 ……………………………………………… 439

第七节 其它类消费 ……………………………………………… 442

结 语 ……………………………………………………………… 446

后 记 ……………………………………………………………… 450

导　言

一、研究缘起与研究目标

1. 研究缘起

笔者于 2017 年出版专著《文化资本时代的中国文化产业论》（北京：中国经济出版社），当时便萌生了撰写《文化资本时代的中国文化消费论》的想法。生产和消费是共生互进的一体两翼，研究中国文化产业，不但要关注生产层面，即供给侧，也必然要关注消费层面，即需求侧。

本项研究受 2017 年度国家社科基金艺术学项目"文化资本与消费社会双重视阈下的当代中国文化消费研究"（批准号：17CH221）支持。研究对象为"中国文化消费"，研究视阈为"文化资本与消费社会双重视阈"，这两个视阈既是理论视阈，也是现实视阈。

"文化资本"是笔者长期关注的一个概念。这一概念由法国社会学家皮埃尔·布尔迪厄（Pierre Bourdieu，1930—2002）在 1986 年初创，长期被运用在社会学、教育学等学科领域之中；直到 1999 年，澳大利亚经济学家戴维·思罗斯比（David Throsby）运用经济学视角赋予了其新的涵义，其随后被广泛运用于文化经济学的研究之中。鉴于"文化资本"概念的跨学科多义性，可对其进行多维阐发。结合当前时代特征，笔者于 2010 年就提出了"文化资本时代"这一命题[①]，当时主要侧重于当今时代经济文化一体化大潮，聚焦文化的资本化运营问题。今天，本书的"文化资本时代"命题仍然延续了文化经济学的思路，同时又转入"文化资本"概念的原发社会学视角，对于文化作为人生资本进行了探讨。于是，文化既是人生资本，又是产业资本，更有力地说明了"文化资本时代"的到来。在"文化资本时代"，文化消费发挥着社会与经济的双重作用：既促进个体文化资本积累，使个体文化资本转化为社会资本；又加速产业文化资本积累，使产业文化资本转化为经济资本。今天，对于"文化创富"这一提法，不应仅仅理解为产业文化资本运营使文化产业创造了财富，还应看到，个体的学识学历、智慧创意、文艺修养等人生文化资本作为抽象的人生财富，创造更大经济财富的重要意义。正是在这双重意义上，文化消费除反作用于文化产业之外，还具有重要的人生财富积累作用。

"消费社会"是笔者研究文化消费不得不涉及的一个理论。这一理论以法国哲学家让·鲍德里亚（Jean Baudrillard，1929—2007）1970 年出版的《消费社会》为代表，其理论基调是悲观而激进的。将西方的"消费社会"理论引入对当代中国消费问题的研究，不是照搬，而是适

[①] 徐望：《文化资本时代的中国文化产业政策研究》，硕士学位论文，中国艺术研究院艺术学专业，2010，第 1 页。

当借鉴。中国社会由于发展的不均衡性,呈现出前消费社会、消费社会与后消费社会共存的图景。对于进入了消费社会甚至后消费社会的中国地区而言,消费社会并不像鲍德里亚所抨击的那般全无乐观和进步之处。诚然,消费社会所带来的将一切事物统统商品化的价值观发人深思,其根本上的资本主义意识形态与我国的社会主义意识形态对立。但是,消费社会也客观地带来了消费市场的繁荣和市场经济的发达,造就了消费升级,使得物质消费文化化和文化消费扩大化,前者指物质商品的文化价值更被消费者看重,文化价值是商品品质的重要层面;后者指文(文教)、体、旅、娱、创(文创)等文化消费在整体消费中的比重日益增大。因而,消费社会的来临实际上提高了人民群众的生活质量,使民众的文化消费需求更加多元,使民众对于"美好生活"的憧憬更加具体化和现实化。

本项研究基于"文化资本"与"消费社会"两个理论与现实视阈之叠合,书名沿用笔者已提出的"文化资本时代"这个时代命题,以体现研究的连续性;并且,"文化资本时代"内涵较丰,包含了文化资本化、文化产业化、文化生产和消费等多重语义,与"消费社会"的理论和现实构成内在接合。

2. 研究目标

本项研究的类型为综合研究,既包含基础研究,又包含应用研究。因此,既要深化发展理论,又要解决现实问题,理论建构是为发现剖析问题和探索解决路径做准备。整体研究目标为:研究"文化资本"和"消费社会"双重视阈下的当代中国文化消费理论和现实,增补中国文化消费的理论视角,把握中国文化消费的现状与趋势,提出中国文化消费提升策略,解读中国文化消费的政策与法规,形成诉诸学理、关乎现实的系统化论说。

具体研究目标于两个层面分而述之:

第一,在基础研究层面上,梳理"文化资本"和"消费社会"理论,突出其可与当代中国文化消费相结合的深化研究点;在"文化资本时代"的时代命题下,分别以社会学和经济学视角阐明文化资本与文化消费之间的关系;论述中西方消费社会的形成、逻辑与文化,探讨消费社会下的文化生产与消费,关注文化商品化,思考文化消费伦理,建构文化消费文明生态;理清文化消费基本知识点;初建文化消费心理学理论体系。

第二,在应用研究层面上,明确当代中国发展文化消费的现实意义;剖析现状与问题,以定量定性研究相结合的文化消费样本采集分析佐证;提出拉动文化消费的系列策略并指明前景;结合乡村振兴战略研究农村文化消费,提出引导与扩大农村文化消费的路径;研究民族地区文化消费,提出以文化消费促进民族文化传承发展的路径;梳理评价改革开放以来文化消费相关政策法规;把握教育以外主要文化消费门类发展趋势。

二、研究背景与研究意义

1. 研究背景

本项研究在理论上的时代背景即"文化资本时代"和"消费社会",此处不展开论述。此处所说的研究背景主要指当代中国的社会背景。

第一,中国社会进入新时代,人民的美好生活需要日益增长。中国自党的十八大以来就步入了新时代,党的十九大报告明确指出:"我国社会主要矛盾已经转化为人民日益增长的美好生活需要和不平衡不充分的发展之间的矛盾。"今天,人民对于美好生活的期盼日益殷切。要享受美好生活,离不开消费,必然要求物质消费和文化消费齐步实现质的增长;尤其是文化商品要满足人民群众新的精神文化消费需求,为生活增添美感和趣味。因此,"新时代"呼唤新的文化消费,新的文化消费是美好生活的必需。

第二,中国经济步入"新常态",文化产业独领风骚,高速增长。当前,中国各个产业经济部门的发展增速均有所放缓,经济发展步入"新常态",然而文化产业却增速不减,发展势头强劲,冲刺支柱性产业。文化和旅游部2021年4月29日发布的《"十四五"文化和旅游发展规划》(文旅政法发〔2021〕40号)明确要求:"文化产业体系更加健全,文化产业结构布局不断优化,文化及相关产业增加值占GDP比重不断提高,文化产业对国民经济增长的支撑和带动作用得到充分发挥。"5月6日发布的《"十四五"文化产业发展规划》(文旅产业发〔2021〕42号)提出:"到2025年……文化及相关产业增加值占国内生产总值比重进一步提高,文化产业发展的综合效益显著提升,对国民经济增长的支撑和带动作用得到充分发挥。""展望2035年……文化产业对国民经济发展的支撑和带动作用将达到新的高度。"国家统计局2019年7月发布的《文化事业繁荣兴盛　文化产业快速发展——新中国成立70周年经济社会发展成就系列报告之八》指出:"自2003年文化体制改革试点到全面展开,我国文化产业从探索、起步、培育的初级阶段,进入快速发展的新时期。"反映文化经济总量明显增加的具体数据为:"2018年我国文化产业实现增加值38737亿元,比2004年增长10.3倍,2005—2018年文化产业增加值年均增长18.9%,高于同期GDP现价年均增速6.9个百分点;文化产业增加值占GDP比重由2004年的2.15%、2012年的3.36%提高到2018年的4.30%,在国民经济中的占比逐年提高。从对经济增长的贡献看,2004—2012年间,文化产业对GDP增量的年平均贡献率为3.9%,2013—2018年进一步提高到5.5%。"相应地,文化消费水平不断升级:"2018年,全国居民用于文化娱乐的人均消费支出为827元,比2013年增长43.4%,2014—2018年年均增长7.5%,文化娱乐支出占全部消费支出的比重为4.2%。分城乡看,2018年城镇居民人均文化娱乐消费支出1271元,比2013年增长34.3%,年均增长6.1%;农村居民人均文化娱乐消费支出280元,比2013年增长60.0%,年均增长9.9%。城乡居民人均文化娱乐消费支出之比由2013年的5.4∶1,降低到2018年的4.5∶1。"[1]同期数据还显示:"2019年上半年全国规模以上文化及相关产业企业营业收入增长7.9%。"[2] 2020年1月,国家统计局发布了新测算数据(第四次全国经济普查后,对2017年国内生产总值和全国文化及相关产业、全国旅游及相关产业增加值进行了修订,故比重相应有所调整):2018年全国文化及相关产业增加值为41171亿元,占GDP的比重为4.48%,比上年提高0.22个百分点;[3]2018年全国旅游及相关产业增加值为41478亿元,占GDP的比重为4.51%,比

---

① 《文化事业繁荣兴盛　文化产业快速发展——新中国成立70周年经济社会发展成就系列报告之八》,国家统计局,http://www.stats.gov.cn/tjsj/zxfb/201907/t20190724_1681393.html,访问日期:2019年7月24日。

② 《2019年上半年全国规模以上文化及相关产业企业营业收入增长7.9%》,国家统计局,http://www.stats.gov.cn/tjsj/zxfb/201907/t20190731_1682990.html,访问日期:2019年7月31日。

③ 《2018年全国文化及相关产业增加值占GDP比重为4.48%》,国家统计局,http://www.stats.gov.cn/tjsj/zxfb/202001/t20200121_1724242.html,访问日期:2020年1月21日。

上年提高了 0.05 个百分点。[①] 这反映了文化产业保持平稳较快增长、产业结构继续优化、新业态发展势头强劲。[②] 在文化产业即将成为支柱性产业的今天,研究文化消费正当其时。

第三,中国社会迎来消费升级,文化消费升级是一大驱动力。虽然中国社会发展存在不均衡问题,但是从整体的消费水平来看,可以认为中国社会已经进入消费社会,消费升级是整体趋势。其主要表现为消费水平升级和消费需求升级,也就是说,民众不但"不缺钱""肯花钱",而且对于商品品质的需求出现了明显提升,追求品质化消费,这也是推动我国供给侧结构性改革的直接动因。同时应该看到,民众的文化消费水平和需求均在提升,且伴随文化业态迭代,文化跨界消费渐成消费热点,文化消费升级俨然构成消费升级的一大驱动力。

第四,中国着力建设"文化软实力",坚定和增强"文化自信"。"文化软实力"的直接载体即文化产业和文化产品,对于我国文化产品和服务的消费能够起到传播巩固社会主义意识形态和主流价值观、传承发展中华文化、增强文化经济实力等作用,统一于"文化自信"之中。当前中国社会涌现了一些可喜的文化消费现象,如国风文化盛行、民族文旅吸引游客、文创跨界打造"国潮"(国货潮品)等。这一切,都为本项研究提供了契机。

2. 研究意义

本项研究基于"文化资本"和"消费社会"理论,应和当代中国社会背景,以"文化消费"为研究对象,在理论和现实层面上均有重要意义。

第一,以新的视角构建新的理论。由"文化资本"这一概念切入,综合社会学和经济学视阈下的"文化资本"观点,勾勒"文化资本时代"轮廓,将"文化资本时代"和"消费社会"背景相结合,并将当代文化消费置于这样的双重社会背景下探讨。这一研究文化消费的视角较为新颖,有助于拓展文化消费理论研究方向。

第二,直接作用于文化产业发展。文化消费的发展密切关系到文化产业的发展,本项研究在理论层面思考文化消费伦理、构建文化消费生态治理体系、解析消费者的文化消费心理等;在实践层面观察新的文化消费现象,分析文化消费领域存在的问题,把握近期和远期的文化消费趋势,爬梳文化消费相关政策法规等。研究成果可应用于文化产业领域,为相关部门、经营者、研究者提供参考。

第三,深层作用于中国文化发展。扩大对于中国文化产品和服务的消费是促进中国文化产业发展、弘扬中华优秀传统文化、强化中国文化凝聚力和影响力、传播社会主义意识形态和主流价值观、增进中国社会文化氛围、提高中国民众文化素养的可行路径。可见,本项研究对于中国文化各个层面的发展均具有深远作用。

三、研究思路与各章提要

1. 研究思路

本项研究是基础研究与应用研究相结合的综合研究,研究思路为:

---

① 《2018 年全国旅游及相关产业增加值 41478 亿元》,国家统计局,http://www.stats.gov.cn/tjsj/zxfb/202001/t20200119_1723659.html,访问日期:2020 年 1 月 19 日。

② 参见《国家统计局社科文司高级统计师殷国俊解读 2019 年上半年全国规模以上文化及相关产业企业营业收入数据》,国家统计局,http://www.stats.gov.cn/tjsj/sjjd/201907/t20190731_1682993.html,访问日期:2019 年 7 月 31 日。

第一，基于学术史逻辑和现实问题逻辑，确定把"当代中国文化消费"作为研究对象，置于"文化资本与消费社会双重视阈"下。

第二，先进行基础研究，再进行应用研究。

第三，在基础研究方面，(1)开展周全的相关学术史研究，把握国内外研究动态；(2)重点论证当代文化消费的社会背景为"文化资本时代"和"消费社会"；(3)分析当代文化生产和消费的商品化走向，进而在理论层面上，基于文化消费伦理，重点建构文化消费文明生态；(4)插入两个专题理论研究——文化消费基本知识点、文化消费心理学。

第四，在应用研究方面，(1)明确发展文化消费的现实意义；(2)剖析我国文化消费现状与问题；(3)对提升文化消费的策略进行重点研究；(4)进行五个专题应用研究——文化消费样本采集分析研究、乡村振兴战略下提振农村文化消费研究、民族地区文化消费与民族文化协同发展研究、改革开放以来文化消费相关政策法规梳理与评价、教育以外主要文化消费门类发展趋势研究。

2. 各章提要

在章节设计上，本书共分十六章，第一至九章为基础研究，第九至十六章为应用研究。各章提要如下：

第一章"文化资本理论探源"：分别从社会学和经济学视角对文化资本理论的国内外研究进行了简要述评。前者述及布尔迪厄的文化资本理论，布尔迪厄后国内外社会学界的相关研究；后者述及思罗斯比的文化资本理论，思罗斯比后国内外经济学界的相关研究。

第二章"文化资本时代的到来"：通过论述文化资本化这一当代文化发展趋势，确立了文化资本时代的时代坐标，描绘社会学和经济学两种语境下的文化资本时代特征；进而探讨文化资本积累转化与当代文化消费的关系。

第三章"消费社会与文化消费研究述略"：研究文化消费必然要借鉴"消费社会"理论，本章引介消费社会相关概念和理论，包括消费、消费文化、消费社会、消费主义；进而简要述评消费社会理论背景下的国内外文化消费研究，指出现有研究的视阈局限和突破方向。

第四章"消费社会的来临"：分述西方和中国消费社会的形成；对于消费社会理论进行解读，揭示消费社会的本质和内在逻辑，并对消费社会的文化特征进行分析，对消费社会与文化资本之间的关系进行论述，呼应"文化资本时代"命题。

第五章"消费社会的文化生产与消费"：接续第四章，对消费社会与文化产业、消费主义与文化物化进行理论层面的研究。研究前者时，论述了经典理论的对立态度、消费社会对文化产业的作用、文化产业对消费社会的作用；研究后者时，指出消费主义促使文化的物化价值体系生成，并审视当代中国消费观转型中的意识形态矛盾。

第六章"文化生产的商品化转向"：由第四章和第五章的逻辑推导下去，消费社会必然造成文化商品化问题，本章以文化商品化的社会历史进程论证这一趋势的必然性，进一步分析文化商品化的层次；商品和市场密不可分，因此接下来论述我国大众与分众文化市场，指出我国大众文化市场不断繁荣但问题矛盾丛生、分众文化市场日益兴盛凸显消费分流作用，提出我国大众与分众文化市场的未来发展导向。

第七章"文化商品化大潮下的文化消费伦理思考"：沿着第六章的思路，反思文化商品化，对如何分解消费主义、巩固主流意识形态进行研究，提出要认清消费主义是一种资本主义意识形态,要用社会主义核心价值观引导文化消费态势;进一步提出,应基于文化消费伦理,建构文化消费文明生态。

第八章"文化消费基本知识点":本章是知识说明性的一章,首先明晰了文化消费概念,说明了文化消费的涵义与范围,文化消费的形态、层次、手段,文化消费的内容、类型、项目;其次从文化消费的目的和作用、文化消费的基本要素与影响因素、文化消费的向度与特点等几个层面解释了文化消费行为。

第九章"文化消费心理学初探":尝试初步建立文化消费心理学理论体系,研究了消费心理与文化消费心理;对文化消费心理进行全方位解析;分别探究了消费者群体共性文化消费心理和个体个性文化消费心理;探讨了诱导文化消费的心理战术。

第十章"发展文化消费的现实意义":首先,基于本项研究的理论视阈,探讨了文化资本与消费社会双重视阈下的文化消费意义。进而,提出更为具体的意义,包括增强文化软实力,全面建设"文化强国";迎向全面小康社会,实现人的全面发展;推动休闲经济浪潮,激活学习型社会。

第十一章"我国文化消费现状与问题":首先论述我国消费大环境的变革;接着指出我国文化消费总体趋势向好,显现可喜势头;然而,文化消费仍是短板,存在一段较长瓶颈,当前文化消费结构发展不尽如人意,文化消费增长速率未达到预期,文化消费环境欠佳。附以文化消费样本采集分析报告(2017),对实施和完成于 2017 年的"南京市大众文化消费现状与潜力调查"项目所采集的量化和质化样本进行定量和定性分析,以南京市大众文化消费情况为例,支撑本项研究论证。

第十二章"开启我国文化消费新纪元":针对第十一章指出的问题,提出多端口协同发力的文化消费拉动对策,包括全面改革供给端、全面优化消费端、全面协调政策端、全面创新作息端、全面充实服务端、全面规范法治端、全面开放贸易端;并且,展望我国文化消费前景,预期实现量与质的飞跃,并促进社会文化资本积淀与结构升级。

第十三章"乡村振兴战略下提振农村文化消费研究":首先提出乡村振兴战略下农村文化消费问题,展开国内农村文化消费研究述略;接着以在江苏农村开展的样本调研所取得的一手数据作为佐证,全面反映农村居民的文化消费空间、时间、心理、行为、水平、氛围、评价等状况,进一步解剖农村文化消费问题;最后针对问题,提出引导与扩大农村文化消费的路径。

第十四章"民族地区文化消费与民族文化协同发展研究":首先对民族地区文化消费相关研究展开述略;然后对民族地区文化消费特点与现状进行分析;最后提出以文化消费促进民族文化传承发展的路径。

第十五章"改革开放以来文化消费相关政策法规梳理与评价":首先细致爬梳了改革开放以来的文化消费相关政策法规,将我国文化消费市场分为开局期(1978—1985)、建成期(1986—1995)、发展期(1996—2005)、繁荣期(2006—2015)、超越期(2016—)五个阶段,按阶段梳理相关政策法规;然后探索建立文化消费相关政策法规效能评价指标体系。

第十六章"教育以外主要文化消费门类发展趋势报告(2016—2019)":首先论述了本项研究的文化消费门类分类依据和标准,明确了本项研究对文化消费的界定原则;然后,分别对文化消费中的文教类消费、体育类消费、旅游类消费、娱乐类消费、产品类消费、其它类消费的发展趋势进行了分析,数据截取时间段为 2016—2019 年。

第一章 文化资本理论探源

第一节 社会学视角下的文化资本理论研究述略

一、布尔迪厄基于社会场域建立文化资本理论

1. 布尔迪厄提出"文化资本"概念

早在 16 世纪,英国哲学家培根提出"知识就是力量"。这句口号其实就蕴含着文化资本的思想。在浩瀚的学术思想史中,关于文化教育、文化修养、文化学识、文化品位、文化价值、文化能力与文化技艺、文化分层与阶级分层、文化权利与社会权力(社会地位)等的论述浩如烟海。当前学术界普遍认为,最早将文化视为一种可积累、可传递、可再生、可转化的可用之于个人、家庭、社会发展的资本,提出相对完整的文化资本理论的是法国社会学家布尔迪厄。

布尔迪厄于 1986 年在《资本的形式》一文中,首先提出了"资本"这一他的理论体系中的核心概念。他认为,资本是一种劳动积累,这一观点与马克思主义哲学的立场有相近之处。他进一步指出,这种劳动积累通常是排他性的,被私人以身体化(确切说是人格化)形式、物质化形式、制度化形式所占有,并投入各种"社会场"之中,从而构成一股基于各种资本基础之上的客观的力量,这种力量具有强制性,能影响乃至决定资本拥有者(投资者)的社会地位,作用于社会结构。因而,在社会场域中,资本积累为了投资,这种投资行为是切实有效的。"布尔迪厄指出,资本,作为一种植根于客体或主体结构中的力量,强调社会世界的内在规律性和原则性,资本排斥了对于运气的偶然性的理解,资本的占有和积累不是赌博式的过程,而是一种有秩序的连续形成的活动。资本还具有一种生成性的繁殖能力,它以等量的或扩大的形式来进行自身和利润的再生产,资本具有获取各种形式利润的潜在能力,行动者在特定的场域中总是趋向于获取最大限度的利润。此外,特定场域中,各类资本的分布结构与特定时刻社会世界的内在结构具有基本的一致性,实际上体现了一种本体论的契合。"①

进而,布尔迪厄划分了三种资本形式,即经济资本、文化资本和社会资本。经济资本以金钱为符号表征,形成为私有财产,以产权制度为保障根基;文化资本以学位学衔为符号表征,形成为知识技能,以学历教育制度为保障根基;社会资本以身份职位、头衔称号、声望名誉、社交关系网等为符号表征,形成为社会地位,以社会权力制度为保障根基。布尔迪厄认

---

① 陈治国:《布尔迪厄文化资本理论研究》,博士学位论文,首都师范大学马克思主义哲学专业,2011,第 43 页。

为这三种资本在具备一定条件时可以互相转化。

布尔迪厄定义的资本本质上是一种积累的劳动,这种人的劳动使得世界不断"人化",也即"文化",使物质世界不断发展为一个文化世界。① 可见,布尔迪厄不但认识到了物质性的资本,更侧重于把握非物质性的资本。在他看来,多样化的资本共同构建了社会场域的秩序,"除非人们引进资本的一切形式,否则是不可能对社会的结构和作用加以解释的"②。他还指出,资本在资本主义社会中异化为强迫人们服从资本宰制、遵循资本规则的统治力量,资本这种劳动的积累"是一种扎根于事物客观性之中的力量……在某一个特定的时刻,资本的不同类型和分布结构,在实践上体现了社会界的内在结构,即包含在这个现实世界中的一整套强制性因素,后者以一种持久的方式掌控了资本所产生的影响,并决定了实践能否成功"③。总之,"资本是一种铭写在客体或主体的结构中的力量,它也是一条强调社会世界的内在规律的原则,正是这一点使得社会游戏(包括经济游戏)超越了简单的碰运气的游戏"④。

随着知识社会和知识经济的发展,文化资本的价值越来越显著,成为一种统治阶级的资本。布尔迪厄认为文化作为一种资本,可以进行投资,投资的结果是产生权力。在他的专著《区隔:趣味判断的社会批判》中,他通过各种社会人群调查和时尚采样统计,揭示出:用以展现文化趣味乃至生活品位差异的文化消费场域,事实上是一个各个社会阶层(阶级内部的阶层)相互斗争的场域,其通过消费差异呈现出社会阶层的差异和社会的结构性区分,并且不断通过文化消费强化差异与区分,实现了一种社会结构的再生产。《区隔:趣味判断的社会批判》告诉我们,任何文化趣味都不是自然的、纯粹的,都是习性(惯习)、资本和场域相互作用的产物。趣味是一种对人的阶级分类,而这一分类的构成、标示和维持,掩盖了社会不平等的根源,使不平等具有了某种合法的外衣。在他看来,"文化是社会等级区分的标志,文化的区分体系与社会空间的等级在结构上同源,文化从来都不能断绝与社会支配权力之间的姻亲关系"⑤。在追随其理论研究者们看来,文化资本实际上是"一种标志行动者的社会身份的,被视为正统的文化趣味、消费方式、文化能力和教育资历等的价值形式"⑥。显然,文化可以作为社会个体的进身之阶,也可以作为家庭家族的可隐性传承的非物质财富(即便是物质形式的文化资本,根本价值在于其非物质的文化价值),文化是一种具有特殊价值的资本。

根据布尔迪厄理论,可以认为文化资本就是在文化生产场域中的劳动积累。这种文化劳动的积累会形成一种影响社会权力结构、阶级结构和社会资源分配的力量。文化资本具有文化的形式,本质却是资本,其发挥资本的作用,体现资本在数量上增殖、在价值上增值的特有属性。简而言之,文化资本就是资本的文化形式,或文化形式的资本。显然,在私有制社会中,其被私人占有,作为一种牟取私利的工具。

---

① Derek Robbins, *Bourdieu and Culture* (London: SAGE Publications, 2000), p. 17.

② 包亚明译:《文化资本与社会炼金术——布尔迪厄访谈录》,上海:上海人民出版社,1997,第 190 页。

③ [法]布尔迪厄:《资本的形式》,武锡申译,载薛晓源、曹荣湘主编《全球化与文化资本》,北京:社会科学文献出版社,2005,第 4 页。

④ 包亚明译:《文化资本与社会炼金术——布尔迪厄访谈录》,第 189 页。

⑤ 张意:《文化与区别》,载陶东风、金元浦、高丙中编《文化研究(第 4 辑)》,北京:中央编译出版社,2003,第 41 页。

⑥ Jen Webb, Tony Schirato, Geoff Danaher, *Understandding Bouedieu* (London: Thousand Oaks and New and Delhi: SAGE Publications, 2002), p. 10.

在布尔迪厄的理论中,文化资本以三种形式广泛地存在。第一种,他称之为"具体的形态",即身体的形态,确切地说是人格的形态。文化资本内化于人们的身体和头脑,固化于人们的习性(惯习)和性情,反映为文化学识、文化技能、文化教养、文化造诣等,或言文化能力/修养。第二种,他称之为"客观的形态",即物质的形态。文化资本外化于种种文化艺术实物,也就是文化产品(书画、书籍、工艺品、文化工具、文物等)。第三种,他称之为"体制的形态"。文化资本制度化于学历、职称、行业执照等资格认证与授予上。

2. 布尔迪厄将文化资本放置在社会场域中研究

"场域"或"场"是布尔迪厄建构文化资本理论的基本语境。他对"场域"下了具有结构主义特征的建构主义的定义:场域是位置之间的客观关系的网络(network)或构型(configuration)。[①] 而作用于场域的"位置",是由资本的分配乃至权力的分布所决定的。因此,对资本以及资本带来的权力的占有,对于场域中的竞争是利害攸关的。任何场都是竞争场,都是资源争夺的场域。他进一步指出,社会场域是一个积累的场域,资本就是积累的劳动,而资本的积累决定了社会场域中竞争机会的高低和运气的大小。这是"社会场"不同于轮盘赌场的根本所在。"轮盘赌,提供了在短时间内赢得很多钱的机会,因而也提供了在短时间内改变人社会地位的可能性……轮盘赌描绘了一幅完美竞争或机会完全均等的幻想世界的准确图像,这是一个没有惯性、没有积累的世界,既没有继承权也没有固定资产。"[②] 而在社会场当中,资本的积累,特别是文化资本的积累,往往决定了竞争的成败。也就是说,机会总是留给有准备的人的,运气是偶然也是必然。

和"场域"这个描述社会世界客观性结构的概念一同提出的,作为布尔迪厄建构文化资本理论的又一关键词的,用以说明社会主体的主观性状态的核心概念是"习性(惯习)"。如果说"场域"是文化资本理论的客观语境,"习性(惯习)"就是主观语境。布尔迪厄所言的"习性(惯习)"是一种在社会结构发展的历史中,各种形式资本积淀于人本身,经过较长时期,内化为某种具有明显主体特征(即个性)的精神思想,固化为某种性情的非物质性的、主观形态的东西。他提出这一概念显然得益于马克思主义的唯物史观和实践观,反映了他跳出了传统结构主义的藩篱,产生了独创性的思想,开始走向生成性结构主义学说。"习性(惯习)"一词包含多重涵义:第一,习性(惯习)并非天赋或秉性,不是先天性的,而是后天性的,是一种生成性结构。确切地说,它是一种积淀于人的身心之内的既存且不断变化发展的社会结构,是一种"深层结构",而这种社会结构是依托于资本而形成的。第二,习性(惯习)是一种形塑机制(structuring mechanism),这一机制使得个体不断被塑造成形。第三,习性(惯习)不是习惯,"习惯"一词侧重于说明某种行为的机械性重复,强调惯性和惰性,缺乏有机性和生产性,而"习性(惯习)"一词承认了实践主体的主观能动性。虽然习性(惯习)具有稳定性和持久性,也具有惯性,但并不具有惰性。它是一种生成性的创造性能力,是主体性情系统中的一门生存技艺,或处世艺术,往往呈现为主动和环境、阶级等客观性社会结构相适应的艺术品位、生活趣味、举止风度等,具有强烈的审美特征,或言艺术(art)性。第四,习性(惯习)存

---

① [法]布尔迪厄、[美]华康德:《实践与反思——反思社会学导引》,李猛、李康译,邓正来校,北京:中央编译出版社,1998,第133页。
② 包亚明译:《文化资本与社会炼金术——布尔迪厄访谈录》,第189—190页。

在于客观的、历史的(发展的)社会结构中,虽然表现为主观的个性,但其实是一种客观的共性,是一种集体结构的个体化。习性(惯习)所反映的个体心态其实是一种集体心态。这也就不难解释为什么处于同一阶层的人作风相近。所以,习性(惯习)是时代精神和阶级精神的产物。这一观点具有马克思主义唯物史观的意味。

布尔迪厄从资本的形式谈起,提出了文化资本这一资本形式,把对于文化资本的研究放置在"场域"这个客观语境和"习性(惯习)"这个主观语境之下。他注意到资本、场域、习性(惯习)三者具有统一性,资本是一切结构得以形成的根基和动力,场域是一种客观的结构,习性(惯习)是一种主观的结构。在他的理论中,文化资本的重要性在于,它与经济资本具有间接联系,与社会资本具有直接联系,越来越成为社会结构赖以形成和产生变化的依托性资本。

布尔迪厄虽然开创性地提出了一整套文化资本理论,特别地关注到了文化资本这一资本的形式,但从未给文化资本下确切的定义。他认为文化资本这一概念应当不断发展、不断深化,而任何明确的定义都将限定文化资本概念的发展,并或多或少地掩盖或曲解文化资本的本质。而且,布尔迪厄在提出文化资本概念后,未对此概念进行深掘,并未形成系统化的理论体系。但他的思想启发了后人,许多社会学家沿着他的思想脉络,对于文化资本概念进行了深入的阐释。

二、布尔迪厄后社会学界对文化资本的理论研究

1. 国外研究

从布尔迪厄提出文化资本理论到他逝世,这一理论一直在不断发展中,并未形成系统理论。然而,该理论在社会学界却产生了深远的影响。

在布尔迪厄提出文化资本理论之初,由于其用法语书写的论文晦涩深奥,其理论译介和传播的范围不是很广,知晓度不高。20世纪七八十年代起,一批布尔迪厄代表作被翻译为英语,国际传播能力遂增强,但是新的问题随之出现——翻译把著作放入了新的语境之中,使著作脱离了原本的"知识分子语境"。1984年哈佛大学出版社出版了《区隔:趣味判断的社会批判》。布尔迪厄的本意是通过论述阶级区分导致的趣味分层,批判统治阶级的"符号(文化)特权"和"符号(文化)暴力",并进而批判康德客观唯心主义哲学体系下的抽象主义美学观。然而在英语世界的大部分读者看来,这本书只是对"趣味模式"进行了"一边倒的结构主义叙述",只是描绘了种种社会文化现象,因而被归于大众文化、社会文化研究的类别;他们未能关注布尔迪厄更具深意也更具普遍性的理论建构,因而削弱了其理论的批评性和冲击力,未能触及理论根本。[①] 这就导致布尔迪厄的理论在一开始被译介时,遭遇了众多误解和批评。

直到20世纪90年代,随着对于布尔迪厄著作的译介的增多,翻译的客观性大幅度提升,研究者的思考角度也不断增多,文化资本理论渐热。21世纪初,在加利福尼亚大学伯克利分校社会研究中心,美国社会学家华康德(Wacquant,L. D.)对其生前好友布尔迪厄的文化资本理论进行了积极的研究和传播,激发了学界热烈的讨论。主要有三类研究[②]:第一类

① 包亚明译:《文化资本与社会炼金术——布尔迪厄访谈录》,第221—222页。
② 详见曲如晓、曾燕萍《国外文化资本研究综述》,《国外社会科学》2016年第2期;严警《家庭文化资本研究——基于武汉市两所初中的调查》,硕士学位论文,华中师范大学教育学原理专业,2012,第4页。

是对文化资本概念再定义和对其内涵引申扩展,用以考察诸多社会现象和社会问题。第二类是对文化资本与个体发展、阶级分层的关系的探讨。显然,个体发展差异的代际传递会形成一个阶级分层机制,也就是一种结构(社会结构)再生产机制,是文化再生产导致了社会再生产。第三类是对于家庭文化资本的专门性探讨。

2. 国内研究

相比于国外跨越了较长历史时期、理论阐发视角纷纭、理论积淀颇有厚度的研究情形,国内学界对于布尔迪厄系列理论开始了解,对于文化资本理论开始研究,要到 20 世纪 90 年代末。《国外社会科学》作为传播国外社会科学理论的重要载体,于 1994 第 5 期刊载了布尔迪厄的《区隔:趣味判断的社会批判(导言)》译文;1995 年第 4 期刊载了旨在解读布尔迪厄《国家精英》的华康德《解读布尔迪厄的"资本"概念》译文,同期刊载了马丁·瑟伦伊的《超越文化资本:迈向符号支配理论》译文,该论文发展了布尔迪厄的文化资本对阶级形成作用的理论。[①] 1997 年,《文化资本与社会炼金术》于上海人民出版社出版,其由包亚明(上海社会科学院中文研究所研究员)翻译,收录了布尔迪厄的一系列学术访谈,以及其著名的论文《资本的形式》(该书译作《文化资本与社会资本》),把布尔迪厄的思想初步呈现给国内学者。1998 年,中央编译出版社出版了布尔迪厄与华康德的《实践与反思——反思社会学导引》,将其社会学理论进一步引入。1998 年,台湾学者邱天助出版了《布尔迪厄文化再制理论》,这是国内较早研究布尔迪厄文化资本理论和文化再生产理论的学术专著。

随后,我国学者对于布尔迪厄思想的兴趣渐趋浓厚,在 21 世纪初,兴起了一股译介和研究其理论的热潮。近年来,国内社会学领域学者运用布尔迪厄的文化资本理论研究国家、民族、人口、家庭、教育、阶层、城镇化和城市发展等方面问题的学术文献数量大增。

总的看来,国内对于文化资本理论的社会学范畴内的研究视角相对集中,研究最多的两个方面,一是阐释布尔迪厄系列理论,二是关注因文化资本占有量不等引发的教育不平等问题,以及随之而来的"阶层固化"问题。对于文化资本与文化时尚、文化品位、文化消费、群体文化、族群文化、社会文化、政治文化、国家文化等的关系这类外国学者广泛探讨的问题,较少涉足,理论研究还有很大的发展空间。

第二节　经济学视角下的文化资本理论研究述略

一、思罗斯比从经济学视角界定文化资本

1. 思罗斯比将"文化资本"概念引入经济学

澳大利亚经济学家戴维·思罗斯比于 1999 年发表《什么是文化资本》一文,将长期以来属于社会学范畴的"文化资本"这一概念引入了现代经济学领域。他论述道:"文化资本是以

---

① 参见陈治国《布尔迪厄文化资本理论研究》,博士学位论文,首都师范大学马克思主义哲学专业,2012,第 6—7 页。

财富的形式具体表现出来的文化价值的积累。这种积累紧接着可能会引起物品和服务的不断流动。与此同时，形成了本身具有文化价值和经济价值的商品。"①由于"资本"通常是一个经济学术语，和以布尔迪厄为代表的社会学领域学者对于文化资本的界定相比，显然，思罗斯比给文化资本下的定义更符合人们通常所理解的资本含义。

"资本"一词在西方，源出于拉丁文，在15—16世纪间由意大利人提出，主要指做买卖的本钱。在中国，《说文》解释"资"为"货也"，"资"向来与钱财、货物有关；"本"常指生产经营活动中投入的本钱和生利息的本金。可见，中外对于资本的定义大体相同，指的都是生意人为了牟利而先期投入的资财成本，资本是牟取利润的凭借，赚取利润是投资活动的根本目的。早期资本主义理论也即重商主义理论，单纯地把资本等同于资本的货币形式；英国古典经济学派的建立者亚当·斯密（Adam Smith，1723—1790）把资财划分为两部分，一部分直接用于消费，并不保留；另一部分被保留下来，用于取得收入，其就是资本。他强调资本的最主要特点是它能够为资本家提供收入，即带来利润；英国古典经济学派的集大成者大卫·李嘉图（David Ricardo，1772—1823）对于资本的理解和斯密差不多，认为生产资料就是资本；英国庸俗学派的詹姆斯·穆勒（James Mill，1773—1836）把李嘉图学说庸俗化，认为资本即蓄积起来的劳动或间接的劳动；以李嘉图学说为基础的空想社会主义者莱文斯顿（？—1830）认为资本等同于财产；欧文主义者威廉·汤普逊（1775—1833）是英国空想社会主义者中最著名的经济学家，他认为资本是一种获得利润的工具。

马克思的资本理论迥异于前人，他站在唯物史观和唯物辩证主义的立场上，深刻变革了资本理论，科学而系统地建立了一整套资本理论。在马克思主义政治经济学中，资本指"能够带来剩余价值的价值"，它体现了资本主义社会不平等的生产关系，即资本家和雇佣工人之间剥削与被剥削的生产关系。② 马克思把资本看作一种生产关系、阶级关系，也是一种处于运动中的价值。马克思归纳了资本的两点特性，即运动性和增殖性（即"钱生钱"），在《资本论》中，他指出："资本是一种运动，是一个经过各个不同阶段的循环过程。……它只能理解为运动，而不能理解为静止物。""因为只是在这个不断更新的运动中才有价值增值。因此，资本的运动是没有限度的。""资本只有一种生活本能，这就是增殖自身，获得剩余价值。"因而，资本是能够创造新价值的价值。③

思罗斯比基于"资本"一词本源的经济学语义，考察了以布尔迪厄为代表的社会学家对于"文化资本"这一概念的阐释和应用，进而把这一概念引入经济学范畴，以经济学研究方法对于这一概念重新定义。他把"文化价值和经济价值之间的关系"视为文化资本概念得以建立的基础，把文化资本视为一种独立的资本类型，区别于物质资本、人力资本、自然资本三种传统的资本类型。他指出，由于文化艺术品"实际上具有资本的所有特性"，如果仅仅用看待传统意义上经济资本的方式来看待它们，"那么这对解释它们对人类发展总的影响以及特别是它们对经济交往的影响来说是不够的。因此，正式明确文化和经济活动中此类现象的作

---

① ［澳］戴维·思罗斯比：《什么是文化资本》，潘飞译，《马克思主义与现实》2004年第1期。
② 参见张雷声《马克思主义政治经济学原理》，北京：中国人民大学出版社，2009，第54页。
③ ［德］马克思：《资本论》（第二卷），中共中央马克思恩格斯列宁斯大林著作编译局译，北京：人民出版社，1975，第117—120页。

用,确定一个独立的文化资本的概念,是非常必要的"。①

思罗斯比在提出经济学角度的新的文化资本定义之前,综合把握了此前社会学和经济学关于文化资本的相关理论——"考虑到社会学中所定义的'文化资本'和经济学家所理解的'人力资本'之间的密切联系,因此探讨二者之间的联系是否是在以其中一方为基础的前提下进行延伸是非常必要的。也就是说,探讨经济学家们所认为的'人力资本'在多大程度上包含文化因素是非常有用的。"在简要回顾了"文化资本"这一跨学科术语的使用情形之后,思罗斯比特别提及了贝克尔和福尔克两位社会学学者的相关提法,他们把文化资本看作一种人类后天习得的改造自然、利用环境的适应性能力。这种看法"包含了道德、伦理和宗教的色彩"。尽管他的《什么是文化资本》一文运用经济学的视角和方法,并未采用这种社会学的文化资本概念,但他汲取了贝克尔和福尔克的研究养分,认识到文化资本"与人类先天具有和(或)后天获得的特性有关",并且这些特性对于人类的生产能力构成量和质的影响。并且,他看到贝克尔和福尔克都致力于把文化资本概念应用到更广的研究领域中去。于是,他站在广义经济学的立场上,将文化资本界定为第四种类型的资本,也是一种经济资本。

思罗斯比进而划分了两种形式的文化资本。一是有形的文化资本,其具有物质载体,如被赋予文化意义的遗迹、建筑、艺术品(油画、雕塑等)、私人物品等,这些载体常被称为"文化遗产",本身构成为"文化财富",存在和积累具有客观实在性。这些财富促成了参观、游览、购买纪念品等私人或公共文化消费活动,导致了文化服务作为商品进入流通领域,并且可能产生新的商品和服务,催生新的文化资本。二是无形的文化资本,这类文化资本没有物质载体,其存在和积累与人类群体的想法、信念、传统、实践等有关,承载于文化价值观系统,虽与人的主观观念有关,却也是客观存在的。这类文化资本形成一系列无形的艺术品,如文学、音乐、舞蹈等,它们同样会引起商品服务的流通,引发私人或公共文化消费,也会导致新的文化资本生成。

2. 思罗斯比用经济学逻辑解释文化资本

思罗斯比在文化资本概念与经济学分析之间架起一道桥梁,进一步讨论文化资本的四层内涵。第一,他观察到了文化资本所引发的经济现象,即文化价值能产生经济价值。第二,他将文化资本作为一种资本变量,用来测算文化对于经济增长的作用。他建立了一个简明的模型,论证道:"在时间 t 内,某个经济过程中所拥有的内在文化资本积累为 K,这种积累也许低于(或贬值折旧)d,它需要维持(保证)投资 I,那么,如果加上新的投资 I,资本积累就会进一步扩大。"进而用公式表示为:$K_{t+1}^c = K_t^c + (I_{mt} - d_t K_t^c) + I_m^c$。第三,他指出,文化资本具有可持续发展的内涵。认识到这一点,有助于增进对可持续性的理解。文化资本的这一内在性质和自然资本相似,文化生态系统对于经济体系运行产生影响。若不够注重文化资本的可持续发展,可能引发的后果是:文化经济系统崩溃,经济产出降低和经济福利丧失。第四,他认为,若承认文化资本,并发现文化资本引发较为显著的经济现象,则可以将它运用到资本预算和成本收益分析等投资分析技术中来。②

思罗斯比在论述了自己的文化资本理论之后,提出了文化资本理论的几点研究方向:一

---

① 本段及以下两段均出自[澳]戴维·思罗斯比:《什么是文化资本》,潘飞译,《马克思主义与现实》2004年第1期。

② 本段及下一段均出自[澳]戴维·思罗斯比:《什么是文化资本》,潘飞译,《马克思主义与现实》2004年第1期。

是在理论层面将文化资本运用到标准的经济分析模型中去,特别是在文化价值领域;二是衡量文化资本,扩大文化指标(culture indicator)的范围;三是在文化政策制定过程中关注文化资本问题,特别是在文化遗产政策和艺术政策领域。

思罗斯比跨越社会学和经济学,另辟蹊径,从文化价值和经济价值两个维度论述了文化资本。然而,其研究的遗憾之处在于,他并未深化这一理论,和社会学界的布尔迪厄一样,也没有形成系统的理论;而且,没有具体研究估算文化资本存量和增量、文化资本既有价值和预期价值的具体方法,只是建议增加文化资本指标,像估算自然资本那样测度文化资本。

思罗斯比在提出文化资本的经济学理论之后,又出版了一些相关著作。2011 年,中国人民大学出版社出版了他的《经济学与文化》。该书基于文化的经济学视角和经济学的文化语境,思考了经济学与文化之间的关系,研究经济发展中的文化因素,采用广义的"文化"定义,阐发了"经济价值"与"文化价值"两个具有交互关系的概念,发展了经济学上的价值理论;并以"经济价值"与"文化价值"的融合为基点,关注了文化资本的可持续发展,该思想引入了生态经济学的研究方法,与分析自然资本的可持续性有所相近,尤适用于研究文化遗产相关问题;还讨论了在艺术商品与艺术服务生产过程中的创意经济学,聚焦文化产业与文化政策。2013 年,东北财经大学出版社出版了他的《文化政策经济学》。该书立足于传统经济学派和新经济学派的理论,基于公共政策视角,概述文化政策的范围和进程,进而以产业经济学研究方法分别研究艺术政策、文化产业、文化遗产、城市和地区发展中的文化、旅游、国际经济中的文化、文化多样性、艺术教育、文化与经济发展、知识产权,并对文化统计进行专门研究,为制定文化政策和发展文化经济提供了有价值的参考。

二、思罗斯比后经济学界对文化资本的理论研究

1. 国外研究

社会学和经济学作为两门独立学科,有着不同的研究范式。"文化资本"这一概念,既非社会学元概念,亦非经济学元概念,而是具有学科综合性的衍生概念,文化资本理论本身就具有学科交叉性。思罗斯比的研究试图超越经济与非经济的二元对立,把经济和文化作为一个统一体加以把握,不仅拓展了经济学研究视野,启发了许多经济学领域学者,而且也为社会学重新审视文化的意义和功能、重新建构社会主体与社会结构的关系提供了新视角,使得对于文化资本的理论研究产生学科转向和跨学科的趋势。客观地说,在国外,把文化资本看作一种新型经济资本,围绕经济学意义上的文化资本概念进行研究,是相对新鲜的视角。

近年来,研究文化资本形成机理,运用文化资本理论和实证研究方法来分析经济发展态势的学者渐多。在社会学和经济学的交叉点上,亦有诸多新的探索。[①] 在评估文化资本方面,学者们运用经济学的评估方法分析经济与社会、文化、教育的方方面面。

2. 国内研究

在国内,运用经济学方法研究文化资本的学者近年来渐多,研究角度不一而足,主要有:第一,站在文化经济学立场上,探讨文化资本与经济社会发展、区域经济增长的关系;第二,

① 详见曲如晓、曾燕萍《国外文化资本研究综述》,《国外社会科学》2016 年第 2 期。

探索建构统计评估指标体系,对于文化资本进行量化研究;第三,基于微观视角,研究文化资本与企业文化、企业发展之间的关系;第四,特别值得关注的是,自 2000 年 10 月党的十五届五中全会上《中共中央关于制定国民经济和社会发展第十个五年计划的建议》中首次提出"文化产业"概念,并提出"完善文化产业政策,加强文化市场建设和管理,推动有关文化产业发展"以来,我国文化产业研究大热,研究热度一年甚于一年,结合文化资本和文化产业的当代研究逐渐起步。

　　总体而言,国内经济学界关注文化资本还是比较新的事情,以文化资本作为切入点对当代中国文化产业进行的研究,整体呈现增长趋势,数量还未达到饱和状态,角度还不够丰富,研究方法还不够综合,学科跨度还不够大,还有很大的研究创新空间。

第二章　文化资本时代的到来

第一节　文化资本时代轮廓扫描

一、文化资本化是当代文化发展的显著趋势

1. 文化作为人生资本,实现价值变现

借鉴布尔迪厄的广义资本理论(相对于狭义资本理论,仅就经济资本而言),可以认识到,显然,文化是重要的人生资本,并且是先于经济资本、社会资本而独立存在的人生第一笔资本,它存在于遗传基因和天赋禀性、家族和家庭的文化氛围、与生俱来和后天固化的阶级"惯习(习性)"/性情、个性造就的文化趣味和生活品位中,是宝贵的人生财富。进一步解读布尔迪厄的理论,可以认为:人生的文化资本可以资本化,像经济资本资本化运营那样,实现资本价值,并获得价值增值。

第一,人生的文化资本形式多元,积累渠道多样。布尔迪厄认为文化资本有三种形式,一是身体的形式,确切地说是人格的形式;二是物质的形式;三是体制的形式。这三种形式的文化资本各自拥有多样的积累渠道。首先,人格形式文化资本的积累途径有先天和后天两种,先天途径主要指遗传得来的禀赋特长;后天最主要的途径是接受教育,修身养性,从而提升涵养和气质,另一途径是在特定的环境(如上流社会的圈子)中熏陶性情,因而和个体所处的阶级、阶层关系较大。其次,物质形式文化资本同样有先天和后天两种积累途径,先天途径即财产继承,艺术品、文物、古籍、珍玩等的物质形式都可以直接继承,尽管继承人未必具备继承其中的文化资本的素质;后天的途径主要是购买,也就是通过文化消费来获得文化产品,当然,少数人还可以通过文化生产来积累物质形式文化资本,如撰写著作、创作书画、制作手工艺品等。最后,体制形式文化资本通常只能在后天获取,学历、学衔、从业资格、专业职称等既不能遗传,也不能继承,唯有通过个体努力来不断积累;不过,也应当注意到这种只能经由后天途径获取的文化资本和前面两种可以经由先天途径获取的文化资本,有着千丝万缕的联系,具有某种正相关性;另外,也有一些体制形式文化资本是可以不经由个体后天努力而获得的,可以接受继承、授权、转让等,如版权、专利权、商标权(品牌权)等,布尔迪厄并没有考虑到这点。

第二,人生的文化资本价值多元,变现途径多样。一方面,其价值是多元的,拥有现实价值和非现实(超现实)价值、浅层价值和深层价值、时间递减价值和时间递增价值。现实价值

即功利价值,如物质形式和体制形式文化资本的价值;非现实(超现实)价值即非功利(超功利)价值,如情操品性、风度气派、审美意识形态、文化价值观等人格形式文化资本的超越功利意味的价值。且许多物质形式文化资本的拥有者也并非怀着功利目的来积累这些资本,如收藏艺术品、藏书等行为,很大程度上是一种纯粹的兴趣嗜好。浅层价值即外在显性价值,在三种形式的文化资本上都有所体现,体现为直观的外在仪表、物质外形、证书证明物件等;深层价值即内在隐藏价值,人格形式文化资本如言谈举止、品德信念等虽不直接与名利挂钩,却深刻长远地影响人的一生,物质形式文化资本内在的非物质性的文化价值远远大于其物质价值,学历资历这类体制形式文化资本对于人生发展虽不起决定作用,却起决定性作用,给人生带来机遇,或直接或间接地实现人生价值。时间递减价值是指某些知识和技术会被时间淘汰,会落后于时代,因折旧而产生价值贬值;时间递增价值是指阅历和经验这类人格形式文化资本,其价值具有"与时俱增"性,物质形式文化资本往往也具有这种属性,如艺术藏品、书卷典籍、文物古玩等,体制形式文化资本中的资历,也是随时间而增值的。另一方面,文化资本可以变现,变现途径多样。人格形式文化资本可以通过展示出卖某种天然异禀的才艺特长来直接变现,而多数时候,其无法直接变现,而是为个体提供了价值变现的技能手段和素质条件,有时则是提供了一种环境和机遇,如结识情投意合的"贵人"得到"相助";物质形式文化资本可以直接变卖变现,而更多时候是间接变现,如书籍使人获得学识,帮助人博取更大的名利,而书籍世代相传,则营造了"书香门第"的文化氛围,有利于家庭家族培养更多知识精英,又如艺术品和文物具有很高价值,其拥有者往往并不急于将其变现,而是看重其保值增值的投资收藏价值;体制形式文化资本可以转化为商品,即劳动力商品,实现变现,虽然劳动力的商品价值(体现为价格)和劳动力拥有的体制形式文化资本的质量并非绝对正相关,但两者是强相关的,具有较强的相关性。

第三,人生的文化资本价值特殊,价值作用深远。作为人生资本的文化资本的价值具有沉淀性、潜在性、升值性特征。首先,沉淀性在于其需要通过长期积累来获得,这种积累往往是时时刻刻、世世代代的,对于个人而言形成一种外形内化的文化气质,体现个人身上的文化积淀;对于家庭而言,形成一种底蕴深厚的家族的文化传统,如家风族风、祖德祖训等,越是沉淀得久就越有价值,历久弥新。其次,潜在性在于其无论是形式还是价值,大部分时候都是"深藏不露"的,人格形式文化资本可以说是一种隐性资本,虽说它也具有显性的外化形式,如外在的精神面貌等,但它的形式和价值多数时候是潜移默化地呈现和发挥的;物质形式文化资本虽然具有直观的形式,并可以直接出卖变现,但其最高的价值并不在于其直观的物质价值上,而在于其内在的文化价值上;体制形式文化资本通常也不是直接发挥资本价值,而是曲折地转化变现。最后,升值性在于其文化价值上,人格形式文化资本使人终身受益,实现人生质量的升值;物质形式文化资本因具有"文化附加值"而拥有升值空间;体制形式文化资本往往作为进身之阶,实现人生价值的升值。

第四,人生的文化资本并非硬资本,却是不可或缺的软资本。首先,文化资本和一般意义上的资本即经济学上的资本(狭义资本)相比,并非一种硬性资本,这主要在于其价值具有不确定性。人格形式文化资本的价值是隐性的,其价值表现是含蓄的,价值作用是间接的;物质形式文化资本的价值虽然是具体的,而且很多具有较高价值,但常常"有价无市";体制形式文化资本在劳动力市场上,价值受供求关系影响较大,如学历"水涨船高"造成供过于求、导致文凭贬值，或高学历劳动力供过于求或供不适求、导致价值无法变现，以及"有职称，无岗位"的供过于求情况导致职称工资无法兑现等，所以这种文化资本固然重要，但并不具备标准的、确定的硬性价值。这样看来，任何一种文化资本都不是黄金、土地、房产那样的"硬通货"。再将文化资本和社会资本相比，则文化资本又不具备社会资本的活动高效性。布尔迪厄所言的社会资本本质上是社会资源的资本化形式，依托着社会地位，生产和再生产着社会关系，关联着权力和权威，意味着"人脉"和"圈子"。社会资本具有很强的活动性，在很多事情上能直接体现其资本价值，这点也是文化资本所不及的。客观地说，文化资本积累量高低和人生价值实现程度高低并无正相关性，但它是人生最重要的一种资本。借用"文化软实力"这个概念，也可以提出"文化软资本"这一提法；从这一角度出发，文化软实力也可以下至个人层面，即与宏观层面的"国家文化软实力"相对的微观层面的"个人文化软实力"。总而言之，文化资本虽不能被明码标价，也不能快速变现，却是人生的第一资本和终身资本。

2. 文化作为产业资本，实现文化创富

思罗斯比立足经济学视角给文化资本下的定义突出了文化的经济价值，启发了当代许多研究文化产业的学者。当今，文化产业已经成为许多国家的支柱或支柱性产业，研究文化资本的经济学意义更具现实性。

第一，文化具有经济价值，文化资本具有经济资本的一般属性，且具有特殊的文化价值。思罗斯比的文化资本理论显然是把文化资本作为一般意义上的资本即经济学上的资本（狭义资本）来看待的。他发现了文化的经济价值，并且强调这种经济价值的基础和本质是文化价值，"文化资本是以财富的形式具体表现出来的文化价值的积累"①。按照马克思的观点，资本具有运动性和增殖性（即"钱生钱"）两点特性。显然，思罗斯比认为文化资本具有这两点资本的基本特性，无论是有形的还是无形的文化资本——"这种积累紧接着可能会引起物品和服务的不断流动。与此同时，形成了本身具有文化价值和经济价值的商品。……会产生新的商品和服务，其中包括新的文化资本。……也会导致新的文化商品的出现。"②他的理论为文化产业奠定了理论基础，今天文化产业理论常说的"文化附加值"其实就是文化资本的价值。其实，布尔迪厄的社会学体系下文化资本理论，也承认文化资本可以转化为经济资本，即人格形式文化资本转化为经济资本是通过社会结构再生产实现的，也就是说惯习（习性）提供了一种物聚群分的惯性，为上层阶级和阶层的经济利益筑起了门槛，形成了隔离下层的屏障；物质形式文化资本本身就是以客观实体存在的财富；体制形式文化资本可以在劳动力市场上以劳动力商品价格的形式被兑现。可见，无论是用经济学还是社会学逻辑来考量文化资本，其经济价值都是显而易见的，而其经济价值的来源是文化价值。

第二，文化资源资本化形成文化资本，文化的资本化运营造就文化产业，文化资本是文化产业的驱动力。资源本身并不是资本，资本是资源经由产业化开发和市场化运营而形成的，是资源价值的具体化，是资源形态的活化。从文化产业的角度来看，文化资本即文化资源的资本化形态。文化资源能形成文化资本，文化资本源于文化资源。基于文化资源，发展文化产业，必须要实现文化资源的资本化。只有资本化的文化资源，才能作为产业资本，因此文化资本是文化产业的驱动力。开发文化资源，进行资本化运营，通常有外延型和内涵型

---

①② ［澳］戴维·思罗斯比：《什么是文化资本》，潘飞译，《马克思主义与现实》2004年第1期。

两种模式。外延型模式着重于量化、规模化发展,如建设新的旅游景区、制作更多的影视剧、打造文化企业集团等;内涵型模式突出文化创意、挖掘文化价值,如彰显旅游景区的文化特色,提升影视剧"中国故事"的历史性、原创性、美学性和传播性,强化文化企业集团文化形象、社会效益和品牌影响力等。在实际的产业经营中,外延型和内涵型两种文化资源资本化模式很难分开,而是相辅相成、有机结合的。外延型的扩张发展,需要优质的内容支撑;内涵型的深化发展,需要一定的规模实力。

第三,"文化创富"是"大众创业、万众创新"时代的潮流趋势。今天,中国迎来了"大众创业、万众创新"的最好时代。在这个时代,"文化+"创业创新掀起浪潮,新的文化产业业态不断涌现,文化产业从业者队伍迅速壮大,一批"文化创富者"崛起,形成了"文化创富阶层"。新业态和新阶层的出现有力地佐证了文化资本的财富价值,宣告着"文化创富"时代的到来。此外,依据布尔迪厄的相关理论,"文化创富"还包含着广泛的社会学含义,即,文化知识是一种文化资本,文化资本是一种人生资本,能够创造财富。在这个时代,"知识改变命运",文化创造未来。

二、社会学和经济学两种语境下的文化资本时代特征

1. 社会学语境下的文化资本时代特征

简单地说,这个时代在社会层面主要有三点特征:"文化民生"问题紧要,"阶层固化"成为可能,文化大有用武之地。

第一,个人和家庭越来越重视积累文化资本,文化教育成为最重要的民生问题之一。文化资本时代的一个显著社会现象就是个人和家庭越来越认识到文化的资本价值,越来越把文化看作一种具有功利意义的现实资本,于是对于文化资本积累倍加重视,使得文化教育问题上升为一个至关紧要的民生问题,是"文化民生"的一个重要问题层面。"文化民生"是"民生"的重要内涵之一,至少包含了以下几个层面的涵义:其一,人民群众的文化权利和文化权益,即"文化民权",这包括人民群众学习文化、创造文化、传播文化、享受文化(包括获得公共文化服务和进行文化消费)、批评文化等一系列权利和权益;其二,人民群众的基本精神文化需求必须被满足,即必须保障基本公共文化服务标准化、均等化;其三,人民群众日益增长的精神文化需求需要被满足,即应当提升公共文化服务效能,在"标准供给"之外,增加"精准供给",形成"有效供给",提升人民群众"文化获得感";其四,人民群众有接受文化教育,获取文化知识,积累"文化资本",通过提升文化层次来实现社会阶层上升的发展性需求,因而文化(主要是文化教育)是改善民生的一个有效手段,"文化民生"必须和就业、医疗、养老等民生问题一样得到保障;其五,"文化民生"的根本在于文化成果为民共享,共享方式包括享受文化服务和进行文化消费,使文化惠民、育民、富民效应不断显现。从民生保障的主体即政府角度而言,"文化民生"主要包括政府的公共文化服务供给和对于文化教育公平性的保障。客观地说,相比于休闲娱乐性更强的公共文化服务这一"文化民生"的弹性诉求,文化教育是"文化民生"的刚性诉求,对于文化教育的民生保障是人民群众最关切、最急需的"文化民生"保障。

第二,文化资本占有呈现"马太效应","阶层固化"问题引发大众焦虑。布尔迪厄基于社

会场域提出了"再生产"理论,也就是"社会再生产"理论,社会再生产的本质是社会结构再生产,这种结构再生产主要是阶级和阶层(阶级内部的阶层)结构再生产。布尔迪厄认为"文化再生产"会触发"社会再生产",这是因为文化资本的占有结构体现了一种社会层次结构,这种结构虽然不是一成不变的,但是具有代际传递性。具体而言,人格形式文化资本的代际传递可通过血统遗传以及耳濡目染式的家庭文化环境熏陶实现;物质形式文化资本的代际传递可直接通过财产继承实现;体制形式文化资本的代际传递是隐性的,看似只能通过个人努力来获得,但事实上与许多先天和外在因素密不可分,家族和家庭的阶级阶层地位、文化教育背景、经济和权势水平等都是先决和外部条件。因而文化资本的占有结构即文化结构,具有或显性或隐性的再生复制性。这种文化结构再生产造成了社会结构的再生产,具有相对稳定性。布尔迪厄从理论层面证明了"阶层固化"的现实可能性,这个问题是当今社会公众最焦虑的一个问题。当下,文化教育不公平现象十分突出,表现为文化教育全过程公平性缺失:首先,起点不公平,即"起跑线"不统一,主要问题是义务教育阶段择校竞争态势急剧恶化,人为的学区划分实质是既得利益群体巩固利益的一种手段;其次,过程不公平,主要问题是区域间(城乡、地区间)、阶层间教育资源配置失衡,导致强势群体和弱势群体之间差距不断拉大;最后,终点不公平,即结果不公平,主要问题是就业结构呈现出较强的代际传递相关性,阶层流动滞缓、差距扩大,整个社会新陈代谢功能失调。这是一种典型的"马太效应",在文化资本的积累场域中,"寒门难出贵子"是一个严峻的社会现象。

第三,"文化新贵"数量增多并崛起为新阶层,文化资本的价值日益凸显。随着社会的发展进步,"读书无用论"不攻自破,文化学识越来越体现出显效且长效的资本价值,成为人生最重要的一笔资本。一方面,从社会层面而言,崇文尚智的社会风气逐渐形成,社会对于文化学识倍加推崇,重视文化创造力,重视读书人,形成了"知识改变命运"的社会环境。一批优质文化资本的占有者得以获得施展才华的充分机遇,晋升为"文化新贵",成为投资文化资本的切实受益者。另一方面,从个体层面而言,良好的人格形式文化资本有利于个性塑造和发展,并促成了"物以类聚人以群分"的交际关系网,给人生发展带来潜在的、间接的机遇;良好的物质形式文化资本是有形的文化财富,并且是价值观和品位的外在直观反映;良好的体制形式文化资本是入职"敲门砖"和晋职"阶梯",给人生发展提供显在的、直接的机遇。并且,事实证明,占有优质文化资本的个体往往具有较好的创新创业能力,能够把头脑中的智力资源转化为经济上的文化资本进行运营,如投身创意创业,实现文化创富。虽然,文化资本是一种"软资本",不是黄金、土地、房产那样的"硬通货",但是,"文化软资本"的价值日益凸显,文化愈发"值钱",变现途径愈加多元。近年来,政府、企事业单位、社会机构等不断出台对于"人才"的倾斜政策和倡议,从落户到就业创业,到置业安家,为其开辟了一条"绿色通道",让其搭上政策"直通车",体现了时代对知识分子和文化人的尊重。

2. 经济学语境下的文化资本时代特征

简单地说,这个时代在经济层面主要有三点特征:"文化经济化"和"经济文化化","文化+"造就大文化产业,文化人与经济人合而为一。

第一,经济文化一体化趋势显著,呈现"泛文化经济"现象。文化经济化和经济文化化是如今这个时代的显著经济趋势。一方面,文化直接作为一种资本,成为产业要素,投入资本运营,使文化生产力转化为现实的经济生产力,推动文化产业日益成为国家经济的支柱,对于整个经济结构的优化升级起到了杠杆作用;另一方面,当代经济发展离不开文化智力的支撑,离不开文化价值观的引领,离不开文化创意给经济注入活力,并且文化要素正快速渗透到各个产业部门和经济发展的微观、中观、宏观层面,使各种经济产品、经济体、经济领域呈现出各色文化现象。"文化经济"已经成为一种广泛的经济现象,这种现象还在不断泛化,形成了"泛文化经济"。今天,产品注重突出某种文化理念,增加文化附加值;企业注重企业文化建设,进行文化形象包装;品牌注重打造文化影响力,提升文化传播效益;商家注重对消费者进行文化分层(对文化心理进行分层),通过文化定位精准锁定客户;市场注重文化广告和文化营销,制造各种文化潮流……在经济发展的方方面面,经济文化一体化趋势都显而易见。今天的经济很大程度上是一种文化经济。

第二,"文化+"创意经济推动产业跨界融合,大文化产业格局显现。在文化资本时代,文化创意经济是一种最主要的经济模式。"创意经济之父"约翰·霍金斯(John Howkins)提出了"创意经济"概念,认为创意具有经济价值,创意产品的核心价值在于知识产权价值,主要载体是版权、专利权、商标权和专项设计权益,能源源不断地创造价值。[①] 用当下的流行词汇说,创意经济即 IP(intellectual property,知识产权)经济,他所说的"创意"即一种文化资本。今天的文化创意经济不断显现出很强的扩散辐射力和行业整合力,形成了"文化+"创意经济,这是一种近乎包罗万象的文化经济,具有绝佳的产业跨界融合性能。这种跨界融合,既广泛存在于文化产业内部,如流行音乐和传统戏曲的跨界融合、动画动漫和文博展览的跨界融合、旅游和影视的跨界融合;也大量体现在文化产业的外部,如文化创意和农业、食品工业,和服装工业、时尚业,和建筑业,和 IT 业,和人工智能等的跨界融合。这种由文化资本推动的产业跨界融合使得文化产业发展呈现出一种大格局。简言之,"文化+"推动产业大融合,造就了现代大文化产业。

第三,文化人和经济人身份重叠,角色合一。当今时代是"文化创富"的最好时代。继"创意经济"被提出之后,"创客经济"又被提出,着重于站在创意经济主体的角度。"创客"是典型的"文化人+经济人":他们本身是文化资本的载体,拥有较好的文化经济眼光、艺术品位趣味、专业知识技能等,能进行文化创意活动(运用文化智识开发 IP 资源、生产 IP 内容等),是文化人;同时,他们又是经营文化资本的主体,创造经济效益,是经济人。除"创客"之外,当代社会还广泛存在非典型的"文化人+经济人"。这种广泛性体现在,文化从业者由于具备创意头脑、文化技艺、文化学识、专业资格、职称头衔等,具有更多的"赚外快"机遇。可见,在文化资本时代,文化人往往是经济人,经济人中的文化人越来越多,两者身份角色日渐统一。

---

① [英]约翰·霍金斯:《创意经济——如何点石成金》,洪庆福、孙薇薇、刘茂玲译,上海:上海三联书店,2006,第 6 页。

第二节　文化资本积累转化与当代文化消费的关系

一、从文化资本积累的角度看当代文化消费

1. 资本场是一个积累场

布尔迪厄基于"社会场"建立的资本理论,强调了资本只有通过积累获得,资本场是一个积累场,这是资本场区别于纯粹碰运气的轮盘赌场的最主要特质。因而,资本场具有持续性特征。对于个体而言,资本的积累通常持续一生;对于家庭和家族而言,资本的积累能够持续数代,并形成代际传递。这也就解释了个体所获得的先天资本何以具有差异性,也就论证了社会场语境下的资本场何以具有先在的不公平性。

关于资本积累(capital accumulation)的实质,探讨最多的是经济学领域。亚当·斯密认为资本积累是社会分工大范围开展的一个前提条件。分工的进程与生产率的提高跟资本总额成正比。在分工之前必须有充足的资本积累,因为分工所需的生产工具等生产资料都需要以资本来购取。分工愈细,工具的需要愈多,资本愈显得重要。通过分工,可增加生产量,提高劳动所得,增强储蓄意愿与能力,进一步促进资本积累。[①]　大卫·李嘉图认为资本积累是财富增长的必要条件,资本积累的主要来源是商业利润。[②]　马克思认为剩余价值的资本化的过程就是资本不断积累的过程,资本家不断剥削榨取被雇佣的劳动者的剩余价值,把其中一部分用于生活消费,另一部分转化为生产资本,用于扩大生产规模,即追加投资(包括增加生产资料和劳动力),典型例子是工业革命。[③]　在此之前,马克思还对于资本原始积累的历史过程进行过分析。他指出,这一过程是生产者和生产资料被分离的过程,其通过暴力手段把生产资料从直接生产者的手中夺去,使少数人(非直接生产者)拥有并控制生产资料,并因此迅速集聚大量货币财富。这一过程之所以被称为"原始积累",是由于它发生于与剩余价值资本化要求相适应的资本主义社会化生产方式形成前的历史阶段。它以对农民的土地的剥夺为起点,作为整个资本原始积累的基础,为资本主义生产方式的形成提供了前提条件。典型历史事件如圈地运动("羊吃人"运动)和殖民侵略(新航道运动)等。[④]　两者的区别在于,资本原始积累是赤裸裸地血腥地依靠暴力获取资本;资本积累是将原始积累的资本转化为生产发展的资本,主要采取压榨劳动力、压缩成本;扩大规模、加快工业化进程等方式获取更多资本。马克思指出:剩余价值是资本积累的源泉,资本积累是资本主义扩大再生产的源泉,扩大再生产是资本主义发展的必然趋势。资本家追逐剩余价值的欲望永无止境;竞争迫使资本家不断进行资本积累。随着资本主义的发展,资本积累必然造成贫富两极分化,一

---

①　[英]亚当·斯密:《国富论》,孙善春、李春长译,北京:光明日报出版社,2013,第113页。
②　[英]大卫·李嘉图:《政治经济学及赋税原理》,丰俊功译,北京:光明日报出版社,2009,第82页。
③　吴振坤主编:《马克思主义政治经济学》,北京:中共中央党校出版社,2000,第96页。
④　吴振坤主编:《马克思主义政治经济学》,第81页。

极是财富的积累,另一极是贫困的积累,这是无产阶级贫困化规律。① 但是,应当肯定,随着资本积累、技术进步和劳动生产率的提高,资本有机构成必然提高。客观地说,这种提高具有社会进步意义。②

总而言之,无论在社会学还是在经济学领域,资本积累都具有现实的意义和明确的目的。文化资本既然是一种资本,当然可以积累,这种积累无论是对于人生发展,还是对于经济发展,都有所作用。

2. 文化消费是促进人生文化资本积累的现实途径

布尔迪厄基于社会场域提出的三种形式的文化资本,主要是作用于个体的人生发展的,可以看作人生的文化资本。这三种形式的人生文化资本都可以通过文化消费来积累。

第一,文化消费对于积累人格形式文化资本的意义在于形成惯习(习性),进而区分阶级与阶层。首先,日常文化消费促进诸如品位、趣味、性情等带有明显阶级与阶层差别色彩的惯习(习性)的形成;其次,家庭和家族的文化消费行为习惯如阅读经典、收藏文物、品鉴艺术品等促进一个特定的文化环境氛围形成,进一步固化家庭和家族成员的某种文化惯习(习性),形成一种家庭或家族的文化传统;最后,物以类聚人以群分,不同的惯习(习性)对应不同的阶级与阶层,不同的阶级与阶层的外在区分标志就是惯习(习性)的差异。这样看来,文化消费偏好直接影响人格形式文化资本积累,发展一种良好的偏好就显得颇为重要,因为这有利于培养和主流社会主流群体的"共同语言",从而积累有助于阶级和阶层上升的人际关系。

第二,通过文化消费可以直接积累物质形式文化资本,并且这种形式的文化资本还可以直接传递给下一代,从而形成家族积累。这种积累方式看似很简单,只需要购买诸如书籍、艺术品、文化工具等即可,实则并非如此简单。这是因为文化消费是一种过程性的消费,仅仅完成购买环节,并不意味着完成了消费过程。要完成整个消费过程,要求消费者具备一定的文化消费素质(能力),如具备专业知识储备、艺术鉴赏眼光、文化修养、专门技艺等,而这些文化消费素质(能力)也只有通过文化消费来获得和提升;同样,要实现物质形式文化资本的有效传递,也需要继承者具备相当的文化消费素质(能力),这种素质(能力)也需要通过文化消费来培养。因此,文化消费是积累和传递物质形式文化资本的有效手段。

第三,文化消费是获得和积累体制形式文化资本的必经之途。体制形式文化资本主要是学历和资历,体现为学位文凭和职业资格。显然,进行文化教育消费是获得和积累这类文化资本的最重要途径。并且,对于文化教育的投资额往往和这类文化资本的占有量成正比。这类文化资本要实现代际积累,也取决于家庭对于后代的文化教育投资。

综上所述,无论哪一种形式的人生文化资本,都必然要通过文化消费来积累。并且,应当看到,布尔迪厄所论述的三种形式的人生文化资本的积累状况都论证了他的"再生产"(结构再生产)理论,即"文化(文化结构)再生产"引起"社会(社会结构)再生产"。

3. 文化消费是加速产业文化资本积累的主要途径

众所周知,消费对于生产具有直接的刺激作用,文化消费的势头必然影响文化产业发展

---

① 吴振坤主编:《马克思主义政治经济学》,第 112 页。
②《马克思主义政治经济学概论》编写组编:《马克思主义政治经济学概论》,北京:人民出版社,2011,第 109 页。

的势头。其中一个重要的作用在于,文化消费或直接或间接地加速产业文化资本积累。

一方面,文化消费直接生成产业文化资本,促进文化产业扩大再生产。文化消费是文化产业利润的来源,产业经营者必须想方设法吸引消费者进行消费,实现盈利,从而把利润中的一部分作为产业资本再次投入到产业经营当中,用以购买生产资料、改善生产条件、扩大生产规模、增加产品种类和数量等。并且,文化消费所产生的利润也是吸引投资商的必要条件,投资商的投资是利润以外的又一重要产业资本来源,而这一来源也是建立在良好的利润基础上的。因此,无论是追加投资还是吸引投资,都必须有一定的利润作为前提保证,而消费是利润的源泉,因而文化消费是产业文化资本的直接来源。

另一方面,文化消费间接决定产业文化资本的投资方向,引导文化产业结构和业态调整。文化产业经营者要吸引消费者进行消费,必须投消费者所好,把握消费潮流、迎合消费趋向。因而,文化消费市场的动态行情对于产业文化资本投资具有很大影响。虽然做决定的是投资者,但是投资者的投资行为是建立在分析文化消费情况和判断文化消费走势上的,所以,消费对于资本投资具有间接决定作用。这种作用,事实上是一种引导作用。正是这种文化消费对于文化投资的引导作用,引导着文化产业结构和业态调整。也只有当文化产业结构和业态调整到适应当前文化消费态势、和文化消费市场的变化同步的时候,才能不断扩大文化消费规模,才能不断催化资本投资、催旺资本市场。

根本上看,文化产业链的本质是"文化+"消费链,即文化相关产业消费链。是文化消费的不断延伸和不断升级,不断加速产业文化资本积累,造就了文化产业链的不断延伸和不断升级。

二、从文化资本转化的角度看当代文化消费

1. 文化资本可转化为社会资本,文化消费具有社交功能

布尔迪厄在《资本的形式》一文中论及:不同类型的资本之间具有可转换性,这是"某些策略"得以形成的基础;这些策略旨在保证资本通过转换实现再生产,并经由资本再生产促进社会地位、社会结构的再生产。[1] 显然,他把资本放在社会场域中,把资本转化作为一种社会再生产(结构再生产)策略来探讨。关于文化资本的转化,他认为在条件具备时,其可以向着两个方向转化,既可以转化为经济资本,也可以转化为社会资本。

循着布尔迪厄的思想轨迹,逐一分析三种形式的文化资本转化为社会资本的路径:人格形式文化资本通过有意识地培养某种阶级和阶层惯习(习性),形成物聚群分的文化意识基础,达到阶级和阶层区分的目的,从而转化为巩固阶级和阶层地位的社会资本。物质形式文化资本是具体的、直观的、财产属性的,诸如书籍、乐器、艺术品等都直接体现了拥有者的文化品位、艺术趣味等,并间接体现了其经济实力,从而吸引志趣相投且层次相近者,对于社交圈的形成具有影响作用,也在某种程度上转化为了一种社会资本。体制形式文化资本转化为社会资本的显性效力体现在显而易见地将一种制度化的(制度授予的)文化权力转化为一种制度化的(制度规定的)社会权力,如凭借学历和资历获得职位晋升、进入特定社会集团

---

① 包亚明译:《文化资本与社会炼金术——布尔迪厄访谈录》,第209—210页。

（团体、协会、党派等）等，也就是将体制化的文化资本直接转化为体制化的社会资本；另外，这一转化的隐性效力还体现在不那么显而易见地将一种制度化的（制度认证的）文化身份转化为一种制度化的（制度对应的）的社会待遇，即占有较多较好体制化文化资本的主体或多或少地享受某些优待甚至特权，这些待遇往往是额外的机遇、不同的礼遇、潜在的关系等，如格外赏识、加倍尊重、贵人提携等，这种转化往往隐藏在体制内部。

以上述逻辑来进一步推理文化消费的效果，可以得出结论：文化消费能促进文化资本转化为社会资本，具有很好的社交功能。上面已经论证过文化消费是积累三种形式文化资本的主要途径，资本转化必须建立在资本积累的基础上，因此，文化消费为文化资本转化提供了前提。并且，文化消费主要是围绕文化需求和教育需求开展的消费，前者很大程度上是一种兴趣消费，因而具有很强的社会联结作用，通过这种消费能增加社交场上的"共同语言"，能发现"同好"和结识知己，进而积攒社会资源，并在社会竞争场域中将这部分社会资源转化为现实可用的社会资本；后者则本身就是一种投资性质的消费，具有很现实的社会上升目的，社会上升会带动社交圈层的上升。

2. 文化资本可转化为经济资本，文化消费繁荣文化产业

无论是社会学还是经济学领域，都承认文化资本可向经济资本转化。社会学领域的研究通常是承袭布尔迪厄的思想，把文化资本看作一种人生资本，关注到了文化资本具有促进人生价值实现的现实功利作用，是从人生文化资本"变现"的角度来证实文化资本转化为经济资本的现实性的，这在前面已详细阐述。在经济学领域，以思罗斯比为代表的经济学家关注到了文化资本本身的经济属性，探讨了其直接转化为经济资本，成为文化产业资本，投入文化产业运营的途径，这在前面也已做了具体论述。

既然文化资本可转化为经济资本已经得到了充分论证，这里把论证重心放在文化消费对于文化资本转化为经济资本的作用上。首先，文化消费并不只是对于文化产品和服务本身的消费，根本是对于背后和内在文化价值的消费，文化消费赋予了文化创意以资本的意义，使得创意成为一种资本要素，挖掘并激活了其资本价值，造就了创意资本链。其次，文化消费往往是跨界消费，即"文化＋"消费，能够促进文化产业相关产业的资本做循环增殖运动，造就了产业资本链。最后，消费是生产的目的，文化消费作为文化产业的终端，通过消费文化产品和服务的方式，为文化产业提供利润，带来资金，造就了资金资本链。所以，可以说，文化消费打通了文化产业的创意资本链、产业资本链、资金资本链之间的关节，推动了三链融合。文化消费是文化资源资本化和文化资本产业化运营的最关键一环和最直接动力。

第三章 消费社会与文化消费研究述略

第一节 消费社会相关概念和理论

一、消费与消费文化

1. "消费"释义

消费是人类生活中最日常化的一个行为,是人不经由自身劳动获得生产、生活资料的一种方式,经济学认为这一活动是物质资料再生产过程中的一个重要环节,也是最终环节。

《现代经济词典》对于"消费"的定义是:"人们为了满足物质、文化和精神生活的需要而对物品和服务的消耗与花费。"[①]在《马克思主义辞典》中,"消费"是指"人们为满足生产需要和生活需要而消耗物质资料和劳务的具有社会性质的经济行为","广义的消费包括生产消费和个人消费。生产消费指人们为满足生产需要对劳动力和生产资料的消费,它本身包含在生产之中。个人消费指人们为满足个人生活需要对生活资料和劳务的消费。在整个社会的消费领域中,生产消费是主要部分。但是通常含义的消费,乃指个人消费,或称'生活消费'"。[②]

在英语中,"消费"的单词是"consume",《牛津现代英汉双解词典》的解释是"毁掉,用尽,吞掉,吃光或喝光"。[③] 这些解释及"消费"一词在"being consumed by envy, greed, diaire"等短语中的用法揭示出欧美社会对消费的某种热望。

在汉语中,《现代汉语词典(第7版)》对其解释为:"为了生产或生活需要而消耗物质财富或接受有偿服务等。"[④]对"消"的解释,《说文》释"消,尽也";《广雅》释"消,减也";白居易在《哭从弟诗》中写"一片绿衫消不得,腰金拖紫是何人",这里的"消"有"享用,受用"的意思。可见"消"通常有"减少、损失、耗费"之意。而"费"通常和"花钱、消耗"联系在一起。《说文》释"费,散财用也";《广雅》释"费,耗也";《论语·尧曰》中载"君子惠而不费"。可见"消费"一词通常有以下三个含义。第一,为了生产和生活需要而消耗物质财富,即消耗生产生活资料,如《宋书·恩倖传·徐爰》载"比岁戎戍,仓库多虚,先事聚众,则消费粮粟";唐代姚合的

---

① 刘树成编:《现代经济词典》,南京:江苏人民出版社,2005,第1074页。
② 许征帆主编:《马克思主义辞典》,长春:吉林大学出版社,1987,第1047页。
③ Della Thompson主编:《牛津现代英汉双解词典》,北京:外语教学与研究出版社,2005,第486页。
④ 中国社会科学院语言研究所词典编辑室编:《现代汉语词典(第7版)》,北京:商务印书馆,2019,第1436页。

《答窦知言》诗云"金玉日消费,好句长存存"。第二,泛指开销、耗费,即货币花销,如瞿秋白在《饿乡纪程(九)》中写:"我们后来在莫斯科的食用消费都靠他。"徐特立在《读〈教育通讯〉创刊号的我见》中说:"两村相距常是十里二十里,儿童走学不便,寄食则消费太大。"第三,消磨,浪费。汉代王符的《潜夫论·浮侈》载:"此等之侈,既不助长农工女,无有益于世,而坐食嘉谷,消费白日。"《太平御览》卷六九四引《晋咸宁起居注》:"大司马程据上雉头裘一领。诏曰:'据此裘非常衣服,消费功用,其于殿前烧之。'"这三层含义,共同构建了消费行为的意图与意义,尤其是第三层含义,有任性挥霍之意,恰恰对应着在如今这个商品极度丰盛的消费社会中的非理性消费行为。

2. 消费文化相关研究

关于消费文化,不少百科词典都有解释。《当代西方社会发展理论新词典》指出其"是整个社会文化的一个重要组成部分。从消费环境、消费品(包括劳务产品)和人们的消费活动三方面均反映为一种文化"[①]。《政治经济学大辞典》把"消费文化"解释为"消费者的消费行为和心理所具有的文化意义",其包含消费观(消费价值观)、消费意图(消费诉求)、消费习惯、消费方式等的文化意义。[②] 消费文化是消费领域中具有创造性的文化,本身既是社会文化的一部分,也影响着社会文化。其中,消费价值观是消费文化的指导思想;各种物质和文化消费品(商品)都是人类的物质和精神产物,反映各种消费文化;消费者的消费习惯、消费方式、消费行为体现特定时代、区域、群体的消费文化;消费所处的空间环境也促进消费氛围的生成,尤其是优美的自然环境、人工环境(艺术环境),使人获得美的享受,体验消费快感。进一步看,一般来说,任何一种物质产品都会对消费者的心理产生一定影响,精神文化产品更是如此。消费者由于自身的文化素养和心理素质各异,自然会对消费品从功用价值、审美价值等方面做出各异的评价,赋予消费品以主观色彩强烈的文化意义,这就形成了"以我观物,物着我色"式的消费文化,这是一种较高层次的具有显著情感属性的文化。消费文化对人们的消费生活起着重要的指导作用,它既有强大的经济功能,又有广泛的社会功能。其经济功能主要有:第一,使文化意义渗透在经济领域和消费生活之中,提升消费的文化内涵,促进商家增加物质消费品和劳务消费品的文化品位,繁荣消费市场,刺激经济发展;第二,通过为消费行为增添文化意义,提升消费品质和层次,能调动生产者和消费者的创造积极性,从而提高社会生产力水平,推动社会经济发展。其社会功能主要在于:消费中文化含量的提升有利于开拓和发展人的智慧和能力,培养人的文化情操和精神境界,增进整个社会的德育、智培、美育,促进人的身心全面健康发展,提高人的整体素质,树立良好的社会风尚,推动"两个文明"建设和社会全面进步。

中西方学者对于消费文化的关注点有所不同。卢瑞认为:"关于'consumption'一词的词源说明:一件物品的使用或挪用,通常既是消费,又是生产;既是破坏,又是生成;既是解构,又是建构……如果说以市场交换为目的的创造或制造物品经常被当作生产,而购买产品之后的活动被当作消费的话,那么将消费文化看成一种特殊的物质文化形式,有利于保证消费文化是关于生产与消费或再次挪用这一相关过程之循环的研究。在物质文化的认知背景

---

① 庞元正、丁冬红编:《当代西方社会发展理论新词典》,长春:吉林人民出版社,2001,第465页。
② 张卓元编:《政治经济学大辞典》,北京:经济科学出版社,1998,第431—433页。

下,消费文化中提及的消费,可以视为转化,或者,更确切地说,是一种'人们根据自己的目的转化物品的方式'。"①在她看来,有四个因素对现代消费文化风格的形成具有重要的作用:一、商品流通的重要性,即在资本主义的劳动分工内部为市场交换而使用或生产的东西。二、不同的生产和消费体制或价值体系内部关系的变化,相对独立的使用物品之场所的增多。这些变化为商品使用者创造了环境,使其消费活动与其它物品通过一系列内部相关的生产与消费的循环联系起来,它们与劳动的工业分工有关,而不取决于劳动的工业分工和市场上的经济交换。三、消费活动与生产活动相对独立,消费者(至少是部分消费者)因此获得更多的权益。四、对现代社会中的特殊人群或文化中介人来说,消费或使用文化商品或产品是至关重要的。②尹世杰则提出了交叉学科"消费文化学"的建设构想,认为其将消费经济学和文化学进行联结。其研究对象是消费文化的结构、特征、功能、演化趋势和发展规律;其研究任务在于把握和立足经济文化一体化的时代趋势,对文化因素如何作用于消费生活进行探析,进而探索提高消费生活中的文化含量和质量的路径,促进"两个文明"建设,引导市场经济健康发展,推动人与社会全面发展。③

二、消费社会与消费主义

1. 消费社会理论

"消费社会"如今已经成为人们表述当下社会时使用频率极高的一个词语。《社会科学新辞典》解释"消费社会"即"大众消费社会(the mass consumption society)",是"用来表示工业发达国家所达到的经济发展阶段的一个概念"。④《消费经济学大辞典》指出,这一概念由西方学者创造,用以反映工业发达的资本主义国家所达到的一个经济社会阶段。综观世界各国的经济社会发展史可见,由生产社会发展到消费社会,是经济社会发展的一般规律。⑤

在消费社会,消费重构了人类的生存空间,消费更迭了社会的文化生产。这是一个消费无处不在的社会,都市中繁华的商场,琳琅满目的商品,街道上拥挤的购物人潮,在购物网站上疯狂"买买买"的"剁手党",难以计数的影视和音乐,铺天盖地的游戏与娱乐……让我们在购买、观看、体验中不仅仅消费了金钱和物质,也消费了时光和精神。这些都是消费社会的典型现象,鲍德里亚在其1970年出版的以发达资本主义社会为背景的著作《消费社会》中探讨研判了这种社会现象,将其描绘为:在人们周围,物质商品、服务商品和物质财富不断增长、大量堆积,构成了惊人的消费物的丰盛现象,引发了人类所处的自然和社会环境发生根本性变化。这点变化尤其被富裕阶层所深切感知,他们"不再像过去那样受到人的包围,而是受到物的包围"。⑥在他建立的消费需求理论体系中,消费者的消费需求不是商品的使用价值,而是商品被赋予的文化意义,也就是说,"人们添置洗衣机等生活用品不仅是'当作工

---

① [英]西莉亚·卢瑞:《消费文化》,张萍译,南京:南京大学出版社,2003,第23页。
② [英]西莉亚·卢瑞:《消费文化》,第68—69页。
③ 尹世杰:《略论消费文化》,《财贸经济》1995年第3期。
④ 汝信主编:《社会科学新辞典》,重庆:重庆出版社,1988,第988—989页。
⑤ 林白鹏、臧旭恒编:《消费经济学大辞典》,北京:经济科学出版社,2000,第15—16页。
⑥ [法]让·鲍德里亚:《消费社会》,刘成富、全志钢译,南京:南京大学出版社,2001,第12页。

具来使用',而且被'当作舒适和优越等要素来耍弄'并愿意为后者掏钱"①。在这一理论中,消费者热衷商品的形式风格、美学品位、品牌文化、符号象征意义等甚于商品的实用价值,有爱慕虚荣的成分和意味,但更多的是被一种社会文化驱使的不自觉的群体行为,是一种以社会整体心理为基础的具有系统性特征的集体无意识行为,构成了消费社会特有的文化景象,因而,这种消费是消费者积极追求意义的行为,但并不能简单看成是一种个人自主地追求虚荣的行为。对此,鲍德里亚不容置辩地指出:对于物、人类群体乃至整个世界,消费都是"一种积极的关系方式",是一种具有系统属性的行为和反应方式。毫无疑问,消费社会的整个文化体系就建立在消费的基础之上。② 可以认识到,消费社会形成了其特有的消费文化,消费社会是当代文化消费的社会背景之一。

在鲍氏的消费社会理论提出 40 多年后的今天看来,这一理论带有明显的结构主义符号学印记,受到了列维斯特劳斯《结构人类学》、罗兰·巴特自《神话学》以及和《消费社会》同期面世的罗兰·巴特《符号帝国》等一系列对社会文化进行文本化、符号化解读的著作的影响。在《消费社会》出版两年前,他已写了《物的符号体系》一书,确立了以符号学方法研究社会消费现象的立场。而《消费社会》的研究更具突破性,它致力于通过缜密的分析向世人揭示资本主义的消费社会逻辑,揭示消费社会中,统治机制和生产组织如何诱使人们产生难以自控的消费欲望,又是怎样利用这一欲望,建立了新的社会阶层体系,用以取代旧的等级制度并巩固这种新的社会分层。

除了鲍德里亚的《消费社会》,德波的《景观社会》同样是批判资本主义社会消费主义的一部经典著作。其批判了奇葩的商品景观拜物教,深化发展了马克思的"拜物教"理论和"异化"概念,深度揭发了资本主义消费文化与商品形象合谋所制造和引导的"伪欲望",③控诉这一社会形态、文化模式和政治制度④。

2. 消费主义形成

鲍德里亚认为消费社会中消费者的非理性消费即浪费形成了一种消费生产力,构建了消费社会荒谬增长的神话。他的这点思想直接启发了社会学界提出"消费主义(consumerism)"。《21 世纪汉英经济实用词典》解释其为"主张以消费刺激经济的理论"⑤。《消费经济学大辞典》对其解释为 20 世纪末出现的一种社会文化现象,是指在西方发达国家普遍流行的一种消费态度、价值观念或生活方式。在这种生活方式下,消费数量和种类日益增长被作为通向个人幸福和国家发展的道路,并作为较高生活质量的标志。它的主要表现是:人们将消费看作自我表达和社会认同的主要形式,普遍地追求纵欲式的物质享受、无节制的消费狂欢,对奢侈性、新奇性、炫耀性消费表示赞同。消费主义主张人们尽可能多地消费。这种消费已经超出生物学水平上人类需求的满足程度和心理特性,绝不是人的自然需求,也不是人的基本社会需求,而是一种在非匮乏条件下的无止境的商品占有欲。造成这种

① [法]让·鲍德里亚:《消费社会》,第 132 页。
② "消费是一种积极的关系方式(不仅于物,而且于集体和世界),是一种系统的行为和总体反映的方式。我们的整个文化体系就是建立在这个基础之上的。"——[法]让·鲍德里亚:《消费社会》,第 1 页。
③ [法]居伊·德波:《景观社会》,王昭凤译,南京:南京大学出版社,2006,第 44 页。
④ 参见王昭凤《居伊·德波的景观概念及其在西方批判理论史上的意义》,《南京社会科学》2008 年第 2 期。
⑤ 《21 世纪汉英经济实用词典》编写组编:《21 世纪汉英经济实用词典》,北京,中国对外翻译出版公司,2005,第 1169 页。

一发不可收拾的消费欲望的因素并不仅仅是经济上的,更多的是文化上的,是一种资本主义的意识形态操控。消费主义所认为的消费,实际上是对商品的象征意义的消费,它将消费看作自我价值实现的形式,同时也是生活质量提高和生活幸福的标志。消费主义的生活方式已构成了发达国家居民日常活动的一个部分,支配着消费者的行为。在这种生活方式下,人们失去了判断力和批判力,不能区分真实需求和虚假需求。目前,环境问题、资源问题以及心理问题的出现,使人们开始对这一生活方式进行反思。[1]《社会科学新辞典》指出,这是普遍流行于西方发达国家的一种社会文化现象,带有很强的道德指导意味,是当今西方资产阶级道德的重要组成部分。其指导和调节人们的消费思想、观念、愿望、情绪以及实践;指导原则是把体面的消费、铺张无度的物质享受作为人生价值的体现和生活追求的目标。[2]《当代西方社会发展理论新词典》的解释是:消费主义是一种具有西方资本主义意识形态属性的集中表现于消费领域的文化态度、价值观念和生活方式,在西方发达资本主义国家普遍存在,以美国为代表,也逐渐在发展中国家出现。在现实生活层面,其典型表现是超越自身消费能力的日益普遍的"大众高消费"。这种现象之所以出现,主要是由于大众的意识形态和价值观被商业集团和大众传媒联合操控,各种广告、软广告、文艺形式铺天盖地,把商业价值观推销和灌输给大众,把所有人不分种族、国家、阶层、地位、贫富地卷入其中。消费主义把消费种类、数量、金额的增长作为较高生活质量的标志;把消费看得至高无上,视为个体获取幸福、显示地位的终极道路和国家发展的必经道路;甚至把消费看作公民对经济繁荣的应尽贡献和对国家社会的道德责任,从而使高消费具有正当性,成为一种"美德"。消费主义有如下特征:第一,消费主义文化是一种诞生于大工业社会的文化,要推动大规模的商品生产和交换,具有鲜明的重物倾向,强调对物质的占有和消费,认为这是使人获得心理满足的唯一手段,物质主义特征显著。第二,消费主义的大规模高消费需求并非人们原本就有的,而是被一整套资本主义统治机制制造出来的,并不断被强化,这种被制造出来的消费需求将所有人卷入其中,推动所有人永无止境地过度消费。第三,消费主义的根本消费对象是物的象征意义,各种商品符号意义为人们进行自我表达、获得社会认同提供了重要途径,并为社会阶层区分提供了主要途径,因而,占有和消费何种符号意义被人们看作衡量生活质量的指针,消费成为通向幸福生活的唯一途径。第四,消费主义渗透在社会生活各个领域,蔓延向世界各个区域,正成为一种"正当合理"的全球化文化,成为一种资本主义社会主导的新的社会统治方式,大型商业组织正成为一种新兴的社会生活组织,本质上反映了发达资本主义国家主导的经济全球化向文化全球化演进的进程。[3]

从历史发展进程来说,学界普遍认为消费主义浪潮最早兴起于 20 世纪初的美国。它通过经济全球化进程中发达的国际贸易网络以及大众传媒网络不断向全世界扩散,形成了一种全球化的生活方式。消费主义的出现倾覆了以生产为主导的社会结构,这种转变不仅对经济结构和经济模式构成了冲击,也直接导致了社会文化的全面转型,改变了整个社会的文化生产方式和消费方式,使得传统的价值评定体系不断瓦解。由于消费主义对于商品符号

---

① 林百鹏、臧旭恒编:《消费经济学大辞典》,第 259—260 页。
② 汝信主编:《社会科学新辞典》,第 990 页。
③ 庞元正、丁冬红编:《当代西方社会发展理论新词典》,第 466 页。

意义、文化象征意味的推崇和追求,经济文化化和文化经济化成为消费主义潮流中的一大趋势,即经济文化一体化趋势。在这种消费环境下,商品经济呈现出泛文化化,文化产业得以迅速崛起,文化消费成为一种主流的时尚消费方式。

第二节　消费社会理论背景下的文化消费研究

一、国内外研究概况

1. 国外研究

在国外,结合消费社会研究文化消费的理论是伴随着 20 世纪中期以来社会学界的"消费社会热"不断升温而渐臻成熟,以及 20 世纪五六十年代文化消费的兴起而不断进展的,大致经历了以下几个阶段:

第一,理论雏形产生与早期探索。主要有:(1)马克思基于生产消费辩证关系的系统研究,前瞻性地关注了对商品符号价值进行消费的行为。他发现很多时候,商品的使用价值并不是消费者们关注的重点,商品背后的符号价值才是,某种程度上,商品符号的文化象征意义对于消费意义具有决定作用。他在《资本论》中举了建筑师造房与蚂蚁筑巢的形象例子,说明人类的房屋从建筑构思之时起,就是一种居住符号,一开始便具有符号意味和符号价值,与动物的巢穴有着本质区别。由此衍生出"物的符号化"的理念。书中进一步指出,由于社会生产力不断提升,剩余产品必定越来越多,于是,人们的消费选择更加丰富,在消费时不满足于商品的使用价值和交换价值,而更加重视商品的符号价值。(2)法兰克福学派以精英视角对于"文化工业(culture industry)"制造的乌合之众的"大众文化(pop culture,即流行文化)"乃至泛娱乐性的"群氓文化(mess culture)"做了大量批判性研究。阿多诺(Theodor Wiesengrund Adorno,1903—1969)认为,大批量的工业化生产模式导致了文化艺术的商品化、艺术品没落和艺术价值沦丧;马尔库塞(Herbert Marcuse,1898—1979)认为文化工业制造的大众消费者把娱乐消遣作为主要消费目的,使得精神文化消费的"快餐式"模式成为最大众化的模式,不仅导致文化形态单调一元,削平解构了文化产品本应具有的复杂深度模式和丰富人文内涵,而且造成了"单面化"的消费人格,把大众推向单调平庸。(3)把文化消费和阶级地位相关联的一系列学说。凡勃伦(Thorstein B Veblen,1857—1929)1899 年出版了著名的《有闲阶级论》一书,提出了"炫耀性消费"理论,从对于奢侈品的消费衍生出休闲消费论(休闲经济论),认为这类带有明显炫耀意图的享受性消费是为了标明阶级分野;齐美尔对于消费与时尚的关系加以关注,看到了在城市化进程中,新兴城市阶级作为一股新势力崛起,其消费欲求既有社会化特征,亦有个性化特征,于是其消费行为既有同化趋势,亦有分化趋势,这两股并存的消费趋势都是时尚的消费趋势,反映了新兴阶级的求同存异的消费心理,而流行文化伴随着阶级认同的需要而兴起,这种规模性的消费文化也为资本主义商品经济的繁荣提供了土壤;洛文塔尔(Leo Lowenthal,1900—1993)提出了消费偶像观,阐释了人们的兴趣是如何由生产偶像转向消费偶像,以及偶像消费行为是如何影响大众消费模式的;

布尔迪厄基于社会场域中可积累之"文化资本"的理论,提出了文化消费是一种社会区分、阶级分隔的独特模式。

第二,系统理论成型与激进批判。鲍德里亚1970年出版的《消费社会》一书被公认为消费社会理论研究领域的集大成之作。他用"消费主义"一词来定性当代资本主义社会,突出了由生产社会转变为消费社会的历史性变化。在他看来,生产社会已被消费社会取代。消费已经取代生产成为社会的主导逻辑和核心动力,符号价值也取代使用价值主导着消费社会的消费观,商品的符号意义凌驾于使用意义之上。消费社会是以消费为轴心运转的社会,消费无时不在、无处不有,渗透在社会文化的方方面面。显然,他持悲观而激进的批判态度,视消费社会产生的消费主义和消费文化为洪水猛兽,认为消费主义意识形态下的消费文化是一种物欲无限膨胀、无限泛滥的消极文化,这会导致现代社会中的人们压力倍增,陷入外在物欲与内在自我皆不得满足的矛盾之中,反复挣扎,极度焦虑;而大众排遣焦虑的首选途径还是不断消费,使自我迷失在无休无止的物欲之中,陷入一种饮鸩止渴式的恶性循环。整个社会受到后现代社会"商品拜物教"的物质至上教义的蛊惑,产生大范围的精神生态危机,人们无法达到自我实现的目的,深陷于消费泥沼中无法自拔。[①]

第三,理性反思与学科建构深化。后期学者对于消费社会的文化消费秉持的态度都较为乐观,对于前期法兰克福学派和中期鲍德里亚的批判性视角进行了辩证反思,并且不断有学者试图进一步建立学科框架并细化学术方向。(1)丹尼尔·米勒在《物质文化与大众消费》中指出文化消费是一种"文化创制"实践,自我实现的潜能蕴藏其中。(2)安东尼奥·葛兰西基于"文化霸权"理论解释文化消费过程,认为这其实是一个统治阶级的文化被反复再造、反复生成新意义的动态过程,被统治阶级总是被动地处于"符号霸权"主宰的社会历史之网中。(3)西莉亚·卢瑞的《消费文化》是介绍消费文化的本质及其在现代社会中的作用的一本入门教材,她指出,在当代社会,消费已经变得日益风格化、审美化(美学化)、文化化,并为人们的日常创造性活动提供了重要的环境;约翰·史都瑞的《文化消费与日常生活》以日常生活的视角解读文化消费。(4)尼古拉·埃尔潘认为对消费社会学的探索尚浅,尚未被社会学界所重视,尚未形成研究体系,他2001年出版的《消费社会学》试图建立一门学科,对消费社会分别从三个理论维度上展开研究:消费的社会分化和家庭预算结构、伴随着大众消费和广告的发展所产生的社会变迁、作为生产者和消费者的社会行动者的消费形式。[②] (5)弗兰克·莫特等的《消费文化:20世纪后期英国男性气质和社会空间》以及 Erik Bihagen[③]、Tally Katz-Gerro[④]、Tak Wing Chan[⑤]、John H. Goldthorpe[⑥] 等对于文化消费受性别、家境、

---

① 参见王晓升《消费社会消费什么?——鲍德里亚的消费社会理论及其启示》,《武汉科技大学学报(社会科学版)》2016年第6期。

② [法]尼古拉·埃尔潘:《消费社会学》,孙沛东译,北京:社会科学文献出版社,2005,第3页。

③ Bihagen E, Katz-Gerro T, "Culture consumption in Sweden: The stability of gender differences," *Poetics*, No. 27(5—6)(2000):327–349.

④ Katz-Gerro T, "Highbrow Cultural Consumption and Class Distinction in Italy, Israel, West Germany, Sweden, and the United States," *Social Forces*, No. 81(1)(2002):207–229.

⑤ Chan T W, "Social status and cultural consumption," *Contemporary Sociology*, No. 40(5)(2010):568–569.

⑥ Chan T W, Goldthorpe J H, "Social Stratification and Cultural Consumption: Music in England," *European Sociological Review*, No. 23(1)(2006):1–19.

阶层、教育等因素的影响做了深入研究,使得这一学术方向更加细化。(6)乔治·瑞泽尔在《赋魅于一个祛魅的世界:消费圣殿的传承与变迁》中以后现代文化之符号"赋魅(复魅)"的视角,洞悉消费和"消费圣殿"的传承变迁进程,指出"狂热消费"和具有魅惑力的"消费圣殿"导致过高消费水平,导致消费的不可持续性,最终造成经济大衰退和消费困境;尽管如此,高消费场所有增无减,更豪华更壮观的"消费圣殿"营造竞赛仍在持续上演。[①]

除上述集中于社会学领域的研究之外,还有少量经济学、心理学角度的相关研究。经济学方面的涉足者有威廉·配第、亚当·斯密、李斯特、马歇尔、约翰·拉斯金、恩斯特·恩格尔、布鲁诺·S. 弗雷、沃纳·W. 波默林、戴维·思罗斯比、加里·贝克尔、吉蒂·贝克尔、西奥多·W. 舒尔茨、尼古拉斯·加汉姆、大卫·贝尔、Pau Rausell koster、Moya Kneafsey、Camilo Herrera、Erik Bihagen、Mark Jayne、Jordi López Sintas、Ercilia García álvarez 等,研究视角和研究方法不一而足。心理学方面的研究主要有:(1)马克思、恩格斯关于人类本质特征的理论论证了人的精神文化消费需求,以及社会精神文明程度与文化消费需求的辩证关系。(2)马斯洛在 1943 年发表的《人类激励理论》一文和 1954 年出版的《激励与个性》一书中不断充实的消费需求层次理论。[②](3)继马斯洛之后,克雷顿·奥尔德弗发表于 1969 年的《人类需求新理论的经验测试》提出"消费需求梯度推进"理论(ERG 理论),是对马斯洛需求层次递进理论的总结归纳和发展延伸。[③]

2. 国内研究

我国"文化消费"概念的提出是在 1985 年全国消费经济研讨会上;到 1987 年前后,其成为消费经济学领域的一个重要课题;21 世纪初,"消费社会"成为国内学界集中关注的一个学术命题,加之 2000 年起我国文化产业在国家政策的引导下正式起步,国内学界对于文化消费的研究渐丰;2008 年全球金融危机爆发后和 2010 年我国出台扩大内需政策后,相关研究迅速升温;2010 年是一个重要拐点,其相关文献出现了井喷式增长。我国学者的研究方向主要有:第一,西方消费社会理论研究;第二,国内消费社会问题研究;第三,消费社会中的文化消费研究;第四,文化消费对于消费结构和经济发展的影响研究;第五,文化消费影响因素研究;第六,文化消费引导政策研究;第七,农村文化消费研究;第八,文化消费相关指标研究和综合报告;第九,其它角度研究,诸如文化消费心理、文化消费伦理、群体文化消费、跨境文化消费、网络及新媒体文化消费等。

基于国际学术热点、国民文化发展需求点、消费经济学学术视点"三点融合"契机,我国当代文化消费研究取得了长足的进展。除了早期对于文化消费的内涵与内容、性质与特点、形式与分类、功能与效益、影响因素与引导对策等的研究,在步入 21 世纪以后,结合文化消费与文化产业的研究越来越热,是当下关注度最高的议题之一。这是当前研究趋势。

较之西方,我国对消费社会和文化消费的研究起步较晚,理论积淀相对不足,研究方法也稍显滞后。这一研究是随着我国改革开放后市场经济的发展和文化产业的崛起而兴起的,随着文化体制改革的实践而不断深化。我国的研究特征是:社会改革发展实践中的一系

[①] [美]乔治·瑞泽尔:《赋魅于一个祛魅的世界:消费圣殿的传承与变迁》,罗建平译,北京:社会科学文献出版社,2015,第 12 页。

[②] [美]亚伯拉罕·马斯洛:《动机与人格(第三版)》,许金生等译,第三版前言,北京:中国人民大学出版社,2013,第 4 页。

[③] [美]克雷顿·奥尔德弗:《人类需求新理论的经验测试》,序言,北京:科学出版社,1982,第 3 页。

列重大命题直接促发了相关理论研究,研究的应用性强,具有"从实践中来,到实践中去"的鲜明中国特色;虽然研究历程不长,但由于为了解决实际问题,研究时间的紧迫感较强,较短时期内已经成果累累;这些成果的学理色彩不及西方的经院式研究成果,应用理论也不够系统化,却对我国相关实践和相关学科的建设发挥了切实的指导作用,并逐渐走向成熟。

二、当前文化消费研究的视阈局限与突破方向

1. 视阈局限——未与文化资本研究相结合

当前对于文化消费的研究,未与文化资本研究相结合。一方面,以社会学视角看,文化消费同个人与家庭的文化资本积累密切相关,与社会阶层流动密切相关。可以认为,文化消费层次对于社会阶级层次起间接决定作用。因此,研究文化消费对于社会学意义上的文化资本积累与社会阶层流动的关系具有重要现实意义,和当下社会学者关注的"阶层固化"这个话题联系紧密。然而,这一角度的研究尚欠缺。

另一方面,以经济学视角看,文化消费直接作用于文化生产,对于文化资本增殖与文化产业增长具有重要意义。当前关注文化消费和文化产业直接关系的研究很多,但以文化资本作为切入点的研究较少,诸如文化消费与文化资源挖掘和文化资源资本化的关系如何、文化消费如何促进两种属性的文化资本(文化属性的文化资本和经济属性的文化资本)增值、文化消费如何演变为一种文化产业资本运营手段助力融资等问题,还有待展开研究。

2. 突破方向——置于文化资本与消费社会双重视阈下

将对文化消费的研究置于文化资本与消费社会双重视阈下,具有独到的学术价值与应用价值:第一,跨越社会学和经济学双重视阈,从社会学意义上的个人与家庭文化资本积累角度和经济学意义上的文化资本化角度探讨文化消费对人与社会、经济与产业的意义。第二,当代中国已进入消费社会并逐步步入后消费时代,文化消费发展空间广大,其发展助力整个消费结构乃至经济结构的升级,尤其直接促进文化产业的发展。在中国经济下行压力增大、处于新常态的今天,文化产业要实现递增、倍增,带动整个产业结构升级,成为支柱性产业,必须靠文化消费牵引拉动。然而,我国文化消费正处于瓶颈期。如何突破这一瓶颈,亟待研究探索。第三,消费社会来临带来诸多问题,最显著的问题是消费主义意识形态和拜物主义消费文化大行其道,文化商品化大潮导致文化生产和消费乱象丛生,与我国的社会主义核心价值体系和主流文化价值观格格不入。如何在物欲和功利主义甚嚣尘上、文化和人文价值面临危机的当下以适当方式引导文化消费态势,从而倒逼文化生产回归社会效益和经济效益"双效统一"的正轨,从而修复并维护我国文化生态环境,值得深入研究。

在文化资本与消费社会双重视阈下研究当前中国文化消费,可以从多个方向上进行突破:第一,从全新角度对当代中国文化消费社会背景进行论述,即基于"文化资本时代"和"消费社会"双重社会背景之下。在这样的社会背景下,文化生产全面面向文化消费,带来了文化产业化与文化商品化,使得大众与分众文化市场最终成型,并且消费文化促使文化的物化价值体系生成。第二,结合文化资本的社会学意义,探讨文化消费对于个人与家庭文化资本积累的意义。第三,我国文化消费是随着我国改革开放后文化消费市场建设实践的不断深入而不断发展的,因此,系统梳理与评价改革开放以来我国在文化市场、文化消费方面的政

策法规,对于明晰我国文化体制改革轨迹、探究我国文化产业政策法规变迁历程,进而明确下一步政策法规调整方向,有着重要意义。第四,对文化消费伦理进行思考,关注如何用社会主义核心价值观引导文化消费态势、如何以良性的文化消费生态倒逼文化生产生态回归正轨。第五,研究文化消费心理、探索文化消费价值观,这对于把握消费倾向、发掘消费热点、精准供给文化产品、完成文化产业供给侧改革、因势利导文化消费具有现实意义,并且可以尝试在文化人类学视野下展开研究,把握文化消费心理的深层文化结构。第六,研究我国文化消费现状与问题,对主要文化消费门类进行分别研究,发现当前文化消费热点和趋势,进而提出释放文化消费潜力的系统化策略,并对文化消费前景进行展望。第七,研究农村文化消费如何实现结构升级具有重要意义。第八,对于民族地区文化消费展开研究。

第四章　消费社会的来临

第一节　西方和中国消费社会的形成

一、西方消费社会的形成

1. 资本主义生产力发展要求消费社会形成

消费社会究竟起源于何时？历史学家卡柔·沙玛斯（Carole Shammas）考察早期资本主义社会糖制品、咖啡、烟草、酒水等大众性消费，发现这些过去的奢侈消费品日益大众化，认为这刺激了消费经济，形成了大众消费社会。他进一步论证这种趋势对于经营者和消费者双方都有利，消费量的增加给商家带来巨大经济利益，同时有助于削减生产、运输等成本，从而降低了物价，使得消费更加轻松。[①] 在更早些时候，另一个历史学家普拉姆（J. Plumb）通过研究 17 世纪晚期和 18 世纪早期欧洲中产阶级热衷于参加的阅读沙龙、休闲旅行、集市娱乐购物等活动，发现了大众消费社会形成的种种征兆。[②] 现在，学界普遍承认，"消费革命"发端于 18 世纪，到 18 世纪晚期，大众消费社会和现代消费文化的雏形已经显现，整个社会的消费主体已由贵族转化为平民大众。该领域的著名学者丹尼尔·郝若维兹（Daniel Horowitz）指出：那时人们购买商品，物质的拥有成为提高社会地位的戏剧性方式，提高生活标准这种观念散布在社会的各个阶层中。[③]

如上所述，伴随着资本主义的发展，消费主力呈现出阶级阶层不断下移的情形，一个大众消费社会开始崛起。然而，这里所要探讨的并不是这些资本主义社会早期的消费形态。因为，从根本上讲，那时的社会还是生产型社会，资本主义还处于资本积累的阶段，它的当务之急是资本商品而非消费商品的生产。资本商品即钢铁、煤炭、化工产品等，无产阶级劳动者显然不可能成为这类商品的主顾，而正是这些产品在当时构成了资本积累的主要来源。因此，无论那时的消费品如何大众化，那时的消费仍处于次要位置，那时的商品总供给不足，

---

① Shammas C，"The Pre-Industrial Consumer in England and America，" *Journal of Modern History*，No. 45(4)(1993)：106 - 119.

② Plumb J. H，"The commercialisation of leisure in eighteenth-century England，" *University of Reading*，No. 27(1)(1973)：67 - 68.

③ Williams R，Horowitz D，"The Morality of Spending：Attitudes toward the Consumer Society in America，1875 - 1940，" *Winterthur Portfolio*，No. 73(2)(1985)：213 - 219.

工人工资水平也很低,这些都制约了消费增长,尽管如此,商品消费的不发达并不会对那时的社会产生质的影响。回到正题,这里所说的消费社会是指:消费的意义大于生产,消费是社会经济首要杠杆,消费是社会各阶级阶层最主要生活方式的社会。在发达资本主义背景下,增进消费能够克服资本主义基本矛盾(即资本主义的社会化大生产与生产资料私有制之间的矛盾),是化解产能过剩、防范经济危机的第一途径,消费维持、拉动、刺激了社会生产。在过去的生产社会,人们更多关注商品的物性特征和使用价值;在今天的消费社会,人们则更多关注商品的文化特征和符号价值。也只有当消费者把注意力从实用性方面转移到非实用性方面时,整个社会的消费力才能快速迸发,消费经济才能快速增长,那种会导致经济危机的生产相对过剩(消费品相对过剩)情形才能避免。

2. 西方消费社会肇始于福特主义

从消费社会来临的标志看,可以认为从 1913 年福特汽车公司设在密歇根州的生产流水线上隆隆奔下第一辆适于平民购买的小汽车时,消费领域的"福特主义"便产生了。真正意义上的消费社会正是福特主义所带来的。上面已经论证过,资本主义推动资本的全球化流动和社会全领域化渗透,生活资料的商品化为资本积累提供了重要来源,商品经济获得了高速发展。然而到了 19 世纪末,消费疲软导致商品经济出现萧条,资本主义经济危机开始产生,各种社会矛盾急剧凸显。这时,福特主义的出现带来了新一波消费浪潮,缓解了这一危机。这种消费形态是发达资本主义社会的产物。

"福特主义(fordism)"一词由葛兰西提出,他使用其来描述一种基于美国文化价值观的新的工业生活模式。他指出,从福特主义的历史发展来看,它是伴随着世界经济危机和世界大战的进程首先在美国出现的,基本形成于 20 世纪 30—50 年代。它革新了生产和再生产结构,使二战期间的美国跃居世界头号强国。战后,西方资本主义国家纷纷效仿美国引进和推广福特主义,以提高其经济竞争力。随着福特主义生产模式于 20 世纪 50 年代被普遍运用于主要资本主义国家,曾经在 30 年代一度崩溃的国际市场逐渐恢复,资本主义国家逐渐度过世界经济危机。并且,生产、贸易、金融体系国际化程度提升,新的国际分工形成并发展,生产和消费规模扩大并相互促进,资本主义世界步入了经济增长的黄金时期,这一时期持续了近 20 年。尽管主要资本主义国家所施行的福特主义模式与美国存在差异,但福特主义所表现出的超民族性、超地域性、统一性的特点还是主要的,主要资本主义国家都呈现出福特主义的大规模生产方式的典型特征。[①] 要理解资本主义的生产方式的重大历史性转化,福特主义生产模式提供了一个很好的分析范例;而从事大规模生产的工人与这套生产模式之间的固有矛盾,也为理解资本主义的内部矛盾提供了一个有益的分析框架,并为 20 世纪中期得到巩固的资本主义社会秩序的合法性提供了一个合宜的理解角度。[②]

参考 20 世纪 60 年代后期在美国形成的激进经济学派对于福特主义的观点,可以认识到:第一,福特主义的流水线生产模式,实现了对生产过程的完全控制,大大提高了生产效率,压缩了生产成本,制造出丰盛的廉价的消费品,引诱被压抑的无产阶级劳动者消费;第

---

① 李鹏程编:《葛兰西文选》,北京:人民出版社,2008,第 154—155 页。
② 参见谢富胜、黄蕾《福特主义、新福特主义和后福特主义——兼论当代发达资本主义国家生产方式的演变》,《教学与研究》2005 年第 8 期。

二,工人集体与资本家进行劳资谈判促成了工资增长机制的形成,使消费规模得以扩大,又反过来推动了生产规模的扩大;第三,垄断竞争格局形成,垄断资本家为了保持垄断地位必须对未来进行计划,使生产符合大众消费预期;第四,为了维持有效需求,凯恩斯主义国家干预政策与福利国家制度逐渐完备,调节供求关系,使大规模生产匹配大规模消费,实现良性循环,不断熨平经济危机周期;第五,美国支配下的布雷顿森林体系和关贸总协定创造了适于资本运营的稳定国际环境,繁荣了发达资本主义国家主导的国际商贸,助力发达资本主义国家生产的消费品向全球市场倾销。20 世纪 70 年代末,法国调节学派把福特主义作为一种资本主义发展史上特殊的生产方式进行研究,探讨其与政治、经济、社会的关系,进一步把福特主义从一种生产方式联系到一种消费方式,把福特主义下的生产和消费作为统一整体加以把握。参考调节学派的观点,可以认识到,福特主义是粗放型资本积累走向密集型资本积累的生产和消费模式整体转型的结果,泰勒制劳动组织模式为这种转型提供了生产效率保证,并带来了广大工薪阶层消费者,为大规模生产消费品提供了消费力保证。

简而言之,福特主义是一种服务于大批量工业生产的劳动组织模式。其建立在流水线分工作业基础之上,由福特公司率先推行。其大幅度提高了劳动生产率,小幅度提高了工人工资水平,切实地降低了商品成本,使得商品更加廉价,从而有力地刺激了消费。其以极富号召力和煽动性的口号"一天工作 8 小时,赚 5 美元"和"让每个工人都买得起车"来迅速普及这一模式,鼓动人心。福特主义以生产领域的变革开始,深刻影响了消费领域,尤其是日常生活消费领域,电视机、洗衣机、电冰箱等家用电器的价格更加亲民,迅速成为大众消费品,大众消费社会的景象初步呈现。西方社会迈入大众消费时代以来,消费主体、形式、范围、文化等都产生了巨大变化。① 商品消费规模的迅速扩大,既对人们的衣食住行产生了广泛影响,更对人们的社会关系、社会文化、世界观和价值观造成了深远影响。消费已然成为一个神话,重构了人的价值系统和社会秩序。消费俨然是当代社会关于自身的一种言说,是社会自身进行自我表达的根本方式。②

3. 西方消费社会升级于后福特主义

进入 20 世纪 60 年代以后,西方社会的政治、经济和文化领域的状况产生质变。60—70 年代,由于外部条件的变化,福特主义的内部缺陷显现,生产和消费之间的良性循环被打破,出现了一系列问题:极端等级制的企业组织使得上下级之间矛盾尖锐,劳动激励十分困难;"船大掉头难",垄断经营主体投资项目庞大,导致资本循环周期延长且风险上升;寡头垄断局面使劳资关系更加不对等,生产成本增加、价格降幅减小,市场自发调节供求关系出现滞后;消费模式日渐多样,而单一的市场供给日渐饱和,早期福特主义代表性的标准化、大规模、长周期生产模式不再具有优势,仍旧沿用旧模式的企业组织所得利润下降,无法维持生产经营;凯恩斯主义国家干预政策、福利国家制度等增加了政府的财政负担;布雷顿森林体系瓦解致使国际经济环境更加动荡等。20 世纪 80 年代崛起于美英两国的新自由主义经济学派提出了"新福特主义(neo-fordism)",代表学者威廉姆斯指出:资方实施降低劳动报酬、打击劳动保障体系、提高劳动力市场弹性的战略,通过大力压榨雇佣劳动者来提高边际利

---

① 参见[加]赫伯特·马歇尔·麦克卢汉《理解媒介——论人的延伸》,何道宽译,北京:商务印书馆,2000,第 84 页。
② 参见[法]让·鲍德里亚《消费社会》,第 163 页。

润,但仍旧基于泰勒主义(taylo-rism)科学管理原理,保留了大规模生产模式,此种模式即为新福特主义。显然,这一新模式加重了对工人的剥削,虽然在短时期内提高了生产效率,但在长期的实践中并不理想,危机开始出现,主要资本主义国家花了近 20 年时间来调整经济结构。这期间经历了 20 世纪 70 年代后半期的第三次科技革命,其以信息技术、微电子技术为先导,推动了生产方式变革,进而带动了生产关系调整,国家和企业、企业之间、劳资之间的关系都有所变动,产生了许多新现象、新特点、新问题、新趋势,整个经济结构焕然一新。①

从消费角度看,这时,消费的个性化需求上升,对福特主义的标准化生产模式提出了挑战;商品的丰富也加剧了市场竞争,卖方市场逐步转向买方市场,消费者开始取代生产经营者主导市场走向。一种灵活多元的生产模式呼之欲出,这种生产模式就是"后福特主义(post-fordism)",是 20 世纪 90 年代以来西方学者相继提出的对发达资本主义国家生产模式发展的新的描述与概括。它有两种基本模式:一是"弹性专业化"模式,依托中小企业间的动态合作网络;二是"精益生产"模式,是一种多层次的企业分包网络,以大企业为核心,以大规模定制、水平型组织模式以及弹性生产为主要特征。两者都要求:一是弱化泰勒制的严格管控制度和劳动分工模式,既注重技能的专业性,更强调劳动者的自由性、自主性和自我控制权,这使得直接生产者能灵活高效地调整生产实践;二是保持生产及其相关活动的整体一致性,把设计、策划、营销、客服等工作纳入生产系统;三是细分市场,灵活地组织小规模、非标准化、更短周期的生产,满足目标消费群体的消费需求;四是实现生产和办公自动化、信息化、网络化,和消费者、开发商、零售商、广告商等保持密切联络,随时采集不断变化的消费需求,迎合快速更迭的社会潮流和消费文化。

后福特主义时期,生产经营者成功地制造出符合大众消费需求并刺激消费欲望的各种产品,制造了消费需求,引领了消费时尚,使得新的消费文化影响到社会生活的各个层面。同时,随着生产力的极大提高,在满足了物质消费需求后,人们的文化消费需求迅速上涨。精神文化产品和服务越来越成为流行消费品,大众文化消费时代来临,消费社会进入了一个新的阶段。并且,随着传媒技术的提升与新型媒介的出现,文化消费不再局限于购买书籍、艺术品,观赏电影、演出,出门旅游等几种传统形式上,网络文娱消费、社交媒体消费、文化科技消费等不断增加,无论是消费物态的文化产品还是消费非物态的文化服务,消费形式愈加多样化。

二、中国消费社会的形成

1. 全球化背景下中国受西方消费文化影响

全球化迄今经历了殖民主义、经济全球化和文化全球化三个阶段。当代学者用"跨国资本主义"一词来描述这一由西方发达资本主义国家主导的从商品跨国贸易到意识形态跨国传播的进程。应该说,中国是在迎接全球化进程和应对全球化挑战中全面开启、逐步实现社会主义现代化的,改革开放是一个关键的节点。改革开放以来,中国与西方经济往来日益频

---

① 参见谢富胜、黄蕾《福特主义、新福特主义和后福特主义——兼论当代发达资本主义国家生产方式的演变》,《教学与研究》2005 年第 8 期。

繁,西方大量商品涌入中国,带来了西方社会的文化价值观和生活方式,中国社会文化开始迅速西化,西方消费社会的消费文化开始在中国蔓延。而这种营造出"大众消费狂欢"景象的西方消费文化的传入恰好契合了中国发展市场经济的需求,也密切契合了中国人民渴望提升生活水平、解放消费欲望的心理,可以说是很好地契合了中国改革开放的步伐。可见,西方资本主义国家主导的经济文化一体化和全球化进程对于中国社会文化造成的影响,是中国消费社会形成的重要外因。

辩证地看,西方消费文化对中国形成消费社会的影响是利弊共存的。一方面,中国要保持市场经济的高位稳定运行,要持续优化经济和产业结构,需要旺盛的内需来作为经济发展的加速器,需要人民提升消费水平。因此,中国步入消费社会符合市场经济发展趋势,有利于中国经济进入"新常态"。另一方面,西方消费文化在中国市场经济土壤中的厚植,一时间不可避免地造成中国人民的消费观和价值观发生变革,传统的节俭型消费观遭受巨大冲击,而拜金享乐的价值观盛行于世,造成了与社会主义意识形态背道而驰的资本主义意识形态,需要相关部门加强引导。

2. 中国消费社会与市场经济同步发展

中国步入消费社会有着自身特殊的轨迹,和西方资本主义国家有很大的不同。早在20世纪20—40年代,在相对稳定的社会环境中,以上海为典型代表的中国大都市经历了一个短暂的消费经济小高潮。新中国成立以后,中国进入了计划经济时期,消费市场在中国是不存在的,"消费"一词在中国成为资产阶级的代名词,成为政治批判的对象;并且,在建国初期,中国生产力水平低下,经济发展缓滞,广大人民群众连温饱都成问题,根本谈不上消费。直到1978年党的十一届三中全会开启了中国的改革开放征程,市场经济作为一种经济体制全面推开、不断发展,消费市场才逐步形成,消费经济逐步增长。显而易见,现代消费社会在中国是与市场经济同步发展的。

虽说从改革开放之后市场经济开始发展之时,中国的消费市场不断扩大、消费水平不断走高,但是,真正意义上的消费社会在中国大范围形成,还是近20年的事,特别是进入21世纪以后,中国社会整体呈现出消费社会景象。而从全国范围看,这个消费社会还仅仅是初步形成。其形成的动因主要有:第一,改革开放之后,市场经济高速发展,形成了繁荣的消费市场,激发了社会的消费欲望。这是中国消费社会形成的直接原因。第二,1987年11月1日《中国共产党第十三次全国代表大会关于十二届中央委员会报告的决议》把社会主义初级阶段基本路线的核心内容概括为"一个中心、两个基本点",即"以经济建设为中心,坚持四项基本原则,坚持改革开放",这条基本路线的确立大力推动了中国的经济建设,经济发展进入快车道使得人民生活水平步步高,带动消费水平大幅度提升。这是中国消费社会形成的根本原因。第三,随着市场经济的崛起,中国的社会阶层分布在20世纪80—90年代发生了较大改变,出现了"暴富"一代,他们首先掀起了一股消费浪潮;21世纪以后,又形成了一批城市中产阶级,他们引领着当代的消费文化。这些"先富起来"的群体的消费观和消费形态对于中国社会的消费心态有着较显著影响,炫富、攀比、追求名牌、显摆格调等成为一种社会风气,不断推高消费。这是中国消费社会形成的心理原因。第四,中国城市化进程不断加速,城乡界限渐趋消弭,农村经济发展势头良好,农村消费市场规模日益扩大;并且,由于大量农村人口进城务工、求学等,他们把城市的消费潮流带回农村,刺激了农村消费文化的发展,农村消费文化与城市越来越接近。这是中国消费社会形成的重要原因。第五,在系列政策助推和商家炒作下,中国消费市场大有改观,信用卡透支成为主流消费形态,中国人传统的保守消费观念正在被打破;商家注重把握热点消费时段掀起消费高潮,如"十一黄金周"等,节假日消费频现高峰;旅游消费连续几年大热,"大众旅游时代"到来;"海淘""国外代购"等高消费日渐大众化;奢侈品消费市场形成……可见中国近年来大力推行扩大内需的经济拉动政策卓有成效。这是中国消费社会形成的政策原因。第六,迅猛发展的电子商务把消费空间从实体店铺拓展到了虚拟网店,中国消费者线上消费热情高涨,加之"双十一网购狂欢节"这类的电商大力促销手段推波助澜,"买买买"已经成为许多人的生活常态,80后、90后、00后等几代人成为网购主力军。并且,近年来移动支付的出现和普及,更使消费变得不假思索。这是中国消费社会形成的又一原因。

从全国范围看,消费社会在当代中国已经初现端倪。从地理空间上看,中国大部分省市的消费经济都比较发达,人民群众的消费需求比较旺盛且消费能力不断提高;从社会环境上看,整个社会呈现出高度商品化,不但物品商品化,连人际关系、名誉地位等都呈现出商品化趋势,钱权交易、钱色交易等现象普遍存在,似乎没有一件东西不能作为商品来买卖,这正是消费社会在意识形态层面的一种典型表现。

3. 中国消费社会呈现不均衡发展态势

一方面,中国消费社会呈现区域不均衡发展态势。一是城乡不均衡,二是区域不均衡。中国当下是前消费社会、消费社会、后消费社会叠加并存的格局,并且在经济落后的老少边穷地区、欠发达地区农村,甚至连前消费社会都没有形成。第一,中国的大部分农村,正处于前消费社会阶段,也就是跨入消费社会前的一个过渡阶段。这时出现了消费社会的苗头,民众产生了一定的消费热情,消费能力也有了一定提升,但是保守主义的传统消费观念还没有根本转变,消费水平整体还不够高,消费市场还不够发达。第二,中国的绝大部分地区,包括发达地区城乡和欠发达地区城市,正处于消费社会阶段,这个阶段表现为消费市场蓬勃发展,市场细分使得各个阶层都能找到定位给其的消费品,于是全民进发出较高的消费欲望,加之网购、信用卡消费、移动支付等新的消费模式的普及,消费观念不断革新升级。第三,中国局部地区消费社会高速发展,消费欲望高度膨胀,进而呈现出后消费社会的特征。这主要是在北上广深等大都市和江苏、浙江、广东、福建等发达省份的大城市,也就是主要在中国的一线和1.5线城市。这些城市呈现出多元化的高消费形势,也就是消费浪潮不是单一的"低排浪"形态,而是多层次的"高排浪"形态,消费市场极为繁荣,个性化、风格化的消费追求使得消费态势错综复杂。

另一方面,中国消费社会呈现群体不均衡发展。这主要反映为代际消费不均衡和性别消费不均衡。第一,代际消费不均衡。据2010年以来的"双十一"线上消费统计数据,连续多年80后一代的消费量占总消费量的50%以上,其次是90后一代,消费量占30%左右。[1]可见,当代中国消费社会的消费大军中80后、90后是绝对主力。当然,随着00后步入职场,消费主力的代际线还将不断后移。可以说,从80后这一代人起,中国消费者的消费水平产生了明显的分水岭,消费观念、消费模式上的"代际鸿沟"愈发明显。第二,性别消费不均衡。

---

[1] 转引自彭非、袁卫主编《中国发展报告(2017)》,北京:中国人民大学出版社,2018,第82页。

据不完全统计,中国女性的消费力是男性的 10 倍以上[1],是消费绝对主力,"她经济"时代俨然到来。这反映在:淘气值超过 1000 分的淘宝超级会员中女性占比近 90%[2];2017 年国庆中秋双节叠加长达 8 天的"十一超级黄金周"出游人数中近 60%(58.7%)为女性[3];市场上的大部分消费品是针对女性消费者的;"日日购新衣"的消费狂几乎百分之百是女性,女性更容易染上特定消费癖,更容易消费成瘾。可见,这种性别消费的不均衡是极为显著的。造成这种情形的主要原因有:中国男性生存竞争压力大,消费欲望被置业安家、娶妻生子、养家糊口等压力严重挤压;中国女性社会地位不断提升,不但经济能力和经济地位越来越高,而且家庭权力和家庭地位越来越高,往往是女性在把持家庭开支。另外,中国当前的消费社会中也出现了一部分低消费欲望群体。这主要是两类人:一类是对于社会、对于外界反应淡漠的"宅一族",这一类人中相当多的人为低收入群体,单身居多且以"单身宅"为典型,他们"一人吃饱全家不饿",缺乏人生规划,缺乏发展动力,抱着得过且过的态度,对于未来没有憧憬,自然也就没有消费欲望;另一类则拥有较好经济能力和文化素养,他们的低欲望主要是低物欲,也就是对于物质消费的欲望较低(而对于文化消费的欲望通常较高),这种低欲望得以形成是缘于,高度的个性化诉求必然导致其不会去跟风效仿、追逐攀比,在这个消费社会,这一部分人保持着相对简朴的生活方式和较高理性的消费态度。

第二节　消费社会理论解读

一、消费社会的本质和内在逻辑

1. 消费社会本质上是资本主义意识形态控制手段

通过前面的论述,可以得知,西方消费社会起源于福特主义,在后福特主义时期得到了更大的发展。而无论是福特主义还是后福特主义,都是为缓解资本主义的基本矛盾而出现的,其目的是刺激消费,增加利润,加速资本循环,扩大再生产。于是,消费社会诞生了,其本质是一种发达资本主义社会实现意识形态控制的手段,为了形成消费主义意识形态。

对于消费社会意识形态的批判,自福特主义的生产方式出现、消费主义开始起步的时期就开始了。首先,是福特主义引发了社会的第一个消费高潮。而流水线上的标准化生产模式,剥夺了工人的一切身体自由与思想自由,工人也成为流水线上不断重复机械动作的机器零件。早在福特主义出现以前,马克思就说过,"是机器操作了工人,而不是工人操纵了机器"[4],现代化的工业生产是机器对人的"异化"过程。同时,流水线上的生产大大增加了劳动的密度,工人必须专心致志,精神高度集中,从前的"开小差"的自由被完全剥夺了,尽管这

---

① 城市数据团编著:《数据不说谎:大数据之下的世界》,北京:清华大学出版社,2017,第 7 页。
② 阿里电子商务研究中心:《女性消费者对电商行业影响力分析》,2018,第 7 页。
③ 国家旅游局数据中心、银联商务股份有限公司、旅游消费大数据联合实验室:《2017 国庆中秋旅游消费大数据报告》,2017,第 11 页。
④ 吴振坤主编:《马克思主义政治经济学》,第 115 页。

确实大大提高了生产效率。在工业文明发展的影响下,人逐渐被机械化、工具化,他们的行为与思想的不相一致也使人与人之间的关系异常淡化,于是人们的孤独也被异常放大——这种对工业社会的洞察审视,尼采发现过,福柯也提到过,马克思论说过,本雅明也谈到过,法兰克福学派更作出过犀利的批判。

其次,由于机器继续异化着人格,劳动密集度在流水线出现之后大大提升,人际关系日益淡泊,一天紧张的工作后,工人们感到疲惫不堪与孤独冷漠。而这时,消费成为一种重要的休闲手段——在福特主义诞生后,大量平民化的消费品涌入市场,制造出丰盛的商品社会景象——通过购物,工人们放松了精神,恢复了体力,准备投入下一次生产。于是,产生了这样一幅社会图景:工作,工作,不停地工作,短暂的休息是为了继续工作,而消费是最主要的休息方式。消费实在是一举两得的绝妙手段,在安慰了工人之余,创造出丰厚的利润。

再次,资本主义的社会化大生产模式要求巨大的国内市场,必须不断挖掘消费潜力。既然福特主义大大提高了生产效率,也刺激了购买力,那么为了进一步扩大需求,资本家在与工人的斗争中主动让步,并协商同意增加一点工资。这样,工人的消费水平进一步提高,为资本主义扩大再生产提供了充足条件。并且,唯有消费,不断地点燃工人的欲求,才是鞭策工人不满于提高了的一点收入,拼命工作的最佳手段。于是,消费成为实现资本主义社会控制的一场阴谋,消费社会通过对工人、对大众的一次次规训终于完全成形。这是一个以消费为社会生活和生产主导动力和最终目标的社会。如果说 19 世纪是规训了工人,那么 20 世纪便是规训出了消费者。[①]

另外,资本主义社会为了扩大消费,塑造出大量"消费主人公",如商业巨子、娱乐偶像、体育明星、花花公子、投机者与赌徒等,他们取代了以往价值观体系下被社会认可的"生产主人公",如政治领袖、知识精英、探险家和垦荒者、创始人和先驱者等。这些"消费主人公"成为这个消费社会价值观念的代表,成为平民大众追捧模仿的对象,给大众灌输了资产阶级的意识形态,强化了社会的等级观念:无力疯狂消费的人被认为是"天生注定的败类","一无所有"就是毫无价值,而成为"消费名流"已经成为普通大众梦寐以求的普遍幻想和人生目标。可以说,"消费主人公"是这个时代的"神祇","无论社会怎样变化,时尚杂志封面上明星艳光四射的面容永远不变,他们如同古代的神漠视着人间沧桑,带给人无限慰藉"[②]。同时,这样的意识形态每时每刻都通过大众媒介以信息爆炸的方式扩散开来。处于这样一个急剧分层的消费社会,人们被异化,尤其是位于消费体系中较低层次的人,人格上的乖戾倾向必定浓重起来。

最后,消费社会通过一种极度丰盛的表象,安抚了大众,使大众在一次次购物中感到满足,感到自己能消费得起商品,提高了他们的幸福感和自信心,使他们丧失了对社会的批判向度,巩固了发达资本主义社会的意识形态和统治秩序。正如法兰克福学派著名学者马尔库塞曾在《单向度的人》中所表达的,发达工业社会通过一系列手段灌输给大众安分守己的意识形态,使大众安于现实中看似丰富的所得(尽管那实际很微薄),在安分守己中感到作为大众的幸福,从而实现了发达工业社会中的和平化集权,使人成为单向度的、丧失批判能力

---

① 参见［法］让·鲍德里亚《消费社会》,第 91 页。
② ［加］赫伯特·马歇尔·麦克卢汉:《理解媒介——论人的延伸》,第 142 页。

的个体。而存在主义的文学家陀斯妥耶夫斯基则在《死屋手记》(又译《地下室手记》)中写道:"把所有经济上的满足都给予他,让他除了睡觉、吃蛋糕和为延长世界历史而忧虑,无所事事;把地球上所有的财富都用来满足他,让他沐浴在幸福之中,直至头发根:这个幸福表面的小水泡会像水面上的一样破裂掉。"①显然,这是一个愚民的过程,在这个过程中,诸如廉价时装、高仿珠宝、便宜快餐、大众读物、流行歌曲等一系列发达资本主义社会的商品,在强化大众安分守己的意识形态上,扮演着重要的角色。尽管大众仍然可能抱怨社会的不公平,但通过消费和娱乐——尤其是这些商品和娱乐服务中饱含着意识形态的控制和欺骗——他们只愿意去幻想今天的美好生活,或者考虑怎样更卖力地工作,赚更多的钱投入消费,而绝不会去想类似批判社会这样不着边际的事情。因此,消费社会在某种意义上呈现出一种民主与自由的美好景象,这恰好与上面所说的加剧社会分层相反。它们看似矛盾,实则处于同一个悖论之中。

总之,通过与商家共谋,与消费者达成默契,发达资本主义社会实现了牢固控制民众意识形态的诡计——消费社会成功地规训出为扩大资本再生产而服务的广大消费者,并顺理成章地制造出属于这些消费者的大众文化——它通常通过文化产业的方式被生产出来,通过大众媒介加以传播。这点将在后面进一步论述,这里暂且略过。

2. 消费社会的内在逻辑是资本逻辑

处于资本主义意识形态控制之下的消费社会的逻辑,必定是为资本运营的逻辑,目的是加速资本循环运动,促进资本数量增殖。它实际上创造出一种为资本再生产服务的人与外部世界的关系,即把消费作为人与外部世界互动的最重要手段,促使资本化的人格形成。

首先,消费社会无限放大了人的欲望。其引导人们把占有欲和消费冲动看作人之天性,且是最主要的天性,把高消费(过度消费)和消费自由(无度消费)视为无法避免的合乎根深蒂固的人性之举。其在逻辑上证明了非理性消费的合理性、自然性,认为这是社会发展的规律。以这样的逻辑来思考消费社会的发展,人们就会发现现代社会是多么充分地满足了人们天生的消费欲望,和以往相比,这个社会显得多么富饶和自由,有不计其数的商品等待着消费——确切地说是浪费:如果人们对每一件商品都合理使用,耗尽其使用价值才更换的话,那么就不能充分地刺激再生产了,所以浪费是必要的;而消费社会中人们往往并不在乎商品真正的使用价值,更加在意其符号价值,追求昂贵、新奇、华丽,追求炫耀价值,追求展示属性,追赶时髦,喜新厌旧,这才促进了浪费。在消费社会,物尽其用显得寒酸吝啬,铺张浪费反而更符合时代价值观。于是,在这样一套逻辑下——须知道,这样的毫无节制的花销浪费在从前是不可能实现的——人们就会去选择、认同、赞美和支持消费社会,认为是消费社会使我们能充分地享受当下,正所谓"不求天长地久,但求现在拥有"。如此,资本再生产体系得以巩固,资本所代表的私人利益得以维系,符合资本利益的社会关系和社会结构得以持续地再生产,资本主义系统得以"可持续发展"。在这里,消费社会无限地夸大了人类正常的物质需求,将其转化为对商品的强烈欲望,保证了资本加速运动,在加速运动中加速繁衍增殖。

其次,处于资本逻辑之下的消费社会具有歪曲性与欺骗性。它从始至终都在极力地误

---

① 〔俄〕陀思妥耶夫斯基:《死屋手记》,曾宪溥、王健夫译,北京:人民文学出版社,1981,第202页。

导人们的价值观,以物的价值衡量人的价值,把人的价值归结为占有物质财富的多寡;把对生活意义的追求消解,推崇资产阶级式的高消费生活方式;把消费看作万能的,使人们误以为通过消费就能实现自由、平等、民主,就能实现一切的价值追求。① 进一步说,消费社会把所有社会问题的解决希望都归结到满足人的消费欲望上,认为所有的社会问题都可以通过消费获得解决,成功地掩盖了社会矛盾,强化了人们对当下社会的信心,进而鼓励人们通过消费提高个人地位,实现人生幸福。在这样的社会中,顾客可以永远高居"上帝"之位,因为"上帝"正是被资本利用的赚钱工具。在资本面前,"个人臣服于经济目的,成为实现它的一种手段,这是基于资本主义生产方式的特殊性的,它使积累资本成为经济活动的目的和目标"②。

再次,消费社会在夸大了人的正常需求、遮掩了社会的深层矛盾以外,更扭曲了人格,异化了消费者,使这个社会中的人们呈现出资本化的畸形人格。这主要表现在:第一,金钱和财产成为判断事物价值和个人成功的主要标准;第二,消费被认为是自我实现的最佳渠道;第三,手段(金钱、物质、消费等手段)取代目的成为人们奋斗的终极目标。这一切都完全符合资本逻辑。深入地看,资本为了无限延伸其增值链条,将所有事物的质性价值一律换算成交换价值,以便统统纳入其自身增值轨道,这就是西美尔所说的"事物在一种完全没有色彩的、不具有任何专门意义上的规定性的交换手段身上找到了自己的等价物"③的价值夷平过程。同时,也开启了韦伯描述的"目的合理性"向"形式合理性"转变的进程,即把注意力从人本身转移到经济生产的进程,并以资本的逻辑赋予了这一进程合理性。它改变了人与外部世界的关系以及人看待自我、看待世界的基本方式和态度。无论当事人自觉自愿与否,只要置身消费社会之中,就无法逃避消费主义话语施加于其生活方方面面的强大影响,使其只得认同消费主义,与最普遍的社会公众达成并共享这一共识,否则,哪怕最寻常的日常交流也无法完成。这必然导致人对价值和意义的判定发生重大变化。人的价值被定义为"对资本提供服务"以促进资本增殖的被利用价值,而生活的意义即在于无限地攫取商品价值、占有资本财富,这便是人格的资本化。

总而言之,消费社会塑造了一种愈益普遍化的价值观——"我买故我在"(芭芭拉·克鲁格)——这显然是对笛卡儿名言"我思故我在"的一种径直延伸。如果说笛卡儿是在强调理性作为个人独立的基础,那么芭芭拉·克鲁格则强调,在资本主义社会,这种理性得以落实的一种基本的社会形式,就是个体通过理性的经济行为对自身利益的自由追求。这便是倍受自由主义思想家推崇的:消费者的权力是个人自由的集中体现。④ 且不去考虑个人的消费行为是否真的自由,是否真的不受任何外界因素(社会文化、阶级趣味、流行时尚、广告传媒等)和个人经济承受能力的支配和左右,且不去管消费者事实上是多么疲于奔命地追赶消费潮流,透支个人账户和应付购物高峰,也许当消费者不知不觉地沦为各种资本控制力量的俘虏时,还不如说"我买故我不在"更确切些。⑤ 但无论如何,这套"我买故我在"的资本逻

---

① 参见鲍金《揭开消费主义的意识形态面纱》,《马克思主义研究》2013 年第 11 期。
② [美]埃里希·弗罗姆:《逃避自由》,刘林海译,北京:国际文化出版公司,2007,第 61 页。
③ [德]西美尔:《金钱、性别、现代生活风格》,顾仁明译,上海:华东师范大学出版社,2010,第 35 页。
④ 参见赵玲《消费身份建构意义的伦理批判》,《毛泽东邓小平理论研究》2006 年第 3 期。
⑤ 参见孙春晨《符号消费与身份伦理》,《道德与文明》2008 年第 1 期。

辑,强加给每个人一套基本价值体系——物化价值体系——这在马克思主义政治经济学理论提及的"商品拜物教"中已经得到深刻揭露,这其实是一种"异化"过程,使人受物品之奴役,丧失了自我,剥夺了人的批判意识和批判能力。而西方的另一位重要思想家马尔库塞同样从"物化"角度对消费文化进行过犀利批判。他认为这其实是资本主义社会实施"额外压抑"的一种重要手段。它在需要层面对人进行"再结构",制造出大量"虚假需要",并把这些"虚假需要"强加于人,使人永远逃不出被物品、被资本牢牢控制的体系。一旦个人陷入这种物质上的"虚假需要",便把自身与商品体系一体化了,这集中表现为"需要的一体化",于是,否定这个既有体系无异于否定自身,这样商品与资本便彻底地使人被奴化。也许今天的人们拥有太多的消费品,表面上过着一种安逸的生活,但这种安乐必须建立在痛苦的基础上——资本主义社会强加给个人"虚假需要",并强迫个人必须通过它所提供的方式去满足这些额外的需要——人们已经完全是"为了商品而生活"。不是商品为了满足人的需要存在,而是人为了使商品得到消费而存在。我们生活在如此荒诞的人与商品关系完全颠倒的世界中,消费社会的逻辑是商品生产和资本增殖的逻辑,这个社会的生产和消费绝不是为了人的全面发展,而人却无处可逃。① 况且,消费社会不仅正被各种说辞解释得合情合理,更被无处不在的媒介宣传得深入人心。消费主义已经进入大众的深层意识之中,消费已经成为大众社会的价值判断标尺。这种价值标尺造就了格外强调对物质财富的占有的生存逻辑,并形成一种指导性的生活理念:要求通过高额消费来体现人对社会的索取(而非贡献),强调人生过程即是一个不停消费的过程。这样便形成了一种资本化的人生观,倡导幸福生活的定义就是自由选择自己喜欢的东西,即随心所欲地"买买买"。当这种观念广泛而深入地渗透到社会各个层面,通过消费的形式不断呈现和反复固化,最终内化为大众社会心理时,其便具有了权利属性,成了权威逻辑;当消费主义赋予高消费的生活方式一种令人羡慕的内涵,并将这种生活方式作为范例树立起来时,资本逻辑便完成了对于消费社会的控制,资本增殖的动力就将无限增强。

二、消费社会的消费文化

1. 消费社会的文化特征

消费社会有哪些鲜明的特征呢? 是什么让我们将当下的消费与此前的消费区别开来? 是什么使消费社会呈现出与以往截然不同的消费文化? 理解消费社会的诸多特征,可以帮助我们更好地理解当前文化产业的社会环境。通过归纳前人的理论和观察当下的社会,可以概括出消费社会的如下一些特征。

第一,消费侧重于商品的符号价值。符号价值是新的消费文化的核心。所谓符号价值,就是指物或商品在被作为一个符号进行消费时,是按照其所代表的社会地位和权力以及其它无形的文化因素来计价的,而不是根据该物的成本或劳动价值来计价的。这点首先由法国社会学家鲍德里亚提出,在《消费社会》中,他认为,正是这个庞大的"物的符号体系"的构

---

① 参见于萍《工业社会的困境与人的需要的异化——马尔库塞虚假需要理论分析》,《北京交通大学学报(社会科学版)》2011 年第 4 期。

建,使得我们处于一个被物包围的环境,"物的形式礼拜仪式"被建立起来(这早在马克思主义政治经济学理论中就被表述为"商品拜物教"),这揭示了"大型技术统治组织是怎样引起无法克制的欲望,而且又是怎样创建了用以取代旧的不同阶级区分的新的社会等级"①。于是,一个新的神话就此生成——"洗衣机被当作工具来使用并被当作舒适和优越等要素来要弄。"而消费者所关注的不是前面的"工具",而是后面的"要素"。在消费社会,具有舒适、优越等意义要素的洗衣机可被许多物品替代。于是,无论在使用逻辑还是在符号逻辑(象征意义逻辑)里,物品与其功能之间的明确联系都在丧失。② 确切地说,物品所对应的逻辑和以往完全不同,这是一种消费社会的逻辑,也是消费欲望的逻辑。这种逻辑把物品"当成了既无意识且变换莫定的含义范畴"③。人们的消费需求,从对物的需求过渡到对物背后的意义的需求,看似只是迈过了一道"意识的门槛",事实上这一步却非同寻常:这一步跨越改变了消费需求的关系和属性。正是基于这一认识,并把这一认识转化为一种社会常识,鲍德里亚遂能建立起消费社会的理论大厦。在这一理论框架之内,消费者对于商品的象征意义、品牌标识等的重视程度远胜于实用功能,这种心理并不能简单归咎于个人虚荣心作祟,而是一种社会心理机制所致,个人心理只是这社会心理系统的一部分。这种社会心理便是卡西尔在《人论》中所说的"必须转变'人是理性的动物'为'人是符号的动物'"。所以鲍德里亚在《物的符号体系》中以不容辩驳的口吻说道:"从一开始就必须明确指出,消费是一种积极的关系方式(不仅于物,而且于集体和世界),是一种系统的行为和总体反应的方式。我们的整个文化体系就是建立在这个基础之上的。"④

第二,消费文化成为一种新的社会规训,并起到社会整合(社会关系再生产)的作用。作为消费社会派生物的消费文化,割裂了与对传统社会文化系统的传承关系,其遵循的法则是商品法则,把日常生活置入商品符号化系统之中,这与上述"物的符号体系"的构建是一脉相承的。物品取代了文化,"物的符号体系"消解了传统社会中对于形而上的文化的尊崇。⑤这个体系不是封闭的,而是开放的;不是预设的,而是充满歧义,富于无限解读的可能性的。尽管如此,这种意义的多元性却并不鼓励消费者发展个性,消费这一行为本身不是要增加多样性、发展差异性,而是要收编差异性,归并和集中为一种价值取向,形成马尔库塞所说的"单向人格"⑥。这就是列斐伏尔所说的日常生活"风格和指涉消失",陷于"数量化"和"同质化",趋于"永恒的、全面的异化"。⑦ 对此,鲍德里亚认为:消费领域的混杂多样只是表面现象,看似给个体提供了各色各样的商品选择,使在大多数时候和大多数场合都受到规矩约束的被压抑、不自由的普通大众,终于可以在私人范围内稍稍体验自由和自主。而本质上消费

① [法]让·鲍德里亚:《消费社会》,第13页。
② Jean Baudrillard, *Symbolic exchange and death*, translated by Iain Hamilton Grant, with an introduction by Mike Gane (London, Thousand Oaks and New and Delhi: SAGE Publications, 1993), p. 172.
③ [法]让·鲍德里亚:《消费社会》,第19页。
④ [法]让·鲍德里亚:《消费社会》,第5页。
⑤ 参见张再林、鲁杰《物·符号·身体:鲍德里亚〈物体系〉的关键词解读》,《中南民族大学学报(人文社会科学版)》2014年第3期。
⑥ [美]马尔库塞:《单向度的人——发达工业社会意识形态研究》,刘继译,上海:上海译文出版社,2018,第3页。
⑦ [法]亨利·列斐伏尔:《日常生活批判(第1卷:概论)》,叶齐茂、倪晓晖译,北京:社会科学文献出版社,2018,第48—49页。

也是一种社会规训——"消费是一种主动集体行为,是一种约束、一种道德、一种制度。它完全是一种价值体系,具备这个概念所必需的集团一体化及社会控制功能。"①消费社会就是培训、驯化消费者的社会,这种社会规训体系完全与资本主义经济体系相一致,资本不仅垄断了商业,也"垄断"了人的头脑。在消费社会的消费过程中,有一种支配性的力量存在,去维护"物的符号体系"和消费者的"拜物信仰",从而巩固资本主义经济秩序,确保这种社会机制长期运行下去。②可见,消费文化是一种新的社会规训力量,更是一种阶层分化、社会关系再生产系统。这种新的规训系统是非正式、非官方、非制度化的,与传统的政府机关、社会团体、公司、学校的规训系统完全不同;其规训法则源自经济和市场运行的法则,规训手段是诱导人们进行商品消费、服务购买、信用透支等,并不断强化消费者的消费欲望,使消费成为新的社会信仰和价值认同要素,以此形成一种新的道德约束。这种新的规训系统既非强制,也没有明确的教条,却往往更有威力,它利用经济和市场法则操控了整个社会的文化语境,因此也操控了整个社会心态。可见,消费文化作为一种温和的规训系统,模糊了人们对规训的认识,导致人们无法识别其规训本质,尤其是这种文化规训深入日常、深入情感,更使人难以抵抗。只有认清其真面目,才能真正保持对这价值观一维化的社会的警惕和批判态度,才能真正持有个性。

第三,消费社会呈现出非理性特征,浪费取代了消费。当我们置身于城市的购物大军之时,当我们往来穿梭于琳琅满目的货架之时,当我们成为网购"剁手党"无法按捺"买买买"冲动之时,当我们疯狂透支信用卡和"花呗"额度,为了买一件梦寐以求的商品做好"吃土"准备之时,你会发现我们所处的社会是多么不可思议。消费如同魔法一般使人着魔,消费成为我们生活的"最大日常"。今天的社会景观越来越由交通拥堵、购物人潮、柜台前的长队、节假日客流高峰、围观哄抢等景象来组成,到处充斥着商品和物欲。尽管在这个熙攘拥挤的社会中消费也许对于每一个消费者的身心都是一种折磨——在一次次"败家血拼"时,需要坚强的心脏承受力;在排队和等待时,需要绝佳的忍耐力;在无止境地逛街和挑选时,需要十分强健的体力——在中国近几年的"双十一"中,疯狂消费甚至成了高血压、心脏病、脑梗猝死等的直接导火索。但人们仍旧乐此不疲,为这个发达商品社会所营造的激动人心的商品奇观所打动,准备随时头脑发热,一不小心就掏空钱囊。这就是这个社会营造出来消费景观,用德波的话说,"景观就是商品完全成功的殖民化社会生活的时刻"③。置身于这样一个被消费景观包围的空间中,今天的消费呈现出完全的非理性特征:一方面,消费并不出于实际需要,更多是出于一时冲动;另一方面,消费的意义可能既不在于对使用价值的消耗,也不在于对符号价值的占有,而仅仅在于付钱的那一刹那,消费已不需要什么理由,仅仅就是消费。当然,这种非理性的消费是符合消费社会的资本逻辑的。如果今天的消费还处于理智控制之下,那就不可能出现如此壮观的消费景象,就不可能强有力地刺激资本生产体系,就不会形成如此丰盛的商品社会。

伴随着这种非理性消费出现的,是浪费取代了消费。在强大的消费欲望控制下,时尚即

---

① [法]让·鲍德里亚:《消费社会》,第79页。
② 参见[法]让·鲍德里亚《消费社会》,第67—73页。
③ [法]居伊·德波:《景观社会》,第4页。

浪费,时尚即喜新厌旧,极大的丰盛只有在浪费和对奢侈品的追逐中才呈现出来。这点早在凡勃伦的《有闲阶级论》中便有所体现,他以"金钱的竞赛""明显有闲"和"明显消费"等来描述这种生活状态。鲍德里亚在《消费社会》中举了许多典型的浪费例子,并指出:"'豪华的、高尚的'浪费被大众传媒推到前台,从文化上只是进一步促进了一种直接纳入经济过程的更为根本、更为系统的浪费。"①消费社会中的产品,其存在时间并不依据其使用或可能使用的寿命,而正相反——仅仅取决于其被抛弃的那一刻——产品的"死亡"不断加速,而这又引起了价格上涨的加速。于是,"砸烂你的汽车,保险公司会负责善后处理!"之类标语的出现在这个社会就显得毫不奇怪、理所当然。这是一个鼓励浪费、鼓励商品价值昙花一现、鼓励商品"自杀"的时代。对于这样的社会,引用伯纳德·曼德维尔在《蜜蜂的预言》中的一句名言——"私人之恶乃社会之德"②,再恰当不过。

第四,消费社会中,消费日益风格化,生活呈现出审美化。这点在西莉亚·卢瑞和迈克·费瑟斯通关于消费社会的言说中都有所呈现。"消费风格化"主要是指,在"物的符号体系"构建后,当代的消费主要是意义的消费,是文化渗透的消费。这种消费往往以商品展示的方式实现,类似于凡勃伦所说的"炫耀型消费"。这里,费瑟斯通举了一个显而易见的例子:"一瓶陈年佳酿葡萄酒,也许会赢得极高的声誉及绝对的优越性,这意味着它从来没有被消费过(开过瓶,并被饮用),尽管它又以不同的方式被象征性地消费着(被人长久凝视、梦寐以求、品头论足、照相和拿在手里摆弄来摆弄去),使人获得了极大的满足。"③于是,消费中一直存在着一种"声望经济(prestige economies)"。在这里,许多学者④都认为一种风格化的消费直接彰显了物主的身份,是"阶级身份的象征",显示并加剧了社会分层。因此,"消费文化使用的是影象、记号和符号商品,它们体现了梦想、欲望与离奇幻想;它暗示着,在自恋式地让自我和他人感到满足时,表现的是那份罗曼蒂克式的纯真和情感实现"⑤。紧紧跟随"消费风格化"而来的便是"生活的审美化",这当然是一个后现代语境下的词汇,由于"记号与商品的水乳交融",当下的日常生活呈现为一种商品景观,物象的表征取代了文化的深刻内涵,生活逐渐由一系列富含美学意义的商品符号构成。在这样的社会中,围绕消费这个中心,广告和大众传媒取代了经典艺术与先锋文化,浮华主义再一次取得泛滥式的胜利,传播迅捷的符号和影像充斥着日常生活,视觉文化构建了社会文化之经纬。

第五,当代消费文化呈现出明显的后现代特征,这表现在文化深度模式的消解、大众文化碾压精英文化造成文化失序、消费主义意识形态的全球化三个方面。首先,"消费文化"这个词放在当今社会语境下,即指消费社会的文化。这种社会文化的前提假设在于,符号生产和消费贯穿了消费社会始终,日常消费的实践行为不断强化大众对于消费符号的认同,从而重新组织了经济与社会。消费文化作为反作用于这种经济与社会体系的上层建筑,大力塑造消费主义、享乐主义的人生观、价值观,引诱人们注重眼前快感、追求自我表现、形成自私

① [法]让·鲍德里亚:《消费社会》,第 30 页。
② [荷]伯纳德·曼德维尔:《蜜蜂的寓言》,肖聿译,北京:中国社会科学出版社,2002,第 1 页。
③ [英]麦克·费瑟斯通:《消费文化与后现代主义》,刘精明译,南京:译林出版社,2000,第 71 页。
④ 如:凡勃伦《有闲阶级论》,布尔迪厄《区隔》,鲍德里亚《消费社会》,费瑟斯通《消费文化与后现代主义》,道格拉斯、伊舍伍德《物品的用途》,卢瑞《消费文化》(尤其是对广告风格演变进行论述的那一部分)。
⑤ [英]麦克·费瑟斯通:《消费文化与后现代主义》,第 75 页。

自利的人格、培养"精致利己主义"的生活方式。消费社会是一个以市场和利益为导向的社会,是一个由商品符号构筑的社会,商品要迅速实现自身价值,要不断被消费,这决定了它不可能承载深刻的道德意义与文化内涵,它必须迅速被理解,最广泛地被接受。其次,同样出于消费的这种资本增殖逻辑(必须迎合最大多数人的消费需要,才能在竞争激烈的市场上立于不败之地),于是,妇孺皆知的"下里巴人"取代了曲高和寡的"阳春白雪",当代社会呈现为一个符号泛滥的世俗物质世界,大众文化颠覆了一切经典文化、高雅文化和精英文化。这股文化浪潮迅速与后现代的感官审美、身体纵欲、迷幻式投入、文化碎裂等美学合流,造成了后现代式的文化失序。再次,商品在世界市场上的流通促进了消费的全球化,并引发了全球化的消费文化。一种美国霸权主义式的观点认为,全球规模的消费文化,与美国干扰世界经济秩序的力量的扩张相对应。这就是说,明显带有帝国主义殖民和倾销色彩的消费文化企图成为普遍性文化,它企图摧毁每个国家自己的民族文化。然而,民族文化在内容上抵制一致的、整合的、普遍的、全球性的信仰。在发达资本主义世界主导的全球化消费浪潮中,"'他者'、不同民族的形象,以前并不为人所知,或仅是一些狭隘的固定模式,现在普遍流行开了,这可能会有效地将他者、将全球性环境的意义提上日程"[1]。因此,在后现代主义的语境下,"世界成了一个统一的大区域,不同文化与传统相互竞争的全球性文化影像在这里出现了"[2]。

第六,文化消费比重不断增加。消费社会是一个生产力相对过剩、物质商品极端丰富的社会,这个社会中人们占有空前富余的物质,需要靠浪费来尽快消耗。因此,此时的人们将关注力转移到文化消费上,并且以享受文化为荣。正如凡勃伦所说:"高级学识是金钱文化的一种表现。"[3]相关资料反映,美国和西欧一些国家的文化消费已占到家庭消费的30%左右,并呈现递增、倍增趋势。[4] 就我国的文化消费发展趋势来看,随着人均收入不断增长,文化消费空间进一步扩大,据国家统计局发布数据与相关分析报告反映:"十一五"期间,我国文化消费需求总量从 5000 亿元增长到 8000 亿元;"十二五"期间,我国城乡居民家庭文化消费支出总额突破 10000 亿元,2015 年我国文化产品消费增长超过其它物质产品消费增长 16个百分点;"十三五"期间,我国文化市场建设不断完善,文化供给能力日益增强,文化消费持续增长。此前,有学者以 2020 年全面建成小康社会之目标来衡量,估算人均 GDP 达到发达国家人均 GDP 标准(最新标准,即 2005 年标准,为 10000 美元),文化需求将占个人消费的25%—35%,文化消费总量将达到 40000—50000 亿元。[5] 可见,我国文化市场拥有多么巨大的潜力。进入"十四五"时期,我国经过爆发于"十三五"期末的新冠肺炎疫情大考,文化消费虽有所波动,但整体向好的总趋势不会改变。

正是以上这六点构成了我们今天所处的这个消费社会的独特含义。这是一个与以往截然不同的社会,就是在这样一个社会中,大批量的生产指向生活消费,指向了服务、娱乐和休闲消费领域,符号商品、文化产品的生产正急速地增长,加之影像与信息的传播更是比以往

---

① [英]麦克·费瑟斯通:《消费文化与后现代主义》,第 85 页。
② [英]麦克·费瑟斯通:《消费文化与后现代主义》,第 86 页。
③ [美]凡勃伦:《有闲阶级论》,蔡受百译,北京:商务印书馆,1964,第 13 页。
④ 转引自范广垠《当代欧美消费文化的持续演进及其启示》,《同济大学学报(社会科学版)》2015 年第 5 期。
⑤ 李凤亮、宗祖盼:《中国文化产业发展:趋势与对策》,《同济大学学报(社会科学版)》2015 年第 1 期。

任何时候都更快更广,符号的表征与夸示作用也就比以往任何时候都更强大,更有力地推动着消费文化的再生产。

2. 消费社会与文化资本

如上文所述,这个社会之所以成为消费社会,很重要的一点是因为商品的符号价值远远超过甚至覆盖了商品的使用价值。而符号价值正是镶嵌在商品中的文化资本所反映出来的一种使这个商品和别的商品区别开来的特殊意义。正是这种无形的文化资本和有形的物质结合之后,才使物拥有了独一无二的文化意义。

对物的文化意义的研究,构成了消费文化研究的中心一环。[1] 在对消费文化的研究中,运用符号学理论和方法,对符号和符号系统意义的生产和传播进行探寻,是该领域研究的通行做法。罗兰·巴特(Roland Barthes,1915—1980)是启用符号学研究方法的先驱。在《神话:大众文化诠释》一书中,他采用符号学方法对食品、时装、摄影、玩具等日常消费进行了"祛魅"。而符号学的创立者索绪尔认为符号的意义有广狭之分。狭义一类较确定,即"明示(denotation)";广义一类较含糊,富于情感色彩和联想成分,被称为"暗含(connotation)"。例如,可口可乐的"明示"性质在于它作为一种特殊的饮料,与绿茶、牛奶、果汁等其它饮料有着明确差异,这种明确差异使其在食物符号系统中获得了确切语义;而在另一个符号系统,尤其在民族文化这一符号系统中,可口可乐则代表着"美国文化""快餐文化""自由主义"甚至"美国文化帝国主义"等意义,这些意义并不是字面上的,也不会在商品表面直接呈现出来,不是准确、严格的意义,却是更深层、内在的意义,隐藏在直观外观(表面现象)之下,体现着某种含义(内在本质)。就是这种"暗含"的意义构成了这个商品的独特文化价值。正是通过混淆"明示"与"暗含"的区别,使原本属于"暗含"的、语焉不详的和文化的性质,转变为商品"明示"的、确定的、自然的性质,从而制造出了巴特所说的大众文化的"神话"。[2] 以化妆品的广告为例,广告通常喜欢请名模和明星代言,将所要推销的化妆品与众所公认的美人并置,把这种当代美的典范融入商品之中。从符号学的观点来看,美人的迷人气质与化妆品之间的联系显然是人为的,而且是任意的,二者之间没有任何固定的天然的联系,而广告却把这种后天的联系转变成了商品的自然属性,强烈地暗示观众:一旦购买此化妆品,你便拥有了明星式的优雅和美丽。这就是巴特所说的"自然化"过程。通过它,原本属于文化范畴的东西转变成了物的自然属性。在巴特看来,这一"自然化"是意识形态操纵的结果,是一种"神话"。通过以上符号学的分析,我们清楚地看到,文化资本是怎样糅合进商品内部,与商品凝固为一体,浑然天成,生产出一系列符号意义。

说到消费对符号价值的侧重,这方面研究的集大成者是法国的著名思想家鲍德里亚。他从符号学的角度对消费下了全新定义:"消费既不是一种物的实践,也不是一种富裕现象学,它既不是根据我们的食物、服饰及驾驶的汽车来界定的,也不是依据形象与信息的视觉与声音实体来界定的,而是通过把所有这些东西组成意义实体(substance)来界定的。消费是在某种程度连贯性的话语中所呈现的所有物品和信息的真实总体性。因此,有意义的消

① 参见罗钢《西方消费文化理论述评(上)》,《国外理论动态》2003 年第 5 期。
② 参见王青《能指的狂欢:罗兰·巴尔特的意义》,《江淮论坛》2006 年第 3 期。

费乃是一种系统化的符号操作行为。为了构成消费的对象,物必须是符号。"①进一步看,这种对商品符号价值的消费最大的特征就是象征性(表征性),即通过对商品的消费来表征个性、品位、生活风格、社会地位,借此寻求社会认同。在这点上鲍德里亚与社会学家维布伦提出的"夸示性消费",凡勃伦所说的"炫耀型消费",以及费瑟斯通通过葡萄酒举例说明的"象征性消费"等等不谋而合,看来多数学者已经在将"展示"作为基本的消费方式方面达成了共识。再次引用鲍德里亚的话:"流通、购买、销售,对做了区分的财富及物品/符号的占有,这些构成了我们今天的语言、编码,整个社会都依靠它来沟通交谈。"②

在上面这句话中,需要尤其注意到的一个词语是"区分"——商品的符号价值在于其"示差性",即通过符号显示与其它商品的不同。商品的符号价值通常有两个层次:一是商品本身的独特性符号;二是商品被人为添加的文化意义,或社会象征性——这分别对应着上面所说的"明示"和"暗含"两个层次。前者指商品的性能、包装、外形设计等外观上显而易见的直观的差异;后者则潜藏在商品的品牌(是否名牌)、价格(昂贵或廉价)、交易地点(高档商场或街头集市)、产地(进口或国产)、制造公司(包括公司文化、历史,所代表的民族国家等)等要素中。而且,这两个层次并不完全独立,往往相互交叉,如"品牌"也可罗列在第一个层次中,因为这也是显而易见的,而性能、包装、外形设计等又都可以列在第二个层次中,表现为"是否含有最新或独特功能""是否奢华包装""是否最新款式"等。这再次从另一个角度解释了商品的这两重符号价值的相互转换、相互渗透的意义(尤其在消费社会中)。但无论一件商品的符号意义有多么复杂,其对消费的刺激之处只在于"差异",而这种差异在很大程度上是由注入商品的文化资本的差异造成的。

若从布尔迪厄的理论来说,那么他划分的人格化的、物态化的、体制化的三种文化资本,在商品的生产中,正分别对应着设计人员的艺术风格和审美倾向、商品中蕴涵的科学技术和知识文化(主要是文化商品)、从业人员的学历水平和教育程度,而这些都直接影响着符号意义的生成,影响着商品的生产与销售;若从文化经济学对文化资本的理解看,文化资本是文化资源在经济生产领域的活化,那么商品中的文化资本则体现为其中包含的民族风情、历史意蕴、传统文化等,当这些要素参与到商品生产的过程中时,将更加显著地突出其符号的差异。因此,消费在符号的意义上紧密地同文化资本结合了起来,正是这种符号消费在相当大的程度上为文化差异提供了展现的平台,为文化差异转化为文化资本创造了条件。可以说,"文化资本的象征性功效的最有力的原则,无疑存在于它的传递逻辑之中"③。

如果说上述还是就普遍领域的消费而言,我们已经看到文化资本借助商品的符号价值对消费的巨大作用力,那么在文化领域的消费——这是一种直接关联于商品文化含义和文化含量的消费——含有何种文化资本、含有多少文化资本都将更直接地对消费起到决定性作用,文化商品中文化资本的"特异性"和"含金量"都与该商品的命运息息相关。而在今天的消费社会中,消费的一大趋势就是文化消费愈加兴旺,成为一大消费热点。文化消费者不仅关心自己占有的文化商品数量,更关心每件文化商品的独特性,以及其文化含量。以对电

---

① 罗钢、王中忱编:《消费文化读本》,北京:中国社会科学出版社,2003,第69—70页。
② [法]让·鲍德里亚:《消费社会》,第112页。
③ 包亚明译:《文化资本与社会炼金术——布尔迪厄访谈录》,第213页。

视电影的消费为例来说明：每个观众都有自己特殊的观赏趣味与审美品位，有些喜欢悲情片，有些喜欢喜剧片，有些喜欢动作片，有些则喜欢动画片；不同文化背景、不同学识涵养的人在选择影视节目时，有些偏向"雅"，爱看文艺片、文化类节目等，有些偏向"俗"，爱看大众类影片、娱乐类节目等。这充分说明了文化资本对于文化消费的显著意义。另外，尽管当消费和文化相结合时，文化商品为了迅速推广、加快生产速度、扩大利润空间，不免倾向世俗化、大众化，但同时消费社会也培养了消费者对符号所体现的差异性的浓厚兴趣，培养了消费者识取商品中文化资本的能力，因此大众化中才又包含着分众化，标准化、模式化的福特主义才演化为弹性化、针对化的后福特主义，今天的消费社会才呈现出丰盛富饶的景象，今天的文化市场才展现出百花齐放的景观。

上面主要论述了文化资本在对商品符号价值的生产和诱发消费中的重要意义。同时，我们必须认识到，一旦一种或几种文化资本和一件商品的符号价值进行了成功的结合，便能生产出一种"流行符号"，并诱发消费潮流。因为，消费者除了具有求新求奇、挑选差异性符号的心理特征，还存在一种"从众"的心理倾向，而大众文化和流行文化就是由此衍生而来，"赶时髦"也是在这种对某一特定符号价值的相互追随中产生。以流行歌曲为例：当歌曲中的朗朗上口的歌词（文学的）、简洁悠扬的旋律（音乐的）等文化资本与青春、爱情、青年文化等符号意义进行完美的结合时，这首歌曲就会普及流行开来，争相传唱，不仅由于它好听、易学、容易记住，更由于它迎合了一代人的心理，贴和了时代的气质。当然，这首歌中还可能融入一些民族唱腔、摇滚曲风，以增添其独特的文化内涵和鲜明的艺术风格，从而更显见地对某一群人发生迅速的影响。因此，文化资本往往成为商品的一大卖点，和社会潮流的引发点，是它造就了"神话"意味的"传奇"商品，使得一些商品的销售获得巨大成功，实现了消费市场的竞争与淘汰。

以上集中关注商品中的文化资本和消费中的符号意义。下面让我们再次借助布尔迪厄的理论，从社会学意义上来关注一下人格化的文化资本与消费的意义。一方面，人格化的文化资本决定了个体对消费品的选择。因为这种人格化的文化资本（布氏所说的"身体的"文化资本）是以"性情"的形式展现出来的，个人的喜好自然决定了他的选择；同时，不同修养的人对商品的理解程度也是不同的，只有理解的人才会去消费；同样，由于人们掌握的技能不同，对商品的操作能力也不同，只有会使用的人才会消费。另一方面，消费同样也重塑着人，改变着个人的文化资本。经常进行文化消费的人，无疑将得到更大的人格成长，获得更广阔的发展空间；而更深一层讲，消费具有明显的社会整合和阶级划分功能，对人格与人格进行了分类与组合，正所谓"物以类聚，人以群分"，对某类物品的共同消费将人们整合为一个群体。如，对奢侈品的消费将阔绰富裕的人结合为一个集团，这在艺术品的拍卖现场表现得尤其明显：在一个不大的范围内聚集着许多富有的竞拍者，他们共同形成了一个拥有特权的共同体，并互相竞争以显示地位，这和普通商品交换中"一手交钱，一手交物"的情形大不相同，正是这些人代表了一个拥有特殊性情（惯习/习性）的阶级；而这类经常参加拍卖会、购买奢侈品的人一般情况下不会"自取其辱"地去购买廉价货物，因为那无疑降低了他们的阶级身份。由此可见，消费并不简单体现人与物的关系，而体现了人与人之间的社会关系。从消费的分层意义上讲，它也必定具有某种阶级重构功能，当一个人要表明他处于上层阶级时，他只要仿效这个阶级的消费作风，进行"夸富性"消费就可以了；而结合文化资本来说，对高级学识的消费也是一种"夸富性"消费,当一个人的高级学识富余到一定程度时,他就会处于上升阶级(和阶层)并被吸纳到上层阶级(和阶层),从而实现阶级(和阶层)的重构。因此,随着社会的进步和人格的发展,个人文化资本的积累将促使社会越来越热衷于文化消费,这无疑将激励社会的良性循环。

综上所述,消费社会与文化资本之间构成一种双向互动的关系。在消费社会发展的初级和高级阶段,文化消费量的渐增和剧增,在经济学上,是文化产业资本加速增殖,在社会学上,是个人文化资本加倍积累。可以说这是一个"文化创富"的时代,文化创造财富,富于经济价值;更是一个"文化夸富"的时代,文化夸显个性,显示人生资本。基于此,理解当下这个"文化资本时代",更加深了我们对于这个时代的印象。

第五章　消费社会的文化生产与消费

第一节　消费社会与文化产业

一、经典理论的对立态度

1. 法兰克福学派的批判立场

自消费社会、消费文化、文化消费一系列理论产生起,对它的争论就从未停止过。而把消费社会与文化产业相联系,从理论高度进行批判的,最早也是最著名的莫过于法兰克福学派。20世纪40—50年代,该学派学者的理论为消费社会背景下文化生产与消费的进一步研究奠定了重要的基础。他们以批判的眼光来审视那个变化的时代,认为兴起于消费社会之中的"文化工业"生产的主要是大众文化,而大众文化被消费社会背景打上了"商品拜物教"的印记。霍克海默、阿多诺等代表学者对大众文化持精英立场上的否定和排斥态度,这种态度集中反映在他们于1947年出版的《启蒙辩证法》中:在20世纪40年代后,这批德国的知识分子流亡到美国,他们惊讶地发现,这个高呼民主与自由的国度实际上是一个高度垄断的资本主义国家,这儿存在着一种既非法西斯,却对社会具有极大操作力的大众文化体系。他们视之为"文化工业"的产物,并把"文化工业"看作一个依托工业生产模式、利用现代科技手段,大规模复制廉价文化产品,传播统治阶级想要被统治阶级接受的特定文化意识形态的娱乐工业体系。它以电影、电视、广告、无线电广播、报纸、杂志等大众传媒,操纵了社会文化,使得非自发的、虚假的、物化的文化意识形态形成,通过娱乐方式欺骗、愚弄大众,成为弱化思想锐度、束缚进步思想的工具。

国内学者对阿多诺等人的批判理论进行总结,归纳出了以下几个主要论点:第一,文化工业导致文化艺术沦为商品,所制造的大众文化是文化商品化的表现,具有"商品拜物教"特征。在资本主义经济制度下,文化只能成为商品才具有经济价值,必须遵循市场价值规律进行交换,被纳入商品经济的运行轨道。第二,大众文化是一种被批量化、标准化生产出来的同质化文化,这种廉价文化在大众阶层颇有市场,也扼杀了人的个性和创造力,导致社会主体的同质化,从而致使社会的一维化。第三,大众文化是由统治阶级操控的文化,对被统治阶级具有压迫性、宰制性,并且构成了和宗教、政治、法律等同样强大的思维支配力量。大众文化市场上充斥着同一种文化,这本身就是一种意识形态控制,是强行制造精神文化需求与强制消费,剥夺人自由选择的权利。总之,阿多诺等人认为,大众文化是一种巩固资本主义统治的文化工具,其商品化、同质化特征和操控性本质威胁主体自由、压抑主体意识,不利于人的想象力和创造力充分释放,不利于人的全面发展,助长资本主义工具理性,一再削弱一部分精英对于社会的批判声音,更使大众完全不具批判精神,使大众就像煮于温水中的青蛙。①

法兰克福学派在批判以美国文化为代表的社会形态和大众文化方面,重点抨击了"商品拜物教",不局限于物质消费层面,更深入到社会的精神文化领域中。他们认为,消费主义与发达资本主义的媾和使统治阶级(资产阶级)通过推行一种消费模式而推行一种生活方式,并使这种生活方式越来越多地主宰个人的行动和社会的文化。阿多诺说:"消费者不是国王,不是消费的主体,而是消费的客体。"②紧接着,他们提出了"消费异化"的批判命题,认为:"大众消费是生产领域的异化渗透到社会生活和文化领域的结果;现代消费与资本主义生产关系、资产阶级意识形态之间存在着本质的关联,资本主义的统治方式也因此发生了重要的转变,从对生产过程的控制转向了对消费过程的控制,通过这种控制,资产阶级向消费者灌输虚伪意识并操纵他们的行为,从而保证了资本主义的稳定。"③同一时期,马尔库塞作为该学派的重要学者也提出了"虚假需求"和"额外压抑"等批判理论。他们沿着对商品消费的批判逻辑,进而对于"文化工业"所炮制的大众文化和相应的大众文化消费持同样的悲观态度,认为文化商品化是文化艺术的堕落,大众文化不断滋养"单向度"的资本主义意识形态,通过文化娱乐达到愚民目的,掩盖和弱化主体理性,对人格独立与社会自由具有强大的否定性力量。

2. 本雅明的乐观预见

今天看来,法兰克福学派的批判理论未免太过消极,并具有浓重的精英主义色彩。他们忽视了消费文化和大众文化消费对民主理念扩散及文化艺术普及的积极作用。而这点早在1926 年本雅明(Walter Bendix Schoenflies Benjamin,1892—1940)发表的《机械复制时代的艺术作品》一文中就得到了明显的反映。在这篇文章中,他以积极态度地指出了 20 世纪20—30 年代在大众文化领域出现的一个新现象:收音机、留声机、电影的发明引起文化艺术表现形式、文化生产和消费方式变革。艺术品可以批量化复制生产,而再也不是"一次性"("现场性")或"独一无二"的了。这就要求文化艺术开辟更大市场,不能停留在被少数权贵和富裕阶层进行垄断性消费的水平上,而是要走向大众市场,实现普及。于是,文化艺术越来越为大多数人所共享,收获了更广泛的观众;这也使得艺术家获得了解放,从为上流社会服务转向为大众文化市场服务,创作空间更加广阔,艺术表现更加自由。他认为这是文化的革命和解放,给无产阶级文化带来了新的展示天地,为文化大众化提供了绝佳契机。④

尽管本雅明那时未曾提出"文化工业"或"文化产业",也未涉及"消费社会"和"文化消费"等,我们却可以从他这篇具有乐观态度的论文中看出现代文化产业的生产图景,并从他所说的"为人民所共享的艺术"中看出大众文化消费的热闹景象。应该说,文化产业化和大

---

① 罗钢、刘象愚编:《文化研究读本》,北京:中国社会科学出版社,2000,第 45 页。
② [德]马克斯·霍克海默、[德]西奥多·阿道尔诺:《启蒙辩证法:哲学断片》,渠敬东、曹卫东译,上海:上海人民出版社,2006,第 56 页。
③ 莫少群:《20 世纪西方"消费社会"研究述略》,《淮阴师范学院学报(哲学社会科学版)》2005 年第 2 期。
④ [德]瓦尔特·本雅明:《机械复制时代的艺术作品》,王才勇译,北京:中国城市出版社,2002,第 88—95 页。

众化乃至大众文化消费的兴起,对于整个社会文化的进步发展具有不可抹杀的促进作用。

二、消费社会对文化产业的作用

1. 消费社会为文化产业发展提供了主客观条件

一方面,消费重点的转移是形成独立的文化消费市场的基本前提,是文化产业勃兴的主观条件。首先,前面已经论述过,消费社会的一大特征是消费重点从物质领域转向文化领域,伴随着恩格尔系数的走低,文化消费逐渐成为热点,大有超越物质消费成为主流消费的趋向。在消费社会的初级阶段,大规模的物质消费是消费社会形成的先导,当物质需求得到满足并且出现富余之后,人们必然将注意力转移到文化消费上,消费社会进入高级阶段。从另一个角度说,既然物质财富已被越来越多的人占有,社会的经济结构也越来越平衡,那么物质消费已不再被当作高层次的消费,不能体现消费者的社会地位,于是文化消费超过物质消费成为新的阶级与身份的象征,上升至越来越高的层次,拥有独立的意义。再者,自消费社会形成至今,物质消费市场不断繁荣且消费规模不断扩张,这使得物质商品较为丰富,市场机制较为成熟,为文化消费市场提供了充实的物质基础和现成的市场机制。① 随着消费重点逐步向文化领域转移,文化要素在更大程度上成为孵化消费欲望的独特资源和市场资本,独立的文化消费市场得以形成,促使文化产业在市场需求的刺激下迅速崛起。如今与经济联姻的文化,已不满足于以经济发展载体的面目出现,不满足于对经济进行"文化镀金"——增加文化附加值使得"经济文化化",其本身完全可以独立成为一个庞大经济产业的核心要素,使得"文化经济化",使文化产业成为拉动相关产业和延展产业链的中心产业,最终成为国民经济的支柱产业。

另一方面,消费社会是一个发达的传媒社会,为文化产业提供了技术手段和新型商品,是文化产业勃兴的客观条件。英国学者卢瑞在《消费文化》一书中指出,现代传播技术结合市场营销手段对于消费社会的到来起到了"推波助澜"的作用,这也是现代消费的一个重要特征。② 尤其在文化产业中,发达的大众传媒和吸引眼球的各种媒体形象具有强大的文化传播和文化整合力量。如今的传媒早已不是普通意义上的信息传递媒介,更是社会文化载体和文化塑造技术手段。特别是在消费社会中,传媒能够作为牵引人们注意力、操纵人们消费欲望的工具,并且传媒自身也是一种商品,甚至是文化产业最炙手可热的商品之一。③ 这推动文化产业的发展表现出全新的向度,即传媒产业向度。

2. 消费社会为文化产业培育了庞大的消费群体

消费社会的到来,为文化产业的发展培育了庞大的消费群体。从消费发展史看,在消费社会以前的一段漫长时期中,由于社会工业化程度较低、商品经济不发达,资本尚处于漫长的积累阶段,等待着向发达资本主义和垄断资本主义过渡,那时真正的文化消费者只是少数,文化艺术对于普通大众来说还是奢侈品。而随着技术革命使得社会工业化程度不断提

---

① 参见连连《大众文化消费与我国文化产业发展关系探讨》,《福建论坛(经济社会版)》2000 年第 6 期。
② [英]西莉亚·卢瑞:《消费文化》,第 113 页。
③ 参见陆远《作为空间再生产手段的文化产业——解读文化产业的一种消费社会视角》,《文化产业研究》2008 年第 1 期。

升,批量生产模式普及,以及市场作为资源分配主体地位的确定,文化艺术产品产量大增,价格大降,越来越多的人得以享受到原本可望而不可即的奢侈品。尤其是消费社会进入高级阶段后,大众对于个性化、美学化、富于趣味性、娱乐性,能够彰显个人品位,甚至具有炫耀意味的文化产品的消费需求日益提升,为文化产业的发展提供了直接动力。

再者,消费者文化消费能力的高低、需求的多少制约着文化产业的生产和发展。首先,对于文化消费能力的认识,不应当仅停留在经济消费能力上。固然,人民的经济能力和生活水平在很大程度上制约着其文化消费的能力,限定着文化产业的市场空间和利润额度,经济消费水平和文化产业发展水平基本成正比。但同时,由于对文化商品的消费往往结合着消费者的知识水平、审美水平等,需要消费者有相应的理解、欣赏、联想等能力,消费者的文化艺术修养往往决定了其对于文化商品的消费程度,因此消费者的文化消费能力还受制于其教育水平、接受信息的广度和深度等。在这个物质相对丰盛、文化不断发展的消费社会,义务教育的普及和学历教育规模的扩大使得文化教育水平不断提升,传媒革命带来的文化传播方式的升级使得文化影响力不断提升,这一切都使得整个社会精神文明素质不断升高、文化消费能力不断升高,为文化产业提供了大批合格的消费者。并且,关于人们文化消费需求的增加及其对文化产业的促进作用,上面已经讨论过,这里不再重复。这里需要补充的是,消费者需求的多样性和多层次性决定了文化产品形态的丰富性和层次的高低性。一方面,从消费者享用的角度看,文化产品针对消费者的视、听、玩等不同需求发展出丰富的形态;而从消费内容来看,针对消费者的不同兴趣爱好,文化产品更是千姿百态。另一方面,在文化消费的层次高低上,针对消费者消费品位的区别,文化市场呈现出雅俗共赏的景象;而针对消费者经济能力的高低,文化产业中也不乏专门针对高端消费群体生产的高档文化产品及文化奢侈品,如高级娱乐会所、私人定制旅游服务、昂贵的歌舞戏剧演出等。但鉴于高档和高雅消费的群体有限,成本高昂,文化产业中大众文化产品仍占主流。

三、文化产业对消费社会的作用

1. 文化产业激发新的文化消费需求并推动社会消费的升级

文化产业产生的一个重要意义就是为了刺激文化消费需求,形成一个新的经济增长点,可以说它本身就是为文化消费者度身定做的。多样的文化产品不但能够吸引消费者的注意,引发新的消费需求,创造消费热点,更能提升消费层次,引导消费方向。法国学者阿多诺曾说:"文化产业是把人们所熟悉的传统文化融入了新特质。其产品是为大众消费而特别制作的。它在很大程度上决定了消费的性质并且很大程度上是按计划而制造的。"[①]可见文化产业是以消费为导向的,以生产文化消费品、满足和提升人们的精神文化需求为目标的一种产业。在消费力发达的消费社会中,百花齐放的文化市场总是吸引着人们的目光。形形色色的文化产品充实着人们的精神生活,为人们的休闲娱乐提供了丰富的形式和途径,使人们获得精神的愉悦和心灵的享受。新的文化产品不仅能引发新的需求,更常常成为一个时期

[①] 转引自陈学明、吴松、远东《社会水泥——阿多诺、马尔库塞、本杰明论大众文化》,昆明:云南人民出版社,1998,第23页。

的消费热点,如新上映的电影往往诱发着人们的好奇心,使人们想一睹为快;而新的娱乐方式常常是潮流时尚的触发点。同时,必须注意到,文化产业作为综合了经济基础和上层建筑的产业,其生产的文化产品是一种虽然常需物质载体、传播媒体和技术手段,却以无形的文化创意为核心和生命源泉的特殊商品。其内在的文化价值远高于物质价值,它充实着文化产业的内容,并使文化产品具有知识传播、艺术审美、道德启迪等多种功能。这决定了文化产业既能创造巨大的经济产值,更能引发大规模的社会效应;决定了文化产业应当具备提升消费层次、引导消费方向的作用。这就是我们常说的文化产业中经济效益和社会效益的统一:必须注重两者的良性互动和健康循环,一方的发展不能以损害另一方为代价,从而保证文化产业的可持续发展。并且,由于文化产业"在很大程度上决定了消费的性质并且很大程度上是按计划而制造的"①,所以以长远的眼光看,其社会效益显得更加重要。只有当文化产业培养出消费者热爱文化、欣赏文化的积极兴趣时,它才会获得更大的增长潜力;也只有当文化产业塑造出消费者健康的休闲方式、良好的娱乐心态,并向着构建和谐文化的方向努力时,它才不至于在获得经济利益的同时挤压了文化发展的空间。

文化产业强大的价值增值功能可以为经济提供新的增长点,因而能起到提高广大民众经济能力的作用,从而激发着新的精神文化需求。首先,作为一个经营内容丰富、经营形式多样、占据巨大市场份额的产业部门,文化产业的规模和发展水平不仅与国民生产总值息息相关,还与大量劳动力的安置就业密不可分——不仅关乎国计,更影响民生。而经济的稳步发展和就业岗位增加、劳动者收入提升,增强了更多人的文化消费能力,为文化消费奠定了良好的经济条件和市场环境,势必引起社会整体文化消费需求和水平上升。并且,文化产业具有高度的开放性、融合性、流动性,文化消费往往并不是单纯的文化和服务产品的交易,而是同步触发了消费者对衣、食、住、行等一系列相关产品和服务消费,拉动了经营者开展信息资讯、会务公关、广告宣传、策划设计等一系列商务性的文化消费;尤其是近年来,"文化+"的产业发展趋势显著,大文化产业格局形成,大文化消费态势呈现。文化消费是一种内容丰富的复合型消费。随着文化产业成长为支柱性产业,文化成为一股巨大的经济驱动力,促进多元融合的综合产业链形成,协调多部门经济,从而使文化相关消费获得跳跃式的发展。

2. 作为"符号产业"的文化产业契合消费社会的心理欲求

文化产业构筑了一个通俗的符号世界,这和消费社会的心理逻辑不谋而合。首先,文化商品本身就是一种符号商品,这与当下社会中主流的符号消费——象征消费、意义消费——达成了共识。同时,更加迎合人们心理的是,文化产业和形形色色的文化产品不断地满足着人们各种新奇独特的"体验欲望"。而在消费社会中,这种印刻上个人痕迹的"体验"已经成为人们表达和实现自我的基本方式,成为标示着个人的符号。无论是电视电影或网络将人们带入虚拟的梦幻世界中去寻找一种独属的身心体验,还是各种休闲娱乐提供了一处尽情狂欢、放纵欲望的空间——在这些虚拟世界和狂欢空间中,人们运用文化产业提供的符号进行体验和交流,而这种交流不但是人与人、人与社会的,更是人与自我的。它吻合着人们对于符号所要求的独特性、差异性和象征性心理——人们通过对文化产品的自我体验,最终给

---

① 傅守祥:《文化经济时代:中国文化产业的发展与管理》,《深圳大学学报(人文社会科学版)》2007年第2期。

产品打上个人的胎记,或说"个人的符号";①通过对文化产品的消费,个性被塑造并被展示出来,这正是文化产业与当下的消费实践所具有的内在契合性,使得文化产业对于消费者有一种必然的亲和力。进一步看,文化产业正朝着"体验经济"方向发展,对于公共体验和自我体验,既打造了新的公共空间,又营造了独特的私人空间。和以往不同,这些空间的创造者不是传统意义上的艺术家和作家,而更多是商业设计师、策划师、工程师、技术人员、服务人员等,他们构成一个个"创客"集合;并且这些空间最终被每一个消费者所占据,而消费者也有机会转换角色,成为"创客"集合中的一员。文化产业所生产出的这些新时代的文化艺术消费品为这个现实世界增添了许多梦幻色彩,大众文化商品的流行使得一种乌托邦遐想愈加通俗,使得梦境愈加真实。② 因此,文化产品鲜明的符号特征还使其拥有了"造梦"功能,紧密地契合了现代消费者的心理欲求,使文化产业顺理成章地成为消费社会最具活力的产业类型。

第二节 消费主义与文化物化

一、消费主义促使文化的物化价值体系生成

1. 消费主义意识形态加剧了文化物化和商品化

鲍德里亚在《物的符号体系》《消费社会》《幻象与仿真》《象征交换与死亡》等著作中屡次表达了在商品极端丰盛的后现代社会中通行的"物化价值体系"的观念。他描绘道:"今天,在我们周围,存在着一种由不断增长的物、服务和物质财富所构成的惊人的消费和丰盛的现象。它构成了人类自然环境中的一种根本变化。恰当地说,富裕的人们不再像过去那样受到人的包围,而是受到物的包围。"③最先对文化产业发起批判的法兰克福学派的思想家们也一针见血地从意识形态层面揭露了文化产业的商品化运作倾向所导致的"商品拜物教"现象由物质蔓延至文化领域。他们认为,一旦精神文化领域也被资本主义商业法则控制,文化的生产和消费统统被纳入商品交易系统,受市场价值规律支配,为资本周转和增值服务,往昔文艺殿堂里的文化艺术就只是有着明确价码的商品,其无法估价的文化性和艺术性只会日益丧失。

"在伦敦最繁华的街道,商店一家紧挨一家,在无神的橱窗眼睛背后,陈列着世界上的各种财富:印度的披肩、美国的左轮手枪、中国的瓷器、巴黎的胸衣、俄罗斯的皮衣和热带地区的香料。但是在所有这些来自如此众多国家的商品正面,都挂着冷冰冰的白色标签,上面刻有阿拉伯数字,数字后面是简练的字母 L、S、D(英镑、先令、便士)。这就是商品在流通过程中所表现出来的形象。"④这便是马克思在《政治经济学批判》中勾勒的发达资本主义社会的

---

① Scott Lash, Celia Lury, *Global culture industry* (Cambridge: UK Malden, MA, Polity,2007), p. 126.
② 参见[英]安吉拉·默克罗《后现代主义与大众文化》,田晓菲译,北京:中央编译出版社,2001,第161—162页。
③ [法]让·鲍德里亚:《消费社会》,第12页。
④ [德]马克思:《政治经济学批判》,中共中央马克思恩格斯列宁斯大林著作编译局译,北京:人民出版社,1967,第61页。

商品世界。在这样的世界中,无生命的物抢夺了生命的意义,甚至取代了生命本身;生产力的进步与经济基础的日益强大反而冲击着人类的精神世界,阻碍着人类的全面发展,使人"异化",使人不再为自然生态规律,而是为交换价值规律所制约。

如此这般高度发达的商品社会伴随着资本主义的机器化大工业生产方式而诞生,若从18世纪60年代资本主义世界的第一次科技革命(工业革命)算起,至今已经历了将近两个半世纪。在这漫长的社会历程中,不仅仅是批量生产方式被普及,资本主义世界体系更建立并巩固。其最直接最显见的影响之一便是世界市场的形成,我们今天所说的"全球化"很大程度上是伴随着这种国际自由贸易而来的,正是这种经济的全球化带来了文化的全球化。显然,这是一场由发达资本主义国家主导的涉及经济、政治、文化等各个领域的活动。我们可以将"全球化"进一步命名为"资本的全球化"或"资本主义的全球化";我们正处于"跨国资本主义"①的时代。这个时代强调经济领域的跨国活动,在政治领域是大力推行跨国资本主义,而在文化意识形态领域则表现为,随着跨国商品贸易,西方资本主义国家主导的消费主义意识形态传播到世界各地,尤其在发展中国家,其作为一种优越的生活姿态和价值典范,受到大众推崇。

关于消费主义意识形态,在上一章已有论述。在资本主义社会完成了原始积累,进入发达资本主义社会后,为了防止因生产资料私有制和社会化大生产这一根本矛盾引发经济危机,在与工人阶级的一系列斗争中,资本家不得已做出微乎其微的让步,如涨工资、降低商品成本、推出廉价商品等,从而拉动消费,促进大众消费社会形成,进而促使消费主义意识形态成为主流文化意识形态。为了避免消费疲软,全球资本家的目标对象是包括所有阶级的,尤其对于处于从属地位的阶级,更是极尽所能地劝说其进行超出生理需求和生活需求的消费。其目的实质是将资本积累永久进行下去,以聚敛所有利润,从而确保全球资本主义体系永远运转。② 从资本主义的原始积累阶段过渡到发达资本主义阶段,是一个从"生产型"社会向"消费型"社会转化的过程,同时也是一个从现代社会进入后现代社会的过程。在现代社会中,工业化的生产方式催生了大众消费的第一轮高潮。尽管那时的企业也普遍通过广告宣传、品牌打造、企业形象包装等今天常见的方式传播商品信息、促进市场营销,但生产出新产品,尤其是别家没有的新产品,仍是市场竞争的制胜关键。这个时期,生产和消费基本持平,有时还会供不应求。尽管生产仍是这个时期企业首要的主要目标,但在市场上,消费文化已经开始形成。随着工业化程度的提升,资本不断积累和扩张,消费文化作为资本膨胀的衍生品,在西方后现代社会成为"现象级"文化。渐渐地,现代社会向后现代社会过渡,现代社会的生产属性退居其次,后现代社会的消费属性占据上风。先是中产阶级被上流社会的示范、政府对消费的鼓动、企业生产的丰盛商品以及本身的欲望所驱使,尽情地投身于消费,且西方社会中产阶级群体不断扩大,其消费的示范效应(对于中下层阶级)也不断增强,使得消费规模得到了前所未有的增长。同时,产品质量的提高、媒介技术的发达等也助长了消费文化。消费文化覆盖的领域迅速扩大,消费潮流在时尚界、科技界、文化界、日消界频繁刷新,

---

① 西方资本主义国家的学者站在资本主义全球化的立场上,用各种说法来描述如今的世界,如"全球资本主义""跨国资本主义""晚期资本主义""后工业社会"等,其理论的出发点均是经济一体化作用下资本的跨国界自由流动。

② 参见刘莉《跨国资本的霸权逻辑和变化逻辑——马克思主义流派的后殖民主义的跨国资本霸权思想》,《教学与研究》2009年第7期。

无论在哪,都鼓吹一种以占有、享受、铺张浪费为荣的生活方式,极大地刺激人们的欲望。事实上,消费本就是生产的目的。无需刻意关注如何对付大手大脚地过度消费、如何制止过度侵占和消耗资源、如何化解过量能源被转化为过剩产品的问题,而要认识到,消费作为生产过程的最后一个环节,也是产品生命周期的决定性一环,怎样让消费过程充分完成,让产品"物尽其用",实现其使用价值和符号价值,才是消费社会最值得关注的问题。

2. 消费主义意识形态通过文化商品化得以强化

消费主义的文化意识形态宣称,生命的意义就存在于我们所拥有的物品中,唯有消费才能充分体现我们的生机和活力,为了保持生机和活力,我们必须不停地消费下去。由于"生产型"社会已转化为"消费型"社会,人的角色也由"生产者"演变为"消费者"。那么,下面两个问题随即提出:

(1)文化商品怎样渲染消费主义意识形态?

第一,在发达的传媒社会,商家借助传媒造势,传播各种消费文化,利用绝对的组织和技术优势,采取大众传播和分众传播结合的策略,向最大范围的受众和特定的潜在消费者传播消费价值观,制造消费热点,不遗余力地推销各种产品和服务。当下,巨大的传媒网络重构了现实世界,文化商品中高浓度的思想、信息赋予生活文化的和道德的意义,并且对人们的言谈举止、衣食住行有极大的导向作用,并进一步规定了客观存在的物质产品在消费等级上的文化意义,以耳濡目染、感官刺激、反复说教等方式塑造着人们的精神世界。

第二,按照法兰克福学派的观点,"大众文化所产生的快感不过是一种包裹意识形态的糖衣,当我们沉溺于通俗电影或摇滚音乐提供的感官享乐时,我们便不知不觉地屈从于意识形态的认知暴力"[1]。由于一个社会的主流文化取决于统治阶级的意识形态与价值观体系,既然从国际大环境上看,我们处于由发达资本主义国家主导的全球化时代,无怪乎大量文化商品倾向于宣传资产阶级享乐化的生活方式,而对于普通大众而言,这样的生活方式具有极大的诱惑力;还有不少意识形态相对模糊和传播"普世价值"以及贴近大众生活的文化商品,这仍是从反面安抚从属阶级的反抗心理,达到意识形态控制的一种手段。

第三,塑造偶像向来是统治阶级传播意识形态的惯用手段。借鉴鲍德里亚的观点,这是一个"生产主人公"跌落、"消费主人公"崛起的年代,人们崇拜的无非是商业巨子、娱乐偶像、体育明星、花花公子、投机者与赌徒等,而不再是科学家、文化精英、政治领袖、创业拓荒者,更不是劳动模范、英雄人物等。

第四,应该敏感地关注到通常流行的文化商品并不意味着大众的褒赏有加,而只意味着消费人数的众多。强大的商业宣传攻势以及过多的同类产品,造成了大众文化的"最大公约数"和"最小公分母"状态;[2]加之文化商品对现实生活与社交网络的再造功能,迎合潮流成为社会人必备的生存技巧,再次导致了消费者被动而无奈的处境。

无论如何,属于从属阶级的大众永远处于"被宰制"的文化地位。他们无法掌握文化领导权,永远是统治阶级文化的附庸;而对于文化商品与流行文化的狂热消费正推动着资本主义商品生产的扩张。可以说,跨国资本主义时代的文化商品体系构筑了一个物质欲望极端

---

① 转引自傅守祥《泛审美时代的快感体验——从经典艺术到大众文化的审美趣味转向》,《现代传播》2004年第3期。
② 参见[美]泰勒·考恩《创造性破坏:全球性与文化多样性》,王志毅译,上海:上海人民出版社,2007,第115页。

膨胀的虚拟世界,在法兰克福学派思想家眼中,文化产业体现了启蒙意识形态的倒退,一度复苏的人性被物性取代,人们被束缚在自己编织的"物化价值体系"之网中。

在对于典型文化商品的案例分析中,西方资本主义国家学者常以 ABC 于 1978 年推出的一部描绘富豪家族命运的连续剧 *Dallas*(中译:豪门恩怨)为例,来剖析资本主义商品社会中的文艺作品在引导大众消费主义意识形态上的意义。在叙事手法上该剧作密切迎合了普通观众企图窥探豪门家族中的种种事端的心态,反映了美国著名石油大亨家族的命运变迁,竭力撩拨大众的好奇心,成功地移植了资产阶级的意识形态。在跨国资本主义时代,这种叙事策略屡见不鲜,如影视作品中的"现代灰姑娘"童话、一夜暴富的富豪神话,流行文学中泛滥的情欲等,无不宣扬一种骄奢淫逸、声色犬马的生活方式。可见,这些资本主义帝国中的文化商品通常是"公式化"的,它们剥夺了人民独立思考和认清自身处境的权力,从而达到了资产阶级的"愚民"目的。*Dallas* 的商业文化逻辑是具有普遍性的,不仅在欧美如此,在亚洲等地也是如此。今天,大量肥皂剧都是靠着展示帝王将相和权贵豪富的生活,编织"灰姑娘"式的成人童话和"穷人暴富""底层腾达"的白日梦,虚构惊天地泣鬼神的爱情故事来吸引观众,制造了大批"脑残粉"。

(2)为何文化商品中携带的消费主义意识形态能够大行其道?

在这里,"接受理论[①]修正了对于大众文化理论来说至关重要的心灵操纵假说——文本意识形态含义被公众不加怀疑地接受。公众成员没有被概念化为文化的傀儡,而是被概念化为能够重新阐释主导意识形态话语以满足自身需要的积极主体"[②]。可见,主导意识形态是客观存在的,是一个社会的文化背景。任何对主导意识形态的积极阐释,或认同,或辩护,或反讽,都建立在对其的默认上;反驳或排斥恰恰强化了主导意识形态的主导地位,即"反意识形态"就是"意识形态",造成欲盖弥彰的效果。因此,跨国资本主义时代中消费主义文化成为主流是在所难免的。

再者,根据费斯克的看法,读者世界观的建立,和他们对话语的主观体验密不可分,很大程度上,是话语帮助他们理解外部的客观社会,并强化自身体验。"话语是思考一个社会群体——包括其意义是由文化组织起来的那些领域,例如政治、宗教、科学等——共同面临的特定主题的方式。"[③]因此,文化是社会体验的基础,话语是文化的表达方式,在特殊社会状况下,读者必然受到特殊文化话语的影响。费斯克说:"流行叙事在它们自身封闭的世界中证明了自身作为解释、理解机制的话语的适宜性。"[④]克兰进一步阐释说:"流行文化产生于共识程度很高以至于这种认识被视为理所当然的话语领域中。如果一个文本的话语符合人们在特定的时间阐释他们社会体验的方式,这个文本就会流行起来。"[⑤]换言之,文本的流行程度取决于它与读者间的共鸣程度,这要求其寓意必须适合读者理解他们的社会体验使用的话语。"流行文本向读者保证说,他们的世界观(话语)是有意义的。消费流行文化获得的

① 接受理论起源于文学批评领域。艾伦(Allen,1989)确认了这种研究方法中的三个主要问题:第一,读者是怎样解读和阐释一个虚构的叙事文本的? 第二,减少对文本进行多种解读可能性的文本的特点是什么? 第三,读者对文本的阐释如何受到他或她的社会定位的影响? 该理论取代了确定性解读观念。

② [美]戴安娜·克兰:《文化生产:媒体与都市艺术》,赵国新译,南京:译林出版社,2001,第 113 页。

③ 陆道夫:《试论约翰·菲斯克的媒介文本理论》,《南京社会科学》2008 年第 12 期。

④ [美]约翰·费斯克:《传播研究导论》,许静译,北京:北京大学出版社,2008,第 52 页。

⑤ [美]戴安娜·克兰:《文化生产:媒体与都市艺术》,第 201 页。

满足,是人们从确信他们对世界的阐释与其他人对世界的阐释相一致中获得的满足。"①运用这一理论,就不难解释 *Dallas* 这类电视剧在商品极端丰盛的后现代社会迅速走红的原因。

二、当代中国消费观转型中的意识形态矛盾

1. 消费主义背离社会主义意识形态

以上论述是以全球化影响下资本的国际扩张为背景的,用"跨国资本主义"来描述在开放的世界市场上由发达资本主义国家主导的商品与文化意识形态的流通,即伴随着经济全球化的文化全球化,是当代学者的共识。

由发达资本主义国家推行的资产阶级文化和消费主义意识形态显然有悖于我国的社会主义意识形态,并带有明显的"和平演变"色彩。尽管我国早已建立了社会主义市场经济体制,人们也早已认识到消费不仅是生产的目的,更是生产的前提,刺激消费、扩大需求已经成为经济发展的当务之急,②但消费观转型并不意味着我们可以漠视物欲至上的消费主义意识形态对我国主流意识形态的威胁,毫无危机意识地沉湎于纵欲享乐的生活方式,这正是:不"生于忧患",就"死于安乐"。如何在扩大消费的同时避免消费主义泛滥,是亟待解决的一大问题。当前,必须正视全球化背景下和市场经济体制中我国所面临的"刺激消费"和"消费主义"的矛盾,下面分三个层次论述这一矛盾。

第一,消费主义强调了商品世界及其结构化对于当代社会的莫大作用。这包含双层含义:一方面,就消费经济的文化维度而言,物质商品的符号化过程,体现的是商品超越实用价值扮演"沟通者"角色的意义,即消费建构意义;另一方面,就消费文化的经济维度而言,文化商品的供求关系、资金融通、资本积累、竞争及垄断等一系列市场问题根本上与物质商品并无二致,这使得文化商品化成为常态,消费文化商品成为一种最普遍的享受文化生活的方式。

第二,我国现行的社会主义市场经济是强调商品化的商品经济,是市场在资源配置中起决定性作用的经济,其发展轨迹符合"从短缺经济到过剩经济,从卖方市场到买方市场"③的经济发展规律。市场经济的繁荣必然以商品交换的兴盛为基础,这就要求转变我国人民勤俭节约的传统观念,以各种方式鼓励人民以消费促进生产;而丰富多样的商品也不断迎合着人民群众多层次的物质文化需求,刺激着人民的消费欲求。这种情况对于经济发展有积极的一面,但也对社会主义文化建设提出了新的挑战。由于市场经济的自发调节机制具有盲目鼓励消费的倾向,以及全球化背景下发达资本主义国家文化价值观的输入,作为社会主义经济发展一大精神支柱的艰苦奋斗、自强不息的革命传统和自古以来的中华民族精神气节正在被销蚀瓦解,物质主义、拜金主义、享乐主义大行其道,唯利是图、铺张浪费、不劳而获等思想广泛存在,形成滋长资本主义消费主义意识形态的温床。尽管充分的消费对于保证经

---

① [美]戴安娜·克兰:《文化生产:媒体与都市艺术》,第 202 页。
② 参见童世骏《社会主义市场经济的文化矛盾》,《红旗文稿》2008 年第 10 期。
③ 童世骏:《社会主义市场经济的文化矛盾》,《红旗文稿》2008 年第 10 期。

济平稳运行不可或缺，但是消费主义有悖于社会主义意识形态，会形成不良的社会文化氛围，会导致劳动者贪图利益、不思进取，热衷消费而非生产、向往享乐而非奋斗，会造成投资偏差、失误和资金浪费，因而会对经济发展本身产生消极作用。

第三，随着全球经济一体化，消费文化亦呈现出深刻的变化。首先，资本主义帝国的跨国企业大肆进行市场扩张，贪婪地攫取利润，并成为发达资本主义国家"文化殖民"战略的实践者。其次，迅捷的通讯方式是跨国企业实现产品和文化倾销的技术基础。再次，由于发达国家本土市场的日趋饱和，抢占发展中国家的市场已成为国际大型企业的发展战略。这时，消费主义意识形态的传播就显得尤为重要，有利于鼓动发展中国家的人民购买进口商品。在接受了相同的商品文化所推销的生活方式、文化观念之后，各地市场开始趋同，呈现出全球一体化甚至一维化的时代特征。

不可否认，在全球经济一体化的作用下，发达资本主义国家的价值观具有明显的传播优势。形形色色的文化商品中携带的消费主义意识形态无疑巩固了资本主义世界的物化价值体系，与我国的社会主义意识形态对立，形成了文化资本时代中国语境下的一大文化矛盾。

2. 辩证思考当代中国消费观转型问题

对待上述文化矛盾，我们要辩证思考当代中国消费观转型问题，立足社会主义先进文化促进矛盾向好的方面转化。

首先，避免以消极的眼光看待问题，应当认识到，尽管中国经济发展越来越要求以消费为驱动，但事实上消费社会来临并不排斥生产社会的发展。由于我国经济的迅猛发展，人民生活水平获得大幅提升，社会阶层正不断流动分化：低收入人数的减少，中等收入阶层的扩大，以及高收入者的增加，推动了"橄榄型"阶层社会形成，促进了多层次消费文化的发展。但与发达资本主义国家典型的消费社会相比，我国社会又呈现出购买力不足的状态，这和我国当前社会发展不平衡不充分有关。这种不足，大部分是相对不足，即"比上不足比下有余"的状态；但还有一小部分绝对贫困地区人口、低收入群体的购买力是绝对不足。因此，目前中国既具有"生产型"社会的特征，又具有"消费型"社会的特征。一方面，由于经济发展水平距发达国家还有一段距离，我国仍需大力解放和发展生产力，以经济建设为中心；另一方面，生活水平有一定提高的中国人民受外来消费文化的影响，表现出强烈的消费欲望和对商品的符号意义的追求。所谓"中国目前已步入'内需不足'（'生产过剩'的代名词）阶段"，正体现了购买力相对不足与购买欲望较为强烈这一对矛盾在逻辑上与生产过剩与否并无直接关联，在现实中却可以与生产过剩并存。[①]

其次，注重文化商品的意识形态属性，防范文化生产"去意识形态化"。文化商品是"有意义的商品"，本身具有很强的意识形态属性，对于消费者价值观的形成和意识形态的建构具有直接的影响作用。因此，在生产创造和借鉴引进文化商品的时候，要对于意识形态属性进行严格把关。在当今的文化商品化时代，许多文化产业生产经营者只追求经济效益，而忽视社会效益，导致文化生产存在"去意识形态化"问题，主要表现为"去中国化""去历史化""去思想化""去价值化""去主流化"等现象，必须加以警惕。文化生产经营者要以习近平总书记在文艺工作座谈会上的讲话精神为指引，防范文化生产中的信念迷茫和理想迷失，不让

[①] 参见陈昕、黄平《消费主义文化与中国社会》，《上海文学》2000年第12期。

文化的商品价值掩盖文化的本身价值,不犯精神上"缺钙"的"软骨病",开拓文化生产新境界。

再次,通过促进形成良性文化消费生态,反作用于整个社会的消费文化。文化消费具有丰富的文化意义,所以文化消费对于消费文化具有最直接、最常态、最显著、最持续的反作用力。因此,要促使当前的文化矛盾正态转化,就要引导形成一种积极向上、健康理性的文化消费生态。这一良性文化消费生态应当起到主动筛选文化精品、过滤文化次品、抵制文化垃圾的作用,引导中国民众开展传承文脉、扬弃传统、崇尚科学、关怀人文、陶冶性灵的文化消费,反对崇洋媚外、盲目追星、迷信愚昧、虚荣攀比、无聊消遣等文化消费,形成文化消费"正能量",有利于巩固社会主义文化价值体系和维护国家文化安全,同时倒逼良性文化生产生态形成。

最后,发挥社会主义先进文化的先导作用,消解社会转型期方方面面的矛盾。当代中国社会正处于全面深化改革开放、全方位转型升级时期。这一时期,形势千变万化,矛盾错综复杂。这就需要牢牢把握社会主义先进文化的前进方向,以文化为先导,转变观念、扭转思路。在社会消费领域,就是要以社会主义核心价值观为引领,引导当代中国民众消费观转型。

第六章　文化生产的商品化转向

第一节　文化商品化是大势所趋

一、文化商品化的社会历史进程

1. 文化商品化的现实

此前的论述说明了无论是消费社会还是文化产业，都应当被纳入资本生产和增殖的体系中加以考察。正是这一本质，将这两者紧密相连，并引发了文化生产的商品化转向，即"文化商品化"。

在消费社会，文化艺术作为商品而存在，成为消费对象。文化产业是这一趋势最明显最集中最典型的反映，它符合现代经济体系的运行程序，生产方式是工业化的，经营方式是市场化的，消费逻辑是商业逻辑。[1] 本书已经多次提到，消费社会、文化产业、文化商品都是资本发展的产物，它们遵循着同一个资本运营的逻辑，只不过在这个运营过程中，文化产业和文化商品同时实现了经济资本以外的文化资本的增殖，并由此为产业发展注入了源源不绝的生命力——文化产业实现的是资本的双向增殖；随之而来的自然是文化的商品化，尤其在消费社会的背景之下，尽管一部分不能完全市场化的公益和准公益文化仍然存在，并作为公共文化事业中最重要的部分为社会提供着"文化产品"（相对于"文化商品"而言），然而经营性的、生产文化商品的文化产业已成主流，它不仅能发展为国家的重要经济支柱，更无处不在地影响着人们的生活。无论是对于经济，还是对于社会，它的作用和影响力都大大超过了靠政府和国家引导的内容形式相对单一的公共文化事业，它的传播力度和感染深度是前所未有的。因此，可以说，在消费社会的生产实践中，文化产品已经基本转化成为文化商品，这也完全契合市场经济的普及和深化过程。而文化商品化的实质便是：文化被纳入资本增殖的轨道，成为资本实现自身的一个关键性环节。

2. 文化商品化的起因

追究文化商品化的起因，至少有两个因素与其密切相关：一是商品经济的普及，二是世俗生活的兴起。

---

[1] None，"The Institutionalization of Cultural Commodification: Logics and Strategies," *Current Sociology*，No. 45(4)(1997):39-69.

首先，在漫长的自然经济时代，文学艺术和文化教育一直被少数贵族所统治和占有。那时，努力跻身于统治阶级的传统知识分子耻于与"下里巴人"为伍，也不屑于欣赏民间文艺和手工艺器物，上流社会不认可下流社会的文化艺术。在商业经济形成前的自给自足、自产自用的自然经济环境下，文化的精英化状态是稳定而显著的。随着社会生产力的发展和生产关系的调整，以商品交换为基本特征的商品经济开始出现，并且越来越向广深发展。它取代了落后闭塞的自然经济，占据了经济生活的主导地位，创造了繁荣的商业市场，在这个市场上，不仅有着各式各样的物质商品，更有着形形色色的文化商品。经济生活的商业性质日益渗透到文化领域，文化已不再是文人士大夫聊以消遣、修养身心的自恋式艺术，而成为文化创作生产者谋生的手段，作为商品兜售给顾客，市场成为文艺的最大资助者。这一变化体现了马克思所说的"封建的、宗法的和田园诗般"的传统关系日益被"冷酷无情的现金交易、纯粹的金钱关系"等商业原则取代的过程。至此，文化不再高高在上，而是被纳入商业运营的轨道。世人看待文化的眼光变了，由精英视角转向商业视角，用生意人的眼光进行打量盘算，这必然导致文化方方面面的性质发生改变——文化由被人膜拜走向作为商品展示，由建立仪式感走向注重实用性，由独一无二走向批量复制，由高深玄奥走向普通简单，甚至由"远观"走向"亵玩"，离大众的距离越来越近，充分体现了商业原则对文化的渗透。

其次，尽管世俗生活从来都有，但在很长的一段传统时期里，它被宗教压抑、被礼教管束，人性和欲望得不到解放。在欧洲，直到文艺复兴的曙光打破了漫长中世纪的黑暗，人本思潮逐渐兴起，个人的情感、人格和现实生活才被正视和尊重。彼特拉克说："我自己是凡人，我只要求凡人的幸福。"即表达了"世俗的人格"对"宗教的人格"和宗教禁欲主义的抗拒。而后来的宗教改革运动将超凡的禁欲向世俗的禁欲推进，鼓励一种兢兢业业的资本积累精神，为世俗的物质财富的积累和资产阶级的兴起提供了社会条件，造就了心理基础；到了资产阶级的启蒙运动时，更是将人性的光辉大大彰显出来，呼吁自由、平等、民主、博爱，打破了以往的宗教专制，击碎了封建的政治牢笼，将人追求自由、享受现世的本性从黑暗的压迫中极大地解放了出来；到了后来资本主义确立，资本完成了原始积累，并逐渐由自由竞争向垄断资本过渡；在今天的发达资本主义时期，消费社会已经确立，消费文化成为主流，这是一种建立在世俗欲望之上的提倡享受的文化。而世俗的生活要义即，个人作为价值主体有权选择自己的生活方式，并追求自己认可的利益；在晚期资本主义的消费社会中，人更被当作欲望的主体，超越了理性的主体而存在，也只有当欲望被实现时，人才成为一个有价值的完整的人，才不是一个空虚的被挖空的存在。当世俗欲望被广泛表达，以"消费"为核心的价值观被最终确立，文化最终被作为消费品而存在，充当着人们实现个人价值的代替品，和在生活实践中宣泄自我的渠道，成为一种供人消费的商品，体现着消费社会的"工具理性"。这时的文化绝不是用来崇拜，而是用来赏玩——文化终于由高深莫测的社会精英的专有品滑落向人民大众，从社会的政治意识形态和上层建筑降格为一般商品，成为触手可及的一件"玩意"，并带着某些后现代犬儒的玩世不恭的姿态，包含着"玩物丧志"的意味。并且，文化视角的扩大还直接推动人们参与到文化的商业化生产链条中去：高度商业化的消费社会把身心健全、思想丰富的主体改造为灵魂空虚、欲壑难填的消费者，必须通过消费来填补形同空壳的肉体。于是，工作中的劳动产品转化为商品，人们在工作之余，除了睡觉，所有的日常活动（包括吃饭）都必须围绕资本主义的工商业和服务业运转，尽管这施加了难以消解的"额外压抑"；同时，人的一切需要——从生理的到心理的，从物质的到情感的，从自用的到社交的，从个人的、家庭的到社会的，都只能通过"商品之网"来满足。人们不但身陷"商品之网"，心理上也只得屈服这一网络，并且日复一日地为了给"头脑里的采购清单"付账而忙碌，从"生产工人"转化为"消费佣人"。消费者把劳动收入花掉时，企业主、广告公司、零售商、各级经销代理等就从中获取了利益，由此使人成为商品化的一个有机环节；而由于文化商品更渗透到人的一切交往行为和休闲娱乐中，重塑着社会的文化空间，其覆盖力超强的传播网络无孔不入，所以人们参与到文化商业链中的情形尤其明显，现代人已经成为各种文化商品的填充体。

3. 文化商品化的必然性

以上谈及商品经济和世俗文化显然都是以西方社会为背景，因为，第一，众所周知，中国长期处于封建的农业社会，社会生活主要依赖自给自足的自然经济，商品经济迟迟未能成型，尽管我国明末便出现了资本主义萌芽，近代半殖民地半封建社会形态下的自然经济更受到了巨大冲击，但真正的商品经济是在改革开放后才伴随着自由市场建立起来的，人民才真正享受到了物质与文化商品的丰富带来的便利。第二，与欧洲长期处于教廷统治与宗教禁锢下的社会不同，中国人从来不曾虔信宗教，虽然中国古代几千年的专制政权压迫人民，在文化层面也始终追求高度专制集权，将思想定于一尊，但毕竟不存在神对于人的压迫，只是人对于人的压迫，比之西方古代社会，政治还是相对清明的，社会文化政策也相对宽松，这就使得中国传统社会中世俗文化的气息一直比较浓郁。尽管中国自古有儒家的封建礼教，但这主要是一种士林哲学，是为上层社会服务的，在文人士大夫的阶层广为传播，而对普通百姓和市井文化的影响并不大。因此，即使是在中国古代商品经济不甚发达的时期，中国的文化市场上还是有着诸如杂技表演、说唱艺术、民间戏曲等形形色色的文化活动，但这和西方的文化商品相去甚远。虽然观看这些文艺表演也需要付钱，但那基本是一种维持生计的最低级的营生手段，是在自然经济形态下以保持自足为目标的生产经营方式，根本谈不上资本的积累与再生产。并且其规模也十分有限，在当时的社会生产条件下，根本不可能实现大批量、标准化的生产，不具备我们今天所说的"文化商品"的工业化生产特征。第三，尽管中国的世俗文化发展相对比较自由，我国古代的礼教并不像西方宗教那样严格地控制文化，实行政教合一，但也在一定程度上压抑了世俗空间的成长。如：我国自古"重农抑商"的观念导致商品经济迟迟不能成长，而儒家哲学中"勤""俭"的观念也使我国人民长期贬抑消费；我国传统文化中虽然认可文人士大夫的艺术雅趣，如诗歌礼乐、琴棋书画等，但一直贬低民间的文艺，尤其鄙视卖艺的艺人，"卖笑的戏子"等，这使得中国的民间艺术虽然出现较早，却一直处于底层，无法进入高雅的艺术殿堂，也无法被各个阶级的消费者喜爱。在中国，民间文艺长期以杂耍团、戏班子的形态出现，一般不被上流社会重视；而外国的民间文艺却有歌剧、舞剧等，从平民到贵族都可能成为其消费者，并且往往由贵族或资本家直接出资赞助。另外，在古代中国还难以谈及文化商品，因为，传统的中国士林阶层对某些娱乐性质的文学艺术常常不屑一顾，并以"玩物丧志"的眼光来进行批判，剥夺了文化商品的成长空间。

但在今天，无论是西方还是中国，文化的商品化已成无可辩驳的事实；不管对这一客观现实的非议有多么强烈。早在照相、唱片、电影刚刚出现的年代，本雅明就敏感地察觉到文化工业的开始和即将到来的文化商品化。在他的理论视域中，文化商品化意味着传统艺术品的"灵晕"从圣洁走向消逝的一个过程,当复制品取代了原作,影像代替了真实,流水线生产取代了艺术家个人创作,原作浑然一体的"灵晕"就被彻底解构了。无论在价格上,还是在意义上都与大众更加亲近的复制品的出现,虽然对于大众接受文化艺术不无进步意义,但是也导致了原作的原真性几乎被一笔勾销。以前的那种原真性,包括独一无二的原创性、即时即地性、历史感和年代感、手工质地和人的情感等,这被他看作传统文化艺术的本质属性。他认为,当机械复制艺术品的规模扩大,日渐取代传统的制作方式,原作和复制品之间的界限会变得模糊,特别是在是摄像、摄影这些新型艺术领域,大量复制的照片和无数次拷贝的影片使得传统艺术品的"灵晕"再难闪现。他对于文化艺术的创作生产的新技术、新方式态度颇为矛盾,他不无留恋地告别了传统艺术的时代,并以乐观的态度拥抱了这个大量复制文化商品的时代。在他看来,这种工业化的生产模式兴许是一次文化的解放,它提供了大众的艺术与民主的文化。然而,即便是今天,消费社会越是前进,文化的商品化越是彻底,人们反而越是"发思古之幽情"。人们一边接纳着这个确凿无疑的社会现实,赞美着无比丰盛的消费社会,一边也回首留恋往昔的传统艺术和精英文化,这种情绪在一些知识分子中尤为强烈,就如同本雅明在《机械复制时代的艺术作品》的字里行间流露出的怀旧感和憧憬未来的希望之间难以磨灭的矛盾。以传统的观念理解,文化艺术是人类追逐自由、向往未来、抒发情怀的方式,它的形式是高雅的,它的情感是深邃的,与之相联的是净化①人格、历练人性、陶冶情操等古典道德。尤其在我国,文化艺术长期被作为政治意识形态的敏感话题,悬浮于上层建筑的领域,一旦将文化与资本经营、与商业商品相联,总是十分小心翼翼,谨慎再三的。然而,当社会开始转型,传统社会转向现代社会——传统伦理范式与现代价值理念相遇,古典情怀与世俗风气相逢——在商业经济的推动、新贵阶级的崛起、大众市场的形成等因素共同作用下,精英文化的衰落就成为定局。取而代之的是大众文化,是文化商品的大规模生产。② 正是在这个商品化的社会中,人们的人格发生了扭转,由古典的、和美的、纯粹的、超凡的"阿波罗"型人格向现代的、竞争的、欲望的、世俗的"浮士德"型人格转化。③ 文化再不是"高高悬浮于空中"的上层建筑,文化产品不仅是"曲高和寡""阳春白雪"的高雅形态,而更多的是满足大众娱乐需求和生活审美需求,刺激大众感官和增添生活情趣,从而吸引大众消费的日常商品形态,具有通俗性。这很难说是"文化进化"还是"文化退化",若从经济社会发展规律的角度看,这种文化商品化、产业化的进程与商品经济的步调一致。

认识文化的商品化,必须看到,这是文化艺术自身生产和发展的规律,正如马克思所说:"宗教、家庭、国家、法、道德、科学、艺术等等,都不过是生产的一些特殊的形态,并且受生产的普遍规律的支配。"④

从文化艺术的发展史来看,无论是中国还是西方,文艺生产的商品化倾向古已有之。《史记·范雎蔡泽列传》就记载:"伍子胥……稽首肉袒,鼓腹吹篪,乞食于吴市。"《列子·汤问》也提及:"昔韩娥东之齐,匮粮,过雍门,鬻歌假食。既去而余音绕梁枥,三日不绝,左右以

---

① "净化"即亚里士多德《诗学》所言之"卡塔西斯"。
② 参见鲍金《文化商品化的两个层次》,《内蒙古师范大学学报(哲学社会科学版)》2008 年第 4 期。
③ 参见[美]露丝·本尼迪克特《文化模式》,王炜等译,北京:社会科学文献出版社,2009,第 91 页。
④《马克思恩格斯全集》第 42 卷,北京:人民出版社,1979,第 367 页。

其人弗去。"这些都是较早的、较原始的把文化艺术当作商品进行交换的形式。① 正如上文所提及的,这固然不能被看作文化商品化,但呈现出文化艺术的可交换性质,表现出了一定的商品化倾向。因此,即使是在古代那个商品经济极度落后的时期,文化艺术作为商品出售的情形仍然普遍存在。在我国古代民间社会,世俗文化氛围是比较浓郁的,说唱卖艺、杂要表演是市民阶层所喜爱的文化娱乐项目,是市井文化的重要组成部分,典型的如宋代"瓦子"。"瓦子"即民间文艺娱乐场所,在"瓦子"中,"所演出的技艺包含范围很广,有:小说、讲史、小唱、诸宫调、合生、武艺、杂技、各种傀儡戏、影戏、说笑话、猜谜语、舞蹈、滑稽表演、装神弄鬼等"②。人们在"瓦子"里看戏、听书等,要支付一定的金钱,这实质上是一种文化商品交换行为,是一种文化消费活动。另外,汉代时期,我国洛阳出现过"书肆"这种图书交易市场。并且,在我国历史上,书画艺术向来交易频繁,尽管中国古代文人厌绝言"商",但事实上开展了文化商品交换行为的文人艺术家绝非少数,很多人都对自己的作品明码标价、公开售卖,如:展子虔、阎立本、吴道子等人的作品"每扇值金二万";杨契丹、田僧亮等人的作品"每扇值金一万";唐代大文豪韩愈替人撰写碑铭,要收取润笔费;元代关汉卿、白仁甫等参与"瓦子"的演出。"扬州八怪"这个艺术家群体的出现和艺术作为商品交易有着密切的关系,其中郑板桥就一边做官,一边卖画,并写诗道:"画竹多于买竹钱,纸高六尺价三千。任渠话旧论交接,只当秋风过耳边。"③可见,中国古代封建社会中,文化市场就已形成,文化产品的交换范围不断扩大。

同样的,在西方社会,文化艺术的商品化步伐也从未停歇。早在古希腊时代,就出现了纯粹以商品交换为目的而进行艺术品制造的作坊和个人。④ 尽管在中世纪时期,由于宗教思想对于世俗生活以及工商业的压制,文化艺术商品化的进程一度放缓,但文化艺术作为一种商品进行交换的事实始终是存在的。匈牙利的阿诺德·豪泽尔在《艺术社会学》中就提到,公元11、12世纪,法国北部出现了走街串巷的"货郎担"文学。⑤ 到了文艺复兴时期,艺术的商品交易体系已经比较发达,意大利著名的画家波提切利、米开朗琪罗、提香等都接受私人及宫廷的订货,对于这些职业艺术家而言,很大程度上,艺术就是作为商品来生产的。泰勒·考恩在《商业文化礼赞》中写道:"贝多芬和米开朗琪罗以获利为目的出卖他们的艺术品,是企业家和资本家。伦勃朗经营画廊,雇用其它艺术家,这两个称号也适合他。"⑥而19世纪的巴尔扎克、大仲马等作家无疑也是成功的商人,他们都与出版商签订了大量合同,在文学市场上占据一席之地并获得丰厚报酬是他们从事文学创作的直接动力,并且也只有将作品投向市场,作品才能获得影响力,才能最大化地实现其价值。可见,无论中外,文化艺术作为商品而存在都具有很长的历史。

如果要划分一下古代的文艺交换形式的话,那么大致可以分为三种:一是官方对文化艺术品的收购,如唐太宗命令高价收购前代名家的书法作品,王羲之的《兰亭》《乐毅》《洛神赋》

---

① 参见李涛《商品化:文化艺术生产的必然选择》,《艺术百家》2008年第2期。
② 张庚、郭汉城主编:《中国戏曲通史》(上),北京:中国戏剧出版社,1980,第40页。
③ 转引自李涛《商品化:文化艺术生产的必然选择》,《艺术百家》2008年第2期。
④ 参见贾明《艺术的商品化与大众文化》,《东南大学学报(哲学社会科学版)》2008年第3期。
⑤ [匈]豪泽尔:《艺术社会学》,居延安译,上海:学林出版社,1987,第77页。
⑥ [美]泰勒·考恩:《商业文化礼赞》,严忠志译,北京:商务印书馆,2005,第79页。

等,往往"一本直(值)钱数万";皇帝要看小说,"求之不得,一内侍以五十金买之以进览",这些都是通过商品交易实现的;①二是民间文化艺术市场的形成,如上面所说的宋代"瓦子"中的卖艺活动,这主要源于民众的消费需要,生产娱乐性强,贴近市民阶层的大众文化;三是文人直接参与的文化产品交易活动,如上面所说的中国古代的书画买卖,和西方大文豪、大画家的文学、美术作品的出售;而文人之间的互相往来,交往馈赠,也往往带有相互抬举的色彩,有直接增加其名誉口碑和作品价值的作用。

4. 文化商品化的必要性

无论如何,从历史角度看,文化生产早就表现出商品化的趋势,并随着时代的前进越来越显著。尤其在商品经济确立,市场体制普及并深化的今天,商品交换已经成为社会经济制度的根本特征,文化也概莫能外。丹尼尔·贝尔说:"资本主义是一种经济—文化系统:经济上它是围绕着财产制度和商品生产组织起来的;文化上它是以交换关系和买卖活动为基础的。这一特点几乎渗透到整个社会。"②尽管商品交换的行为古已有之,几乎和人类历史一样久远,但它渗透并覆盖了整个文化生产领域,改变了文化生产的模式和性质,并成为人与人、人与社会进行交流的基础,成为社会关系的决定者,在历史上还是一件新事物,它是随着市场经济的发展而愈加凸显出来的。

我国从计划经济向市场经济转型是一个思想解放的历程,而从开放文化市场到现在大力倡导发展文化产业更是一个了不起的观念转变过程。尽管文化的商品化生产不可避免地导致了形形色色的问题,引发了诸多矛盾,但这不可不说是我国文化生产的一大进步。文化生产终于摆脱了僵化、凝滞的计划模式,终于从政治意识形态的强力笼罩下解放了出来,各色各样的文化商品在市场上自由竞争,繁荣了我国的文化市场,更好地满足了人民群众的精神文化需要。而文化也形成了一条巨大的经济价值链,将文化产业推向经济生产的主流,文化生产力终于被大大地解放和发展了起来。

而从文化艺术被创作被生产的角度来看,商品化也是文化艺术自身的一大要求。

第一,文艺创作者和生产者,如艺术家、文化工作者、文艺经纪人等,他们需要通过商品交换的形式得到报酬,给自己提供生活资料,并进一步拓展创作和生产的空间。

第二,文化商品化不仅有利于社会经济的发展,而且这种市场机制与交换方式也体现了文化艺术本身在生产方式上的进步。文化艺术生产者开始面向广阔的市场进行创作生产,而非为少数权贵服务,他们获得了相对的独立和自由,特权阶层或个人垄断和操控文化艺术活动的现象彻底改观。这使得一大批文艺生产者和艺术家从以往的"恩主制"或"寄食式"的生产交换模式下解放出来,使得他们无需依附某种保护人或团体,成为独立的文艺生产者,从而获得更多的自由,更有利于个人风格的发挥和文艺情感的表达,而文化艺术也回归其本身,获得独立的位置,而不再作为某种意识形态的传达工具或某些机构组织的附庸。因此,"市场经济促进了艺术家的独立性,使其从文化消费者的直接需求中解放出来"③。正是文化商品化与广阔的市场相结合,为文化艺术创意的多样化开辟了新天地——"商业社会的经

---

① 参见李涛《商品化:文化艺术生产的必然选择》,《艺术百家》2008年第2期。
② [美]丹尼尔·贝尔:《资本主义文化矛盾》,赵一凡等译,北京:生活·读书·新知三联书店,1989,第129页。
③ [美]泰勒·考恩:《商业文化礼赞》,第41页。

济繁荣,提供了丰富多彩的专门市场;艺术家在其中能够找到满足其创造欲望的途径。"①同时,面对一个自由竞争的商品市场,大多数艺术家和文化生产者的服务对象都是全社会公众,而不局限于某些团体和个人。文化艺术真正走向了人民大众,在形式和格调上都各异其趣,以迎合不断细分的市场。文化艺术生产者拥有自由创作的空间,消费者也有自由选择的市场。正如马克思所说:"如果说经济形式——交换——在所有方面确立了主体之间的平等,那么内容,即促使人们去进行交换的个人和物质材料,则确立了自由。可见,平等和自由不仅在以交换价值为基础的交换中受到尊重,而且交换价值的交换是一切平等和自由的生产的、现实的基础。"②另外,市场也促进了各个生产者之间的竞争,从而提高了文化产品的质量,促进了文化产品的多样化和多层次化。

第三,文化产品是精神产品,其价值必须通过一次次的消费实现。无论文化艺术产品有无物质形态,其内在的文化含量、文化价值都不是固定不变的,而是浮动变化的,因而其经济价值不是恒量,而是变量。其文化价值是随着消费者的一次次接受、理解和挖掘而得到实现和不断升华的。这个不断延续的动态消费过程,是对文化产品的意义开拓过程,往往优秀的文化产品,由于受到社会的广泛消费,其文化价值生生不息,文化意义也不断变换,而经济价值也相应上升。例如我国的经典小说《红楼梦》,在其产生的年代曾经遭到"封禁",几无人问津,其作者生活落魄潦倒,而一旦被世人的慧眼发现,它便被无数次地解读,被不断挖掘出新的意义,其文化价值和经济价值都随着时间的延长、随着阅读者的增多而不断升值,千百年来经久不衰。可见,只有通过消费,文化产品才有活力,才能体现其意义。在这方面,从接受美学的视角看,"文本"与"作品"是两个不同的概念。前者属于艺术家(或言生产者),后者属于接受者(或言消费者),正是消费者进行解读的过程赋予了"文本"意义,重塑了"文本",造就了"作品"。也就是说,生产的文化产品若无人问津,就还停留在"文本"阶段;只有在消费者那里发挥了其精神作用,它才能成为"作品"。因此,文化产品需要通过商品交换,借助广阔的市场来推销自己,从而扩大它的社会接受面,实现自身的价值,表达本身的意义,并通过消费实现价值增值。

第四,文化的共享性也决定了文化产品需要走向社会。文化作为人类的情感寄托和精神家园,决定了它的共享性质——也只有当被社会共同接纳认可时,它才得以传承延续。由于文化本身是抽象的、无形的,只有当其转化为具体的文化产品和艺术形象时,文化内涵才有了载体和表现形式,文化思想才有了传播可能性,文化特色才得以彰显。因此,生产文化产品是推动文化传承发展的基本手段。并且,文化产品也只有走向社会,向社会与人类的大全体去表达思想、倾诉情感、传播意义时才是有价值的。孤芳自赏的文化艺术作品是注定没有出路的,它只能成为个人自恋的对象,却不会被社会所认识,如同"深闺怨妇"一般,其意义必然是缺失的。即使是被收藏起来,不进行商品交换的文化产品也是在受到收藏家的"赏识"后,实现了其自身价值的;而收藏的过程又往往是一个高价交换,并不断被象征性(展示性)消费的过程。从历史的角度看,富有活力的文化艺术形式,如曲艺歌舞、诗词书画等,都是在社会中不断发展的,并很早就表现出作为商品交换的倾向。可以说,通过文化市场和商

---

① [美]泰勒·考恩:《商业文化礼赞》,第 43 页。
②《马克思恩格斯全集》第 30 卷,北京:人民出版社,1979,第 363 页。

品交换使文化产品走向社会,是最经济、最有效、最迅捷、最广阔的方式,并且最大空间地发挥了创作生产者的潜力。尽管文化产品也可以通过朋友间欣赏、相互展示的方式获得认可,但比起作为商品直接投入市场而言,那样的传播范围实在过于狭小,而产品的价值更不能被充分实现。因此,文化的商品化其实是文化发展内部的一种趋势,文化的产品交换也一直伴随着人类的文化艺术生产历程。正如豪泽尔所说:"艺术作品自古以来就是作为商品而创造的,因为它们中的大部分是为了出卖,而不是为艺术家自己所用的。"①正是当这个内因结合了今天的社会环境——市场经济这个外部条件(外因)时,才迅速形成了文化产业——这个大规模生产文化商品的模式。

第五,文化商品是一种特殊商品,始终存在双重属性和双重价值,即精神属性与经济属性、文化价值与商业价值。相应的,文化生产也要遵循双重规律,即文化发展规律和商业价值规律。今天,文化生产的现状是:文化产业和文化商品化极大地兴盛了大众文化,高雅文化与精英文化似有边缘化的危险,即使今天的文化市场上还存在一些高级文化,那也是经过了商业包装后的,故弄玄虚的"媚雅"而已。既然文化已成商品,再在市场上划分层级高低有何意义?似乎文化价值一旦与商业价值产生碰撞,文化价值必定退居其次,从而让商业价值成功扩张并实现资本增殖。然而,必须澄清的是:文化价值和商业价值并不必然相互对立,而有可能会互相融合、互相促进。尤其在消费社会中,商品的文化蕴涵往往具有符号价值,提高了产品的附加值,文化生产者也大多利用商品的文化价值来吸引消费者;并且在消费者越来越注重个人风格、审美层次越来越高的今天,商品的文化价值必然更受重视。英国学者特里·洛威尔曾说:"在左派悲观主义(主要针对法兰克福学派)看来,文化一旦变成商品,文化生产就必然粗制滥造。他们指出,要求文化产品获得可能获得的最大市场,会导致文化产品苍白、缺少批判性、沦为最低等的大众品味的最小公分母。不过,在马克思那里,找不到左派悲观主义者的理论依据。大家已经看到,资本主义商品生产者必定关心欲望的增加,而马克思把这视为资本主义在历史上的合理性的主要依据。"②对于今天文化生产的商品化转向和文化产业,我们必须正视它,保持清醒的态度,既不盲目乐观,无视现实的问题,也不过分悲观,沉浸于对往日的眷恋。

二、文化商品化的层次

1. 文化商品化表现为狭义和广义两个层次

在探讨了文化商品化的起因和必然必要性之后,让我们来关注一下文化商品化的层次。笔者认为文化商品化是适应了经济文化一体化的发展趋势,可以分为两个层次:一是以文化作为内容来生产文化商品,以满足消费者的精神需求,这集中表现在文化产业中,即"文化的经济化",这是狭义的文化商品化;二是以提高商品中的文化含量、增加其符号价值来辅助商品销售和资本增殖,具体表现为商品的文化附加值,即"经济的文化化",这是广义的文化商品化。

① [匈]豪泽尔:《艺术社会学》,第 119 页。
② 转引自陆扬、王毅编《大众文化研究》,上海:上海三联书店,2001,第 123 页。

　　在文化商品化的第一个层次——这也是最显而易见的一个层次——中，当商品经济大潮席卷社会生活的方方面面，文化生产从组织模式、技术手段到产品形式，和一般商品生产的流程并无二致，其处于商品经济的体系之中，是商业链条上的一环。有形的文化产品在工业流水线上被批量加工制造出来，和一般物质商品的生产过程相近；无形的文化产品在专业组织内通过精细分工和高度协作的方式被创造出来，其生产思维还是工业流水线的思维。并且，尽管文化的生产常常是一种无形的精神生产，需要创作的过程，但这种无形的精神产品最终必须通过物质载体或传播媒介，实现有形化，成为消费者所接受的信息知识产品、影音娱乐产品等，如书刊杂志、图画影像、音乐专辑、游戏程序、影视节目等，从而大批量投向市场，成为市场交易的对象。因此，文化的有形化是文化产品最终形成和被消费的关键一环，也是文化资本转化为经济资本的重要一环。然而，还有一种特殊的文化生产情形，即界于无形的精神创作和有形的实物转化中的一种中间形态，其将创造中的文化产品直接投入商品市场，直接进行商品交换，如现场表演、行为艺术以及互动式、体验式展演。这类文化产品既无物质载体，也不通过文化传媒，也无确定的形式，以其创造形态直接进入交换领域，其创造过程与商品生产同时完成，而生产过程又与消费过程同步进行，当生产结束时，消费也随之完成。这是一种特殊的文化生产方式，也正是由于其即时即刻的创造性，它才具有市场价值。但无论是何种文化生产方式，在文化商品化的第一个层次中，文化产品的生产、加工、销售等都必须服从资本增殖规律，必然受商业规则的支配。在文化产业中，资本逻辑成为文化生产的灵魂，文化产品必须转变为文化商品。这时的文化生产只对资本增殖负责，既不是为了文化而文化，也远离政治的意识形态和上层建筑范畴，与传统的文化生产大不相同。并且，当资本和商业规定了文化的角色时，也决定了文化必须投入最广大最自由的市场，在市场中实现自身价值和带动资本增殖。从积极的一面说，现代化的商业社会的文化市场打破了传统社会中少数人对文化艺术的垄断，使文化艺术成为大众消费品，并推动日常生活美学化；脱离了特权阶级和精英集团的文化成为社会公共财产，更多地参与社会建构。①

　　在文化商品化的第二个层次中，资本从注重商品的实用功能转向强调商品的符号价值，这是和消费社会的发展同步的。商品的生产和销售越来越注重文化内涵，往往借助特殊的美学风格、象征意义、艺术情趣和人文蕴涵等来吸引消费者。这时，商品中的文化元素往往为商品增添了文化附加值。这种文化附加值既是文化意义上的，也直接通过价格的提升、销售量的增加等在经济层面上体现出来，是一种文化资本向经济资本转化的方式。因此，如今的商品生产中，文化含量越来越受重视，IP、设计元素、独特故事、场景体验等文化内容不断赋能商品生产，助力价值增值。典型的例子是广告的演进历程——广告本身既依附于商品销售而存在，又是一个独立的文化商品，它通过文化创意，发挥宣传商品、诱导（甚至误导）消费、提升消费评价、改善商品口碑、建立和维护品牌形象等作用，催化资本运作，在为商品牟利的同时，实现了自身文化资本的增值。上面已经提到过，在西莉亚·卢瑞的《消费文化》一书中，她尤其强调技术性的传播手段与营销手段的结合对消费社会所起的推进作用。以广告这一典型的传播与营销的结合体为例，她从风格上区分了广告发展的四个阶段，分别是：一、1890—1925 年，以产品为本的方法；二、1925—1945 年，产品符号时期；三、1945—1965

① 参见鲍金《文化商品化的两个层次》，《内蒙古师范大学学报（哲学社会科学版）》2008 年第 4 期。

年,突出消费者形象的"私人化"时期;四、1965—1985 年,强调消费者身份和消费方式的"市场分割"阶段。① 同时,通过这个例子,卢瑞还意在说明生活方式与消费的风格化问题,这在上文也略有提及。总之,在文化商品化的第二个层次中,文化往往作为商品凸显其符号价值的重要元素,提升商品原有价值,扩充商品内在的意义,并明确地体现为商品价位和市场定位的走高,使文化资本转化为经济资本并提升资本运作效率。这种商品升值方式为现代企业所普遍热衷。在这一添加文化附加值的过程中,文化或者通过美学的方式直接体现为商品的独特"形象",或者通过对商品文化意义的潜在描述,表达一种文化象征和人文内涵,营造一种特殊的"意象",在更深的层面上诱发消费者的心理联想。而这两种途径又往往结合在一起——通常,一种经过精心设计的独特的商品外形也同时表达了其文化上的象征意义。前者是直观显见的,表现为匠心独运的美学风格;后者是潜在暗含的,但也不言而喻地与消费者的心理达成了默契。无论采取何种方式给商品附加文化价值,在文化商品化的这一层次中,文化始终是作为商业生产链上的一个结构要素而存在着的,是纳入资本循环中的、被资本化了的文化。

2. 两个层次文化商品化的区别与联系

比较看来,文化商品化的这两个层次既有区别,更存在相互支持的联系。

它们的区别表现在:第一个层次的文化商品化是将文化直接转化为商品,使文化成为独立的商品,侧重对文化内容的商业化运作,这就是今天文化产业的运营思路;第二个层次的文化商品化则是使文化渗透于其它商品之中,形成文化附加值,从而促进商品价值的升值和实现,这时的文化既不是独立的商品,也没有独立的价值,而是附属性质的。

尽管这两个层次是明显不同的,但两者之间有着千丝万缕的联系。一方面,文化商品化的第一个层次即发展文化产业,日益成为文化生产的主流。当文化产业所生产的文化商品在规模上日益扩大、在覆盖面上日益广泛,越来越成为人们日常生活的有机组成部分,并越来越构成人们所处社会的文化环境,使人们对其的消费变得自然而然而且在所难免——如今天人们追剧、抢先看片(为防剧透)、时不时地刷短视频、购买"网红"文创产品等——那么,这些文化内容所携带的价值观念必然会渗透入人们的意识,影响人们的言行,这一切都是潜移默化又效果显著的。而在第二个层次上,商品生产者注意到了第一个层次的文化商品化对社会文化价值观的影响效应,有意识地给商品注入流行的文化观念,如热门影视作品所呈现的生活方式常常被商业广告所借鉴。可见,催生商品文化附加值的文化创意往往就源于文化产业所生产的文化商品。另一方面,一般的商品需要利用文化增加价值,更何况文化商品本身呢? 从文化商品的创意酝酿、构思设计、包装宣传到推向市场,再到被传播、被消费,没有一个阶段能够脱离了文化内容本身的。因此,文化内容是文化价值的源泉,是文化商业运作和文化资本增殖的依据。文化产业本质就是内容产业。

综上所述,在商品经济和市场机制的社会经济背景下,文化生产必须也必然向商品化转换,文化产业是当今社会文化生产的主流。在这样的客观趋势之下,即使是传统文化也企图通过商品化的生产来拯救和振兴自己,只有一小部分非商品化的文化还被保留在公共文化产品领域,靠政府扶持指导而非面向市场的经营来维持其存在。同时,随着经济文化的一体

---

① [英]西莉亚·卢瑞:《消费文化》,第98—101页。

化进程,经济和文化之间的渗透更加深广,结合更加紧密,于是文化产业和商品的文化附加值分别体现了文化商品化的两个层次,并共同构成了文化商品化的事实。今天的文化生产已经完全转型:从传统的为文化而文化,以及为政治宣传提供文化手段,转化为为营利而文化;是资本增殖的要求支配着文化生产,文化生产的目的将始终指向商品销售和资本增殖。

第二节 我国大众与分众文化市场成形

一、我国大众文化市场不断繁荣但问题矛盾丛生

1. 大众文化市场繁荣与隐忧并存

大众文化市场是相对于小众文化市场或高雅文化市场、精英文化市场而言的,主要面向社会大众提供通俗性、流行性、日常性文化娱乐产品及服务。大众文化市场提供的产品及服务往往在价值观上体现"普世性"、对于消费人群具有普适性。

在西方社会语境下,晚期资本主义的市场经济,以蔚为壮观的商品奇观为表现特征,即使有人妄想规避商品化浪潮,也注定了劳而无功。如果说工业化进程早已造就了一个物质商品空前丰盛的社会——运用机器化和标准化的生产方式,生产效率获得极大提高,使得物美价廉的工业制品实现了工业时代以前劳动人民所憧憬的"消费资本主义"[1]的乌托邦幻想,那么,进入晚期资本主义时代,文化的工业化生产(如利用流水线技术批量复制、利用媒介技术网络化传播)和产业化运营(即文化经济化)则使得文化商品化成为当今文化生产的主流。加之"资本主义第三阶段的新的、解中心的全球网络"[2]的形成,自由贸易与自由市场迫使所有国家(尤其是发展中国家)接纳并推进文化商品化进程。对于快速现代化、经济开放化、融入全球化的我国而言,文化商品化趋势不仅受着外力推动,也是我国文化经济一体化发展进程的必然。

作为商品的文化要实现其自身价值,消费是唯一的途径,而为数众多的大众阶层自然成为商家之间竞相拉拢的对象,他们是文化产业制造的(而不是艺术家创作的)文化商品的最大消费群体。这一切使得大众文化市场在文化产业的发展中获得了前所未有的繁荣。然而,丰富多彩的文化商品在不断满足人民群众对于美好精神文化生活需要的同时,也引发了一些不容忽视的问题,使文化产业的经济效益与社会效益产生了尖锐冲突,主要表现在文化商品中资本主义的意识形态与我国社会主义主流价值观之间的冲突、大众文化的泛滥及其对精英文化的冲击、大量低俗文化商品引发的群众道德危机等方面。

2. 法兰克福学派相关批评理论

在逐一论述于大众文化市场中滋生的种种问题之前,让我们先从法兰克福学派关于"大

---

[1] [美]詹明信:《晚期资本主义的文化逻辑》,张旭东编,陈清侨等译,北京:生活·读书·新知三联书店,1997,第55页。

[2] 詹明信认为,"资本主义第三阶段的新的、解中心的全球网络"是一个"权力与控制的网络",而"我们的心智和想象力很难把握"这一网络。——[美]詹明信:《晚期资本主义的文化逻辑》,第78页。

众文化"和"文化工业"的批判理论说起。首先,在"cultural industry"这个术语被提出之前,该学派一直采用"mass culture"来指称他们在美国发现的"令人失望至极的庸俗、低劣、单调",缺乏批判向度的位于工业流水线上的僵化的文化形态。① 只要略加考证,就会发现,"mass"一词具有明显的贬义,尽管与传统的"mob"(暴民)概念不同,却仍包含了"愚昧无知、冲动善变、粗鄙下流、毫无主见、缺乏判断力、非理性"等要素,即我们通常所说的"乌合之众"。因此,被翻译成"大众文化"的"mass culture"显然是对处于文化等级系统中最低下的那一层文化的指称,将其说成是"低级趣味"甚至"文化垃圾"也不为过。

其次,在该学派学者所持的精英主义观点看来,文化的工业化生产是大众文化兴起的源头,它体现了进入发达工业社会后文化生产的商品交换逻辑、标准化的资本生产模式与消费的单一化倾向。经由文化工业体系生产出的大众文化切断了群众自主评价和批判现实的思路,阻碍着个体的全面发展(尤其是心智的发展),排斥着大众对现实的真实需求,通过意识形态压迫和文化劝导,成功地实现了资产阶级安抚、麻醉和束缚人民反抗意识的阴谋;与此同时,标准化的生产和消费模式,伴随着市场交易中的功利主义,处处拒斥着文化应有的超越世俗、批判现实的功能,使文化沦为资本的附庸,使艺术的个性与创造性被扼杀殆尽,进而生产出和文化商品同居于工业流水线和商品贸易网中的千人一面的资本化的现代人格。

3. 我国大众文化市场社会效益与经济效益矛盾凸显

借鉴法兰克福学派的经典批判理论,可以认为由文化产业批量生产的大众文化是被高度资本化了的文化,其本质是一种以大众为销售对象的商业文化形态。因此,若以当今消费社会的经济秩序为立足点,去分析当代文化的走向,就不难得出"大众文化是消费社会的主流文化"这一结论——因为大众文化是由资本全权操控的文化,反映着(至少)在经济上居于统治地位的资产阶级的价值观;因为大众文化拥有最广大的受众集合;还因为大众文化属于商业文化,和消费社会的商品交易逻辑不谋而合。进一步说,精英文化的边缘化和大众文化的主流化是当代社会的一大文化走向。在这一文化转型期间,上面提及的三大问题构成了我国文化市场发展中的主要矛盾,下面对它们分别展开论述。

(1) 资本化的大众文化冲击社会主义意识形态与主流价值观

在大众文化市场上,大量蕴含反社会主义主流价值观的大众文化商品解构着我国人民的精神信念。上面已经充分阐述了由跨国公司、自由市场、"全球主义者"(以美国为首的发达资本主义国家)共同推进的全球化进程,它营造了一个基于资本流动至上的"单一世界",而被媒体灌输了这种思想的大众则以一种荒谬的方式欢庆着大众消费社会的乌托邦。② 在资本驱使下所进行的文化生产,放弃了人类精神的灵性,完全以市场为导向,本质上已和一般的物质商品的生产毫无二致。法兰克福学派的阿多诺曾反引康德的美学命题,称"文化工业"不是"无目的的合目的性",而是"有目的的无目的性"——其"目的"指商业目的,"无目的性"指文化艺术所应有的康德所说的"美的无目的性"——也就是说,商业目的收买了本该是无目的性的文化艺术王国,使文化艺术呈现为大众娱乐的形式以实现商业目的。③ 这一论

① 参见[德]马克斯·霍克海默、[德]西奥多·阿道尔诺《启蒙辩证法:哲学断片》,第122页。
② 参见[美]弗雷德里克·杰姆逊、三好将夫编《全球化的文化》,马丁译,南京:南京大学出版社,2002,第83页。
③ 参见[德]马克斯·霍克海默、[德]西奥多·阿道尔诺《启蒙辩证法:哲学断片》,第148—149页。

断直击文化产业和文化市场的商业目的,是对文化产业消解文化艺术的"无目的性"并使之在资本的力量下庸俗化、功利化的绝好概括。① 当前大众文化市场上的影视、音乐、游戏、网络文学,尤其是网络直播、短视频等自媒体文化产品,已很难被称为艺术品,而是完完全全的商品,其吸引眼球、谋取利益的目的是赤裸裸的,将康德以来将审美活动与功利活动判然二分的界限完全打破。如果说,在康德所提出的"无目的的合目的性"著名美学命题中,审美形式的"无目的"与功利价值的"合目的性"的统一只有在康德所说的"先验共通感"中达成,而这种"共通感"就有先验主义的神秘意味,晦奥难解,那么,在今天的文化产业中,"无目的"与"合目的性"这两个矛盾对立面却实实在在地合为一体,并且是以一种具有典型后现代文化意味的形式——"无目的"的审美活动成为纯粹享乐、消解意义的娱乐和"愚乐",而功利导向的"合目的性"则一维地指向商业利益,体现资本唯利是图的本性。并且,就连大多数文化商品的载体与传播手段——被大量学者推崇为文化产业核心跃动力的现代传媒技术——也不过是一张"面具",它背后仍是资本在演戏。我们不得不承认"技术借以获得支配社会的力量的基础"乃是"经济上极为强大的支配社会的力量"②。资本同样对技术表现出支配作用:除了为技术研发提供资金支持,更为科技创新设定目标,即要求科技为资本服务,促进低成本、高产出、周期短、见效快的生产体系形成。总而言之,文化产业某种意义上等于文化资本化,这使得今天的大众文化无形中宣传着消费主义、功利主义、享乐主义、拜金主义等资本主义的价值观,冲击着我国社会主义核心价值体系。

(2)泛滥化的大众文化挤压精英文化生长空间

在麦克卢汉看来,是媒介的发展导致了精英文化与大众文化的分野:"口语社会在环境和感觉上均已被整合的世界被印刷的理性化冲击所彻底改变。这导致了一种少数的、等级和专业化的精英文化的产生。"③尽管麦氏对媒介的完全信任导致了他对精英文化生成时间的误判,但他界定了精英文化从性质上讲是一种小众文化,是一种等级化和专业化的文化,在形式上与大众文化二元对立。事实上,在印刷文化出现以前,精英文化就已经存在了。它既植根于民族文化,蕴含城市文化形态,而相对于大众文化又是一种超前的文化形态。它是一种独立的话语形式,以权力意志的表达为中心,是个人内心主体意识的表达与宣泄,本质上强调对现实生活的超越;我们时常也用"严肃文化"或"高雅文化"来指称它,以形容那些具有深奥主题的文学、艺术和它们繁复精深的修辞技巧;它往往集哲学、政法、文学、艺术四大领域的高级学术于一身。固然,这样的文化不是所有阶层所有人都能掌握的。因此,从其生产者和接受者的角度看,它是作为一种文化特权被社会(通常是上流社会)上一小部分精英分子所掌握的高级文化形态;它通常被用作划分社会等级的重要标准之一。结合今天消费社会的时代背景看,文化产业利用现代科技大量加工、复制、传播廉价的文化产品,导致在大众文化市场上,大众文化的"发声"越来越强大,压过了精英文化的声音,精英文化日渐式微,趋于边缘化。大众文化正如日中天,成为当下社会的主流文化;它与通俗文化及文化产业密切相关——大众文化是商品化的通俗文化,通俗文化是工业社会中的大众文化;文化产业是

---

① 参见姚文放《文化工业:当代审美文化批判》,《社会科学辑刊》1999 年第 2 期。
② [德]马克斯·霍克海默、[德]西奥多·阿道尔诺:《启蒙辩证法:哲学断片》,第 113 页。
③ [加]赫伯特·马歇尔·麦克卢汉:《理解媒介——论人的延伸》,第 119 页。

当代社会生产和消费大众文化的产业化方式,大众文化则培养了文化产业的社会基础。

从社会文化发展历程上看,发端于19世纪中叶的现代主义文化运动以自我和理性为中心话语,主张文化艺术站在社会对立面,与大众文化疏离,对社会文化批判,拒绝向多数人所代表的价值观低头,表达了精英分子的文化立场;而兴起于20世纪60年代的后现代文化思潮是对理性、权威、中心、主流价值观、精英文化的反叛,以传达视觉形象、戏仿拼贴等手法对具有深度的现代性话语结构进行消解,广泛传播一种无深度、去中心、无历史感、去等级化的"草根文化",强调感性和欲望的放纵,致力于唤醒人的无意识心理状态。于是,后现代社会中的大众文化使艺术与日常生活的界限消失,使文化从过去特定的文化圈层中走出来,成为消费品,实现了生活的审美化。用约翰·多克的话说:"这是一种美学标准的多元化。"①并且,文化产业所造就的大众文化总是介于两种不同方向的扩张之中,即"遏制与对抗",而非单向的操纵。

再者,几乎所有人都承认:资本一向与快速文化联姻,倾向于对那些能在尽可能短的时间里表现出价值和获取利益的东西进行投资。从传统的角度讲,这意味着资本在劳动时间上付出尽可能少的投资,快速制造产品,并快速牟利。正如我们之前在全球化时代中所看到的,由于从地理空间限制中解放出来,资本的全球运动得到提速,在商业媒介时代,时间的缩短就等于金钱的增加。这再度决定了由文化产业批量复制的文化商品将迥异于耗费大量时日苦心酝酿、精心打磨或精工制作的高雅艺术品和经年累月缓慢创作的精英文化作品。而资本的逐利性质也决定了大众文化必然在数量上远胜于精英文化——既然文化已经成为一种赚钱的手段,有谁会将光阴虚掷在曲高和寡的精英文化创制上呢?并且,浮夸是消费社会的典型风格,在文化上,这表现为作品内涵的消弭和文化等级的瓦解。也就是说,时下的(尤其是在市场上)高、低级文化之分仅仅体现在表层事相上,不过是"媚雅"与"媚俗"的区别而已,它们本质上都是含义空洞的大众文化商品,不同只在于外形所呈现的美学风格,美学风格上的附庸风雅未必真的风雅。

虽然在这个浮华的商业时代,知识分子们难免对精英文化的流失怀有些许遗憾,然而,最令人担心的并非大众文化浮夸和泛滥的现状,而是潜伏在大众文化中的犬儒主义精神对精英主义人格的消解。由于大众文化商品中显著的后现代特征,如"深度模式的削平""历史感的断裂""语言的杂耍化"②等,被包围在这种文化氛围下的人群必然渐渐被熏习出诸如排斥经典、无视传统、玩世不恭等典型"犬儒化"③人格和生活作风,愈加将精英文化挤向边缘。

(3)庸俗化的大众文化引发社会道德危机

当前,大量俗陋不堪的大众文化商品危害着人民群众的身心健康。在如今的消费社会

① [澳]约翰·多克:《后现代主义与大众文化》,吴松江、张天飞译,沈阳:辽宁教育出版社,2001,第36页。
② 这三大特征中的前两个在美国新马克思主义学者詹明信的诸多著作如《晚期资本主义的文化逻辑》和《文化转向》等中均有详尽的论述。这里简单解释一下"语言的杂耍化",即,后现代文化的语言趋于"空白化"(思维中断式的瞬间空白)、"浅表化"、"拼凑化"、"无序化"、"荒诞化"等,如缺乏"所指"的纯粹"能指"的滑行就是其表现之一。这种"杂耍化语言"的表现手法主要有"拼贴"和"戏拟"两种,前者对应"冷嘲",后者对应"热讽"。
③ "犬儒"一词衍生自希腊语的"狗",意为像狗一样摒弃社会、家庭的责任和对金钱的追求甚至个人健康,以达到美德的极致,获得完美的幸福。今天常用该词来形容一种玩世不恭、得过且过、不知廉耻、混沌度日的生存方式。注意:这里用"生存"这个词汇,而不用"生活",更不用"生命",以表达人类最低级的存在方式,意即"像狗一样活着的"。这是后现代社会中具有典型性的人们的精神道德状况。

中,大量大众文化商品的一大特征就是:利用发达的传媒技术从视觉、听觉甚至触觉上对人的感官进行强力刺激或温和麻醉,软硬兼施地将各种文化形象及其隐含意义灌输进人脑中。由于现代传媒网络无处无时不在,媒介形象急剧地充斥人们的生活空间,并以无限重复的姿态大力强化其数量上的极端优势,使隐含着多重意义的形象在人们眼前反复出现、加深印象,以至于在人们脑中屡屡浮现、挥之不去,最终达到铭刻进人们心灵深处、镶嵌在人们永久记忆中的"文化固化"①作用。因此,用"信息爆炸"或"媒体奇观"来形容我们这个时代的文化传播毫不夸张。而笔者为了强调一种文化通过形象复现的方式占据人的思维空间并不断巩固的宣传特征,称当代大众文化的传播形式为"形象入侵"②。

　　媒体构筑的直观形象对人们(尤其是大众)的感官和心理具有强大的冲击力。潜伏在这些充满诱惑力的形象深层的自然是由跨国公司和跨国资产阶级推行的鼓励大众进行"自我剥削"的消费主义意识形态。对此,我们不得不承认法兰克福学者们建立在批判语境上的对文化产业和大众文化的"意识形态压迫"和"思维操纵"本质的深刻揭露。因而,大众或许不是天生的大众(如果忽略经济等级的话),而是被大众文化塑造出的大众。这决定了他们只能按统治者给定的方式思考,缺乏超越"主体"(施加主体)的个体意志;他们永远只是"他者",至多也就是个被注视的对象;他们通过拙劣地模仿媒体形象而获得被认知的满足感,甚至优越感,但"他者"永远都不能成为自我的一部分。③

　　在再次强调建立在意识形态支配系统内的大众文化对人民个性和思想的消磨作用之后,让我们来看看这些典型的大众文化形象具体由哪些元素构成。显而易见的,簇拥在我们日常生活和周遭世界中的最具有刺激力和吸引力的媒体形象大部分是由性、暴力、物质这三大要素堆砌而成的。这使我们不得不对当代大众的身心健康怀疑并忧虑——"你能想象一个存在于由色情、毒品、凶杀、可望而不可即的金钱和肉欲填充的空间内的个体拥有纯净、光明的心境么?"④无论是性、暴力,还是物质,它们之所以流行是因为充分迎合了低等的人性本能,利用传媒构筑起一个暴殄天物、极度虚荣的虚拟世界,让那些在现实中被冷落的人们在荧屏、交际网上注视自己,感受自己置身于媒介形象的光环下,不分彼此、难辨真假。它煽动着大众的好奇心,撩拨着人民的窥淫欲,蛊惑着人们想入非非。与此同时,资产阶级还把这种贪婪的人性本能,和与之相关的低级趣味通通归咎于下层阶级民众的"低劣性""劣根性",遮蔽不平等的社会体制,从而掩饰了其阶级偏见。

　　更具有现实意义的问题是,一些流行性的大众文化往往带有荒淫、残暴色彩,会引发社会道德危机。这种危机向着两个极点,一是纵欲堕落,一是暴力犯罪,愈演愈烈,构成了严重

---

① 指一种文化及其价值结构通过反复灌输,在人的心理结构深层形成一种凝固了的、不可磨灭的、近乎于"刻板印象"的固定化、牢固化的"定格"效应。

② 消费社会中无处不在的"形象"和文化传播的关系,正是时下的研究热点,各种说法不一而足,比较常见的有视觉文化、视听文化、读图时代、图像时代、镜像社会、奇观社会、消费社会、仿像社会、媒体奇观等,可谓仁者见仁、智者见智。笔者在此使用"形象入侵"这个词汇,来描述一种动态的文化伴随形象的传播过程,强调一种文化附丽于形象之上的"深度模式被削平"的后现代文化的典型特征。这种文化传播现状很大程度上是现代传媒造成的。在现代传媒诞生之前,一直到基本的传媒网络构成之时,也就是从前现代到现代早期的这段时间,正是印刷文化(主要是文学文化)占据主流的时期。那时的形象是附丽于文字之上的,和今天恰恰相反。可见,传媒的发达导致了文化意义传播从"文字背后的形象"到"形象背后的文字"的巨大转变。

③ 参见埃尔弗雷德·福西希、王爱松《媒体与对"他者"的再现》,《国际社会科学杂志(中文版)》2011年第2期。

④ 埃尔弗雷德·福西希、王爱松:《媒体与对"他者"的再现》,《国际社会科学杂志(中文版)》2011年第2期。

的社会问题。一方面,醉生梦死的媒介形象、虚拟世界的网络游戏、灯红酒绿的风月场所等诱人模仿、诱人沉迷、诱人消费,催生了骄奢淫逸、玩物丧志的生活方式,有损工作效率,更有害身心健康,甚至可以说是下流无耻。以网络游戏为例,该娱乐方式极易使人上瘾,致使越来越多的群众(尤其是自制能力比较薄弱的青少年)虚度光阴,不务正业,甚至使人沉溺于虚拟世界,与世隔绝。另一方面,媒体上过多的暴力形象,不但削减着现代人的同情心、爱心,使人麻木不仁,更成为诱发暴力犯罪(尤其是青少年犯罪)的直接原因,侵扰着社会的和谐、有序、安定。比如,美国的严重的少年犯罪和社会治安问题是众所周知的。1993 年 7 月 12 日的《美国新闻与世界报道》中刊载了美国心理学学会的一项研究成果:"在美国,即使是卡通片,暴力形象也触目皆是。据统计,每一小时的卡通片平均向儿童展示 41 处杀戮或暴力场面。假设一个美国儿童平均每天看 3 小时的卡通片,到 7 年级的时候他或她就已经在屏幕上目睹了 8 千次谋杀和 10 万个暴力场面。电子游戏更是如此,一个美国少年长至 18 岁时就已杀戮了 4 万个游戏对手和敌人。身处暴力图像泛滥中的儿童,有的在噩梦中宣泄紧张心理,有的则染上不同程度的焦虑症。随着年龄增长,当心理紧张再也无法被发泄时,他们就会走向暴力游戏和对暴力行为的直接模仿。总之,在暴力文化中长大的美国青少年,已将欣赏犯罪作为可增加刺激和快感的家常便饭,并有强烈的犯罪倾向。"①与美国相比,我国的社会环境显然安稳得多,文化产业的社会效益问题始终被我国官方摆在第一位。当下,极端化渗透的媒介形象正在吞噬当代大众的人文情怀,塑造出自我中心主义的冷漠、孤独的人群。由"形象入侵"带来的伦理道德、社会风气问题如今已被各国政府再三强调。

二、我国分众文化市场日益兴盛凸显消费分流作用

1. 分众文化市场是大众文化市场发展的中高级阶段

伴随着大众文化市场兴起的是分众文化市场,这是大众文化市场发展的中高级阶段。"分众"并非"小众",而是大众的分化和进一步细分。"分众"一开始是一个传播学术语,由美国未来学家阿尔文·托夫勒(Alvin Toffler, 1928—2016)提出。在其专著《权力的转移》中,他指出现代大众传播的一个发展趋势是:"面向社会公众的信息传播渠道数量倍增,而新闻传播媒介的服务对象逐步从广泛的整体大众,分化为各具特殊兴趣和利益的群体。"②熊澄宇认为:"分众传播的概念是指不同的传播主体对不同的对象用不同的方法传递不同的信息。从接受者的角度,是各得其所,各取所需。不同的媒体形态,不同的受众需求,不同的环境和场合决定了分众传播具有最佳的传播效果。从大众传播到分众传播是社会的进步,也是媒体功能发展的必然趋势。"③"分众传播"概念很快引起了传播学以外的各个社会学领域的关注,特别是在经济学领域,"分众市场"和"分众营销"的理念相继出现。在相关理论中,大众不再被看作被动地、填鸭式地一味接受、盲目从众的绝对受众,不再被少数精英文化主义者贬斥为"乌合之众",持"分众市场"理念者认为,随着消费者文化素质的提高,消费品位

---

① 转引自[美]弗雷德里克·杰姆逊、三好将夫编《全球化的文化》,第 60—61 页。
② [美]阿尔文·托夫勒:《权力的转移》,吴迎春、傅凌译,北京:中信出版社,2006,第 279 页。
③ 熊澄宇:《从大众传播到分众传播》,《瞭望新闻周刊》2004 年第 2 期。

将逐步形成并渐趋分化,消费者将主动依据特有兴趣和利益选择消费品,因此,对于特定消费群体进行明确市场定位就颇为重要。

2. 分众文化市场形成使得大众文化呈现"部落化"图景

当前,分众文化市场已经形成。第一,文化消费的本质是一种个性消费,要求市场不断细分。文化消费本身就是对于符号和意义的消费,其目的往往是彰显个性和寻求认同,因此,文化消费市场的细分程度往往高于物质消费市场,分众文化市场的形成也早于分众物质市场。如果从排浪式消费的演进进程看,则物质消费在人民生活水平产生质的提高的每一阶段都发生了排浪式消费,而文化消费并未随着人民生活水平台阶式的增长而出现典型的排浪式消费。文化消费本身就是一种市场相对分散的消费,不容易出现像物质消费那样的消费者一拥而上争相消费一种消费品的"低/中排浪"情形(如抢购"网红"食品、抢购苹果手机、抢购房地产等)。即便文化消费存在排浪化情形,也是"高排浪"型的,因为消费者消费的是内容和意义,这本身是一种高级的消费需求,需要相匹配的高级消费能力;再者,即便像"追剧""追星"这样具有排浪式消费特征的文化消费行为,通常也只是在特定群体(特定性别、特定年龄、特定职业等)内表现得比较明显,并不像排浪化的物质消费那样波及全民。特别是在文化商品颇为丰富的当下,用"乱花渐欲迷人眼"来形容文化市场再恰当不过,文化市场新点、热点频现,不断分化着文化消费。

第二,分众文化市场的不断发展带动新型文化产业业态不断涌现。公众文化消费需求的不断分化推动分众文化市场不断发展,必然不断更新文化产业业态。仅以文创设计产业为例:文博文创、生态文创、动漫游戏文创、地方美食文创等都是近几年新兴的文创业态,每一种文创产业又将消费者按性别、年龄、职业、阶层等细分,针对特定消费偏好。比如近几年逐渐流行的一种文创产品——手账本,就有少女风、古典风、商务风、城市风等多种风格,分别针对女学生、古风迷、商务人士、职场白领等各类消费者,在淘宝网站上,经营手账本的各家店铺往往都有一个专属风格。一本小小的手账本尚且将市场细分到如此程度,可见当前分众文化市场的发展程度。

第三,主流文化和非主流文化在文化市场上杂糅共生。主流文化主要指传统文化和经典文化、正式文化和官方文化、学院文化和精英文化,这类文化通常是政府主导的文化,具有深度模式和深厚意义;非主流文化包括亚文化和泛亚文化(边缘文化),主要包含现当代流行文化、草根文化、大众文化等。目前的文化市场上,这两种文化虽然有所分化,尤其是在特定的政治语境中,然而大部分语境下,两者杂糅共生,"你中有我,我中有你",形成了包容和融合的局面,很难完全割裂开来。这种杂糅共生,使得文化市场的层次更多元更复杂。

随着分众文化市场不断发展,当代大众文化呈现"部落化"图景。"部落化文化"的概念是麦克卢汉(Marshall McLuhan,1911—1980)提出的,他将人类文化时代划分为口语文化时代、印刷文化时代和传媒文化时代,认为人类在这三个文化时代经历了部落化—非部落化—重新部落化的文化传播过程。他的论据是:古代社会,人和人的文化交流方式主要是口耳相传,这时的人保持了思想和行为的连贯统一性,保持了人类社会与自然环境的和谐统一,"这样环境下的人才是整体的人"[1],称其为部落人;到了现代社会,工业化印刷术将阅读

---

[1] [加]赫伯特·马歇尔·麦克卢汉:《理解媒介——论人的延伸》,第98页。

和书写活动从贵族小众推广至平民大众,普及了印刷文化,印刷文化作为一种正式文化高于非正式的口语文化,而且由于读与写的私密性较之听与说更高,这个推崇读写文化的印刷文化时代就促使人们"摆脱部落习惯",将人们从口头传播文化的部落化组织中引出,使人们置身于不依赖于自然生活环境的、形成一个独立体系的现代社会交往环境中。这时,部落人转变为了脱离部落的人,部落文化演变为了非部落化文化。印刷文化属于一种非部落化文化。印刷文化的发展还促进了方言的规范化,并使得远距离传播成为现实且传播效率不断提升;文化传播更加专业化也要求城市取代农村、国家取代城邦的进程加速。① 第三次工业革命使得人类社会迈入信息时代,然而,信息时代的依靠电子媒介进行传播的新的文化形态,却是一种部落化文化的复归形态,虽然这种形态更加高级。因为,这种新型媒介文化具有明显的视觉化、图像化特征,体现了书面文化发展的新方向——图像、声音对于文化传播的重要性越来越凸显,越来越成为主要的传播内容,而文字却反而仿佛成了图像和声音的说明性附件。这似乎是从印刷文化时代"倒退"了一大步,退回了口语文化时代人与人面对面交流、口耳相传的阶段。显然,今天人们不需要大量阅读,只要听听广播、看看电视、上上网、刷刷手机就可以了解天下。对于此,麦克卢汉预见性地提出了著名的"地球村"概念,用来描述"电子媒介使信息传播瞬息万里,空间距离与时间差异不复存在,整个地球在时空范围内已缩小为弹丸之地"②的现状。可见,现代传媒的"同步化"(信息文化同步化)性质,既使得人类社会紧密联结、相互作用,也大大改变了人们对于空间距离的感知,在人们的感官世界中,当今社会就是一个人和人高度联通、不再可能静居独处的"小社区",呈现出古代社会的"部落化"图景。

在这里,"大众文化部落化"语意与麦克卢汉所指有所关联,即笔者承认当今大众文化的确呈现出部落文化的传播特征,但更多的是不同,即笔者是立足于文化市场分化的视角,来考察文化消费群体的部落化分化的。具体而言,分众文化市场的不断发展推动当代文化消费者结成了一个又一个部落,这种部落结成过程是一个文化认同的过程,反映了一种心理归属需求。这一过程具体是:一种心理归属需求促使消费者成为各种文化消费的"忠粉";这些"粉丝"聚在一起,形成的"粉丝圈"就是某种文化部落;一个个"文化部落"的形成,又加深了文化市场的分众化进程。本质上,这一部落结成的文化认同过程是一个自我认同到自我实现的过程,自我认同主要在于通过部落结成获得部落成员认同,通过外界认同加深巩固自我认同;自我实现主要在于通过部落结成获得部落成员身份,完成一种身份角色上的自我实现。

3. 分众文化市场推动文化消费细碎化、纵深化分流

我们现在所处的社会文化时代是后现代,由于文化观念的代际更迭不断加速,社会文化层不断增多,主流文化和非主流文化、大众文化和小众文化、世界文化和民族文化呈现交融互补的局面,加之网络传媒迅速扩张,带动了传媒大融合进程,文化传播层面更宽广也更复杂,文化的分众传播趋势方愈加突出。可以说,在后现代文化时空中,"一种破碎的片断的文化形态使其主要的形态以及整个文化处于一种片断的破碎和无中心的状态中,整个社会将

---

① 参见李冰《分众传播与大众文化的部落化》,硕士学位论文,吉林大学传播学专业,2007,第17页。
② [加]赫伯特·马歇尔·麦克卢汉:《理解媒介——论人的延伸》,第17页。

从多元化向碎片化转型。反映在消费领域，就是消费者因价值观、审美需求等方面的差异而被分割成一个一个'碎片'，当这些'碎片'产生购买行为时，便形成了细分市场①。从文化消费价值观（文化消费价值诉求）来看，可以将消费者分为以下几种：经济型，即求用，看重效用价值，追求实用和实惠，功利性强；知识型，即求知，看重知识含量，追求文化或技能发展，具有学习和提升的目的；审美型，即求美，看重艺术形式，追求个性风格，希望通过文化消费来美化生活和彰显品位；娱乐型，即求乐，看重玩乐成分，追求愉悦享乐、有趣新奇、狂欢喧闹或者震撼刺激等效果，通过这样的消费来调节放松自己；体育型，即求健，看重健康价值，追求运动快感，往往对于身材体型有较高要求；社会型，即求和，看重社交价值，追求融入群体，并想要影响他人；政治型，即求权，看重身份头衔，追求政治地位，其文化消费行为通常围绕着名利发展的目标展开。可见，由于各有各的"合目的性"，消费侧重点必然不同。并且，上述种种"分支"还在不断"分叉"、多向延展，呈现细碎化状态。这种文化市场的细碎化状态反映为：市场上的消费热点繁多，但是很少有引发整个社会或者大部分人群排浪式消费的"大热点"，绝大多数时候是"小热点"和"微热点"，只是吸引了某些"部落"的关注。所以，若用"多元化"来形容当前的文化消费市场，程度是远远不够的，"细碎化"一词才更加贴切。由于这种细碎化的消费市场分流趋势，文化业态也相应地呈现出创意点琐碎、目标群专一、规模小微、资产轻简的发展趋势——创业者往往只是把握住一个小小的消费兴趣点，下"绣花"的功夫进行深度挖掘，"精耕细作""精雕细琢"，把它开发到极致，也能延伸成文化产业链。

同时，当前的文化消费市场分流还呈现出纵深化特征。这主要是由于：

第一，在后现代文化时代，在同一地理空间和同一时间阶段的文化意识形态和表现形式却是纷繁复杂的，形成了重叠复合、错综复杂的社会文化层，比如在我国当代的任何一个城市中，都有前工业文化（农业文化）、工业文化、后工业文化三个文化层交织并存，这必然导致文化消费从消费心理、消费行为到消费产品的纵深化分化。一个消费者的身上往往具有多个文化层的文化意识形态，最典型群体是城市民工，他们既有农村社会的前工业文化（农业文化）意识形态，又有城市建设进程中的工业文化意识形态，还有城市现代化进程中的后工业文化意识形态。这三层文化意识形态交错在一起，对他们的文化消费行为产生复杂作用，比如他们会有不同程度的乡土情结，对于乡土文化元素有特殊偏好，对于"前工业社会以传统主义为轴心"②的传统价值观一贯践行，从未放弃农村保守的消费习惯；他们投身于城市建设，受到城市工业化进程的影响，对于"工业社会以经济增长为轴心"③的现代价值观有切身体会，迫切需要提升经济能力和消费能力，在个人文化消费上追求对于文化工业品（如电子信息产品）的消费；他们置身于城市文化现代化进程当中，对于"后工业社会以知识科技为轴心"④的未来价值观有所认识，迫切需要提升自身和后代的文化水平，渴求知识和技术，在家庭文化消费上往往最不吝啬于教育消费，文化教育方面的消费甚至比城市小资产阶级要高。虽然不是所有消费者都像城市民工这样典型地具有三层文化意识形态，但是，在当下的我国社会转型期，经济文化转型进程影响着每一个人，每一个中国人都是一个身上有着"杂多文化层"的人。于是，文化消费分层杂多纵深。

① 曹海峰：《试论市场细分趋势下的动漫产业》，《广西社会科学》2009 年第 2 期。
②③④［美］丹尼尔·贝尔：《后工业社会》，彭强译，北京：科学普及出版社，1984，第 5 页。

第二,即便是同一种文化消费品,消费者对于其所表征的文化符号和符号背后的意义的认同理解也愈发差异化,对于细节的解读愈加复杂化。当代中国社会是一个文化开放、思想解放的社会,不但文化界百花齐放、百家争鸣,即便是普通大众,也具有个人观点和个性化思想。并且,随着我国社会文明程度的提高,我国人民群众的文化水平不断提高,解读、阐释文化内容的能力也有了相应的提高。这使得不同的文化消费者在消费同一文化产品时,不仅仅消费者与消费者的理解千差万别、极尽微妙,各自把握了不同的消费意义点,而且消费者和生产者的理解也时常迥然相异、各有千秋,并且,消费者通过解读和阐释重新创造了文化,甚至影响了原创者。这种"有一千个读者,就有一千个哈姆雷特"的读者式消费差异强有力地对抗着文化产业的批量化、标准化生产模式,使得作为最广大文化生产对象的大众反客为主,从仅仅作为解码者解读意义发展到霍尔所说的"编码和解码",从"读者"进化为"作者",从消费者演变为生产者、创造者,不断对文化产品进行"消费者(读者)再生产",越来越自发、自主、自由地摆脱了大众文化的同质性,造成文化消费不断纵深化分化。

第三,以当代中国为例,一方面是追求私人文化空间,个性文化大行其道,另一方面是建设共享文化空间,共享文化大有市场,这两股文化潮流的交汇使得个体经验和集体经验呈交互式发展,使得个体不仅仅受社会文化影响,也在分享文化经验的过程中创造了多种共享文化观,个体对于社会文化的作用力明显增强,个体的自我和自主意识不断增强。于是,每一个个体都改造着当前的文化,作为文化消费者的个体当然不断改造着文化消费市场,推动其纵深化分化。这种纵深层面的市场分化,根本上是为了使每个消费个体实现"自我再生产"①,分化的向度和每个消费个体的人生向度相对应。最终结果是,每一个个体的文化获得感得到了深层的提升。

三、我国大众与分众文化市场的未来发展导向

1. 辩证看待大众文化市场矛盾,引导文化市场"双效统一"

在正视大众文化商品带来的价值观、精神文化和道德危机之后,审视当代我国的文化产业和精神文化现状显然是必要的。

新中国成立以后最大的变革无疑是改革开放带来的市场体制的确立,这使得市场经济迅猛发展。在这一进程中,我国社会在政治、经济、文化各个层面都发生了变革,这一系列变革相互交织,"牵一发而动全身",其形势呈现出前所未有的复杂性。

更需关注的是,尽管我国还算不上富裕和发达,区域发展的不平衡也仍然存在,但在大部分城市中,大众消费社会已初步形成,尤其是在一二线城市,人们俨然已被"物的体系"紧密包围,消费已然不仅仅是人们生活的一部分,而是成了一种主要的生活方式。这就使得在文化消费层面,大众文化如飓风般席卷全国,广告、时尚、流行歌曲、网络文艺不仅深入人民日常生活,而且成为亿万人建筑自己道德和伦理构架的主要资源。这一切都不能不构成我国社会转型的重要内容。

---

① 社会学意义上的"自我再生产"指的是自我通过不断学习、不断发展,不断再造、不断提升的一个生产性(建设性)过程,包括自我的观念意识再生产、性格人格再生产、社会生活再生产、事业理想再生产等。

特别是在文化产业高速发展的今天,众多大众文化商品对我国社会政治、经济、文化的影响有利有弊,既有顺应市场经济发展方向、丰富人民文化生活、展现新型文化科技的积极一面,也有传播消费主义意识形态,导致民众沉湎于盛行于世的庸俗文化而道德下降、思想散漫、呈现政治自由化倾向的消极一面。在此客观情势下,我们要既有乐观精神,又不盲目乐观,既积极地建设,又理性地批判,以健康地发展我国的文化产业和大众文化。在此,可以引用詹明信在《晚期资本主义的文化逻辑》一书中的一段话:"我们既不能因为文化工业和大众文化缺乏高度的意识形态架构就视之为邪恶的、轻浮的或应予以谴责的,也不能因为文化工业和大众文化在某种令人迷惑的新乌托邦出现的赞颂意义,就将之完全视为好现象。现实中这两种特征并存。总而言之,文化工业和大众文化必须作为一种历史情境而不是在道德上痛恨或简单颂扬的事来考虑。"①

另外,从精英文化的对立面来讲,大众文化的兴盛为广大群众提供了便于消费(无论从精力花费——主要是理解和欣赏的精力——还是从购买能力上看)的文化商品,反映着当下社会的世俗化转型。这意味着"祛魅"和"解神圣",体现了弱势群体的利益,具有消解政治文化和正统意识形态有可能导致的文化集权的功能,推进了民主化进程和人文精神。

当前,我国宣传文化政府部门必须在客观审视我国文化发展现状和辩证看待大众文化市场矛盾的前提下引导文化市场"双效统一",引导大众文化的市场环境良性发展,坚决反对唯票房、唯收视率、唯点击量;引导大众文化"为人民服务"的群众主体性不断彰显,遵循文艺创作"三贴近"原则(贴近实际、贴近生活、贴近群众),生产全龄化和全民化的文化产品;尤其要注重引导大众文化产品在符合大众口味的表现形式下塑造主流文化价值观,从而实现社会效益和市场效益两个最大化。对此,近年来,我国已取得了一定的成绩,诸如《中国诗词大会》《经典咏流传》《朗读者》《国家宝藏》《机智过人》等一系列具有明显大众文化特质的综艺节目,均实现了两个效益的双赢,让人感受了中华文化之美、读书学习之乐、文化瑰宝之魅,真正做到了"让人民群众喜闻乐见",获得了较好的收视率和社会评价,可以称得上彰显我国文化自信的当代大众文化精品。

2. 把握分众文化市场发展趋势,培育发展新型文化业态

在文化产业加速发展的当下,我国大众文化市场已经发展到了中高级阶段,出现了比较明显的分众化趋势,把握这一趋势引导新型文化业态的发展方能满足人民群众对于美好精神文化生活的需要。

面对当代大众文化的"部落化"进程,从心理层面把握这一进程,对于把握当代分众文化市场的发展趋势颇为重要。这要求文化产业经营主体充分认识和理解文化消费在文化部落结成中所起的作用,基于文化消费的心理认同机制,强化商业运营,如:策划部落文化主题活动,巩固消费心理基础;向部落成员发起众筹,拓宽文化融资渠道;推动跨文化部落交流,进一步促进部落结盟,从而扩大文化经营圈层等。同时,要求政府相关部门更好地发挥产业引导职能,如:深入推进理论研究和理论宣传,加强对文化产业经营管理人才的理论教育和业务培训,优化文化市场信息服务等。

面对文化消费细碎化、纵深化分流,则应当:

---

① [美]詹明信:《晚期资本主义的文化逻辑》,第194页。

　　一方面,把握分众文化市场的细碎化分化趋势,发展基于数据分析技术的文化产业。要准确把握分化日趋细碎的分众文化市场,锁定目标群体,必须要数据先行,要利用大数据、云计算等算法技术,深度侦测消费者偏好,进行市场预估和"精算"。某种程度上,在当下,数据高于内容,且先于内容。这是因为在这个时代,好的内容创意层出不穷,并不鲜见,但是若对于市场数据没有分析预测,无的放矢,则难以将原创的文化内容转化为现实的文化价值,难以完成内容变现。并且,利用数据分析技术把握文化市场的细碎分流,把握消费者的个性需求和私人习性,是形成定制型文化产业的前提。定制型文化产业虽然目标市场规模小,但是通常消费费用高且消费依赖性高,因此深度挖掘潜力大。在发展基于数据分析技术的文化产业方面,政府相关部门可以大有作为。毕竟,分散的文化产业经营主体的能力有限,一般难以对于文化市场进行广泛而准确的数据分析。这就需要政府建立技术服务平台,开展文化市场信息咨询和数据分析专项服务。这也可以作为我国公共文化服务供给侧改革创新的一个方向。

　　另一方面,把握分众文化市场的纵深化分化趋势,发展"文化+"融合型"大文化产业"。由于社会文化层"杂态共生"①,消费者与生产者合而为一,每一个个体文化消费者都有力地推动着文化市场纵深化分化。要把握这样的趋势,在市场上推波助澜,就必须跨越文化产业的边界,基于"文化+"理念,发展融合型"大文化产业"。要建立"大文化观","大文化"必然是未来文化产业的内容之基。我们的文化产业起步于"小文化"领域,主要立足于文学和艺术领域,也就是文艺生产,出版产业、娱乐产业、艺术产业是其主要构成;然后步入了"中文化"阶段,将外延拓展到了时尚产业、体育产业、旅游产业、游戏产业、休闲产业等领域,还囊括了数字产业等战略新兴产业;现在正在进入"大文化"时代,新时代的大文化产业不仅包括了一切传统和新兴文艺门类、文化领域,还将文化和科学、医学、制造、建设、美食不断进行关联,打造包罗万象、全业整合、无限覆盖的"全产业链"发展模式。更重要的是,"大文化"早已超越了历史文化语意上的文化层面,而更多地进入了社会文化语意上的社会层面。"大文化产业"的前景是建构一个社会景观,这一景观反映了纵深化分化的社会文化。要发展"大文化产业",离不开政府引导,要做好匹配产业体量的顶层设计、部署战略、搭建平台——即以大设计、大战略、大平台为先导,发展大文化和大产业。

　　最后,应当认识分众文化市场"分久必合"的可能性,以主流文化凝聚引领,实现价值观的统一。尽管当前文化市场不断细分、深分,但是在某些层面、某种向度上,其中隐含着"分久必合"的潜在可能。这种可能性反映在我国社会文化发展现状之中:我国正处于伟大复兴的历史征程当中,统一稳定是根本大局,统一和谐也必然是文化大局;我国文化自信更加坚定,文化软实力和文化影响力不断增强,文化凝聚力必然提升;我国人民素有爱国主义传统,必然热爱我国文化;我国主流文化精品力作不断涌现,文化主旋律必然越唱越响。因此,无论当今的文化市场如何分流,我国的文化基调不会变,文化消费者深层的、根本的文化价值观终将合流。

---

① [英]约翰·汤姆林森:《全球化与文化》,郭英剑译,南京:南京大学出版社,2002,第11页。

第七章 文化商品化大潮下的文化消费伦理思考

第一节 分解消费主义,巩固主流意识形态

一、消费主义是一种资本主义意识形态

1. 全球资本主义体系形成导致消费主义席卷全球

运动性是资本的本质属性之一。全球化时代,伴随着自由市场和自由贸易的全球化,资本的跨国运动加速,呈现扩张之势,全球资本主义体系随之形成。全球资本主义理论是当代西方左翼学派的代表性理论,影响很大。其主要观点是:在苏联解体、东欧剧变以及中国实行改革开放走市场经济道路之后,从世界各国普遍的政治制度和市场体制来看,资本主义最终超越了其欧洲的起源和西方的范围,成为全球经济主流运行方式,具有普遍性。当前的全球化是由资本主义国家引领,伴随资本全球运动而形成的,本质上是生产关系和生产方式的资本主义化,是资本主义经济体制和市场体制的全球化,打开了全球自由竞争的市场大门。因此,"全球资本主义"也被称为"世界资本主义""全球市场经济""全球自由主义"等,用以描述客观存在的发达资本主义国家主导的经济全球化以至资本主义全球化事实。[1]

在这样的政治历史背景和全球经济格局下,无论是东方还是西方,北方还是南方,穷国还是富国,都在不同程度上受到资本主义意识形态的影响,在不同程度上浸染着消费主义意识形态,这是当今学界共识,也是常识。这种影响直接源于跨国商品贸易,而消费主义意识形态对世界各国不同程度的商品化、商业化潮流推波助澜。从物品到劳务,甚至到人格,都被标价和买卖,纳入商业体系,成为消费品。事实上,当今的商品社会通过提供大量商品,营造各种商品奇观,鼓动人的消费欲望,实质上提供给了每一个消费者"妄想改变自身处境"的"虚谬的选择机会",并以明码标价的方式,将"虚妄不实"变为"现实可得"——只要消费就可获得,当今世界是一个有无限多消费机会可供选择的世界。[2] 如此这般的逻辑强有力地支持了全球资本主义体系,特别为处于体系上层的人提供了更多可享用的文化模式。"紧紧追随,应和而来的是一种位于资本利诱与宰制之下,由文化尾随附庸的'合谋效应'。"[3]以此观

---

① 参见[美]米格尔·森特诺、[美]约瑟夫·科恩《全球资本主义》,郑方、徐菲译,北京:中国青年出版社,2013,第5页。

② Carolan M S, "The Conspicious Body: Capitalism, Consumerism, Class and Consumption," *World Views Environment Culture Religion*, No. 9(1)(2005):82—111.

③ [美]弗雷德里克·杰姆逊、三好将夫编:《全球化的文化》,第43—44页。

之,当今在世界各国进行的产业结构革命,很重要一个目标是由生产升级带动消费升级,特别是文化产业如火如荼的发展势头,目标直指"文化+"消费,这一切根本上与全球资本主义逻辑不谋而合,"预谋性"显而易见。这样一来,资本与商品成为文化与信息的唯一载体,文化思想全然被商业之道取而代之,在逻辑性质上顺理成章,理所当然。

资本主义在全球范围内正越来越实现组织化、体系化。在资本的牵引之下,全球资本主义体系以跨国公司和跨国资产阶级的利益为重心,竭力推动消费主义意识形态在全球蔓延,以最大化地实现经济资本的现实收益和文化资本的潜在收益。① 这股资本狂潮席卷全球,社会生产领域无一不受其影响,不但直接影响了全球产业经济,还对于政治、文化、教育等上层建筑造成深远影响,导致了文化泛资本化趋势——文化被资本"牵着鼻子走",被各种利益所包围、所引诱、所逼迫,出现价值观滑坡危机,一时间沦为经济之附庸,而这种局面短期内难以完全逆转。

2. 空前膨胀的消费欲望与社会主义逻辑背道而驰

在 20 世纪末叶,有两大引发全球关注的全球性现象:第一,跨国公司通过资本流通和生产贸易网络的全球化过程实现了自身从量到质的巨大变化,跨国资本运营模式日渐成熟,全球资本主义体系日趋稳定;第二,技术基础的革新使得新媒体(特别是新型大众媒体)不断涌现,使得传播领域发生了翻天覆地的变化,基于这点原因,资本主义的生活方式迅速在全球范围内传播开来。② 今天,消费主义意识形态的肆虐蔓延暗示着世界已经发生了全球资本主义体系主导的价值变迁。当代西方的新自由主义、无政府主义、后现代主义等甚嚣尘上的文化本质上是对于资本的膜拜,即资本取代了上帝(宗教信仰)和政权(政治权威),成了权力中心,而消费是最佳的彰显所拥有资本数量的手段。在经济文化一体化和全球化背景下,这种西方主导的文化价值观影响着东方,当代中国正呈现出可支配收入相对不足(购买力相对不足)却对商品符号价值趋之若鹜、对资产阶级审美格调效仿附庸、对资本主义生活方式攀比追逐的矛盾交织图景。

之前的章节已经论证过,当代中国社会是消费社会。以大量商品生产和大量商品消费为前提条件的消费社会并非诞生于社会主义社会,而是来源于高度发达的资本主义社会。从来源上讲,消费社会的内在逻辑是资本主义逻辑,目的是促成资本增殖,消费是强化资本主义的意识形态控制的有力手段。在消费社会中,"我买故我在"③,人的价值附着在商品之上,通过消费来彰显,消费者"不求天长地久,但求现在拥有",人格被商品异化,形成了资本化的畸形人格。在资本主义国家的消费社会中,劳动者等同于消费者。劳动者进行生产劳动是为了有钱消费,消费成了劳动者最主要的休息方式。劳动者陷入了资本家设下的"休息是为了恢复体力去干活,干活是为了消费,消费就是休息"④的恶性循环圈套。

在消费社会中,商品的丰盛表象掩盖了社会深层矛盾。商品对谁都不存偏见,只要消费,人人尽可占有和享用,"消费者就是上帝"。似乎人类对于自由、平等、民主的一切追求,

---

① 参见[美]罗伯特·吉尔平《全球资本主义的挑战》,杨宇光、杨炯译,上海:上海人民出版社,2001,第113页。
② 参见[美]弗雷德里克·杰姆逊、三好将夫编《全球化的文化》,第52页。
③ 马晓琳:《芭芭拉·克鲁格作品中的后现代观念》,《南京艺术学院学报(美术与设计版)》2011年第3期。
④ [日]堤清二:《消费社会批判》,朱绍文等译,北京:经济科学出版社,1998,第52页。

通过消费都能在一夜之间实现。[1]　公众的注意力高度集中在如何赚钱、如何消费、如何炫富上，而不去思考人生和社会的深层意义。横流的物欲、放纵的私欲冲击着人们的心理，淹没了人们的想象力。消费有效地转移了公众注意力，缓和了社会矛盾。今天，当"上帝死了"[2]之后，金钱与商品化身为上帝，倍受尊崇与膜拜，构建起了马克思所说的"商品拜物教"体系。[3]

在消费社会，"吸睛"且"吸金"的商业巨子、花花公子、娱乐明星、"网红"等作为"消费主人公"，往往比政治领袖、文化名人、知识精英、劳动模范、创业实干家等"生产主人公"更抢眼、更受追捧，他们现实化了大众心目中的"梦想"与"神话"，一跃成为时代偶像。这种偶像崇拜现象也反映了消费社会中平民大众的心态日益失衡，日趋形成赌徒心态，渴望成为暴发户。

在消费社会，人的需求被无限夸大，商家竭力炒作，把"虚假需求"强加给顾客，使得消费需求远远超出正常需求。花天酒地、纸醉金迷的奢侈生活方式被大肆地标榜，简单朴素、真实充实的自然生活方式被遗忘和唾弃。特别是在当前中国的一二线城市，"消费盛世"的图景已经显现，人们的虚荣心、攀比心空前膨胀，人们总是在不停消费、超前消费、额外消费，若用"吃"来比喻消费的话，可以说：人们总是"吃"得太多、太饱、太腻、太撑，"吃"得多而"消化不良"。无节制的消费有违中华优秀传统文化、有违社会主义文化价值观、有违可持续发展要求。

在消费社会，似乎"有钱就能任性"，相反的，没钱就受歧视，这点严峻的现实被所有人都认识到了。显而易见，消费正在成为社会结构（阶层结构）再生产的首要方式。在许多社会学家看来，在当前的后现代社会，传统社会的价值根基已整个塌陷倾覆，"元道德体系"土崩瓦解，传统道德对于人们行为的约束越来越薄弱，"利"对"义"的取代趋势越来越明显，传统价值观越来越被置若罔闻、背弃践踏。这加剧了"经济化人格"的生成，这样的人格助长消费主义大行其道，认为人生价值的标准在于消费能力和消费方式，幸福满足的程度取决于个人消费的"铺张程度"。至此，金钱与商品成为人的至高无上的追求，人的消费欲望空前膨胀。这种现象反映了资本主义意识形态在消费领域的盛行，与我国社会主义意识形态背道而驰。

总而言之，在消费社会的资本主义逻辑下，欲望是个无底洞，消费永远无法填平欲望的空洞。人们为了消费而消费，这种消费是盲目的、非理性的，本质上是空虚的、无节制的浪费，对于人生没有意义，对于社会与生态环境也不友好。这种消费主义意识形态与社会主义意识形态相左，有必要加以警惕。

二、用社会主义核心价值观引导文化消费趋势

1. 加强监管把控文化商品的意识形态属性

面对消费主义所造成的信念危机与文化危机，加强监管，把控文化商品的意识形态属性

---

[1] 参见仰海峰《消费社会批判理论评析——鲍德里亚〈消费社会〉解读》，《长白学刊》2004 年第 3 期。
[2] ［德］尼采：《上帝死了》，戚仁译，上海：上海三联书店，1997，第 1 页。
[3] 参见项荣建、王峰明《马克思对商品拜物教的批判及其当代启示——对〈商品的拜物教性质及其秘密〉的文本学再解读》，《学习与探索》2016 年第 8 期。

势在必行。

第一，要认识到文化商品具有双重属性，其本质属性是意识形态属性。中共中央办公厅、国务院办公厅 2016 年 4 月 4 日印发《关于进一步深化文化市场综合执法改革的意见》，明确指出："文化产品既具有经济属性，也具有意识形态属性。"由于文化产品是社会文化的载体和反映，而作为社会上层建筑的文化可以说是各种观念的大集合，因此大量学者都把文化观念（文化价值观）和意识形态划上等号。马克思在阐释社会精神生产的意识形态属性时，深刻地揭示了其中的阶级性，即一种占主导地位的社会文化是统治阶级意识形态的反映。他认为：支配物质生产资料的统治阶级往往也占据着精神生产资料，所以，精神文化产品必然蕴含统治阶级的价值观念和道德准则，并且在审美娱乐功能之外，承担着重要的社会教化即传播阶级文化的功能，从而促进社会文化按照统治阶级的意愿协调统一。① 在《1844年经济学哲学手稿》中，马克思明确指出精神生产具有经济和文化双重属性，经济属性决定了其必然谋求利润最大化，而文化属性决定了产品必然反映和传播特定的意识形态。② 联系今天商业化运营的文化产业而言，形形色色的文化产品在投入市场进行交易之前就被生产经营主体将各种各样的商业化的思想意识、价值取向、目的意图等内化其中，使得当下的商业文化呈现出极强的目的性、功利性，更使得消费者处于一种先决的文化结构之中，处于被动接受的位置，无法突破这种结构性的文化宰制，于是，在经济上处于"商业食物链"末端的大众群体只能效仿和盲从权势群体，随波逐流。布尔迪厄曾提出一个"结构产生惯习，惯习决定实践，实践再生结构"③的文化消费惯习和社会结构（阶层结构）再生产的循环结构，这一循环结构论证了文化消费的阶级意识形态属性，发展了马克思的思想。可以说，一种特定的消费品位是特定社会文化的产物，在消费社会和商业时代，这种消费品位主要是消费文化的产物，契合消费主义意识形态——消费不是为了满足基本生活需求，而是为了满足被商业文化刺激出来的欲望，消费者追求的不是商品的使用价值，而是某种有身份感的、可资炫耀的上流阶层文化的象征意义。对于这一客观事实，我们理当认清和警醒。在认清文化商品的根本意识形态属性后，要进一步聚焦当前文化商品大肆渲染消费主义意识形态这一问题，进而强调我国文化产业发展应把握的社会主义意识形态属性。应当说，对于这点最根本的属性，如何强调都不为过。基于此，要巩固主流文化阵地，以社会主义核心价值观引导文化产业有序发展。

第二，要建立"文化食品安全"监管体系，对于生产者和消费者进行双向监管。由于文化商品的本质属性是意识形态属性，即文化属性，所以，其承担着"精神食粮"的重要作用。优秀的文艺作品和文化产品既能娱乐生活、增添趣味，更能滋养性灵、陶冶情操，起到"润物细无声"的良好社会教化作用，是健康可口的"文化营养餐"。然而，相反的，在如今的商业社会，资本的逐利惯性驱使文化商品的生产经营者无底线、无原则、无道义担当、无耻无畏地从事"文化圈钱"活动，以至于相当一部分文化商品都是"文化垃圾"，含有黄、赌、毒成分，对消费者而言，是精神上的"垃圾食品"，腐蚀精神世界、毒害身心健康；对社会而言，是"文化污染

① 《马克思恩格斯选集》（第一卷），中共中央马克思恩格斯列宁斯大林著作编译局译，北京：人民出版社，1995，第 98 页。
② ［德］马克思：《1844 年经济学哲学手稿》，中共中央马克思恩格斯列宁斯大林著作编译局译，北京：人民出版社，2000，第 82 页。
③ ［美］戴维·斯沃茨：《文化与权力——布尔迪厄的社会学》，陶东风译，上海：上海译文出版社，2006，第 64 页。

源",污染文化环境、危害社会安全。典型的例子有"辣眼睛"的"儿童邪典视频"、传播"污文化"的"污段子"以及色情、奇葩(直播非常态/变态行为)、无聊(如直播吃饭、睡觉、发呆等)、无耻(无道德底线,如直播低龄的未婚早孕、未婚生子"小妈妈"生活等)的自媒体直播等。从现实情况来看,尽管政府提出文化产业社会效益居首的"双效统一"要求已有多年,也的确发挥了一定作用,涌现了一批精神情怀"高大上"且群众喜闻乐见、市场认可度佳的文化艺术精品,如文化类综艺节目、主旋律影片和电视剧等,但是,应当注意到,大部分"双效统一"的文化产品都有较强的"官方背景",在传播上也以主流媒体、传统媒体为主。相对的,在民间资本为主力军的"草根"文化市场上,特别是在微平台、自媒体等非主流的新型媒体上,"要流量不要质量"的生产经营之道比比皆是,"双效统一"很难实现。究其原因,利益驱使是一方面,监管缺失是另一方面,主要在于文化生产"无标准"、文化消费"无屏障"。对此,建立"文化食品安全"监管体系,一要明确"文化食品安全"标准,严格监管生产者;二要为心智尚不成熟的未成年人、容易受骗的老年人等设置文化消费安全防护屏障,隔离文化和信息垃圾。

第三,要把控大众传媒发展方向,强化对于现代文化传播体系的建设与治理。大众传媒对于公众意识形态的影响最直接也最广泛,在新媒体层出不穷,传媒结构日趋扁平化、无中心化、无边际化,传播内容日趋碎片化、微观化、即兴化的当下,媒体格局可谓经历了"改天换地"的大变迁。对此,加强传媒领域的治理是新时代我国治理能力和治理体系现代化的一项必然要求。首先,要坚持"党管媒体"的原则,强化宣传工作的意识形态属性,在内容传播中贯彻党性原则,把各类和各级媒体都置于党的领导管控下,确保党对于媒体话语和舆论舆情的主导权和管理权,进而优化媒体秩序,打造言论凝聚力和文化影响力。这是维护国家文化安全(根本是意识形态安全)、维护社会和谐稳定的重中之重,也是讲好中国故事、传播好中国声音的立足点。其次,要重视媒体的国家"喉舌"、社会"公器"职能,赋予其社会良知,形成"媒体自觉"[①],切实提高党和政府的传播力、引导力、影响力、公信力,特别是在媒体传播文化内容的时候,要发挥其"扩音器"作用,最大化地放大文化产品的社会效益。最后,要加强媒体对于文化内容的过滤、筛选功能,特别是加强对于非官方、非主流媒体上传播内容的把关。要进行技术升级,使传播平台智能化,能自动净化内容;更要严格依法治理,加强立法和执法工作,使文化传播走上法治正轨。

2. 立足新时代新发展理念引导文化消费趋势

消费社会是一个充满诱惑的欲望社会,这与社会主义本质截然相悖。针对消费主义意识形态和社会主义意识形态相悖的严峻现实问题,在社会主义社会,必须牢牢把握好社会主义文化前进方向,稳稳管控好大众文化消费市场这块前沿文化阵地,巩固主流意识形态。在当今的消费社会中,抵制资本主义文化,弘扬社会主义文化,刻不容缓。在宏观调控中,要把消费文化和文化消费结合起来加以调控。

一方面,要对消费文化"定调",确保当代中国消费社会的消费文化基调是社会主义的。其起码应体现三点价值观:其一,人生价值的根本在于人的社会价值,在于个人对于社会的贡献程度,绝不在于个人对于社会的消费,哗众取宠的炫耀性消费并不能体现人生价值;人生幸福的源泉也绝不是铺张地进行奢侈性消费,有节制的理性消费更使人幸福。其二,消费

---

① 参见吕杏生《试论媒体的文化自觉》,《中国广播电视学刊》2013 年第 9 期。

者应当化被动消费为主动消费,体现消费的生产性、创造性,带动生产创新和文化创新。其三,消费者对于消费文化的建构人人有责,消费文化对于社会文化的影响既直接又深远,因此,每一个消费者都要传播消费文化的"正能量",发挥消费文化对于社会文化再生产的正向推动作用。

另一方面,要对文化消费加以引导。由于文化具有意识形态宣传、价值观引导、道德行为示范引领等社会教化功能,而文化消费是人民群众感受文化、接受文化的最普遍方式,所以,发展有别于资本主义社会的文化消费方式、培育社会主义文化消费观十分必要。在文化消费上,必须强调发展健康向上、和谐理性的消费方式,引导文化消费品市场遵循"双效统一"路线发展,始终把社会效益放在首位,从而使得文化消费起到充实精神世界的应有作用,并且不过度耗费社会资源和自然资源,体现可持续发展理念。最终,要使社会主义核心价值观深入人心,增强社会主义先进文化的凝聚力。特别是在当前的中国特色社会主义新时代,应当以新发展理念引导文化消费态势。

一要引导文化消费符合创新发展理念。文化消费观念、空间、形式等都要实现创新发展。首先,要培育民众的文化消费观念,引导民众把文化消费放在和物质消费同等重要的位置上,扭转长期以来重物质轻文化的消费观念。其次,要发展新型文化消费空间,如:打造专门的一站式文化消费商业综合体、文化娱乐休闲广场等,主打文体娱乐经营项目;大力发展文化和旅游产业,在旅游区域厚植深耕特色文化,使得传统的直奔景点的"景点旅游"向新型的品味文化的"全域旅游""沉浸式深度旅游"转型升级;将文化消费和公共文化服务有机结合,在商业性文化场所增添"城市书房""人文会所"等公益性或准公益性文化空间,在公共文化场馆开辟"文创长廊""文娱街区"等文化消费区域;整合同类文化经营商户,助推集群式发展,发展特色文化消费"一条街"等,产生集聚效应和品牌效应。再次,要推动文化消费形式不断推陈出新,要对接"文化+"的大文化产业发展趋势,更要对接新兴的数字创意产业发展趋势,发展体验式、虚拟式、智能化、智慧型、未来时态的文化消费新形式。

二要引导文化消费符合协调发展理念。要促进城乡区域文化消费协调发展,要使得城乡之间、发达与欠发达地区之间的文化消费水平不至于相差悬殊,这就要特别注重引导农村地区发展文化消费,要把发展乡村文化产业、培育乡村文化消费作为乡村振兴的一个抓手,还要把引导民众去贫困地区进行文化消费作为扶贫的一条路径。同时,要以文化消费促进经济和社会、物质文明和精神文明、硬实力和软实力协调发展,让文化既体现经济生产力,更体现社会影响力。还应当看到,文化消费繁荣文化产业,能促进新型工业化、信息化、城镇化、农业现代化同步发展,如和现代工业设计制造业、智慧文化服务、特色小镇、田园综合体等有机融合。总而言之,在引导文化消费时要贯彻协调发展理念,不断增强发展整体性。

三要引导文化消费符合绿色发展理念。文化消费相比于物质消费,本身就具有较高的环境友好系数。但是,很多时候,也有部分消费者欠缺文明素养,消费行为有悖于绿色发展理念,如不文明旅游行为、不文明观演行为等。对此,相关部门仍要着力提升文化消费者素质。并且,绿色文化消费的理念还包含着构建绿色文化空间、营造和谐文化氛围、涵养地方文化资源等内涵。

四要引导文化消费符合开放发展理念。一个地方的文化消费品必然体现一个地方的文化特色,这种别具一格的文化特色往往引领潮流,这正是文化引领力所在。对于走在"文化强国"建设征途上的我国来说,引导全国人民乃至世界人民消费富于中国文化元素的文化商品,能使中国文化融入生活、深入人心,从而展现中国文化风采,提升中国文化形象,尽显中华文化魅力。同时,也应当本着开放包容的心态,认识到国内消费者青睐国外文化产品也有利于提高文化市场竞争度,有利于刺激国内文化生产经营主体吸收借鉴国外文化创意,从而生产出更多符合消费者期待的文化产品,增加本土文化消费额,实现文化贸易顺差,使得国内文化产品的国内和国际市场占有率"双提升"。

五要引导文化消费符合共享发展理念。文化消费是在公益性和准公益性的公共文化服务供给之外,实现文化成果为人民共享的最普遍方式。为了更好地促进文化共享,政府应当引导鼓励文化生产经营主体积极建设共享型文化消费场所、开发适于共享的文化产品,不断寻找文化产业和共享经济的连接点,近年来涌现的共享书店、共享书房、共享琴房、共享KTV、共享健身仓、共享文体器材(共享篮球、共享钢琴等)等虽褒贬不一,却反映了共享文化消费模式大有市场。因此要进一步探索共享型文化产品的投放、管理、维护方法,精细运营而不是随意贴上共享标签,使供给侧和需求侧精准对接,更加有效地激发消费需求。

第二节　基于文化消费伦理,建构文化消费文明生态

一、我国消费社会背景下的文化消费伦理思考

1. 消费社会背景下的消费伦理研究述评

在消费社会的经济社会发展背景下,消费伦理问题受到了中外学者的普遍关注。因为消费不但是一种普遍的每人每天都会从事的经济活动,也是人类基本的生存方式和发展前提之一。消费伦理因而成为消费经济研究领域的一项重大课题,产生了消费伦理学。消费伦理学是应用伦理学的一门分支,是支配人们的消费心理、调整人们的消费行为的道德规范和价值体系,是关于消费道德产生和发展规律的学科,是关于人们的需要及其满足方式的伦理学。消费伦理学从伦理道德的视角来研究人的消费需要及其满足方式,以期建立一套消费伦理规范和价值评判体系,研究的主要对象一是消费心理和消费行为、二是消费道德和消费观念,一般涉及如下问题:人的消费需要及其满足方式与人性的关系如何? 人的道德观念与消费心理、消费行为有何内在关系? 支配特定消费心理和消费行为的价值观是什么? 何种消费行为是合乎道德的,反之何种消费行为是不合乎道德的? 一定的消费道德与时代的关系是怎样的? 为什么有的时代提倡这样的消费道德,有的时代提倡那样的消费道德?[①]

综观国内外对于消费伦理的研究现状可知,在国外,经济学界很早就关注到消费这一重要的经济活动环节,亚当·斯密、威廉·配第、大卫·李嘉图、弗朗斯瓦·魁奈等古典经济学家都在其经济学说中重点研究了消费,对消费与生产生活的关系、消费与积累的关系、消费

[①] 参见罗国杰总主编,王伟、戴杨毅、姚新中主编《中国伦理学百科全书·应用伦理学卷》,长春:吉林人民出版社,1993,第375—382页。

与阶级的关系、节制性消费和奢侈性消费等展开了多元探讨,为消费伦理的研究奠定了理论基础。20 世纪 80 年代,西方学者在消费伦理方面的研究成果日益丰硕,代表性研究有:杜宁基于环保主义立场批判西方消费社会中盛行的消费主义,呼唤建立消费伦理;①见田宗介指出,现代资本主义体系为了克服"有限的市场需求与无限的社会生产力"之间的矛盾,以"信息化"结合"消费化",产生了如同魔杖一般点石成金的效果,极大地刺激了消费欲望,使得现代社会避免经济危机和社会恐慌,但也造成了消费伦理问题;②堤清二认为在自由市场经济中孕育出的消费社会的畸形发展导致了"过剩消费市场"形成,这种规模化的"过剩消费"导致了本应被人所支配的消费行为反过来支配了人,消费者主体性沦丧,对此,有必要深刻思考"何为消费"和"消费为何",从而促成一种超越消费社会,化解"消费异化"的契机生成。③在国内,消费伦理问题在 20 世纪 90 年代受到学界关注,差不多和我国消费社会的发展同步。

与国外相比,国内研究尚属起步阶段。面对我国新生成的消费社会中纷繁复杂的消费现象,厉以宁、周中之、徐新、赵宝春、田芯、赵玲、何小青、孙艺文、邢雁欣、魏晓燕、郑冉冉等国内学者对于消费伦理的研究主要着眼于以下几个方面④:第一,对消费主义及消费伦理的认知性研究,主要对西方资本主义的消费主义意识形态和消费主义造成的"消费异化"问题进行道德批判;第二,对我国消费观念和行为现状的研究,主要关注了我国经济社会转型期消费简奢观的转变现象,消费不足和消费过度并存的消费结构不合理问题,提前消费、健康消费、文化消费等消费潮流,从众消费、炫耀性消费、去意识形态化消费等不良消费倾向,以注重商品符号价值为表征的消费升级趋势,从"重量"转向"重质"的消费需求侧升级趋势等。第三,对传统消费思想的现代性挖掘和对西方消费思想的合理借鉴,包括从中国传统文化中挖掘传统消费观念,进行深度阐释,从西方消费理论中寻找适合借鉴的思想,最重要的就是马克思、鲍德里亚、法兰克福学派、新马克思主义学派的"消费异化"相关理论,如马尔库塞批判西方社会极权主义所用的"虚假需求"和"额外压抑"理论。第四,对我国消费伦理的宏观思考与总体建构,即研究如何建构符合我国全面建成小康社会的"五位一体"总体布局的消费伦理体系,提出促进自然和社会和谐可持续发展消费伦理观。

2. 文化消费伦理问题的提出

(1)文化消费伦理问题伴随消费升级趋势跃入学术视野

消费社会之所以形成,一是由于现代社会的大工业化生产方式制造了大量物美价廉的大众商品,引发了大众性的消费浪潮,这是直接因素;二是由于商品的符号意义日益放大,符号价值不断上升,在鲍得里亚看来"符号拜物教"逐渐取代了"商品拜物教",最终形成了以符号象征的文化意义为主要内容的消费文化,这是根本因素。消费文化形成宣示了消费这一普遍性经济行为的第一次升级。此时,消费行为的文化动机越来越强烈、文化意义越来越凸显,物质消费中商品的功能价值每每让位于符号价值,出现了"消费文化化"趋势,文化消费

---

① [美]艾伦·杜宁:《多少算够——消费社会与地球的未来》,毕聿译,长春:吉林人民出版社,1997,第 1 页。
② [日]见田宗介:《现代社会理论:信息化、消费化社会的现在与未来》,耀禄、石平译,北京:国际文化出版公司,1998,第 5 页。
③ [日]堤清二:《消费社会批判》,第 5 页。
④ 详见孙彬锋《我国消费伦理研究综述》,《学术交流》2011 年第 4 期。

的情形自不待言。于是,当生产力发展使得人们的消费能力到达一定水平时,伴随着消费者符号需求的高涨,消费迎来了第二次升级,即文化消费需求大大提升,文化消费的结构占比大大提升,消费重点渐渐从物质消费转向文化消费。

当下中国已初步步入消费社会,虽然尚不均衡,但第一波和第二波消费升级趋势已接连显现,给消费领域带来了新变化,也使之产生了新矛盾。新的消费矛盾根本上反映了党的十九大后新时代"人民日益增长的美好生活需要和不平衡不充分的发展之间的矛盾"。而其之所以新,在于其更多地呈现了精神文化消费方面的矛盾,即便是普通物质消费方面的矛盾,矛盾的主要方面也在于物质的文化意义上。要解决新的消费矛盾,就要对文化消费伦理进行专门研究。当前,相关学者正渐渐把目光投注到文化消费伦理这一特殊的消费伦理研究领域。并且,由于文化消费领域具有特殊性,精神文化产品本身自带伦理道德属性,文化消费是具有文化属性、折射文化意义,对于社会文化的发展导向性极强的消费,因此,对文化消费伦理展开研究十分重要。

(2)现实中的"文化消费异化"问题呼吁文化消费伦理研究

当前社会存在的诸多文化消费乱象,本质是"文化消费异化"。这一问题日益凸显,使得对文化消费伦理展开研究更为迫切。笔者认为,文化消费伦理的研究主要应针对精神文化消费领域的消费异化问题,即"文化消费异化"问题,寻求解决之道。"文化消费异化"问题既具有消费异化问题的普遍性(共性),亦具有特殊性(个性)。

"文化消费异化"和消费异化的普遍性(共性)问题有:

第一,消费者信奉"我买故我在",形成了消费主义意识形态,把消费作为衡量人生价值的唯一尺度,产生了物质主义、拜金主义、享乐主义等浸淫资本主义意识形态的人生观,不问自己对社会的贡献,而一心向往挥金如土的生活,鄙视"廉价的幸福",精神世界严重腐化堕落,价值观扭曲异化。而当自身消费能力不足以支撑这样的消费观、人生观时,往往产生私下寒酸、人前阔绰,对家人吝啬刻薄、对狐朋狗友讲排场的异化性消费行为。

第二,消费者沦为"商品拜物教"的囚徒,主体身份被消解。主体被客体宰制,消费者被消费客体(消费对象,即商品)"牵着鼻子走",被消费欲望所奴役,本来是消费客体的商品却完成了"客体主体化"的"反客为主"过程;消费主体迷失自我,盲从于消费潮流,难以辨别虚假和真实的消费需求,时常进行非自主性消费,参考马尔库塞的理论,现代文化传播媒介对此难辞其咎——大众时常被大众传媒所制造的消费型偶像(相对于生产型偶像而言)和所鼓吹的流行性文化所蛊惑,大众传媒夸大了正常的消费需求并扭曲了人们的消费观,制造了大量的"虚假需求",并对大众阶层造成了因消费攀比而倍增的"额外压抑"。

第三,消费者产生"为了消费而消费"的空虚性消费行为,消费目的模糊,甚至有很多无目的性的消费行为——既非为了改善基本生活(满足生理性、物质性需求),亦非为了美化生活和充实人生(满足心理性、精神性需求)。这类不为了满足任何身心需求的消费行为的增加,甚至大量出现,直观地反映了消费者灵魂空虚的状况,而根本上更进一步地反映了消费者自主性泯灭、人格和人性被消费所异化的情形,是一种"唐璜主义"消费。

第四,消费者不顾经济能力、超越所处阶层,盲目追求商品符号价值,消费是为了炫耀某种符号,人格人性被消费符号所异化;并且,大量民众受着强烈的攀比心理所驱使,过度进行"符号消费",既有违我国传统文化所提倡的"中道",更不利于社会和谐稳定,在一定程度上造成了社会(社会关系)的异化。

第五,和饱受抨击的奢靡性消费、浪费性消费等过度消费相对,消费不足也是一种消费异化,是相反向度的消费异化。这是因为消费不足直接导致占有的生产生活资料匮乏,影响人的发展,亦是对于人的异化。当前,我国社会存在两种消费不足。一种是客观性的消费不足,主要存在于欠发达、贫困地区,经济水平低下导致消费能力低下,此种情形并不能归入消费异化行列。另一种是主观性的消费不足,主要受传统的保守主义消费观影响,典型表现是即便有充足财力也不愿意进行"提前消费"(信贷消费),这种保守主义消费者甚至将自身异化为"一毛不拔"的"守财奴",这种过分节俭是一种典型的消费异化行为。《易·节》有云:"节,亨也;苦节,不可贞。"可见,俭而有度方得"中道",过度节俭和过度消费皆有悖消费伦理,是为异化。

"文化消费异化"的特殊性(个性)问题有:

第一,"文化消费异化"很大程度上反映了"文化殖民化"现象,尤需警惕。在经济文化全球化和经济文化一体化的国际环境下,文化意识形态和文化价值观传播的最主要途径就是通过文化贸易,因此,对于外来文化商品的消费本质上是对于外来文化的消费,并且在消费的过程中或多或少地接受和认同外来文化,甚至出现"被洗脑"的情况。由于当今世界的经济和文化发展还很不平衡,发达国家和发展中国家经济硬实力上的不对等势必影响其间文化软实力博弈形势。我国当前的国际文化影响力还不够强大,和欧美日韩等文化输出强势地区相比,还不可同日而语。在文化消费层面,这一问题就表现为"文化殖民化"现象,如偏好外国电影电视剧,且极为认同所谓的美国"普世主义"文化价值观、片面追求西方生活方式、向往资本主义文化审美格调等,甚至不假思索地习惯性被动接受外来文化,却抵触排斥本国文化。客观地说,近年来,随着我国文化产业高速发展和宣传文化系统大力作为,我国民众崇洋媚外的心态有所改变,出现了国学热、古风潮、传统文化复兴等可喜的文化现象;但不可否认,当今国与国之间文化对话仍旧是不对等的,我国国际文化传播实力仍不够雄厚,还不是强势的文化输出国,因此,尤需警惕文化消费中的"文化殖民化"问题。

第二,"文化消费异化"在当今的科技条件下反映为某种程度的"技术殖民化"现象,本质是"文化科技异化"。这种异化即科技对于文化的异化。作为传播载体、呈现手段和包装形式的科技掩盖了本该作为核心的实质性文化内容,消费者越来越追逐华丽炫目的"科技感",崇尚科技美学,争睹科技奇观,围观"西洋景",热衷消费最新潮、最酷炫的文化科技产品,但并不为了消费其中的文化,也不期待其中包含多少文化内涵——事实上目前市面上大部分文化科技产品的确少有文化内涵,而只是为了获得新奇的科技体验,并认为是科技使文化显得"高大上",而非文化赋予科技灵魂。这种消费行为有一种"买椟还珠"的意味,折射出一种肤浅的、短视的、浮夸的消费观。

第三,"文化消费异化"直接反映为一系列社会文化异化现象,颇为触目。由于文化消费直接影响社会文化环境,因此"文化消费异化"直接导致社会文化异化,典型现象如:"脑残粉"疯狂追星,丧失理智,极端者为了"偶像"宁愿付出一切;一些网络观众对于一些无道德底线、以色情直播"吸粉"的女主播无度打赏,数额惊人,甚至为了获得大量金钱用以打赏网络主播而走上犯罪道路;未成年人沉迷于网络游戏的虚拟空间,对于现实生活不闻不问,时有"孩子玩游戏三天刷光家长银行卡积蓄"的负面新闻曝出;"儿童邪典视频"曾经一时间如同文化病毒般在网络蔓延，一些儿童深受其害。种种这些触目惊心的社会文化异化现象都是"文化消费异化"的直接产物，根本上都反映了消费者主体性丧失、消费心理被扭曲、人格人性被异化的问题。

第四，文化消费不足作为一种"文化消费异化"阻碍社会全面发展，亟待重视。我国要全面建成小康社会，"文化小康"是"全面小康"不可或缺的一部分，要实现这一点，离不开充分的健康合理的文化消费。然而，文化消费不足直接导致精神文化生活贫瘠和社会文明程度低下，从这点意义上说，文化消费不足相比于物质消费不足，对于社会造成的不利影响更大也更深。当前我国存在比较严重的主观性文化消费不足问题，存在"重物轻文"的片面消费观，这种观念体现在许多消费行为上，如：有些人舍得花高价购买名牌服饰，却吝啬于"知识付费"；在许多人的购物清单上，书籍被排在最后一位，很多情况下第一个被挤出清单；持"读书无用论"观点的反智主义在我国社会各个阶层均有不小市场，直接导致长线投入式的教育消费受到冲击。从我国主观性文化消费不足的程度而言，分为绝对性不足和相对性不足。绝对性文化消费不足即对文化消费的绝对吝啬，以吝啬于教育消费为典型表现；相对性文化消费不足是较为普遍的情形，许多人并不把文化消费看作必需性消费，始终认为文化消费不如物质消费基本和重要，一旦手头吃紧，首先删除文化消费项目。当前我国存在不同程度的文化消费不足，是"文化消费异化"问题的一个层面。

3. 文化消费伦理是文化消费生态文明建设的重要支撑

消费并不仅仅是一种经济行为，它更多时候是一种文化行为，饱含文化意义。仅从经济学角度研究消费是片面的，从社会学、伦理学、文化人类学角度研究消费很有必要。[①]

在消费社会背景下和消费升级趋势下，文化消费占比日益增大，而文化消费是直接关联于社会文化意识形态的消费，对于社会文化生态环境的作用非同小可。仅就消费领域而言，文化消费行为直接影响文化消费生态。[②]

结合文化经济学和文化社会学的理论视角看，文化消费生态是消费生态的一个重要层面，不但作用于消费生态，影响市场上消费潮流和消费文化的走向，进而影响产业生态（特别是文化产业生态），和产业结构的变化有所关联，还进一步作用于文化生态，影响整个社会文化外环境和文化内心态的发展，对于社会文化结构的变化起一定作用。需要阐释的一点是，

[①] 参见周中之《消费伦理：生态文明建设的重要支撑》，《上海师范大学学报（哲学社会科学版）》2015 年第 5 期。

[②] 在生态学中，简单地说，生态指生物在自然界中的生存状态和发展态势。参照这一概念，消费生态就是主要由消费市场环境中消费供求主体造成的消费经济活动状态和消费文化演进态势。当前有一门学科即"消费生态学"（consumption ecology），这是以"生态中心论"为理论基点的消费学科群中的一门学科，专门研究消费生态基本原理及其发展规律，学科知识来源于生态学、生物学、生态经济学、宏观经济学、消费经济学、人类学、文化学、心理学、人口学、地球物理学、系统科学、信息工程学，常常借助计量分析工具进行实证研究。该学科的主要研究问题有：消费生态学的理论基础和科学方法，消费结构与消费生态的关系，消费循环系统模式与演化秩序，生态化消费和保护生态环境的关系，消费生态和产业生态的关系，消费生态和消费文化、文化生态及社会生态的关系，国际消费生态指标体系与"南北"消费模式变革，国际消费生态与国际贸易生态的关系，消费生态效益与经济效益的关系等。——林百鹏、臧旭恒主编：《消费经济学大辞典》，第 534—535 页。

这里所说的文化消费生态对于文化生态的影响,并非说对于生态学意义上的文化生态[①]的影响,而是侧重于说明对于社会学意义上的文化生态的影响,即"文化生态是一种历史过程的动态积淀,是为社会成员所共享的生存方式和区域现实人文状况的反映"[②]。文化消费生态对于社会文化生态的影响包括对于文化观(文化意识形态和文化价值观)生态、多元文化生态、文化艺术生态、文化人才生态等的影响,直观地体现为对社会文化风气、精神文明建设的影响。[③] 因此,文化消费生态文明建设意义重大,直接关系到文化消费的社会效益问题。而文化消费伦理无疑是文化消费生态文明建设的重要支撑。

文化消费伦理之所以对文化消费生态文明起支撑性作用,是因为:

第一,伦理具有规范行为的作用。当今社会,人们的文化生活是被五光十色的文化商品所包围的,诸如网络游戏、网络直播、偶像剧等大众娱乐商品。对于这些商品的大众化消费,势必影响文化消费生态乃至社会文化生态,有许多影响是负面的。要弱化文化市场上相当一部分社会效益不良的文化商品造成的负面影响,关键的一步就是规范文化消费伦理,进而使伦理规范行为。

第二,伦理具有提升道德的作用。当消费主义意识形态和资本主义文化价值观大举来袭,导致传统道德被解构、社会道德水平下滑时,仅就文化消费领域而言,有必要重塑文化消费伦理,使新的伦理符合新的时代、新的文化,且高于新的时代、新的文化,进而使伦理提升道德。

第三,伦理具有疏导社会心理的作用。市场上存在一些毫无精神养分,甚至危害消费者身心健康的"垃圾文化"商品。对此,迫切需要以文化消费伦理介入,对一些被异化的文化消费心理进行疏导。

第四,伦理具有协调社会关系的作用。由于当代社会的大量文化商品是碎片化、虚拟化、空心化的,消费者大量消费这类无营养的文化商品的直接后果就是人格的社会性下降,经常想入非非、沉迷虚幻,逐渐与现实疏离、与社会脱节,对人对事冷漠,迷失自我甚至丧失自控能力。这就需要文化消费伦理加以干涉,引导消费者在文化消费的同时保持与社会的良性互动,遏止网络成瘾、游戏成瘾、色情文化成瘾等"成瘾"式文化消费现象,从而协调社会关系。

---

① "文化生态"这一概念的产生源于把生态学研究方法应用于文化领域。在这一术语中,"生态"是主题词,即文化的环境。1955年,美国文化人类学家朱利安·斯图尔德(Julian Steward)首次倡导设立"文化生态学"这一专门学科,以"解释那些具有不同地方特色的独特的文化形貌和模式的起源"。国内借鉴斯图尔德提出的方法和观点的相关研究开始于20世纪80年代,学者们较为全面地研究了文化生态的内涵,形成了三点主要认识:1.文化生态是一个动态的系统,其中各种文化交互作用;2.文化生态是文化系统与生态环境系统的耦合,人类创造的文化与其生存空间的环境及其变化相依相伴,文化生态是一种文化的自然生态与人文生态的综合;3.文化生态的原理作为一种新的生存智慧、生存策略,具有鲜明的特点。进一步看,文化生态的要素与特征主要有:1.由各种类型的文化主体(包括文化产品的生产者、消费者和分解者等)与文化环境共同构成;2.是一个各因素、各部分有机关联且存在层级结构(大系统包括小系统)的系统;3.系统内部有物质、能量与信息的流动,使系统各个部分交互、循环、反馈,以促进系统自我调适,而这种调节功能的强度与系统内部文化形态的数量成正比;4.整个系统始终处于连续不断的运动变化过程之中,这些运动变化具有经验属性,可感知、可测度、可调控,可以被优化,也可能发生退化。综上所述,文化生态学具有借用生态学的方法来研究文化现象的基本特点。——王旭烽主编:《生态文化辞典》,南昌:江西人民出版社,2012,第169—170页。

② 傅守祥:《消费时代的文化生态失衡与审美维护》,《探索与争鸣》2012年第4期。

③ 参见[美]朱利安·斯图尔德《文化变迁理论》,张恭启译,台北:远流出版事业股份有限公司,1989,第46页。

4. 文化消费伦理体系的核心规则与基本框架

　　文化消费伦理体系构建目标是要形成文化消费正义,防范并克服文化消费异化。从"伦理"一词的含义而言,"伦"即伦常,"理"即条理、道理,"伦理"即人伦之道与事物之理。伦理体系即用以约束人行为处事的规则体系,这套规则体系用以调节作为主体的人与各种客体(自然、社会、自身、他人等)之间的关系。文化消费伦理调节的主客体关系可分为三个层面(图7.1):第一,宏观层面,指主体人(文化消费者)与自然、社会、国家、经济、文化等客体的关系;第二,中观层面,指主体人(文化消费者)与文化产业、文化市场等客体的关系;第三,微观层面,指主体人(文化消费者)与自身、他人等客体的关系。

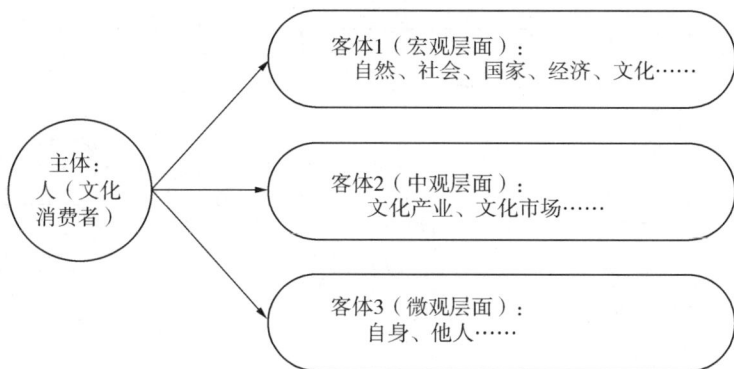

图 7.1　文化消费伦理调节的主客体关系图

　　一套成熟的、被广泛接受的伦理体系通常符合一定社会历史条件下的道德标准,反映一定文化背景下的主流价值观。当前,构建文化消费伦理体系应当符合我国现阶段的国情国力:第一,要符合我国根本制度——社会主义制度,体现社会主义意识形态和社会主义核心价值观;第二,要符合我国"仍处于并将长期处于社会主义初级阶段"的基本国情和"是世界最大发展中国家"的国际地位;第三,要符合"中国特色社会主义进入新时代"的时代特征,面对"人民日益增长的美好生活需要和不平衡不充分的发展之间的矛盾"这一新时代我国社会的主要矛盾;第四,要符合"全面建成小康社会"这一阶段性目标的各项任务要求;第五,要符合"坚定文化自信,建设文化强国"这一文化建设目标的各项任务要求。基于这几点,以下提出文化消费伦理体系的核心规则,并建立基本框架(图7.2)。

　　文化消费伦理体系的核心规则由文化消费核心价值观、文化消费核心行为准则两个方面构成,前者为价值规范,后者为实践准则,前者引导后者,后者体现前者,两者紧密结合、密不可分。

　　笔者提倡的文化消费核心价值观为科学、和谐、持续。第一,应当树立科学的文化消费观,在文化消费过程中秉持科学精神,不过度、不任性、不盲目、不愚昧。第二,应当树立和谐的文化消费观,使自己的文化消费行为对社会友好、对他人有利。第三,应当树立持续的文化消费观,使自己的消费行为对环境友好、对后代有利。基于这三点价值观的引导,笔者提倡的文化消费核心行为准则如下:

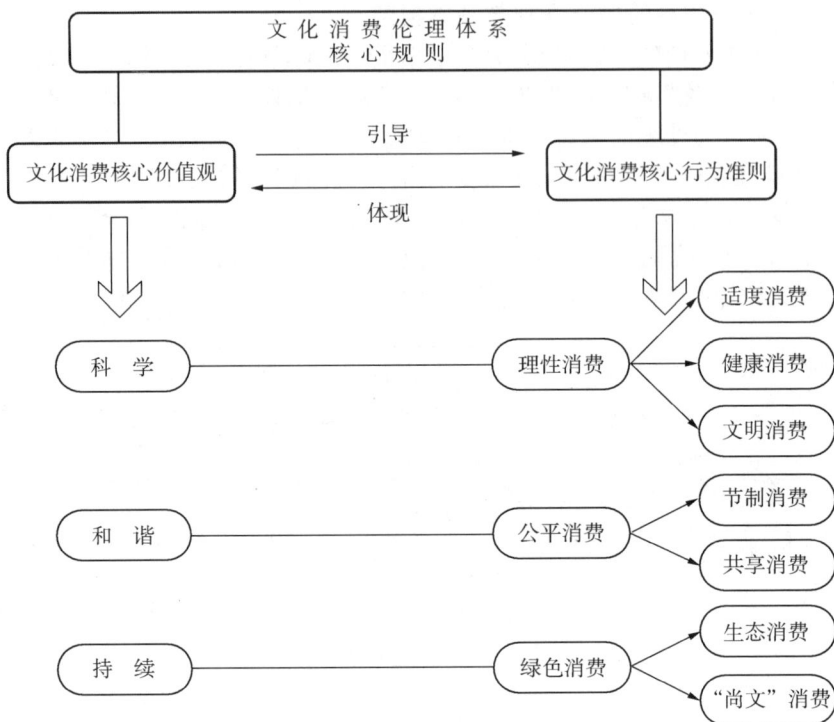

图 7.2　文化消费伦理体系核心规则与基本框架

第一,理性消费,内涵包括适度消费、健康消费和文明消费。从经济学角度而言,适度消费包含三层含义:一是与社会平均消费水平基本持平;二是与消费者的个人财力相适应,基本保持量入为出,即便有信贷消费等提前消费情况,也不超过偿还能力;三是既定的资源供给量条件下不过多占用和消耗某种资源。并且,很重要的一点是,适度消费要做到消费的经济价值和伦理价值相统一,"这里的适度与否的界限是消费的经济价值不能损害伦理价值,同样消费的伦理价值也不能损害经济价值"①。也就是说,适度消费既不能片面强调节俭而阻滞经济发展,也不能片面拉动消费而妨害伦理道德。

文化消费中,健康消费指尽量消费价值观积极向上、内容干净无害的精神文化产品,反对肆无忌惮地大量消费"三俗"(庸俗、低俗、媚俗)文化产品和容易引发犯罪、造成心理异常的危险文化产品,如充斥色情和软色情的"污文化"产品、颓废消极的"丧文化"产品、诱人沉迷其中脱离现实的致瘾性文化产品等。总之,要对败坏社会风气、危害道德人心的文化产品说"不"。

文化消费中,文明消费指消费行为应当体现我国"文明之盛世"状态,体现我国进入新时代的社会发展水平较高、有文化的状态。因而,一要反对从众跟风、无鉴别是非意识的盲目型文化消费,如疯狂追星、疯狂打赏"网红"、疯狂游戏"氪金"等;二要反对愚昧型文化消费,如参与迷信活动并投入大量金钱(算命、看相、问卜、摆风水局、大修坟墓等),明显超过正常

---

① 周中之:《当代中国消费伦理规范体系研究》,《华中师范大学学报(人文社会科学版)》2013年第2期。

消费的度的宗教活动消费(烧香拜佛、求神祈福等)，大操大办婚丧嫁娶(婚丧嫁娶属于民俗文化消费)等。

第二，公平消费，内涵包括节制消费和共享消费。文化消费领域和物质消费领域一样，也存在消费不公问题，其根源是分配不公问题，不利于社会和谐。在文化消费领域，要体现消费正义，就要注重体现消费公平，因此要进行公平消费，从而促进社会和谐。

文化消费上的公平消费要求消费者进行节制消费。一是指在"有理"的基础上"有节"，即不把金钱浪费在无意义的非理性文化消费上，如把大量金钱投入低俗网络表演、不健康游戏、迷信活动等中，不但浪费个人钱财，也浪费社会资源，不但浪费钱财，更浪费生命，实不可取。节制消费还指消费行为应当低调，不应当浮夸，诸如攀比排场、炫耀卖弄等消费行为都反映了行为主体的虚荣心作祟，如果人人都这样爱慕虚荣，显然是无法实现消费公平的，并直接导致社会不和谐。低调地进行文化消费要求消费者真正地进入文化、品味文化、享受文化，而非打着文化旗号，实则炫耀物质，要保持良好的消费心态，本着一颗平常心。这样，每一个普通人都可以形成平淡而充实、平凡而精彩的文化生活常态。

文化消费上的公平消费要求消费者进行共享消费。发展共享文化经济，引导共享文化消费是促进文化成果为全民共享的必要举措。当前市场上已经出现了共享书店、共享健身设施、共享KTV等共享文化产品和服务，虽然其经营模式尚不成熟，更多带有"自助"性质而非"共享"性质，存在简单挪用和变相炒作"共享经济"这一"网红"经济概念的问题，然而，文化市场上的这种创新经营趋势还是可喜的，说明在共享经济的风口下，"共享文化"已经逐渐深入人心，迎合了广大消费者的精神需求。对于这样的文化消费潜在潮流，应当着力推动。发展共享文化消费是提升文化消费公平度的有效途径。

第三，绿色消费，内涵包括生态消费和"尚文"消费。首先，绿色消费必然是生态消费，要求消费时贯彻节约理念，不糟蹋浪费资源，注重节能减排、低碳环保，尽量使用可再生、无污染或污染小的新能源。在文化消费上，具体的做法有：节约用纸，减少办公用纸，培养电子阅读习惯等；低碳出行，旅游时尽量采用公共交通、骑车、步行、混合动力汽车、电动车等出行方式，减少"碳足迹"；选择文创设计产品时，把"低碳""节能""再生"作为重要标准，青睐天然材质，培养崇尚朴素简洁的审美品位等。生态消费还要求不过分占用资源，应当认识到合理有效地"利用"并不意味着非"占有""私有"不可，"占为己有"的排他性、自私性的消费模式不利于生态文明，要提倡共享消费模式，这点与上面的公平消费准则有所重叠。

由于文化消费相比于物质消费，本身具有较高的绿色属性，所以，要特别倡导消费上的"尚文"理念。要扭转我国大众长期以来"重物轻文"的消费倾向，引导大众把消费的重心逐渐转移到文化上来，培养一种爱好文化、享受文化、崇尚文化的消费氛围。美国纽约世界观察研究所资源研究员杜宁说："生活在(20世纪)90年代的人们比生活在上一世纪的他们的祖父母们平均富裕四倍半，但是他们并没有比祖父母们幸福四倍半。"[1]可见，人的精神上丰富、长久的愉悦远远超过物质上单一、短暂的满足。人的自我实现程度并不与物质富足程度成绝对正比，财富不能衡量人生价值高低也不能决定人生幸福与否。相对的，人的精神世界的自由、充实和崇高程度，往往与人的获得感、成就感、幸福感成正比，精神幸福才是人生幸

---

[1] ［美］艾伦·杜宁：《多少算够——消费社会与地球的未来》，第20页。

福的源泉。总之,引导民众形成更加崇尚文化消费的消费观,对于生态和谐和社会和谐都有着重要意义。

二、建构文化消费生态的现代化治理体系

1. 关注文化商品化大潮引发的文化消费生态危机

在我国当下的消费社会和"大众消费狂欢""大众文化狂欢"语境中,文化商品化大潮引发了文化消费生态危机。这一危机既是经济领域的,更是文化领域的,需要我们从经济与产业、文化与社会两个视角加以关注。

在经济领域,文化消费生态危机的反映为:

第一,文化消费上的价值失范造成文化市场道德失范和竞争失序。显而易见,大众文化消费在量的规模上完全碾压了精英文化消费,大众是最主要的文化消费主体,而大众在消费上往往存在过分自由化、个性化的随心所欲倾向和随大流、无意识的盲从惯性,其价值判断的标准较低。大众文化消费成为文化消费市场主流,难免引发文化消费上的价值失范问题。由于价值判断标准较低的大众是文化市场所要迎合和诱惑的第一对象,市场不但迎合其口味,还无所不用其极地诱惑其注意力,以至于把作为商品的文化格调从通俗降格为庸俗、低俗、媚俗,滥植"软色情""软暴力""腐文化""饭圈文化"等,并利用算法推送模式把一系列"三俗"文化内容推送成高点击率、高浏览量的"网红""头条",无道德底线地展开市场竞争,导致文化市场乱象频现。举例而言,2018年上半年,快手、抖音、火山等短视频直播平台上的"14岁早恋生子"、"全网最小二胎妈妈"的17岁姑娘等直播秀获得40多万次的播放量和5万粉丝,收到500多万次点赞,一举成为"网红",影响力令人惊骇;[1]更有甚者,2017年已在国外被封禁,却在2018年初流入国内,在多家视频平台播放的充斥软色情暴力内容的儿童"邪典"动画片播放量高达数十万;[2]"蓝鲸死亡游戏""死亡窒息""心跳文学社"等诱导青少年自残自杀的文化内容更是骇人听闻。如今,此类现象不断冲击社会公序良俗,造成恶劣影响。

第二,文化消费上的全民娱乐盛况造成文化产业泛娱乐化。当下,一提起文化消费,一般民众最先想到的通常是看电影、看直播、玩游戏、去娱乐场所等强娱乐性的文化消费活动,而不是阅读、培训、咨询这类。今天,大众传媒不断制造出大众娱乐的狂欢景象,线上和线下社交场所中的人们均围绕着娱乐而开展社交,作为城市公共空间的商业区亦大肆渲染这种娱乐氛围,"娱乐至死"已不是一句杞人忧天的骇人之语,而是真实地描绘了人们日常生活的状态——"一切公众话语都日渐以娱乐的方式出现,并成为一种文化精神。政治、宗教、新闻、体育、教育和商业都心甘情愿地成为娱乐的附庸,毫无怨言,甚至无声无息,其结果是我们成了一个娱乐至死的物种。"[3]在盛况空前的娱乐场景中,娱乐产业不但是文化产业的支柱,而且渗透在文化产业的全产业中,造成旅游娱乐化、体育娱乐化甚至教育娱乐化,文化产

① 《未成年人网络直播刷新三观 "全网最小二胎妈妈"点击量惊人》,央视网,http://news.cctv.com/2018/03/31/ARTIw7uFPYT6ahvjSAgvls1Q180331.shtml,访问日期:2018年3月31日。
② 韩晓瑜:《我国网络儿童色情犯罪的预防与治理——以"儿童邪典片"为切入点》,《广播电视大学学报(哲学社会科学版)》2018年第2期。
③ [美]尼尔·波兹曼:《娱乐至死》,章艳译,桂林:广西师范大学出版社,2011,第1页。

业发展呈现泛娱乐化,产业内部结构失衡。2018 年 3 月,工信部发布的《2018 年中国泛娱乐产业白皮书》反映:2017 年我国泛娱乐核心产业产值较 2016 年增长了 32%,约为 5484 亿元,预计在整个数字经济产值中的占比超过 1/5。[①] 2018 年 10 月,国家统计局公布数据显示:2017 年全国文化及相关产业增加值为 34722 亿元,占 GDP 的比重为 4.2%,比上年提高 0.06 个百分点;按现价计算,比上年增长 12.8%。[②] 可见,泛娱乐产业增速增幅均远远高于文化产业整体增速增幅,可以说是文化产业的支柱产业。这种情况是喜忧参半的,喜的是其发展红火,忧的是其发展显得过于任性,创造的社会效益往往不及经济效益。

第三,文化消费上的消费异化造成文化产业多层面异化。显然,消费者喜爱什么,产业就会生产什么(市场就会供给什么)。文化消费上的“文化殖民化”异化现象导致了文化产业局部呈现西化色彩,浮荡资本主义情调;[③]文化消费上的“技术殖民化”异化现象导致一些文化科技企业片面炫技,弥漫技术浮夸风;文化消费上的种种非理性的消费异化行为,如痴迷偶像、沉迷游戏、无度打赏等导致一些文化传播平台大打“眼球经济”牌,紧盯某些消费者的低俗眼光,频频突破道德底线,扰乱社会公序良俗,挑逗蛊惑消费者;文化消费不足现象作为“文化消费异化”现象的一个层面普遍存在于我国当代社会,反映了当下国民不尚文化的“反智主义”心态,导致文化产业经营主体投大众文化市场所好,大量生产弱文化性、强娱乐性的产品。

在文化领域,文化消费生态危机的反映为:

第一,文化消费上的“去意识形态化”倾向造成社会主义意识形态生态危机。[④] 这一倾向产生有双重因素:一是我国文化产业日渐自由化和庸俗化,以模棱两可的价值标准迎合最广大的受众,对于意识形态属性这一文化生产的根本属性持“无所谓”的态度,弱化社会主义意识形态;二是普罗大众作为最主要的文化消费者,往往表现出一种“任性”的消费态度,片面强调消费上的自由主义和个人主义,在文化消费中片面追求情绪宣泄、感官刺激、纵欲享乐等,偏离社会主义意识形态。“去意识形态化”倾向在消费领域造成的直接后果就是被消费主义意识形态左右。今天,西方发达资本主义国家的消费主义意识形态往往通过其具有高度流行性的大众文化产品进行传播,如欧美影片中大量夸示资产阶级奢靡放纵的消费方式,我国大众受此影响颇深。

第二,文化消费上的价值观泛化倾向造成社会文化生态危机。在大众传媒高度发达的当今社会,大众触手可及形形色色的文化内容,也被各种各样的文化价值观所包围——打开手机,随意浏览微信段子,刷“朋友圈”,看小视频……就不知不觉就被灌输了某种价值观。由于当前文化传播呈现出泥沙俱下的现状,大众被大量植入良莠不齐的文化价值观而导致价值观泛化,逐渐丧失价值判断主动性,而安于接受传媒灌输,这就造成大众在文化消费上极容易被传媒诱导,欠缺主体意识,不动脑子地被各种“现象级”文化商品牵着鼻子走,这其

①《2018 年中国文化娱乐行业发展情况分析(图)》,中国产业信息网,http://www.chyxx.com/industry/201805/641687.html,访问日期:2018 年 5 月 17 日。
②《2017 年我国文化及相关产业增加值占 GDP 比重为 4.2%》,国家统计局,http://www.stats.gov.cn/tjsj/zxfb/201810/t20181010_1626867.html,访问日期:2018 年 10 月 10 日。
③ 陈曙光、李娟仙:《西方国家如何通过文化殖民掌控他国》,《红旗文稿》2017 年第 17 期。
④ 参见齐崇文《文化治理需克服泛意识形态化弊端》,《探索与争鸣》2014 年第 5 期。

中虽不乏精品,但也掺杂着许多糟粕。并且,价值观泛化还进一步造成了审美观偏差,如:被泛滥的"伪鸡汤文"文风所"洗脑"的大众,面对真正有营养的文学作品时,反而觉得"不对胃口";被一张张刻意打造得"媚气"十足的"网红脸"所迷惑的大众,面对无人为加工之痕的自然美时,反而无法欣赏,觉得不够迷人、不够惊艳、不够挑逗;被各种亦真亦幻的人造蜃景、华丽炫目的科技奇观所吸引的大众,面对造诣更高超、内容更扎实的质朴的民间手工艺、纯粹的表演技艺、原汁原味的艺术作品,反而觉得平淡无奇、平淡无趣、平淡无味,"文化科技殖民"和"文化科技异化"造成传统的艺术形式、真实的艺术场景、简单的艺术风格正在被抛弃。

第三,文化消费上的西化倾向造成中国传统文化生态危机。近几年我国文化产业界中国风渐热,中国古典哲学、美学广泛地受到国人追捧,文化产业创意者和经营者越来越注重挖掘中国题材、讲述中国故事、运用中国元素、彰显中国风格,中国特色文化日现锋芒。但是,不能忽视,在经济文化全球一体化的格局下,我国大的文化环境上,西化仍然是主流,西方文化产品有很大的市场,西方价值观念也随之深入人心。以电影消费为例,好莱坞影片在国内的真实票房超过国产影片。至今,国内影业与国外差距仍较明显,处于被碾压的境地。这种文化西化本质上是西方主导并推进的"文化殖民主义"。如今我国文化虽尚未被"全盘西化",但已被"半盘西化",传统文化面临生态危机。

2. 规范化建构多维结构的文化消费生态治理体系

面对我国现下面临的文化消费生态危机,应当着眼于长效治理,着手于制度建设。要规范化建构文化消费生态治理体系,这是国家文化治理体系的必要组成部分。建构起这一体系对于推进国家治理能力和治理体系现代化有着重要作用。

文化消费生态既关乎经济层面上的消费生态,亦关乎文化层面上的文化生态。因此,文化消费生态治理体系必然是一种多维结构的体系(图7.3)。整体观之,其跨越经济和文化两个维度,以期平衡两者关系,力求协调消费生态和文化生态。从生态圈的圈层结构上看,消费生态圈是经济生态圈的一个次生态圈,文化消费生态圈是文化生态圈的一个次生态圈。消费生态指在消费市场上的一系列消费活动中,消费供求双方的依存关系(即生产和消费、经营者和消费者的依存关系)和消费文化的变化态势显著影响市场经济生态。而关于文化生态,我国文化史学家冯天瑜从唯物史观出发,在美国文化生态学家斯图尔特理论[1]的基础上深化和延展了"文化生态"概念的内涵和外围,建构了全面体现文化的纵向历史演化的文化生态学理论,将文化生态界定为文化生成与文化环境相互调适的关系,文化生态环境的结构是"自然—经济—社会"三位一体的复合结构,包括自然环境、经济环境和社会环境(社会制度/组织环境)三个层次,这三个层次既浑然一体,"又分别经过崎岖的过程,通过层层介质对观念世界施予影响"[2],文化生态学即"以人类在创造文化的过程中与天然环境及人造环境的相互关系为对象的一门学科,其使命是把握文化生成与文化环境的调适及内在联系"[3]。

---

[1] 详见朱利安·H·斯图尔特、潘艳、陈洪波《文化生态学》,《南方文物》2007年第2期。
[2] 冯天瑜:《中国文化史纲》,北京:北京语言学院出版社,1994,第48页。
[3] 冯天瑜、何晓明、周积明:《中华文化史》,上海:上海人民出版社,2010,第29页。

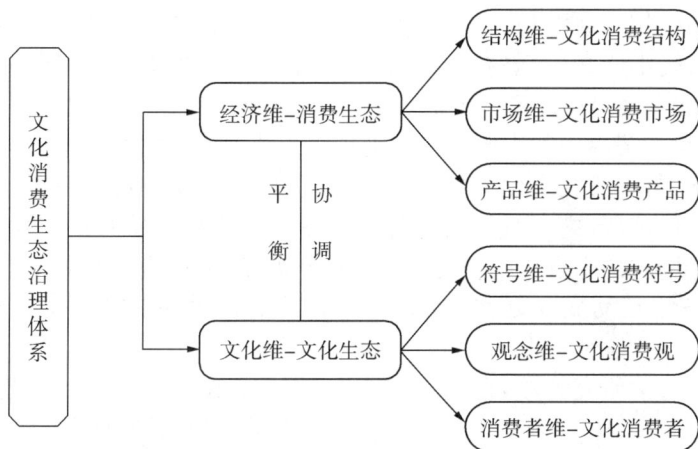

图 7.3　文化消费生态治理体系多维结构示意图

分而观之,在经济维度上,文化消费生态治理体系应当作用于三个维度:第一,结构维,即文化消费结构,指文化消费的结构占比和结构趋势;第二,市场维,即文化消费市场,指市场供求关系和竞争秩序;第三,产品维,即文化消费产品,指产品供给与消费态势,即供给侧与需求侧变化态势。在文化维度上,文化消费生态治理体系亦应当作用于三个维度:第一,符号维,即文化消费符号,该体系应当着重培养我国消费者对"中国符号"的偏好;第二,观念维,即文化消费观,包括消费意识形态、消费价值观、消费审美观等;第三,消费者维,即文化消费者,涵盖消费者的消费需求、消费方式、消费心理、消费行为、消费能力和消费潜力等。这样的一个多维结构框架呈现出文化消费生态系统是一个包含经济、文化等多个生态子系统的复杂结构①,体现了文化消费生态研究典型的跨学科性。

建构文化消费生态治理体系的目标是使作用于文化消费生态圈的内外因——内生态主体和外生态环境(内主体和外环境)——形成一种良性互动、有机融合的生态关系。要达成这一目标,就要进行规范化建构,对内主体的生态位格局和生态链构型进行研究和规划,对外环境的各种因素进行预判和治理,可建立 PEST 变量分析模型。

其一,文化消费生态圈的内生态主体有三:一为文化消费者;二为文化经营者,包括文化生产者(文化企事业单位)和文化经纪人;三为文化管理者,包括政府内部相关部门和政府外部相关机构(民间第三方机构)。要研究这些内生态主体之间的关系,必要引入生态学上的"生态位(ecological niche)"②这一概念。生态位指每一个生物个体、每一种生物种群在生物群落中所占据的时空位置、所处的生态位势以及与相关物种的机能关系,简单地说就是群落

---

① 参见孙兆刚《论文化生态系统》,《系统科学学报》2003 年第 3 期。
② "生态位"一词首先由 J·格林内尔提出。他将生态位看成被一个种(或一个亚种)占据的最后分布单位,因而强调生态位的空间概念;而 C·埃尔顿把生态位确定为有机体在其群落中的功能作用和地位,特别强调其与它种的营养关系,所以实际上指的是营养生态位。G·E·哈钦森认为生态位既包括空间位置(生境),又包括生物群落中的功能地位,提出生态位是位于几维资源空间中的超体积。近年来许多动物生态学家和理论生态学家则将生态位与资源利用谱等同,而有的植物生态学家把生态位看作植物与所处环境的总关系。上述各学者对生态位尽管各抒己见,但生态位的内在涵义,不外是有机体和其所处生境条件之间的关系以及生物群落中的种间关系。各种生物因其各自独特的生存方式而各自占据特有的生境。——罗肇鸿、王怀宁主编:《资本主义大辞典》,北京:人民出版社,1995,第 1059 页。

内一个种与其它种的相对地位和相关作用。[①] 生态位又称小生境[②]或生态龛,表示每种生物生存于特定生态系统中所需生境的最小阈值。在不同的生物群落中,同一生态位可由不同物种占据,其间必展开竞争,直到一方胜出,最终占据该位。[③] 生态位竞争现象不仅适用于生物界,也适用于与经济界,适用于研究文化经济生态,进一步适用于研究文化消费生态。运用"生态位"概念,可以研究文化消费者的消费竞争态势、文化经营者的市场竞争态势、文化管理者所处的管理位势,进而对于文化消费生态从"态"和"势"两个层面进行治理。"态"指各个内生态主体所占据生态位的状态,或言分布状态,呈现为一种相对静态;"势"指各个内生态主体的生态位互动变化之势,反映各主体间相互作用的关系,呈现为一种动势和趋势。

　　进一步运用生态学研究方法,还可以引入"生态链(ecological chains)"这一概念。1941年美国生态学家林德曼(R. L. Lindeman,1915—1942)提出"食物链"概念,其后概念不断衍生、拓展,产生了"生态链"理论,于 20 世纪 80 年代起被广泛地应用到工业、文化、教育、经济等领域。[④] 生态链指生态系统内各生物体之间的链式依存关系和这种关系所生成的链状环流结构。[⑤] 这一概念可用以阐释文化消费生态圈的内生态主体之间环环相扣和不断循环的关系结构,并且这是多向循环流转,而非单向线性循环(图 7.4)——文化消费者和文化经营者相互依存,前者在某种程度上决定了后者的市场行为,决定了文化市场生态,从而决定了文化消费生态;文化管理者对文化消费者和文化生产者都实施监督管理,对于文化市场生态和文化消费生态进行治理。

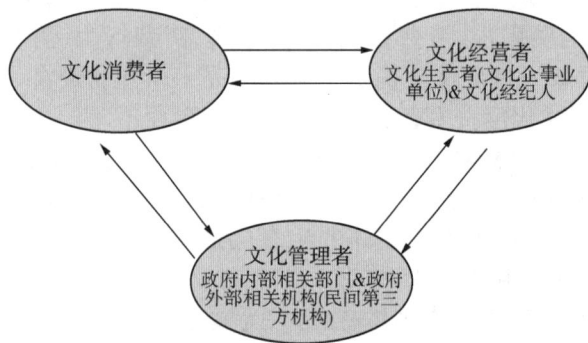

图 7.4　文化消费生态圈的内生态主体生态链示意图

　　其二,这里用 PEST 变量模型分析法来分析我国文化消费生态圈的外生态环境。变量P(political)指示政治政策环境,变量 E(economic)指示宏观经济环境,变量 S(social)指示社会文化环境,变量 T(technological)指示科学技术环境。从这四个变量来分析文化消费生态

① 参见胡成功《生态位理论与我国知识经济发展方略》,《中国软科学》2000 年第 6 期。
② 生境,又称"生态因子总和",指直接影响生物群体的那些环境因素的综合。——袁世全、冯涛主编:《中国百科大辞典》,北京:华厦出版社,1990,第 752 页。
③ 参见[英]艾伦·艾萨克斯主编《麦克米伦百科全书》,郭建中、江昭明、毛华奋等译,杭州:浙江人民出版社,2002,第838 页。
④ 参见娄策群、周承聪《信息生态链:概念、本质和类型》,《图书情报工作》2007 年第 9 期。
⑤ 参见陈国强主编《简明文化人类学词典》,杭州:浙江人民出版社,1990,第 139 页。

圈的外生态环境变化情况和发展趋势,既要看到机遇,更要发现挑战,从而制定相应的治理对策(表 7.1)。

表 7.1　我国文化消费生态圈 PEST 变量模型与治理对策

变 量	整体环境	机 遇	挑 战	治理对策
P(political)	"文化强国"战略全面实施	全国多地出台政策、开展试点拉动文化消费内需	政策效果有限,文化消费市场呈现"叫好不叫座"和"冰火两重天"的情况	政策导向由"惠民"转向"育民",培育民众艺术欣赏能力和高雅文化情趣
E(economic)	文化产业正成为我国经济支柱性产业	文化市场不断繁荣,文化产品不断丰富	"供不应求"矛盾依然存在,本质是"供不适求"	改革"文化供给侧",谋求"精准供给"
S(social)	社会文明程度渐高,文化消费氛围渐热	新型消费文化更加凸显"文化",文化消费成为新消费潮流	"文化消费异化"现象	整治文化传播领域,重点整治以网络平台为主的大众传媒
T(technological)	文化科技日新月异	新的文化科技催生新的文化消费热点	消费者片面追求科技感而忽视文化产品的实质文化内容	引导消费者的文化消费审美情趣,使文化消费的重心落在文化

分析变量 P(political)可知,政治政策环境方面,得益于"文化强国"战略全面实施,文化消费迎来发展机遇,全国多地出台政策、开展试点拉动文化消费内需。然而,目前看来,政策效果有限,文化消费市场呈现"叫好不叫座"和"冰火两重天"的情况,这是面临的主要挑战。原因在于,大多数这类政策的思路主要是依靠政府补贴文化商户,促进价格下降,以激发消费热情,但是这些政策主要着力于撬动以舞台艺术为主的小众文化消费市场,如戏曲、话剧、交响乐、芭蕾舞等,相对于大众文化消费(流行/通俗文化消费)而言,这些属于高雅文化消费,距离我国普通民众还有相当距离,当前这部分观众还未被培养起来。民众的消费热情并不是单纯的降价惠民就能拉动起来的。因此,针对这一问题提出治理对策:政策导向由"惠民"转向"育民",即,从单纯依靠价格杠杆激发消费潜力,转向大力培育民众的艺术欣赏能力和高雅文化情趣。

分析变量 E(economic)可知,宏观经济环境方面,文化产业正成为我国经济支柱性产业,文化市场不断繁荣,文化产品不断丰富,文化消费势头必然更加旺盛。然而,"供不应求"矛盾依然存在。"供不应求"并非供给总量不足,而是供给总量过剩和相对不足并存,本质是"供不适求",根本上反映了精神文化层面"人民日益增长的美好生活需要和不平衡不充分的发展之间的矛盾"。针对此问题,治理对策是改革"文化供给侧",谋求"精准供给"。政府相关部门和相关研究机构可运用大数据分析技术研判各个群体的消费偏好,定期发布调研报告,向文化经营者提供指导信息。

分析变量 S(social)可知,社会文化环境方面,社会文明程度渐高,文化氛围渐热。当前,新型消费文化更加凸显"文化",文化消费成为新消费潮流,越来越多的人注重所消费的商品的文化含量和文化品位;同时娱乐消费、体育消费和旅游消费等文化消费项目带动新的消费潮流,许多民众开始炫耀文化消费,在微信朋友圈内晒观演、健身、旅游等活动,展示丰富多彩的文化生活,彰显生活品质和文化格调。这是一种很好的现象,有利于文化消费发展。但另一方面,"文化消费异化"现象也很触目,主要表现为无理智的盲目性消费(疯狂追星、"饭圈"应援打榜、无度打赏网络主播等),无节制的沉迷式消费(沉迷游戏等),无道德底线的违背主流价值观消费(色情文化消费、迷信文化消费等),无文化自信的被"文化殖民化"消费等。对此严峻问题,要整治文化传播领域,重点整治以网络平台(网站、移动网络、自媒体等)为主的大众传媒。

分析变量 T(technological)可知,科学技术环境方面,文化科技日新月异。科技是一柄双刃剑,新的文化科技催生新的文化消费热点,为文化消费发展带来机遇,但也造成消费者片面追求科技感而忽视文化产品的实质文化内容这一问题,为文化消费生态的良性发展带来挑战。特别是在网络时代、数字时代、智能时代长大的年轻一代,已经形成了追求新奇炫目科技效果的文化消费口味。以看电影为例,其颇为注重视觉特效,而忽视其中的文化内涵;偏爱好莱坞式的动作、科幻大片,而对于有深度意义的、以传统拍摄手法呈现的国产文艺片不感兴趣。长此以往,造成了文化消费生态的失衡。因此,要治理文化消费生态,就要想方设法引导消费者的文化消费审美情趣,使文化消费的重心落在文化,而不是科技外壳。

3. 以良性的文化消费生态倒逼文化生产生态回归正轨

消费既是生产的终点,又是生产的起点。消费对于生产具有反作用力,有什么样的消费就有什么样的生产,文化消费对于文化产品生产和社会文化再生产具有不容小觑的作用。因此,要实施文化消费生态治理,使良性的文化消费生态形成,倒逼文化生产生态回归正轨。这就要不断强化对文化消费者的定位、定态、定势引导,对文化消费市场的定向、定调、定度调控。

对于文化消费者的引导,一要分别定位,进行需求分类。[①] 可以根据文化消费需求的差异对消费者进行分类(表 7.2),进而分析和预判每一类型的消费者既在和潜在的消费活动,进一步运用市场定位方法,分别对处于高、中、低端目标市场的消费者进行引导。这里主要从动机、区域、年龄、群体四个角度进行初级划分,除了动机是主观因素,区域、年龄、群体均是客观条件,这种分类方法做到了主客观结合,且偏重客观。

---

① 对于文化消费的分类已有很多通约性标准,如:从文化消费和网络媒介的关系划分,分为线上文化消费、线下文化消费;从文化消费的商品形态划分,分为虚拟文化消费、实物文化消费等;从文化消费的载体形式和技术手段划分,分为数字文化消费、非数字文化消费;从文化消费的商品"卖点"划分,分为体验式(沉浸式)文化消费、互动式(参与式)文化消费、审美式(观赏式)文化消费(如购买艺术品、看演出等)等;从宏观"大文化"产业经营门类划分,分为阅读消费、娱乐消费、体育消费、旅游消费、文创消费、艺术品消费、教育培训消费等。然而,对于文化消费需求分类的研究还显得相对不足。

表 7.2　文化消费者的消费需求分类表

动机分类	区域分类	年龄分类	群体分类
学习性需求（阅读、培训等）	城市需求（注意城市分级）	未成年人（儿童、青少年）和家庭亲子需求	大众需求
娱乐性需求（文娱、体育、旅游等）	农村需求（进一步分为发达和欠发达农村）	中青年需求	小众需求
专业性和专门性需求	民族地区需求（注意少数民族特殊性需求）	老年需求	特殊群体需求（外国人、残障人士、弱势群体等）

　　二要依境定态，解读消费情态。这里的"态"是指"情态"或"心态"，即消费者在不同的文化消费情境下进行各种类型文化消费时的情感状态或心理状态，如进行社交型（社团型）文化消费时外向、开放、合群（如迎合潮流）的情态（心态），进行家庭型（居家型）文化消费时温馨、轻松、浪漫的情态（心态），进行自娱型（自修型）文化消费时内向、专注、自恋（自我欣赏和自我陶醉）的情态（心态）等。对于消费情态，需要通过研究消费心理来进行细致、深刻的解读，进而加以调节。

　　三要远观定势，把握消费趋势。在对消费需求进行分类、对消费者进行定位，对消费情境进行分析、对消费情态进行解读的基础上，就可以对消费趋势进行把握，从而因势利导。如果文化消费趋势良好，则进一步推动。反之，如果发现不良的文化消费趋势，则要先定位，锁定这一不良消费群体；然后定态，研究导致不良文化消费产生的特定情境和特殊情态（心态）；最后定势，扭转这一不良趋势。

　　对于文化消费市场的调控，一要明确定向，突出方向引领。由于投入市场的所有文化产品都反映并且影响着社会公众的文化意识形态和价值观，对于社会文化发展的方向产生直接的作用，因此，要重视对文化消费市场进行定向调控，使文化市场按照符合我国社会主义意识形态和核心价值观的方向发展，突出社会效益，形成崇尚社会主义文化、抵制资本主义文化，遵从消费伦理、反对消费主义，追求文化内涵、摒弃低俗内容的消费氛围和市场环境。

　　二要鲜明定调，保持文化基调。我国文化发展的基调应当是传承中华文化基因，弘扬优秀传统文化。要引导和培育古风、地域、民俗、民族等中华特色文化消费市场不断发展，通过文化消费，彰显文化本色，延续华夏文脉。

　　三要适当定度，规避市场缺陷。任何事物的发展一旦超过其承载限度，就必然适得其反。市场调节机制具有自发性、盲目性、滞后性的缺陷，一个市场消费热点一旦产生，便会有大量经营者蜂拥盲从、照搬模式，往往导致市场同质化和过度竞争，进一步导致市场消费生态恶化。典型的例子是，"十二五"和"十三五"时期，全国各地兴起特色小镇建设热潮，同质化问题严重，导致"特色不特"。许多小镇缺乏特色产业支撑，一味靠文化旅游产业带动，然而由于人为打造的文化缺乏原生性、根本性特色，虽在短期内能吸引游客，拉动消费，但久而久之，消费者产生审美疲劳，其发展后劲便显得不足。面对这类市场机制缺陷导致的某一类型消费市场过度发展的问题，需要政府相关部门定度调控。

第八章　文化消费基本知识点

第一节　"文化消费"概念

一、文化消费的涵义与范围

1. 文化消费的涵义

文化消费的涵义有狭义和广义之分。狭义的文化消费专指以文化艺术产品与服务、教育产品与服务为对象的消费,主要包括购买艺术品、文艺娱乐与教育培训等,涵盖范围较狭窄;广义的文化消费内涵在于精神文化享受,外延很宽泛,几乎涵盖一切精神文化生活,似乎一切满足精神需要、培育兴趣爱好、塑造个性气质、充实文化生活的消费行为都能纳入其中,可谓包罗万象,不但包含了对艺术品、娱乐与教育的消费,还包含了旅游、健身、参加和观看体育赛事等文体休闲项目,对新闻、信息、广告等文化资讯传播的选择性接受,以及主题派对、专题会议、原创节日、团体聚会等社交活动,甚至包括烹饪、保健等美食文化、养生文化等项目。

在"文化＋"的文化产业跨界融合、创新发展的时代大潮下,显然,绝大多数人倾向于使用广义的文化消费概念,但对此概念也不宜于拓展得过于宽泛。由于几乎一切社会活动都与文化相关,文化无所不包,专门的文化消费研究并没有必要涉及一切有所附会于文化的消费,比如通信、餐饮、医疗保健等消费,这些消费虽然可能涉及文化信息和文化创意,但都是文化消费的远端外缘,而本研究是针对文化消费的核心内层——文化内容消费——进行集中、深入探究。

2. 文化消费的范围

本项研究探讨的文化消费范围基本等同于文化产业经营范围。在"文化＋"的产业融合势头下,"大文化产业"是必然的发展方向,因此,文化消费的范围十分宽广,一般包括文(文教)、体、旅、娱、创(艺术及创意)五大类。细分起来,主要有:第一,阅读消费,包括传统阅读和电子阅读消费;第二,教育培训消费,包括文化教育和艺术培训消费;第三,体育消费,包括进行体育健身、体育赛事等消费;第四,旅游消费,包括本地游玩和外地旅游消费;第五,娱乐消费,包括电影、电视、演出、网络游戏、网络文娱、娱乐场所等消费;第六,艺术品消费,包括艺术品收藏、文物收藏、文创产品(艺术设计文创、文博文物文创、非遗文创、旅游纪念品文创)等消费;第七,节庆文化消费,包括传统节庆和原创节庆消费;第八,其它"文化＋"消费,包括"文化＋美食""文化＋医学""文化＋科技"等消费。

需要注意的是,虽然教育向来是文化消费中的重头戏,但是本项研究侧重于研究教育——专指学业教育——以外的文化消费,以上所列文化消费门类是排除了学业教育消费的。并且,上面说过通信、餐饮、医疗保健等可能涉及文化信息、文化创意的消费并不属于文化消费的核心层。因此,以上罗列的其它"文化＋"消费中的"文化＋美食""文化＋医学"等消费不是研究重点,而"文化＋科技"消费的消费产品主要是文化产业直接生产的文化科技产品,可以归入文化消费的核心层。

二、文化消费的形态、层次、手段

1. 文化消费的形态

从消费品的呈现形态上来划分文化消费很简单,无非有两种:一是对于有形的文化产品的消费,如书籍、艺术品、文创产品等;二是对于无形的文化服务的消费,如演艺、旅游服务、体育服务等。从消费量上看,对于无形文化服务的消费往往高于对于有形文化产品的消费,是日常文化消费的主体部分。

另外,也可从消费者的姿态上来划分文化消费:一是主动消费,二是被动消费。理论上讲,前者指消费者直接参与到文化消费品的生产和加工当中,扮演了一定角色,既是文化消费者,更作为文化消费品的创造者,如游戏、旅游、体育竞技、才艺表演、艺术创作等;后者指消费者只是充当文化消费品的接受者和欣赏者,被外部的、现成的图像、声音、文字、符号等作用于自身,获得视听感知,完成精神消遣。但是,在实际情况中,文化消费中几乎没有绝对被动的消费。因为文化消费本身具有很强的主观审美性和主体参与性,即便消费者处于接受者的位置——如阅读书籍、欣赏艺术品、观看表演等——也几乎没有不带有个性情感体验、个人文化解读的消费行为存在。这样看来,可以说文化消费是一种主动消费。

2. 文化消费的层次

根据消费者来分层,可将文化消费分为大众文化消费和小众文化消费。相应的,根据不同消费者的不同消费需求来分层,则一为普及,二为提高。于是,消费品位上也有雅俗之分。若进一步结合不同消费群体的消费能力看,则可分为高端、中端、低端三层。

根据消费发生范围来分层,可将文化消费分为个体文化消费和集体文化消费。个体文化消费的单位是个人或家庭,主要有两大块支出:个性发展支出、子女教育支出。集体文化消费的单位是社会组织,主要有政府的公共文化支出、公共事业机构的文化支出、企事业单位的文化支出、各种民间团体的文化支出等。本项研究针对的是个体文化消费。

3. 文化消费的手段

消费手段与所利用工具的关系密切。于是,当代文化消费分为线下的和线上的。线下文化消费包括在实体商店购买文化产品、实地旅游观光、现场观演观赛、去电影院看电影等。线上文化消费除了在互联网、移动互联网上购买物质形态文化产品和非物质形态文化产品(网络小说、网络游戏等),还包括基于云媒体网络技术的视频点播、网络社交等。未来基于物联网、自媒体技术,新媒体层出不穷,传播革命浪潮不断,文化智能化是大势所趋,文化消费手段将超出今天的想象。

还可以区分消费手段的形态,有些手段是静态的,如阅读书籍、参观博物馆、收看影视节目、观赏舞台演出等;有些则是动态的,如写作、书法、绘画、歌舞等文艺创作,体育运动、旅游和游艺场游乐等,网络游戏和游戏厅游戏、歌舞厅娱乐等。

三、文化消费的内容、类型、项目

1. 文化消费的内容

文化消费的内容很广。首先,文化消费囊括了对一切传统门类艺术的产品和服务的消费。并且,涵盖了对新媒体艺术、互联网文化的消费,如数字影视、网络游戏等,但不应包括对数码产品等硬件设备、计算机软件等技术载体的消费。其次,在艺术消费之外,还有文学、体育、旅游、游艺、游戏、教育、节庆礼俗及文娱等消费项目。这些项目的消费量一直占据着文化消费的很大部分。

此外,文化消费还包含了对基础设施、应用技术和通信业务层面之外的传媒通讯内容的消费。尤其需要关注的是,随着信息传播交流平台不断革新,新兴媒体层出不穷,新的文化传播表达方式也层出不穷,引爆文化消费方式革命。步入"互联网+"时代,网络文艺作品异军突起,线上文化消费大有取代线下文化消费的势头;微博、微信、微新闻、微电影等广泛传播,广大消费者越来越习惯于消费"微内容",在碎片化的时间中接受"碎微文化",文化传播和消费越来越呈现碎片化、零散化状态。

2. 文化消费的类型

消费者文化消费取向不同,有的是为了纯粹精神享乐而消费,这样的文化消费是娱乐型的,主要是为了满足甚至放纵感官欲望而消费,有些甚至带有不健康的色彩;有的是为了充实业余生活而消费,这样的文化消费是休闲型的,主要是为了排遣闲暇时光,如文艺活动、体育锻炼、参观旅游、无功利性的阅读等,与娱乐消费不同,文艺、体育、旅游之类的休闲消费活动通常是积极健康的;有的是为了个人成长发展而消费,这样的文化消费是学习型的,也可以说是知识型或智力型的,主要是为了提升文化素质而消费,教育和培训消费是这一类型文化消费的主体,包括缴纳学费、购买学习资料和材料、参加各类考试培训、参加专业技能培训,以及为习得才艺特长而接受业余艺术辅导等。

为了方便分类并在下面罗列具体消费项目,这里根据消费目的意图,将文化消费项目分为两大类型(见表 8.1):一类是发展型(A 型),又可细分为学习发展型(A1、A2、A4、A5)和职业发展型(A3、A6—9);另一类是享受型(B 型),又可细分为文体休闲(B1—3)、文艺娱乐(B4—9)、文化艺术兴趣嗜好(B10—17)。后者相对于前者,更加脱离经济生产,直接需求感更弱、实际功利性更低(B11、12 较为特殊),是更纯粹的文化消费(而前者则带有更多教育消费、知识消费的性质和意味),通俗地讲就是文娱消费,从某种意义上说是带有享乐主义色彩的精神享受,是一种沉浸式的投入,是更高级的类型。热衷于消费后者的消费者往往有钱更有闲,是所谓有闲阶级。他们就是为了消费而消费,是纯粹地进行精神享受,而不是出于某些世俗的目的。他们不但消费欲望大,消费力也更强,且个性需求、品位层次、挑剔度、鉴赏力更高,有一部分是"文化玩家""文化藏家"。

今天,我国要大力发展文化消费,要激活大众文化消费潜力,不但要大力提升发展型(A

型)文化消费,从而提升国民整体文化素质,形成崇尚文化、热衷教育的社会文化大环境,还要格外关注享受型(B型)文化消费领域,要设法打开该消费领域局面(剔除 B15、16)。

3. 文化消费的项目

根据以上分类,此处对于文化消费主要项目进行了分类整理和详尽罗列。

表 8.1　文化消费主要项目列表

A. 发展型	B. 享受型
① 学习发展型(A1、A2、A4、A5) ② 职业发展型(A3、A6—9)	① 文体休闲(B1—3) ② 文艺娱乐(B4—9) ③ 文化艺术兴趣嗜好(B10—17)
A1. 图书报刊:传统形式书刊(主要指纸质书刊,亦包括电子版、扫描版、光盘版);网络数字书刊	B1. 本地游玩:买票/办卡去公园、主题公园、游乐场、动物园等;买票参观文化场馆和展览会(美术馆、博物馆、展览会等)
A2. 教育相关Ⅰ(学业型):就业前的学业教育(消费项目主要包括学费、杂费、教材教辅费、考试培训费等);知识付费(主要基于应试动机) ＊注:本项研究排除这一项	B2. 外地旅游:观光游览、休闲度假
A3. 教育相关Ⅱ(职业型):就业后的职业发展培训,以谋求职业发展为目的的相关文化知识和职业技能培训;知识付费(一般基于非应试动机)	B3. 体育:健身卡、票等(不含运动服装和体育器材);参加体育比赛报名费
A4. 艺术培训:无典型功利动机的业余兴趣培训	B4. 观看影视及动画动漫(不含网络影视)产品:去电影院看电影、在电视上付费点播影视节目
A5. 文艺文体器材	B5. 现场观看演艺、赛事等,如演出、音乐会、演唱会、戏剧戏曲、体育赛事等
A6. 设计与商业策划(不含装修设计),如名片设计、LOGO 设计、品牌与企业形象包装设计、商业策划等	B6. 去 KTV、歌舞厅、酒吧、棋牌室、游戏厅、电玩室、网吧等娱乐场所
A7. 信息传播、广告宣传等媒体服务	B7. 网络文化产品:网络游戏、网络影视、网络文学、网络表演等
A8. 信息数据咨询	B8. 举办庆典礼仪、聚会派对、会议等社交活动(不含吃喝):租场地、策划、买特殊服装道具(不含礼服,主要指表演用服装道具,如 cosplay 服装道具、假面面具、演出服等)等

续表

A.　发展型	B.　享受型
A9. 文化金融：通过银行、文化产权交易所、文化投融资平台（如互联网众筹等）、文化类股权交易平台、中间渠道等进行文化创业投融资产生的费用	B9. 参加庙会、灯会等传统节庆活动和原创文化节/狂欢节（不含吃喝）：买票、买文化产品、参加民俗活动、买特殊服装道具（主要指表演用服装道具，如万圣节、狂欢节服装道具）等
	B10. 购买玩具、工艺品、文创产品、DIY 手工艺品
	B11. 艺术品、纪念币、邮票、货币等收藏及投资
	B12. 参募文化众筹、投资文化类股票
	B13. 摄影摄像、影像制作
	B14. 社交媒体：网络交友平台、社交 App 等
	B15. 愚昧文化消费：主要指神秘文化/迷信活动消费，诸如星象占卜、算命问卦、求签测字、起名改名、风水堪舆等，以及过度的（明显超出正常消费范围的）烧香拜佛、求神祈福等宗教活动消费
	B16. 不良文化消费：色情文化消费、赌博等
	B17. 其它

＊注：
① 本项研究排除 A2 项。
② 本项研究中，免费、准免费享受公益、准公益性质的公共文化服务（如去图书馆借阅书刊、免费参观博物馆，花 2 元/次的象征性费用去基层综合性文化服务中心内的亲子活动室等）不属于文化消费。
③ 本项研究中，信息通讯消费（电话费、网络信息费、有线电视费等）不属于文化消费。
④ 本项研究中，文化消费专指对于文化生产核心层的文化内容的消费，购买文化设备和文化办公用品（电脑、手机、摄影器材、笔记本、文件夹、纸、笔等）等文化生产外围层产品，不属于文化消费。

第二节 文化消费行为

一、文化消费的目的和作用

1. 文化消费的目的

对于消费者个人而言,文化消费的目的反映在表层上,有的是为了充实和美化生活,有的是为了培养和发展兴趣,有的是为了打发时间,有的是为了自我提升。归纳而言,无外乎两种:自娱自乐与修身养性。

这两种目的常常是重叠交叉的,而非各自独立,都是为了在深层意义上,实现一个共同的大目的:个性发展。用马克思主义理论的观点看,文化消费的根本目的在于谋求"人的全面发展"。因而,文化消费经常含有"寓教于乐"的性质。

2. 文化消费的作用

(1)提高生活品质,实现人的全面发展

在第一层面上,对于消费者个人发展而言,文化消费者所要获取的不是基本的生产与生存资料,而是享受与发展资料,不是为了谋生,而是为了改善生活品质。这种上层建筑领域的精神世界的消费属于较高层次的消费,追求质,而非量。因此,这个层面的消费在提升人的综合素质、生活的综合品质方面具有不可替代的作用,对于人的全面发展至关重要,对于落实"以人为本"的科学发展观、全面建设小康社会至为关键。发展文化消费是满足人民群众精神文化需求的第一手段,是衡量人民群众消费水平和生活质量的关键指标,是国民实现幸福的上佳途径,是解决"人民日益增长的美好生活需要和不平衡不充分的发展之间矛盾"的重要方式。

(2)提高消费力,发展生产力,壮大绿色经济

在第二层面上,对于经济发展而言,文化消费是整个消费领域不可或缺的一部分,对于扩大内需意义显著。有了文化消费,才有文化市场,才有文化产业以至整个第三产业的繁荣与发展,才形成了文化经济链,才使文化成为生产力,文化产业成为支柱性产业。而且,由于文化消费对于资源的消耗远低于物质消费,其不会对资源和环境构成威胁,缓解了生态压力,能促进国民经济良性循环,有利于可持续发展,符合我国全面深化改革的"六位一体"总布局。

(3)提高社会文明程度,扩大文化影响力

在第三层面上,对社会发展而言,文化消费直接影响着人民素质,对于社会风气的走向、社会文明程度的变化等都起着显著作用。庸俗、低俗、媚俗的"三俗"型文化消费,对于社会有害无益;而健康、高雅、进步的文化消费则陶冶情操、增长学识、提高修养,发挥了教化群众、净化社会的作用,体现了文化生产与消费的社会效益。因此,在社会主义和谐社会的构建中,文化消费具有先导性作用,在整个消费领域里占有基础性地位。此外,文化消费的功能还反映在区域文化建设方面,文化消费的扩大可以带动文化生产力、创造力提升,文化竞

争力、影响力显现。

二、文化消费的基本要素与影响因素

1. 文化消费的基本要素

（1）文化消费需求

这种需求与一般消费需求不同，由于文化资料不是生产与生存资料，文化产品与服务不是生活必需的。文化的精神属性，决定了文化消费需求是潜在的、长远的需求。如果说物质消费是为了生存与生活，那么文化消费就是为了实现生命价值。这种消费要求发展，而非"活着"，定位于未来，而非现在。因此，文化消费非生活必需，却是发展必需。

（2）文化消费能力

这点不仅仅是经济上的购买能力，还有文化上的欣赏能力、鉴赏能力等。第一层能力主要取决于产品与服务的价格、消费者的收入，也与公益性和准公益性的公共文化供给有关，在一定程度上受着政府和公共机构的引导与调节。第二层文化消费能力则是由文化消费促进的。一个人只有经常进行文化消费，才有较高的文化涵养，才能看懂、听懂、读懂文化，才能自如地进行文化交流，全身心地投入文化活动，才能尽情地享用文化大餐。

（3）文化消费机会

上面第一点已经分析过，文化消费需求是潜在的需求，向度指向个人发展。因而，这种需求还是内在的。要使这种潜在的、内在的动机转化为现实的、外在的行动，就必须内外因结合，得到外界提供的机会。这种机会可以来自市场环境，比如，文化菜单丰富使得选择多样，促销打折活动开展使得购买力增强，住宅和工作场所附近新建成了文体活动场馆使得消费更便利；更多则来自人的发展环境，比如，竞争激烈的职场迫使个人不断充电，进行培训深造、调研考察，升迁为扩大消费创造了条件，假期为休闲活动提供了时间，耳濡目染地受到社交圈影响和受社会风气熏陶，与下一代一同学习、共同培养兴趣等。这些外部环境与其说是机遇、境遇，不如说是刺激文化消费的直接诱因，而且是强烈诱因。一旦文化消费的客观条件到位，加之主观上本来就有需求，就充分具备了主客观条件，顺利促成了文化消费。因此，文化消费机会是关键要素。

2. 文化消费的影响因素

（1）消费者个人因素

这主要有四点。第一点是消费者的收入水平。由于人只有在满足了物质需求后，才能进一步满足精神文化需求，所以，消费者的收入水平决定了其文化消费水平。第二点是消费者的文化水平。这点在很大程度上影响着文化消费。显然，消费者文化水平越高，文化消费需求也越大。第三点是消费者的个性差异。不同民族、年龄、性别、婚姻状况、职业状况的消费者具有不同个性，会形成不同的消费观，选择不同的消费品。第四点是消费者的有闲程度。早在19世纪末，美国经济学家凡勃伦在《有闲阶级论》中便描绘了处于上流社会的"有闲阶级"的文化生活图景，提出了"高级学识是金钱文化的一种表现"这一观念。可见，有钱且有闲者，多热衷于文化消费。现实中的确如此。文化消费与物质消费不同，不但要投入财力，更要投入精力。虽说收入提供了文化消费能力，但只有当闲暇提供了文化消费时间时，消费才得以最终实现。有钱而无闲者,是没有办法从事娱乐、休闲、学习等活动的。

(2) 社会环境因素

社会环境包括两个方面。一方面是社会文化环境,即社会文化氛围。比如当前提倡打造"书香社会",发展"全民阅读",就是要建设一个很好的阅读消费环境。随着我国文化建设不断迈上新台阶,文化大环境必然不断改善,一个崇文尚知的社会必将形成,文化消费必将进入"新常态"。另一方面主要是制度与政策因素。首先,社会保障制度的健全与否,在相当程度上关系到文化消费比重的增减。当人民感到生活缺乏保障、面临风险较大时,就会主动积蓄,压制消费欲望,削减教育以外的可有可无的文化支出。因此,只有当一个社会的医疗、教育、就业、住房、养老等保障制度到位,社会福利较高时,人民群众内在的精神文化需求才会全面释放出来。其次,"政府包办文化"和"公款收购文化"等普遍做法,不但与市场的自由竞争机制背道而驰,而且掩盖了真实的文化消费需求。相关部门在统计文化消费量时,往往采取一概而论、不加区分的方法,对公共文化消费和私人文化消费进行一股脑的统计,得到了笼统的、浮夸的数据,无法反映实际情况,没有参考价值。所以,只有当文化的消费品属性被客观地承认,文化的商品性与公益性界线被清晰地划出,使私人文化消费空间不受公共文化消费的挤压、文化市场秩序不受行政权力的干扰,文化消费力才能被空前解放。再次,减免文化企业税费、降低文化经营门槛、开放文化市场、拓宽文化投融资渠道等文化产业政策的出台,可以降低文化企业成本,从而降低文化消费品价格、提高消费力,并鼓励文化投资与生产,繁荣文化市场、吸引消费者。

(3) 市场环境因素

这主要关系到市场成熟度。显然,市场刺激消费欲。市场要发展成熟,主要有四个方面的要求。第一个方面是市场供求,这要求供求关系对应,供求总量平衡,特定市场锁定特定消费群体。第二个方面是市场结构,也就是高中低端市场、大小众市场的布局是否合理,是否体现了"分众市场"的理念,这要求市场提供的消费品必须根据消费者品位上的雅俗分野,实现多样化与个性化。第三个方面是市场规模,这要求发展集群市场。第四个方面是市场现代化程度,这要求市场管理体系完善,有配套的采购、经销、物流网络,有跨区域、跨境的贸易平台,有综合的大型商贸区,还有准确、灵敏的消费需求分析、反馈机制。

三、文化消费的向度与特点

1. 文化消费的向度

(1) 个体向度——实现自我价值

可以说,消费者进行文化消费,不是为了自我圆梦,就是为了自我表现。前者多进行被动的、静态的消费,如看电影、读小说等,与虚构的偶像同悲喜、共命运,把自己想象成自己所期望成为的人物,从而超越了现实,超越了生活,超越了平凡,超越了不可能性,圆了一场"白日梦";后者多进行主动的、动态的消费,如绘画、唱歌、跳舞、健身、竞赛等,从而展现风采,赢得关注,实现了自我价值。可以说,所有的文化消费者都要求自我价值获得认同,有所归属。简单地说,就是自我寄托、自我珍摄,为自我价值寻找归宿。

（2）社会向度——融合社会文化

消费行为是一种社会行为,即群体行为。人的社会性是人的根本属性——"人是社会中的人"。每一个人都有寻求归属感的基本需求,都有认知、理解、共创、共享社会文化的发展性需求。通过文化消费,实现了"物以类聚,人以群分",人们能够找寻共同语言、进行文化交流、拓展人际关系、完成社会活动,建构起群体文化心理。因此,社会融合是文化消费的一大向度。

（3）时代向度——创造时代文化

每一个时代有每一个时代的风潮,文化消费具有明显的时代特征。消费者虽然不直接生产文化产品,却通过一种群体消费行为,间接地生产着一股股文化潮流,形成并演绎着当代流行文化。

这并不意味着传统文化一定过时,一定没有市场。经历时间洗礼的、经受市场考验的文化经典是经久不衰、历久弥新的,简直是不朽传奇,任何时代也都会造出这个时代的文化经典。况且,在后现代社会,人们反思现代社会的一体化、标准化,文化从一维走向多维,反现代的、反主流的、文脉回溯的、民族性的、地域性的、特色性的传统文化元素唤起了人们的文化"寻根"心理,复归传统是当代文化思潮之一,传统文化复兴正当其时。

2. 文化消费的特点

（1）生产性与创造性

许多文化消费的过程也是文化生产的过程。一方面,人民群众自发开展与参与文化活动,在自娱自乐中完成了自我教育,对自我进行了再生产,创造了自我。另一方面,文化消费者往往同时也是文化生产者,文化消费是享受与创造兼具的消费,如:爱好阅读的读者同时是批评者和创作者;正是网络文化消费者创造出了大量网络语言;当代流行文化的形成最终归功于文化消费者的群体消费行为,而非当初的生产。

（2）强烈个性与虚荣性

由于文化的精神性、符号性、象征性、抽象性、概念性等特性,文化消费品代表着消费者的个性。消费者消费某种文化,实际上是在消费某种文化背后的意义,即符号象征意义,根本上是为了表达某种个性诉求。这反映为多元细化、多变求新的消费趋势。文化消费的浅层动机是为了表现,即彰显个性,而深层动机是为了实现布尔迪厄所说的"区分",通过不同的消费观、消费行为划分为不同的社会群体、社会阶层。总而言之,都是为了体现自己有别于他人。

进一步说,人的一切行为都具有功利性(绝对无功利的行为是不存在的),文化消费也不例外。如果说物质消费是为了得"利",那么文化消费在很大程度上、在很多时候则是为了出"名"。消费者的虚荣心作祟在所难免,比如用高级学识为自己"镀金"、收藏艺术品以夸耀"文化财富"、卖弄才艺风骚、热衷文化社交等。这种种附庸风雅之举都是基于一种"文化炫富"心理。在这样的心理向度下,人们竞相在"名利场"上炫耀"文化资本"。

（3）持续性与习惯性

大多数文化消费都是为了发展个人的兴趣爱好。于是,个性追求上的坚持性使得消费时间有持续性,比如书法爱好者常年参加书法培训,经常购买、收藏书法作品。

并且,文化消费的持续性还体现为一种惯性。这首先是消费的习惯性,比如有些人有阅读习惯,有些人有健身习惯,有些人习惯性地订阅报刊,有些人习惯性地看戏、看电影,有些人定期旅游度假等。同时,文化消费的习惯具有继承性。大而言之,一个国家、一个民族特有的文化消费观会一直延续下去,如中国人重教育、偏保守,文化消费上教育占比最大,比较青睐传统型、中庸型的文化艺术品;小而言之,一个家族、一个家庭、一个小圈子内的文化消费方式也会被传递沿袭,如"书香门第""梨园世家""风雅士林"等名词,就充分说明了这种小范围内的文化消费的相传性。

第九章　文化消费心理学初探

第一节　消费心理与文化消费心理

一、消　费　心　理

1. 消费心理概述

（1）消费

依据马克思主义政治经济学理论,消费是生产的对称,与生产构成对立统一的辩证关系,是具有社会属性的经济行为,是社会再生产的基本环节之一。[①] 广义的消费包括生产消费和生活消费。生产消费寓于生产之中,是为了满足维持生产和扩大再生产的需要对劳动力和生产资料的消费,是整个社会消费领域中的主要部分;生活消费,也即个体消费,是人们为了满足生活中物质和精神方面的需要对各种生活资料和劳动服务的消费,是通常意义上的消费,[②]是人类社会存在和发展的前提,是消费经济学的研究对象。[③] 本项研究所说的消费也是指生活消费。

在生活消费的意义上,消费(consumption)是消费主体(消费者)出于延续和发展自身的需求消耗物质和非物质资料(物质产品、劳务产品和精神产品),以实现其本身的生产和再生产的行为过程。[④] 显然,消费是消费主体的一种有目的、有意识的能动行为。消费心理作用于消费行为的全过程。

（2）消费心理

消费心理(consumption mind)指作为消费行为主体的消费者在消费过程中的一系列心理活动,包括心理反应、心理现象、心理态势等,从心理学角度看,往往存在着一定的心理规律。消费者为何消费、消费什么、怎样消费、消费多少都和消费心理密切相关。

消费心理不是凭空产生的,而是基于消费需求而产生,消费需求是消费心理产生的前提。从消费需求的属性看,消费心理大体上可分为两种:一是自然性消费心理,二是社会性消费心理。自然性消费心理基于人的自然性需求(包括本能性需求和生理性需求),当某种

[①]《马克思恩格斯选集》(第二卷),中共中央马克思恩格斯列宁斯大林著作编译局译,北京:人民出版社,1995,第 102 页。
[②] 许征帆主编:《马克思主义辞典》,第 1047 页。
[③] 林百鹏、臧旭恒编:《消费经济学大辞典》,第 4 页。
[④] 参见林百鹏、臧旭恒编《消费经济学大辞典》,第 3 页。

自然性需求产生时,必然就会产生与之对应的消费心理,如饥则欲食、渴则欲饮、寒则欲衣。社会性消费心理则基于人的社会性需求,与人所处的社会经济文化环境息息相关。由于人和人类社会都是文化的产物,文化是人类社会的基本属性,人的根本属性是人的社会性也即文化性,因而社会性消费心理赋予人的消费行为特定的文化含义,使人的消费从简单的满足本能性和生理性需求的消费转变为满足社会性需求的更高层次消费,在消费内容和质量上都有所提高,如对于衣着的消费不仅仅满足于遮羞御寒,还追求以某种服饰文化来体现身份地位等。

消费心理在被消费需求决定的同时,亦反作用于消费需求,可以引导和调节消费需求。有一种常见的情况:当某种消费心理被外部的消费文化(如某种潮流时尚)、营销活动等刺激时,往往会导致某种消费需求被放大,于是,微弱的需求转变为强烈的需求,未来的消费变成了即期的消费——消费的可能性转化为现实。相反的,某些消费心理也会抑制和降低消费需求,如高度理性(精打细算型)、过于挑剔(吹毛求疵型)、强调节俭(自我压抑/压抑欲望型)、守财吝啬(有钱不花/一毛不拔型)等消费心理。

2. 消费心理活动过程

心理学家通常把人的心理活动分为认知、情感和意志即"知、情、意"三个过程。这三个过程有机统一,构成三位一体式的整体。

在消费心理活动过程中,认知过程主要包括三个阶段:第一,感知体验阶段,指消费者对于消费产品的感官感觉和整体知觉,形成直接的、具体的、生动的主观感受,这其中也可能产生错觉,往往造成消费者被误导;第二,印象生成阶段,包括注意和记忆两个阶段,指消费者被外界刺激(如视听效果、营销氛围等)引起对于消费品的无意注意(随意注意),或有预定目的地有意注意特定的消费品时,留下记忆,形成印象;第三,想象联想阶段,想象往往使消费者的感知和识记得以深化发展,推动消费行为,如消费者在选购服装时往往想象自己身着新衣出席某种场合的情景、选购家居装饰时往往想象居室的美化效果,联想的类型有接近联想、类似联想、对比联想、因果联想、视觉联想(如色彩联想)、听觉联想(如音乐联想)等,营销活动往往可以营造某种环境、使用各种方法来激发消费者有益的联想。

情感过程是连接认知过程和意志过程的桥梁。消费情感指消费者对消费环境、消费产品、消费服务等客观事物的态度在情感上的反映,受到多重因素的影响而形成,一旦形成,是一种较为持久的心境状态。情感过程是伴随着认知过程发生和发展的,通常表现出两极性特征,如爱与憎、喜与悲、乐与忧、欣与怒等,反映了或肯定、或否定、或犹疑、或满意、或不满、或中立的消费态度。在此,需要注意情感和情绪的区别与联系。[①] 情感具有稳定性,而情绪是短暂且不稳定的,这是两者最主要的区别。两者的联系在于:实际生活中,两者往往相互交织,难以截然分开,情绪先于情感,通过积累可形成情感;而情感在特定环境下,也会以强烈、鲜明、激动甚至冲动的情绪形式爆发出来。并且,两者都具有两极性特征,特定条件下截然相反的正负两极又会相互转化,典型现象如乐极生悲、兴尽悲来、破涕为笑、转嗔为喜等。一般认为,情感包括情绪。

意志过程是消费者实现消费目的的过程,建立在认知过程和情感过程的基础上。意志

---

① 参见李晓霞、刘剑、赵仕红主编《消费心理学》,北京:清华大学出版社,2006,第43页。

的本质是一个心理过程,是"人自觉地确定目的,并根据目的选择手段、支配和调节行动,从而实现预定目的心理过程"①。它是专属于人的一种复杂心理机制,和人类特有的对抽象刺激做出反应的第二信号系统(the second signal system)②的作用相关,是从内在的意识向外在的语言和行为转化的过程,也是人的意识能动性的突出表现。消费心理上的意志过程主要包括四个阶段:第一,消费权衡阶段,指消费者货比三家、盘算性价比的阶段。第二,消费决策阶段,指消费者明确消费目的并确定消费计划(计划如何消费、消费多少、何时何地消费等)的阶段。第三,消费执行阶段,即执行消费决策、实现消费目的的阶段,这一阶段需要更大的意志努力,自觉克服和排除各种障碍,如家庭成员意见分歧、消费热点转移等、商家竞争和财力不济等,这些因素都可能动摇原来的消费决策。因此,消费者要发挥意志作用,排除干扰,进行消费;或者调整目的,制定和执行新的消费决策。③ 第四,消费评价阶段,指消费者对其所消费的产品及服务、对其做出的消费决策进行评价的阶段,一是评价消费品的性能、质量、价格、外观等,二是评价消费决策是否正确,即"买得是否值"。这一阶段是一次消费意志过程的最后阶段,但直接影响下一次消费,是成为"回头客"重复消费,还是拒绝再次消费,都取决于此。④

综上所述,可以把消费心理活动的三个过程分为两大类:一是感性心理活动,对应认知过程和情感过程,这两个过程是消费者主观的感性体验生成的过程;二是理性心理活动,对应意志过程,这一过程体现了理性思维过程,在主观意志中具有客观思考。实际消费中,这三个过程是相互渗透、紧密联系的,应当被看成为一个整体,而不是割裂开来。认知推动情感产生,是情感产生的前提条件,而主观的情感又会改变认知,使得认知被赋予一层情感色彩;情感对于意志起着调节作用,可以形成动力或阻力,而意志支配着情感,使情感服从于理智,使消极情感转化为积极情感;意志可以强化认知,通过理性思考升华感性体验,而认知其实是意志产生的源泉,意志过程依赖于认知过程提供的感性素材来确定消费目的,并依赖认知过程提供的知识、经验等实现消费目的。⑤ 总之,认知、情感和意志三个过程协同作用,构成消费心理活动过程。(图 9.1)

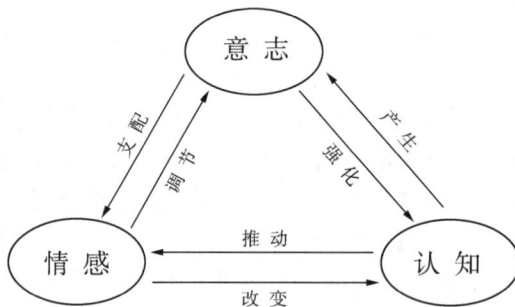

图9.1 消费心理活动"知、情、意"过程关系图

① 车文博主编:《当代西方心理学新词典》,长春:吉林人民出版社,2001,第445—446页。
② 由语言、文字等抽象刺激所形成的条件反射系统或暂时神经联系系统。这是人类所特有的脑的功能系统,是巴甫洛夫学说的重要概念。——车文博主编:《心理咨询大百科全书》,杭州:浙江科学技术出版社,2001,第233页。
③ 参见李晓霞、刘剑、赵仕红主编《消费心理学》,第47页。
④ 参见李晓霞、刘剑、赵仕红主编《消费心理学》,第48页。
⑤ 参见林百鹏、臧旭恒编《消费经济学大辞典》,第197页。

3. 消费心理对消费行为的影响

消费心理对于消费行为具有决定性作用,支配着消费者消费什么、消费多少、何时何地以何种方式消费。

消费心理是主观与客观的统一,其既依赖于消费环境、消费产品、消费服务等客观现实,又受人脑神经活动特点的制约,综合反映了消费者对客观事物(消费品/商品)的反应态度和本身的物质与精神需求。消费活动既然是人的一种有意识的活动,自然受到复杂而微妙的消费心理的支配。① 一般认为,消费者先是通过感觉来把握消费品,感觉不好就淘汰,感觉好就产生消费欲望,进一步货比三家、精打细算、讨价还价、检验细节、咨询售后等,以决定是否支付钱款;付钱之后,消费过程还未完成,消费者还要根据使用情况作出消费评价,在内心给消费品打分,进一步决定扩大或停止该消费。可见,从消费的起点至终点,消费者都要受到"想要消费""要消费多少""要如何消费""消费是否满意"等消费心理活动的支配。②

研究消费心理,了解这一心理活动的发生、发展规律,可以预测消费者的消费行为,帮助生产经营者在组织生产和经营时适应消费者的心理需要,更好地满足消费者的消费需求,更好地开拓市场。③

二、文化消费心理

1. 文化消费心理界定

文化消费心理是一种消费心理,狭义地看,专指消费者在进行文化消费时的心理活动,是消费心理中的一个专门门类;广义地看,泛指消费者在进行一般消费时侧重于追求消费品使用价值以外的文化意义和审美价值的心理,如对特定的品牌文化、符号象征、外观样式、设计风格的偏好心理,难以和一般消费心理截然区分开来。

本项研究所指的是狭义的文化消费心理,结合文化消费的主要项目看,主要有阅读消费心理、娱乐消费心理、旅游消费心理、体育消费心理、艺术品消费心理、教育培训消费心理、民俗文化消费心理和其它"文化+"消费心理等。

2. 文化消费心理特征

文化消费是有意义的消费,是形而上的特殊意义大于形而下的物质载体的消费。其消费的侧重点不是消费品本身,不是有形的物质载体(况且许多文化消费品是无形无物质载体的),而是内容和内涵,是创意和寓意。文化消费者希图获取的是文化价值,而非使用价值(况且有些文化消费品并不具有使用价值)。因而,文化消费是一种高度"脱物化"、高度抽象化、高度精神化的消费。可以说,文化消费的过程本身就是一个心理活动的过程。文化消费等于精神消费,等于心理世界的消费。

联系上文把消费心理分为自然性消费心理(基于人的自然性需求)和社会性消费心理(基于人的社会性需求)两大类来看,显然,文化消费心理属于社会性消费心理,无时无刻不受到社会文化的影响。因而,文化消费心理的第一特征就是具有高度的社会性。由于"人是

---

① ③ 参见林百鹏、臧旭恒编《消费经济学大辞典》,第 197 页。
② 参见刘树成编《现代经济词典》,第 1080 页。

社会的人",社会文化往往是某种文化消费心理形成的决定性因素。社会文化通过塑造文化价值观,进而影响消费价值观,深刻地作用于文化消费心理。

文化消费心理的第二特征是,消费者的心理快感和心理满足主要源于消费品内在的特殊意义。如:观看一部科幻片,释放了想象力,满足了人们对于幻想的心理需求;游览名胜古迹,既能观赏美景、愉悦身心,又能感知历史、追寻文脉,满足了人们对于美好风景和历史文化的心理需求;购买某种作为文创产品的创意文具,通常要比购买普通文具花更多的钱,且两者功能无甚差别,而人们之所以乐意购买,是为了满足对于创意的心理需求。

文化消费心理的第三特征是具有多面性、复杂性。一种心境往往是许多层面的心理相互交织、共同作用而生成的,心理因素错综复杂。可以把文化消费的心理层面细分为从众流行心理、自尊优越心理、攀比炫耀心理、求名虚荣心理、求实功利心理、求异猎奇心理、求效便利心理、传统习俗心理、品鉴玩赏心理(艺术消费心理)等。[1]

3. 文化消费心理学研究现状

消费心理学在国内外都有着广泛的研究,国外自 19 世纪末开始建构理论体系,现已较为成熟,且不断拓展着学科视野,不断产生新的理论;国内自 20 世纪末相关理论渐丰,现在其已经成了一门独立的学科。然而,文化消费心理学无论是在国外,还是在国内,既有的研究都很少。

国外学界尚未有专门探讨文化消费和文化消费心理的研究,往往是从消费的文化心理角度来研究问题,并常常把时尚消费、传媒消费、品牌消费等混同于文化消费。而在国内学界,2000 年以来文化产业研究成为热点,文化消费研究逐渐升温,尤其是从"十二五"时期开始,国家层面引导和扩大文化消费的相关政策法规不断出台,各地纷纷启动拉动文化消费试点项目,致使学界自然而然地关注到了"文化消费"这一新的学术增长点,近年来相关研究呈现上升趋势;然而,文化消费心理的相关研究还很匮乏,赵爱国主编的《文化消费心理学》这本教材也提到了这点不足,而该书也是目前能检索到的国内唯一一本该领域教材。

截至 2021 年 10 月,笔者在中国知网检索主题包含"文化消费心理"的文献,检索结果为495 条,数量较少,包括 395 篇期刊论文(其中 52 篇来自 CSSCI 期刊及其扩展版)、76 篇学位论文(4 篇博士学位论文和 72 篇硕士学位论文)、6 篇会议论文;检索篇名包含"文化消费心理"的文献,仅检索到 20 条结果,为 18 篇期刊论文(其中仅 1 篇来自 CSSCI 期刊)和 2 篇硕士学位论文。可见不但研究少,且研究层次、水平都不够高。因此,亟待进一步研究,尤其要把握整个消费心理学跨学科研究的趋势。

---

[1] 参见赵爱国主编《文化消费心理学》,福州:福建人民出版社,2013,第 16 页。

第二节　文化消费心理解析

一、文化消费心理需求与层次

1. 文化消费心理需求源于人的精神世界的追求

文化消费与马克思提出的"精神生产"相伴而生,本质上是精神消费,其心理需求源于人的精神世界的追求,简言之就是精神需求,与物质需求相对。苏东坡说:"宁可食无肉,不可居无竹。"这句话反映了一种精神需求高于物质需求的典型心理。显然,"竹"对苏东坡而言,更多的是一种文人精神的象征物,其文化属性是高于自然属性的。

人的精神需求是与生俱来的,因而文化消费是在人的消费行为产生之初就一同产生的。也就是说,即便是在生产力水平低下的时代,人也有精神需求,也要进行文化消费。只不过那时人们的文化消费水平一方面受制于落后的生产力水平,精神需求难以被满足,另一方面受制于社会制度发展水平,在阶级社会中,精神文化产品往往不能为全体社会成员所共享,在历史上,一些艺术性较强的文化消费往往是居于统治阶级的上层社会人士的特权。[1] 在当代中国社会,随着我国生产力水平和生活水平的不断提升,人民的文化消费心理需求正不断攀升,"人民日益增长的美好生活需要"中有很大一部分是对于美好文化生活的需要,表现为求知、求乐、求美、求新等精神追求。显然,在我国全面建成小康社会的当下,文化消费对于建构人的精神世界、实现人与社会的全面发展有着不容忽视的现实意义。

2. 文化消费心理需求具有高层次性与多层次性

(1) 文化消费心理需求具有高层次性

美国心理学家亚伯拉罕·马斯洛(Abraham Harold Maslow,1908—1970)于1943年在论文《人类激励理论》中提出了一种像阶梯一样由低级向高级不断发展的需求层次理论。这一理论随着其专著《动机与人格》在1960年出版而产生了广泛而深远的影响。借鉴这一理论,可以很好地论证文化消费心理需求的高层次性。

马斯洛把人的心理需求分为呈现递进关系的五个层次,依次是:第一,生理需求,如对水、食物、睡眠、性、衣着等的需求,是最基本、最原始、最底层的需求;第二,安全需求,包括对人身安全、财产安全、家庭安全等的需求,进而衍生出对健康保障、职业保障、道德保障等的需求,如人需要庇护所(房屋)、各类防护设施、各种保险等,这也是基本的、低级的需求;第三,社交需求,即对亲情、爱情、友情和社会归属感的需求,这类需求反映了人的社会性这一根本属性;第四,尊重需求,包括自尊、自信、对他人尊重、被他人尊重、地位、荣誉、名望、权势等;第五,自我实现需求,即要完成理想、获得成就、升华道德、发挥创造力、释放潜力、解放个性、全面发展、实现人生价值、超越自我等,是最高级的需求。马斯洛认为,人的需求层次具

---

[1] 参见赵桂珍、刘云章、谢嘉《马克思主义关于精神消费的几个问题》,《河北师范大学学报(哲学社会科学版)》2008年第6期。

有不可跨越性,只能一层层地被满足、被推进。需求层次越低,越具有本能性、自发性;需求层次越高,越受后天因素(社会环境、社交圈、教育水平、收入水平等)影响。

下面对马斯洛的需求层次理论展开分析(图9.2)。笼统地划分,则前三层需求被称为"缺乏性需求",只有这些需求得到满足,人们才能感到舒适;后两层需求被称为"成长性需求",当这些需求得到满足,便标志着人获得了成长和发展,人生实现了质的飞跃。进一步,联系人生发展阶段来划分,则第一、第二层需求对应人生发展的初级阶段,即谋求生存,为了维持人体机能,主要是物质需求。第三、第四层需求对应人生发展的中级阶段,即享受生活。"生活"一词强调对于"生"的概念的活化,含有丰富多彩、充实多样的意义。这一阶段的人要满足身心需求,精神需求逐渐大于物质需求。第五层需求对应人生发展的高级阶段,即发展生命,这一阶段的人要实现人生的终极目标,即实现人生价值并超越自我。若从东方生命哲学的角度看,即视人的生命为一大全体,要推动生命大全体达到至高无上的"自圆"境界,获得终极意义上的自足和自由①,通俗地说就是要自我圆满②、自我圆足③、自我圆梦④。

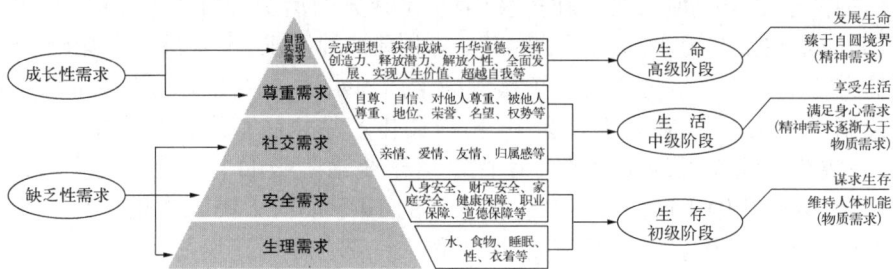

图9.2 马斯洛需求层次理论分析示意图

对应以上分析来判断文化消费心理需求所处的层次,即可得出文化消费心理需求具有高层次性的结论。显然,文化消费不是为了满足人基本的物质需求的,而是为了满足人较高的精神需求的,对应着马斯洛需求层次的第三、第四、第五层需求,即社交需求、尊重需求和自我实现需求;对应着人生发展的中高级阶段,是人享受生活、充实人生体验的必经路径,更是人发展生命、实现和展现人生价值的重要手段。

(2)文化消费心理需求具有多层次性

文化消费心理需求的多层次性在不同消费者和同一消费者身上都有所反映(图9.3)。一方面,不同消费者的文化消费心理需求必然会有所差异,这种差异往往反映为和消费者阶层相关联的层次性⑤,可简单地划分为雅、俗,也就是精英文化消费需求与大众文化消费需求之分。另一方面,即便是同一消费者,其文化消费心理需求也是多层次的渐进式的。最低层次的文化消费需求是对于信息的需求;同样基本的文化消费需求是对于知识的需求,即教

---

① 人生终极意义上的自由建立在自足基础上,自足源于"人的全面发展",由于实现"人的全面发展",因此可以说人生需求得到了全面满足、人生价值得到了全面实现。这时的人是一个"自足之人",因而是一个"自由之人"。
② 指人生圆满,学业、事业、家庭方面面面称心满意足。
③ 指价值圆足,人生价值得以最大化地实现。
④ 指梦想实现,成为自己梦想成为的人。
⑤ John Storey, *Cultural studies and the study of popular culture* (Edinburgh: Edinburgh University Press, 2010), p. 69.

育需求;其后,人们有娱乐的需求,需要消费各种各样的文化娱乐产品和休闲服务,这是处于中层的文化消费需求;同时,人们还有寻求新体验的文化消费需求,驱动人们去围观高科技打造的"文化奇观"、去体验各种炫酷新潮的文化科技产品和项目、去玩惊险刺激的体育和游乐项目等;再往上,"爱美之心,人皆有之",审美需求是一种发端于本性的文化消费需求,而对于生活美学化、生命艺术化的追求是更高的追求;最后,最高级的文化消费需求是思想需求,拥有这种需求的消费者会进行深度阅读、深度思考,进行探索研究。

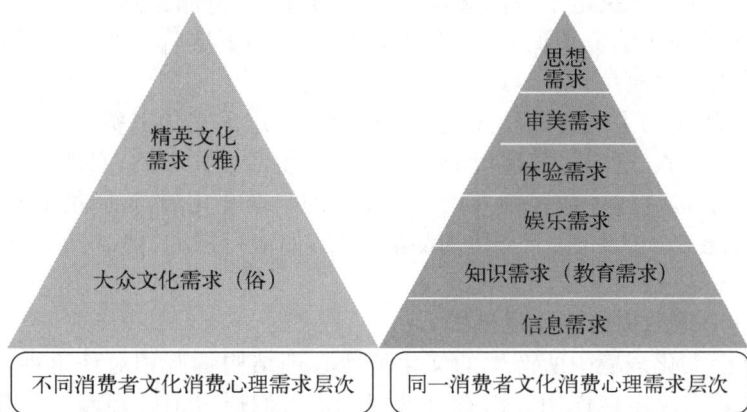

图9.3　不同消费者和同一消费者文化消费心理需求层次示意图

二、文化消费心理结构与模式

1. 文化语境造就文化消费心理结构

"文化语境(cultural context)"亦被称为"文化背景",受意识形态、价值观念、生活方式(包含习俗习惯、传统礼仪、宗教信仰、日常生活活动方式等)、文化潮流等因素共同影响形成。可以认为特定的文化语境就是一种社会文化环境。[1] 结合文化社会学和文化人类学的视角看,文化的本质是思想和价值观,即"价值观念大集合",或言"价值判断系统",文化的表现形式是社会关系和生活方式。[2] 也就是说,直观的、具体的、外在的、表象化的文化形态是隐藏的、抽象的、内在的、深层次的"价值观念的大集合"通过特定群体(如种族、民族、阶层)、集体(如某些组织)特有生活方式的反映。显然,人是文化作用的产物,人类社会的纷繁图景呈现为不同的文化语境,人的心理和行为无一不受文化语境的影响。格尔茨在《文化的解释》中提供了"深描说"这一学说,以阐释学方法将文化的意义结构进行呈现,定义"文化是一种通过符号在历史上代代相传的意义模式,它将传承的观念表现于象征形式之中。通过文化的符号体系,人与人得以相互沟通、绵延传续,并发展出对人生的知识及对生命的态度"。[3] 文化"深描说"揭示了人的社会行为背后的文化心理动力机制,描画了一种基于文化

---

① Bandura A,"Social Cognitive Theory in Cultural Context,"*Applied Psychology*,No.51(2)(2002):269-290.
② 参见[英]阿雷恩·鲍尔德温等《文化研究导论》,陶东风等译,北京:高等教育出版社,2004,第34页。
③ [美]克利福德·格尔茨:《文化的解释》,韩莉译,南京:译林出版社,1999,第11页。

符号系统的深层文化心理结构,而"文化符号系统"即文化语境。借鉴这一理论研究文化消费心理,就会得出文化消费心理结构源于客观文化语境的结论。

首先,文化语境提供一系列文化符号,为文化消费者提供追求意义的心理动力。文化消费根本上是意义消费,这种意义消费要通过符号消费来实现,即消费者通过占有和展示某种具有象征意义的文化符号来达成文化表达和文化交流的目的。

其次,文化语境中的意识形态和价值观念等因素决定了文化消费心理态度。也就是说,社会各个阶级的主流文化决定了该阶级消费者进行文化消费的态度,如中上层阶级往往更重视文化消费,更倾向于消费知识类、艺术类文化商品;而下层阶级相对不重视文化消费,更倾向于消费娱乐类文化商品。

再次,文化语境中的生活方式和文化潮流等因素决定了文化消费心理选择。也就是说,不同群体(如种族、民族、阶层)、集体(如某些组织)的生活方式不同,必然导致所选择的文化消费方式不同,如我国许多少数民族人民都有特殊的宗教文化消费活动,和汉族人民有很大区别;文化潮流也会影响人们对于文化商品的选择,如流行歌曲、热映影片、热门游戏、畅销书等。

2. 文化消费心理结构决定心理模式

在客观的社会文化语境中所产生的文化消费心理结构具有相对稳定性,对于文化消费心理模式的生成具有决定性作用。消费心理模式指人们通过消费经验的积累,逐渐形成的对消费品、消费信息、消费环境等的心理判断模式,最终推动消费行为按照一定的模式发生。[1] 文化消费心理模式是一种特殊的消费心理模式,作用于文化消费领域,左右着文化消费行为。虽然文化消费追求的是形而上的意义,物质消费追求的是形而下的功用,显然文化消费有别于物质消费,文化消费是一种主观倾向尤为强烈的消费,但是文化语境是一种客观的社会文化环境,因此,由此产生的文化消费心理结构具有客观性,受其决定的文化消费心理模式也具有客观性,是可以被认知的。通过归纳,可以列出以下几种主要的文化消费心理模式。

第一,从众求同式。从众模仿可以说是人的本能,是一种学习本能。人处于特定的文化语境中,不可避免地受特定的意识形态、价值观念、生活方式、文化潮流的影响。在文化消费中,尤其易受文化潮流影响,形成从众消费心理模式。其心理根源在于寻求社会归属,通常伴有增加共同语言、增进社交关系等功利性动机。

第二,标新立异式。标新立异的心理根源在于寻求社会关注。文化消费本来就具有追求独特创意、彰显自我个性的强烈求新动机,消费者可以通过消费新奇文创产品、进行 DIY 个性定制、挑战惊险游艺项目等展现其与众不同。

第三,陪伴需要式。相当一部分文化消费者具有陪伴需要式文化消费心理模式,具体表现为看电影要人陪、旅游要人陪、参观展览要人陪等,具有这种典型文化消费心理模式的消费者,时常会为"找不到伴"而苦恼。由于大部分文化消费项目确实是在有人陪伴时更有趣,大多数文化消费者都有分享消费体验的需要,因此,这种心理模式是较为普遍的。特别是一些亲子型、家庭型文化消费项目,如亲子游乐、亲子阅读、家庭旅游等,本身就有强化陪伴的

---

① Bettman J R, "Consumer Psychology," *Annual Review of Psychology*, No. 37(1)(1986):257-289.

功能导向。

第四,自我陶醉式。自我陶醉式文化消费心理模式比较常见于文艺爱好者,他们在唱歌跳舞、舞文弄墨的时候往往是自我陶醉的。并且,当代社会中,自拍可以说是一种最寻常的自我陶醉行为。虽然自拍并不是文化消费行为,但是,很容易进一步联想到拍艺术照、写真集等文化消费行为。显然,这些文化消费都是基于自我陶醉心理模式之上的。

第五,情感养成式。文化消费是需要投入情感的消费,阅读、看电影、玩游戏、唱歌跳舞等等无一不需要投入情感。当前有许多文化产品就大打"情感牌",和消费者培养情感、建立情感,促使情感养成式文化消费心理模式形成,这种心理模式常见于游戏消费者中,诸如《旅行青蛙》《恋与制作人》《美少女梦工厂》《明星志愿》等都是典型的养成游戏。

第六,美化生活式。人们购买各种艺术品、工艺品、文创产品等作为摆设装饰,就是基于美化生活式文化消费心理模式。求美是人的天性,人们需要通过艺术点缀来增添乐趣,通过美化生活来美化人生,这种文化消费心理模式是普遍的,深层心理动机是彰显格调品位、展示生活情趣。

第七,装点"面子"式。在现实中,有些人在举办婚礼时追求奢华铺张的排场,有些人喜欢拿去"高大上"旅游地的旅游照片"晒"朋友圈,有些人本身并无多少"艺术细胞"却酷爱装腔作势地去消费高雅艺术以附庸风雅……如此种种,都属于"面子"心理作祟,这样的文化消费心理模式就是装点"面子"式。

第八,梦想寄托式("做白日梦"式)。梦想寄托式文化消费心理模式常见于内容消费之中,如消费者阅读一本书、看一部电影的时候往往把自己的梦想和书中、电影中的故事相互关联起来,其消费故事的过程也是消费梦想的过程,通过消费梦想来寄托梦想,或者说就是"做白日梦"。

第九,超越现实式(逃离现实式)。文化消费的一个重要心理功能就是心理补偿功能,即弥补现实生活中的缺陷,弥补人们心理上的不满,实现对于现实的超越。如:现实世界中的事物不可能十全十美,而虚构故事中的事物就可以尽善尽美;在现实中人们还未能穿越时空,而在科幻小说、科幻影片中人们就能在过去、现在和未来之间随意穿梭;现实偶像都有缺点、都会衰老,而"虚拟偶像"就没有缺点且青春不老……人们进行文化消费,尤其是对于文化科技产品的消费,很多时候就是基于超越现实式文化消费心理模式。而这一心理模式的反面,就是逃离现实,导致有些人沉迷于虚拟的游戏世界、网络社区等。

三、文化消费心理动机与卷入度

1. 文化消费心理动机生成与冲突
（1）文化消费心理动机生成机制

动机即行为取向或行为诉求,源于需求,是推动人们向着某种目的、开展某种行为、满足某种需求的内在心理驱动力,根据激发动机的需求迫切程度可分为主导动机和次要动机。在消费心理学中,消费动机亦称"购买动机",是"直接驱使消费者实行某种购买活动以满足一定需要的心理冲动"①,也就是消费发生的原因和动力。当消费者或者是由于自身的各种

---

① 杨治良、郝兴昌编著:《心理学辞典》,上海:上海辞书出版社,2016,第487页。

需要,或者是由于外部因素的刺激,产生消费需求时,其机体内部原有的平衡和平和状态就会改变,即心理由平静状态转为紧张状态,心理活动指向具体的消费目标。当消费者在市场上发现符合心理预设的消费目标时,其心理的紧张状态便转化为活的动机,继而产生"指向目标的行为",即购买行为。①

消费动机是消费者购买并消费商品的直接原因和内在动力,反映了消费者生理和心理上的需求,具有使消费行为始发和终止的功能,支配着消费方向、消费对象、消费方式和消费数量等②,并能维持和强化③消费行为,具有自觉自发自主性、目的指向明确性、动力构成复杂性等特性。

消费动机从宏观上可划分为生理性(物质性)消费动机与心理性(精神性)消费动机两者,前者主要指向物质消费,后者主要指向文化消费。前者是自然性的,后者是社会性的。前者较为简单,后者较为复杂。前者是基于人的基础性需求(诸如吃穿住行)而产生的,不易发生质的变化,也就是其主导的消费方向不会变;而后者是基于人的非基础性需求而产生的,容易随客观条件(社会环境)的变化而产生质变,如社会文化变迁导致消费者审美眼光改变。④ 文化消费心理动机显然属于后者,其生成机制较为复杂,是内外因共同作用的产物(图 9.4)。

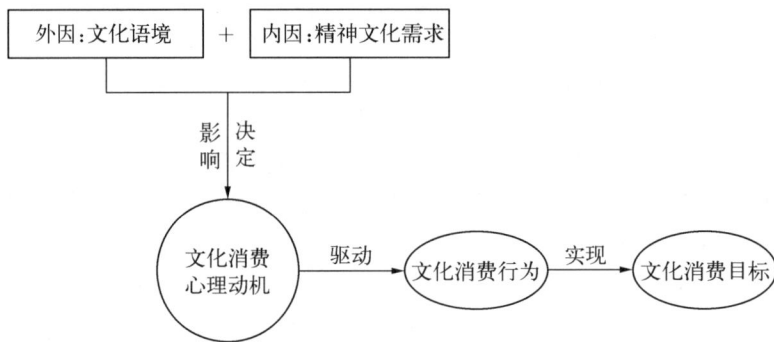

图9.4 文化消费心理动机生成机制示意图

文化消费心理动机产生的外因即上文所说的客观文化语境,不同国家、不同民族、不同社会制度、不同社会阶层的文化语境必然不尽相同,这千差万别的文化语境对文化消费心理动机造成强大的外部影响。

文化消费心理动机产生的内因即人的精神文化需求,需求是动机的根源,内因是决定性

---

① 参见杨治良、郝兴昌编著《心理学辞典》,第 488 页。
② 参见刘树成编《现代经济词典》,第 1075 页。
③ 动机的实现往往需要一定的时间、过程,在这个过程中,消费动机将贯穿行为的始终,不断激励消费者排除各种因素的干扰,直至动机最终实现,完成购买过程。另外,动机对人的行为还具有强化作用,即行为的结果对动机的"反馈"。行为结果对引起该行为的动机的再次产生,具有加强或减弱的作用。动机会因好的行为结果而重复出现,得到加强再次导向购买行为,这个过程称作正强化;动机也会因不良的行为结果而减少或减弱,导致消费者购买兴趣的减弱或消失,这个过程称作负强化。许多消费者认牌购货的行为就是正强化这一作用的反映。——李晓霞、刘剑、赵仕红主编:《消费心理学》,第 71 页。
④ 参见赵林如主编《市场经济学大辞典》,北京:经济科学出版社,1999,第 310 页。

因素。人的精神文化需求是多样的,所引发的文化消费动机必然是多元的。从基本的动机取向上划分,可分为功利性动机和非功利性动机。① 出于功利性动机,人们会开展发展型文化消费,主要包括学习发展型文化消费和职业发展型文化消费两种,前者最典型的是教育消费,后者最典型的是职业技能培训消费;出于非功利性动机,人们会开展享受型文化消费,主要包括文体休闲消费、文艺娱乐消费、文化艺术兴趣嗜好消费。

(2) 文化消费心理动机冲突类型

人的目标是有正负价(valence)的,可能是正价的,亦可能是负价的。在消费心理学中,结合人趋利避害的心理看,正效目标指消费者的行为趋向的目标,他们有趋近并达成该目标的动机,即正向趋利动机,比如消费者通常会消费那些社会赞许度高的商品,进行时尚消费就是典型的正向动机起作用的结果;反之,负效目标指消费者的行为回避的目标,他们有避免某些负面结果的动机,即负向避害动机,比如消费者通常会远离那些社会赞许度低的商品,把过时的商品拒于千里之外的消费行为就是典型的负向动机起作用的结果。商家往往善于对消费者的正负向加以利用,联系文化消费而言,像英语培训这类文化消费项目,营销者往往一方面大力凸显学好英语所带来的升学、就业、社交优势,另一方面重点描述学不好英语所带来的一系列不利的学业、职业、社交后果,来恐吓消费。

由于一项消费决策可能包括不止一种需求来源的动机,消费者常常发现自己处于不同的正负动机互相冲突的状态中,产生一种矛盾心理。由于存在正负向动机,因而动机冲突主要有三种类型:正正冲突(双趋冲突)、负负冲突(双避冲突)、正负冲突(趋避冲突)。② 下面,专门以文化消费为例来分析这三种冲突(图9.5)。

第一,正正冲突(双趋冲突),即消费者要对两个(或以上)正价目标进行抉择,存在两种(或以上)消费需求和欲望,处于"鱼与熊掌不可兼得"的选择困境。例如,一个学生在放假时可能会为是去旅游还是去学游泳举棋不定。显然,这两项文化消费都是有益身心的,但是只能选择一项,用经济学语言说,选择一项的成本就是放弃另一项。相关学者尝试用认知失调理论(theory of cognitive dissonance)③来分析这种心理冲突:"两种或两种以上的信念与行为在心理上发生不一致时,就会产生失调状态。当消费者必须在两个各有好坏的产品中做选择时,就常会出现失调状态。选择一个产品而放弃另一个,个体就会得到所选择产品的不良品质,而失去所放弃产品的优良品质。这种损失造成了不愉悦的失调状态,这驱使着个体去减轻这种状态。在选择已成事实后,人们往往会寻找额外的理由来支持他们的选择,或可能'发掘'他们未选择的产品的缺点,以此使自己确信所做的选择是精明的。"④

---

① 文化商品相对于物质商品而言,实用性较弱,因此文化消费动机相对于物质消费动机而言,本身功利性就较低。而纯粹的非功利性动机在这个世界上是不存在的,即便是为了满足某种业余兴趣而进行的文化消费,动机亦具有功利属性,或者是为了自娱自乐,如看电影、听音乐、旅游,而自娱自乐是为了休息放松,休息放松是为了更好地劳动、更好地生存,并且在这些自娱自乐过程中还可以陶冶情操、增长见识,切实获得"精神利益";或者是为了培养某种文艺才能,如歌、舞、书、画,以备不时一展身手,有卖弄炫耀的心理倾向。
② 参见车文博主编《心理咨询大百科全书》,第568页。
③ 认知失调理论(theory of cognitive dissonance)基于以下假设。在生活中,人们存有对秩序和一致性的需要,当信念与行为互相冲突时,就会产生一种紧张状态。这种在两者间做取舍而产生的冲突可以通过减轻认知失调而解决,在这一过程中人们被驱使着去减轻这种不一致(或失调),进而消除不愉悦的状态。——Festinger L, "A Theory of Cognitive Dissonance(Vol. 2)," *American Journal of Psychology*, No. 72(1)(1957):78-92.
④ [美]迈克尔·R. 所罗门:《消费心理学——无所不在的时尚》,北京:中国人民大学出版社,2014,第77页。

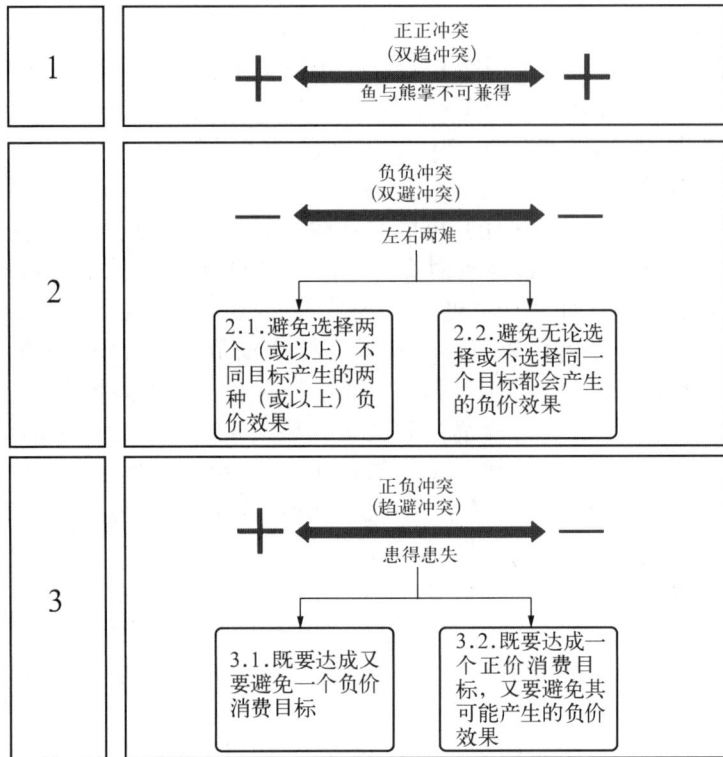

图9.5 文化消费心理动机冲突类型示意图

第二,负负冲突(双避冲突),即消费者要对两个(或以上)负价效果进行回避,面临两种(或以上)不情愿的选择,处于左右两难的选择困境。有两种情形:一种情形是要避免选择两个(或以上)不同目标产生的两种(或以上)负价效果。例如攀比心、虚荣心较强者会为是花高价出国旅游还是花低价在国内旅游而苦恼,若选择前者,则导致经济压力增加的负价效果;若选择后者,则尽管经济上能承受得起,但可能获得的社会赞许度不高,炫耀价值较低,亦是一种负价效果。消费者对这两种负价效果都想要避免但又无法同时避免。另一种情形是要避免无论选择或不选择同一个目标都会产生的负价效果。例如家长既不情愿给孩子报高价的课外辅导班,也不情愿看到孩子因为没上课外辅导班而成绩滑坡,无论报还是不报,都有负价效果,都使人不情愿。

第三,正负冲突(趋避冲突),即当一个消费目标在带来正价效果时也伴有负价效果时,消费者要权衡利弊,对这个目标进行取舍,处于患得患失的选择困境。有两种情形:一种情形是既要达成又要避免一个消费目标,这类消费目标往往本身是负价的。例如有些人既有进行暴力、色情、低俗文化消费的冲动性动机,又会产生负罪感。另一种情形是既要达成一个正价消费目标,又要避免其可能产生的负价效果。例如购买收藏一件价格不菲的艺术品,可能需要节省日常开支或动用其它款项,这时消费者就会为买还是不买而犹豫不决,既想得到这件商品,又感到经济压力,引起内心矛盾,造成一种紧张的心理状态。

2. 文化消费心理卷入度分析测度

（1）消费者心理卷入度是一种动机性构造

在消费心理学上，卷入度（involvement）指消费主体（消费者）依据自身需求、价值观和兴趣等对消费客体（商品和服务、商家和品牌、消费场景、广告和营销策略等）所做出的"关联度判断"，反映了消费主体对不同消费客体"与自己的关系或对自己重要性的主观体验"与"不同的关注程度"。[1] "根据卷入性质，可分为情境卷入、持久卷入和反应卷入三种不同类型；根据卷入对象，可分为产品卷入、广告卷入和购买决策卷入。"[2]

通俗地讲，卷入就是被吸引进去，卷入度是被吸引进去的程度，即消费者与商品或服务建立联系的程度。消费主体之所以会以不同的程度被卷入到不同的消费客体当中，是由于消费者心理卷入度基于消费动机——"卷入"是一种动机性构造[3]。因此，可以把卷入度理解为"消费动机激活度"[4]。

卷入也可视为消费者对照消费动机获得并处理商品信息的一种过程。消费者的需求、价值观和兴趣与商品信息间的感知关联有多强，消费者受驱动去关注该商品的程度就有多高。当记忆中的相关知识被激活时、就会产生一种驱动行为的动机状态，如消费。[5] 随着消费心理卷入度的增加，消费者就会更加关注有关该商品的信息，如留意更新换代情况、咨询配套服务、理解广告等。可见，消费者会对商品信息进行"动机对照"检验处理。反之，若某些商品不能满足需求、不符合价值观或不合乎兴趣，消费者就不会将注意力放在这些商品信息上。比如，许多年轻人会深深卷入到时尚消费中，花费大量时间和金钱，关注潮流动向，购买最新款的服装、配饰、IT 产品等，而他们的父辈则往往反感于此，不但不会刻意关注时尚信息，往往还会跳过这些信息。

（2）文化消费心理通常具有高卷入度特质

卷入度是可以测度的。通过测度，可以区分为高卷入度和低卷入度两种基本情形（表9.1）。高卷入度的消费者通常表现得更具有消费理性，即便是为了实现某种感性诉求，也会结合对商品的理性判断，他们积极主动地搜寻商品相关信息，对功能、质量、品牌、价格、服务、特色、消费环境、设计细节和所传播的文化价值观等进行比较，以期做出最吻合消费动机的消费决策；低卷入度的消费者通常表现得更具有消费冲动，或言"消费任性"，消费时感性认识大于理性认识，使得消费趋于情绪性、随机性、任意性，他们消极被动地接受外来信息，对于商品相关信息往往不加甄别，易受视觉效果（图像、色彩、包装等）、广告（对商品信息大量重复和夸张渲染）和代言人、店面装潢、时尚潮流等外部刺激的影响，消费决策摇摆不定，难以抗拒各种市场营销策略的干扰。

[1] Judith Lynne Zaichkowsky, "Measuring the Involvement Construction in Marketing," *Journal of Consumer Reasearch*, No. 12(12)(1985):341-352.
[2] 陆雄文主编：《管理学大辞典》，上海：上海辞书出版社，2013，第 218 页。
[3] Zaichkowsky J L, "Conceptualizing Involvement," *Journal of Advertising*, No. 15(2)(1986):4-34.
[4] Dibb S, Michaelidou N, "Consumer involvement: a new perspective," *Marketing Review*, No. 8(1)(2008):59-71.
[5] George B P, Edward M, "Cognitive Dissonance and Purchase Involvement in the Consumer Behavior Context," *Social Science Electronic Publishing*, No. 27(3)(2009):7-24.

表 9.1　不同卷入度的消费者心理和行为对比

消费心理和行为	消费者卷入度	
	高卷入度	低卷入度
消费理性程度	理性程度高；理性大于感性	理性程度低；感性大于理性
信息搜寻姿态	积极主动、有针对性、广泛比较	消极被动、随机任意、不做比较
信息认知程度	具体深入地认知信息，能够判断并主动反驳与消费动机矛盾的信息	泛泛浅显地认知信息，不加甄别地被动接受与消费动机矛盾的信息
信息处理过程	复杂过程	简单过程
外部刺激影响	不易受影响	容易受影响
消费态度变化	态度相对稳定	态度变化频繁

　　应该说，文化消费心理通常具有高卷入度特质。这是因为文化消费需求是高度个性化、精细化、复杂化的；文化消费过程需要不断进行内容理解、价值判断、意义思考；文化消费态度通常具有稳定性，带有明显的偏好倾向，比如追星、追剧就是极为典型的高卷入度文化消费行为。

　　可以从六个维度来测度文化消费者卷入度（表 9.2）：一是文化觉察度，指消费者对其所处的文化语境中的文化价值观、文化现象、文化潮流等的觉察程度，尤其是对其所卷入的特定文化消费领域（如旅游、娱乐、艺术等消费领域）的文化消费趋势（潮流）的觉察程度，反映了消费敏感度；二是文化认知度，文化认知指消费者对各种文化价值观、文化现象、文化潮流等进行知识化处理，由感性认识到理性认识、由觉察到认知的过程，文化认知度即反映认知理解各种文化的程度；三是文化认同度，指消费者对各种文化商品所表达的文化价值观的认同度；四是文化沉浸度，指消费者受某种或某些文化影响的程度，反映是否深受影响、是否沉浸其中；五是文化消费度，指消费者消费某类文化商品的程度，直观地反映在消费金额和消费持续时间上，即明确地反映消费者对一些文化商品"肯不肯花钱，肯花多少钱"和"肯不肯花时间，肯花多少时间"的态度，"消费度"即消费投入（包括金钱投入和时间投入）度；六是文化忠诚度，指消费者文化消费态度的稳定程度，或言消费忠诚度，反映为对某些文化商品、文化品牌、文化企业、文化特色、文化偶像、文化名人等的欣赏、信任、热衷的持续程度。

表 9.2　文化消费者卷入度的维度

序号	维度	说　明
1	文化觉察度	消费者对其所处文化语境的觉察程度，尤其是对其所卷入的特定文化消费领域的文化消费趋势（潮流）的觉察程度
2	文化认知度	消费者对各种文化进行知识化处理的程度，即认知理解各种文化的程度
3	文化认同度	消费者对各种文化商品所表达的文化价值观的认同度
4	文化沉浸度	消费者受某种或某些文化影响的程度
5	文化消费度	消费者对某类文化商品的消费投入（包括金钱投入和时间投入）度
6	文化忠诚度	消费者文化消费态度的稳定程度

四、文化消费心理偏好与习性

1. 文化消费心理偏好依托于特定的心理习性

消费偏好(consumer preference)又称"消费者嗜好",反映消费者对于所购买的商品的主观评价。[①] 这种偏好是一种主观倾向,反映了一种心理定势。短期看,消费偏好一般是稳定的,如商品价格上涨会直接削弱一部分有廉价商品消费偏好的消费者的消费意愿;而长期看,却是会改变的。消费偏好的变化和形成受到多重因素的影响,主要有经济因素、社会因素、文化因素、地理因素、生活因素等。经济因素如国家经济状况和个人经济能力,对于消费偏好的形成有着重要作用;社会因素如社会保障水平的高低通常会导致消费者对非必需商品的消费偏好发生波动;文化因素即消费者所处的"文化语境",包括文化意识形态和价值观、风俗习惯、传统文化以及民族文化等,会对消费者的消费选择造成显著影响;地理因素如我国人民南甜、北咸、东辣、西酸的饮食消费偏好就是地理环境所致;生活因素如一个人婚前婚后、没孩子和有孩子时消费偏好往往是截然不同的。

文化消费偏好主要体现为以下几种:第一,文化价值偏好,如有些人偏好消费美国倾销的"普世价值"文化产品,有些人则颇喜欣赏我国的"主旋律"文化产品。第二,文化类型偏好,宏观上包括对于东西方文化、传统与现代文化、大众与精英文化的不同偏好,如有些人偏好好莱坞电影、日本动漫等;微观上包括对于文化题材、文化内容等的偏好,如有些人偏好英雄题材、玄幻内容等。第三,文化审美偏好,即对于文化产品形式风格方面的偏好,如有些人对于古风风格的文化产品情有独钟,有些人特别喜欢具有民族元素、民族风情的文化产品。第四,文化品牌偏好,如许多人都是迪士尼、梦工厂动画片的忠实"粉丝"。

由于文化消费的诉求不在于物质载体,文化消费是脱物化的消费,因而文化消费心理偏好和物质消费心理偏好的成因有所不同,更为主观化、个性化、抽象化,更加复杂。笔者借鉴布尔迪厄的文化资本理论,推论得出:文化消费心理偏好依托于特定的心理习性(惯习)。布尔迪厄所说的第一种形态(身体形态)的文化资本即反映为习性(惯习)。而其提出的"习性(惯习)"概念是一个结构性概念,习性(惯习)是"被建构的结构(structured structure)"和"建构中的结构(structuring structure)",成为一个被牢固铸造的结构,是"结构的结构","具有席卷一切的解释力",[②]推动了一系列结构的再生产,即个体结构再生产[③]、社会结构再生产[④]和文化结构再生产[⑤],造就了个体间的区分、社会阶层的区分和社会文化的区分。并且,习性(惯习)这一概念本身带有很强的文化特质和文化语意,布尔迪厄本人曾说:"'文化'可能是比'习性(惯习)'更好的术语。但是,这个过分被决定的术语带有被误解的危险,而且不容易界定其有效性的条件。"[⑥]因此他便退而求其次地选择了"习性(惯习)"这一突出主体主

---

① 参见林百鹏、臧旭恒编《消费经济学大辞典》,第 268—269 页。

② 余乃忠、陈志良:《习性:"具有席卷一切的解释力"——布尔迪厄建构的结构主义神话》,《现代哲学》2009 年第 1 期。

③ 指个体习性(惯习)结构的再生产,通俗地说就是性情、人格结构的再生产。

④ 指权力结构、阶级结构和社会资源分配结构的再生产。

⑤ 尤指文化特权结构的再生产。

⑥ 包亚明:《布尔迪厄文化社会学初探》,《社会科学》1997 年第 4 期。

观性和控制性的术语,以突出社会场域中行动主体的"实践感"。① 由此可知,习性(惯习)根本上是一种社会文化结构在个体层面的反映,个体的心理习性(惯习)就是一种文化习性(惯习)。

依据布尔迪厄的理论,可以认为:特定的心理习性(惯习)是导致特定的文化消费心理偏好形成的决定性因素。因为习性(惯习)本身就是一种结构化的主体倾向系统,本身就包含着心理偏好,决定了行为偏好。举例而言:一个在西方国家学习生活多年的人即便回国,其被西化的习性短期内也是难以改变的,在文化消费方面,其必然更偏好消费具有西方价值和西式风格的文化产品。同样的,习性(惯习)这一反映第一种形态的文化资本的概念,能够很好地解释处于不同社会阶层的消费者的文化消费偏好存在差异的原因,比如,中产阶级和农民工由于文化习性不同,文化消费偏好必然不同。

2. 文化消费心理习性影响文化消费习惯形成

消费习惯(consumer habit)指消费者在一定的经济、社会、文化生活中长期培养形成的,以一定的消费心理为基础的消费行为模式。对于某些商家、品牌的商品形成了某种消费习惯的消费者,往往不加挑选、不加比较地持续进行消费。以文化消费为例:习惯于使用某品牌某平台(如得到、知乎、分答、喜马拉雅FM、蜻蜓FM、薄荷英语、荔枝微课、酷狗音乐、网易云音乐等)知识付费、内容付费、娱乐付费功能的消费者,往往会一直使用下去,因为对于平台操作熟悉、使用顺手,而且通常比较满意。

根据消费者范围的不同,消费习惯有大小范围之分。大范围的消费习惯即群体消费习惯,如由不同年龄段的消费者所构成的具有代际文化差异的消费习惯,由不同地域的人口所构成的具有地理和气候差异、地方文化差异的消费习惯,由不同民族的消费者所构成的具有民族文化差异、民族性格差异的消费习惯等。小范围的消费习惯即个体消费习惯,除了由不同消费个体所构成的具有个性差异的消费习惯,由于家庭是小型的社会组织单位,"小家"是"大家"(国家)的基本单位,因而还应包括由不同家庭所构成的具有家庭文化差异、家庭性格差异、家庭禀赋差异的消费习惯。而根据定型程度和对人造成影响的程度强弱,还可以划分出"可变性大"和"可变性小"这两种相对而言的消费习惯类型。前者常常随着生活环境、周围人群、个人际遇的改变而改变,比如"入乡随俗""随大流""此一时,彼一时"等;后者则根深蒂固,甚至具有代际传承性,无论周遭境遇如何、客观条件如何改变,都会长期地、稳定地,甚至一代代地延续下去。②

大多关于消费心理学的研究都将消费偏好和消费习惯相提并论,认为偏好导致习惯形成,或者将两者等同,认为习惯就是偏好。在此,笔者对这两个概念进行鉴别区分,认为:消费习惯是行为层面的,而消费偏好是心理层面的,行为习惯基于心理偏好,是心理偏好的外化表现和模式化定型。上文阐明了文化消费心理偏好成因和物质消费有所不同,依托于特定的心理习性(惯习),或言文化习性(惯习),因而可以推理出:文化消费习惯成因也和物质消费有所不同,也是由习性(惯习)所致。

布尔迪厄社会学理论中的关键词"习性(惯习)"并不是人们常说的"习惯",虽然两个词

① 参见萧俊明《布尔迪厄的实践理论与文化再生理论》,《国外社会科学》1996年第4期。
② 参见刘树成编《现代经济词典》,第1080页。

在英语中都是"habit",但是我国翻译者精心区别了两者。翻译过来的"习性(惯习)"是一个颇显深奥的术语。"习性(惯习)"侧重于心理层面,是一种固化的性情,形成于特定的社会场域中(如法律场域、宗教场域、政治场域、文化场域、美学场域、教育场域等),有着深刻的、分别的("区分"的)、主体特色(个性)鲜明的文化烙印,是特定场域结构和所生成的特定文化心理结构的结构化(固化);"习惯"侧重于生理层面,是某种定型的行为,这个词说明了某种行为的机械重复性,强调惯性和惰性,不能反映主体的主观能动性和主体的心理倾向,也无法对应特定的社会场域,不具备结构性。① 这样看来,就可以理解作为"结构再生产"之钥的习性是"席卷一切的"②,结构化(心理结构化)的内在习性决定了外在习惯,所以,文化消费习惯是文化消费心理习性(属于文化心理习性)由内而外的反映。

五、文化价值观与文化消费观

1. 文化价值观与文化消费观构成辩证统一关系

文化价值观与文化消费观的关系是辩证统一的。一方面,文化价值观决定文化消费观,有什么样的文化价值观,就有什么样的文化消费观。"文化消费观是指消费者在文化领域消费所持的价值观,是价值观的具体体现。"③其主导着消费者以特定消费方式对于特定文化产品和服务进行消费。另一方面,文化消费观不但反映文化价值观,也在一定程度上反作用于文化价值观。如文化消费潮流在一定程度上影响着社会文化价值观。

文化消费观包括三个层面:一是消费者对于文化消费的基本态度,主要是对于文化消费必要性和重要性的判断,认为文化消费和物质消费孰轻孰重;二是消费者对于文化消费的规划和预算,包括对于个人和家庭文化消费重点的规划、对文化消费占总体消费比例的预算、对各项文化消费的预算等;三是消费者选择文化产品和服务时的价值观和审美观。显然,这三个层面无一不由文化价值观所决定。联系我国实际来看,随着经济发展与人民生活水平的提升,人民对于美好精神文化生活的期盼越来越多,越来越认为文化消费是必需且重要的消费。但是,现实中仍有不少人更看重物质消费、更注重物质享受,认为文化消费不如物质消费重要,乃至认为文化消费是非必需的。于是,不少人在进行消费规划和预算时,把文化消费列在消费清单末尾,随时准备将其挤出清单。客观地看,当前我国大多数人还没有形成文化消费习惯,没有明确的文化消费规划和预算,文化消费目的不明、动机不清,文化消费不被纳入消费预算的情况是常见的。而在消费者消费什么样的文化产品和服务方面,实事求是地说,我国社会主义核心价值观的引导力还不够强,我国人民文化消费的价值观和审美观糅杂混乱,许多非主流和反主流文化价值观的文化产品和服务大有市场,对于主流文化价值观造成了一定程度的威胁和冲击。因而,政府相关部门对文化市场和文化产业的监管审查不能放松,对于意识形态和价值观的管控引导效能还有待提升。

---

① 参见王悦晨《从社会学角度看翻译现象:布迪厄社会学理论关键词解读》,《中国翻译》2011年第1期。
② 余乃忠、陈志良:《习性:"具有席卷一切的解释力"——布尔迪厄建构的结构主义神话》,《现代哲学》2009年第1期。
③ 李雪宁、李宝艳:《以社会主义核心价值观引领科学的文化消费观——以福建城镇居民为例》,《福建农林大学学报(哲学社会科学版)》2016年第2期。

2.“共享价值”是我国给全世界文化消费者的礼物

在经济文化全球化和经济文化一体化的当今世界格局下,在注重彰显中华文化特质的同时赋予文化产品以“共享价值”,是我国文化产业奉献给全世界文化消费者的礼物。

“共享价值”与美国宣扬的“普世价值”有着根本的区别。所谓普世性文化实质是一种帝国主义式文化霸权,发展的是绝对主义式、强权命令式的“天下大同”,要达成文化同质化企图,与文化多元化相悖。与此相对,我国走和平崛起之路,反对文化霸权主义,注重创造可分享文化价值。以社会主义核心价值观为引领的我国当代文化致力于形成最大的“文化公约数”。并且由于我国文化具有天然的包容力,能够融合世界文化,分享传播共同价值,因此,创造“共享价值”的主旨在于求同存异,求的是深层价值认同,尊重形式不同、内容不同的异质文化,最终实现和而不同、美美与共。

创造“共享价值”的过程就是寻求文化价值最大公约数的过程。其首要前提是我国主流文化深入人心,核心价值观深受国内民众认同,国人有充分的文化自觉和坚定的文化自信,形成了文化凝聚力。显然,只有国人认同的价值,才能得到世界认同。

其次,文化贸易必须“走心”。在彰显中国特色、体现文化差异的同时,更重要的是寻求文化共性,谋求文化共识,凸显“共享价值”,注重“中华文化国际表达”,从而融入贸易对象国文化语境。也就是要在民族与世界、本土与国际、传统与现代之间寻找平衡点。只有这样,才能使得中华文化价值深入世界人民的心中,为世界人民所认同和共享,克服“即便走得出去,但也走不进去”——难以深入人心——的“价值缺位”问题。

再次,我国在对外出口文化产品的时候,既要注重凸显价值认同点,又要转变观念,打破一贯的思维模式,不刻意回避相异意识形态的碰撞对话。以往总是认为应该淡化意识形态,这一方面是因为意识形态似乎最容易引起紧张和分歧,另一方面,对于意识形态的理解被简单化、片面化了,这个词成了一个政治术语,单一地指向你死我活的政治派系斗争,因而蒙上了高度政治色彩,极具政治敏感性。美国学者汉斯·摩根索认为:“一种意识形态是一种武器,它可以提高国民士气,并随之增强国家的实力,且正是在这样做的过程中,它会瓦解对手的士气。”[①]在当今资本主义和社会主义两种政治意识形态并存较量的世界格局下,我国尤其要巩固社会主义意识形态、增强核心价值体系的感召力,以此来挑战和抗衡“全盘西化”甚至“文化美国化”,使意识形态对内形成价值观凝聚力,增强人民的政治认同感、文化自豪感和对国家忠诚感,对外占据道义制高点和法理根据点,成为我国价值向世界传播的牢靠基础。

最后,要强化对“中国梦”的战略设计,扩大“中国梦”外延,深化“中国梦”内涵,把“中国梦”变为“世界梦”和“时代梦”。中国当前已经成为一个具有“国际利益”的大国和强国,下一步的发展是参与新一轮全球化建构,成为重建国际秩序的推动者、参与者,“一带一路”国家级顶层合作倡议提出的“共建人类命运共同体”理念就是生动的例子。我国之所以能有道义担当,走和平崛起与和平发展之路,是因为保持了政治和文化价值观上的中国本色。这点本色就是“文而化人”和“有容乃大”,以高度文明和包容的文化春风化雨、润物无声地感化、同化他国。这也就击碎了“中国威胁论”“中国掠夺论”“中国傲慢论”等。

---

① [美]汉斯·摩根索:《国家间政治——寻求权力与和平的斗争》,徐昕等译,北京:中国人民公安大学出版社,1990,第72页。

第三节　消费者的文化消费心理

一、消费者群体共性文化消费心理

1. 不同性别消费者群体的文化消费心理

性别意识是消费者自我意识的重要组成部分,影响着消费行为。"性别"一词至少有两个角度的含义,在生物学角度,指的是两性生理上的区别;在社会学角度,则强调社会结构层面的"男女有别",即男女分别扮演不同的性别角色,两性承载不同的社会期望、践行不同的性别规则,一般而言,两性会在言行举止、衣着仪表方面遵循这些期望和规则,这些期望和规则也会不断变化发展。显然,社会学意义上的"性别"一词包含更多的社会文化语意,而文化(指个体身上所反映的文化)通常被看作是后天习得的,也就是说文化是一个文而化之的"化"的过程,是"人化"和"化人"。由此可见,两性所处的不同文化语境即性别语境,两性从小就习得了迥然有别的性别文化。性别文化和由此所产生的性别语境对于两性的各方面心理和行为均产生深远的影响,消费概莫能外。下面,专门分析不同性别消费者群体在文化消费领域的心理特征。

（1）男性角色和男性文化消费心理

传统性别文化所认同的典型、理想的男性形象是身强力壮、有主见、有进取心、有责任感、情感不外露、喜欢男性活动(体育、竞争等)、富于阳刚之气的。这种传统的性别文化主张大男子主义,赞同男性的个人英雄主义价值观,强调对于男性气概的塑造,并且通常要求作为强者的男性更有同情心。

在传统性别文化语境中成长起来的男性,自然惯于扮演传统男性角色,拥有典型的男性心理特征,如自尊心和虚荣心(男性虚荣即"要面子")强、上进心强(积极进取)或好斗有野心(争强好胜和野心勃勃)、自负狂妄又容易自卑、自我中心和自私自利、狭隘保守和固执己见(尤指先入为主的主观偏见)、歧视女性和依赖女性、喜好专断独裁和醉心政治权力、责任心重和自我施压、同情心强和慷慨大方、避免情感外露和自我压抑等。这样的心理导致他们在进行文化消费时,注重判断文化产品是否符合他们所认同的性别文化价值观,偏好于消费以下几类文化产品:一是鼓吹宣扬传统性别男性角色的文化产品,如英雄题材、帝王题材、战争题材、政治题材、历史题材、现实题材影片和热血动漫游戏等;二是围绕传统男性活动衍生的文化产品,如动作片、科幻片、动作类游戏、体育节目和体育明星创意产品等;三是具有明确性别歧视含义的把女性作为"第二性"加以物化(商品化)、他者化、贬低化的文化产品,如一切以美女为性注视对象的文化产品,尤其是色情文化产品。

（2）女性角色和女性文化消费心理

传统性别文化所认同的典型、理想的女性形象是温柔美丽、纯洁忠贞、谦卑顺从、善于忍耐、情感细腻善解人意、擅长女性活动(文艺、家务等)、富于母性气质的。这种传统的性别文化是以父权制为基础的,要求女性臣服于父权、归顺于男性,强调男尊女卑,中国儒家文化还要求女性"三从四德",不提倡女性独立自主和积极进取,强调对于"贤妻良母"形象的塑造,往往对于女性设置苛刻繁冗的"清规戒律"。这种压抑和禁锢女性的性别文化正逐渐被时代所淘汰、被社会所摈弃。

但是,社会文化的变迁需要一个漫长的过程。作为"高高悬浮于半空之中"的上层建筑的文化,其发展既有超前性(超越于生产力水平和物质基础),亦有滞后性(落后于生产力水平和物质基础)。一些落后的文化观念、文化形态往往会长期地遗存在较深的社会文化层①之中,尤其是传统文化,其影响往往巨大而深远,是根深蒂固的。并且,联系消费领域来说,时至今日,大多数以女性为营销对象的产品在广告中仍旧倾向于描绘一种传统的女性形象,如洗衣、做饭、照料孩子等,巩固了传统的性别文化。因此,必须承认,看起来已经不合时宜的传统性别文化对于当今社会的影响仍旧存在,造成了一些典型的女性心理特征,如嫉妒心(包括嫉妒异性和同性)和虚荣心强、注重审美和被审美(爱美)、依附男性和憧憬爱情、追求浪漫和沉迷幻想(做"白日梦")、喜爱矫饰和表演(有戏剧化人格倾向)、羞怯敏感和多愁善感、更加重男轻女和敌视同性②、渴望像男性一样、隐忍示弱(隐藏竞争性/野心)和自我压抑等。这样的心理导致她们在进行文化消费时,具有一些心理偏好和习性(惯习):一是格外注重产品外观、更加注重感性体验,如赏心悦目、服务贴心、环境优雅等;二是偏好消费情感题材、幻想类型的文化产品,如少女漫画、言情小说、爱情片、"女神"偶像剧(尤其是近年来较热的"大女主"剧)、"男神"偶像剧、恋爱养成游戏等,这些产品都有童话色彩,都是在编织"白日梦",都"怂恿教唆"女性想入非非,有些内容虽然突出了女性的自我意识,塑造了体现现代价值观的女性形象,但所有这些故事的女主角,传统也好、现代也罢,十有八九要以爱情和婚姻为最终归宿,遵循着传统性别文化语境下的"造梦"逻辑;三是有意识地消费家庭型、亲子型文化产品和服务,如家庭伦理剧、童书、亲子教育培训等;四是重视文化消费的阶层文化属

---

① "文化层"原本为考古学术语,指古代遗址的堆积层,由古代动植物、人类等活动遗留的有机物和无机物层层堆积而成,反映了古代自然界和社会的痕迹。每一层标记一个特定的时期。考古工作中很重要的一个步骤就是正确鉴别来自不同地层的文化层上下叠压的关系。后来社会学家将这一考古学术语引入社会学领域,指出社会学意义上的"文化层"("社会文化层")是一种文化内的历史上的层面,或一种文化被认为所归属的历史层面。一个文化层面是由或多或少联结于同一时期及同一文化中的文化元素所组成的一个文化丛构成的。一系列旧的文化层会构成一个历史层次。它是历史学上的概念而不是进化论上的概念。笔者认为文化层实际上是文化心理层,包括价值观念层和受其引导的行为模式层。文化层的结构十分复杂,其层级繁复,排列和呈现并不规则,反映出矛盾交织、错综复杂的社会文化心理。当下中国社会的文化层,大体上有传统的、现代的、后现代的文化层。其中有农业文化,有商业文化(工业文化—工商业文化);有唯物主义,更多的是唯心主义;有先进文化,也有许多落后文化。具体地说,在中国这个有着古老历史、传统心理根深蒂固的国家,在农村地区的人民心理上呈现出纷繁复杂的文化认知现象,如小农文化(小农主义意识形态,如安土重迁的保守封闭的土地本位主义,即农业本位主义、农本思想)、乡土文化(如乡愁情结)、宗族文化、迷信文化(泛神论和无神论思想掺杂的非宗教信仰仪式的思想)等,很大一部分体现为封建文化残余和落后文化遗留。此外,中国社会还有民间教派文化、江湖帮派文化等文化层。中国的现代商业文化也呈现出传统的文化心理层结构,如商业行帮组织。
② 一些持传统性别价值观(性别观)的女性对于同性的贬低尤甚于男性。造成这个问题的原因主要有三点:第一,这是传统性别文化对于女性长期规训的结果——女性作为被压迫者往往具有较浓重的心理阴暗面,更看不得同类翻身,更容易嫉妒;第二,女性向男性争宠的心理亦是父权制背景下传统性别文化所致,在婚恋场域中,甚至在职场上,女性惯于把同性视为竞争对手;第三,一部分女性对于外部文化环境的态度是适应和利用,而非反抗和改造,她们并不完全被动地受制于文化环境,而是发挥主观能动性,"因势利导"地推波助澜——刻意向男权社会靠拢,主动向主流性别文化妥协甚至逢迎,追求与男性更好地融合乃至"打成一片",以此赢得男性认同,从而消除竞争阻力,这部分女性往往拥有较高地位,也更倾向于压迫同性,即具有"蜂后"倾向。总而言之,这种"女人为难女人"的心理具有显而易见的同代传递性、跨代接力性。

性,向往上流社会的文化生活方式,相比于男性而言,更喜欢装腔作势、附庸风雅,更有消费高雅文化和奢侈文化产品的潜在动力(心理动力),且在消费过程中具有明显的、较强的攀比心理,会进行价格攀比、外观攀比、品牌攀比、品质攀比等。

（3）双性角色和跨性别文化消费心理

时过境迁,就中国当代社会而言,现在早已不再是传统社会。既然如此,尽管传统文化根基深厚,但支撑并巩固其的社会环境已经不复存在了,传统文化土壤日益稀薄。因此,传统性别文化正在被颠覆,性别文化正不断发展、不断现代化。可以说,当今社会是"后父权制社会",两性不但趋于平等(equal,意为平权),而且趋于同等(same,强调无差别),文化上的性别界限、性别差异、性别角色都日益模糊,无论是男性女性化,还是女性男性化,还是男女性中性化,人们对此类现象早已屡见不鲜。

在这种现代性别文化语境下,传统性别观已经违和于时代,典型的(经典的)性别形象已经不符合当代审美观。今天的大众文化和大众媒体塑造出的令女性痴迷的男性形象有很多是阴柔妩媚、清秀纤弱的"花样美男"型,或俊俏可人、低龄嫩颜的"小鲜肉"型,或体贴细致、温存暖心的"居家暖男"型;与此同时,迎合女性解放思潮、深受女性喜爱也不乏男性追捧的现代女性形象被批量打造出来,如泼辣率性甚至略带野性暴力倾向的"野蛮女友"型、"巾帼不让须眉"的"女汉子"型、傲娇霸道的"女王"型等,愈发冲击着传统性别文化。因此,在当下探讨男女的文化消费心理,就要注意到"双性角色"已经逐渐取代了以往的单一性别角色,消费者往往存在跨性别文化消费心理。

分别来看,一方面,男性日渐精致化、细腻化甚至柔美化、妩媚化、妖娆化,他们对于美和美丽的追求越来越高,这种追求有显性的也有隐性的,显性的如注重清洁打扮等,不免遭受冷嘲热讽;而隐性的更为广泛普遍,表现为在消费时和女性一样,越来越注重产品"颜值",越来越追求精致的、优雅的美学主义(审美主义)生活,越来越喜好消费文化艺术,且对于细节的挑剔绝不亚于女性。另一方面,在传统"直男"形象颇令广大女性反感,被唾骂为"直男癌"的同时,持"直女"心态的"直女癌患者"越来越多,"大女子主义"风头日盛。今天的许多女性惯于把她们的许多权利(和男性等同甚至凌驾于男性之上的权利)视为理所当然,已然不用像此前的女权主义者一样为此苦苦斗争。① 于是,在文化消费领域,当代女性产生了把男性物化(商品化),消费男性身体的欲望,"花美男""小鲜肉"形象就是典型的男性被物化(被商品化)产物。另外,同性恋、双性恋、变性者等边缘性别角色为传统社会所不容,在现代社会却能找到容身之所。他们在文化消费时有着特殊的心理,会消费同性恋杂志、公众号、游戏等,在网上建立同性恋社区、圈群等。

2. 不同年龄消费者群体的文化消费心理

（1）未成年人

未成年人的年龄段为 0—18 周岁,又可进一步细分为:乳儿(0—1 周岁)、婴儿(1—3 周岁)、幼儿(3—6 周岁)、儿童(6—12 岁)、少年(12—14 周岁)、青少年(14—18 岁)。各个年

---

① 应该说,"女权主义"在当代西方和中国发达地区已经过时了,今天已经不存在那种典型的、激进的、反抗性的女权主义者,而只有女性主义者。当代的女性主义者不同于以往的女权主义者,她们已经习惯于把许多权利看作理所当然,而不像她们的前辈为此奋力斗争。所以,也可以把这类女性称为"新女权主义者"。

龄段的文化消费心理特征如下(表9.3):

表 9.3　各个年龄段未成年人文化消费心理特征表

未成年人分类	年龄段	文化消费心理特征
乳儿	0—1周岁	未形成人格,无自主心理,无消费意识。其文化消费完全由家长决定,或者说其没有文化消费,其文化消费实际上是家长的文化消费。
婴儿	1—3周岁	未形成人格,无自主心理,有一些简单的"要东西"的意识。其有一些简单的文化消费,消费时完全由家长带领引导,其文化消费完全由家长决定。
幼儿	3—6周岁	人格初萌,形成自主心理雏形,消费意识开始显现。消费时由家长、老师带领引导,易受长辈和同龄人影响。在文化消费方面表现出好奇、求知、模仿、从众、攀比、喜新厌旧、易受外界刺激诱惑等心理,具有主观盲目性。其消费意向(消费要求)对于家长的消费决策有轻微影响,其文化消费完全由家长决定。
儿童	6—12周岁	人格成长,自主心理逐渐发展,消费意识继续发展。消费时由家长、老师带领引导,更易受同龄人影响。文化消费心理与幼儿没有大的差异,但随着年龄增长,模仿性消费逐渐被个性化消费所取代,开始强调与众不同;并且,消费情绪渐趋稳定,不再完全盲目任性,有了一定理性。其消费意向(消费要求)对于家长的消费决策有一定影响,其文化消费基本由家长决定。
少年	12—14周岁	人格形成,自主心理基本形成,消费意识日渐增强。其日益摆脱家长、老师等长辈的带领引导,同龄人的影响在这一阶段升至最大。这一阶段,其从幼稚走向成熟,从依赖走向独立,从被动走向主动。在文化消费方面表现出自尊和被尊重心理需求增强,个性和兴趣趋向稳定,文化消费偏好开始确立。其消费意向(消费要求)对于家长的消费决策有明显影响,其文化消费虽仍受家长控制(由于其无消费能力),但已经不被家长决定;况且,其可以较有计划地支配零用钱。
青少年	14—18周岁	人格定型,自主心理完全形成,消费意识趋于独立。其基本摆脱家长、老师等长辈的带领引导,同龄人的影响在这一阶段开始下降,因为这一阶段,其心智渐趋成熟,更加独立自主。在文化消费方面表现出独立性增强(也表现为叛逆性增强),不愿家长过多干涉,并且喜欢与成人比拟,向往成人世界的文化。其消费意向(消费要求)对于家长的消费决策有重大影响,其文化消费虽仍受家长干预(由于其无消费能力),但家长对其消费什么和怎样消费已经难以控制;况且,其可以像成人一样支配零用钱。

(2)青年人

青年的年龄段为18—35周岁,以大学毕业为分界线,又可进一步细分为:青年一期(18—23周岁)、青年二期(23—35周岁)。各个年龄段的文化消费心理特征如下(表9.4):

表 9.4　各个年龄段青年人文化消费心理特征表

青年分类	年龄段	文化消费心理特征
青年一期	18—23周岁	这一阶段其大多数人还未参加工作,因此大部分文化消费开支仍由其家庭负担,但是这时家长已基本无法干预其消费。其追求时尚,受文化潮流影响较大;张扬个性,注重产品内容创意,彰显符号象征意义;冲动性强,感性大于理性,往往忽视性价比,消费时没有综合选择、全面权衡的过程,文化产品的题材、外观、价格、口碑等都能单独成为消费理由。

续表

青年分类	年龄段	文化消费心理特征
青年二期	23—35 周岁	这一阶段其大多数人步入职场,拥有了进行消费的经济能力,成为独立的消费决策者,并且,陆续建立家庭。和前一阶段(青年一期)相比,文化消费心理没有明显变化,但随着其开始赚钱、自食其力,尤其是成家之后,心理成熟度提升,消费心理略有变化,主要是:一方面,消费冲动性逐渐降低,开始考虑性价比,消费决策时考虑问题更加全面;另一方面,追求成功,向往中产阶层以上的文化生活方式,认同中产阶层以上的文化价值观,倾向于体面的文化消费,崇尚品牌、虚荣心强,具有较高超前消费意识。可见,这一阶段的青年人既开始精打细算,又有较高消费欲望,心理十分矛盾。

（3）中年人

中年的年龄段为 35—60 周岁,又可进一步细分为:中青年(35—45 周岁)、中年(45—60 周岁)。各个年龄段的文化消费心理特征如下(表 9.5)：

表 9.5　各个年龄段中年人文化消费心理特征表

中年分类	年龄段	文化消费心理特征
中青年	35—45 周岁	这一阶段的中年人处于人生发展和压力上升期,压力上升至最高峰。一方面是事业不断发展,也带来更多挑战;另一方面是家庭"上有老、下有小",生活负担重,而且子女尚未成年,造成精力被分散。于是,其文化消费冲动性明显降低,理性明显提升,计划性强、盲目性小,能较好控制情绪,计划外消费和即兴消费的情况越来越少;文化消费欲望亦明显降低,直接原因是时间精力不济,根本原因是外部压力倍增迫使其开始进行自我压抑,克制消费欲望;文化消费偏好发生变化,消费重心转移向家庭型、亲子型文化产品和服务。
中年	45—60 周岁	这一阶段的中年人处于人生稳定和压力下降期,在前一阶段(中青年)升至顶点的压力逐渐下降。一方面是职业生涯过半,事业大局已定;另一方面是子女走向成年,无需投入过多精力。并且,这一阶段的中年人通常是拥有最高消费能力的群体。但其文化消费心理仍旧延续了上一阶段特征,无明显变化,这反映了人在中年阶段心理成熟稳定的客观规律;变化主要在于,处于"不惑"和"知天命"阶段的中年人开始追忆和留恋往昔青春岁月,出现了怀旧文化、传统文化的消费偏好,并且由于其消费能力的提升,消费层次有一定提升。

（4）老年人

老年的年龄段为 60 周岁以上,又可进一步细分为:中老年或老年前期(60—75 周岁)、老年(75—90 周岁)、长寿老人(90 周岁以上)。各个年龄段的文化消费心理特征如下(表 9.6)：

表9.6　各个年龄段老年人文化消费心理特征表

老年分类	年龄段	文化消费心理特征
中老年 （老年前期）	60—75周岁	这一阶段的老年人陆续退休,身体机能尚可,开始享受老年生活,有充足时间进行文化消费。其文化消费偏好多为旅游、文艺、体育等,且乐于为满足个人兴趣而消费。
老年	75—90周岁	这一阶段的老年人逐渐衰老,倾向于"慢生活",偏好消费"慢文化",已经跟不上时尚步伐、赶不上文化潮流,因而执着于以前的文化(相对于新生的文化,可称为"传统文化");并且,其对于情感陪伴的需求增加,需要消费此类文化产品和服务。
长寿老人	90周岁以上	这一阶段的老年人因身体所限,只能消费有限的文化产品和服务,其心理状态通常是淡然的、安宁的,对"花花世界"已经不感兴趣,因而文化消费欲望也较低,其文化消费情况取决于个人的文化素养和多年积淀的文化习性(惯习)。

3. 不同阶层消费者群体的文化消费心理

（1）中产阶层以上

根据我国现阶段经济发展和人民生活水平,家庭年收入50万元以上且拥有固定资产500万元以上者可视为中产阶层。中产阶层以上群体实际经济水平差异较大,从高到低,大致可分为富裕阶层、老中产阶层(传统中产阶层)、新中产阶层(新兴中产阶层)、边缘中产阶层等几档。根据我国国情,具体而言,中产阶层以上群体主要包括富豪、知名人士、私营企业主、部分个体工商户(包括无实体店个体户)、部分非个体工商户网店经营者、大型企业中高层管理者、政府机关和事业单位中高层干部等。

中产阶层以上群体一般拥有较好的文化教养,也比较重视文化消费。他们的文化消费心理主要特征有:第一,追求高品位的文化消费,有进行高雅文化消费的偏好和习惯;第二,追求高品质的文化消费,比如在旅游上,他们绝不会选择"低价团",也不喜欢"跟团游",既有钱又有能力的他们倾向于"自由行"和西方式度假;第三,追求小众化的文化消费,拥有特殊文化趣味,更加注重彰显个性;第四,追求内涵型的文化消费,看重文化产品的文化内涵和知识含量,能解读且不吝耗费精力解读复杂深奥的文化意义;第五,非常重视子女教育类消费,在子女教育方面往往投入重金。他们的种种文化消费倾向都折射出中产式焦虑症——担心阶层下滑,刻意维持中产阶层的文化生活方式。

（2）中产阶层以下

中产阶层以下主要指小资产阶层和以下阶层(底层)。在我国,中产阶层以下群体具体包括企业普通白领、政府机关和事业单位基层干部、部分个体工商户(包括无实体店个体户)、部分非个体工商户网店经营者、低文化低技能务工者、民工、农民、农村留守人口等。

中产阶层以下群体的文化教养水平相差较大,小资产阶层中不乏高级知识分子,而底层中低文化层次者居多。他们对于文化消费的重视程度不一,文化消费心理差别较大。一方面,小资产阶层群体多比较向往步入中产阶层,其中一部分是未来的中产阶层,其文化消费心理趋同于中产阶层,但受限于经济能力,还达不到中产阶层的文化消费层次,他们更多地消费大众文化产品,也拥有更多的世俗文化趣味。另一方面,本身文化层次偏低的底层群体文化消费较为贫乏,他们既没钱也没时间,缺乏这种较高层次的消费需求,并且,认为"知识文化无用"的反智主义思想在他们中较为盛行,他们不喜消费内涵型文化产品,会拥有一些低级甚至不良的文化消费趣味。

4. 不同地区消费者群体的文化消费心理

(1) 城乡消费者的文化消费心理差异

当前我国城乡二元分化的格局仍旧存在,城乡经济文化发展水平差距较大,城乡消费者的文化消费心理必然存在差异。总体而言,城市地区平均收入水平以上的消费者由于文化消费的选择多、潮流多,较易产生文化消费动机,且消费卷入度较高。然而,农村地区文化基础设施不健全,缺乏文化消费场所;文化消费市场不发达甚至缺失,缺乏文化消费菜单,导致农村居民文化消费选择少、动力小。况且农村居民生活水平较低,属于较高层次的文化消费需求自然有限,相比于城市居民丰富多彩的文化生活,他们的文化生活较为贫乏单调:一是弹性的、非基础性的休闲娱乐消费需求较少、且较为低级,通过看电视、上网、打牌、搓麻将、跳广场舞等方式就能满足,而较少有旅游、体验文化科技、欣赏高雅艺术、购买个性化创意产品等较为高级的需求;二是刚性的、基础性的文化教育消费需求也较少,且较为低级,"读书无用论"在农村地区大有市场。

(2) 各区域消费者的文化消费心理差异

我国幅员辽阔,东南西北中各区域地理环境、经济水平和文化习俗不同,正所谓"十里不同风,百里不同俗",形成了多样化的地域文化心理。地域文化心理指特定空间区域造成的特定文化语境下生活的人们所持有的本土化文化心理,以及对待异域异质文化的主观心理倾向,即包含情感、态度、认知倾向等的价值判断倾向。[①] 地域文化心理的差异必然造成各区域消费者的文化消费心理有所差异。水平横向地将我国划分为东、中、西三大区域,宏观地看:第一,我国东部区域文化"实际上是一种非正统的中原文化与外来西方文化融合在一起的文化综合体"[②],尤其是东南沿海一带,文化心态开放,敢为人先且兼收并蓄,因此文化消费心理具有求新求变、拥抱外来文化的特征。另外,东南沿海人民通常更会精打细算、更爱精挑细选,加之该区域经济条件较好,因此具有挑剔型审美和消费倾向,追求品质消费。第二,我国中部即中原内陆地区,"过去一直是小农经济占主导地位的地区,在此基础上形成的区域文化就是以儒家文化为核心并融合其它中原文化所形成的文化综合体"[③],其典型的文化心理是儒家式的中庸和谐,因此文化消费心理具有注意社会融入度(注意社会评价,在意他人眼光)、不过分张扬个性的特征,并且对于传统文化内容也更加偏好。第三,我国西部是少数民族相对集中的区域,其区域文化"实际上是由当地原始的民族文化、内地传入的中原文化和外来的宗教文化结合在一起而形成的文化综合体"[④],其区域文化心理受民族文化影响大,宗教色彩浓,且较为原始,因此文化消费心理具有民族性强、宗教性强、本土意识浓厚的特征,并且对于神秘文化内容有所偏好。

---

① 参见姜永志、张海钟《社会认同的区域文化心理研究》,《长安大学学报(社会科学版)》2009年第4期。
②③④ 李本和:《区域文化心理差异对区域经济发展的影响及对策》,《理论建设》2004年第1期。

（3）不同等级城市消费者的文化消费心理差异

我国一些智库研究机构根据城市综合竞争力、国际影响力、经济发达程度、文化软实力水平等因素划分城市等级，分出一线（即上、北、深、广四大"老一线"城市）和"新一线"城市①、二三四五线城市和六线县市（除一二三四五线城市以外的所有县级市和经济强县、城市规模大县）。不同等级城市消费者的文化消费心理存在差异，大体而言，一线和"新一线"城市是经济文化中心，文化潮流更新最快，消费者消费力旺盛，爱追赶文化潮流和炫耀攀比；二线城市消费者文化消费心理接近一线城市，但是由于商业发达程度不及一线城市，所以赶不上最新文化潮流；三线城市生活压力相对较小，消费者有较为闲适的心情进行文化休闲消费，这里的"小镇青年"同样喜好新鲜文化事物，以大城市的文化潮流为导向，希望能与时代保持同步；四线城市消费者尽管收入不高，但消费能力不弱，文化消费心理需求正在增加，喜好大众文化娱乐，新生代的"小镇青年"尤其偏好新媒体文化消费，网络成瘾、手机成瘾的现象很普遍；五线城市消费者的文化消费敏感度较低，只有年轻人才会对新的文化潮流感兴趣，而年长一代对于新文化的接受度明显偏低；六线县市消费者文化见识较少，缺乏文化消费概念和意识，文化消费心理需求不显著。

（4）少数民族消费者的文化消费心理特殊性

少数民族消费者的文化消费心理是其民族文化心理的一部分。民族文化心理的含义有广狭之分，广义上指"民族个体或某些群体或族群的文化活动或文化载体中体现出来的心理，也是民族个体心理和群体心理体现民族性的部分"；狭义上指"受民族历史积淀的社会文化影响而形成的对人、对事、对物等客观存在和关系的心理行为反应倾向和方式"，"反映倾向和方式"是内涵关键词，外延则包括"价值观念、态度特征、意志特征、情绪特征、思维方式等"。② 简单地说，"民族文化心理是指在日常生活中一个民族所表现出来并以精神文化形式积淀下来的集体性的心理走向和精神状态"③，以共同的民族意识为心理基础，以共同的民族情感形成凝聚力，以共同的民族习性（惯习）为稳定的表现形式。其根植于特定的民族文化语境之中，深受民族传统文化影响，亦随着时代变迁而发展。④ 基于特定的民族文化心理，少数民族文化消费者的心理特征主要有：第一，具有民族化审美偏好，喜欢带有民族文化

---

① "新一线"城市是第一财经·新一线城市研究所依据品牌商业数据、互联网公司的用户行为数据及数据机构的城市大数据对中国 338 个地级以上城市进行排名而得出的。该榜单标准依托商业资源集聚度、城市枢纽性、城市人活跃度、生活方式多样性和未来可塑性五大指标。——《第一财经周刊》编辑部：《2018 中国最新 1—5 线城市排名》，《第一财经周刊》2018 年第 15 期。

② 参见查明华《民族文化心理概念辨析——兼论民族心理学学科特性的显现》，《广西民族研究》2012 年第 1 期。

③ 刘丽娜：《中国少数民族文学作品翻译及其民族文化心理透视》，《心理研究》2016 年第 2 期。

④ "同一种民族文化可以在几个地域中存在，同一种地域文化中也可以包括几个民族文化。民族文化心理和地域文化心理有一定的共同点，甚至有的时候包含的具体内容完全相同。因为民族本身具有'共同地域'的特征，民族文化往往同时也就是地域文化。但就其历史的发展性来说，两者还是有区别的。民族文化和地域文化不能等同，建立在这两种文化基础上的民族文化心理和地域文化心理也不能等同。民族文化心理比地域文化心理具有更大的沉淀性，而地域文化心理比民族文化心理具有更大的兼容性。这种差别当然是相对的，在动势中表现得比较明显。民族不受地域的限制，即同一个民族的人可以在不同的地域中生活，这本身表明民族的特点，民族特有的文化心理具有沉淀性，是不容易被同化的。民族只有人口的多少而没有大小之分，因此它以及它所属的民族文化、民族文化心理具有独立性；而地域有大有小，它的边缘和分界往往是人为的，因而它以及它所属的地域文化、地域文化心理具有相对性。所以在有些多民族的国家和地区中民族问题处理得不好往往会产生民族冲突，而在一些国土辽阔的国家中则很少发生地域间的冲突。"——姜琳：《文化差异性对跨文化交流的影响》，《国际关系学院学报》2008 年第 5 期。

符号的文化产品,如非遗产品等;第二,受特定宗教、神秘文化(如原始巫术)等影响大;第三,带有深刻的本民族传统文化烙印,重视仪式感;第四,今天,"大众传媒无孔不入的在少数民族文化转型过程中发挥积极的作用,改变着少数民族地区人们的价值观念和生活方式"[①],少数民族在经历文化现代化转型的历程中,文化心理矛盾也为民族文化创新发展积攒了动力,文化消费心理亦发生变化,越来越和流行性大众文化、外来文化产生共鸣,这种趋势不但没有导致本民族传统文化断裂,反而起到了"文化修补"[②]作用。

二、消费者个体个性文化消费心理

1. 不同气质消费者个体的文化消费心理

心理学所说的"气质(temperament)"也就是平常人们所说的"脾气""脾性""性情",是表现在情绪和行为发生的速度、强度、持久性、灵活性等方面的个性心理特征。它是一种持久的、稳定的、具有个体典型特质的心理特点,是个性的动力特征,是人对客观事物一种惯性的心理反应,表现在一切活动之中,不会因活动的时间、环境、内容等的改变而改变。[③] 人的气质差异是先天的,由遗传因素决定,是人生来就有的自然性的主要表现,但后天社会生活也能使人的气质发生某种程度甚至根本的改变。[④] 主要的研究气质产生的生理基础的学说有体液说、血液说、体型说、激素说和高级神经活动类型说等,其中,巴甫洛夫的高级神经活动类型说被学界公认为从根本上揭示了气质的生理机制。

"气质类型(type of temperament)"最早由希波克拉底提出,后经罗马医生盖仑整理,迄今仍被广泛沿用。他们认为,人体内有四种液体,即血液、粘液、黄胆汁和黑胆汁。这四种体液,在每个人体内占比例不同,占比大的那种决定了人的气质类型——黄胆汁占优势,确定为胆汁质;血液占优势,确定为多血质;粘液占优势,确定为粘液质;黑胆汁占优势,确定为抑郁质。这四种气质类型是比较典型的,但表现在某一个人身上,往往是介于这种和那种之间,即混合型。希波克拉底关于气质类型的分类,20 世纪巴甫洛夫在神经活动的研究中为其提供了理论基础。根据巴甫洛夫的研究,高等动物的大脑神经兴奋与抑制有三个基本特征:强度、平衡性和灵活性。这些特点组合形成四种基本的高级神经活动类型——兴奋型、活泼型、安静型、抑制型,分别对应四种传统气质类型(表 9.7)。[⑤]

---

① 王埃亮:《消费文化向度下的少数民族文化转型》,《黑龙江民族丛刊》2014 年第 5 期。
② "文化修补是指大众媒介对因社会变迁而断裂、缺失的传统文化的弥补,这也是传统社会的受众通过大众媒介空间对断裂的传统文化进行再发现的过程。"——张瑞倩:《电视对少数民族传统文化的"修补"——以青海"长江源村"藏族生态移民为例》,《新闻与传播研究》2009 年第 1 期。
③⑤ 参见王翔朴、王营通、李珏声主编《卫生学大辞典》,青岛:青岛出版社,2000,第 559 页。
④ 参见车文博主编《当代西方心理学新词典》,第 260 页。

表 9.7　高级神经活动与气质的对应关系

神经系统特征			神经系统类型	气质类型
强度	平衡性	灵活性		
强	不平衡(兴奋占优势)	低	兴奋型	胆汁质
	平衡	高	活泼型	多血质
		低	安静型	粘液质
弱	不平衡(抑制占优势)	低	抑制型	抑郁质

资料来源:李晓霞、刘剑、赵仕红主编:《消费心理学》,第 56 页。

　　气质差异使得个体从心理到行为的方方面面都产生差异。不同气质类型的消费者在进行文化消费时,其消费心理差异势必造成并体现在消费行为差异上(表 9.8)。并且,不同气质类型的消费者在进行文化消费时,往往偏好于产品气质、品牌气质相投的文化产品和文化品牌。

表 9.8　不同气质类型消费者的文化消费心理和行为特征

气质类型	气质特征	文化消费心理特征	文化消费行为特征
胆汁质	感受性低,耐受性高,反应快而不灵活,情绪兴奋性高,外倾明显	爱标新立异,爱寻求刺激;冲动性强、不够理智;个性强、情商低,不注重社会融入度,不注重社会评价,不在乎他人看法	当机立断,不太挑剔细节;我行我素,不易受广告和他人等影响;喜新厌旧,消费持续性低
多血质	感受性低,耐受性高,反应快而灵活,情绪兴奋性高,具有可塑性外倾	爱迎合潮流,易受外界影响;偏好消费有社交功能的文化产品,如流行文化产品、媒介文化产品、情感类文化产品等;喜交际、情商高,注重社会融入度,注重社会评价,在乎他人看法	能从多渠道获得产品信息,能综合比较产品性价比;从众性强,容易受广告和他人等影响;消费持续性低
粘液质	感受性低,耐受性高,反应慢且不灵活,稳定,情绪兴奋性低,内倾明显	态度保守,不易受刺激,不容易被新奇的形式和内容吸引;文化消费偏好比较稳定;固执己见,傲慢冷漠,不注重社会融入度,不注重社会评价,不在乎他人看法	冷静慎重、精挑细选;消费理性度高,不易受广告和他人等影响;对于熟悉的产品会持续消费,消费持续性高
抑郁质	感受性高,耐受性低,反应慢且不灵活,刻板,情绪兴奋性高,体验深,严重内倾	态度消极,缺乏消费主动性;敏感多疑,消费信任度低;兴趣单一且专一,文化消费偏好稳定,往往对于文艺性高的文化产品情有独钟;沉浸在自我的小世界中,孤僻冷漠,不注重社会融入度,但是敏感于社会评价和他人看法	挑剔苛刻,能观察到较难察觉的细枝末节;优柔寡断,不易受广告和他人等影响;对于喜欢的产品会持续消费,消费持续性高

2. 不同性格消费者个体的文化消费心理

"性格(character)"一词源于拉丁文"charakter",具有"标记""铭刻""品性""特质"的意义。其最早由古希腊学者泰奥弗拉斯多用来描述人的道德面貌的个体心理特征。[①] 它通常有两种含义:一是指人格的一部分,也就是人的个性,是人格的核心部分和关键特征,表现在人惯常的反应态度和稳定的行为方式的总和之中,体现人独特而稳定的心理特征,即人的内心世界的外部化(外显化);[②]二是"人格"的同义词[③]。人的性格不是先天的,是在长期的社会生活实践中形成的,因而可以反映出一个人的社会生活条件和生活方式。其一经形成后,就比较稳定,正因其具有稳定性,才能比较确切地反映出一个人的心理面貌和行为风格;同时,由于社会生活环境的变化,人的性格亦具有可变性,特别是未成年人的性格,更具可塑性。[④]

性格与上面所说的气质是相互作用、相互渗透的,两者容易混为一谈,实际上有所区别。一则,气质是先天性的,性格是后天性的。同一类型气质的人,可以成为截然不同性格的人;而不同气质的人,也可形成相似的性格。二则,气质是生理性的,稳定,变化慢,而性格具有明显的社会性,相对易变,会随着客观环境(物质条件、社会氛围、人生境况、偶然际遇、文化语境等)而改变,如:性格外向的人,遭遇灾难性打击,也许会突然变得沉默寡言;反之,性格内向的人,也会在外因刺激下,变得喜好交际,判若两人。[⑤]

在性格研究史上,对于性格类型(character style/personality type)的划分众说纷纭,主要分类方式有:第一,按照理智、意志和情绪(即"知、情、意")在性格特征中的占比大小,划分为理智型、意志型和情绪型。第二,按照个体心理活动倾向于外部("喜怒形于色"的外显)还是内部("不动声色"的内隐),划分为外向型和内向型。第三,按照个体独立性程度,划分为顺从型和独立型。第四,美国心理学家 Friedlman JL. 等人在 1975 年研究心脏病时,划分了 A 型和 B 型性格,A 型为竞争型,B 型为非竞争型,A 型人容易得冠心病,发病率为 B 型的 2 倍,复发率为 B 型的 5 倍。[⑥] 第五,目前国际通用的性格类型划分法根据社会适应性,把性格分为 A、B、C、D、E 五个类型,A 型为"行为型""注意人物型",B 型为"平均型""平衡型",C 型为"平稳型""安定消极型",D 型为"安定积极型""管理者型",E 型为"反常型""不安定消极型""逃避现实型"。在现实生活中完全属于某一典型性格类型的人是极少的,通常都是以某种性格类型为主而兼有其它性格类型的某些特征。[⑦] 下面,分别分析 A、B、C、D、E 五个类

---

① 参见徐少锦、温克勤主编《伦理百科辞典》,北京:中国广播电视出版社,1999,第 742 页。

② 其心理特征,一是性格的态度特征,包括对外部现实(社会、集体、学习、工作、劳动和他人)与自身的态度,如正直、诚实、勤奋、自信、孤僻等;二是性格的意志特征,包括对行为目标的明确程度,对行为的控制水平,以及在紧急或困难条件下表现出来的意志特征,如目的性、果断、毅力、勇敢等;三是性格的情绪特征,包括情绪活动的强度、稳定性、持续等方面的特点,如热情、冷漠、欢乐愉快、多愁善感、抑郁消沉等;四是性格的理智特征,即人们在感知、记忆、想象、思维等认识过程中表现出来的特征,如感知中的主动性与被动性、思维的独立性与创造性等。——车文博主编:《当代西方心理学新词典》,第 429 页。

③ 偏重环境决定论的美国心理学偏爱使用"人格"一词(其拉丁语一词源于"面具",暗含外表、可见行为和表面特征之意),而重视人之不变的与生俱来的本性的欧洲大陆心理学则偏爱使用"性格"一词(拉丁语暗含内部、固定的基本结构之意)。——车文博主编:《当代西方心理学新词典》,第 429 页。

④ 参见彭克宏主编《社会科学大词典》,北京:中国国际广播出版社,1989,第 217 页。

⑤ 参见董仁威主编《新世纪青年百科全书》,成都:四川辞书出版社,2007,第 99—101 页。

⑥ 参见王翔朴、王营通、李珏声主编《卫生学大辞典》,第 822 页。

⑦ 参见陈国强主编《简明文化人类学词典》,第 330—331 页。

型性格消费者的文化消费心理和行为特征(表9.9)。

表9.9 五个类型性格消费者的文化消费心理和行为特征

性格类型	性格特征	文化消费心理特征	文化消费行为特征
A型 行为型 注意人物型	情绪不稳定,社会适应性较差,遇事易急躁,带有外倾型特点,和周围人关系不甚融洽,易造成摩擦,行为常引起人们的注意或议论	不喜随波逐流,喜欢引人注目,受文化潮流影响较小	张扬个性
B型 平均型 平衡型	情绪和社会适应性较均衡,但主观能动性不够,交际能力弱,智力平常,精力、体力、毅力、能力中平(中等)	没有特殊文化消费偏好,缺乏消费冲动,受文化潮流影响一般	中规中矩
C型 平稳型 安定消极型	情绪稳定,社会适应性好,带有内倾型的特点,常处于被动状态,不大能胜任领导工作	具有明显从众心理,缺乏主见,受文化潮流影响明显	随大流
D型 安定积极型 管理者型	情绪稳定,社会适应性平均,带有外倾型的特点,人际关系较好,有组织领导能力,积极主动	注重文化消费的社交功能,主动性强且意图影响他人,受文化潮流影响较大	寻求共同语言
E型 反常型 不安定消极型 逃避现实型	情绪不稳定,社会适应性较差或一般化,带有内倾型特点,有自己独特的爱好和兴趣,善于独立思考,有钻研性,不善交际	排斥大众文化,具有小众化文化消费偏好,受文化潮流影响极小	独立专注

3. 不同能力消费者个体的文化消费心理

(1)心理能力对于文化消费心理的影响

能力(ability/capability)在心理学上,指人们顺利完成某种活动所必须具备的一种心理特征,包括一般能力(指人从事任何活动必须具备的能力,如注意能力、观察能力、记忆能力、想象能力、理解能力和思维能力等)和特殊能力(指从事某一项或几项活动必须具备的能力,如计算能力、鉴赏能力、创作能力等)。[①] 显然,文化消费者个体能力的差异必然造成文化消费心理的差异。比如:有的消费者具有很好的文化内容理解和内涵解读能力,他们往往不满足于浅尝辄止,而倾向于深度文化消费;有的消费者有着丰富的想象力,富于想象力的文化产品通常更能打动他们;有的消费者审美能力较强,他们对于文创产品的造型设计、影视作品的角色设计以及文化消费场所的空间设计等都有所讲求。

(2)经济能力对于文化消费心理的影响

消费者的经济能力虽然并不等同于购买力(因为购买力还受多重心理因素影响),但决定了购买力的高低。显然,经济能力越强,文化消费需求越高,这也符合马斯洛需求层次理

---

① 参见何侹、陆英智、成义仁等主编《神经精神病学辞典》,北京:中国中医药出版社,1998,第280页。

论。但是,在当今中国社会,也不乏有钱而精神文化生活空虚的现象,有些有钱人不重视文化消费,自身少有文化消费,或者文化消费趣味低级。这类现象的存在,从一个侧面反映了我国经济和文化发展的不平衡状况——在经济高速发展、人民经济能力快速提升之时,文化未能以同样速度发展——这也印证了我国"仍处于并将长期处于社会主义初级阶段"的基本国情。

（3）文化能力对于文化消费心理的影响

消费者的文化能力对于文化消费心理有重大影响。一是消费者文化能力越强,通常文化消费兴趣越强,且消费卷入度越高。因此,高学历者通常比低学历者更热衷于文化消费,而文科生显然比理科生更热衷于文化消费。二是消费者特殊的文化能力往往决定其文化消费偏好,例如拥有美术、音乐、舞蹈等艺术能力的消费者显然会花更多钱和更多时间去消费相关的文化艺术产品。三是消费者特殊的文化能力往往使其拥有特殊的文化消费态度,如:学生在进行文化消费时,经常是抱着学习态度的,他们阅读书刊、观看演出、游览名胜等活动并非纯粹的消遣娱乐;艺术家、文艺批评家、文化艺术领域学者在进行文化消费时,态度必然与一般大众有别,他们往往带上了专业眼光,以品评鉴赏、评判审视、观察研究等态度进行消费。

第四节　诱导文化消费的心理战术

一、认识文化消费心理的可诱导性

1. 文化消费心理具有更强的可诱导性

消费者的消费心理并非生来有之和一成不变的,而是具有可诱导性和可变性的。通过外界刺激和引诱,可以使得消费需求和消费动机发生变化,潜在的需求会变为现实的需求,微弱的动机会变为强烈的动机,未来的消费会变为即期的消费。

文化消费心理既然是消费心理的一种,当然也是可以诱导的,并且文化消费心理的可诱导性甚至更强。第一,文化消费心理除了深受消费者本身习性（惯习）影响,其形成还和消费者所处的文化语境息息相关。宏观层面的文化语境即大的社会文化环境,如文化习俗、主流文化、社会文明程度和文化风气等;中观层面的文化语境包括文化潮流、文化现象等;而对于消费者作用最显著的是微观层面的文化语境,可以将其理解为一个个小范围、小群体的具体的文化圈,如某明星的粉丝在一起组成一个"饭圈"。显然,每个消费者都会或多或少地受到其所处的文化小圈子的影响,这些小型的文化圈往往起到了群体建构作用,其形成了群体成员从文化认同到身份认同的认同机制,通过加深情感联络来稳定群体成员的文化消费心理。第二,由于很多文化消费并无对于物质实体的消费,如影视消费、游戏消费、网络文学消费等,在消费行为发生之前,消费者较难全凭自身感知去了解和把握消费对象,因此其消费决策时常被广告、口碑、预告片、cut 版（泛指一切视频的剪辑版本）、网络媒体评论文章（如微信公众号推文）等所左右。第三,"差评高流量"是文化娱乐消费领域特有的现象。由于文化娱乐产品不是功能性产品,并不存在一般意义上的产品质量,其内容品质的高低优劣并不会对其使用价值产生实际影响,所以,消费者面对存在争议的文化娱乐产品并不会像对待口碑不佳的物质产品那样格外谨慎。甚至,在文化娱乐消费领域,消费者出于猎奇、从众、围观闹剧("看热闹")等心理,注意力会主动向负面评论倾斜。于是,差评反倒带来高人气,使得消费热度上升。这种现象说明了文化消费心理还存在可逆向诱导性。

2. 文化消费心理亟待进一步读懂

本章前三小节概述了文化消费心理,对于文化消费心理需求与层次、结构与模式、动机与卷入度、偏好与习性、文化价值观和文化消费观进行了解析,分析了消费者群体共性和个体个性文化消费心理。然而,这些研究都是整体性的、宏观视角的研究,还缺乏分门别类的研究以及微观视角的个案研究。因此,本章仅对于文化消费心理进行了初步的探索。要读懂读透文化消费心理,还要进一步研究各个类型的文化消费心理,如线下和线上文化消费心理,传统和现代文化消费心理,文、娱、体、旅、创等各门类文化消费心理等。并且,要注重案例研究,包括对于某种文化消费潮流(如虚拟偶像消费)的研究,对于某些"现象级"文化消费产品(如某款热门游戏)的研究,对于某个特殊文化消费群体(如某明星的"粉丝群")的研究等。只有继续深入解读文化消费心理,才能对于不同的文化消费心理因势利导。

二、基于中国文化消费心理现状实施文化营销心理战术

1. 把握当代中国民众文化消费心理变化发展趋势

随着中国特色社会主义进入新时代,中国民众对于美好精神文化生活的需求日益增长。近年来,中国民众文化消费心理呈现出一系列变化发展趋势。

第一,尽管中国民众整体上还处于文化消费不足的状态,消费领域"重物轻文"心态还未得到根本性扭转,但是越来越多的民众认识到文化消费的重要性,开始把文化消费作为一项重点消费。国家统计局发布数据显示:除去教育消费支出,"2017 年,全国居民用于文化娱乐的人均消费支出为 850 元,比 2013 年增长 47.3%,2014—2017 年年均增长 10.2%,增速比同期全部人均消费支出高 1.7 个百分点;文化娱乐支出占全部消费支出的比重为 4.6%,高于 2013 年 4.4% 的水平。分城乡看,2017 年城镇居民人均文化娱乐消费支出 1339 元,比2013 年增长 41.5%,2014—2017 年年均增长 9.1%;农村居民人均文化娱乐消费支出 261元,比 2013 年增长 49.1%,年均增长 10.5%。由于农村居民文化娱乐消费支出的增速高于城镇居民,城乡居民文化娱乐消费支出之比由 2013 年的 5.4∶1,降低到 2017 年的5.1∶1"。[①] 笔者抽样调查数据显示,2016—2019 年,学业教育以外文化消费占个人和家庭消费预算的比重由 5.4% 上升到了 8.2%。

第二,由于中国文化产业迅猛发展,新的文化科技和文化业态层出不穷,对于中国民众文化消费心理起到了较为明显的催化作用。比如:在阅读消费方面,一些本来不爱读书或者没时间读书的民众,现在可以消费"听书"产品而不用亲自阅读,也可以消费"讲书"产品而实

[①]《文化事业建设不断加强 文化产业发展成绩显著——改革开放 40 年经济社会发展成就系列报告之十七》,国家统计局,http://www.stats.gov.cn/ztjc/ztfx/ggkf40n/201809/t20180913_1622703.html,访问日期:2018 年 9 月 13 日。

现一小时读一本书;在旅游消费方面,许多 App 助力游客轻松自由行,高品质民宿吸引民众体验消费,新型的"全域旅游"的热度逐渐超过传统的"景点旅游";在游戏消费方面,VR 技术提供了影片《头号玩家》中虚拟"绿洲"的现实可能性,引发民众消费"终极游戏"的热望;在影视消费方面,网络追剧更加符合年轻人的消费习惯,网剧、网络动漫等更受年轻人的欢迎,微电影、微电视剧等迎合当代人碎片化的娱乐消费方式,视频花式 CUT 使得观众"不看正片就在 B 站追完了一部剧、在微博看完了一部综艺"[1],紧密迎合了"在最短的时间内刷完一部剧、综艺或是电影"[2]的消费需求。

第三,中国中产阶层崛起,大量普通民众内心憧憬中产阶层的生活方式,社交媒体助长虚荣心和"暴露癖",文化消费或成为"高级炫富"方式,消费"非理性"程度加剧。在 20 世纪 90 年代,一些中国人的炫富方式主要是炫耀物质,如私家车、"大哥大"、珠宝首饰、名牌服饰等,充满了"人民币的味道";时至今日,中国人尽管还是通过房、车、名牌物件等来炫富,但是炫富方式越来越高级,"文化的味道"与日俱增,这和中国中产阶层人数增加以及大量民众竞相效仿中产阶层生活方式是密不可分的,而微信朋友圈等社交媒体更是助长了人的虚荣心,并直接导致一部分人染上了酷爱暴露自己"光彩夺目"私生活的"暴露癖"。当前,一部分中产阶层消费者倾向于中高端文化消费,这符合其经济能力;然而,许多中产阶层以下消费者尽管经济能力不足,也倾向于像中产阶层那样进行文化消费。典型例子有:一些小资产阶层的家长不惜花半年工资送孩子出国游学、参加马术等"贵族运动";一些收入不高的年轻人宁愿每顿饭只吃包子馒头,也要省下钱出国旅游并住五星酒店、消费价格不菲的艺术培训课程等,只为在朋友圈"晒照",只为了在朋友圈"活得像个网红"。不得不说,这样的文化消费心理是畸形的。

2. 当代文化产业经营主体可实施的营销心理战术

（1）运用大数据技术精准读心

大数据技术实现了对于潜在消费需求精准挖掘、对于目标消费者精准定位、对于商品信息和广告等精准投放、对于信息投放效果精准评估、对于未来消费趋势精准研判等一系列精准营销的可能性。[3] 从根本上看,这一切都建立在大数据技术精准"读心"的基础上,即通过海量数据的自动化统计分析消费行为轨迹,消费者的消费心理被全方位解读。在这样的技术环境下,传统的"人找货"消费模式逐渐被颠覆,新型的"货找人"消费模式事实上促进了供求精准对接。今天,文化产业领域已经广泛地运用大数据技术精准解读消费心理和预测消费行为,然而,当前的"数据读心术"尚不够深入,深度透析能力还有待提升;而随之而来的"算法推送术"也因缺乏人为干预、缺乏主流价值观介入和引导,导致文化消费领域产生一些乱象,如不雅视频被高频推送和高频点播等,因此对数据技术建立规则至关重要。

（2）产品创意设计要精准攻心

文化产品创意设计的根本在于符号建构和意义表征,所建构的符号事实上映射着目标消费者的内心世界,表征着目标消费者所认同的文化意义。因而,创意设计的精准攻心环

---

① ②《B 站追完剧、微博看完综艺,长尾效应下 cut 热度堪比正片》,锋艺智库,https://baijiahao.baidu.com/s? id=1607114532374115482&wfr=spider&for=pc,访问日期:2018 年 7 月 27 日。

③ 参见倪宁、金韶《大数据时代的精准广告及其传播策略——基于场域理论视角》,《现代传播（中国传媒大学学报）》2014 年第 2 期。

节,主要就是使得文化形式和内容对应上文所论述的几种主要的文化消费心理模式,即从众求同式、标新立异式、陪伴需要式、自我陶醉式、情感养成式、美化生活式、装点"面子"式、梦想寄托式("做白日梦"式)、超越现实式(逃离现实式)等。

（3）注重情感导入以精准贴心

文化产品和物质产品很大的一点区别在于文化产品具有丰富的情感内涵和生动的情感交互功能,其本身传达着某些情感,而消费者往往还能赋予其额外的情感,消费过程往往是一个情感投入和情感共鸣的过程,如阅读小说、看电影等,读者和观众通常都有和书中人、剧中人"同悲喜、共命运"的情感体验。因而,文化产业经营者要善于利用文化产品本身具有情感言说的优势,更加注重贴合消费者内心的情感需求。

（4）文化价值言说要深入人心

在建设社会主义文化强国的背景下,使得某种文化价值观深入人心的前提是其要符合社会主义核心价值观。当前,文化消费领域存在主流文化价值观言说无力、和当代消费者文化消费心理存在隔阂的问题。要解决这一问题,政府要发挥好宏观调控职能,相关部门要将文化产业经营者(而非一般大众)作为关键对象加以引导。

（5）提升供给品质以长效走心

和美、英、法、日、韩等文化产业强国相比,我国的文化供给品质尚存在差距。比如:影视产品视觉技术还不够先进,特效效果不够震撼;旅游景区打造模式粗放低端,尚未打造出迪士尼乐园这样具有国际影响力的文化旅游品牌;AI 技术在文化创意领域应用还不够广泛等。尽管大多数文化产品不是功能性产品,并不存在功能性产品的质量问题,但仍旧存在内容品质问题,一者关乎"品",即品位、品格(格调)等问题;二者关乎"质",如视听类产品的画质、音质、播放流畅度等。文化供给不但要"创意为核",还要"品质为王",才能锁定消费者,才能长效走心,使得消费者持续消费。

第十章 发展文化消费的现实意义

第一节 文化资本与消费社会双重
视阈下的文化消费意义

一、社会学意义上的文化资本积累与社会阶层流动

1. 文化消费是个人与家庭积累文化资本的有效途径

对于个人和家庭而言,无论是接受教育还是享受娱乐,无论是满足基本精神文化需求还是追求高层次的精神文化修养,无论是个人文化发展还是代际文化发展,都离不开文化消费。若从文化资本积累的角度看问题,进行文化消费就是在积累文化资本。

第一,文化消费是学习掌握文化知识的有效途径。文化消费中的绝大部分消费都是文化教育方面的消费,这些消费的直接目的就是获取知识、提升学业,即便是娱乐消费,也有很大的寓教于乐成分,如玩具游戏开发智力、观光旅游开阔眼界、唱歌跳舞培养情操等。显然,我们学习文化知识离不开文化消费。

第二,文化消费是培养较高文化品位的有效途径。一个人文化品位的高下,和其文化消费趣味紧密相关;一个人的文化品位有高有低,可以从其消费的文化产品和服务上看出。在我国经济稳健发展的当下,大部分人民群众基本的物质生活和精神生活需求已经得到了满足。"人民日益增长的美好生活需要"表现为一种发展性、提升性需求,对于美好精神生活的需要主要在于向往一种高尚的文化生活,注重文化格调,讲求文化品位,希望成为"精神贵族"。因而,通过文化消费培养文化品位逐渐成为我国民众的自觉。

第三,文化消费是形成家庭消费文化的有效途径。家庭的消费价值观、消费行为模式、消费层次结构等构成了家庭消费文化。家庭消费文化具有代际传导性,往往体现了子代对于亲代社会化行为的模仿和承袭,同时建立了一套亲代对于子代消费行为的规范机制。文化消费对于形成家庭消费文化的作用在于影响家庭基本消费价值观的建立,这种基本消费价值观即判断物质消费和文化消费孰轻孰重,进而影响家庭的消费行为模式和消费层次结构,这些影响最终都将在家庭成员、特别是子代成员的精神文化面貌、性格和人格、行为和作风上留下印记。显而易见,"高知家庭"和一般家庭的后代往往具有很大差异,可以说,这种差异在很大程度上来源于两类家庭文化消费上的差异。

2. 文化消费推动文化资本再生和社会阶层流动

对于整个社会而言,由于每一个个体通过文化消费不断改造其文化认识和提升其文化

层次,文化资本源源不断地再生,同时,社会阶层也会产生多样化、结构化流动。

　　一方面,文化消费推动文化资本再生。通过文化消费,个体的文化资本和社会的文化资本得到了再生。借鉴布尔迪厄的理论来分析,个体的三种文化资本即人格化、客体化、制度化的文化资本都能经由文化消费的途径积累和再生——文化消费对于人格化文化资本具有"内化"和"固化"作用,即"内化于心,外化于行",并不断巩固;文化消费直接消费了客体化的文化资本,并且这种消费具有生产的意味,由于往往具有"解读"的过程,因而主体在消费过程中也生产了客体的意义,也就再生了客体的价值,即使得客体化的文化资本再生;文化消费还促进制度化的文化资本再生,这在教育领域反映得最明显,如教育消费直接促成学历层次提升。由于个体组成了社会,既然个体的各种文化资本都在文化消费的作用下实现了再生,那么,整个社会的文化资本也就得到了再生性发展。这种社会文化资本的再生性发展还直观地反映在社会文化风气、精神风貌上。

　　另一方面,文化消费推动社会阶层流动。社会各个阶层的个体通过文化消费可以积累和提升其文化资本,从而实现阶层流动。这种流动是多方向、多渠道、多周期的——多方向反映在既有垂直流动,也有水平流动,自下而上地进行垂直流动是每一个个体的期望,要达成这一期望,少不了高质量的文化消费;多渠道反映在既有行业流动,也有地区流动,这些流动多多少少受到职业文化消费、地方文化消费的影响;多周期反映在既有快节奏的短而频的流动,也有慢节奏的长而缓的流动,前者情绪性、变动性强,后者计划性、延续性强,文化消费对于社会流动周期的作用因素主要在于影响主体情绪、改变职业规划、塑造阶层文化等。并且,从长期看,阶层流动还是结构化的,即每一个社会个体的一生流动汇聚成了整个社会的代际流动,最终导致了社会阶层的结构化变迁,即"阶层大洗牌",这种"大洗牌"显然和每一个个体、每一代个体的"文化阶层大洗牌"息息相关。

二、经济学意义上的文化资本增殖与文化产业增长

1. 文化消费促进文化资源资本化

　　资源是既有的、静态的,而资本是发展的、活态的,资源本身并非资本。文化资源要转化为文化资本必须经由创意开发、产业运营和市场消费,文化消费是促进文化资源资本化的关键一环。

　　在文化产业的语境中,文化资源只有转化为文化资本才具有经济价值,才能进入产业运营实务领域。从资源到资本,在通俗的意义上,可以理解为从物态(自然风光、文物古迹、艺术作品等)或非物态(灵感创意、手法技艺、人文风俗等)的某种客在物变为可以量化的、可以运营的本钱,即变现。显然,只有当文化资源被开发为文化产品和服务,被投入市场,被消费以后,这些资源才会变现为本钱,才能继续投入产业当中,不断做资本循环运动。

　　更进一步说,某种程度上,消费走向决定了产业走向,文化消费市场行情为如何开发文化资源提供了重要参考信息,可以说,文化消费是文化资源开发的指南针。

2. 文化消费催化文化资本增殖

　　文化资本增殖可以从两个层面理解:一是被资本化的文化资源的价值增加,可持续发展性提升,文化资源的价值越大,其生成的不可量化的、无形文化资本的价值就越大;二是可量

化的、有形的经济属性的文化资本,也就是文化产业经营的本钱,必须通过销售和营利的方式来增加,使得资本投入规模扩大。

从第一个层面看,文化资源的价值只有在文化产品和服务当中体现并实现增值。基于某种文化资源开发的文化产品和服务的消费市场越广阔,其价值就越大,开发前景也就越好。举例而言:我国许多非物质文化遗产技艺是非物态的文化资源,如果仅仅停留在保护层面,充其量只能防止这些技艺失传,而若恰当利用这部分文化资源,开发手工艺产品,进行技艺展示表演,则不但能够更好地传承这些技艺,而且直接创造了收益,最重要的意义在于彰显了文化价值,推动了这类特色文化资源可持续发展。

从第二个层面看,没有消费就没有利润,没有利润就没有扩大再生产。从这一角度讲,从文化消费中获取利润是文化企业实现资本增殖的最主要途径;文化消费市场规模很大程度上决定了文化产业经营规模;文化消费是文化产业链得以延伸的根本保证,因而既是产业链终端,更是源头。

3. 文化消费推动文化产业结构和业态升级

文化消费推动文化产业结构升级主要体现在两个层面:一是文化消费规模的扩大直接提升文化产业增加值,提升其占 GDP 的比重和对经济发展的贡献率,对于将文化产业打造成支柱性产业作用显著;二是文化消费的结构和态势直接决定了文化产业的结构和态势,文化消费的结构直接决定了文化产业的市场结构、行业结构、人才结构等,文化消费的态势也直接左右着文化产业经营者的投资方向、文化产品生产者的创意思路、文化产业从业者的就业选择等,并且文化消费态势的理性与否也直接决定了文化产业的发展理性与否,如,消费者对于文化产品社会效益的认识和关注程度,直接决定了文化产品生产者是否在追求经济效益的同时注重社会效益,从而实现"双效统一"。

文化消费推动文化产业业态升级主要反映在,文化消费趋势直接影响文化产业业态分布,特别是新潮流、新热点,直接引发新业态,如,近年来,随着网络文化消费渐热,有付费习惯的用户渐渐被养成,网络文艺日渐繁荣。

三、消费社会背景下的社会消费结构升级与消费者升级

1. 文化消费有利于消费结构升级

我国当前的消费结构呈现出明显的"重物轻文"特征,物质消费和文化消费发展极不平衡,文化消费远远落后于物质消费,这与我国当前的经济发展水平、国民收入水平是不相匹配的,与我国"全面建成小康社会"的目标是不相匹配的。国家统计局数据显示,我国狭义的文化娱乐消费(不包括教育消费)占总消费的比例在 2013 年为 4.4%,2014 年为 4.6%,2016 年为 4.8%,不但增长缓慢,而且占比过低。笔者未能查询到近几年的这几项数据,但可以推测,狭义的文化娱乐消费(不包括教育消费)占总消费的比例仍然偏低。

党的十九大报告指出,我国社会主要矛盾已经由之前的"人民日益增长的物质文化需要同落后的社会生产之间的矛盾"转化为"人民日益增长的美好生活需要和不平衡不充分的发展之间的矛盾",这是继 1956 年党的八大和 1981 年党的十一届六中全会之后对我国社会主要矛盾的第三次科学定位。这一主要矛盾在文化领域的一点明显反映就是,相对于物质需

求的全面增长,文化需求的增长不均衡不充分,文化消费的发展不均衡不充分。[1] 显然,要解决这一矛盾,必须大力激活我国民众的文化消费潜力,推动消费结构升级。

2. 文化消费助推消费者升级

文化消费能够使得消费者得到全方位的提升。第一,文化消费提升消费者的文化素养和个人气质。通过消费精神文化产品,消费者可以积累文化知识、增长文化眼界、解读文化意义,从而提升文化素养,由内而外地滋养气质,展示出更好的仪表风度。第二,文化消费提升消费者的审美眼光和艺术品位。可以说,一切文化消费都是"求美"的消费。经常进行文化消费,能培养欣赏、鉴赏能力,形成独到的审美眼光和个性化的艺术品位,从而更进一步地实现对于文化艺术的追求。第三,文化消费提升消费者的消费层次和社交层次。和物质消费相比,文化消费显然是更高层次的消费。因此,消费者经常进行文化消费具有提升消费层次的意义。由于人与人之间交流的语言和探讨的话题经常是围绕着消费兴趣点的,因而,伴随着消费层次的提升,社交层次也会得到相应提升。从这点意义上讲,文化消费还直接推动了阶层上升。

另外,文化消费还改造消费者的消费观念,有助于降低庸俗物欲,让消费者避免陷入各种商业套路布置的消费陷阱当中。当文化消费成为一种生活习惯,更成为一种自发的精神追求的时候,一种超越物质消费、超越物质欲望的新的消费观便建立了起来。这种新的消费观是一种低物质的、崇尚极简主义生活作风的绿色消费观。当一个消费者形成了这种消费观,其消费境界就实现了飞跃式升级。

四、文化消费具有强大的产业融合力和社会整合力

1. 大文化消费为大文化产业推波助澜

人类是文化的人,社会是文化的社会,文化是无所不在、无所不包的。所以,广义上的文化消费处处皆是、时时皆有。可以说,文化消费渗透在各个消费领域,即便是买一件衣服、吃一顿饭,也是在消费某种时尚文化、美食文化。这些广义的文化消费,是文化消费的泛化,形成了覆盖于一切消费的消费文化。消费文化来源于文化消费,确切说来源于对于商品背后文化意义的消费。这种文化意义消费行为十分广泛,对于消费者的这种行为进行因势利导,有助于商家的市场营销,有助于各种产业的发展。

不过,此处重点探讨的并非广义的、泛化的文化消费所起的作用,而是仍旧立足于狭义的、文化领域内的文化消费。但是,在今天,即便是狭义的文化消费,其范畴也是不断扩展的。套用近年来大热的"文化+"概念,可以说,今天的文化消费大多是"文化+"消费。这种消费趋势与近年来的文化产业发展趋势相辅相成,这种趋势就是"大融合"趋势,是"大融合"造就了"大消费",进一步造就了"大产业",具体而言就是:边界日益模糊的大文化消费与日趋跨界融合的大文化产业相互适应、相互促进。

2. 跨界文化消费整合多元社会文化

上面已经论证了今天文化消费的主流形式是"文化+"消费,即时常跨界的大文化消费。

---

[1] 参见郭全中《新时代文化主要矛盾及其表现》,《中国经济时报》2017年11月6日第5版。

这种文化消费趋势对于社会文化具有整合作用。

一方面,这种大文化消费直接推动了大文化产业的形成和发展,使得产业链实现了跨界重组和无限延伸,把各行各业串联在一起,从而整合了行业文化。不但在文化业界内部,行业文化越来越趋于一体,文化艺术各行业越来越"你中有我,我中有你",如流行音乐和传统戏曲交相辉映,即便在文化业界外部,文化产业对于其它产业的整合速率也有目共睹。

另一方面,这种大文化消费往往还把不同文化背景、不同价值观、不同兴趣爱好的人联结在一起,使得不同的文化话题间频繁对话,使得社会交流的程度大大提升,充分整合了社群文化。

第二节　增强文化软实力,全面建设"文化强国"

一、牵引文化生产力,创造文化产业发展新速度和新高度

1. 文化消费激活文化生产活力,推动文化产业高速发展

从文化消费对文化产业的直接作用来看,人们的文化消费需求和能力决定了文化产业的发展现状和发展前景,而消费社会的发达传媒和基于技术手段之上的独特营销方式更使文化产业迈上新台阶。

第一,消费重点从物质领域向文化领域的转移,是形成独立的文化消费市场的基本前提,也是文化产业勃兴的必要条件。随着消费重点从物质领域向文化领域的转移,文化要素在更大程度上成为孵化人类消费欲望的独特资源,独立的文化消费市场得以形成,促使文化产业在市场需求的刺激下应运而生。如今社会中的"文化",已不满足于以经济发展的"载体"面目出现,其本身完全可以成为一个庞大产业集群的核心要素。

第二,消费社会的到来,为文化产业的发展培育了庞大的消费群体。越来越多的人对娱乐性、消费性、消遣性文化产品的迫切需求,催生出以工业生产方式大批量制造文化产品的行业,即文化产业。

第三,消费者文化消费能力的高低、需求的多少制约着文化产业的生产和发展。一方面,对于文化消费能力的认识,不应当仅局限在经济层面。由于对文化商品的消费往往结合着消费者的理解能力、修养水平等,因此文化消费能力还受制于教育水平、接受信息的广度和深度等。随着教育的普及和教育方式的更新,以及信息传播媒介的发达,消费者的文化消费能力普遍提高。另一方面,消费者需求的多样性和多层次性决定了文化产品形态的丰富性和层次的高低性。

第四,消费社会的到来,为文化产业的发展提供了技术手段和重要商品。消费社会是一个"信息大爆炸"的社会。无处不在的大众传媒是传播技术与营销手段的结合,操纵着人们的兴趣与欲望。其早已不仅仅是一门信息技术,更是一门现代艺术,大量的媒体图像、网络影音、广告创意等本身即是炙手可热的文化商品。对于文化媒介的消费,拓展了文化产业的维度。

2. 文化消费培育新的绿色经济增长点，实现产业结构质的飞跃

文化消费是典型的绿色消费。与物质消费相比，文化消费有着显著的耗能小、产出大的优点。一方面，文化消费对于资源的索取量、消耗量小，制造的垃圾少，给环境造成的负担小，即便是带有"文化炫富"心理的文化消费，如豪华旅游、艺术收藏、进修高级学识、品鉴高雅艺术等，也构不成浪费。因此，文化消费是资源节约型、环境友好型消费。另一方面，文化消费能够重构社会文化生态。文化消费的过程是一个人与自己、人与人、人与社会、人与世界交流互动的过程，消费者通过文化消费发展了自己的兴趣、认识了社会文化、创造出更多文化。健康的、文明的、教育性强的文化消费能够引导风气、引领时尚，给社会创造出正能量。总的来说，物质消费是一种纯粹的消费，消费基本意味着损耗、破坏；文化消费却不单纯只是消费，消费指向着建设。

文化消费是具有建设性的消费，还表现在其对于产业结构转型升级的作用上。由于文化消费刺激着文化产业向前奔腾，文化产业是智慧型、创新型产业，所以，它的崛起可以作为劳动密集型产业转向知识密集型产业、传统产业转向现代产业的一个标志。循着这一思路，将文化消费作为文化经济发展的起点，还可以进一步认识到，文化消费助推文化产业成为支柱性产业，也就助推经济增长方式由粗放型向集约型转变。

所以，在物欲过度膨胀、物质极度充盈、各类消费市场趋于饱和的消费社会当下，要培育新的绿色经济增长点，就必须倡导符合正向价值观的文化消费。

二、扩大文化影响力，促进传统文化现代化和中华文化国际化

1. 文化消费有利于传统文化的创造性转化、创新性发展

新时代需要新文化。文化消费是激励文化创新、激发文化活力的最佳途径。在文化消费品中注入我国传统文化的元素，能突出文化特色，吸引消费者。当优秀的传统文化与时代结合，跟进时代价值观、融入时代审美观时，其必然为当代消费者所喜爱，既创造出经济价值，又折射出永恒的文化价值。

显而易见，通过文化消费来吸收传统文化养分，接受传统文化观念，是最自然而然的一种继承弘扬传统文化的方式。这种方式是以引发消费兴趣为前提条件的，如传统型的文化消费品引起"怀旧"情结、迎合"复古"趣味等。并且，文化消费作为使公众理解传统文化思想、领悟传统文化精神的一种方式，既是直观的，又是潜移默化的。而最重要的是，消费者通过文化消费所消费的传统文化，是既与现代社会文化产生碰撞，又交流互生的新型传统文化，是经历改造、革新，活在当代的传统文化。这不是一味地继承传统文化，而是辩证地继承传统文化，文化继承是为了文化创新。

应该说，在当今社会，我国人民在进行文化消费时，对于传统文化的需求还是相当大的，传统文化有着广阔的市场。一方面，传统文化是我国文化的"根"与"魂"，文化根基根深蒂固，文化灵魂亘古不朽。人民群众对于传统文化有着深沉的热爱，需要用传统文化构筑民族精神家园，寄托心灵，因而需要消费传统文化。另一方面，在日常消费中，中国人的"人情"消费比重很大，这种重视亲友情义的精神正是我国传统文化的一部分。从这两层消费心理可以看出，传统文化本身就是对应当代消费者口味的。所以，以传统文化为创意灵感，使文化

消费品推陈出新，能促进传统文化现代化，从而兴起时代文化潮流。

2. 文化消费有利于中华文化的共享式、开放式发展

在市场经济大环境和消费社会大背景下，从"十三五"时期开始的 10 年（2006—2016年），是文化消费大飞跃时期。我国决策者为把握好这一文化消费的黄金期，要求对"内需""外需"齐拉动，实现我国文化市场全面开放。进入"十四五"时期，我国文化产品出口量将大幅度增长，我国文化市场开放的力度、广度、深度将空前地加大，未来中华文化将吸引"全球粉丝"。

随着全球化进程不断加速、加深，国内外文化市场已经紧密接轨，国内文化市场国际化、国际文化市场国内化的现象已经呈现。可见，文化消费是实现中华文化开放式发展的最佳途径。究其原因，主要有以下三点：

第一，国内文化消费者通过发达的现代传媒把文化意识形态和文化价值观传播向全世界。一般而言，一国的绝大多数文化产品首先是在国内市场上被消费，在国内"赚足了钱"后才投放到国外市场上；并且，一国的绝大多数文化产品本来就是为了本国的消费者而打造，绝非一开始就是为了投国际消费者所好。一国的文化消费品必然带有浓厚的本国情结，携带本国意识形态，体现本国文化价值观，与国际文化的对立性往往大于统一性，在跨国文化传播中容易遭遇"文化壁垒"，产生"文化误读"乃至"文化折扣"[1]。然而，这并不意味着本国文化产品必然缺乏国际影响力，天然的文化差异并不一定成为跨国文化传播的"天堑"式阻碍。这主要得益于发达的现代传媒。比如，诚然宫廷古装戏这类中国特色文化产品较难得到欧美观众广泛欢迎，然而，欧美观众也能够脱口说出几部在中国市场取得成功的，代表性、典型性的中国特色影视作品。——现代传媒的作用显而易见。并且，全球化可以说是现代传媒的产物。在现代传媒的强大作用下，当一国人民想要消费外国文化产品时，对于陌生文化并不了解的他们，往往通过这些舶来货在传媒世界中已然建立的"口碑"来做出选择。现代传媒大大拓展了"口耳相传"的范围，尤其是移动社交网络把"街头巷议"的覆盖面扩大得空前广阔。在这个意义上，每一个国内文化消费者都有可能同时充当着国际文化传播者的角色。

第二，通过出口文化产品，中华文化形象日益鲜明，"全球粉丝"被逐步培养起来。从"十二五"时期起，我国文化产品出口贸易额就一直保持较快增长，势头较为强劲。基于中华文化的独特魅力，我国文化市场的"外需"是比较被看好的。在外国文化消费者眼里，我国文化产业崛起之势如此迅猛，令其刮目相看。除了我国文化产业高速发展，我国"文化外交"也取得一个又一个辉煌的阶段性胜利。中华文化形象越来越深入世界人的心，"全球粉丝"被逐步培养起来。

第三，通过融合世界文化、借鉴国际文化元素，我国文化产品不但具有中国特色，而且迎合世界口味，文化交流贸易新局面已悄然打开。现在，我国生产文化产品越来越注重使中国特色与国际潮流交相辉映——我们越来越认识到，只有把中国特色融入国际潮流，才能用中

---

[1] "文化折扣"亦称"文化贴现"，指由于地域文化语境、文化结构、社会背景等差异，跨地域贸易（跨国贸易）中文化产品的内涵因受众不理解而导致文化价值被打折扣。此概念 1988 年由霍斯金斯（Colin Hoskins）和米卢斯（R. Mirus）在论文《美国主导电视节目国际市场的原因》（"Reasons for the U. S. Dominance of the International Trade in Television Programmes"）中首次提出。

国特色引领国际潮流。中国文化正汇合入文化全球化的滚滚大潮之中,中国文化形象已焕然一新,中国文化日趋国际化。

总而言之,中华文化正在建构一种共享文化价值观,以开放的姿态走向国际文化消费市场,吸引着全球消费者。

三、兑现文化"为人民服务",凸显文化社会效益和精神文明风尚

1. 文化消费实现文化成果为人民共享

从哲学角度看,文化本身是"高高悬浮于空中"的上层建筑,是"形而上"的东西。当它转化为日常的消费品,才在最大程度上为民共享,展现了"亲民"的一面。所以说,文化要真正"为人民服务",必须投入市场,成为消费品。只有文化消费总量不断扩大,文化市场才会日益繁荣,市场的分众化趋势才会越来越显现,各阶层消费者多样化的文化需求才能得以满足。并且,被创造出来的文化是否为广大人民群众所喜闻乐见,是否有旺盛的生命力,是否有强大的市场竞争力,也只有通过文化消费来反映。文化消费俨然是检验文化成果的重要手段。

另外,文化要成其为成果,必须要体现价值,这个价值必须不仅仅是文化价值,还是经济价值。因此,从文化成果价值实现角度辩证地看这个问题,则文化消费是文化生产的终点,更是文化生产的最终也是最重要目的。如果文化生产者创造出的文化不被消费者所消费、欣赏,不为市场所认知、认可,其商品经济学上的价值就不能实现,其文化价值也就"不值钱",或者说不能充分实现。经济学观点认为"只有商品才有价值"。文化只有转化为商品,被人民群众或企事业单位、政府部门、公共机构购买,完成消费过程,才能生成价值。因此,只有消费,才能使得文化成果的双重价值(文化价值和经济价值)理想化地体现。

当然,这里所探讨的是个人文化消费,而非公共文化消费。因为,由政府和公共机构免费提供的公益性文化产品与服务毕竟是有限的,不能充分地、全面地、周到地满足人民群众的精神文化需求。全民共享文化成果的最佳途径是文化消费无疑。

2. 文化消费营造多彩文化生活方式

对于人民群众而言,对于社会现代化的最直接感受莫过于生活现代化。生活现代化的一大标准就是生活的高度艺术化,或言日常行为的审美化,要求生活富于文化元素、艺术格调、时尚气息、个性品位。因此,要实现生活现代化,文化消费是关键。

首先,大量的文化消费品体现了现代生活美学,如装饰工艺品、设计艺术品、创意玩具、家居音乐等,使现代人的生活充满艺术感,生活空间中处处流动着富含象征意味的文化符号,标志着生活品质。

其次,文化消费行为的日常化,使得生活洋溢文化气息。只有当老百姓经常地、习惯性地进行文化消费,文体休闲、文艺娱乐成为生活常态,才能时刻置身于浓厚文化氛围之中,才能随时随地学习文化、解读文化、品味文化、畅享文化,成为文化的真正主人公。

再次,现代社会的文化消费不仅仅局限在文化领域,而是与社会生活的各个领域联结。于是,这张文化消费的网越织越大,把人们生活的方方面面都网罗其中。比如:有的文化商品有着身份识别、地位展示的社交信息交互功能,有的文化商品起着沟通情感、传达情谊的

人际关系整合作用,有的文化商品与包装、营销等息息相关,有的文化商品与美食、美居等紧密结缘。这样看来,每一个人都是被社会文化包围的人,要融入社会,就必须消费文化。

可以说,生活是文化的载体,文化重构了生活,诠释了日常生活的意义,展现了社会生活的风貌。如此说来,这个时代的社会全景是由这个时代的文化消费呈现出来的。

第三节　迎向全面小康社会,实现人的全面发展

一、文化消费使消费者实现"自我再生产"

1. 文化消费促进人的全面发展

全面建成小康社会的宗旨是实现人的全面发展,发展是为了人,落脚点在于人民,"以人为本"是第一要义。人作为发展的最高价值取向,就是不断满足人的全面需求、促进人的全面发展。既然我们生活的世界是由自然、人、社会三个部分构成的,"以人为本"就是要寻求人与自然、人与人、人与社会交互联结、融合包容,实现一体化地发展,最终实现人的全面发展。

"人的全面发展"是马克思主义理论探索的终极目的。马克思主义从分析社会中的人和现实社会的生产关系入手,探析人全面发展的环境和条件、手段和途径。人的全面发展,是指人的体力和智力充分、自由、协调地发展。马、恩把人类社会分为三个发展阶段:"人的依赖关系(起初完全是自然发生的),是最初的社会形态","以物的依赖性为基础的人的独立性,是社会的第二大形态","建立在个人全面发展和他们共同的社会生产能力成为他们的社会财富这一基础上的自由个性,是第三个阶段"。[①] 第三阶段就是人获得全面发展的阶段,"人以一种全面的方式,也就是说,作为一个完整的人,占有自己的全面的本质"[②]。到那时,"社会的每一个成员都能完全自由地发展和发挥他的全部才能和力量"[③],"他们的体力和智力获得充分的自由的发展和运用"[④]。消费是"以人的全面而自由的发展为基本原则的社会形式"[⑤]。可以把消费过程理解为一个"物的人化"过程,这其中的"物"是劳动创造之物,物通过被人消费而人化,人也通过消费利用物,发掘并赋予物意义,最终成就人自身。从此意义上来理解消费,可见消费的根本目的和最高目的是促进人的全面发展。在所有的消费行为中,精神文化消费是消费的最高层次,是人谋求全面满足,进而实现全面发展的终极手段。具体而言,首先,健康的精神文化消费有利于全面提高人的素质,防止消费异化和人性异化。其次,丰富的精神文化消费有利于全面提高人的才能,"消费为生产创造主体。消费生产出

---

① 《马克思恩格斯全集》第 46 卷,第 104 页。
②③ 《马克思恩格斯全集》第 1 卷,北京:人民出版社,1979,第 217 页。
④ 《马克思恩格斯全集》第 3 卷,北京:人民出版社,1979,第 422 页。
⑤ 《马克思恩格斯全集》第 42 卷,第 128 页。

生产者的素质"①。最后,消费与生产具有直接同一性,"消费直接也是生产"②,对生存产生巨大反作用,必需的精神文化消费为社会文化的生产提供动力,促进社会文化全面发展,从而以社会进步带动人的进步。这有两层意义:第一层,文化消费是文化产业的直接驱动,并且引起整个社会文化再生产的过程;第二层,从马克思主义的政治经济学和商品经济学角度说,唯有商品具有价值,不是商品便没有价值,因而文化产品只有被消费才能实现其价值。

文化消费促进人的全面发展,主要体现在"知、情、意"三位一体的协调发展,是在生理素质发展基础上进一步发展心理素质。从"知"的角度看,人有学习知识文化、发展劳动能力的内在需求,文化消费是知识拓展、认知升华的重要源泉;从"情"的视域看,人有表达情感、抒发性情和自我慰藉、自我珍摄的心理需求,文化消费是情操陶冶、情感升华和自我人格形成并发展的必要条件;从"意"的向度看,人有独立意志、自由意志、自我解放意志、个性发展意志,是个体的终极诉求,文化消费是体现个体意志、实现个体意志的必经途径。

2. 文化消费全面实现人生价值

文化由人创造,为人服务。人在创造文化的过程中创造自己、实现自我。人是文化的主体,更是文化的目的。因此,作为文化生产终端的文化消费的终极价值取向在于全面实现人生价值。

人生价值包括人的社会价值和人的自我价值两个部分。首先,从人实现社会价值的角度看,文化消费的作用在于以下两个层面:

第一,体现人的文化权利。显然,文化权利是人作为"社会人"而言最基本的权利。人的根本属性在于社会性,作为社会中的人,每一个人都身处一张庞大、复杂的"社会网"之中。种种社会关系根本上是生产关系,即经济关系,而表现出来的则是一系列的文化行为方式,如社会制度、社会角色、社会心理结构(文化阐释学的"深描"说③)、社会认同模式、社会联结范式、社会信息传达方式等。通过文化消费,人可以深度理解社会制度,主动对应社会角色,找到共同语言,构成同一心理结构,达成文化认同(价值认同),可以促进社会联结,接受来自共同渠道的信息等,从而加强了人的社会互动,深化了人的社会关系,强化了人的社会属性。每一个人都能够通过文化消费成为文化主角,实现个人的社会价值。

第二,构建社会的精神生态环境,即文化生态环境。由于消费过程也是生产过程,文化消费过程也是一个社会文化的再生产、再创造过程。从这个意义上说,文化消费影响社会文化生态,再造社会文化环境。不良的文化消费异化文化生态、异化社会环境、异化人格,如发达资本主义意识形态下的消费主义充分地塑造了"单面人"的人格形象,极端地构造了"单维社会"的畸形社会环境;而在我国,我们提倡健康文明、积极向上的文化消费,通过文化消费强化社会主义意识形态和核心价值观,弘扬"主旋律",突出"正能量",发展主流文化,引导社会风气,构筑符合全面小康社会要求的精神文化生态环境。每一个文化消费者都是"文化主人公",都可以通过理性的文化消费,促进和谐文化生态和健康文化环境的形成,以积极主动的姿态投身于社会主义文化建设事业当中,从而为社会主义文化大发展大繁荣作出贡献,实

---

① 《马克思恩格斯全集》第 3 卷,第 460 页。
② 《马克思恩格斯全集》第 3 卷,第 152 页。
③ [美]克利福德·格尔茨:《文化的解释》,第 3 页。

现社会价值。

其次,从人实现自我价值的角度看,文化消费的作用在于以下两个方面:

第一,实现人由基本生存到充实生活,再到追求生命圆满价值,体现生命完整性的终极价值诉求——实现完满人生。因此,文化的学理意义归属于生命哲学体系,文化的向度即生命的向度。[①] 从这点出发看文化消费对于人的生命发展的意义,可以认识到,文化消费使我们拥有"文化获得感",从而实现自我满足、自我圆足,使生命臻至自足(自由自在)境界。

更深一步讲,根据马斯洛的"需求层次论",人的需求不但在量上不断增加、在层次上(在质上)亦不断提升。人的需求层次由低级向高级发展,依次是生理需求、安全需求、情感和归属需求、尊重需求、自我实现需求。可见,自我实现需求是人的最高需求,也是终极诉求。恩格斯的观点也表明,人的需求,是从低向高发展的,大体可分为生存、享受和发展需求。可见,发展需求,是人最根本的、最终也最大的需求。无论是马洛斯所言的"自我实现需求",还是恩格斯提出的"发展需求",均可理解为人的文化需求。因为文化的表现形式是社会关系和生活方式,文化的本质是价值和价值观,即观念大集合,或言"价值判断系统"。因此,人实现了文化需求,就是最好地体现了其社会地位和存在方式,就是使其自身的价值得到了体现和认同。站在这样的理论视角上,文化于人的生命自足的意义进一步加深。我们便可充分理解,文化消费对于人自我实现、充分发展——价值自足——是何等重要。

第二,促进人独立、自由、充分地发展。可以把"文化"这个概念放在人本学范畴内探讨,文化即是人化,是人特有的高级属性,与人的自然属性和本能行为相对立。马克思在《1844年经济学哲学手稿》中指出人和动物相区别,人的活动具有双重尺度:一为"任何物种的尺度",也就是自然天性的尺度;二为"自己内在的尺度",也就是人类文化的尺度。"按照自己内在的尺度进行生产和创造"体现了人的文化属性和主体的自由本质。[②] 马克思进一步指出:人对客观世界和主观世界的改造是同时发生、同步进行的,人既是物质和精神资料的生产者,也是主客观世界的改造者。而人最重要的创造是文化创造。正是凭借文化,人成为自觉、自由、自主的主体,摆脱了凭借本能的动物的生存状态,突破了原有自然属性的局限性,并改造自然环境,建设人类社会环境,从原始的自然禁锢中解脱出来。因此,文化的自由创造性,反映了人的自由属性,也构成了人在深层次上区别于动物的重要特征。正如恩格斯所言:"最初的、从动物界分离出来的人,在一切本质方面是和动物本身一样不自由的,但是文化上的每一个进步,都是迈向自由的一步。"[③]马克思主义人学理论对人的发展的根本追求是实现人的自由发展和全面发展的辩证统一。一方面,人的自由发展是全面发展的前提,若人连自由都不具备,就无法按照自己的意志去发展,更不用说全面发展;另一方面,人的全面发展也对自由发展具有制约作用,全面发展的本义就包含自由发展的成分和要素,要使人成为真正自由的人,人的个性、知识、能力等就要协调发展以达到全面的程度。因此,人的自由全面发展是人的发展的价值指归。而文化深刻体现了人的创造性、发展性要求和自由属性,是人实现自由全面发展的重要途径,是人基本的存在和发展方式。[④] 进一步说,众所公认,

---

① 参见[法]亨利·伯格森《创造进化论》,姜志辉译,北京:商务印书馆,2004,第57页。

② [德]马克思:《1844年经济学哲学手稿》,第112页。

③ 《马克思恩格斯文集资料汇编》,北京:人民出版社,2011,第1088页。

④ 参见徐羿《文化发展是人的自由全面发展的重要途径》,《学理论》2014年第27期。

文化是"人化",同时又是"化人"。人是文化的人,文化是人的存在方式;并且,文化不仅构成人的存在方式,同时还构成了人的发展方式。由此可以推论:文化消费实现个人的自我价值。

综上所述,文化消费既提升人的社会价值,更彰显人的自我价值,全面实现人生价值。

3. 文化消费使消费者实现"四位一体"式的"自我再生产"

社会学意义上的"自我再生产"指的是自我通过不断学习、不断发展,从而不断再造、不断提升的一个生产性(建设性)过程,包括自我的观念意识再生产、性格人格再生产、社会生活再生产、事业理想再生产等。把"自我再生产"和文化消费关联起来是合乎逻辑的。文化消费推动消费者通过自我解放、自我实现、自我发展、自我超越四个递进步骤,实现"四位一体"式的"自我再生产"。

第一,文化消费推动消费者自我解放。首先,文化消费把消费者从物质世界的束缚中解放出来。比如在阅读、观赏、游戏超现实题材的文艺产品时,消费者摆脱了现实物质世界的束缚,乘着想象的翅膀翱翔在奇幻世界中。其次,文化消费把消费者从现实物欲的纠缠中解放出来。物质消费的快感通常是短暂的,比如通过大吃大喝、疯狂购物之类行为获得的满足感稍纵即逝,而文化消费的快感往往是持久的,因为文化消费是作用于人的精神世界的,产生的影响十分深远,比如读了一本好书之后,感触深刻,受益终身。因而,文化消费更让消费者着迷,一个迷上文化消费的消费者必然会渐渐降低物质消费欲望。进一步说,文化消费把消费者从生活焦虑中解放出来。文化消费时常是一种全神贯注的沉浸式消费,需要投入智商和情商,需要投入较大注意力,因而具有很好的转移注意力的功效,当一个人沉浸于一本书,陶醉于一首乐曲,或是痴迷于一个游戏,便从现实世界走向了虚幻世界,自然也就摆脱了现实生活的种种纷扰。这样看来,文化消费还能缓解焦虑。

第二,文化消费推动消费者自我实现。文化消费本质上是对于文化意义的消费,消费者追寻的是某种文化意义,根本上是为了与自身世界观、人生观、价值观进行对应,寻求某种共鸣,达成自我实现。通俗地说,即自我圆梦。可以说,一切文化消费都是为了自我圆梦。消费者通过文化消费来实现其梦想,有两种主要的类型:一种是自主型的,如旅游玩乐、体育健身、才艺培训等,都是为了圆一个理想生活和自我塑造的梦;然而,玩网络游戏这类行为则纯粹是沉迷在虚拟世界中做梦。另一种是追随型的,典型的行为是追书、追剧、追星等,追书、追剧是把生活梦想寄托在小说、影视剧等虚构的彼岸世界之中,追书者、追剧者往往和书中人、剧中人同悲喜、共命运,产生共情,追星则是把人生梦想寄托在某个人造偶像身上,甚至会发展到丧失理智的地步,但无论如何都是为了自我圆梦。

第三,文化消费推动消费者自我发展。文化消费本身就是高于物质消费的更高层次消费,无论消费者的目的是要发展提升自身(以此为目的,往往选择知识性消费,如阅读、培训、咨询等),还是仅仅为了娱乐消遣(以此为目的,往往选择娱乐性消费,如看电影、玩游戏、去娱乐场所等),最终都将获得丰富文化生活、充实精神世界的结果。从文化消费高于物质消费,且无论哪一种文化消费都能发展人的精神世界这一点意义上说,所有的文化消费都是发展性质的消费。从文化消费的现实功效看,文化消费促进人的全面发展,进而全面实现人生价值,这在上面已经充分论证过。具体而言,阅读消费使人增长知识、旅游消费使人增长见识、教育消费使人增长智商、娱乐消费使人增长情商……几乎任何一种文化消费都在推动消费者自我发展,即便是"万恶的网络游戏",也不无"开脑洞"的神奇功效。

第四,文化消费推动消费者自我超越。文化消费首先把人从低级的物欲世界中解放出来,使人超越了物质世界,进入了对于精神世界建构理想的追求当中,使人获得了自我超越的精神动力和思想基础。这种自我超越体现在三个层面:一是超越生活本身,追求生活意义——文化消费就是追寻意义的消费;二是超越人生局限,开拓人生格局——通过文化消费,眼界和能力都会得到提升,从而不断突破自身;三是超越当下现实,走向无限未来——文化消费本身是"形而上"的消费,是基于想象力、创造力,指向梦想、指向未来的消费,并且,工业4.0进程开启的智能化时代下,"文科融合"大趋势更使得未来型文化产品和服务引领消费潮流。总结这三个层面的超越,可以说,文化消费能够使消费者人生境界产生质的飞跃。

综上所述,文化消费是人进行自我解放、谋求自我实现、实现自我发展、完成自我超越的积极有效方式。通过文化消费,消费者实现了"自我再生产"。

二、文化消费的终极意义在于人的现代化

1. 理解"人的现代化"哲学命题

人是现代化的行为主体,只有每一个作为个体的人实现了自身的现代化,社会现代化进程才告完结。从这个意义上说,人的现代化是社会现代化的先决内因和主观先导力量,社会现代化为人的现代化提供外在的客观条件。两者辩证统一,互为一体。人的现代化是现代化的核心。

美国社会心理学家阿历克斯·英格尔斯(Alex Inkeles)经过研究,提出了著名的"英格尔斯效应"。这一效应是指国家现代化和人的现代化同步的社会发展效应。他指出,一个追求现代化的国家,可以轻而易举地引入国外现代科学技术,移植国外现代政治和经济体制,如政府机构模式,产业生产、组织、管理模式和教育模式(包括课程体系)等;但是,如果这个国家的人民的文化心理结构还落后于科技、政治、经济等的现代化进程,这个国家未能形成广泛的现代文化心理基础,那么,就不能赋予引进的种种具有现代化标志的事物以真实的生命力。"如果执行和运用着这些现代化制度的人自身还没有从心理、思想、态度和行为方式上都经历一个向现代化的转变,那么,失败和畸形发展的悲剧结局是不可避免的。再完美的现代制度和合理方式,再先进的技术工艺,也会在一群传统人手中变为废纸一堆。"[1]

大多数学者如罗伯特·华特、塞缪尔·亨廷顿等社会科学家针对社会结构和制度定义现代化,而社会心理学家更倾向于针对人或个体,把现代化看作"一种精神状态"。英格尔斯在说明"传统人"向"现代人"的转变时,一共列举了12个现代人的特征:(1)乐于接受新事物,包括新的思想观念、新的生活方式、新的行为经验等;(2)能够适应社会变革;(3)对相异观点不排斥,头脑活跃不僵化,心胸开放不偏狭;(4)时间观念强,注重现在并放眼未来;(5)效率观念强,注重体现个人效能,信心充足,社会活动能力高;(6)善于制订计划,对于生活和工作有规划;(7)尊重科学和知识而不迷信;(8)重视专业技术和专门技能;(9)具有可

---

[1] [美]阿历克斯·英格尔斯等:《人的现代化:心理·思想·态度·行为》,殷陆君译,成都:四川人民出版社,1985,第4页。

靠性,给人以可信任感;(10) 敢于挑战传统文化,敢于批判教育内容;(11) 对人尊重,对己自尊,强调与人相互了解;(12) 关注各种生产的过程。① 这些明显有别于传统人的现代人特征,可以看成是从个体文化心理到社会文化心理的转型,即价值观念的转变。

若以客观标准从另一个理论角度审视,人的现代化程度可以通过一系列指标进行测量,如衣、食、住、行等物质指标和文教、娱乐、休闲、文化素质、社会文明等文化指标,而这些指标所体现的现代化的各个层面,都离不开经济现代化这一基础。与此相对的,若从人的主体性出发,推进人与社会的现代化,重在推进人在文化思想、价值观念、心理和行为模式、社会关系等方面从传统向现代的转型,从而形成反作用于经济现代化的精神文化动力。②

2. 文化消费强有力地推动人的现代化

从社会文化变迁的角度来认识人的现代化这一问题,可以认为,传统人是传统文化的奴隶,现代人是现代文化的主人。联系本研究关注的消费行为来讲,则带有显著消费主义色彩的消费文化加速了人的现代化转型进程,这主要在于,传统的储蓄观被打破,量入为出的保守主义被透支信贷等消费方式冲击,经济上的节制态度演化为放纵姿态,"经济"这个名词,不再意味着节约,如经济节约、经济适用、经济实惠、经济统筹等意指,而是指称着财富的积累增加和金钱上的铺张浪费,直指 GDP 和物欲。许多经济学家指出,这种发达资本主义社会的消费主义意识形态极易引发新的资本主义经济危机,会导致经济恶循环至停滞甚至衰退。这时,文化消费之于消费文化的意义便得以显现,并受到重视。尚无研究把现代人的消费模式等同于发达资本主义世界竭力推行、资本家大力鼓吹的消费主义。既然现代化进程是人与社会全面发展的统一进程,现代人是全面发展的人,那么现代人定然不是消费主义下"单向度的人"。③ 可以推论:文化消费对于人的现代化有着至为关键的作用,由重塑时代消费观开始,塑造现代价值观,起到构建现代人格、发展现代文化(现代人的文化)的作用。可以说,文化消费改变了片面的物质消费,推动着人与社会全面发展的一体化进程。因而,注重文化消费、具有文化消费自觉性、越来越喜好文化消费、习惯文化消费,才是全面发展的现代人的消费态度。

再从人的现代化转型这一角度来讲,显然的,文化消费在推动人的这一系列转型方面功不可没,且引领性极强。

首先,思想观念的现代化,是人的现代化的灵魂。④ 文化消费在推动人的思想观念现代化方面,主要作用于传播时代文化、发扬时代精神、突出文化创意、带动创新创业,从而使得广大人民在意识形态、价值观念、思想态度、思维方式、精神风貌等方面与时俱进。

其次,要实现人的素质能力的现代化,要求人的素质全面发展,即体格体质、道德品质、智力智能和潜力潜能均获提高。要实现这一目标,发展文化消费是一条必然的途径。文化消费是人民群众获取精神食粮、汲取精神养分、提高文化修养、提升综合素质的最主要途径。

再次,人的现代化既要内化于心,又要外化于行,即通过人的行为加以体现与反映。行为方式现代化,要求人们在社会生活中采取积极、理性、文明的行动,积极而负责任地参与社

---

① [美]阿历克斯·英格尔斯等:《人的现代化:心理·思想·态度·行为》,第 22—36 页。
②④ 参见江苏省马克思主义中国化研究中心(执笔人:田芝健、许益军、王萍霞、苏萱礼)《现代化的核心是人的现代化》,《光明日报》2013 年 1 月 28 日第 7 版。
③ 参见[美]马尔库塞《单向度的人——发达工业社会意识形态研究》,第 3 页。

会生活。^① 对于这点，由于文化即教化，教育意义是文化产品最大、最显著、最重要的意义，重视引导文化消费，也就是重视对公民行为的养成教育。

最后，社会关系的现代化，就是要求在社会的多元化变革转型中，人们拥有广泛的政治参与。^②文化消费在这方面的作用主要体现在：一方面，消费者通过自己的消费行为使得自己的权利越来越强化，"顾客就是上帝"的买方市场形成，文化消费浪潮成为文化市场的风向标。另一方面，消费者同时是生产者和创造者，尤其在文化消费领域，"有多少个观众，就有多少个哈姆雷特"，作为读者与观众的文化消费者，站在不同心理立场上感受文化故事，与故事主角"同悲喜，共经历；同生死，共命运"的同时，也在重述故事、重新演绎故事，再加工、再生产了文化内容，同时成了文化内容的创造者，而绝不单纯是被动的接受者。从文化接受心理学的角度上说，受众深入体验式的解读是对于文化产品的再创造，是文化艺术境界（审美境界）的再升华，是文化传播过程的终点。并且，由于消费者从不同视角审视解读文化产品、批评品鉴文化产品，也就促进了文化产品革新创新。显然，"文化传播的社会效益在于缓和阶级矛盾、安抚群众（乌合之众）心理"的论调，和"尤其是大众娱乐的社会功用在于'愚民'"的说法，根本上是站不住脚的。可以说，文化消费是一种"反客为主"的消费，消费者不再是客体，而是真正的主体。消费者的主体地位大大彰显，消费者的"现代人"角色和价值得以极大凸显。从这个意义上说，文化消费是真正意义上的现代消费。

总而言之，文化产品在服务于消费者的同时，也促进消费者现代化，也就是服务于人的现代化。

三、文化消费促成社会全面而彻底的现代化

1. 社会现代化进程与意义

现代化，是发展社会学的一个重要概念。一般指通过将工业生产方式引进工业化以前的社会而出现的经济增长和文化变迁过程，其特点是由各种传统型社会向现代型社会过渡。主要反映在三个领域：经济现代化、政治现代化、社会和文化现代化。^③ 马克思主义政治经济学理论认为：社会现代化是一种特殊的社会变迁，指在科学技术的带动下，社会由传统向现代演进的过程。社会现代化过程一般认为始于17—18世纪的英国资产阶级革命、工业革命和法国大革命，19世纪扩展到欧洲大部分地区和北美地区，20世纪60年代成为一股世界性的潮流。社会现代化的基本特征是：第一，在经济领域主要表现为科学技术的发展带动整个社会的发展，国民生产总值增加、生产率提高、工业生产规模扩大、工业化人口城市化、市场关系扩展、经济交流多重化。第二，在政治领域主要表现为国家意识的强化、权力分配的理性化、政治机构的分化和专业化、决策的理性化和决策效率的提高、人民参与政治的制度化和扩大化。第三，在社会领域主要表现为知识水平的提高、教育的普及、社会交往方式的多样化、角色的日益分化、家庭和工作的分离等。社会现代化是一个整体性的、革命性的变

---

①② 参见江苏省马克思主义中国化研究中心（执笔人：田芝健、许益军、王萍霞、苏萱礼）《现代化的核心是人的现代化》，
　　《光明日报》2013年1月28日第7版。
③ 参见汝信主编《社会科学新辞典》，第971页。

迁过程,它以现代社会的种种特征同传统社会形成鲜明对照,给社会生活带来急剧的变化。①

可见,现代化和社会现代化肇源于技术革命,发端于生产力和生产关系的变革,最终作用于整个社会上层建筑领域,促成社会大转型。所以,这一进程的终端是社会文化的现代化。纵观这一历史进程,则18—21世纪,这股潮流可分为两大阶段:第一波是从农业社会向工业社会、农业经济向工业经济、农业文明向工业文明的转变;第二波是从工业社会向知识社会、工业经济向知识经济、工业文明向知识文明、物质文明向生态文明的转变,这第二波浪潮即后现代化,学者将此时的社会冠名以"后工业社会""信息社会""知识社会""后全球化社会"等。

2. 文化消费潜移默化地作用于社会现代化

应该把第一波现代化和第二波现代化看作相互交织、互为作用的一个整体化进程,前者为源、后者为魂。后者——社会文化的彻底革新,和轰轰烈烈的科学技术革命不一样,是一股春风化雨、润物无声的潜移默化之力量,使得社会形态出现了根本性转变。这时候,我们所处的当代社会,是后现代社会。后现代属于现代,是现代之后,或言现代后期。

后现代,即我们所处的当代。当今时代,是经历了第二波现代化洗礼的后现代。谁也不可否认,传统社会已然全盘解体崩塌。后现代,展现为一个时空裂变的时代景象。后现代化造成了历史文化的巨大变迁,是对传统时代的空前颠覆。用"文化断层"来描述后现代化对社会文化猛烈冲击之后果,以及后现代社会的文化失序表象,再恰当不过。然而,并不能说现代化(以及后现代化)一定要以牺牲传统为代价。我们应当把文化上的现代化(即后现代化)理解为传统文化注入现代精神、融入现代社会,以新的姿态、新的生命在当代延续发展,实现传统文化的现代化。时至今日,传统社会土壤已流失殆尽,传统文化的种子似乎难以发芽。因此,传统文化的种子必须改良自身以适应现代社会的土壤,只有焕发新生,才能在当代复活。一个民族、一个国家的传统文脉只有被大加改造,形成大大改观,被创新性继承,才可能在现代社会获得可持续发展空间。也只有当一个民族、一个国家的传统文脉被发展性承续的时候,这个民族、这个国家才实现了真正意义上的现代化。

从上述意义上说,文化消费能直接地、具体地、深入地、高效地作用于社会现代化。一则,文化消费促进知识社会形成,推动第二波现代化进程完成。二则,多元化的文化消费品展示出纷繁复杂的社会文化层,这其中有国家文化层、有民族文化层,有都市文化层、有乡村文化层,有现代文化层、有传统文化层,有高雅文化层、有世俗文化层,有精英文化层、有大众文化层……每一种文化层都是一种文化生活方式和文化意识形态的反映。通过引导文化消费,"文化断层"危机可得消解,民族的、乡土的、传统的、民俗的、基层的文化得以可持续发展,整个社会文化有机体更加充实,整个社会文化才得以全面现代化、彻底现代化。

---

① 参见廖盖隆、孙连成、陈有进等编《马克思主义百科要览》(下卷),北京:人民日报出版社,1993,第1639页。

第四节　推动休闲经济浪潮,激活学习型社会

一、文化休闲消费成为经济新引擎和生活新常态

1. 文化消费推动休闲产业升级

休闲产业指建立在农业、工业、服务业之上,为满足人们的休闲消费需求而形成的以旅游产业、娱乐产业、体育健身产业、文化传播产业为支柱,包括其它各类休闲相关产业的综合性产业群或产业链。它是工业化社会高度发达的产物,发端于欧美,19 世纪中叶初露端倪,20 世纪 80 年代进入快速发展时期。它是一种混合性、综合性经济,具有高度的融合性,打破了传统的农业、工业、服务业的划分界限和模式,是各个产业发展到一定程度相互融合、演进而成的一个新的产业系统,不仅涉及文、体、旅、娱等核心产业,还融合食、住、行等外围产业,并且依托信息、金融、房地产等产业。其特性主要表现为多元性、综合性、关联性、持续性、互补性和提升性(发展性)。按照具体行业可将其划分为旅游休闲产业、文化休闲产业、体育休闲产业、娱乐休闲产业等;按空间地理则可以划分为城市休闲产业、城郊休闲产业、乡村休闲产业等。①

今天,休闲产业对于经济具有显著驱动作用,是经济增长的新引擎,这一趋势符合三次产业结构演进的一般规律。在我国,休闲时代开始形成,休闲产业已经成为经济产出的重要变量,休闲文化日益成为驱动社会生产力的文化要素。我国制定落实传统节日节庆放假制度、用法规政策保障职工带薪年休假等举措,也从侧面反映了我国迎接休闲时代、向往休闲生活、拉动休闲经济的态度。②

经济学家于光远指出:"'闲'是生产力发展的根本目的之一,闲暇时间的长短与人类的文明进步是并行发展的。"③进一步,他把休闲看作一种时间的自由利用,即人们对闲暇时间的非强制性、非劳动性的利用。闲暇时间是人可以自由选择休闲方式的可自主支配的时间。不同的休闲方式所需的产品和服务自然不同,这为休闲产业的发展提供了市场契机。更重要的是我们要认识到发展休闲产业的深远社会意义,不仅仅视其为一种经济行为,还要看到其对于人的全面自由发展所具有的促进和保障作用,并基于此关注休闲产业对人的创造力发挥和社会创新氛围塑造的意义。

从休闲产业的内容上看,其与文化产业高度重叠。因此,发展文化消费必然推动休闲产业升级。以发展的眼光看,消费者从追求基本温饱,到追求物质充裕,再到追求精神享受,并且追求闲适充实,是消费社会发展的必然,说明当今消费社会已经进入高级阶段。在这一高级的消费阶段,消费者更加注重有效利用闲暇时间,挖掘闲暇时间的文化意义和精神价值成

① 参见邵琪伟编《中国旅游大辞典》,上海:上海辞书出版社,2012,第 622 页。
② 参见马振杰、蔡建明《休闲与休闲产业》,武汉:武汉出版社,2008,第 23 页。
③ 于光远:《论普遍有闲的社会》,北京:中国经济出版社,2005,第 5 页。

为主要的消费目标。休闲消费不但是一种高层次的、体现凡勃伦所谓有闲阶级①的高级身份的消费,还是高效利用时间,从而获取社会资源和财富的重要途径与手段。休闲消费的重心在于对闲暇时间的自由支配和有效利用,消费者的消费选择是一种高级选择,符合马斯洛的需求层次理论中自我完善的高级化理念。② 因而,休闲消费要求彰显消费的文化内涵,文化消费构成休闲消费的主要内容。休闲产业是一种具有高度人文性、高度时代性的产业,其发展进程与社会现代化进程同步,与全面小康社会建设进程同步。

2. 文化消费开启休闲社会模式

休闲学家马惠娣认为:"休闲属于现象世界的一部分,它存在于物质世界和精神世界中。休闲哲学以人的休闲状态和生命态度为对象,是对人'成为人'的过程的一种观照与探索。休闲哲学归根结底是对人的认识,这与哲学探索的最高目标相一致。"③随着我国人民收入水平、生活水平的不断提高,人民对于美好生活的向往必然包含着对于休闲生活的向往。现在人民越来越有钱,必然渴望越来越有闲,只有有闲,才能进行充分的文化消费——开展阅读、旅游、娱乐等;当文化消费成为消费新常态时,休闲也就成为生活新常态,休闲社会模式便成功开启。

纵观近几年节假日国内文化消费热潮,典型的是旅游消费——在节假日迅速达到高潮、景区游客骤然爆满。显而易见,今天的消费者大多不缺钱,只缺"闲"。"闲"是文化消费的前提条件,是享受美好精神文化生活的必要支撑。今天,人们对于文化消费的需求越来越旺盛,对于"普遍有闲"④的休闲社会的憧憬也就越来越强烈。

休闲社会孕育休闲文化,反映了现代化的社会中现代化的人的一种崭新的生活态度和生活方式,是一种契合时代发展的文化价值观。这一文化的形成,是人类精神文化生活和面貌的一大改观。休闲文化的发展程度不仅可以作为衡量一个国家生产力水平的参考指标,更是衡量社会文明程度的重要指标。休闲文化的形成显然离不开以休闲消费为主要内容的文化消费,比如,大众旅游时代来临使得旅游度假成为最重要的一种休闲文化和消费文化,亲子游乐展示出其乐融融的家庭休闲文化并成为文化消费热点,体育健身作为当代社会最流行的休闲活动不断引领消费潮流。从此角度看,再次印证了文化消费营造休闲文化氛围、开启休闲社会模式这一论点。

二、文化消费建构学习型社会景观

1. "学习型社会"的含义

"学习型社会(learning society)"指形成有利于促进全民学习、终身学习的健全教育制度与热烈文化氛围,能够满足人民群众信息获取、知识更新、技能提升和身心发展要求,并不断激发人民群众主动学习、持续学习、创造性学习以及去功利化学习积极性的社会。建设学习型社会,是提高全民族思想道德素质和科学文化素质的要求,是经济社会发展的需要,是现

① 〔美〕凡勃伦:《有闲阶级论》,第1页。
② 参见陈来成《休闲学》,广州:中山大学出版社,2009,第32页。
③ 于光远、马惠娣:《于光远马惠娣十年对话——关于休闲学研究的基本问题》,重庆:重庆大学出版社,2008,第41页。
④ 于光远:《论普遍有闲的社会》,第3页。

代社会文明进步的重要体现。①

这一理念最早由美国学者罗伯特·哈钦斯(Robert Maynard Hutchins，1899—1977)于1968年在其专著《学习型社会》(*The Learning Society*)中提出。他认为人的个性化性格发展和现代化人格建构的过程就是一个不断学习的过程，学习型社会为人的全面发展提供保障，由此提出了从"学校化社会"向"学习型社会"转型的社会发展和教育发展理念，即"学习资源由构成社会的各个部门来提供，每个人都要参与教育和学习活动，充分发挥学校以外机构和制度的教育能力，达到自觉学习的目的"②。1972年5月，联合国教科文组织发布国际教育委员会编著的《学会生存——教育世界的今天和明天》报告书。这一具有里程碑意义的报告书高度强调的"终身教育"和"终身学习"两大理念迅速在国际社会传播开来，标志着学习型社会作为未来社会的形态在国际层面和官方层面得到正式"背书"。

21世纪初，我国把学习型社会作为社会建设目标之一，纳入全面小康社会的建设进程之中。党的十六大报告提出"形成全民学习、终身学习的学习型社会，促进人的全面发展"；党的十七大报告提出"发展远程教育和继续教育，建设全民学习、终身学习的学习型社会"，并首次提出了建设"学习型政党"的要求；党的十八大报告提出"积极发展继续教育，完善终身教育体系，建设学习型社会"和"建设学习型、服务型、创新型的马克思主义执政党"；党的十九大报告提出"办好继续教育，加快建设学习型社会，大力提高国民素质"和"增强学习本领，在全党营造善于学习、勇于实践的浓厚氛围，建设马克思主义学习型政党，推动建设学习大国"。习近平总书记强调"人人皆学、处处能学、时时可学"的学习型社会建设理念。

学习型社会应当具有学习机会开放均等(全民学习)、学习进程终身持续(终身学习)、学习行为自觉自主(学习者的主体性)、学习资源共建共享、学习制度不断健全、学习氛围日益浓厚、学习型组织(学习型政党、学习型政府、学习型企业、学习型团体、学习型家庭等)普遍化③、学习活动日常化、学风优良(尊师重教、崇文尚礼、恪守学术道德等)等一系列特征。

2. 形成学习型社会需要大力发展文化消费

文化消费是一种提升发展性消费，可以说文化消费都是学习型消费，只不过分为直接学习型消费和间接学习型消费，前者诸如阅读、教育、培训等消费，后者则指有助于开阔眼界、开发情商、拓展兴趣、充实生活的多多少少具有寓教于乐功能的休闲娱乐消费，诸如旅游、体育、文娱等消费。显然，学习型社会的发展离不开文化消费的发展。

第一，文化消费提升消费者学习兴趣。大部分文化消费是以个人兴趣为出发点开展的，消费者在围绕自身兴趣进行消费活动的同时也学习了各种文化，促进了身心修养。这种与文化消费同步的文化学习主要是基于兴趣的，功利因素较低，往往越消费就越有学习兴趣，以至于发展为一种消费习惯和学习习惯，甚至有"成瘾"可能性。

第二，文化消费提升消费者学习能力。文化消费具有增长学识、滋养才艺、陶冶情操的功效，消费者经常进行文化消费必然能够提升文化素质，如提升综合知识水平、提升欣赏鉴赏眼光、提升艺术才华技艺、提升审美趣味品位等，从而提升学习能力。

① 参见冯俊编《中华人民共和国国情词典》，北京：中国人民大学出版社，2011，第265页。
② 朱孔来、李俊杰：《国内外对学习型社会研究的现状评述及展望》，《贵州大学学报(社会科学版)》2011年第4期。
③ 参见刘海藩主编《现代领导百科全书——经济与管理卷》，北京：中共中央党校出版社，2008，第581页。

第三,文化消费提升社会学习氛围。文化消费是"全民学习"和"终身学习"的有效途径,文化消费在总消费中的占比反映出一个社会的消费结构,进而反映出一个社会的文明程度。显然,文化消费结构性占比较高的社会精神文明程度相应较高,社会的文化环境相应较好,学习氛围相应较好。一个充满文化消费爱好者的社会,必然呈现出学习型社会景观。

第十一章　我国文化消费现状与问题

第一节　消费大环境变革

一、我国步入后消费时代，消费者消费诉求升级

1. 我国快速步入后消费时代的历程

前消费时代，即消费社会尚未形成的时期，那时的社会还是生产型社会，资本尚处于积累阶段，那时有能力对基本生产生活资料以外的商品进行消费的是少数人，主要是权贵阶层。到了消费时代，消费社会形成，消费成为加速资本循环和驱动经济发展的重要杠杆，适于大众消费的物美价廉的商品被批量生产出来，消费阶层开始下滑，但这一时期拥有较强消费能力的仍是中产阶层以上群体。及至后消费时代，即消费时代的后期，这一时期，经济水平较之前期有了质的飞跃，直接使得大众阶层的消费能力有了显著提升，消费阶层进一步下滑，为数最多的大众阶层成为消费主力；[①]消费市场、消费者、消费行为、消费文化经过前期发展，社会呈现出消费需求越来越高涨、消费观越来越解放、消费力越来越发达的"消费盛世"图景；消费领域表现出来的最显著特征就是排浪式消费终结、个性化消费崛起，"相比较固态现代性阶段满足刚性需要的消费，当代消费者需求的重心已变迁为个性化与精神情感的需求，文化和观念的消费取代了产品物理属性的消费"[②]。我国步入后消费时代，是一个快速的历程。

"十五"时期（2001—2005 年），我国社会显现出消费需求高涨、消费力旺盛、消费市场繁荣的西方式消费社会端倪；"十一五"和"十二五"时期（2006—2015 年），我国经济高速发展，我国社会正式进入消费社会；到了"十三五"时期（2016—2020 年），我国一二线城市和发达省份已经步入后消费时代，领跑社会消费趋势，带动全国消费结构转型；进入"十四五"时期，消费结构还会进一步转型。这样的消费社会发展轨迹是与社会经济生产力水平和人民群众群众生活水平相适应的。

在改革开放初期，在我国社会经济刚达到温饱阶段时，消费是典型排浪式的，消费热点比较集中，具有明显的从众心理作用下的模仿特征：当一种新消费品一个人能买得起时，大

---

① 参见扈海鹂《消费文化下中产阶层发展与社会政策——以青年发展为视角》，《人文杂志》2013 年第 11 期。
② 李和平、杨宁、张玛璐：《后消费时代城市文化资本空间生产状况解析》，《人文地理》2016 年第 2 期。

多数人也都已能买得起,这就迅速形成一股消费浪潮;一段时间内,以一种消费为主导,如彩电、空调、电脑、手机等,曾经都是热门的大众消费品。这是初级小康阶段的消费现象。到了改革开放中后期,低级排浪式消费演进为中高级排浪式消费,体现出消费的阶层性,即同一社会阶层的人追求同一层次的消费,消费热点反映出多层次性。在中级排浪式消费阶段,我国人民对于商品房的消费需求明显增加,房产消费成为中产阶级的热门消费;到达高级排浪式消费阶段,对于商品房的消费需求分化为高、中、低的不同层次,"高排浪"的层次性特征愈发显现。这样三个不同的排浪式消费阶段,是在不同的历史条件下形成的,对应我国小康社会建设的初期、中期和后期三个阶段。

如今,我国已经实现了全面建成小康社会的历史性目标。伴随经济发展步入新常态,我国社会中等收入群体明显扩大,中产阶级数量明显增多,人民群众的消费能力明显提高。这时,多层次的"高排浪"消费成为消费主流,而与排浪式消费相对立的个性化消费需求越来越突出,后消费时代即将来临。在这一历史时期,人民群众不再满足于"你有我也有",而是追求"人无我有,人有我新",追求"独有",消费越来越彰显个性色彩,开始了风格化消费。

2. 消费者对消费品的文化诉求越来越多

步入后消费时代,消费者们不再跟风模仿,而是注重彰显个性。这主要体现在以下几点:一是追求品牌品质,"精品意识"愈发强烈;二是追求风格特色,这符合后现代文化的特征;三是追求格调品位,用消费来区分身份和层次,体现阶级性;四是追求艺术美感,要求整个消费过程赏心悦目;五是追求精神享受,寄寓寄托文化情思。这一切,都是为了追求自我实现和自我展现,都是为了凸显"我的价值"与"我的文化"。显然,消费者早已不满足于仅仅获得使用价值,对消费品的文化诉求越来越多,于是吃穿住行各个大众消费领域都借文化元素来包装提升,纷纷进行文化营销,注重打造品牌形象,造成了产业经济的"泛文化化"。

落脚到文化产业领域来看当前的文化消费,这里引入一种"虚拟经济"①的提法,该观点认为,现在方兴未艾的信息经济、知识经济、体验经济、文化产业、创意产业等领域,都活跃着虚拟经济的身影。因为这些领域本身创造的价值并不能用传统的实物价值来衡量,甚至它们使得传统的实物价值暴涨数十倍乃至千百倍,这个时候,体现出来的更多是虚拟价值,也正是这种虚拟价值令消费者趋之若鹜。文化产业在"虚拟经济"的土壤中生根。更确凿地说,虚拟价值即符号价值,其价值在于符号的象征性,在于符号背后的文化意味,因此虚拟经济即符号经济。消费者对于独特符号的占有欲驱使其消费。

文化产品是物质形态与精神内核的统一体。在资本循环流动的运动增殖过程中,是无形的信息流而非有形的物质流在流动,发端于心又指向于心的创意是文化产业的核心,是文化价值的源泉,但文化价值也不能离开物质形式而凭空存在,"文化产品是物质形式和文化形式的统一体,也是使用价值和虚拟价值的统一体……文化产业的思维导致了传统的实物价值虚拟化,进而促进了传统产业的升级,同时它也导致虚拟价值实物化,从而促进了文化的货币化进程"②。文化消费使得文化价值的实现与增值具有很大特殊性。一是主观性,或言任意性,消费者价值判断是任意的,是任性之举;二是随机性,价值所附着的文化产品的生产和消费关系并非传统经济学理论能解释清楚的函数关系,具有很大的不确定性,并且,价

---

① ② 刘庆振:《虚拟经济视角下文化产业的生产与消费》,《声屏世界》2015 年第 2 期。

格对于供求的作用并不明显,两者似乎无必然联系,若把两者关系在平面上表现出来,则像一种悬浮微粒无规则且不停息地运动,即布朗运动现象;三是生产成本和最终所产生的价值并不一定正相关,最终能实现和创造多大价值,受消费心理(市场心理)左右;四是价值的无限性,无论在空间上,还是在时间上,价值链皆可无限延展,可跨国界传播文化价值,随历史沉淀文化价值,价值无可估量。

文化消费能满足并刺激人们的"精神食欲"。马克思称人的文化需求或者心理需求为"精神食欲",这种需求正是文化消费、文化产业乃至文化生产力的逻辑起点。当下,创意阶层崛起使文化产业迎来大发展契机,我国推行的"双创"模式必将促成文化产业的跨领域、多维度的大融合和大发展。"文化+"促使各个经济领域的文化味日趋浓厚,不仅仅是文化消费领域,整个消费领域都充斥着文化消费欲望和文化消费活动。

二、文化介入供需双侧改革,文化产业供需结构升级

1. 我国供需双侧结构性改革中文化全方位发力

"十三五"时期起,我国开启了供给侧结构性改革的征程,目的是使供给体系更好适应需求结构的变化,以此引领新常态下的经济焕发新活力。供给侧结构性改革,着眼于供给的质而非供给的量,从提高供给质量出发,推进供给结构调整,矫正要素配置错位的问题。这一改革从生产领域入手,提高全要素生产率,要求抓好去产能、去库存、去杠杆、降成本、补短板这五大重点任务,使生产与消费、供给与需求紧密衔接,着力减少无效供给和增加有效供给,尤其是加强优质供给,使供给结构适应不断变化的需求结构,具有更好的灵活性,从而更好地满足民众的美好生活需要,为经济社会持续健康发展增添动力。

今天,看待我国的供给侧结构性改革,必须与需求侧结构性改革放在一起来看;推进供给侧结构性改革,必须与需求侧结构性改革同步进行,要解决供给和需求两端相对乏力、乏质的问题。并且,需求调节是近期任务,供给调节是中长期任务,首先需要进行需求侧结构性调整。需求侧改革,相对于供给侧改革,着眼于拉动有效需求,并且,不但要扩大需求总量,更要提高需求质量、提升需求层次。有效需求有两个基本要素:一是消费欲望,二是消费能力。也就是说,只有当消费者想消费并且能消费得起时,这样的需求才是有效的。因此,处于这样一个经济转型机遇期,当供需双侧结构性改革遍布各个经济领域,文化领域的此番改革不但势在必行,而且首当其冲,为当前文化改革发展提供了新思路。

应该说,文化的供需双侧结构性改革不但是整个改革的一部分,更影响着整个改革进程。首先,文化生产创造新供给,带动消费结构升级。其同时延伸供给链条和消费链条。在供给方面,一是通过"文化+"实现供给侧结构升级,二是文化产业创造了大量新供给。在需求方面,一是塑造民众对于文化品位的消费意识,改变消费观念;二是培养民众的文化消费习惯,引领消费时尚。其次,文化生产发展绿色经济,推动绿色消费。这是文化对于供需双侧结构性改革的最好作用。再次,文化生产革新生产概念,提高消费诉求。在生产与供给方面,生产者的精品意识和创造意识越来越强,越来越注重文化的植入,以此打造特色鲜明的文化形象,把工业品变为艺术品,使产品个性化、服务人性化,打造出有内涵的品牌,留住并锁定消费者;在消费和需求方面,消费者的精品消费意识和"新、奇、独、特"消费渴求越来越

突显,随着消费能力的提高,有效需求不断扩大,人们已经不再斤斤计较价格,而是追求甚至苛求品质。因此,与品质品位息息相关的文化,给供需双侧结构性改革提供了最佳注解。

总的来说,我国供给侧结构正在革新,需求侧结构相应调整,文化成为一关键性要素,全程参与,全方位发力,开启我国文化消费新纪元。

2. 文化产业供需双侧结构性改革提振文化消费

经济学上通常认为供给侧改革是从产业经济发展的源头入手,而需求侧改革则是对产业经济发展的结果关照。[①] 而实际上,供与需常常是互为因果、互相驱动的。供给侧升级必然激发相应的消费需求,而不断升级的需求侧必然要求与之相匹配的供给侧。在文化产业领域,在供需双侧结构性改革的大背景下,文化生产与文化供给、文化需求与文化消费的结构性改革呼之欲出。文化与科技"双轮驱动"、"文化+"跨界融合几乎无所不包、文化精品意识与创新意识空前高涨,这一切都预示着,文化领域将是新消费最活跃的领域,"文化盛宴"和"文化狂欢"将为全民共享。

当前我国文化产业供需双侧结构性改革主要目标有两点:一是促进供求精准对接,化"无效供给"为"有效供给",从而增进文化消费动力;二是促进供求层次协同升级,突破"有高原、缺高峰"的供给瓶颈,强化精品意识,并且注重培养民众"文化艺术细胞",提升民众文化消费品位。可见,这两点目标最终都是要推动文化消费迈上新台阶。也只有文化消费总量和质量不断提升,才能证明文化生产不断提升。通过观察文化需求侧变化发展,可以验证文化供给侧改革成效。强调文化内涵的新消费观念是这个时代文化发展的强劲引擎,是文化内容创新和文化业态演进的催化剂。

进一步说,当前我国大力推进的文化产业供给侧和需求侧协同互动式发展,可以实现供求双向反馈,有效避免"政策单侧失灵"[②];可以更精准地实现靶向式调控,达到预期发展目标;可以更好地促进文化产业新旧业态和新旧动能交替,激发其内生动力。站在这样的角度看,我国文化供需双侧结构性改革必然大有作为,文化产业正蓄势待发,冲刺支柱性产业,文化消费前景光明。

第二节 文化消费总体趋势向好,显现可喜势头

一、文化消费需求增加、潜力巨大

1. 文化消费总量持续扩大

国家统计局2019年8月发布的《消费市场日益强大 流通方式创新发展——新中国成立70周年经济社会发展成就系列报告之十一》指出:"随着居民生活水平的稳步提高和市场供给端的长足进步,消费热点由满足人民群众物质生活需求的实物消费向体现人民美好生活

---

① 参见国家行政学院经济学教研部编《中国供给侧结构性改革》,北京:人民出版社,2016,第12页。
② 齐骥:《供给侧与需求侧协同视角下的文化产业发展研究》,《深圳大学学报(人文社会科学版)》2016年第6期。

需要的服务消费转变。大众餐饮、文化娱乐、休闲旅游、教育培训、健康养生等服务消费成为新的消费热点。"①盘点当下消费市场,可以得出"消费升级"的结论:

一方面,居民可支配收入和消费持续增长。"十三五"时期的数据显示:2016 年,全国居民人均可支配收入 23821 元,比上年增长 8.4%,扣除价格因素,实际增长 6.3%;全国居民人均消费支出 17111 元,比上年增长 8.9%,扣除价格因素,实际增长 6.8%。② 2017 年,全国居民人均可支配收入 25974 元,比上年增长 9.0%,扣除价格因素,实际增长 7.3%;全国居民人均消费支出 18322 元,比上年增长 7.1%,扣除价格因素,实际增长 5.4%。③ 2018 年,全国居民人均可支配收入 28228 元,比上年增长 8.7%,扣除价格因素,实际增长 6.5%;全国居民人均消费支出 19853 元,比上年增长 8.4%,扣除价格因素,实际增长 6.2%。④ 2019 年,全国居民人均可支配收入 30733 元,比上年增长8.9%,扣除价格因素,实际增长 5.8%;全国居民人均消费支出 21559 元,比上年增长 8.6%,扣除价格因素,实际增长5.5%。⑤ 2020 年,全国居民人均可支配收入 32189 元,比上年增长 4.7%,扣除价格因素,实际增长 2.1%;全国居民人均消费支出 21210 元,比上年下降 1.6%,扣除价格因素,实际下降 4.0%,消费下降与新冠肺炎疫情有直接关系。⑥ (图 11.1)

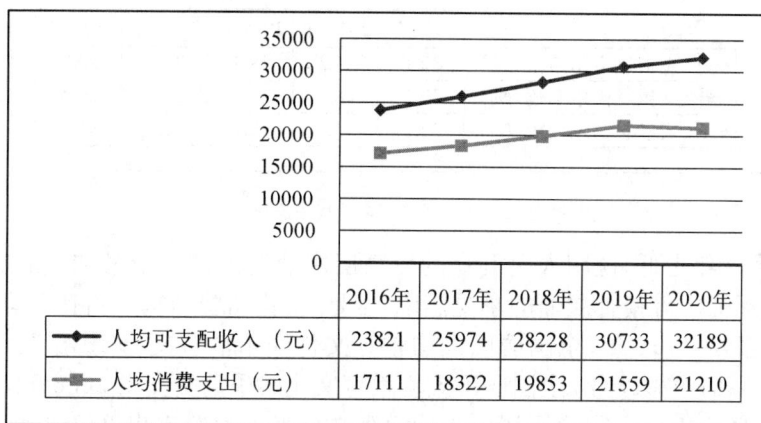

	2016年	2017年	2018年	2019年	2020年
人均可支配收入(元)	23821	25974	28228	30733	32189
人均消费支出(元)	17111	18322	19853	21559	21210

图 11.1　"十三五"时期全国居民人均可支配收入及人均消费支出情况

①《消费市场日益强大 流通方式创新发展——新中国成立 70 周年经济社会发展成就系列报告之十一》,国家统计局,http://www.stats.gov.cn/tjsj/zxfb/201908/t20190802_1688781.html,访问日期:2019 年 8 月 2 日。
②《中华人民共和国 2016 年国民经济和社会发展统计公报》,国家统计局,http://www.stats.gov.cn/tjsj/zxfb/201702/t20170228_1467424.html,访问日期:2017 年 2 月 28 日。
③《中华人民共和国 2017 年国民经济和社会发展统计公报》,国家统计局,http://www.stats.gov.cn/tjsj/zxfb/201802/t20180228_1585631.html,访问日期:2018 年 2 月 28 日。
④《中华人民共和国 2018 年国民经济和社会发展统计公报》,国家统计局,http://www.stats.gov.cn/tjsj/zxfb/201902/t20190228_1651265.html,访问日期:2019 年 2 月 28 日。
⑤《中华人民共和国 2019 年国民经济和社会发展统计公报》,国家统计局,http://www.stats.gov.cn/tjsj/zxfb/202002/t20200228_1728913.html,访问日期:2020 年 2 月 28 日。
⑥《中华人民共和国 2020 年国民经济和社会发展统计公报》,国家统计局,http://www.stats.gov.cn/tjsj/zxfb/202102/t20210227_1814154.html,访问日期:2021 年 2 月 27 日。

另一方面,伴随着恩格尔系数持续下降,居民消费结构不断优化升级,文化消费结构性占比日益提升。"十三五"时期的数据显示:2016 年,恩格尔系数为 30.1%,比上年下降 0.5 个百分点,其中城镇为 29.3%,农村为 32.2%;[1]2017 年,恩格尔系数为 29.3%,比上年下降 0.8 个百分点,其中城镇为 28.6%,农村为 31.2%;[2]2018 年,恩格尔系数为 28.4%,比上年下降0.9个百分点,其中城镇为 27.7%,农村为 30.1%;[3]2019 年,恩格尔系数为 28.2%,比上年下降 0.2 个百分点,其中城镇为 27.6%,农村为 30.0%;[4]2020 年,恩格尔系数为 30.2%,比上年上升 2 个百分点,其中城镇为 29.2%,农村为 32.7%,[5]此种反常情况,考虑与新冠肺炎疫情有关。(图 11.2)

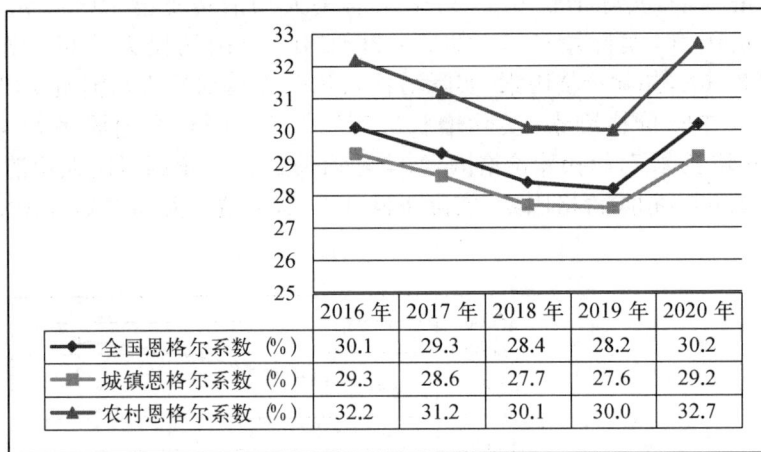

	2016 年	2017 年	2018 年	2019 年	2020 年
全国恩格尔系数（%）	30.1	29.3	28.4	28.2	30.2
城镇恩格尔系数（%）	29.3	28.6	27.7	27.6	29.2
农村恩格尔系数（%）	32.2	31.2	30.1	30.0	32.7

图 11.2 "十三五"时期全国居民恩格尔系数

恩格尔系数逐年走低,说明人民群众的较高层次消费需求不断增加,如兴趣需求、社交需求、学习和发展需求等精神层面的享受需求,于是,文化消费结构性占比逐渐提升。"十三五"时期的数据显示:2016 年,全国居民人均教育文化娱乐消费支出 1915 元,占比 11.2%,比上年增加 11.1%;[6]2017 年,全国居民人均教育文化娱乐消费支出 2086 元,占比 11.4%,比上年增加 8.9%;[7]2018 年,全国居民人均教育文化娱乐消费支出 2226 元,占比 11.2%,

①⑥《中华人民共和国 2016 年国民经济和社会发展统计公报》,国家统计局,http://www. stats. gov. cn/tjsj/zxfb/201702/t20170228_1467424. html,访问日期:2017 年 2 月 28 日。

②⑦《中华人民共和国 2017 年国民经济和社会发展统计公报》,国家统计局,http://www. stats. gov. cn/tjsj/zxfb/201802/t20180228_1585631. html,访问日期:2018 年 2 月 28 日。

③《中华人民共和国 2018 年国民经济和社会发展统计公报》,国家统计局,http://www. stats. gov. cn/tjsj/zxfb/201902/t20190228_1651265. html,访问日期:2019 年 2 月 28 日。

④《中华人民共和国 2019 年国民经济和社会发展统计公报》,国家统计局,http://www. stats. gov. cn/tjsj/zxfb/202002/t20200228_1728913. html,访问日期:2020 年 2 月 28 日。

⑤《中华人民共和国 2020 年国民经济和社会发展统计公报》,国家统计局,http://www. stats. gov. cn/tjsj/zxfb/202102/t20210227_1814154. html,访问日期:2021 年 2 月 27 日。

比上年增加 6.7%；①2019 年,全国居民人均教育文化娱乐消费支出 2513 元,占比 11.7%,比上年增加12.9%；②2020 年,全国居民人均教育文化娱乐消费支出 2032 元,占比 9.6%,比上年减少19.1%,③此种反常情况,考虑与新冠肺炎疫情有关。(图 11.3)

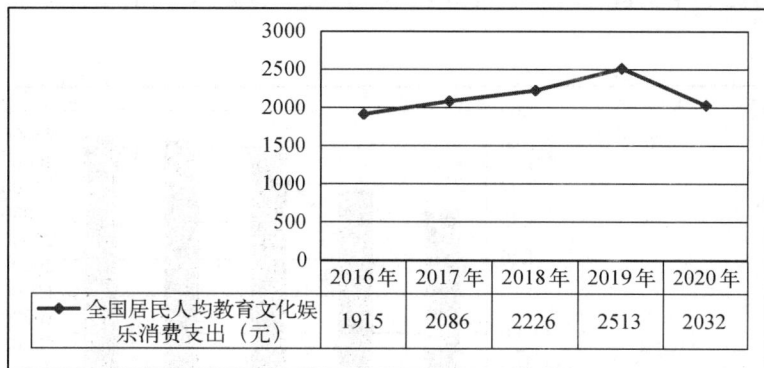

	2016年	2017年	2018年	2019年	2020年
全国居民人均教育文化娱乐消费支出（元）	1915	2086	2226	2513	2032

图 11.3 "十三五"时期全国居民教育文化娱乐消费情况

并且,在文化产业一系列政策春风的吹拂下,我国文化产业整体取得了长足进步。"十三五"期间的数据显示:2016 年,全国文化及相关产业增加值为 30785 亿元,比 2012 年增长67.4%,比上年增长 13.0%(未扣除价格因素),比同期 GDP 名义增速高 4.4 个百分点；④占GDP 的比重为 4.14%,比 2012 年提高 0.59 个百分点,比上年提高 0.19 个百分点。⑤ 2016年,旅游及相关产业、文化及相关产业、体育产业等"幸福产业"增加值占 GDP 的比重分别达到 4.44%、4.14%和 0.87%,较上年分别提高了 0.08、0.19、0.13 个百分点。⑥ 2017 年,全国文化及相关产业增加值为 34722 亿元,占 GDP 的比重为 4.2%,比上年提高 0.06 个百分点,比上年增长 12.8%,比同期 GDP 名义增速高 1.6 个百分点；其中,文化核心领域创造的增加值为 22500 亿元,比上年增长 14.5%,占文化及相关产业增加值的比重为 64.8%。⑦2018 年,全国文化及相关产业增加值为 41171 亿元,占 GDP 的比重为 4.48%,比上年提高0.22 个百分点；⑧旅游及相关产业增加值为 41478 亿元,占 GDP 的比重为 4.51%,比上年提

① 《中华人民共和国 2018 年国民经济和社会发展统计公报》,国家统计局,http://www.stats.gov.cn/tjsj/zxfb/201902/t20190228_1651265.html,访问日期:2019 年 2 月 28 日。
② 《中华人民共和国 2019 年国民经济和社会发展统计公报》,国家统计局,http://www.stats.gov.cn/tjsj/zxfb/202002/t20200228_1728913.html,访问日期:2020 年 2 月 28 日。
③ 《中华人民共和国 2020 年国民经济和社会发展统计公报》,国家统计局,http://www.stats.gov.cn/tjsj/zxfb/202102/t20210227_1814154.html,访问日期:2021 年 2 月 27 日。
④ 国家统计局党组:《贯彻落实新理念 奋力创造新辉煌》,《中国信息报》2017 年 6 月 20 日第 1 版。
⑤ 《2016 年我国文化及相关产业增加值比上年增长 13%》,国家统计局,http://www.stats.gov.cn/tjsj/zxfb/201709/t20170926_1537729.html,访问日期:2017 年 9 月 26 日。
⑥ 《服务业已成为我国经济发展的主动力》,国家统计局服务业司,http://www.stats.gov.cn/tjsj/sjjd/201804/t20180414_1593908.html,访问日期:2018 年 4 月 14 日。
⑦ 《2017 年我国文化及相关产业增加值占 GDP 比重为 4.2%》,国家统计局,http://www.stats.gov.cn/tjsj/zxfb/201810/t20181010_1626867.html,访问日期:2018 年 10 月 10 日。
⑧ 《2018 年全国文化及相关产业增加值占 GDP 比重为 4.48%》,国家统计局,http://www.stats.gov.cn/tjsj/zxfb/202001/t20200121_1724242.html,访问日期:2020 年 1 月 21 日。

高了 0.05 个百分点。[1] 2019 年,我国文化及相关产业增加值为 44363 亿元,比上年增长 7.8%(未扣除价格因素);占 GDP 的比重为 4.5%,比上年提高 0.02 个百分点。[2] 2020 年, 全国文化及相关产业增加值为 44945 亿元,比上年增长 1.3%(未扣除价格因素);占 GDP 的 比重为 4.43%,比上年下降 0.07 个百分点。[3] 人民大众的文化消费需求正不断被挖掘。 (图 11.4)

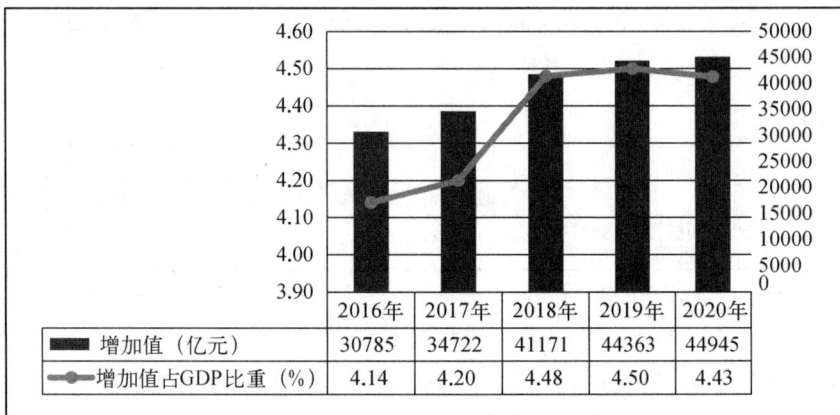

	2016年	2017年	2018年	2019年	2020年
增加值(亿元)	30785	34722	41171	44363	44945
增加值占GDP比重(%)	4.14	4.20	4.48	4.50	4.43

图 11.4 "十三五"时期全国文化及相关产业发展情况

概括而言,"十一五"和"十二五"的 10 年间,我国人民文化消费意愿日趋强烈,文化消费 能力也不断提高。"十二五"期末的统计数据反映:2015 年全国居民人均教育文化娱乐消费 支出 1723 元,比 2013 年增长 23.3%,年均增长 11.0%,快于全国居民人均消费支出年均增 速 2.0 个百分点。[4] 旅游观光、体育健身等文化消费量剧增,发展成为人民习惯性的常态消 费,俨然成为消费重头戏。特别是经济发达地区,消费社会成型,重视商品的文化价值的个 性化消费越来越多,文化消费意愿不断增强。

"十三五"时期,文化业态呈现出百花齐放的局面,文化产品五光十色,文化创意无处不 在,真是"想不进行文化消费都难";更多地区进入消费社会,消费从量到质跃升,文化消费引 领品质消费;中等以上收入群体基本都拥有了文化消费习惯,看电影、旅游、健身都成为生活 必不可缺的部分。中国旅游研究院和上海创图公共文化和休闲联合实验室通过研究院自主 调研平台,在全国 31 个省、市、自治区开展城乡居民文化消费专项调查,收集有效样本 15027 份,于 2019 年 8 月发布了《2019 上半年全国文化消费数据报告》,指出文化消费升级是国民 消费升级的重要标志,文化消费已成为提升国民幸福感的重要途径。51.78%的受访者认为

---

[1]《2018 年全国旅游及相关产业增加值 41478 亿元》,国家统计局,http://www.stats.gov.cn/tjsj/zxfb/202001/ t20200119_1723659.html,访问日期:2020 年 1 月 19 日。
[2]《2019 年全国文化及相关产业增加值占 GDP 比重为 4.5%》,国家统计局,http://www.stats.gov.cn/tjsj/zxfb/ 202101/t20210105_1812052.html,访问日期:2021 年 1 月 5 日。
[3]《2020 年全国文化及相关产业增加值占 GDP 比重为 4.43%》,中国政府网,http://www.gov.cn/xinwen/2021 - 12/ 30/content_5665353.html,访问日期:2022 年 3 月 16 日。
[4]《居民收入快速增长 人民生活全面提高——十八大以来居民收入及生活状况》,国家统计局,http://www.stats.gov. cn/tjsj/sjjd/201603/t20160308_1328214.html,访问日期:2016 年 3 月 8 日。

"文化消费能提高人的生活质量和幸福感,比衣食住行更重要",38.74%的受访者认为"文化消费属于生活必需品,跟衣食住行一样重要",两者占比达九成,[①]可见民众的文化消费需求之强烈。进入"十四五"时期,虽然前期我国经济遭受了2019年底爆发的新冠肺炎疫情的冲击,民众文化消费水平有所滑坡,但民众对于美好文化生活的向往依然强烈,经过抗疫斗争,我国文化产业逐步复苏。

并且,若把居民消费项目按层次从低到高划分为吃穿(食品烟酒、衣着)、住用(居住、生活用品及服务)和发展享受三大类,观察2015—2021年《中国统计年鉴》相关数据可以发现,吃穿消费占比持续下降,住用消费占比缓慢下降,发展享受消费占比有所提升。因此可推断,居民消费结构升级正在发生。

2. 文化消费大有潜力可挖

当前正是我国"文化强国"建设走向高潮、文化体制改革进入深水区、文化产业成长为支柱性产业、文化市场蒸蒸日上的时期。政府引导和政策支持、业态多元和产业升级、创意迭出和个性消费等都为文化消费营造了有利的条件和氛围,预示我国文化消费黄金期将要到来。

文化消费水平必然伴随着经济水平的提升而提升,"十三五"时期的数据表明:2016年,全国GDP为744127亿元,比上年增长6.7%;人均GDP为53980元,比上年增长6.1%。[②] 2017年,全国GDP为827122亿元,比上年增长6.9%;人均GDP为59660元,比上年增长6.3%。[③] 2018年,全国GDP为900309亿元,比上年增长6.6%;人均GDP为64644元,比上年增长6.1%。[④] 2019年,全国GDP为990865亿元,比上年增长6.1%;人均GDP为70892元,比上年增长5.7%。[⑤] 2020年,全国GDP为1015986亿元,比上年增长2.3%;人均GDP为72447元,比上年增长2.0%,增速放缓,与新冠肺炎疫情有关。[⑥](图11.5)如此,从理论上看,文化消费必然节节升高。有关专家预测,一二线城市的人均GDP突破20000美元以后,像发达国家一样的"脱物化"消费倾向将日益突出;[⑦]相关研究报告则指出,我国文化消费存在超过3万亿元的巨大缺口。[⑧] 可见,文化消费潜力还未被充分挖掘,文化消费潜力一旦被激活,必然成为推动经济结构调整、拉动内需的重要杠杆。

---

① 《2019上半年全国文化消费数据报告》,中国旅游研究院,http://mp.weixin.qq.com/s/c3ZLFhzh3OuUyuV2YkSuBg,访问日期:2019年8月7日。
② 《中华人民共和国2016年国民经济和社会发展统计公报》,国家统计局,http://www.stats.gov.cn/tjsj/zxfb/201702/t20170228_1467424.html,访问日期:2017年2月28日。
③ 《中华人民共和国2017年国民经济和社会发展统计公报》,国家统计局,http://www.stats.gov.cn/tjsj/zxfb/201802/t20180228_1585631.html,访问日期:2018年2月28日。
④ 《中华人民共和国2018年国民经济和社会发展统计公报》,国家统计局,http://www.stats.gov.cn/tjsj/zxfb/201902/t20190228_1651265.html,访问日期:2019年2月28日。
⑤ 《中华人民共和国2019年国民经济和社会发展统计公报》,国家统计局,http://www.stats.gov.cn/tjsj/zxfb/202002/t20200228_1728913.html,访问日期:2020年2月28日。
⑥ 《中华人民共和国2020年国民经济和社会发展统计公报》,国家统计局,http://www.stats.gov.cn/tjsj/zxfb/202102/t20210227_1814154.html,访问日期:2021年2月27日。
⑦ 齐勇锋:《文化消费的现状与发展趋势》,《前线》2015年第3期。
⑧ 李昌禹:《3万亿文化消费缺口怎么补》,《人民日报》2013年11月13日第11版。

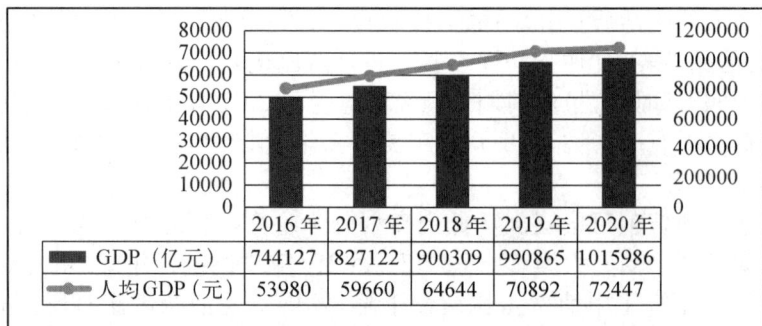

图 11.5 "十三五"时期 GDP、人均 GDP 情况

中国人民大学文化产业研究院发布的"2018 年中国文化消费指数"显示：从 2013 年到 2018 年,中国文化消费指数呈现持续增长势头,由 73.7 增至 82.2,年均增长率为 2.6%。并且,26—40 岁居民始终是文化消费的主力,文化消费能力和消费水平指数较为突出。[①] 显然,年轻一代形成的特定文化消费偏好和习惯,可以持续很长时间。文化消费主要群体的年轻化趋势,说明了文化消费市场的潜力巨大。各年度的《中国文化消费需求景气评价报告》《中国文化产业供需协调检测报告》《中国文化消费指数报告》《中国文化消费报告》《中国城市文化消费报告》都得出相似结论。

并且,从我国文化市场的发展情况上看,可以得出市场潜在空间巨大的结论。一是我国文化市场开放水平和国际化程度不断提升:对外文化贸易长期保持顺差局面,中华文化在海外的"圈粉"能力日益提升,海外文化市场广阔;国内外文化市场日益深层化的接轨促使国内文化市场国际化和国际文化市场国内化,能够较好对应文化全球化时代的消费者本土化和国际化兼具的文化消费上的"杂食主义"口味。二是当前全国各地都注重打造区域特色文化市场,伴随着新型城镇化进程,特色小镇以特色文化吸引各方游客,"一村一品"带动乡村文化产业,区域特色文化市场是区域文化消费的新增长点。三是尽管我国文化市场还存在意识形态动摇、主流价值观渗透不够、"三俗"文化泛滥等市场机制运行失序等问题,但如今,许多文化消费者面对这些问题,文化自觉程度相比于 10 年前已经有了明显提升,能鉴别种种不雅和不良文化,自觉抵制,且形成批判性质的公众舆论,而政府调控和监管力度也不断强化,文化市场不断净化,符合"主旋律"的文化产品显然更有市场潜力。

二、文化消费呈现新趋势,新消费现象频生

1. 跨领域文化消费兴起

当前,我国文化产业结构和形态正在革新升级:在产业结构上,文化产业链不断延伸,文化产业已经初具支柱性产业规模,"大文化产业"景象显现;在产业形态上,新文化业态层出不穷,文化创意载体、文化内容形式、文化经营模式等都不断推陈出新。这一切,都使得我国

[①]《中国文化消费指数显示:超六成居民青睐国产电影》,中国新闻网,https://www.chinanews.com.cn/m/cul/2019/01–12/8727386.shtml,访问日期:2022 年 3 月 16 日。

大众文化消费格局得以改观。现在的文化消费,已经不仅仅发生在文化艺术领域以内,而是伴随着"文化十"跨界融合趋势向各个领域延伸。如文化十旅游,是新兴文化产业与传统旅游产业的深度相加,加出了情怀旅游、影视旅游、学研旅游等新型旅游产品,更有"VR旅游"这样的科技创意型旅游产品触动消费欲望。而有关学者指出,目前中国的旅游产品中,传统观光产品供给供过于求,新型文体休闲、"慢生活"度假、养生养老等旅游产品供不应求,旅游业急需供给侧结构性改革;与以往的"走马观花"式旅游相比,现在的游客更倾向于深度游览,尤其热衷于独特的文化体验。① 文化十科技,是以技术手段来表现艺术,将文化之灵注入科技,使得文化产品及服务现代感、时尚感愈发强,可观可感、可玩可赏性愈加好,是年轻人尤其热衷的文化消费领域。文化十金融,不但是文化创业者消费的热点领域,而且由于文化产权交易渠道越来越广、方式越来越灵活,大众消费市场上也产生了艺术品变身理财产品、文化类股票交易初兴、文化投资渐渐进入老百姓视线等现象。文化十农业,促进美丽农村建设,开辟了农村文化产业新天地,造就了农业现代化的新面貌。文化十美食,在餐饮业掀起文化潮,文化主题餐厅迅速"吸粉",成为"网红餐厅";"文创食品"应运而生,并且与旅游市场默契结合,将食品包装成具有地方文化特色的精美伴手礼。文化十体育,用文化为中国传统体育项目赋能、将文艺和体育有机结合打造体育类综艺节目、开发体育文化旅游目的地等,吸引着大众消费。文化十地产、文化十城市等都为地区文化发展创造新动力。还有"文化十"与"互联网十"的结合,催生了一系列新的文化消费形式,如线上艺术品交易、线上文博、线上票务、众包服务、参募众筹,特别是催生了"众创"空间和"创客"经济,高效地把文化消费者和生产者合为一体,不断创生出新的需求。可以说,"文化十"无所不"十",文化无处不渗透,消费者从被产品吸引,转变为被文化潮流所牵引。文化创意成为最强的消费驱动力,"文化十"跨领域消费成为消费潮流。

2. 跨国境文化消费风行

今天,出境游、海淘俨然成为消费狂欢。在文化消费领域,跨境消费兴起基于三点契机:其一,媒体越来越开放,国内消费者的外语水平越来越高,具有较高英语水平的国内消费者能较为便捷地在外媒上进行内容消费,如追剧、看节目、玩游戏、下载资料、在线学习、社交互动等。其二,网络消费平台越来越强大,只要有电脑或手机,就能随时随地买遍全世界;得益于数字技术,甚至能足不出户玩遍全世界。在文化消费领域,海外代购文化艺术礼品、品牌文体用品受到一部分人热捧,文化纪念品、文创产品的"海淘族"正在壮大,形形色色的跨国虚拟文化交易量也在增大。其三,中等收入群体不断扩大,直接刺激出境旅游市场规模不断扩大。当前,我国人民出境旅游热情高涨,出境旅游成为无性别、年龄段等消费偏好划分的最广受欢迎的大众文化消费项目。"十三五"期间的数据反映:2016年,我国出境旅游1.2亿人次,花费约1098亿美元。② 2017年,我国出境旅游1.3亿人次,同比增长8.3%;花费约1153亿美元,同比增长5.9%。③ 2018年,我国出境旅游1.5亿人次,同比增长15.4%;花费

---

① 参见姜文华、朱孟斐、朱孔来《旅游产业供给侧改革存在的问题与对策建议》,《山东社会科学》2017年第11期。
② 佚名:《出境旅游大数据早知道》,《中国信息化周报》2017年2月13日第14版。
③ 《中国的发展是世界的机遇》,国家统计局综合司,http://www.stats.gov.cn/tjsj/sjjd/201804/t20180412_1593477.html,访问日期:2018年4月12日。

超 1300 亿美元,同比增长 12.7%。[1] 2019 年,我国出境旅游人数达到 1.55 亿人次,同比增长 3.3%。[2] 我国已连续多年保持世界第一大出境旅游客源国地位,出境旅游人次和境外旅游消费均持续位列世界第一。[3]

3. 跨阶层文化消费普遍

当代社会,文化全球化和文化后现代化两大文化潮流的交织共生、新媒体文化的迅捷传播、文化特权的消亡和文化产品的廉价化、大众阶层文化素质的提升、中产阶层扩大等共同促使普遍化的"文化杂食(culture omnivorousness)"图景日益形成,弥合大众文化与精英文化、通俗文化与高雅文化的分野,模糊文化消费的阶层属性。[4]

美国学者彼得森与科恩于 1996 年提出了"文化杂食"的概念,以新的视角审视此前深受布尔迪厄文化资本学说影响的文化社会学,对于阶层习性与文化品位区隔理论进行了新的思考,认为我们当下所处的社会在文化上表现出两点鲜明的"边界消失"特征:阶层边界和文化边界都逐渐消失。这造成了社会成员的"文化杂食"程度越来越高。[5] 对"文化杂食"现象的研究存在一条主流路径——阶层决定论。该理论认为在社会分层结构中处于越上层的个体,越能够接受和喜爱非自身阶层的文化风格和更加多元的文化形式,中产阶层以上个体的文化胃口往往是杂食性而非偏食性的,喜好雅俗共赏、不拘一格,对于各种各样的文化消费充满热情。[6] 然而,联系实际看,"文化杂食"的阶层决定论面临着一些冲击:第一,文化全球化和文化后现代化都加速了文化上的"去中心化",人们能够轻而易举地接触到形形色色的文化。第二,文化通过各种新媒体平台广泛传播,这种传播本身就具跨阶层的属性,而且其碎片化、弥散化、即时化、互动化的传播方式本身就满足于吸引"并不专注"的消费者,培养了注意力分散的"文化杂食主义者"和浅尝辄止的"文化速食主义者",而通常,后者都是前者,他们消费文化的态度就和品尝各式各样的零食一样,追求快速多样,从不细嚼慢品。第三,时至今日,文化特权早已消亡,无论多么"高大上"的文化艺术,都有被全民共享的可能性,特别是在我国这样的社会主义国家,文化就是要为人民服务的,文化艺术只有被全民共享才能最大化地实现其价值。并且,由于文化生产、传播技术的革新发展,文化产品的价格越来越低廉,高雅文化艺术的价格也越来越"亲民",文化产品必然越来越畅销。近年来,我国政府为拉动文化消费专门对一些舞台艺术的生产经营方给予了财政补贴,促使其降低票价,收效比较显著;而在线视频直播和移动传播等技术,提供了更加廉价的文化消费途径,使高端文化进入低端市场,促进大众消费。第四,大众阶层文化素质不断提升也有力冲击了所谓阶层决定论,显然,现在绝不仅仅是中上层消费者能消费"下里巴人"的文化,而是"下里巴人"也

---

①《中国旅游研究院:2019 中国出境旅游发展年度报告》,199IT 中国互联网数据资讯中心,http://www.199it.com/archives/995988.html,访问日期:2020 年 1 月 9 日。
②《2019 年旅游市场基本情况》,中国旅游研究院,http://www.ctaweb.org/html/2020-3/2020-3-10-16-48-64712.html,访问日期:2020 年 3 月 10 日。
③《中国的发展是世界的机遇》,国家统计局综合司,http://www.stats.gov.cn/tjsj/sjjd/201804/t20180412_1593477.html,访问日期:2018 年 4 月 12 日。
④ Eijck K V, Lievens J, "Cultural omnivorousness as a combination of highbrow, pop, and folk elements: The relation between taste patterns and attitudes concerning social integration," *Poetics*, No. 36(2)(2008):217-242.
⑤ 参见周怡《文化社会学的转向:分层世界的另一种语境》,《社会学研究》2003 年第 4 期。
⑥ 参见朱迪《社会发展新阶段的消费品味特征》,《中国社会科学评价》2018 年第 1 期。

能欣赏"阳春白雪"。从我国目前的文化消费形势上看,大众文化仍是文化市场的主流,而高雅文化、精英文化的市场空间也伴随着民众教育水平提升、审美能力提升、生活品质提升而不断扩大。第五,社会阶层结构不断优化、中产阶层不断扩大更加有力地助推了普遍化的"文化杂食"。因此,我国当下跨阶层文化消费十分普遍,几乎所有阶层的消费者都既热衷于流行元素丰富、无深层话语的草根大众文化,亦具有不断攀升的生活审美化追求,需要高雅文化的熏陶滋养。

4. 新媒体文化消费大热

我国新媒体文化消费正式崛起、形成规模,新型文化消费平台成为消费者"新欢"是在"十二五"期间。此间,基于"三网合一"技术的云媒体数字电视在多地普及,不少人付费点播节目,还有不少人通过电视渠道购买文化艺术收藏品;基于"十二五"中后期智能手机和移动互联网的普及,手机上网成为最主要的上网方式,数字文化消费迅速升温。从 2012 年至 2015 年,短短三年间,网络文化消费规模就从占文化消费总量的不到 1％提升到了 7.5％,[1]成为最潮的文化消费方式。以 2015 年的数据为例,在电视剧线上点播方面,视频网站优酷联合艺恩发布的《2015 大剧琅琊榜》显示:2015 年大剧网络播放量屡创新高,前十名的剧目播放量都超过 50 亿次,相比于 2014 年,量级增长了 30 亿次;网络自制剧在 2015 年也取得佳绩,不仅播放量大增,还被改编为电视剧、电影,成功"反哺"影视业并逐渐赢得"主动权"。[2]图书市场上,线上线下齐头并进的格局也日益明显,北京开卷信息公司 2016 年 1 月发布的《2015 年中国图书零售市场报告》显示:2015 年移动阅读市场规模达 108 亿元,同比增长 22％;移动 App 在阅读领域的渗透率高达 60％,移动阅读人群集中在 30 岁以下年龄段。在音乐产业领域,95％的传统音乐运营模式已消亡,互联网(尤其是移动互联网)为音乐造就了新的生长空间,数字音乐是主流音乐生产与消费形式,未来将呈现爆炸式增长,音乐App 的市场规模亦很可观。[3]

"十三五"时期起,智能化进程全面开启,我国多地打造"智慧城市"。基于"十二五"时期新媒体用户娱乐与付费等习惯的养成,加之新媒体文化传播平台性能提升直接使得用户体验提升,新媒体文化消费成为大众消费常态。中国互联网络信息中心于 2018 年 1 月发布的第 41 次《中国互联网络发展状况统计报告》指出:"网络娱乐用户规模持续高速增长,文化娱乐产业进入全面繁荣期。2017 年网络娱乐类应用用户规模均保持了高速增长,强烈的市场需求、政策的鼓励引导、企业的资源支持共同推动网络文化娱乐产业进入全面繁荣期。网络娱乐应用中网络直播用户规模年增长率最高,达到 22.6％,其中游戏直播用户规模增速达 53.1％,真人秀直播用户规模增速达 51.9％。与此同时,网络文化娱乐内容进一步规范,以网络游戏和网络视频为代表的网络娱乐行业营收进一步提升。良好的行业营收推动网络娱乐厂商加大对于内容创作者的扶持力度,为网络娱乐内容的繁荣发展打下基础。"[4]中国互

① 王亚南、张晓明、祁述裕等:《文化蓝皮书:中国文化消费需求景气评价报告(2015)》,北京:社会科学文献出版社,2015,第 89 页。
② 转引自程丽仙《"2015 大剧琅琊榜":盘点电视剧网络表现》,《中国文化报》2016 年 1 月 15 日第 6 版。
③ 转引自邱玥、陈晨、刘坤《告别 2015,文化消费持续发力》,《光明日报》2016 年 1 月 14 日第 14 版。
④《第 41 次〈中国互联网络发展状况统计报告〉》,CNNIC 中国互联网信息中心,http://www.cnnic.net.cn/hlwfzyj/hlwxzbg/hlwtjbg/201803/t20180305_70249.htm,访问日期:2018 年 3 月 5 日。

联网络信息中心于 2019 年 2 月发布的第 43 次《中国互联网络发展状况统计报告》显示:"截至 2018 年 12 月,网络视频、网络音乐和网络游戏的用户规模分别为 6.12 亿、5.76 亿和 4.84 亿,使用率分别为 73.9％、69.5％和 58.4％。短视频用户规模达 6.48 亿,用户使用率为 78.2％。"[1]中国互联网络信息中心于 2020 年 4 月发布的第 45 次《中国互联网络发展状况统计报告》反映:网络娱乐类应用蓬勃发展,截至 2020 年 3 月,网络音乐、网络文学、网络游戏、网络视频、网络直播等用户规模和使用率较 2018 年底均有明显增长,特别是"2020 年初,受新冠肺炎疫情影响,大部分网络应用的用户规模呈现较大幅度增长。其中,在线教育、在线政务、网络支付、网络视频、网络购物、即时通信、网络音乐、搜索引擎等应用的用户规模较 2018 年底增长迅速,增幅均在 10％以上"。[2] 近年来,演出、赛事、会展等票券的在线成交量也急速飙升。微博、微信等社交互动平台大大提高了文化传播速率,扩大了"微文化"消费量,微视频、微程序、微刊、微课等新型文化消费品越来越受欢迎,以短视频为代表的自媒体文化娱乐方式普及度极高。中国互联网络信息中心于 2021 年 2 月发布的第 47 次《中国互联网络发展状况统计报告》反映:2020 年,我国网络娱乐类应用发展再攀新高,新冠肺炎疫情限制了线下文化娱乐活动开展,却助推了线上文化娱乐消费。网络游戏市场保持强劲增势,同比增长 20.71％,用户规模增长至网民整体的 52.4％;网络音乐用户规模增长至网民整体的 66.6％,用户付费习惯逐步养成,市场进入存量竞争阶段;网络文学用户规模增长至网民整体的 46.5％,用户付费意愿与作者创作环境改善;网络视频用户规模增长至网民整体的 93.7％,其中短视频用户规模增长至网民整体的 88.3％,长短视频平台业务加速融合;网络直播用户规模增长至网民整体的 62.4％,其中电商直播蓬勃发展,成为拉动经济内循环的有效途径。[3]

并且,阿里研究院和毕马威于 2018 年 9 月联合发布的《2018 全球数字经济发展指数》显示:我国数字消费者指数全球排名第一,其产生的数据成为推动我国数字经济发展的关键生产要素,其庞大的规模与高度的活跃度造就了我国数字经济的奇迹,我国数字消费市场全球影响力已经形成并不断扩大。[4]

5. 新文化休闲方式盛行

休闲消费一直是文化消费的热点领域。广大人民群众在节假日等闲暇时光,往往会选择各种文体活动来愉悦身心、享受生活。当今文化休闲出现了一些新方式,呈现了一些新趋势。第一,休闲消费与新型城镇化道路紧密结合。我国特色小镇和美丽乡村建设有声有色,乡镇游、农家乐等带动乡村经济和"周末经济",一些别具风土人情的乡村古镇脱颖而出,成为游客新宠;一些颇具乡土气息的老手艺、老物件等打动城市居民的心;乡镇民宿经营日益红火,一些品质不亚于星级酒店的高端精品民宿成为"网红打卡地",被列入度假消费清单。可以说,文化休闲消费助推新型城镇化道路越走越宽、越走越顺。第二,主题公园喜迎发展

---

[1]《第 43 次〈中国互联网络发展状况统计报告〉》,CNNIC 中国互联网信息中心,http://www.cnnic.net.cn/hlwfzyj/hlwxzbg/hlwtjbg/201902/t20190228_70645.htm,访问日期:2019 年 2 月 28 日。

[2]《第 45 次〈中国互联网络发展状况统计报告〉》,CNNIC 中国互联网信息中心,http://www.cnnic.net.cn/hlwfzyj/hlwxzbg/hlwtjbg/202004/t20200428_70974.htm,访问日期:2020 年 4 月 28 日。

[3]《第 47 次〈中国互联网络发展状况统计报告〉》,CNNIC 中国互联网信息中心,http://www.cnnic.net.cn/hlwfzyj/hlwxzbg/hlwtjbg/202102/t20210203_71361.htm,访问日期:2021 年 2 月 3 日。

[4] 阿里巴巴网络技术有限公司阿里研究院:《2018 全球数字经济发展指数报告》,2018,第 31 页。

"拐点"。近年来,建设者充分认识到"主题"而非"公园"是主题公园最重要价值所在,我国主题公园扭转了前期低水平的景观堆砌式、游乐园式重复建设,摆脱了千篇一律地依靠过山车、摩天轮等大型游艺项目的经营模式,注重开发 IP 价值链,结合高新科技,彰显文化特色,凸显文化主题,"从而实现了'逆向发展',即由'公园'向'主题'的逆价值链式发展"[1];盈利项目也更加多元,除了门票,还有文创纪念品、主题公园酒店、4D 影院、9D-VR 体验设施等。加之一大波国外著名主题公园(迪斯尼乐园、Hello Kitty 乐园、环球影城等)抢滩登陆我国城市,也刺激了我国主题公园不断革新经营理念、加强文化创意、提升顾客体验、实施转型发展。这就使得消费者选择更多样,且选项吸引力增加,玩主题公园也就成为大众热衷的休闲方式。第三,线下休闲娱乐业态升级,以娱乐综合体、点播影院、迷你 KTV、娃娃机集合店、电竞馆和高端网咖为代表的凸显时尚感、科技感,注重打造新奇体验的新兴线下休闲娱乐场所迅速增多,经营模式日渐成熟,而传统线下休闲娱乐场所如传统影院、KTV、游戏游艺厅、网吧等,经营模式陈旧、服务内容单一,对年轻人吸引力减弱,发展日渐式微。[2]

第三节 文化消费仍是短板,存在一段较长瓶颈

一、文化消费结构发展不尽如人意

1. 文化消费占整体消费结构比例长期偏低

我国文化产业领域学者借鉴美国经济学家钱纳里曾经提出过的一种消费升级理论,并参照国际经验,推论认为:当恩格尔系数在 50% 以下,人均 GDP 达到 1600 美元时,在所有消费中,文化消费应成为重要消费,占比应接近 20%;[3]人均 GDP 升至 3000 美元时,人民更注重着眼于人生发展和精神享受的文化消费,文化消费应快速增长,占比应不低于 23%;[4]人均 GDP 超过 5000 美元时,文化消费应呈现井喷式增长,占比应为 30—40%,[5]拉动消费结构升级。当恩格尔系数降至 30% 以下,人均 GDP 突破 8000 美元时,文化消费应成倍陡增,上升空间不可限量,占比可超过 50%;[6]人均 GDP 跨过 10000 美元门槛时,文化消费占比则会保持高位,常态化地稳定增长。[7] 可见,仅从理论上看,经济每上一个台阶,人民生活应随之进入新阶段,文化消费应随之迈上新台阶,一切呈现阶梯式递增状态。这种理论推演是明显乐观的。

然而,多年来,我国文化消费实际水平的变动情况却是不容乐观的,与上述理论相悖,与国际经验相悖,呈现出一种明显的悖论。我国人均 GDP 在 2005 年就超过了 1600 美元,

---

① 邱玥、陈晨、刘坤:《告别 2015,文化消费持续发力》,《光明日报》2016 年 1 月 14 日第 14 版。
② 参见上海艾瑞市场咨询股份有限公司《2018 年中国新生代线下娱乐消费升级研究报告》,2018,第 10 页。
③ 吴石磊:《中国文化产业发展对居民消费的影响研究》,博士学位论文,东北师范大学产业经济学专业,2014,第 44 页。
④ 陈思维:《文化消费:扩大内需的重要突破点》,《中国发展观察》2009 年第 5 期。
⑤ 王明筠:《文化产业金融支撑体系研究》,《浙江金融》2010 年第 8 期。
⑥ 唐加文:《宏观经济表现更乐观》,《华人时刊》2018 年第 1 期。
⑦ 厉以宁:《文化产业发展要重视道德调节》,《经济日报》2015 年 4 月 14 日第 9 版。

2007 年超过了 3000 美元,2011 年超过了 5000 美元,2016 年超过了 7000 美元,2017 年超过了 8000 美元且恩格尔系数降至 30％ 以下,2018 年超过了 9000 美元,2019 年超过了 10000 美元,提前实现了在"十三五"期末(2020 年)达到 10000 美元的预期。① 然而,笔者查阅 2005、2007、2011、2016、2017、2018、2019、2020、2021 年的《中国统计年鉴》和统计公报,整理了这几个理论测算节点年份的全国居民人均教育文化娱乐消费支出占比数据,发现(图 11.6):2005 年为 12.7％②,2007 年为 11.4％③,2011 年为 9.9％④,2016 年为 11.2％⑤,2017 年为 11.4％⑥,2018 年为 11.2％⑦,2019 年为 11.7％⑧,2020 年为 9.6％⑨,2021 年为 10.8％⑩。(图 11.6)可见,文化消费占比不但远远不及预期,甚至还不升反降,从测算起点年份到测算终点年份呈现整体下降趋势,2005 至 2007、2011 年连续下降,2016、2017、2018 年曲折徘徊,直到 2019 年还未回升至 2005 年水平(2020 年受新冠肺炎疫情冲击,有所下降属于预料以内)。总体来看,文化消费水平始终偏低,占整体消费之比从未突破 15％。可见,长期以来,我国居民文化消费水平始终在低位徘徊,消费结构从未实现质的跨越。

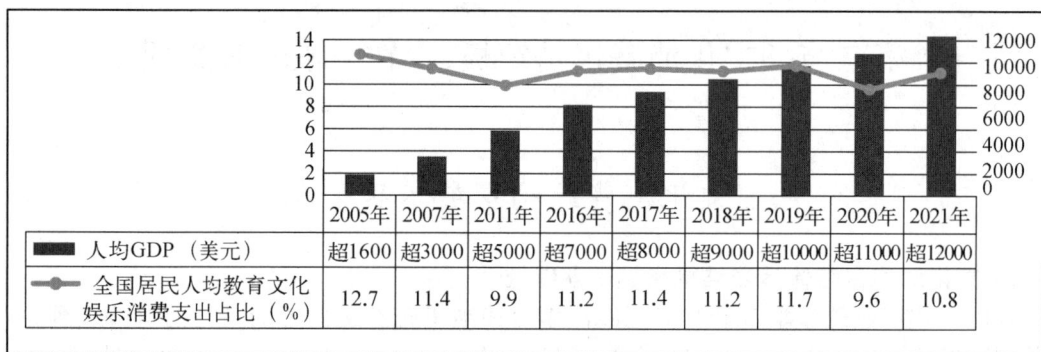

图 11.6　2005—2021 年全国居民人均教育文化娱乐消费支出占比

① 参见王红茹《专家:2020 年全国人均 GDP 一万美元能实现》,《中国经济周刊》2015 年第 30 期。
② 根据《中国统计年鉴(2006)》中"10-7 城镇居民家庭平均每人全年消费性支出(2005 年)"和"10-25 农村居民家庭平均每人生活消费支出构成"数据:城镇为 13.82％,农村为 11.56％,均值为 12.7％。
③ 根据《中国统计年鉴(2008)》中"9-7 城镇居民家庭平均每人全年消费性支出(2007 年)"和"9-25 农村居民家庭平均每人生活消费支出构成"数据:城镇为 13.29％,农村为 9.48％,均值为 11.4％。
④ 根据《中国统计年鉴(2012)》中"10-8 按收入等级分城镇居民家庭平均每人全年现金消费支出(2011 年)"和"10-25 农村居民家庭平均每人消费支出构成"数据:城镇为 12.21％,农村为 7.60％,均值为 9.9％。
⑤《中华人民共和国 2016 年国民经济和社会发展统计公报》,国家统计局,http://www.stats.gov.cn/tjsj/zxfb/201702/t20170228_1467424.html,访问日期:2017 年 2 月 28 日。
⑥《中华人民共和国 2017 年国民经济和社会发展统计公报》,国家统计局,http://www.stats.gov.cn/tjsj/zxfb/201802/t20180228_1585631.html,访问日期:2018 年 2 月 28 日。
⑦《中华人民共和国 2018 年国民经济和社会发展统计公报》,国家统计局,http://www.stats.gov.cn/tjsj/zxfb/201902/t20190228_1651265.html,访问日期:2019 年 2 月 28 日。
⑧《中华人民共和国 2019 年国民经济和社会发展统计公报》,国家统计局,http://www.stats.gov.cn/tjsj/zxfb/202002/t20200228_1728913.html,访问日期:2020 年 2 月 28 日。
⑨《中华人民共和国 2020 年国民经济和社会发展统计公报》,国家统计局,http://www.stats.gov.cn/tjsj/zxfb/202102/t20210227_1814154.html,访问日期:2021 年 2 月 27 日。
⑩《中华人民共和国 2021 年国民经济和社会发展统计公报》,国家统计局,http://www.stats.gov.cn/tjsj/zxfb/202202/t20220227_1827960.html,访问日期:2022 年 2 月 27 日。

2. 文化消费自身结构失衡

（1）教育消费占比过高导致文化消费自身结构畸形

文化消费自身结构失衡主要表现为：教育消费占比过高，严重挤压其它各项文化消费空间。文化消费中除了教育消费是刚性消费，其余的种种休闲娱乐消费均为弹性消费，对于经济环境敏感度很高，消费动机往往因物价和房价上涨、可支配收入增速缓慢、社会保障不到位而受到抑制，最先从预算清单中消失。而当教育开支一再增大，子女上学、购买教材教辅、在线上线下上各种辅导班和培训班的花销使得家庭不堪重负时，教育以外各项文化消费空间则遭受更加严重的挤压，必然导致消费增长乏力。

国家统计局发布数据显示：2017 年全国居民人均教育文化娱乐消费支出 2086 元，占全部消费支出的比重为 11.4%；[1]除去教育消费支出，人均文化娱乐消费支出仅为 850 元，占全部消费支出的比重仅为 4.6%。[2] 2018 年全国居民人均教育文化娱乐消费支出 2226 元，占全部消费支出的比重为 11.2%，占比下降；[3]除去教育消费支出，人均文化娱乐消费支出仅为 827 元，有所下降，占全部消费支出的比重仅为 4.2%，占比下降。[4] 2019 年全国居民人均教育文化娱乐消费支出 2513 元，占全部消费支出的比重为11.7%，占比小幅上升。[5] 2020 年全国居民人均教育文化娱乐消费支出 2032 元，占全部消费支出的比重为 9.6%，占比下降，显然是遭受了新冠肺炎疫情的影响。[6] 在文化消费结构中，教育消费支出占文化消费支出比重过大，为六成左右。

在"新浪 2017 中国教育盛典"上，新浪网教育频道和新浪数据中心联合发布了《2017 中国家庭教育消费白皮书》。该白皮书面向全国范围的家长、学生群体开展调研，共有 105070 人参与，女性参与者占比 37%，男性参与者占比 62%，家长占比 65.67%，学生占比19.05%，结合网络问卷调研、用户抽样访谈、新浪数据中心相关数据、行业公开信息等多种数据采集方法及渠道，收集到有效样本 5 万余份，较为系统地展示了中国家庭全学段教育消费情况，较为准确地揭示了中国家庭教育消费行为特征。其数据显示：教育消费是中国家庭文化消费的重头戏，占比最高，高达家庭年消费支出 50% 以上，占家庭年收入 20% 以上，30% 的家长愿意支付超出消费能力的教育费用，总之中国家长非常舍得为子女教育投资。具体来看，43.06% 的受访家庭表示上各种辅导班、培训班花费最高，在家庭教育消费支出中占比最高，超八成受访学生上过辅导班、培训班；61.20% 的家长有送孩子出国留学的意愿，大部分愿意每年花费 10 万元以上；学龄前教育支出占家庭年收入的 26.39%，10% 的孩子每年花费 1 万

①《中华人民共和国 2017 年国民经济和社会发展统计公报》，国家统计局，http://www.stats.gov.cn/tjsj/zxfb/201802/t20180228_1585631.html，访问日期：2018 年 2 月 28 日。
②《文化事业建设不断加强 文化产业发展成绩显著——改革开放 40 年经济社会发展成就系列报告之十七》，国家统计局，http://www.stats.gov.cn/ztjc/ztfx/ggkf40n/201809/t20180913_1622703.html，访问日期：2018 年 9 月 13 日。
③《中华人民共和国 2018 年国民经济和社会发展统计公报》，国家统计局，http://www.stats.gov.cn/tjsj/zxfb/201902/t20190228_1651265.html，访问日期：2019 年 2 月 28 日。
④《数说 70 年 | 文化产业提质增效》，《中国文化报》，http://mp.weixin.qq.com/s/9ZpdYjTPpBWnozq6aHAdPw，访问日期：2019 年 9 月 23 日。
⑤《中华人民共和国 2019 年国民经济和社会发展统计公报》，国家统计局，http://www.stats.gov.cn/tjsj/zxfb/202002/t20200228_1728913.html，访问日期：2020 年 2 月 28 日。
⑥《中华人民共和国 2020 年国民经济和社会发展统计公报》，国家统计局，http://www.stats.gov.cn/tjsj/zxfb/202102/t20210227_1814154.html，访问日期：2021 年 2 月 27 日。

元以上;高考方面,1/3 的家庭花费在 2—5 万元之间,而高考消费主要以高考辅导升学规划为主,高考辅导参与比例达到 63%,52% 的用户付费超过 1 万元;在线教育方面,40% 的用户在线上教育花费已经超过 5000 元,覆盖用户的性别、职位、年龄都在不断扩充中,在线教育产品越来越受家长青睐。[1]

艾瑞咨询于 2018 年 7 月发布的《2018 年新中产精神消费升级报告》则显示:14.7% 的受访新中产表示在 2017 年子女教育是最主要的消费支出,12.1% 的受访新中产表示在 2016 和 2017 年子女教育消费开支明显增加;超 1/4 新中产将 30% 以上收入用于子女教育,收入越高的群体对子女教育投入越多,并且中高收入群体在子女教育消费支出比例上反超高收入群体;90% 以上的新中产会选择早教,收入越高,早教开始的年龄越低;艺术素养成为新中产培养下一代的重点,艺术类课外培训课程最受欢迎,是 51.4% 的新中产家长的首选项(其次是运动类,选择率为 48.7%;再次是英语类,选择率为 48.1%);高品质私立教育成为新中产的重要选择,33.0% 的高收入群体、26.3% 的中高收入群体、23.0% 的中等收入群体优先选择私立教育。[2]

以上这些研究报告所列的数据都反映了教育消费占一般家庭文化消费比重过大的情形。另据笔者检索资料和抽样统计,我国收入和消费水平相对较低、文化消费水平也相应较低的一些欠发达地区居民家庭,教育消费占文化消费的 75% 左右,教育之外的文化娱乐消费少之又少;而一些农村家庭、城镇低收入家庭,教育消费占文化消费之比超过 90%,可以说,除了花钱让子女受教育,文化娱乐消费几乎为零。

综上所述,当前我国文化消费自身结构呈现出教育消费"一头独大"的畸形状态,极其不合理,不但不利于文化消费整体发展,也非常不利于人和社会的全面发展。

(2) 阅读消费占比过低反映国人"最不爱读书"

尽管我国从 2006 年起开展"全民阅读"活动,《全民阅读促进条例》在 2017 年 6 月发布并实施,但是,我国社会还远未形成"书香社会"。

笔者通过小规模抽样调查,专门调查了宏观层面的我国人民阅读消费兴趣和状态,发放了 150 份调查问卷,回收得到 109 个有效样本,对其中 100 个有效样本进行了统计分析,发现我国人民阅读消费兴趣低下,在主要的文化消费类别中,最不喜欢阅读消费。超过九成受访者(93 位)把阅读消费排在末位;超过八成受访者(84 位)反映自己几乎不逛书店(一年去书店不足 3 次);超过四成受访者(42 位)反映自己几乎不读纸质书(一年读纸质书不到 1 本);超过六成受访者(61 位)表明自己在阅读消费时有功利倾向;接近五成受访者(48 位)反映自己存在"冲动性买书,买了不看"的消费行为;经统计,受访者的个人月平均文化消费支出中,阅读消费平均占比竟不到 1%,绝大多数受访者的日常文化消费中根本没有"阅读消费"这一项。并且,在笔者的日常随意交谈中,很多人坦言"不愿花吃一顿饭的钱买一本书"。

---

[1]《2017 中国家庭教育消费白皮书》,新浪微博数据中心,http://www.useit.com.cn/forum.php? mod=viewthread&tid=17406&page=1,访问日期:2017 年 12 月 12 日。
[2] 上海艾瑞市场咨询股份有限公司:《2018 年新中产精神消费升级报告》,2018,第 5—16 页。

  2010 年的一项数据显示:我国国民人均年阅读量仅 4.25 本,还不及发达国家的一半(同期发达国家的人均年阅读量均大于 10 本);不及以色列、丹麦、瑞典等国的 1/10(其人均年阅读量高达 45 本)。[①] 日本著名管理大师大前研一在其著作《低智商社会》中说:"中国人均每天读书不足 15 分钟,人均阅读量只有日本的几十分之一。中国是典型的'低智商社会',未来毫无希望成为发达国家。"[②]中国新闻出版研究院于 2017、2018、2019、2020、2021 年发布的《第十四次全国国民阅读调查报告》《第十五次全国国民阅读调查报告》《第十六次全国国民阅读调查报告》《第十七次全国国民阅读调查报告》《第十八次全国国民阅读调查报告》分别报告了 2016—2020 年("十三五"期间)的国民阅读情况,均反映了国人阅读量偏低,且数字化、碎片化阅读方式在当代成为主流,而深度阅读行为占比低下的严峻现实(表 11.1、表 11.2)。[③]

表 11.1　全国国民阅读调查报告反映的"十三五"期间阅读指数

调查年度 ＼ 阅读指数	全国阅读指数	个人阅读指数	公共阅读服务指数
2017 (第十四次调查—2016)	—	—	—
2018 (第十五次调查—2017)	68.14	71.65	64.90
2019 (第十六次调查—2018)	68.67	71.67	65.91
2020 (第十七次调查—2019)	70.22	73.04	67.61
2021 (第十八次调查—2020)	70.45	73.05	67.63

---

① 参见张贺《中国会沦为低智商社会吗》,《人民日报》2011 年 6 月 17 日第 17 版。
② [日]大前研一:《低智商社会》,千太阳译,北京:中信出版社,2010,第 12 页。
③ 数据主要来源于中国新闻出版研究院发布的报告摘要。

表 11.2 全国国民阅读调查报告反映的"十三五"期间国民阅读主要情况

主要情况 调查年度	成年国民综合阅读率①	成年国民图书阅读率	成年国民数字化阅读方式接触率	成年国民人均纸质图书阅读量(本)	成年国民人均电子图书阅读量(本)	年均阅读10本及以上纸质图书的成年国民占比	年均阅读10本及以上电子图书的成年国民占比	认为自己阅读量很少或较少的成年国民占比
2017 (第十四次 调查—2016)	79.9%	58.8%	68.2%	4.65	3.21	—	—	45.2%
2018 (第十五次 调查—2017)	80.3%	59.1%	73.0%	4.66	3.12	10.2%	5.4%	39.5%
2019 (第十六次 调查—2018)	80.8%	59.0%	76.2%	4.67	3.32	11.5%	7.1%	41.5%
2020 (第十七次 调查—2019)	81.1%	59.3%	79.3%	4.65	2.84	11.1%	7.6%	37.5%
2021 (第十八次 调查—2020)	81.3%	59.5%	79.4%	4.70	3.29	11.6%	8.5%	37.0%

① 指包括书报刊和数字出版物在内的各种媒介的综合阅读率。

阅读消费"垫底"反映出我国文化消费自身结构存在严重缺陷,还说明了我国人民的文化消费恰恰最缺失文化性。

3. 文化消费区域结构失衡

（1）城乡文化消费水平差距大

今天,我国的城乡二元结构仍未打破,城市和农村在经济和文化发展的方方面面仍有相当差距。在文化消费方面,城乡差距表现为两点:一是文化消费心理差距大,农村居民表现出文化消费心理缺失的状态,对文化消费的重视程度和兴趣程度均远远落后于城市,并且对于文化潮流不敏感,也没有养成许多城市居民的"每年旅游一次,每月看一次电影,每周上一堂艺术培训课"之类的文化消费习惯,这一切都和农村文化市场的落后直接相关。二是文化消费水平差距大,这是由第一点直接导致的。可以说,乡村文化消费水平低下拉低了城乡综合水平。

根据"十二五"和"十三五"时期的《中国统计年鉴》数据,城镇居民人均教育文化娱乐消费支出 2011 年为 1851.7 元,2012 年为 2033.5 元,2013 年为 1988.3 元,2014 年为 2142.3 元,2015 年为 2382.8 元,2016 年为 2637.6 元,2017 年为 2846.6 元,2018 年为 2974.1 元,2019 年为 3328.0 元,2020 年为 2591.7 元;农村居民人均教育文化娱乐消费支出 2011 年为 396.4 元,2012 年为 445.5 元,2013 年为 754.6 元,2014 年为 859.5 元,2015 年为 969.3 元,2016 年为 1070.3 元,2017 年为 1171.3 元,2018 年为 1301.6 元,2019 年为1481.8 元,2020 年为 1308.7 元。可见,虽然农村文化消费水平提升较快,与城市差距已经明显缩小,但是差距仍旧明显,城市人均文化消费支出金额始终是农村的 2 倍以上(图 11.7)。尽管 2016 年,农村居民人均教育文化娱乐消费突破了千元,但是应当考虑到这其中刚性的教育消费占了相当比重,教育以外的文化娱乐消费仍旧非常少。国家统计局发布的数据显示,除去教育消费支出,2014—2017 年,城镇居民人均文化娱乐消费支出年均增长 9.1%,农村居民人均文化娱乐消费支出年均增长 10.5%;城乡居民人均文化娱乐消费支出之比 2013 年为 5.4∶1,2017 年为 5.1∶1。[①] 可见,尽管农村居民人均文化娱乐消费支出增速高于城镇居民,差距仍然很大。

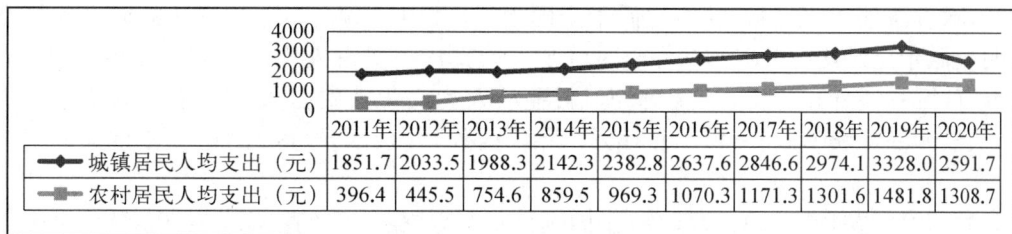

	2011年	2012年	2013年	2014年	2015年	2016年	2017年	2018年	2019年	2020年
城镇居民人均支出（元）	1851.7	2033.5	1988.3	2142.3	2382.8	2637.6	2846.6	2974.1	3328.0	2591.7
农村居民人均支出（元）	396.4	445.5	754.6	859.5	969.3	1070.3	1171.3	1301.6	1481.8	1308.7

图 11.7　2011—2020 年城乡居民人均教育文化娱乐消费支出情况

笔者在走访中发现,农村居民日常的文化娱乐有明显的代际差异,中老年人以看电视、打牌和打麻将、跳广场舞为主,而收看电视属于信息通讯消费,跳广场舞几乎没有消费属性,

①《文化事业建设不断加强　文化产业发展成绩显著——改革开放 40 年经济社会发展成就系列报告之十七》,国家统计局,http://www.stats.gov.cn/ztjc/ztfx/ggkf40n/201809/t20180913_1622703.html,访问日期:2018 年 9 月 13 日。

是一种不怎么花钱的自娱自乐,所以他们自身几乎没有文化消费;年轻人以上网和玩手机为主,手机是现在最主要的文化消费载体,他们在手机上进行社交互动、玩游戏、看剧、看视频等,会产生一定的消费,但是这样主要依靠手机的文化消费是比较单一的。

当然,农村居民文化消费水平低和其可支配收入低、总体消费水平低直接相关。但是收入低绝非全部因素,重要的因素至少还有三点:一是农村文化消费主力基本都涌入了城市,在城市求学和务工,农村"空心化"严重,留守农村的老人、妇女、儿童文化需求少,文化水平普遍较低,缺乏文化消费意识。二是农村文化消费设施环境差,文化市场十分不发达。农村最多的文化消费场所是网吧和棋牌室,书店、艺术品店寥寥无几且不受欢迎,剧院、电影院、KTV、歌舞厅等娱乐场所都在远离农村居民生活区的乡镇中心,而且规模有限、设施较差。所以,农村居民即使有文化消费意愿,也无法就近进行文化消费,也就难以形成文化消费习惯。三是农村没有形成文化消费氛围,由于绝大多数农村居民的主要文化娱乐方式(看电视、打牌和打麻将、跳广场舞、上网和玩手机)或者不具备消费属性,或者消费属性很弱,所以远未形成具有传导性的文化消费氛围。

(2) 地区文化消费水平差距大

长期以来,由于天然的地势差,我国沿海发达地区和内陆欠发达地区,东南部发达地区和中西部、西北部、西南部、东北部欠发达地区的经济差、文化差不断拉大,发展呈现两极分化态势,可谓"东南、西北不一般"。在文化消费方面,以已经过去的"十二五"期间数据为例,东南地区文化消费增势较好,总体上人均文化消费支出年增幅是中西北地区的近2倍。[1]

笔者从相关论文中析出数据如下:2013年我国城乡居民人均文化消费为2293.39元和485.88元,东部地区最高(城镇2797.25元、农村689.2元),西部地区最低(城镇1924.99元、农村348.8元)。[2] 2000—2011年全国城乡文化消费总量年均增长12.75%,而西北五省(区)的陕西、甘肃、宁夏、青海、新疆的城乡文化消费总量年均增长分别为12.09%、8.50%、12.47%、13.83%、10.30%,除青海外,其余四省(区)的文化消费总量均低于全国水平。2000—2011年全国城乡人均文化消费年均增长12.11%,而西北五省(区)的陕西、甘肃、宁夏、青海、新疆的城乡人均文化消费年均增长分别为11.79%、8.45%、10.96%、12.83%、8.38%,除青海外,其余四省(区)均低于全国水平,其中,甘肃、新疆两省区的城乡人均文化消费明显低于全国增幅。2011年,全国城乡人均文化消费占人均总消费比重的7.35%,而西北五省(区)的陕西、甘肃、宁夏、青海、新疆的人均文化消费占人均总消费的比重分别为7.66%、6.97%、6.80%、5.84%、5.16%。除陕西外,其余四省(区)的这一比重均低于全国水平。[3]

2017、2018、2019、2020、2021年《中国统计年鉴》数据反映(表11.3):2016年,全国教育文化娱乐人均消费1915.3元;河北、山西、吉林、黑龙江、安徽、福建、江西、山东、河南、湖北、广西、海南、重庆、四川、贵州、云南、西藏、陕西、甘肃、青海、宁夏、新疆22个地区未达平均水平,这其中大部分都是中西北部地区,其中西藏教育文化娱乐人均消费仅为370.1元,为全

---

① 参见吕炜编著《中国文化消费报告(2015)》,北京:社会科学文献出版社,2016,第72页。
② 参见刘全、张勇《西部地区居民文化消费分析》,《调研世界》2016年第1期。
③ 参见李园《现阶段我国西北地区文化消费评析》,《宁夏党校学报》2015年第2期。

国最低,且和其它低水平省份差距很大;而排名前五的是上海、北京、浙江、江苏、广东,除首都北京外,其余四个省份都在东南地区。2017 年,全国教育文化娱乐人均消费 2086.2 元;未达到平均水平的地区和 2016 年一样,其中西藏教育文化娱乐人均消费仅为 441.6 元,仍以悬殊差距位于末位;而排名前五的地区为上海、北京、浙江、湖南、江苏,除首都北京外,其余四个省份都在东南地区。2018 年,全国教育文化娱乐人均消费 2225.7 元;相比于 2016、2017 年,未达到平均水平的地区少了一个新疆,其中西藏教育文化娱乐人均消费为 609.3 元,仍然垫底,但是较其本身有较大进步;排名前五的地区为上海、北京、天津、浙江、湖南,除首都北京外,其余四个省份都在东南地区。2019 年,全国教育文化娱乐人均消费 2513.1 元;河北、山西、内蒙古、吉林、黑龙江、安徽、福建、江西、山东、河南、湖北、广西、海南、重庆、四川、贵州、云南、西藏、陕西、甘肃、青海、宁夏、新疆 23 个地区未达平均水平,其中西藏仍居末位,其教育文化娱乐人均消费仅 690.3 元,较 2018 年只有微小涨幅;排名前五的地区为上海、北京、浙江、天津、广东,格局与此前差异不大。2020 年,全国教育文化娱乐人均消费 2032.2 元,受到新冠肺炎疫情影响,全国各地区居民人均教育文化娱乐消费支出降幅明显;河北、山西、内蒙古、辽宁、吉林、黑龙江、安徽、福建、江西、河南、湖北、广西、海南、四川、贵州、云南、西藏、陕西、甘肃、青海、宁夏、新疆 22 个地区未达平均水平;其中西藏仍旧垫底,其教育文化娱乐人均消费仅 589.9 元,较 2019 年有所下降;排名前五位的地区为上海、浙江、北京、湖南、广东,延续了此前的整体格局。

表 11.3　"十三五"时期(2016—2020 年)全国各地区居民
人均教育文化娱乐消费支出

地区	人均教育文化娱乐消费支出(元)				
	2016 年	2017 年	2018 年	2019 年	2020 年
全国	1915.3	2086.2	2225.7	2513.1	2032.2
北京	3686.6	3916.7	3999.4	4310.9	2766.0
天津	2404.0	2691.5	3186.6	3584.4	2253.7
河北	1449.2	1578.3	1734.5	1984.1	1799.1
山西	1810.7	1879.3	1940.0	2136.2	1608.4
内蒙古	2165.8	2227.8	2245.4	2407.7	1835.9
辽宁	2422.1	2534.5	2708.0	2929.3	1950.8
吉林	1850.1	1928.5	2193.4	2436.6	1742.0
黑龙江	1688.3	1898.0	2030.3	2444.9	1602.9
上海	4174.6	4685.9	5049.4	5495.1	3662.9
江苏	2514.5	2747.6	2582.6	2946.4	2298.2
浙江	2794.3	2844.9	3031.3	3624.0	2889.4
安徽	1558.8	1700.3	1810.4	2132.8	1855.3

地区	人均教育文化娱乐消费支出(元)				
	2016 年	2017 年	2018 年	2019 年	2020 年
福建	1905.4	1966.4	2194.0	2509.0	1895.9
江西	1424.4	1606.8	1813.0	2094.2	1879.0
山东	1754.6	1948.4	2174.4	2409.7	2373.7
河南	1439.5	1559.8	1769.1	2016.8	1685.4
湖北	1739.5	1930.4	2187.5	2459.6	1755.9
湖南	2392.7	2805.1	2786.2	3017.4	2587.3
广东	2451.2	2620.4	2750.9	3244.4	2442.9
广西	1444.0	1585.8	1798.9	2007.0	1766.2
海南	1544.9	1756.6	2185.5	2413.4	1880.5
重庆	1745.9	1993.0	2087.8	2312.2	2120.9
四川	1284.8	1468.2	1599.7	1813.5	1908.0
贵州	1602.5	1783.3	1660.0	1865.6	1269.6
云南	1429.8	1573.4	1772.7	1950.0	1547.4
西藏	370.1	441.6	609.3	690.3	589.9
陕西	1785.2	1857.6	2008.8	2243.4	1756.6
甘肃	1502.1	1537.1	1710.3	1843.5	1728.6
青海	1568.2	1686.6	1655.6	1731.8	1521.3
宁夏	1772.1	1955.6	2139.5	2352.4	1760.6
新疆	1471.2	1599.3	2274.4	1876.1	1488.4

直观地看,东南地区文化市场发达,文化潮流不断翻新,居民文化消费情绪容易被强烈的消费氛围感染,且已经形成了各种文化消费习惯,享受文化生活、感受文艺熏陶已经成为一种习性,如,去剧院听音乐会、看舞台剧等是一些上海市民所热衷的"夜生活"方式;而中西北地区由于经济上处于劣势,吸引的文化商业投资者少,文化市场整体氛围不热烈,不似东南有声有色,居民文化消费兴趣还不够浓厚,文化消费观比较落后,文化消费支出增幅较小。于是,中西北部地区文化消费增长滞后拉低了全国总体增长水平。相似观点在《中国文化消费需求景气评价报告》《中国文化产业供需协调检测报告》《中国文化消费指数报告》《中国文化消费报告》《中国城市文化消费报告》等中均有反映。

4. 文化消费群体结构存在问题

据现象观察和抽样统计,并非收入越高文化消费意愿就越强、文化消费占总消费比例就越大,收入和文化消费水平并无正相关性,同一区域的中高收入群体和中低收入群体在文化消费意愿上和文化消费占比上的差距并不明显。对高、中、低收入群体的文化消费年增幅进行抽样测算,发现高收入者与中高收入者、中高收入者与中等收入者、中等收入者与中低收入者、中低收入者与低收入者之间的差距只有2个百分点左右。这说明,中等以上收入群体的文化消费潜力还没有被充分激发,其消费意向还有待被引导。

从另一方面看,高学历群体和低学历群体的文化消费差距却比较明显,前者的文化消费意愿是后者的好几倍。剔除教育消费(专指学业教育消费)不算,在个人文化消费占个人总消费的比重上,研究生以上学历者为两到三成,本科学历者为两成上下,本科以下学历者不到一成。而且,社会地位高、社交活动多的群体文化消费显然比一般群体多。这反映了文化消费群体结构还不够均衡。

值得注意的是,有一种情形与上面所描述的情形有所矛盾,亦有所补充。在一项对熟人进行的调查访问中,笔者共访问了10位硕士研究生以上学历的高学历者,其中有3人(2名博士、1名硕士)的文化消费水平并不低,占个人总消费之比均在两成以上,然而基本都属于与其学习工作直接相关的、对其发展有直接作用的功利性文化消费,如购买专业书籍、上职业发展类培训课程、进行知识付费、购买数据和咨询服务等。令人吃惊的是,这3人明确表示其认为教育之外的、对于自身发展无实际帮助的、非功利性的文化消费(即娱乐休闲类文化消费)"完全不必需、根本不重要",表明他们业余时间几乎无此类文化消费。尽管他们也表示开展娱乐休闲活动是必要的,但是倾向于以非消费的方式来开展,也就是说他们通常都是"不花一分钱"来进行娱乐休闲,如玩手机、下载免费电影、逛免费公园、和朋友打牌、在免费场地开展体育锻炼等。根本上,他们不愿意为这类非功利性的娱乐休闲项目花钱,其中1位男性博士学历者说:"如果不是为了恋爱结婚,基本不会有旅游的打算;况且也有出差开会、出国交流等机会,所以对于自费旅游兴趣不大。"可见,旅游本来是非功利的文化消费,所以他平时不会考虑,也只有在有某种功利因素时,他才考虑要进行这项消费。这种具有特殊性和典型性的观点,说明了有一些人的文化消费动机完全是功利性的,这种功利导向的文化消费事实上并不具备文化消费应有的"文化享受"之属性。这种文化消费上的功利主义倾向是发人深思的。

二、文化消费增长速率未达到预期

1. 经济和收入增长并未显著拉动文化消费

由"十三五"时期相关统计数据来看我国经济增长和收入增长的幅度可知:2016年,我国GDP比上年增长6.7%,人均GDP比上年增长6.1%;国民总收入比上年增长6.9%,全国居民人均可支配收入比上年增长8.4%,扣除价格因素,实际增长6.3%;全国居民人均消费支出比上年增长8.9%,扣除价格因素,实际增长6.8%。[1] 2017年,我国GDP比上年增长6.9%,人均GDP比上年增长6.3%;国民总收入比上年增长7.0%,全国居民人均可支配收入比上年增长9.0%,扣除价格因素,实际增长7.3%;全国居民人均消费支出比上年增长

---

[1]《中华人民共和国2016年国民经济和社会发展统计公报》,国家统计局,http://www.stats.gov.cn/tjsj/zxfb/201702/t20170228_1467424.html,访问日期:2017年2月28日。

7.1%,扣除价格因素,实际增长5.4%。[1] 2018 年,我国 GDP 比上年增长 6.6%,人均 GDP 比上年增长6.1%;国民总收入比上年增长 6.5%,全国居民人均可支配收入比上年增长 8.7%,扣除价格因素,实际增长 6.5%;全国居民人均消费支出比上年增长 8.4%,扣除价格因素,实际增长6.2%。[2] 2019 年,我国 GDP 比上年增长 6.1%,人均 GDP 比上年增长 6.1%;国民总收入比上年增长 6.2%,全国居民人均可支配收入比上年增长 8.9%,扣除价格因素,实际增长5.8%;全国居民人均消费支出比上年增长8.6%,扣除价格因素,实际增长 5.5%。[3] 2020 年,受新冠肺炎疫情影响,我国 GDP 比上年增长 2.3%,人均 GDP 比上年增长 2.0%;国民总收入比上年增长 1.9%,全国居民人均可支配收入比上年增长 4.7%,扣除价格因素,实际增长 2.1%;全国居民人均消费支出比上年下降 1.6%,扣除价格因素,实际下降 4.0%。[4]

同期的文化消费情况是:2016 年,全国居民人均教育文化娱乐消费支出为 1915 元,占总消费比重为 11.2%,比上年增长 192 元,增长了 11.1%,占比仅上升了 0.2 个百分点,扣除价格因素,实际增长微乎其微。[5] 2017 年,全国居民人均教育文化娱乐消费支出为 2086 元,占总消费比重为 11.4%,比上年增长 171 元,增长了 8.9%,涨幅下跌,占比仅上升了 0.2 个百分点,扣除价格因素,实际增长几乎没有。[6]2018 年,全国居民人均教育文化娱乐消费支出为 2226 元,占总消费比重为 11.2%,比上年增长 140 元,增长了 6.7%,涨幅下跌,占比下降了 0.2 个百分点,扣除价格因素,实际增长明显乏力。[7]2019 年,全国居民人均教育文化娱乐消费支出为 2513 元,占总消费比重为 11.7%,比上年增长 287 元,增长了 12.9%,涨幅略升,占比上升了 0.5 个百分点,考虑到价格因素,实际增长仍较有限。[8]2020 年,全国居民人均教育文化娱乐消费支出为 2032 元,占总消费比重为 9.6%,比上年下降 481 元,下降了 19.1%,占比下降了 2.1 个百分点,这显然与新冠肺炎疫情冲击有关。[9](图 11.8)

[1][6]《中华人民共和国 2017 年国民经济和社会发展统计公报》,国家统计局,http://www.stats.gov.cn/tjsj/zxfb/201802/t20180228_1585631.html,访问日期:2018 年 2 月 28 日。
[2][7]《中华人民共和国 2018 年国民经济和社会发展统计公报》,国家统计局,http://www.stats.gov.cn/tjsj/zxfb/201902/t20190228_1651265.html,访问日期:2019 年 2 月 28 日。
[3][8]《中华人民共和国 2019 年国民经济和社会发展统计公报》,国家统计局,http://www.stats.gov.cn/tjsj/zxfb/202002/t20200228_1728913.html,访问日期:2020 年 2 月 28 日。
[4][9]《中华人民共和国 2020 年国民经济和社会发展统计公报》,国家统计局,http://www.stats.gov.cn/tjsj/zxfb/202102/t20210227_1814154.html,访问日期:2021 年 2 月 27 日。
[5]《中华人民共和国 2016 年国民经济和社会发展统计公报》,国家统计局,http://www.stats.gov.cn/tjsj/zxfb/201702/t20170228_1467424.html,访问日期:2017 年 2 月 28 日。

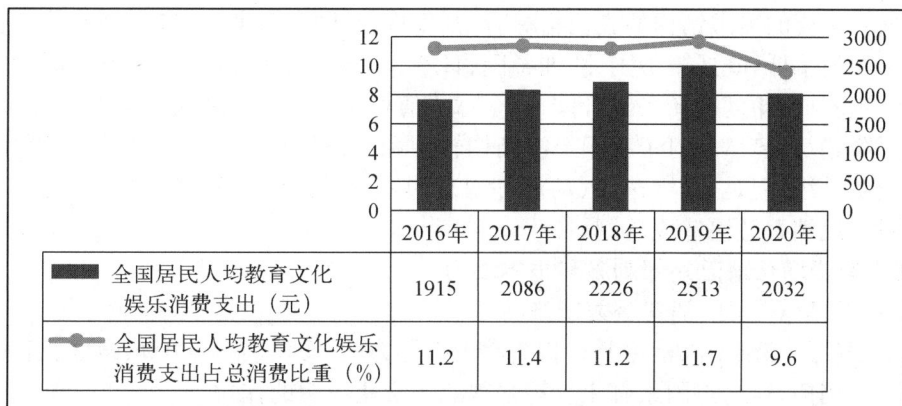

图 11.8 "十三五"时期全国居民人均教育文化娱乐消费支出情况

由此可见,我国文化消费增长趋势平缓,占总消费之比始终偏低,毫无可能大幅跃升的迹象,经济和收入增长并未显著拉动文化消费,"国际经验"并不适合我国现实国情。文化消费领域的专家王亚南在主编了《中国文化消费需求景气评价报告(2018)》《中国文化产业供需协调检测报告(2018)》两部文化蓝皮书和《中国人民生活发展指数检测报告(2018)》《中国民生消费需求景气评价报告(2018)》两部民生指数报告之后,指出"国内精神文化消费从未高涨"。他分析了 1996—2016 年共 20 年的文化消费数据,发现:"文教娱乐消费人均值年均增长 11.96%,占总消费比重略微上升 2.20 个百分点,实在难言高涨";"不但全国文教娱乐消费谈不上高涨,而且 2016 年占总消费比重相比 2000 年却下降 0.83 个百分点,相比 2005 年更下降 1.92 个百分点";"文教娱乐消费在非物生活消费中所占比例 1996 年为 45.12%,2016 年为 32.16%,降低 12.96 个百分点";"恰恰就在我国人均 GDP 超过 3000 美元(2007 年)、又超过 5000 美元(2011 年)、再逼近 8000 美元(2016 年)期间,全国城乡居民文教娱乐消费率(与产值比)、消费比(占居民收入比)、消费比重(占总消费比)全都跌落至 2005 年以来最低谷,近几年略微有所回升,至今尚未回复到 20 年间最高点"。进而指出文化消费 20 年来不涨反降,总体呈现为"逆升级"。[1] 他分析得出我国 GDP、居民收入、总体消费水平对于教育文化娱乐消费均"正负相关性极弱"的结论,也就是说,经济、收入、总消费的增长对于文化消费的影响都可忽略不计,而居民积蓄增长却与文化消费呈现极强的"负相关性",[2] 也就是说,居民积蓄增长直接导致文化消费"缓增长"和"负增长"。各年度的《中国文化消费需求景气评价报告》《中国文化产业供需协调检测报告》《中国文化消费指数报告》《中国文化消费报告》《中国城市文化消费报告》均反映了我国文化消费的实然水平与参照国际经验所预估的应然水平之间,存在巨大缺口。

另外,据相关研究,我国整体消费支出对 GDP 增长的贡献率 2018 年为 76.2%,虽然较高,但由于贡献率是一个被动式变化的数值,所以并不足以说明当前消费经济态势乐观;结

---

[1] 王亚南:《国民消费结构升级真相与精神文化消费高涨臆想》,云南省社会科学院,http://www.sky.yn.gov.cn/cbkw/lpsjl/3340416783311329151,访问日期:2018 年 5 月 7 日。

[2] 王亚南:《国民文化消费需求的"积蓄负相关性"——扩大文化消费面临的特殊"规律"透视》,《文化艺术研究》2016 年第 3 期。

合消费率这一重要的需求结构的表征指标看,则发现,在同一时期,与其它经济体相比,我国居民消费率明显偏低,既低于美国、欧洲各国、日本、韩国等发达经济体,也低于同为"金砖四国"的巴西、俄罗斯、印度等新兴经济体,和全球均值相比有近30%的差距,且自2000年以来整体呈现下降趋势,显然掣肘于我国经济结构转型和经济增长提速。① 可见,尽管我国的确正在发生消费升级,但是,升级速度、动能却出现边际递减态势。 显然,收入分配不均、供给侧短板等对居民消费意愿造成压制。②

2. 文化消费增长缺乏外部刺激和根本动力

(1)外部刺激不够强,消费潜力未激活

文化消费的外部刺激因素主要有相关政策引导力度、文化消费氛围感染度、居民休闲时间充裕度等。当前,这三点因素都未发挥强效刺激文化消费的作用。

尽管我国出台了一系列引导扩大文化消费的相关政策,采用政府补贴、减税降费、发放卡券、金融支持、建设平台、创办活动等多种方式开展了大范围的推进文化消费工作试点,直接或间接拉动了文化消费,取得了一定成效,但是,效果比较有限,和"发挥示范和辐射作用"的要求相比还有较大差距,③和人民群众所期盼的平衡、充分地共享文化成果也有较大差距。我国在根本上未能形成特色鲜明的文化消费业态布局和推进模式,各试点城市推进文化消费手段单一化,主要靠财政补贴来削减文化经营者成本,实现降价,而在推进文化供给侧改革方面施力较少,手段匮乏。从相关政策和试点工作对于消费潜力的激活度上看,存在明显短板,基本只是做到了调动一部分原本就对文化消费感兴趣的消费者的消费热情,而未能广泛培育文化消费兴趣,对于一部分对文化消费比较淡漠的人,基本无效。

虽然我国文化市场正呈现出一派繁荣景象,线下、线上文化产品百花齐放,但是文化消费氛围感染度还不够强。在线下,文化休闲街区、文化旅游景区、文化娱乐商区以及各类文化节等的打造呈现严重同质化,并且缺乏变化,导致它们对于消费者的吸引是"一次性"和短效的;在线上,大多数文化消费者都是年轻人,年龄断层十分明显,加之当今年轻一代"宅"倾向较强,很少交流、分享自己的文化消费体验,习惯于沉浸在"一个人的世界里",很难形成某种具有传导性的氛围。况且,我国文化市场发展不均衡,农村和中西北部地区文化市场不够发达,直接造成这些区域文化消费氛围较弱。

和大多数发达国家相比,我国民众个体休闲时间明显不足,除去生活必需时间(吃饭、睡觉、个人卫生等)、交通出行时间、工作学习时间、家务劳动时间、临时事务时间,个体休闲时间所剩无几。造成这种情况的原因很多,首当其冲的是我国企业所推崇的"加班文化"过分盘剥了个体休闲时间;我国职场人士热衷于各种应酬,应酬多也是一个原因;而中华民族不愧为"全世界最勤劳的民族",和国外相比,我国人民的休闲自觉性显得很低——国外上班族一旦下班、休假就不接任何工作电话,这种情形在我国是不存在的。可以说,休闲时间的捉襟见肘直接导致我国居民文化消费潜力难以被充分释放。因为,文化消费是需要时间投入的消费,这是文化消费不同于物质消费的一大特征。

---

① 参见马俊峰、尹力《从提高居民消费率视角探析需求结构转型》,《中国国情国力》2019年第9期。
② 参见马俊峰《消费升级发展趋势及影响分析》,《中国国情国力》2019年第5期。
③ 参见范周《言之有范:融合时代的文化思考》,北京:知识产权出版社,2018,第78页。

（2）根本动力不充足，消费欲望被压抑

从根本上说，我国民众缺乏文化消费动力。从我国文化消费现状来看（教育消费占比最大），我国民众的文化消费动机基本上是功利性的。而非功利性的娱乐休闲消费长久以来都被国人视为非必需的，甚至视为浪费时间的"玩物丧志"。虽然近年来此种情形得到了很大改善，但是我国民众还远未把娱乐休闲消费作为常态行为，融入日常生活，休闲社会的氛围还远未形成；虽然大多数民众有"时时刻刻玩手机"的习惯，"玩手机"是一项高度常态化、普及化的娱乐行为，但是其中消费发生比率并不高，而且"玩手机"盛行正说明了闲暇时间碎片化，这并非一种健康、闲适、舒逸的娱乐活动。当前"假日经济""节日经济"快速兴起，而消费者经常体验到的是让人不悦的拥挤感，恰恰说明了我国很大一部分民众只在节假日集中娱乐休闲，而并非在日常生活中慢节奏地、舒适惬意地享受观赏风景、欣赏文艺、创作艺术、参与运动等娱乐休闲活动的乐趣。无论是在休闲意识上，还是在休闲体验上，我国社会均远远落后于西方社会。

为什么国人不愿意毫无功利性地享受娱乐休闲，视娱乐休闲类文化消费为奢侈品？可以说，长期以来，我国民众的文化消费欲望都处于被压抑的状态，从未得到根本性解放。压抑因素有很多：一是保障感缺失，民众热衷于储蓄，不敢解放消费欲望；二是自从房地产市场化以后，房价的飞速上涨之势导致住房消费成为我国第一大消费，严重挤压了文化消费增长空间——为了买房，一个家庭很可能 10 年也不旅游一次；三是近年来物价上涨较快，生活必需的物质消费品涨价已经冲击了民众的文化消费热情，文化消费品同样涨价无异于雪上加霜；四是就业形势严峻，导致消费能力无法被保证；五是城乡居民收入增长缓慢，尤其是中低收入阶层的收入预期不断下降，中高收入阶层和中低收入阶层差距不断扩大，占比最大的中低收入阶层只得一再压抑消费欲望，而证券投资市场的持续低迷也让一些中高收入者财富缩水，影响了其消费意愿。"中等收入陷阱"[①]现象已经浮现。

三、文化消费环境欠佳

1. 文化消费社会环境欠佳

（1）文化消费社会氛围淡薄，不平衡不充分现状明显

当前我国文化消费的社会氛围还不够浓厚，文体娱乐、文旅休闲等消费还未充分融入日常生活，没有形成消费常态。一是休闲社会还未根本形成，休闲和生活还是割裂的，未能合为一体。我国传统文化中对于勤劳的强调，现代职场中对于"加班文化"的强调，竞争压力的增加，现代生活的快节奏等，都对休闲社会的形成构成了重重障碍。二是城乡和地区间的差距、年龄和代际间的差距还比较大。城镇居民习以为常的看电影、学艺术、旅游观光等，农村居民还没能享受到，且他们这方面的消费意识和意愿还很不够，不认为这些消费是必要的，

---

① "2006 年，世界银行在一篇题为《东亚复兴——经济增长的思路》的研究报告中明确提出'中等收入陷阱'（Middle Income Trap）的概念，其基本涵义是指，一些发展中国家走出'低水平均衡陷阱'之后，虽然经济发展水平进入中等收入行列，但却很难顺利进入高收入行列，长期徘徊在中等收入区间，或陷入经济增长与回落的循环，中长期地处于增长缓慢甚至停滞的状态。李克强总理形容这一阶段'既是中等收入国家向中等发达国家迈进的重要阶段，又是矛盾增多、爬坡过坎的关键阶段'。"——赵培红：《国内"中等收入陷阱"研究进展及展望》，《当代经济管理》2012 年第 6 期。

舍不得去进行这些消费;一二线城市、东南地区居民的文化消费水平通常排在全国前列,文化消费潮流也通常发源于这些地区,而这些文化消费潮流却未能很好地辐射影响三四五六线城镇;新型文化产业所生产的数字文化产品、网络文化产品等的消费者几乎"清一色"都是80后、90后、00后、10后,这种某些文化消费项目上的年龄断层从侧面反映了这些新型文化产品供给侧存在的问题,即未能兼顾中老年人需求,未能创造出激发他们消费兴趣的产品。

(2) 文化消费层次偏低,文化价值在消费中流失

当前,我国文化消费总体水平有所提升,人民群众文化消费意愿日趋强烈,但是许多文化消费者文化修养意识淡薄,进行文化消费不是为了哗众取宠,满足虚荣心,就是为了纵欲享乐,图一时之快。教育之外的文化消费中,娱乐享受型消费多,学习发展型消费少。——虽然,从消费动机上来看,享受型文化消费相比于发展型文化消费,由于更加脱离经济生产,需求感更弱、功利性更低,是更纯粹的文化消费,即带有明显"享乐主义"色彩的精神享乐,是一种沉浸式的投入,是更高级的类型;其消费者有钱更有闲,不但消费力更强,而且层次更高,是所谓有闲阶级①。今天,我国要大力发展文化消费,要激活大众文化消费潜力,最应当关注的正是享受型文化消费领域,要设法打开该消费领域局面。但是,今天我国的享受型文化消费者显然还没有发展为"有闲阶级",庸俗化的简单娱乐是主流,情趣高尚、富于教益、需要一定审美感知力的文化享乐气候还未形成。大众文化消费的心理结构是"乌合之众"的心理结构,文化消费的内容往往并无文化可言,即便有文化意味,大众消费者由于文化思想水平有限,也难以解读。因此,大部分文化消费者并不关注文化消费品背后的文化艺术价值,既缺乏理解力、欣赏力,更缺乏高层次的精神追求。

并且,时至科学发达的今日,愚昧文化消费仍大量存在,星象占卜、算命问卦、风水堪舆、求神拜佛等迷信消费吸引大量消费者。这种情况不仅在农村和欠发达地区普遍存在,在城镇和发达地区也颇为流行,不仅文化水平不高的群体热衷,许多知识分子也热衷,这与我国人口素质、文明程度全面提高的要求和趋势都不相称。这些愚昧文化对于社会生活造成了负面影响,妨害了社会现代化进程。

此外,不良文化消费也大范围存在,且这些不良文化传播方式越来越现代、传播渠道越来越隐蔽,如色情文化消费和赌博等大有向线上和移动平台蔓延滋生的势头,大量网络文化产品充斥着色情和暴力。这类精神文化垃圾严重毒害人民群众心理健康,污染文化环境。然而,这些污染视听、不利于身心健康的文化产品及服务却导致消费者沉迷、上瘾。并且,需要特别关注的一点是,在消费不健康文化产品及服务方面,消费现状呈现出一番逻辑悖论:与"饱暖思淫欲"的逻辑恰恰相悖,越是贫穷落后的地区,嫖赌之风越甚,文化消费习气越差。

总的来看,部分消费者消费心态失衡。人民群众进行文化消费,本该是为了获取精神食粮、充实生活、滋养身心的。但是,有一部分消费者的消费心理素质低劣,表现出种种不良的消费动机,或热衷于"三俗"文化、黄色文化、暴力文化、奇葩文化消费;或审美观歪曲,视丑为美,嗜好"污"文化、变态文化;或虚荣心畸形膨胀,盲目跟风、攀比,用文化艺术来为自己贴金,自我包装炒作,改变了文化消费的本质。这一切,都导致文化内涵被轻视,文化价值在消费中流失。

---

① [美]凡勃伦:《有闲阶级论——关于制度的经济研究》,第 1 页。

2. 文化消费市场环境欠佳

（1）文化市场供求不对称

总体上看当前文化市场的供求关系，可以说，文化消费还未跟上文化产业发展步伐，这一点在上文已进行了较为充分的论证。由于我国文化产业和文化市场是在短期内迅猛发展起来的，2000年起，我国文化产业进入"高位运行"状态。一时间，大量的资本投向文化产业，大量文化产品涌向市场，然而，文化消费却未能跟上文化生产的"高位运行"节奏，文化市场出现了一定程度的产销脱节。

具体来说，当前文化市场上的文化商品种类、数量虽然很多，但是存在供求错位情况。一方面是供过于求，主要是由同质化、低质化（甚至劣质化）供给过剩所致，这种供给过剩其实是一种供给的相对不足，即差异化、优质化的精准供给、精品供给相对不足。另一方面则是供不应求，即供给的绝对不足，这种情况主要存在于农村地区、偏远落后地区，以及一些小众化需求。

随着生活水平的提高，我国消费者越来越不满足于从市场提供的有限"菜单"中"点菜"，而是要求"菜单"跟随自己的"口味"常变常新，甚至要求"一人一菜"，实现个性化定制：消费者从"被动型"消费转变为"主动型"消费，从"饥渴型"消费转向"挑剔型"消费——从被动接受和有限选择市场上既有的商品，转变为主动引导商品供给；并且选择商品的眼光越来越挑剔，尤其是对于文化商品，审美眼光越来越高。然而，由于我国文化产业是在不到20年的时间里迅速勃兴起来的，大量"热钱"一股脑地扎堆涌入文化市场，市场运行难免缺乏理性，市场机制的盲目性、自发性、滞后性的固有缺陷容易导致文化消费品的"供过于求"和"供不适求"并存，一方面是同质化供给过剩，另一方面是精准化供给不足。比如：一旦某一题材的影视作品、文学作品等获得市场追捧，同一时期定会有大量同类题材的文艺作品被创作出来，这种模仿式、跟风式的文化供给，难免导致消费者审美疲劳；而与热门文化商品被一窝蜂炒作的市场习气相反，小众化文化需求总被商家漠视，一些颇具文化价值的冷门文化商品只能在市场的夹缝中求生存。这一热一冷，对比鲜明，文化市场显现出"冰火两重天"格局。比如：一些靠"流量明星"支撑的影片，即便粗制滥造，票房也通常不会太差，而一台思想性较强的话剧，即便历经打磨，其宣传效果和观众数量也远远比不上一部劣质影片；当一些内容十足无聊的书籍位列畅销书榜单前列之时，一些内容厚重、内涵深刻的书籍甚至无法在书店觅得；在热门网络游戏致人沉迷上瘾的今天，寓教于乐、健体益智的中华传统游戏已被人遗忘。不仅如此，小众文化市场还呈现出功利色彩愈加浓厚的发展态势，在商家眼中，"小众化"简单地等于"高端化"，即等于"高价化"，市场上的高端文化商品往往突出显摆意味、虚荣意味，而没有多少文化意味，不能对接小众的真实趣味，无法满足学识需求、美育需求、奇思妙想需求等小众化需求。

综而观之，我国目前文化供需错位主要问题在于：供给总量大，但质量不高，市场细分程度不够，不能满足多层次的消费需求。

（2）文化市场法治不到位

文化市场是一个庞杂的市场，目前，其治理有不力之处，不法文化经营现象、突破道德底线文化产品在相当程度上存在，并且呈现出一种繁荣状态，如虚假新闻信息蔓延、"污段子"流行、"奇葩视频"点播量大等，以致惑乱视听，污染社会，滋生着不良风气，毒害着文化消费者。

以问题最多的传媒界为例,当前媒介大融合、新型媒体(如移动自媒体)崛起为文化市场提供了新技术、新平台、新产品,吸引了新消费,但同时也直接导致了文化传播内容泥沙俱下。传播平台为追求关注度,传播内容大打法律"擦边球",并衍生出各种乱象怪状,造成很多负面影响。如:网络平台传播的内容色情、暴力、奇葩化倾向明显,首当其冲的是网络直播和网剧;数据造假烧钱吸引资本、资本介入导致市场泡沫化,形成恶性循环,典型例子是直播平台和微信公众号;盗版侵权遍地横行却法治不力,受影响较重的是网络文学和网络游戏;大量引进、模仿,缺乏原创,如综艺节目;山寨泛滥同质化竞争严重、市场无序竞争,进而引发版权费用增长、版权纷争;明星薪酬偏高而作品内容质量低下等。尤其是网络文娱类节目,目标直奔"小镇青年"和90后、00后的钱包,色情、暴力等内容虽然吸引了受众,却也严重地侵损着社会主义主流价值观。尤其是,这些内容的受众还包括相当一部分00后和10后,他们正处于价值观形成时期,对是非对错的辨识能力不强,由于"触网"十分容易,弥漫于网络空间的大量不健康内容会对他们正在成长发育的身心造成负面影响。这一切都反映出:文化传播领域监管失序,公众言论与媒体舆论失控,文化消费者对于媒介内容的消费情绪也在失控。而其根本上则反映了一种法治治理困境。

我国文化市场尚欠缺一套周密细致的法律来对之加以根本性约束,而唯有依据多个"相关部门"(通常由宣传文化系统牵头,联合公安、工商、政法多部门)在考量了某时间段后的市场综合反应之后,才滞后性地出台一系列整改措施,跟不上市场的变化节奏,反而使得市场运行受阻。而且,这些部门规章与条例,虽有行政效力,却没有法律依据,于是,"上有政策,下有对策",市场经营主体见风使舵,使得市场局面更加混乱。总体而言,我国文化市场适用法律不清及分产业立法、按部门监管现状,导致清晰界定违法问题难、法治治理形成合力难。这就造成了文化市场运行时常偏离法治正轨,打法律"擦边球"。从这点上看,我国文化市场还未迈过现代化门槛。

3. 文化消费政策环境欠佳

"十二五"时期,扩大和引导文化消费的相关政策法规发布日渐密集。2015年6月,原文化部、财政部实施"拉动城乡居民文化消费试点项目"。进入"十三五"时期,政府高度关注如何有效拉动文化内需,发挥文化消费对于文化产业升级、经济结构升级的关键作用。在2015年文化消费试点项目基础上,2016年4月,原文化部、财政部发布《关于开展引导城乡居民扩大文化消费试点工作的通知》,这是第一份全国性的有关推进文化消费试点工作的规范性文件;2016年6月,原文化部在全国文化产业工作会议上发布了第一批国家文化消费试点城市名单,共26个城市,试点工作在全国范围内铺开;2017年2月又发布了第一批第二次国家文化消费试点城市名单,共19个城市,试点工作范围进一步扩大。截至2019年,全国范围内共有45个国家文化消费试点城市。试点工作开展以来,试点城市从本市实情出发,因地施策,运用各种文化惠民措施,改进文化产品和服务供给,提升文化消费信息传播度,改进文化消费方式便捷度,促进文体旅娱全面融合,推动文化产业业态创新,在培育文化消费市场、引导文化消费方向、发掘文化消费潜力方面取得了一定成效。

尽管如此,仍不能对于当前的文化政策措施过分乐观。不尽如人意之处主要在于:第一,试点城市对于文化消费的概念内涵还不够明晰,出现了概念过于宽泛或窄化的问题,造成了统计口径不一,直接导致对于工作绩效难以设定评价标准。第二,政策精细度、精准度不够,致使杠杆作用发挥不到位,文化消费补贴对象、补贴额度、补贴方式等都不够细化;[①]政策重点作用的文化消费领域、重点作用的文化消费群体、阶段性预期效果等也不够明确,导致政策施力欠缺准度和深度。第三,文化管理体制尚未理顺,部门间关节尚未打通,各方政策主体协同运作的合力尚未形成。第四,财税政策在降低文化生产经营成本方面未发挥应有作用。在对一些文化企业调研的过程中,多数企业认为所得税税率过高,为25%,高于高新技术企业的15%,显得不够公平,直接导致文化产品和服务价格无法进一步降低,导致对于大量中低收入群体而言,文化消费门槛仍显得偏高。

有关专家还就文化消费试点工作指出:"促进机制还有待健全,特别是要不断完善领导、运行、指导、培训、交流等促进机制。"在领导机制上,领导小组往往是为了适应申报工作临时组建,缺乏根本化的制度保障和硬性约束的考核标准等,形式大于实质;在运行机制上,统筹协调效率较低,各方资源难以整合;在指导机制上,长效指导机制还未建立,目前最主要的指导方式是"以考察代指导",文化部对试点城市进行年度考察,提出一些指导意见,这种指导方式缺乏专业性和常态性;在培训机制上,目前有关文化消费数据统计的全国性培训已经开展,但培训体系还不够完善,培训内容还比较单一;在交流机制上,各试点城市之间的经验交流与学习机制尚未建立;在资金支持上,原文化部《引导城乡居民扩大文化消费试点工作实施方案》中关于"中央财政通过中央补助地方公共文化服务体系建设专项资金,按照有关规定,对扩大文化消费试点工作统筹予以资金支持"的表述,并未明确文化消费资金的具体比例或额度,导致相关单位在申请和使用文化消费资金时缺少依据。[②]

第四节　文化消费样本采集分析报告(2017)

一、项　目　概　述

1. 项目回顾

(1) 时间与区域

该调研项目获得2015年度原文化部文化艺术科学研究项目"激活我国大众文化消费潜力的研究"(批准号:15DH70)经费支持,实施和完成于2017年("十三五"时期的第二年)。调研成果作为本课题项目前期成果。2017年本课题项目启动后,又对数据进行了进一步的统计分析。

由于项目时间、经费均有限,开展全国性问卷调查工作量过大、经费需求过大,特选择南京市作为问卷调查执行地。首先,长三角地区是全国经济最发达地区,公众的文化娱乐生活

---

① 参见纪芬叶、杨传张《扩大和引导文化消费:长效机制研究》,《开放导报》2017年第2期。
② 范周:《关于文化部文化消费试点城市的中期考察思考》,山东省文化和旅游厅,http://www.sdwht.gov.cn/html/2017/whfx_0510/40506.html,访问日期:2017年5月10日。

较为丰富,有一定的文化消费热情,存在较大的文化消费潜力空间,这一地区的大众文化消费态势体现出一定的率先性、引领性,且具有较丰富的层次性。其次,江苏省整体经济水平处于全国中上,省内苏南、苏中、苏北经济发展存在差距,江苏经济和市场可以作为全国经济和市场的缩影;而南京作为江苏省省会城市,其经济水平亦处于省内中上,不是典型的苏南城市,亦不属于苏中、苏北,是江苏省内一座风土人情上兼容南北、经济发展上较为中庸的城市,可以看作江苏的缩影。因此,南京这个调查执行地具有较好的代表性。最后,研究者本人居住在南京,便于跟踪监督、把握控制该调查项目的进度和质量,保证调查的真实可靠性。

(2)初衷与目的

第一,初衷——要解决的问题。通过文献检索获得的数据存在较多问题:一是二手数据非研究人员亲自采集、分析获得,感性支撑薄弱、针对性较差、时效性差,常常和现实情形、研究需要脱节;二是数据统计口径不一,显得杂乱,有许多资料甚至把电视机等家电产品也列入文化消费项目,和大众理解的以及本课题设定的文化消费范畴相去甚远,增加了数据水分,导致数据浮夸,偏离了实际情况;三是官方发布的统计数据反映的都是宏观情况,不能显示中微观层面问题,更难以体现出人民大众文化消费的心理结构和潜力所在之处。为了解决上述问题,为课题研究提供可感可靠、针对性强、真实准确的第一手数据,特开展此问卷调查研究项目。

第二,目的——要得出的结论。通过对公众发放调查问卷和进行约访,开展定量和定性分析,要得出如下几点结论:第一,南京市大众文化消费现状如何?第二,南京市大众文化消费潜力如何?有哪些潜力所在之处?第三,南京市大众文化消费的阻力主要有几点?第四,南京市大众对于文化消费体验的满意情况如何?哪些情况导致大众文化消费体验不满意?第五,南京市大众文化消费的主要动机有哪些?第六,南京市大众对于文化消费的认识程度和重视程度如何?第七,文化消费的大体情况与家庭、个人的基本情况有何关联?

(3)研究类型划分

该调研项目共分两个部分:第一部分为定量研究,从家庭和个人文化消费的角度进行调查,以问卷调查方式开展;第二部分为定性研究,选择代表性公众进行访谈,深入挖掘文化消费心理与诉求,以期提出深度契合民意的文化消费政策建议。

(4)不足和待深化之处

于 2017 年开展的本项调研周期短、效率高,问卷细、数据多,获得了较为翔实、生动的一手资料,对于南京市居民的文化消费状态和心态有了直观明晰、深层透彻的把握,是一项数据真实可靠、研究系统深入,典型性、案例性较强的调查研究。然而,仍然存在一些未尽之处,还有较大的深化拓展空间。

第一,样本量少,统计范围小,数据反映程度有限。主要囿于有限的研究经费,本项调研定量研究样本量为 500 个,定性研究样本量为 30 个,只选择了南京市居民作为调查对象。因此,数据不足以反映全国民众文化消费的全貌。

第二,研究集中在文化消费行为上,对于文化消费心理研究不够。500 份定量问卷由于封闭性问题居多,反映的是消费者的行为模式,如消费能力、消费偏好、消费习性等,拦截街访的简单方式也比较仓促,难以深聊,故而对于消费心理的探知较少;而深入访谈大纲的设计也偏重于数据统计,对于深层心理的探询不够,且样本量仅为 30 个,不足以全面反映消费者文化消费心理。

第三,得出的结论集中于数据分析上,欠缺指向消费文化向度的分析。本项调研主要采取统计学方法,受托的专业统计机构的工作人员数据分析能力强而文化解读能力弱,没有运用社会学和艺术学方法进行探究,因而数据支撑强、理性色彩浓,对于直观现象观察少、感性色彩薄,尚未在数据分析之上进一步对当下消费文化作面面观。

第四,高消费能力和低消费能力的消费者文化消费现状和潜力有待深化研究。在数据统计与分析方面,可以进一步深化,进行典型性研究,如分别挑选 20 个高消费能力和低消费能力的消费者,对他们的消费现状和潜力进行细致研究。这样,把握消费群体的"两端",回答高端文化消费能高到什么程度、低端文化消费为何停留在低端等问题。

第五,消费者待挖掘的潜在文化消费需求值得做深化研究。通过本项调研可知,大量消费者有强烈的文化消费意向,但是由于种种原因——其中最重要的是文化产品供给侧结构与文化消费需求尚不完全相称——还有很大的文化消费潜力尚未被挖掘出来。对此,值得深化研究。

2. 执行方案

(1) 执行主体分工与团队架构

在定量研究方面,课题负责人自行组建工作团队开展 200 份问卷调查,委托专业调研机构——江苏中创市场调研咨询有限公司开展 300 份问卷调查,最后由受托机构一并统计分析;在定性研究方面,课题负责人、受托方掌握专门技巧的资深研究员与受访者进行一对一的访谈,共进行 10 场。团队架构如下:

第一,课题负责人工作组:

组长(课题负责人)1 人,主要职能:通讯联络,质量把关。

副组长 1 人,主要职能:组织问卷调查团,汇总 200 份有效调查问卷。

组员 20 人,主要职能:每人发放 10 份以上调查问卷,确保回收 10 份有效调查问卷。

第二,受委托机构项目组:

项目经理 1 人,主要职能:监督项目,处理客户投诉,方案审核。

研究员 2 人,主要职能:方案撰写,问卷设计,协助培训。

项目督导 2 人,主要职能:执行人员工作安排和监控。

数据督导 2 人,主要职能:问卷编码、输入工作的安排和监控。

QC 督导 2 人,主要职能:问卷复核的安排和监控。

访问员 12 人,主要职能:协助被访者回答问卷。

(2) 确定执行对象的甄别条件

根据研究需要,调研对象须达到以下三条标准:第一,在调研区域(南京市)居住满半年以上;第二,年龄满 18 周岁(考虑到消费能力和对于问卷的理解能力,故对于未成年人不做访问);第三,文化消费主要是自费。

(3) 具体执行区域

南京市(包含:玄武区、秦淮区、建邺区、鼓楼区、浦口区、江宁区、栖霞区、雨花台区,及少量的六合区、高淳区、溧水区居民),因采取街头访问的执行方式,接触到的区县居民有限,故主要针对居住在中心城区的居民。

(4) 具体执行方式

第一,分阶段执行方式:

基于科学、客观、全面了解、深入研究的原则,本次调查共分为两个阶段。

第一阶段为定量研究阶段,以拦截街访方式开展。执行说明:在新街口商区,由拦截员拦截人群,由甄别员甄别其符合条件后,再由访问员进行一对一的访问。当某区居民样本量不足时,则街访地点设置到相应区的中心街区进行访问。

第二阶段为定性研究阶段,以深度访谈方式开展。执行说明:由课题负责人、受托方掌握专门技巧的资深研究员与受访者进行一对一的访谈,访谈时长1—2小时。

第二,拟各区样本量不足时的执行地点:

玄武区:大润发(鼓楼店)。

秦淮区:夫子庙。

建邺区:河西万达广场。

鼓楼区:家乐福。

浦口区:泰百乐购。

江宁区:欧尚。

栖霞区:华润苏果(晓庄)。

雨花台区:华润苏果。

六合区:华润苏果。

高淳区:华润苏果。

溧水区:华润苏果。

(5)样本采集说明

此次调查总样本量为510个,定量研究抽取500个样本,定性研究约访10位有代表性的公众。

第一,定量研究:南京市人口年龄、性别结构与全国相差不大,因此根据《中国统计年鉴(2016)》的数据来设置此次定量研究的年龄及性别配额(表11.4)。

根据《江苏统计年鉴(2015)》所反映的南京市区域人口结构进行各区样本采集配比,考虑到六合区、高淳区和溧水区被访者较难接触到,故合并为其它区域;执行涉及其它区中的各区,但样本量不做具体限制(表11.5)。

表11.4 本调研中定量研究的年龄及性别配额

年龄	占比(%)	理论样本量	执行样本量
18—35岁	34.58	173	170
36—60岁	54.31	272	270
60岁以上	11.11	55	60
合计	100	500	500
性别	占比(%)	理论样本量	执行样本量
女	50	250	243—258
男	50	250	243—258
合计	100	500	500

注:表中执行样本量为理论样本量上下浮动5%所得。

表 11.5　本调研中定量研究的南京市各区样本采集配比

区域	总人口数(万人)	占比(%)	理论样本量	执行样本量
玄武区	49.53	7.64	38	60
秦淮区	70.6	10.87	55	60
建邺区	28.77	4.43	22	60
鼓楼区	93.53	14.42	72	80
浦口区	62.66	9.66	49	60
江宁区	97.28	15	75	80
栖霞区	44.38	6.84	34	40
雨花台区	41.95	6.47	32	30
其它(六合区、高淳区、溧水区)	160.01	24.67	123	30
合计	648.71	100	500	500

注:考虑到执行便利性,表中执行样本量为固定配额。

第二,定性研究:首先根据课题需要选择 2 名具有代表性的被访者,在定量研究之前接受一对一深度访问。定量执行结束后,再根据定量研究数据,对被访者进行分类,选择 8 名被访者,定性研究的样本共 10 份。

(6)执行计划

本调查项目于 2017 年 6 月启动,2017 年 8 月完成,周期 2 个月,阶段如下:

项目沟通,协议签订:5 天。

设计定量问卷,进行试访并修改,确认:5 天。

设计定性访问大纲(深访大纲):2 天。

调研前期准备(督导内部培训、访问员培训等):3 天。

街访执行:10 天。

深访执行:20 天。

问卷编码及录入:3 天。

访谈记录整理:5 天。

数据统计分析:4 天。

撰写报告:3 天。

合计:60 天。

(7)质控体系

该项调研样本数量不大、规模较小,如样本质量不合格会造成不可忽视的统计误差,因此必须严控质量,要监督受访者认真完成每一份问卷,并严格筛查存在逻辑漏洞的问卷,确保较高的样本信度。

由于课题负责人对自组工作组管控较有力,问卷可信度高,调研质量可靠,所以主要要

使受托机构严格控制各执行环节,保证数据及资料真实准确。受托方提出如下要求:

第一,对各环节负责人员进行系统培训。研究员对项目执行总控和督导进行系统培训,确保其充分理解项目要求和问卷。研究员参加访问员培训,帮助督导准确传达项目执行要求,确保访问员理解问卷内容。

第二,所有访问进行全程录音,研究员到执行现场协助督导保证项目顺利执行。

第三,独立 QC 全程对项目执行现场进行监控,问卷回收后进行电话复核,对访问过程录音抽听 20%,并对数据库进行查重。

第四,数据录入督导进行录入员的培训,全部采用双录入方式。为避免录入错误,由督导进行查错、逻辑校验。

第五,执行督导 100%二审问卷,执行项目经理抽审 50%问卷。对被访者的基本资料进行审核,不按规定抽样完成的样本将被废除。

3. 问卷设计思路

(1)定量问卷设计

本次定量调查采用结构型问卷方式,目的是指导居民依据设定的研究主题做出理性回答。问卷采取以封闭式为主的问答方式,一是符合结构型问卷模式,二是方便描述性研究资料编码和统计处理,三是能够更加科学地对问题做出逻辑性设计,四是在调查实施中有助于居民回答。在问卷设计过程中,根据调研主题内容进行了问题变量的定类、定距、定比测量。为获取居民完整信息和保证问卷回答质量,开展较为翔实深入的对话访谈。

(2)定性大纲设计

本次定性访问采用结构型大纲,目的是指导居民依据设定的研究主题做出具有层次性的深度回答。问卷采取开放式回答方式,由访问员抛出问题,针对居民回答的本质性内容,进行深层次的挖掘。

二、定量分析报告

1. 调查问卷

南京市大众文化消费现状与潜力调查问卷

女士/先生:

您好,为推进 2015 年度文化部文化艺术科学研究项目"激活我国大众文化消费潜力的研究"(批准号:15DH70),特在南京进行一项有关居民文化消费现状与潜力的调查,很想听一听您的宝贵意见,耽搁您一些时间,可以吗? 多谢您的支持配合! 同时,也请您放心,我们将会对您的资料和意见作严格的保密处理。

访问日期:2017 年＿＿＿月＿＿＿日

A. 甄别问卷

> 甄别问卷

A1. 请问您目前居住在南京的哪个区?【单选】(如果有多处,请选择最经常居住的)

1	2	3	4	5	6	7	8	9
玄武区	秦淮区	建邺区	鼓楼区	浦口区	栖霞区	江宁区	雨花台区	其它(六合区、高淳区、溧水区)

A2. 请问您在南京居住是否满半年以上?【单选】

是	1	【继续访问】
否	2	【终止访问】

A3. 请问您今年的实足年龄是多少岁?　　　　　岁(在横线上记录被访者年龄并圈至下表)【单选】

少年(17岁及以下)	【终止访问】
青年(18—35岁)	【继续访问,注意配额】
中年(36—60岁)	
老年(60岁以上)	

A4. 请问您个人目前的文化消费主要是自费的吗?【单选】(若被访者不清楚"文化消费",解释:文化消费是指用文化产品或服务来满足人们精神需求的一种消费,主要包括教育、文化娱乐、体育健身、旅游观光等方面。若被访者不清楚"自费",解释:这里的自费特指除单位福利外的文化消费花费)

是	1	【继续访问】
否	2	【终止访问】

B. 主问卷

主问卷

请认真浏览示卡,以明确哪些消费项目属于文化消费。

示卡(南京市大众文化消费现状与潜力调查)

A 发展型

A1. 图书报刊(不含网络书刊):专指传统形式书刊,主要指纸质书刊,亦包括电子版、扫描版、光盘版书刊

A2. 教育相关(就业前):学杂费、教材教辅、升学及就业考试培训

A3. 职业发展培训(就业后):以谋求职业发展为目的的相关文化知识和职业技能培训

A4. 业余兴趣培训:无典型功利动机的文化艺术培训

A5. 美术工具、舞蹈用品、乐器等

A6. 设计与商业策划(不含装修设计):如名片设计、LOGO设计、品牌与企业形象包装设计、商业策划等

A7. 信息传播、广告宣传等媒体服务

A8. 信息数据咨询

A9. 文化金融:通过银行、文化产权交易所、文化投融资平台(如互联网众筹等)、文化类股权交易平台、中间渠道等进行文化创业投融资产生的费用

B 享受型

B1. 当地参观、游玩:买票参观文化场馆和展览会(美术馆、博物馆、展览会等),买票/办卡去公园、主题公园、游乐场、动物园等

B2. 外地旅游:观光游览,休闲度假,去主题公园、游乐场、动物园等

B3. 体育:健身卡、体育器材和用品(不含运动服装)

B4. 观看影视及动画动漫(不含网络影视):去电影院看电影、在电视上付费点播影视节目

B5. 现场观看演艺、赛事等:演出、音乐会、演唱会、戏剧、体育赛事等

B6. 娱乐场所:去 KTV、歌舞厅、酒吧、棋牌室、游戏厅、电玩室等娱乐场所

B7. 网络游戏:端口解锁、购买虚拟道具、游戏外挂、游戏点卡、练级等

B8. 网络文化产品(不含网络游戏):网络影视、网络书刊(网络文学、动漫等书刊)、网络表演(视频秀)、网络交友等

B9. 网吧:专指网吧计时消费

B10. 举办庆典礼仪、聚会派对、会议等社交活动(不含吃喝):租场地、策划、买特殊服装道具(不含礼服,主要指表演用服装道具,如 cosplay 服装道具、假面面具等)等

B11. 参加庙会、灯会等节庆活动、原创文化节/狂欢节(不含吃喝):买票、买文化产品、买特殊服装道具(主要指表演用服装道具,如万圣节、狂欢节服装道具)等

B12. 玩具、工艺品、文创产品、纪念品、文化艺术礼品、DIY 手工艺

B13. 艺术品收藏及投资

B14. 参募文化众筹、投资文化类股票

B15. 摄影摄像、影像制作

B16. 神秘文化消费:诸如星象占卜、算命问卦、求签测字、起名改名、风水堪舆等,以及盲目的(明显超出正常消费范围的)烧香拜佛、求神祈福等

B17. 色情文化消费、赌博等

B18. 其它

注:

① 免费、准免费享受公益、准公益性质的公共文化服务(如去图书馆借阅书刊、免费参观博物馆、花 2 元/次的象征性费用去基层综合性文化服务中心内的亲子活动室等)不属于文化消费。

② 信息通讯消费(电话费、信息数据费、宽带费、有线电视费等)不属于文化消费。

③ 文化消费专指对于文化生产核心层的文化内容的消费,购买文化设备和文化办公用品(如:电脑、手机、摄影器材、笔记本、文件夹、纸、笔等)等文化生产外围层产品,不属于文化消费。

B1-1.【参照示卡】近3年来,您家庭体验过以下哪些文化消费项目?【复选】

B1-2.【参照示卡】近3年来,您个人体验过以下哪些文化消费项目?【复选】

	文化消费类型	家庭	个人
发展型	A1. 图书报刊(不含网络书刊)	1	1
	A2. 教育相关(就业前)	2	2
	A3. 职业发展培训(就业后)	3	3
	A4. 业余兴趣培训	4	4
	A5. 美术工具、舞蹈用品、乐器等	5	5
	A6. 设计与商业策划(不含装修设计)	6	6
	A7. 信息传播、广告宣传等媒体服务	7	7
	A8. 信息数据咨询	8	8
	A9. 文化金融	9	9
享受型	B1. 当地参观、游玩	11	11
	B2. 外地旅游	12	12
	B3. 体育	13	13
	B4. 观看影视及动画动漫(不含网络影视)	14	14
	B5. 现场观看演艺、赛事等	15	15
	B6. 娱乐场所	16	16
	B7. 网络游戏	17	17
	B8. 网络文化产品(不含网络游戏)	18	18
	B9. 网吧	19	19
	B10. 举办庆典礼仪、聚会派对、会议等社交活动(不含吃喝)	20	20
	B11. 参加庙会、灯会等节庆活动、原创文化节/狂欢节(不含吃喝)	21	21
	B12. 玩具、工艺品、文创产品、纪念品、文化艺术礼品、DIY手工艺	22	22
	B13. 艺术品收藏及投资	23	23
	B14. 参募文化众筹、投资文化类股票	24	24
	B15. 摄影摄像、影像制作	25	25
	B16. 神秘文化消费	26	26
	B17. 色情文化消费、赌博等	27	27
	B18. 其它	28	28

B2-1.【参照示卡】近 3 年来,您家庭花费最多的文化消费项目是?【单选】

B2-2.【参照示卡】近 3 年来,您家庭日常最多的文化消费项目是?【单选】

	文化消费类型	花费最多	日常最多(频率最高)
发展型	A1. 图书报刊(不含网络书刊)	1	1
	A2. 教育相关(就业前)	2	2
	A3. 职业发展培训(就业后)	3	3
	A4. 业余兴趣培训	4	4
	A5. 美术工具、舞蹈用品、乐器等	5	5
	A6. 设计与商业策划(不含装修设计)	6	6
	A7. 信息传播、广告宣传等媒体服务	7	7
	A8. 信息数据咨询	8	8
	A9. 文化金融	9	9
享受型	B1. 当地参观、游玩	11	11
	B2. 外地旅游	12	12
	B3. 体育	13	13
	B4. 观看影视及动画动漫(不含网络影视)	14	14
	B5. 现场观看演艺、赛事等	15	15
	B6. 娱乐场所	16	16
	B7. 网络游戏	17	17
	B8. 网络文化产品(不含网络游戏)	18	18
	B9. 网吧	19	19
	B10. 举办庆典礼仪、聚会派对、会议等社交活动(不含吃喝)	20	20
	B11. 参加庙会、灯会等节庆活动、原创文化节/狂欢节(不含吃喝)	21	21
	B12. 玩具、工艺品、文创产品、纪念品、文化艺术礼品、DIY 手工艺	22	22
	B13. 艺术品收藏及投资	23	23
	B14. 参募文化众筹、投资文化类股票	24	24

续表

文化消费类型		花费最多	日常最多（频率最高）
享受型	B15. 摄影摄像、影像制作	25	25
	B16. 神秘文化消费	26	26
	B17. 色情文化消费、赌博等	27	27
	B18. 其它	28	28

B3－1.【参照示卡】近3年来,您个人花费最多的文化消费项目是?【单选】

B3－2.【参照示卡】近3年来,您个人日常最多的文化消费项目是?【单选】

B3－3.【参照示卡】您个人最具偏好的文化消费项目是?【单选】

文化消费类型		花费最多	日常最多（频率最高）	最具偏好
发展型	A1. 图书报刊（不含网络书刊）	1	1	1
	A2. 教育相关（就业前）	2	2	2
	A3. 职业发展培训（就业后）	3	3	3
	A4. 业余兴趣培训	4	4	4
	A5. 美术工具、舞蹈用品、乐器等	5	5	5
	A6. 设计与商业策划（不含装修设计）	6	6	6
	A7. 信息传播、广告宣传等媒体服务	7	7	7
	A8. 信息数据咨询	8	8	8
	A9. 文化金融	9	9	9
享受型	B1. 当地参观、游玩	11	11	11
	B2. 外地旅游	12	12	12
	B3. 体育	13	13	13
	B4. 观看影视及动画动漫（不含网络影视）	14	14	14
	B5. 现场观看演艺、赛事等	15	15	15
	B6. 娱乐场所	16	16	16
	B7. 网络游戏	17	17	17
	B8. 网络文化产品（不含网络游戏）	18	18	18
	B9. 网吧	19	19	19
	B10. 举办庆典礼仪、聚会派对、会议等社交活动（不含吃喝）	20	20	20

文化消费类型		花费最多	日常最多（频率最高）	最具偏好
享受型	B11. 参加庙会、灯会等节庆活动、原创文化节/狂欢节（不含吃喝）	21	21	21
	B12. 玩具、工艺品、文创产品、纪念品、文化艺术礼品、DIY手工艺	22	22	22
	B13. 艺术品收藏及投资	23	23	23
	B14. 参募文化众筹、投资文化类股票	24	24	24
	B15. 摄影摄像、影像制作	25	25	25
	B16. 神秘文化消费	26	26	26
	B17. 色情文化消费、赌博等	27	27	27
	B18. 其它	28	28	28

B4-1.【参照示卡】您家庭未来最可能消费的文化消费项目是？【单选】

B4-2.【参照示卡】您家庭未来可能花费最多的文化消费项目是？【单选】

文化消费类型		未来最可能消费	未来可能花费最多
发展型	A1. 图书报刊（不含网络书刊）	1	1
	A2. 教育相关（就业前）	2	2
	A3. 职业发展培训（就业后）	3	3
	A4. 业余兴趣培训	4	4
	A5. 美术工具、舞蹈用品、乐器等	5	5
	A6. 设计与商业策划（不含装修设计）	6	6
	A7. 信息传播、广告宣传等媒体服务	7	7
	A8. 信息数据咨询	8	8
	A9. 文化金融	9	9
享受型	B1. 当地参观、游玩	11	11
	B2. 外地旅游	12	12
	B3. 体育	13	13
	B4. 观看影视及动画动漫（不含网络影视）	14	14
	B5. 现场观看演艺、赛事等	15	15

续表

文化消费类型		未来最可能消费	未来可能花费最多
享受型	B6. 娱乐场所	16	16
	B7. 网络游戏	17	17
	B8. 网络文化产品(不含网络游戏)	18	18
	B9. 网吧	19	19
	B10. 举办庆典礼仪、聚会派对、会议等社交活动(不含吃喝)	20	20
	B11. 参加庙会、灯会等节庆活动、原创文化节/狂欢节(不含吃喝)	21	21
	B12. 玩具、工艺品、文创产品、纪念品、文化艺术礼品、DIY手工艺	22	22
	B13. 艺术品收藏及投资	23	23
	B14. 参募文化众筹、投资文化类股票	24	24
	B15. 摄影摄像、影像制作	25	25
	B16. 神秘文化消费	26	26
	B17. 色情文化消费、赌博等	27	27
	B18. 其它	28	28

B5-1.【参照示卡】您个人未来最可能消费的文化消费项目是?【单选】

B5-2.【参照示卡】您个人未来可能花费最多的文化消费项目是?【单选】

文化消费类型		未来最可能消费	未来可能花费最多
发展型	A1. 图书报刊(不含网络书刊)	1	1
	A2. 教育相关(就业前)	2	2
	A3. 职业发展培训(就业后)	3	3
	A4. 业余兴趣培训	4	4
	A5. 美术工具、舞蹈用品、乐器等	5	5
	A6. 设计与商业策划(不含装修设计)	6	6
	A7. 信息传播、广告宣传等媒体服务	7	7
	A8. 信息数据咨询	8	8
	A9. 文化金融	9	9

文化消费类型		未来最可能消费	未来可能花费最多
享受型	B1. 当地参观、游玩	11	11
	B2. 外地旅游	12	12
	B3. 体育	13	13
	B4. 观看影视及动画动漫(不含网络影视)	14	14
	B5. 现场观看演艺、赛事等	15	15
	B6. 娱乐场所	16	16
	B7. 网络游戏	17	17
	B8. 网络文化产品(不含网络游戏)	18	18
	B9. 网吧	19	19
	B10. 举办庆典礼仪、聚会派对、会议等社交活动(不含吃喝)	20	20
	B11. 参加庙会、灯会等节庆活动、原创文化节/狂欢节(不含吃喝)	21	21
	B12. 玩具、工艺品、文创产品、纪念品、文化艺术礼品、DIY手工艺	22	22
	B13. 艺术品收藏及投资	23	23
	B14. 参募文化众筹、投资文化类股票	24	24
	B15. 摄影摄像、影像制作	25	25
	B16. 神秘文化消费	26	26
	B17. 色情文化消费、赌博等	27	27
	B18. 其它	28	28

B6. 您家庭每月平均消费支出约是多少元?【单选】

1000元及以下	1	4001—6000元	5
1001—2000元	2	6001—8000元	6
2001—3000元	3	8001—10000元	7
3001—4000元	4	10000元以上	8

B7. 您家庭文化消费支出占您家庭总消费支出的比重约是多少?【单选】

10%以下	1	
10%—30%	2	
30%—50%	3	
50%以上	4	
不清楚(再次确认)	5	

B8. 您个人每月平均消费支出约是多少元?【单选】

500元及以下	1	4001—6000元	6
501—1000元	2	6001—8000元	7
1001—2000元	3	8001—10000元	8
2001—3000元	4	10000元以上	9
3001—4000元	5		

B9. 您个人文化消费支出占您个人总消费支出的比重约是多少?【单选】

5%以下	1
5%—10%	2
10%—30%	3
30%—50%	4
50%以上	5
不清楚(再次确认)	6

B10-1. 去年全年(2015年)您家庭的文化消费支出与前年(2014年)相比是增加还是减少了?大约增幅多少或减幅多少?【单选】

B10-2. 去年全年(2015年)您个人的文化消费支出与前年(2014年)相比是增加还是减少了?大约增幅多少或减幅多少?【单选】

变化趋势	家庭	个人
减幅30%以上	1	1
减幅10%—30%	2	2
减幅10%以内	3	3
基本不变	4	4
增幅10%以内	5	5
增幅10%—30%	6	6
增幅30%以上	7	7

B11-1. 您认为阻碍您家庭进行教育之外文化消费的主要因素有哪些?【复选,最多选4项】

B11-2. 您认为阻碍您个人进行教育之外文化消费的主要因素有哪些?【复选,最多选4项】

阻碍文化消费的主要因素	家庭	个人
收入低	1	1
收入不低,但文化产品(及服务)价格超过心理价位	2	2
教育开销过大,导致可支配收入少	3	3
时间少	4	4
没人陪同	5	5
文化水平和欣赏、鉴赏水平有限	6	6
文化产品(及服务)种类有限	7	7
文化产品(及服务)内容不符合自身兴趣	8	8
文化产品(及服务)品质不符合自身要求	9	9
因人生阶段发生变化等原因,侧重的消费支出类型发生变化(比如结婚生子)	10	10
其它,请注明_____	11	11

B12. 您个人进行文化消费的主要动机是?【复选,最多选3项】

有利于个人发展(文化对我有利用价值)	1
跟上社会潮流,寻求共同语言/话题	2
彰显个性,树立个人风格	3
美化生活,凸显品质品位	4
追求新奇体验	5
培养兴趣爱好,发展才艺、体育特长	6
打发空余时间,丰富业余生活	7
其它,请注明_____	8

B13. 您认为除教育外的文化消费是必需的吗? 重要程度如何?【单选】

必需且重要	1
必需但不重要	2
非必需	3

B14-1. 您认为除教育之外的文化消费对您人生的影响程度怎么样?【单选】(若被访者不清楚"人生",解释:<u>这里的人生即人生发展,指人生态度、人生目标、人生规划、思想认识水平、情操和气质、人格建构、生命充实度等</u>)

B14-2. 您认为除教育之外的文化消费对您生活的影响程度怎么样?【单选】(若被访者不清楚"生活",解释:<u>这里的生活即日常生活,指对生活质量的影响,诸如对产生社交话题、促进人际互动,对满足兴趣爱好、丰富业余生活等的影响</u>)

影响程度	人生	生活
影响很大	1	1
影响比较大	2	2
一般	3	3
影响比较小	4	4
几乎没影响	5	5

B15. 您认为文化消费与物质消费哪个更重要?【单选】

文化消费更重要	1
物质消费更重要	2
二者同样重要	3
二者无可比性	4

B16. 您对当前南京市文化消费体验的满意度如何?【单选】

非常满意	1	
比较满意	2	【跳问 C1】
一般	3	
比较不满意	4	【续问 B17】
非常不满意	5	

B17. 您对当前南京市文化消费体验不满意的原因是?【复选】

文化消费体验的种类有限	1
文化消费体验的价格高	2
文化消费体验的内容不符合自身兴趣	3
文化消费体验的品质不符合自身要求	4
文化消费体验的场所较远	5

文化消费体验的场所较少	6
文化消费环境不佳	7
文化消费秩序混乱	8
其它,请注明＿＿＿＿	9

C. 个人资料

个人资料

C1. 访问员记录被访者性别:【单选】

女	1
男	2

C2. 您接受的最高教育程度是? 有海外留学经历吗?【单选,5可兼选】

高中/中专及以下	1	
大专	2	【单选】
本科	3	
研究生及以上	4	
有海外留学经历	5	【可兼选】

C3. 您目前的婚育状况是?【单选】

单身无子女	1
单身有子女	2
有配偶无子女	3
有配偶有子女	4

C4. 您目前的户口属性是?【单选】

非农业户口	1
农业户口	2

C5. 您目前的身份群体是?【单选】

城市常住居民	1
流动人口(外来求学/外来务工/探亲暂住人员)	2

C6. 您目前的职业状况是?【单选】

职业稳定(不含退休)	1	退休后谋职	5
职业不稳定(不含退休)	2	无业	6
自主创业/自由职业	3	学生	7
退休在家	4		

C7. 您目前家庭年平均收入大约是多少万元?【单选】

5万元以下	1	40—50万元	6
5—10万元	2	50—60万元	7
10—20万元	3	60—80万元	8
20—30万元	4	80—100万元	9
30—40万元	5	100万元以上	10

****************** 问卷结束,非常感谢! ******************

2. 样本主要统计数据

样本主要统计数据包括11项内容,分别为:家庭体验过的文化消费项目(表11.6)、个人体验过的文化消费项目(表11.7)、家庭花费最多的文化消费项目及家庭平均月文化消费支出前十项(表11.8)、家庭日常最多的文化消费项目及家庭平均月文化消费支出前十项(表11.9)、个人花费最多的文化消费项目及个人平均月文化消费支出前十项(表11.10)、个人日常最多的文化消费项目及个人平均月文化消费支出前十项(表11.11)、个人最具偏好的文化消费项目及个人平均月文化消费支出前十项(表11.12)、家庭未来最可能消费的文化消费项目前十项(表11.13)、家庭未来可能花费最多的文化消费项目前十项(表11.14)、个人未来最可能消费的文化消费项目前十项(表11.15)、个人未来可能花费最多的文化消费项目前十项(表11.16)。

表 11.6　家庭体验过的文化消费项目

文化消费项目	占比
B1. 当地参观、游玩	78.1%
B2. 外地旅游	74.3%
A1. 图书报刊(不含网络书刊)	67.3%
A2. 教育相关(就业前)	58.4%
B4. 观看影视及动画动漫(不含网络影视)	53.7%
B6. 娱乐场所	50.8%
B3. 体育	39.4%
B11. 参加庙会、灯会等节庆活动、原创文化节/狂欢节(不含吃喝)	32.1%

文化消费项目	占比
B5. 现场观看演艺、赛事等	30.2%
A4. 业余兴趣培训	28.6%
A3. 职业发展培训(就业后)	24.8%
A5. 美术工具、舞蹈用品、乐器等	23.8%
B12. 玩具、工艺品、文创产品、纪念品、文化艺术礼品、DIY手工艺	23.5%
B10. 举办庆典礼仪、聚会派对、会议等社交活动(不含吃喝)	22.9%
B7. 网络游戏	18.7%
A7. 信息传播、广告宣传等媒体服务	17.5%
B9. 网吧	15.6%
B8. 网络文化产品(不含网络游戏)	14.9%
B15. 摄影摄像、影像制作	12.5%
A6. 设计与商业策划(不含装修设计)	10.2%
A8. 信息数据咨询	8.6%
B13. 艺术品收藏及投资	6.7%
B14. 参募文化众筹、投资文化类股票	5.1%
B16. 神秘文化消费	2.2%
A9. 文化金融	1.9%
B17. 色情文化消费、赌博等	1.0%
B18. 其它	1.0%

表11.7　个人体验过的文化消费项目

文化消费项目	占比
B2. 外地旅游	65.4%
B1. 当地参观、游玩	61.6%
A1. 图书报刊(不含网络书刊)	53.7%
B6. 娱乐场所	44.4%
B4. 观看影视及动画动漫(不含网络影视)	43.5%
A2. 教育相关(就业前)	39.4%
B3. 体育	32.7%

续表

文化消费项目	占比
B5. 现场观看演艺、赛事等	28.6%
A4. 业余兴趣培训	21.9%
B11. 参加庙会、灯会等节庆活动、原创文化节/狂欢节（不含吃喝）	21.6%
A3. 职业发展培训（就业后）	20.0%
B7. 网络游戏	19.7%
B12. 玩具、工艺品、文创产品、纪念品、文化艺术礼品、DIY 手工艺	19.4%
B10. 举办庆典礼仪、聚会派对、会议等社交活动（不含吃喝）	17.8%
A5. 美术工具、舞蹈用品、乐器等	16.8%
B9. 网吧	16.8%
B15. 摄影摄像、影像制作	15.1%
B8. 网络文化产品（不含网络游戏）	11.1%
A7. 信息传播、广告宣传等媒体服务	9.8%
A6. 设计与商业策划（不含装修设计）	7.3%
A8. 信息数据咨询	4.8%
B13. 艺术品收藏及投资	4.4%
B14. 参募文化众筹、投资文化类股票	3.2%
B16. 神秘文化消费	1.6%
A9. 文化金融	1.3%
B17. 色情文化消费、赌博等	1.3%
B18. 其它	1.0%

表 11.8 家庭花费最多的文化消费项目及家庭平均
月文化消费支出（前十项）

文化消费项目	占比	家庭平均月文化消费支出（元）
A2. 教育相关（就业前）	29.2%	1466
B2. 外地旅游	22.9%	1312
B1. 当地参观、游玩	11.4%	1314
A1. 图书报刊（不含网络书刊）	7.9%	758
B6. 娱乐场所	5.1%	1483

文化消费项目	占比	家庭平均月文化消费支出(元)
B3. 体育	3.8%	2217
B10. 举办庆典礼仪、聚会派对、会议等社交活动(不含吃喝)	3.2%	1179
B4. 观看影视及动画动漫(不含网络影视)	2.5%	469
A3. 职业发展培训(就业后)	2.2%	1164
A5. 美术工具、舞蹈用品、乐器等	2.2%	1229

表 11.9　家庭日常最多的文化消费项目及家庭
平均月文化消费支出(前十项)

文化消费项目	占比	家庭平均月文化消费支出(元)
B2. 外地旅游	17.1%	1371
A2. 教育相关(就业前)	15.9%	1672
B1. 当地参观、游玩	14.6%	970
A1. 图书报刊(不含网络书刊)	12.1%	988
B4. 观看影视及动画动漫(不含网络影视)	10.2%	1143
B6. 娱乐场所	5.1%	1526
B3. 体育	4.4%	1665
A3. 职业发展培训(就业后)	2.9%	1539
B5. 现场观看演艺、赛事等	2.9%	1028
A4. 业余兴趣培训	2.2%	1857

表 11.10　个人花费最多的文化消费项目及个人平均
月文化消费支出(前十项)

文化消费项目	占比	个人平均月文化消费支出(元)
B2. 外地旅游	17.8%	398
B1. 当地参观、游玩	13.3%	380
A2. 教育相关(就业前)	11.1%	367
B6. 娱乐场所	9.8%	443
A1. 图书报刊(不含网络书刊)	6.7%	173
A4. 业余兴趣培训	5.1%	374
B5. 现场观看演艺、赛事等	5.1%	331

文化消费项目	占比	个人平均月文化消费支出(元)
B3. 体育	4.8%	337
B4. 观看影视及动画动漫(不含网络影视)	4.4%	403
A3. 职业发展培训(就业后)	3.8%	773

表 11.11　个人日常最多的文化消费项目及个人平均月文化消费支出(前十项)

文化消费项目	占比	个人平均月文化消费支出(元)
A1. 图书报刊(不含网络书刊)	14.0%	261
B2. 外地旅游	13.7%	440
B1. 当地参观、游玩	12.7%	336
B6. 娱乐场所	9.5%	468
B4. 观看影视及动画动漫(不含网络影视)	7.3%	407
B3. 体育	6.0%	423
A2. 教育相关(就业前)	5.1%	392
B7. 网络游戏	4.1%	313
A3. 职业发展培训(就业后)	3.5%	567
B5. 现场观看演艺、赛事等	3.2%	368

表 11.12　个人最具偏好的文化消费项目及个人平均月文化消费支出(前十项)

文化消费项目	占比	个人平均月文化消费支出(元)
B2. 外地旅游	25.1%	419
B1. 当地参观、游玩	12.7%	340
B4. 观看影视及动画动漫(不含网络影视)	8.9%	361
A1. 图书报刊(不含网络书刊)	6.7%	221
B3. 体育	6.7%	335
B6. 娱乐场所	6.7%	351
B7. 网络游戏	4.8%	645
A4. 业余兴趣培训	4.1%	314
B5. 现场观看演艺、赛事等	3.2%	234
A5. 美术工具、舞蹈用品、乐器等	2.9%	547

表 11.13　家庭未来最可能消费的文化消费项目(前十项)

文化消费项目	占比
A2. 教育相关(就业前)	22.9%
B2. 外地旅游	22.5%
B1. 当地参观、游玩	11.1%
A1. 图书报刊(不含网络书刊)	5.7%
A3. 职业发展培训(就业后)	4.8%
A4. 业余兴趣培训	4.4%
A9. 文化金融	4.4%
B10. 举办庆典礼仪、聚会派对、会议等社交活动(不含吃喝)	4.4%
B3. 体育	3.8%
B4. 观看影视及动画动漫(不含网络影视)	2.5%

表 11.14　家庭未来可能花费最多的文化消费项目(前十项)

文化消费项目	占比
B2. 外地旅游	26.0%
A2. 教育相关(就业前)	22.9%
B1. 当地参观、游玩	8.3%
A3. 职业发展培训(就业后)	5.1%
A4. 业余兴趣培训	4.8%
A9. 文化金融	4.8%
A1. 图书报刊(不含网络书刊)	3.5%
B10. 举办庆典礼仪、聚会派对、会议等社交活动(不含吃喝)	3.5%
B3. 体育	2.5%
B5. 现场观看演艺、赛事等	2.2%

表 11.15　个人未来最可能消费的文化消费项目(前十项)

文化消费项目	占比
B2. 外地旅游	27.3%
B1. 当地参观、游玩	12.7%
A9. 文化金融	6.3%
B6. 娱乐场所	6.0%

续表

文化消费项目	占比
A3. 职业发展培训（就业后）	5.4%
A2. 教育相关（就业前）	4.8%
B3. 体育	4.8%
A4. 业余兴趣培训	4.1%
A1. 图书报刊（不含网络书刊）	3.8%
A6. 设计与商业策划（不含装修设计）	3.2%

表 11.16　个人未来可能花费最多的文化消费项目（前十项）

文化消费项目	占比
B2. 外地旅游	26.0%
B1. 当地参观、游玩	14.0%
A2. 教育相关（就业前）	6.3%
B3. 体育	6.0%
A3. 职业发展培训（就业后）	5.4%
B6. 娱乐场所	5.4%
A1. 图书报刊（不含网络书刊）	5.1%
B4. 观看影视及动画动漫（不含网络影视）	3.8%
A9. 文化金融	3.5%
A5. 美术工具、舞蹈用品、乐器等	2.5%

3. 样本数据统计分析

（1）文化消费项目

① 家庭文化消费项目

第一，家庭体验过的文化消费项目（表11.6）：旅游是近三年来南京居民家庭体验最多的文化消费项目，其中当地旅游占比 78.1%、外地旅游占比 74.3%。除了旅游，家庭体验较多的项目还有图书报刊（不含网络书刊）、教育相关（就业前）、观看影视及动画动漫（不含网络影视）和娱乐场所。有过艺术品收藏及投资、文化众筹、文化金融、神秘文化消费等体验的家庭数较少，占比不足 10%。

第二，家庭花费最多的文化消费项目（表11.8）：费用方面，教育和旅游是居民家庭花费较多的两种文化消费项目。有29.2%的居民家庭花费最多的项目是教育相关（就业前）。外地旅游花费最多的家庭占比 22.9%，当地参观、游玩占11.4%。

不同年龄段的居民家庭花费最多的文化消费项目（表11.17）存在一定差异。青年（18—35 岁）和中年（36—60 岁）因自身教育或有子女上学，其家庭花费最多的是教育相关（就业前),分别占比 26.9%、33.3%;而 29.4% 的老年(60 岁以上)家庭花费最多的是外地旅游。

表 11.17　不同年龄段的居民家庭花费最多的文化消费项目及其占比

年龄	文化消费项目	占比
青年(18—35 岁)	教育相关(就业前)	26.9%
中年(36—60 岁)	教育相关(就业前)	33.3%
老年(60 岁以上)	外地旅游	29.4%

第三,家庭日常最多的文化消费项目(表 11.9):旅游和教育两方面不仅是居民家庭体验过最多、花费最多的文化消费项目,也是日常最频繁的文化消费项目。居民家庭日常最多的是外地旅游和当地参观、游玩,分别占比 17.1%、14.6%,教育相关(就业前)占 15.9%。

年龄段不同,居民家庭的文化消费重心也会有所变化(表 11.18)。18.3% 的青年居民家庭日常最多的文化消费项目是外地旅游,占比最高。中年居民的家庭子女教育支出压力较大,18.6% 的中年居民家庭日常最多的是教育相关(就业前)。老年居民家庭相对更偏好阅读,日常最多的文化消费项目是图书报刊(不含网络书刊)的家庭占 23.5%。

表 11.18　不用年龄段的居民家庭日常最多的文化消费项目及其占比

年龄	文化消费项目	占比
青年(18—35 岁)	外地旅游	18.3%
中年(36—60 岁)	教育相关(就业前)	18.6%
老年(60 岁以上)	图书报刊(不含网络书刊)	23.5%

家庭结构对家庭的文化消费状况也会产生较大影响(表 11.19)。有子女的家庭日常最多的文化消费项目以教育为主,无子女的家庭旅游更多。

表 11.19　有/无子女家庭日常最多的文化消费项目及其占比

子女情况	文化消费项目	占比
无子女	当地参观、游玩/外地旅游	19%
有子女	教育相关(就业前)	18.6%

② 个人文化消费项目

第一,个人体验过的文化消费项目(表 11.7):旅游是居民个人体验过最多的文化消费项目,六成以上居民近三年均有过旅游的经历。有 53.7% 的居民个人会阅读图书报刊(不含网络书刊)。

第二,个人花费最多的文化消费项目(表 11.10):居民个人花费最多的文化消费项目仍以旅游和教育相关为主,外地旅游和当地参观、游玩上花费最多的分别占比 17.8% 和 13.3%,有 11.1% 的居民在教育相关(就业前)上花费最多。

第三,个人日常最多的文化消费项目(表 11.11):居民个人日常最多的文化消费项目是图书报刊(不含网络书刊)和旅游。14% 的居民个人日常最多的是图书报刊(不含网络书刊），其个人平均月文化消费支出为 261 元，支出水平低于以旅游、娱乐场所为日常最多的居民。

居民的户籍情况对个人的文化消费有一定的影响（表11.20、表11.21）。南京常住居民个人日常最多的文化消费项目是外地旅游，占比 15.5%；流动人口个人日常最多的文化消费项目是图书报刊（不含网络书刊），占比 14.6%。非农业户口的居民个人日常最多的是外地旅游，农业户口个人日常最多的为当地参观、游玩或娱乐场所。

表 11.20　不同身份群体个人日常最多的文化消费项目及其占比

身份群体	文化消费项目	占比
常住人口	外地旅游	15.5%
流动人口	图书报刊（不含网络书刊）	14.6%

表 11.21　不同户口属性个人日常最多的文化消费项目及其占比

户口属性	文化消费项目	占比
非农业户口	外地旅游	14.6%
农业户口	当地参观、游玩/娱乐场所	14.6%

第四，个人最具偏好的文化消费项目（表 11.12）：旅游是居民个人普遍较为偏好的文化消费项目，有 37.8% 的居民表示个人最偏好旅游，其中有 25.1% 的居民最偏好外地旅游。

分年龄段看（表 11.22），老年人受身体状况等因素的影响，更偏好当地参观、游玩，而青年、中年居民相对更偏好外地旅游。

表 11.22　不同年龄段个人最具偏好的文化消费项目及其占比

年龄	文化消费项目	占比
青年（18—35 岁）	外地旅游	32.7%
中年（36—60 岁）	外地旅游	20.9%
老年（60 岁以上）	当地参观、游玩	32.4%

（2）文化消费动机及重要性认识

① 文化消费动机分析

文化消费是指对于文化生产核心层的文化内容的消费，分为发展型和享受型两种项目类型。不同文化消费项目对消费者产生的影响也不同，对激发居民产生文化消费行为的动机进行分析对于剖析当前大众文化消费存在问题、挖掘大众文化消费潜力具有重要意义。

调查显示（表 11.23），文化消费有利于个人发展、丰富业余生活和培养兴趣爱好是居民进行文化消费的三大主要动机，占比分别为50.8%、43.2%和38.1%。

表 11.23　居民个人进行文化消费的动机

主要动机	占比
有利于个人发展（文化对我有利用价值）	50.8%
打发空余时间,丰富业余生活	43.2%
培养兴趣爱好,发展才艺、体育特长	38.1%
美化生活,凸显品质品位	27.3%
跟上社会潮流,寻求共同语言/话题	23.8%
追求新奇体验	18.4%
彰显个性,树立个人风格	16.8%
其它	1%

②文化消费重要性认识

消费是为了人的全面发展,其表现形式主要分为两类:物质消费和文化消费。物质消费是指为满足日常衣、食、住、行等有关生活物品和劳动资料方面的消费;文化消费是指为满足娱乐、审美、求知、休闲等精神需求而对文化产品和服务进行的消费。文化消费越来越受到居民的重视,调查显示(图 11.9),有 36.2% 的居民认为文化消费比物质消费更重要,40.3% 的居民认为二者同样重要。

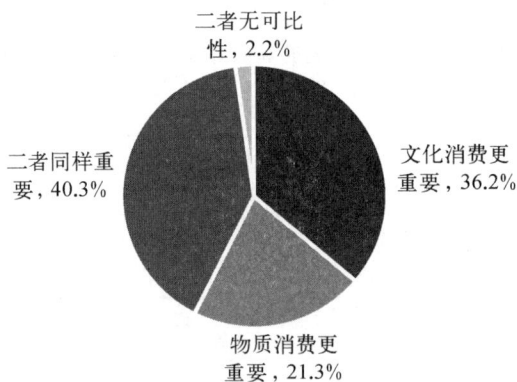

图 11.9　文化消费与物质消费的重要性比较

（3）文化消费支出状况

①文化消费支出水平

调查显示(表 11.24),南京居民家庭大约每月文化消费支出占家庭消费总支出的 29.2%,个人文化消费支出占个人消费总支出的 22.3%。

表 11.24 家庭与个人文化消费支出情况

消费支出与占比	家庭	个人
消费总支出(元/月)	4482	1840
文化消费支出(元/月)	1310	411
文化消费占消费支出比重	29.2%	22.3%

调查显示(表 11.25),女性、青老年及有配偶居民个人文化消费支出与个人消费总支出之比主要集中在 5%—10%,男性、中年及单身居民个人文化消费支出与个人消费总支出之比更多集中在 10%—30%。

表 11.25 个人文化消费支出占个人消费总支出情况

群体细分		5%以下	5%—10%	10%—30%	30%—50%	50%以上
按性别	女	9.0%	40.6%	33.5%	12.9%	3.9%
	男	12.3%	31.0%	36.1%	14.8%	9.0%
按年龄	青年	5.8%	40.4%	33.7%	12.5%	7.7%
	中年	11.3%	32.2%	36.2%	14.1%	6.2%
	老年	20.6%	35.3%	26.5%	14.7%	2.9%
按婚育状况	单身无子女	5.1%	36.7%	37.8%	12.24%	8.2%
	单身有子女	10.0%	30.0%	50.0%	10.0%	0
	有配偶无子女	11.1%	33.3%	27.8%	22.2%	5.6%
	有配偶有子女	13.23%	34.9%	32.3%	13.8%	5.8%

② 文化消费支出变化趋势

近几年居民文化消费支出呈现缓慢增长的趋势。调查显示(表 11.26),60.9%的居民 2015 年家庭文化消费支出较 2014 年有所增加,其中有 36.5%的家庭文化消费支出增幅在 10%以内;21.9%的居民家庭文化消费支出水平与 2014 年基本持平。居民的个人文化消费支出水平也在逐步提升,57.4%的居民个人文化消费支出较 2014 年有所增加,主要增幅在 10%以内;与 2014 年支出水平差不多的居民占 26.7%。

表 11.26　家庭与个人文化消费支出变化趋势

幅度	家庭	个人
减幅 30%以上	3.2%	2.2%
减幅 10%—30%	6.7%	4.4%
减幅 10%以内	7.3%	9.2%
基本不变	21.9%	26.7%
增幅 10%以内	36.5%	35.2%
增幅 10%—30%	18.4%	16.5%
增幅 30%以上	6%	5.7%

（4）文化消费期望

① 家庭文化消费期望

第一，家庭未来最可能消费的文化消费项目（表 11.13）：教育相关（就业前）居首，外地旅游居次。投资给子女的就业前的教育相关是家庭未来最可能消费比例最高的项目，其次为外地旅游，有 11.1% 的家庭未来选择在当地参观、游玩。

第二，家庭未来可能花费最多的文化消费项目（表 11.14）：外地旅游居首，教育相关（就业前）居次。有 26% 的家庭未来可能在外地旅游项目上花费最多，其次是与就业相关的教育支出。

② 个人文化消费期望

第一，个人未来最可能消费的文化消费项目是旅游（表11.15）。27.3% 的居民表示未来最可能在外地旅游项目上消费，未来打算在当地参观、游玩的占比 12.7%。可见，旅游热度最高。

第二，个人未来可能花费最多的文化消费项目（表 11.16）：有 26% 的居民个人未来可能在外地旅游上花费最多，在当地参观、游玩上愿意花费最多的比例为 14%，职业发展培训（就业后）和娱乐场所均占比 5.4%。

（5）除教育外文化消费状况分析

① 阻碍进行教育外文化消费因素分析

江苏省的居民家庭较为重视教育方面的文化消费支出，阻碍家庭与个人进行除教育外文化消费的因素很多（表 11.27）：首要因素是时间少，多数选择在节假日以及休息日进行文化消费；其次是没人陪同，进行居民深访时发现，居民更希望自己的家人可以陪同；教育开销过大，导致可支配收入少是阻碍家庭进行文化消费的第三个重要因素；收入低是阻碍家庭及个人进行文化消费的第四个主要因素；对于个人而言，文化产品及服务内容不符合自身兴趣也是阻碍个人进行文化消费的主要因素。

表 11.27 阻碍家庭与个人进行除教育外文化消费的主要因素

阻碍除教育外文化消费的主要因素	家庭	个人
时间少	61.6%	54.0%
没人陪同	33.0%	35.9%
教育开销过大,导致可支配收入少	26.7%	16.5%
收入低	25.7%	19.0%
收入不低,但文化产品及服务价格超过心理价位	20.3%	14.9%
文化水平和欣赏、鉴赏水平有限	20.0%	12.4%
文化产品及服务内容不符合自身兴趣	19.0%	21.3%
文化产品及服务种类有限	13.3%	12.7%
因人生阶段发生变化等原因,侧重的消费支出类型发生变化(比如结婚生子)	10.2%	10.8%
文化产品及服务品质不符合自身要求	9.8%	10.2%
其它	1.0%	0.6%

② 除教育外文化消费必需性与重要性分析

超过九成的居民认为除教育外文化消费是必需的,其中 53.3% 的居民认为除教育外文化消费必需且重要,38.1% 认为必需但不重要;认为非必需的占比 8.6%(图 11.10)。

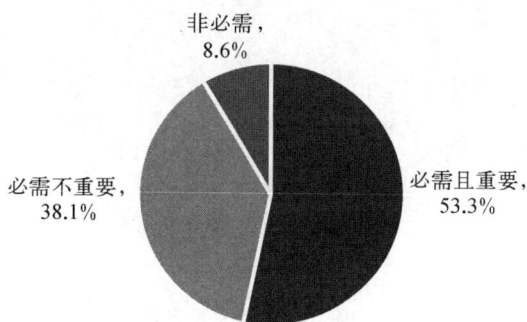

图 11.10 除教育外文化消费的必需性与重要性分析

③ 除教育外文化消费对人生、生活的影响程度分析

对于除教育外文化消费对人生、生活的影响(表 11.28),59% 的居民认为除教育外的文化消费对人生影响大,认为几乎没影响的占比 3.8%。46.6% 居民认为除教育外的文化消费对生活影响大,认为几乎没影响的占比 6.3%。

表 11.28　除教育外文化消费对人生、生活的影响分析

影响程度	人生	生活
影响很大	27.6%	18.7%
影响比较大	31.4%	27.9%
一般	33.7%	39.4%
影响比较小	3.5%	7.6%
几乎没影响	3.8%	6.3%

（6）文化消费体验评价

① 满意度分析

调查显示(图 11.11)，近五成居民对当前文化消费体验感到满意，其中 9.8% 的居民非常满意，39.7% 的居民比较满意，45.1% 的居民满意度一般，仅 5.4% 的居民不满意。可见，大众对于文化消费并不挑剔。然而，通过随机访问和深层访问可知，满意感集中来源于对都市文化消费项目的商业化程度的赞叹。进一步追问，发现绝大部分满意者都是习惯性好评，因而这种满意是麻木性的。

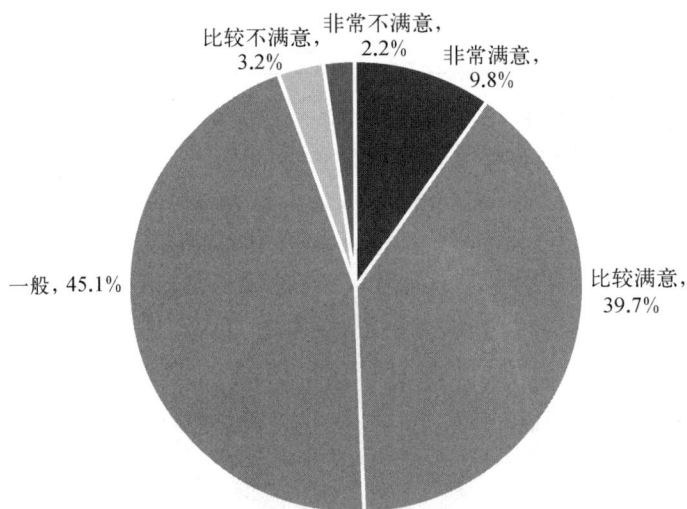

图 11.11　南京文化消费体验满意度分析

② 不满意原因分析

价格、内容及品质不符合要求，文化消费的秩序及环境、场所的距离及数量是居民文化消费体验中不满意的地方。深入的定性研究发现，居民对服务人员的态度和旅游市场中出现的强迫交易、诱导消费也感到不满意(表 11.29)。

表 11.29　南京文化消费体验不满意情况

不满意原因	提及(次)
文化消费体验的价格高	8
文化消费体验的内容不符合自身兴趣	7
文化消费体验的品质不符合自身要求	7
文化消费体验的场所较远	2
文化消费体验的场所较少	1
文化消费环境不佳	2
文化消费秩序混乱	3
总　　体	30

(7) 农民工文化消费现状与潜力分析

① 农民工文化消费现状

本次共调研了 48 名农民工的文化消费状况(表 11.30),农民工家庭日常最多的文化消费项目与总体情况有所不同,农民工日常最多的是教育相关(就业前)和当地参观、游玩,这两项占比最高,均为 18.6%。

表 11.30　农民工文化消费现状

消费特点	家　庭		个　人	
	文化消费项目	占比	文化消费项目	占比
花费最多	教育相关 (就业前)	35.0%	外地游玩	20.8%
日常最多	教育相关(就业前)/ 当地参观、游玩	18.6%	教育相关(就业前)/ 当地参观、游玩	14.6%
最具偏好	—	—	外地游玩	37.5%

② 农民工文化消费潜力

家庭未来花费最多的文化消费项目与总体不同,农民工未来打算在教育相关(就业前)花费最多(表 11.31)。

表 11.31　农民工文化消费潜力

消费潜力	家　庭		个　人	
	文化消费项目	占比	文化消费项目	占比
未来最可能	教育相关(就业前)	29.2%	外地游玩	16.7%
未来花费最多	教育相关(就业前)	25.0%	外地游玩	30.0%

③ 农民工文化消费支出水平

农民工家庭大约每月文化消费支出占家庭消费总支出的 25.3%,个人文化消费支出占个人消费总支出的 22.2%;农民工家庭大约每月文化消费支出较总体少 341 元,农民工个人文化消费支出较总体少 63 元(表11.32)。

表 11.32　农民工文化消费支出水平

消费支出与占比	家　庭	个　人
消费总支出(元/月)	3828	1565
文化消费支出(元/月)	969	348
占比	25.3%	22.2%

④ 农民工文化消费支出趋势

50.1%的农民工家庭 2015 年家庭文化消费支出较 2014 年有所增加,低于总体有所增加的比例(表 11.33)。

表 11.33　农民工文化消费支出趋势

减增幅度	家　庭	个　人
减幅 30%以上	—	—
减幅 10%—30%	10.4%	6.3%
减幅 10%以内	14.6%	14.6%
基本不变	25.0%	27.1%
增幅 10%以内	23.0%	20.8%
增幅 10%—30%	20.8%	25.0%
增幅 30%以上	6.3%	6.3%

⑤ 农民工对文化消费与物质消费的重要性比较

农民工中,认为物质消费更重要、文化消费更重要的比例均低于总体(图 11.12)。

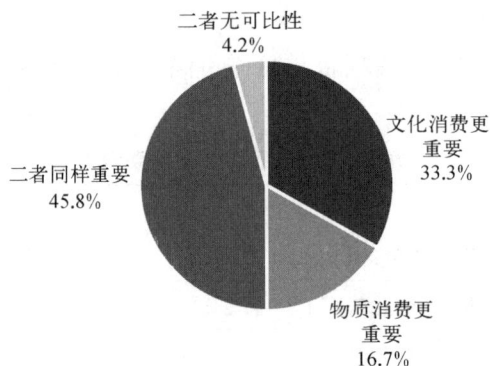

图 11.12　农民工对文化消费与物质消费的重要性比较

⑥ 农民工对南京文化消费体验的满意度分析

农民工对南京文化消费体验不满意的比例为 10.5%，稍高于总体(图 11.13)。

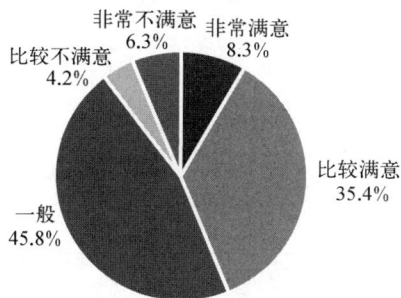

图 11.13　农民工对南京文化消费体验的满意度状况

三、定性分析报告

1. 访谈提纲

A. 深访预约甄别问卷

南京市大众文化消费现状与潜力深访调查甄别问卷

被访者姓名：＿＿＿＿＿　　电话：＿＿＿＿＿＿＿＿＿

居住地址：＿＿＿＿＿＿＿　　访问日期：＿＿＿＿＿＿＿＿

预约面访时间：＿＿＿＿＿＿＿＿

甄别部分 A　基本背景资料

A1. 访问员记录被访者性别：(注意记录配额)

女	1
男	2

A2. 请问您在南京居住是否满半年以上？【单选】

是	1	【继续访问】
否	2	【终止访问】

A3. 请问您目前居住在南京的哪个区？【单选】(注意各地区尽量分散)

玄武区	1	栖霞区	6
秦淮区	2	江宁区	7
建邺区	3	雨花台区	8
鼓楼区	4	其它(六合区、高淳区、溧水区)	9
浦口区	5		

A4. 在过去半年内,您本人是否接受过任何形式(包括问卷调查和座谈会)的市场调研呢?【单选】

是	1	【终止访问】
否	2	【继续访问】

A5. 您今年的实足年龄是多少岁? _____岁(在横线上记录被访者年龄并圈至下表)【单选】

少年(17岁及以下)	1	【终止访问】
青年(18—35岁)	2	【继续访问】
中年(36—60岁)	3	
老年(60岁以上)	4	

A6. 您接受的最高教育程度是?【单选】(注意记录配额)

高中/中专及以下	1
大专	2
本科	3
研究生及以上	4

A7. 您目前的婚育状况是?【单选】

单身无子女	1
单身有子女	2
有配偶无子女	3
有配偶有子女	4

A8. 您目前的户口属性是?【单选】

非农业户口	1
农业户口	2

A9. 您目前的身份群体是?【单选】

城市常住居民	1
流动人口(外来求学/外来务工/探亲暂住人员)	2

A10. 您个人平均年收入大约是多少万元？【单选】

3 万元以下	1	8 万—10 万元	6
3 万—4 万元	2	10 万—15 万元	7
4 万—5 万元	3	15 万—20 万元	8
5 万—6 万元	4	20 万—30 万元	9
6 万—8 万元	5	30 万元以上	10

甄别部分 B　文化消费情况

B1. 请问您个人目前的文化消费主要是自费的吗？【单选】（若被访者不清楚"文化消费"，解释：文化消费是指用文化产品或服务来满足人们精神需求的一种消费，主要包括教育、文化娱乐、体育健身、旅游观光等方面。若被访者不清楚"自费"，解释：这里的自费特指除单位福利外的文化消费花费）

是	1	【继续访问】
否	2	【终止访问】

B2. 您个人每月平均消费支出约是多少元？【单选】

500 元及以下	1	4001—6000 元	6
501—1000 元	2	6001—8000 元	7
1001—2000 元	3	8001—10000 元	8
2001—3000 元	4	10000 元以上	9
3001—4000 元	5		

B3. 您个人文化消费支出占您个人总消费支出的比重约是多少？【单选】

5%以下	1
5%—10%	2
10%—30%	3
30%—50%	4
50%以上	5

B4. 过去三年，您个人都体验过哪些文化消费？【多选】

B5. 过去三年，您个人最主要的文化消费是？【单选】

B6. 您个人最具偏好的文化消费是？【单选】

B7. 您个人未来最期望消费的文化消费是？【单选】

文化消费类型	体验过	最主要	最偏好	最期望
学习型(教育相关/图书报刊/职业发展培训/业余兴趣培训)	1	1	1	1
创业型(文化金融/设计与商业策划/信息传播、广告宣传等媒体服务/信息数据咨询)	2	2	2	2
娱乐型(影视动漫/娱乐场所/社交活动/节庆活动/网络游戏、网络文化产品/现场观看演艺、赛事)	3	3	3	3
休闲型(旅游/体育)	4	4	4	4
嗜好型(艺术品收藏投资/玩具、工艺品、文创产品、纪念品、文化艺术礼品、DIY手工艺等)	5	5	5	5
淡漠型(个人几乎不进行文化消费)	6	6	6	6

B8. 您过去三年进行文化消费的频率是?【单选】

每天1次及以上	1
每周3—4次	2
每周1—2次	3
每月2—3次	4
每月1次及以下	5
几乎不	6

我们想邀请您做一个面对面的访问,时间大约40分钟,聊一聊有关文化消费方面的话题,如果时间允许,非常希望您给我们这个机会,您看可以吗?

可以	1	合格
不可以	2	感谢被访者后终止访问

您看下什么时候方便接受我们的访问呢?

记录时间:_____

地点:南京市汉中路185号鸿运大厦4层江苏中创市场调研咨询有限公司

再次感谢被访者!

配额统计

1. 性别:

女	5
男	5

2. 学历：

高中/中专及以下	2
大专	3
本科	3
研究生及以上	2

3. 个人文化消费支出占个人消费总支出的比重：

5%以下	2
5%—10%	1
10%—30%	4
30%—50%	2
50%以上	1

B. 结构型深访大纲

南京市大众文化消费现状与潜力调查深访大纲

1. 被访者姓名：_____ 联系方式：_____ 性别：_____
2. 访问日期：____月____日____时____分____时____分,共____分钟
3. 地区：

1	2	3	4	5	6	7	8
玄武区	秦淮区	建邺区	鼓楼区	浦口区	栖霞区	江宁区	其它

4. 年龄：_____岁

1	2	3
18—35 岁	36—60 岁	60 岁以上

5. 身份群体：

1	2
城市常住居民	流动人口 （外来求学/外来务工/探亲暂住人员）

※ 第一部分:热身(5 分钟)

1 引言

● 自我介绍:您好,我是江苏中创市场调研咨询有限公司的研究员,我叫_____,感

谢被访者的参与。

2 解释访问目的与规则

● 本次访问是江苏省文化艺术研究院"激活我国大众文化消费潜力的研究"研究课题的一部分,目的是更加真实地了解南京大众文化消费的现状,客观评价文化消费现状,剖析文化消费现实存在问题,希望了解您对当前文化消费状况的一些意见和建议。

● 希望您能表达出真实想法与意见,您的意见和建议我们会结合其它调查数据融汇在报告中,您的任何发言都无对错之分;访问时间长度约为 40 分钟。

3 解释资料的保密原则

● 现场记录与录音是为了便于会后的资料整理与分析;访谈中谈及的个人情况仅供内部数据分析,不会外传,会严格保密;您的姓名等个人资料不会出现在分析报告中。

※ 第二部分:被访者文化消费行为及需求(15 分钟)

※ 希望了解到:

1. 目前家庭及个人体验过的文化消费类型;

2. 家庭及个人的花费最多/日常最多/最具偏好的文化消费类型;

3. 家庭及个人的文化消费水平/能接受的最大文化消费水平;

4. 家庭及个人近 3 年来的文化消费的趋势。

1-1.【出示卡片】近 3 年来,您家庭体验过哪些文化消费项目?

1-2.【出示卡片】近 3 年来,您个人体验过哪些文化消费项目?

2-1.【出示卡片】近 3 年来您家庭:

1)花费最多的文化消费项目?大约多少钱?记录_____。频率呢?记录_____。

2)日常最多的文化消费项目?频率呢?记录_____。

2-2.【出示卡片】近 3 年来您个人:

1)花费最多的文化消费项目?大约多少钱?记录_____。频率呢?记录_____。

2)日常最多的文化消费项目?频率呢?记录_____。

2-3.【出示卡片】个人最具偏好的文化消费项目?大约多少钱?记录_____。频率呢?记录_____。

3-1. 家庭每月平均消费支出(包括食品、住房、日用品、教育、医疗、文化消费、交通通讯及燃气水电等等)大约多少元?记录_____元。

请折算一下,您家庭平均每月文化消费支出大约多少钱?记录_____元。

1000 元及以下	1	4001—6000 元	5
1001—2000 元	2	6001—8000 元	6
2001—3000 元	3	8001—10000 元	7
3001—4000 元	4	10000 元以上	8

3-2. 家庭文化消费支出占您家庭总消费的比重大约是多少?记录_____。

压力如何(程度)?记录_____。

能接受的最大比重是多少?记录_____。

在什么情况下会增加文化消费的比重？

3-3. 您个人每月平均消费支出（包括食品、住房、日用品、教育、医疗、文化消费、交通通讯及燃气水电等等）大约是多少元？记录_____元。

请折算一下，您个人平均每月文化消费支出大约多少钱？记录_____元。

500 元及以下	1	4001—6000 元	6
501—1000 元	2	6001—8000 元	7
1001—2000 元	3	8001—10000 元	8
2001—3000 元	4	10000 元以上	9
3001—4000 元	5		

3-4. 您个人文化消费占您个人总消费的比重大约是多少？记录_____。

压力如何（程度）？记录_____。

能接受的最大比重是多少？记录_____。

在什么情况下会增加文化消费的比重？

4-1. 近 3 年来，您家庭的文化消费是在逐年增加、减少还是基本不变？记录_____。

a)【针对增加的】询问：去年（2015 年）比前年（2014 年）大约增加多少钱？记录_____。大约增幅多少？记录_____。【出示卡片】主要增加在什么类型上？为什么？

b)【针对基本不变的】询问：在什么情况下会增加文化消费？

c)【针对减少的】询问：去年（2015 年）比前年（2014 年）大约减少多少钱？记录_____。大约减幅多少？记录_____。【出示卡片】主要减少在什么类型上？为什么？在什么情况下会增加文化消费？

4-2. 未来一年（明年）您家庭文化消费是会增加、减少还是基本不变？记录_____。

a)【针对增加的】询问：大约增加多少钱？记录_____。大约增幅多少？记录_____。【出示卡片】主要增加在什么类型上？为什么？

b)【针对基本不变的】询问：在什么情况下会增加文化消费？

c)【针对减少的】询问：大约减少多少钱？记录_____。大约减幅多少？记录_____。【出示卡片】主要减少在什么类型上？为什么？在什么情况下会增加文化消费？

4-3. 近 3 年来，您个人的文化消费是在逐年增加、减少还是基本不变？记录_____。

a)【针对增加的】询问：去年（2015 年）比前年（2014 年）大约增加多少钱？记录_____。大约增幅多少？记录_____。【出示卡片】主要增加在什么类型上？为什么？

b)【针对基本不变的】询问：在什么情况下会增加文化消费？

c)【针对减少的】询问：去年（2015 年）比前年（2014 年）大约减少多少钱？记录_____。大约减幅多少？记录_____。【出示卡片】主要减少在什么类型上？为什么？在什么情况下会增加文化消费？

4-4. 未来一年（明年）您个人文化消费是会增加、减少还是基本不变？记录_____。

a)【针对增加的】询问：大约增加多少钱？记录_____。大约增幅多少？记录_____。【出示卡片】主要增加在什么类型上？为什么？

b)【针对基本不变的】询问:在什么情况下会增加文化消费?

c)【针对减少的】询问:大约减少多少钱? 记录_____。大约减幅多少? 记录_____。【出示卡片】主要减少在什么类型上? 为什么? 在什么情况下会增加文化消费?

※ 第三部分:对文化消费的期望(15分钟)

希望了解到:

1. 家庭及个人未来最可能/未来可能花费最多的文化消费项目及原因;

2. 个人文化消费的动机;

3. 除教育外的文化消费情况/对人生及生活的影响;

4. 对南京文化消费体验的满意度情况/不满意的原因分析/具体改进建议;

5. 对政府作为的期望。

1-1.【出示卡片】您家庭:

1) 未来一年最可能消费的文化消费项目? 可能花费多少元? 记录_____。频率呢? 记录_____。

2) 未来一年可能花费最多的文化消费项目? 可能花费多少元? 记录_____。频率呢? 记录_____。

1-2.【出示卡片】您个人:

1) 未来一年最可能消费的文化消费项目? 可能花费多少元? 记录_____。频率呢? 记录_____。

2) 未来一年可能花费最多的文化消费项目? 可能花费多少元? 记录_____。频率呢? 记录_____。

2-1. 您个人进行文化消费的主要动机(动机是促使人从事某种活动的念头或愿望)是哪些?

有利于个人发展(更好的就业等等)	1
跟上社会潮流,寻求共同语言/话题	2
彰显个性,树立个人风格(体现/突出自己的个性)	3
美化生活,凸显品质品位(让自己的生活更加美好,展现自己的品味)	4
追求新奇体验(喜欢尝试新的事物以及新事物带来的不同的体验)	5
培养兴趣爱好,发展才艺、体育特长	6
打发空余时间,丰富业余生活	7
其它,请注明_____	8

3-1. 除教育外的文化消费必需吗? 重要程度呢?

结合被访者的目前情况(如:被访者目前教育外的文化消费很少,为什么还会感觉重要)

3-2. 阻碍您家庭进行教育之外文化消费的主要因素有哪些? (原话记录)

a)【针对提到收入低的】询问:收入到多少的时候可能会增加文化消费?【出示示卡】主要增加哪些类型的文化消费?

b)【针对提到没人陪同的】询问：希望谁陪同(或者一般都和谁一起出去)？

c)【针对提到种类有限的】询问：希望增加哪些类型的文化消费？

d)【针对提到没时间的】询问：平时进行文化消费在什么时候？

3-3. 阻碍您个人进行教育之外文化消费的主要因素有哪些？(原话记录)

a)【针对提到收入低的】询问：收入到多少的时候可能会增加文化消费？【出示示卡】主要增加哪些类型的文化消费？

b)【针对提到没人陪同的】询问：希望谁陪同(或者一般都和谁一起出去)？

c)【针对提到种类有限的】询问：希望增加哪些类型的文化消费？

e)【针对提到没时间的】询问：平时进行文化消费在什么时候？

3-4. 除教育外的文化消费对人生、生活的影响程度如何？

4-1. 对当前南京市文化消费体验的满意度如何？(如果用 1—10 来打分,10 分代表十分满意,1 分代表非常不满意,你会打几分?)

a)【针对满意的】询问：【出示示卡】对哪些文化消费项目满意？ 在哪些方面满意？

b)【针对一般的】询问：为什么感觉一般？

c)【针对不满意的】询问：【出示示卡】对哪些文化消费项目不满意？ 不满意的原因？ 希望今后怎么改善/有什么建议？

文化消费体验的种类有限	1
文化消费体验的价格高	2
文化消费体验的内容不符合自身兴趣	3
文化消费体验的品质不符合自身要求	4
文化消费体验的场所较远	5
文化消费体验的场所较少	6
文化消费环境不佳	7
文化消费秩序混乱	8
其它,请注明_____	9

5-1. 假如政府联合文化企业、社会组织机构等对大众的文化消费进行多元化的惠民补贴,会激发您的文化消费欲望吗？

会	1
不会	2
不知道/看情况/不关注	3

a)【针对会的】询问：会激发文化消费欲望的原因？

b)【针对不会的】询问：不会增加文化消费欲望的原因？

c)【针对不知道/看情况/不关注的】询问：不知道/看情况/不关注的原因？

5-3. 您认为政府出台哪些政策有利于促进文化消费/哪些方面?(由访问员引导提示)

※ 第四部分:个性化访问(根据受访者情况随机提问)(5分钟)

※ 第五部分:被访者个人背景资料(5分钟)

以下问题仅供参考分析之用,请您不要介意。

1. 请问您的学历? 是否受过外国教育?

高中/中专及以下	1
大专	2
本科	3
研究生及以上	4
有海外留学经历	5

2. 婚育状况?

单身无子女	1
单身有子女	2
有配偶无子女	3
有配偶有子女	4

3. 户口属性?

非农业户口	1
农业户口	2

4. 家庭年收入?

5万元以下	1	40万—50万元	6
5万—10万元	2	50万—60万元	7
10万—20万元	3	60万—80万元	8
20万—30万元	4	80万—100万元	9
30万—40万元	5	100万元以上	10

************ 访谈结束,向被访者致谢并发放礼金 ************

2. 主要结论及公众建议

(1) 主要结论

① 南京大众文化消费现状

第一,旅游和图书报刊是当前南京居民主要体验过的文化消费项目。旅游是当今社会最普遍的一种文化消费形式,超过七成的居民家庭体验过旅游,超过六成的居民个人体验过旅游。图书报刊(不含网络书刊)作为传统的文化消费形式,依然受到居民的热衷,67.3%的居民家庭体验过图书报刊,超过五成的居民个人体验过图书报刊。

第二,教育相关和旅游是当前南京居民花费最多的文化消费项目。教育关系着家庭及个人未来的发展,教育相关是31.4%的家庭花费最多的文化消费项目,个人花费中这一占比则为14.9%。超过三成的居民家庭及个人花费最大的文化消费项目是旅游。

第三,旅游、图书报刊是居民日常最多的文化消费形式。居民家庭日常最多的文化消费项目是旅游,占比31.7%;教育相关(就业前)占15.9%。居民个人日常最多的文化消费项目是图书报刊(不含网络书刊),占比14%;外地旅游占比13.7%,当地参观游玩占比12.7%。

第四,旅游是居民较为偏好的文化消费项目。伴随着居民文化消费需求的不断提升,旅游越来受到居民的关注。有37.8%的居民表示个人最偏好旅游,其中有25.1%最偏好外地旅游。

第五,文化金融、文化众筹、投资文化类股票、信息数据咨询、艺术品收藏及投资是南京居民接触较少的文化消费项目。文化金融及文化众筹、投资文化类股票等是新兴的文化消费项目,居民对其知晓度较低,故体验过的人较少。

第六,南京居民家庭的文化消费支出占家庭消费总支出的比重为27.7%,个人的文化消费支出占个人消费总支出的比重为19.2%。女性、青老年及有配偶有子女居民个人文化消费支出与个人消费总支出的比重主要集中在5%—10%。

第七,南京居民2015年文化消费支出水平比2014年整体呈增长趋势。其中家庭文化消费支出有所增长的占比62.9%,个人文化消费支出有所增长的占比57.4%。

② 南京大众文化消费潜力

第一,家庭未来更注重教育相关的文化消费,个人未来更加关注自身需求。家庭未来最可能消费比例最高的是就业前的教育相关,其次为外地旅游,11.1%的家庭未来最可能选择当地参观、游玩。个人未来最可能选择外地旅游的占比27.3%,未来打算在当地参观、游玩的占比12.7%。

第二,外地旅游成为南京居民未来可能花费最多的文化消费项目。26%的家庭未来最可能在外地旅游项目上花费最多,其次是就业前的教育相关支出。26%的居民个人未来在外地游玩上愿意花费最多,倾向当地参观、游玩的比例则为14%。

③ 文化消费评价

第一,五成左右的居民认为文化消费有利于个人发展。挖掘居民文化消费动机,有助于了解不同群体的文化消费需求。文化消费有利于个人发展、丰富业余生活和培养兴趣爱好是居民进行文化消费的三大主要动机,分别占比50.8%、43.2%和38.1%。

第二,36.2%的南京居民认为文化消费比物质消费更重要。近年来我国恩格尔系数不断下降,居民生活水平不断提高,消费的重心也逐渐向文化消费转移,居民中认为物质消费更重要的仅有21.3%,40.3%的居民认为二者同样重要。

第三,超过九成的居民认为除教育外的文化消费是必需的。虽然教育是目前居民文化消费支出的重头,但91.4%的居民认为除教育外的文化消费是必需的,其中53.3%的居民认为除教育外文化消费是重要的,38.1%认为不重要。

第四,居民认为除教育外的文化消费对人生影响大于对生活的影响。59%的居民认为除教育外的文化消费对人生影响大，认为几乎没影响的占比 3.8%；46.6%的居民认为除教育外的文化消费对生活影响大，认为几乎没影响的占比 6.3%。

④ 阻碍文化消费诸因素

第一，时间少、没人陪同是阻碍大众进行文化消费的主要原因。南京居民家庭重视教育方面的文化消费支出，阻碍家庭与个人进行除教育外文化消费的首要因素是时间少，多数选择在节假日以及休息日进行文化消费；其次是没人陪同，定性研究中发现，居民更希望自己的家人可以陪同进行文化消费。

第二，近五成居民对目前文化消费体验感到满意。9.8%的居民对南京市文化消费的体验十分满意，39.7%的居民比较满意。仅 5.4%的居民对南京市文化消费体验不满意，不满意的地方主要体现在文化消费价格、内容及品质不符合要求，文化消费的秩序及环境，场所的距离、数量，服务人员的态度，旅游市场中出现的强迫交易、诱导消费等方面。

（2）公众建议

通过街坊和深访，公众反映了文化消费领域的诸多问题，如文化消费体验价格高、内容不符合自身兴趣、品质不符合自身要求、秩序混乱、环境不佳、场所较远较少、设施不够便利且未及时更新等。为了解决这些问题，公众提出了大量建议，经本调研项目研究人员罗列如下：

① 完善景点景区建设，提供舒心旅程。

景点景区附近交通便利，合理规划景点景区的自行车/公交/地铁等站点，改善停车场；

景点景区内交通便利，增加景点景区观光游览车，部分景点景区内设置旅游自行车等；

景点景区实行门票优惠措施，如打折、本地优惠、节假日优惠等；

消除多重收取门票费，建立"一票游园"制；

景点景区内公共环境卫生整洁干净，合理布置垃圾桶、公共厕所等；

稳定景点景区秩序，严格监督欺客宰客、哄抬物价的行为；

鼓励建立特色景点景区，以符合不同人群的需求；

节假日延长景点景区开放时间，提前开放，延迟关闭；

增加景点景区数量，尤其是大众期待的；

增加免费景点景区的数量；

旅行社依法与消费者签订合同，提高服务质量；

严格监督导游强迫交易、诱导消费等行为；

景点景区建立完善的意见反馈机制。

② 加大政府教育投入，规范教育收费。

政府加大在教育上的补贴力度，合理调整教育费用；

加大对学费、学杂费的减免力度，加快 12 年义务教育的进程；

强化教育培训市场监督，对教育培训的市场价格进行管控；

均衡配备师资力量；

合理规划学区，控制学区房价格。

③ 提升图书阅览环境质量，创建书香南京。

增加图书馆/阅览室数量；

建立网上阅览室，提供更多免费的网络书籍报刊；

延长图书馆/阅览室的开放时间,提供通宵图书馆、阅览室或自习室等;

增加图书报刊的数量和种类,并及时进行更新;

增加纸质图书/报刊的可借阅数量,延长借阅期限;

实施图书报刊的优惠购买政策;

实施对图书报刊经营单位的补贴政策;

组织书香城市/社区活动。

④ 改善电影观赏环境,丰富精神世界。

合理规划电影院地理位置,设置指向路标;

建立电影院与其它休闲娱乐一体化设施;

改善电影院设施设备,提高电影院环境卫生质量;

增加电影院数量,提供小型电影院;

提高电影质量,抵制不良、色情等电影作品;

降低电影票价,提高折扣力度、节假日优惠力度;

提供适合大众观看的免费电影,如网络平台播放、露天广场放映的电影等。

⑤ 完善艺术品收藏及投资市场。

扩大艺术品收藏及投资市场;

增加艺术品收藏及投资场所;

增加单个场所的艺术品种类,并及时更新;

改善艺术品收藏及投资的环境设施。

⑥ 改进公共健身场馆,促进全民健身。

增加引进大型体育赛事的数量及频率;

增加便民的公共健身场所,丰富健身器材;

增加个性化健身房;

增加健身房的优惠力度。

⑦ 普及高雅文化,提高大众欣赏、鉴赏水平。

增加引进大型演出的数量及频率;

降低"阳春白雪"的现场演艺的价格,如芭蕾舞剧、歌剧等;

定期组织文化讲堂,宣讲文化理论,提高大众的文化欣赏及鉴赏水平。

⑧ 借助信息平台,传播大众文化。

文化产品及服务的操作平台设计简洁易操作,适用于不同人群;

拓宽文化产品及服务的信息渠道,完善宣传平台;

借助平台,及时发布文化产品及服务信息。

⑨ 提高企业创新力度,引领大众文化创意。

建立并完善文化创意园/产业园,引进文化企业、店铺等;

政府建立健全对文化企业和店铺的补贴机制;

文化企业参与大型文化人才招聘会,吸纳更多人才;

企业建立轮休制度,合理安排员工休息日;

企业采取激励措施,引导员工进行业余兴趣培训、职业发展培训、体育健身等文化消费。

第十二章　开启我国文化消费新纪元

第一节　多端口协同发力的文化消费拉动对策

一、全面改革供给端

1. 大力发展文化产业，融合联动丰富市场业态

大力发展文化产业，是为了增加文化市场供应总量，并且丰富业态、增加消费点和拓宽消费领域。从而，营造一个欣欣向荣、蒸蒸日上的文化市场氛围，让民众感受文化产业的热度，被文化热点所吸引，被文化潮流所左右。

必须在两个关键词上下功夫，一是融合，二是联动。其一，"融合"就是要推进"文化＋"产业发展模式，推进文化跨界融合，把文化创意注入各行各业，在各行各业推出文创产品、文化体验，拓展文化消费空间。要推动"文化＋"进程，使文化要素注入各个产业领域，提升相关产业耦合度，生成新型业态，重塑产业结构，使得融合不断深化，从产业的浅表叠加，过渡到产业链各价值点和各种产业要素的有机融合，进而发展为一种无边界的一体化产业形态。当前，主流的"文化＋"融合路径主要有：跨要素融合，如"文化＋创意""文化＋创客（人才）""文化＋科技""文化＋金融"等，这是一种产业内部要素的融合；跨行业融合，如"文化＋旅游""文化＋体育""文化＋农业"等，这是一种打通各产业关节的外部大融合；跨平台融合，如"文化＋互联网""文化＋自媒体""文化＋App""文化＋虚拟社区"等，这是一种与媒介大融合潮流相伴相生的、对产业空间进行重塑的传播载体融合。

其二，"联动"就是要政府部门、研究机构、院校、企业及社会力量建立联动合作机制，统筹协调、整合资源。要由政府牵头，坚持问题导向，找准发力点，然后建立联动工作机制，充分发挥协调、协作、协助的优势，调动各方面力量，形成合力，精准发力。

具体而言，要以"创新、协调、绿色、开放、共享"五大发展理念为引领，以结构优化和转型升级为方向，以"大众创业、万众创新"为动力，从政府这方面讲，就是要以深化文化体制改革为着力点。

2. 改革文化供给结构，提升文化商品品质品位

从供给侧看我国当前的文化产业发展状况，结构性矛盾颇为突出。从宏观上讲，产业结构亟待变革、技术结构亟待改造、所有制结构亟待转型；从中微观上讲，产品机构亟待升级、企业组织结构亟待更新。这一系列结构性矛盾的存在，遏制了我国的文化产业腾飞之势，造成供需错位,对于文化消费产生了负影响。因此只有面面俱到地调整供给侧结构,才能牵住"牛鼻子",盘活存量、优化增量,赢得消费者。简单地说,着力改革文化供给结构,就是要解决文化产量巨大但精品供给乏力的现实问题,目的是提升文化商品品质品位,使得供需对接,增加有效供应,提高供给体系的质量和效率。

第一步,要进行技术改造。一是要利用大数据分析消费者喜好,以便于投其所好。二是要推进媒体大融合、资源大共享。三是要做强做大宣传、传播平台,尤其要与强大的社交媒体深度"联姻",遍布式植入文化商品信息,制造文化潮流,刺激消费欲望。

第二步,要健全要素市场。一是要活化资本市场,控制文化金融的风险和成本,尤其要想方设法解决小微文化企业"融资难、融资贵"的顽疾。二是要简化技术市场,简化技术引进、技术传播步骤,降低使用高新技术的成本。三是要优化人才市场,大力培养和扶持核心创意型人才、专门才艺型人才、高级技能型人才、复合管理型人才、外向国际型人才,使得有才华、有志向的人才能迅速脱颖而出,夯实人力资源保障。四是要强化物流市场,要朝着建设标准化、现代化物流体系的方向迈进。

第三步,要培育企业生态。一是要反垄断,平衡大中小微企业结构,"要直面大型文化企业的资本扩张所带来的市场空间不断被挤压的窘境"[1],必须把一部分注意力转移到对于高度灵活的、特色型的"小而美、小而精"的小微文化企业的发展环境的涵养。二是要更加重视旗舰式企业"双效统一"的问题,始终把社会效益放在首位,从而增加正态消费。三是要从把文化产业发展为支柱性产业的目标出发,来重新审视、规划我国文化企业的规模布局。"近年来,文化企业的经营规模在不断扩大、经营实力也在增强。自己跟自己比,资产和收入规模都在成倍增长,但与其它领域相比,尤其是跟国外知名文化企业相比,国内文化企业的规模和实力真是小巫见大巫。"[2]要看到,我国文化企业30强的效益总和(资本价值总和与影响力总和)不敌一个美国迪士尼,从而更加奋发图强,打造出国际性文化品牌。

3. 规范市场自由竞争,平衡"丛林法则"作用维度

进一步说,要加速改革供给结构,着力积蓄"长跑"能量,就必须加强市场自由竞争。必须坚持市场主导,营造公平的市场环境。对此,有两个关键点。第一,完全由市场决定企业存亡,使主宰市场的权力尽归于消费者,让消费倒逼生产。第二,更重要的一点是,在明确市场起决定性作用后,政府只能有限干预、适度干预,其干预是为了平衡自由市场的"丛林法则"作用维度。这种干预包括了两层动机:首要层面是为了在保证社会效益的前提下促进优胜劣汰,引导市场正向发展,防止以牺牲社会效益为代价的不正当竞争,防止市场失序;次要层面是为了防范"巨无霸"式的大企业侵略性地扩张,导致市场完全按照"大鱼吃小鱼"的自然逻辑发展,丧失人类社会的道义逻辑,造成"零和""单赢"局面,甚至产生垄断格局。

从政府作为上讲,要不断深化文化体制改革,进一步完善市场准入机制,精简行政审批流程,并且要制定负面清单,公开违规、失信、扰乱秩序的不正当竞争者"黑名单",使市场生态环境全面向好。同时,要引导企业结盟发展,尤其是中小企业形成联盟以抗衡大企业,要支持同类文化企业和产业链上下游企业建立文化消费服务联盟,搭建相关平台。

① 张振鹏、陈志军:《我国文化企业发展的体制困境索解》,《山东社会科学》2015年第12期。
② 高书生:《冲刺支柱性产业,文化产业短板在哪儿》,《光明日报》2015年12月17日第13版。

二、全面优化消费端

1. 兴建文化消费场所,培养居民文化消费习惯

一方面,要把文化消费场所与居民生活区连成一体,在城市规划设计中进行连片布局。一定要认识到,文化消费对于很多人来说,虽不是像吃饭穿衣那样的必需消费,却是一种习惯性消费,这种消费习惯是可以培养的。假如居民家门口就有文化消费场所,文化消费就会成为习惯,文化生活就会成为生活常态。因此,要把文化元素厚植入城市建设当中,提高文化休闲街区、文化广场的密度,既丰富城市人文景观,又吸引民众娱乐消遣。尤其要引导文化"小地标"的建设,倡导建设产品及服务价格低、混业经营、特色鲜明的亲民、便民的中小综合型文化消费场所,如 DIY 手工艺坊、咖啡书吧、漫画屋、亲子游艺场、相声馆、评书茶座、话剧小剧场、地方戏戏院等,最好使每条街道、每片社区都分布着各具特色的文化消费场所,并避免同质化的重复建设,使得居民过一条街、走一段路就能体验到不同的文化消费,丰富文化生活。此外,也要针对高端消费人群建设一些高端文化会所,可以推出艺术品拍卖、收藏品鉴、高雅文化沙龙等经营活动,开展高层次文化社交活动等。

另一方面,要使文化消费场所与公共文化服务场馆形成连体,打造文化消费集中地段。不但在非营利、公益性的公共文化服务场馆内可以有销售文创产品、纪念品等的文化商铺存在,而且在公共文化服务场馆的毗邻地段、外围地区,应该集中规划建设文化商区。这样可以充分利用公共文化服务场馆的地位优势,锁定有精神文化享受需求的民众,把这部分潜在的文化消费者变为现实的文化消费者。并且,如今十分流行建设城市商业综合体(city mall),即把商场、超市、影院、娱乐场所、健身场馆、美食区等整合在一座商业大楼或一个商业广场中,是居民进行吃喝玩乐购等消费的好去处。然而,专门供居民开展文化消费的商业综合体还未曾见,笔者认为,有必要仿照城市商业综合体模式,建设拥有文化消费和公共文化服务双重功能,以文化商业为主体的文化消费综合体(cultural consumption mall),其中包含书店、文具店、城市特色文创中心、网咖、电竞馆、游艺馆、游乐场、KTV、歌舞厅、电影院、剧院、健身场馆、艺术培训机构、文化咨询机构、商业性博物馆、商业性美术馆以及公益性文化馆、图书馆等,并且应当拥有特色文化美食区、夜间文化经济区。这样的文化消费综合体要打造文化消费"巨无霸",创造一种"陆上游轮"式的文娱休闲活动中心,要达到使居民乐于在其中进行一整天各式各样文化消费活动的目的,起到营造和增进文化消费现场氛围的实际效果。

另外,要通过打造文化消费场所推进城乡一体化和新型城镇化进程,落实中共十六届五中全会提出的建设社会主义新农村、打造美丽乡村的任务以及党的十九大提出的"乡村振兴战略",注重把文化消费场所的建设和乡村旅游、乡土风俗相结合,带动农村经济文化发展。

2. 发掘新型媒体商机,打造科技文化消费平台

当前,文化传播呈现出网络化、数字化、智慧化、云端化趋势:"文化+"和"互联网+"紧密"联姻",移动互联网成为文化内容传播最迅速,人民大众使用最广泛、最频繁的媒体;数字文化内容成为民众最易接触、最易消费的内容;智能 App 和智慧平台大幅提升了消费便捷度;"云演艺""云展览""云文旅"等云端文旅休闲不断升温,尤其是在新冠肺炎疫情暴发以后。因此,提升文化消费,要充分结合这样的形势,打造新科技文化消费平台。要从"互联网+"到"互联网家",构建网络精神家园,创造云端文化空间;要特别关注移动互联网对于大众文化消费方式的影响,不断优化智慧文化消费平台,提升易用度,从而提升消费体验;并且,要让广大民众不仅仅是花点儿通信费获得开放共享的信息数据,还要主动进行网络文化消费,要逐步扭转"网络文化=免费文化"的印象和观念,培养付费习惯。

在文化消费线上平台建设方面,一是要把网络游戏、网络影视、网络文学等网络文化产品做精做强,做出品牌,形成潮流效应,吸引大众消费;二是要探索线上艺术品展销、拍卖模式,建设网络文玩市场、艺术品投资交易网站和 App 等;三是要把民营特色博物馆、美术馆等建到网上,更好地展示展品和随时随地地销售衍生品;四是要大力发展流媒体行业,使在线视频遍及文化产业各分支,推动文化"云消费"进程,使得"云观影""云赏戏""云看展""云旅游""云学习"等成为文化消费常态;五是要扶持微文化消费平台的成长,不但要以政策措施推动微影视、微广告、微游戏等示范性集中创意基地建立,还要积极发挥政府部门的宣传优势来帮助微文化产品营销推广,并且要密切关注文化微商的成长动态,加强对微商圈的监督,营造好的微商业环境,并对有特色、有潜力的微文化经营者提供咨询和指导。

同时,要追逐科技动向,不断推进文化消费"新基建"的建设。政府要鼓励文化市场上的创业创新主体率先运用自媒体、物联网、云计算、AI 等最新科技来发展新的文化业态和打造新的文化消费平台,对于未来型、概念型、科幻型、创想型、实验型文化消费场所及平台的建设要给予支持。

3. 关注文化消费心理,激发深层潜在消费动机

约翰·霍金斯在《创意经济——如何点石成金》一书中指出:"物质需求在很大程度上得到满足并拥有相当多可支配收入的人,再加上其雄心抱负,就会在精神层面的事物上投入额外费用。"[1]"精神层面的事物",即文化需求,可以理解为一种心理审美体验。在跟风模仿型的低级排浪式消费已然告终的今天,个性化、风格化的消费成为主流,尤其在文化消费领域,消费者希望得到的是新奇好玩的多元化体验。文化产品作为内容产品,所营销的主要是故事、见闻、艺术的生活方式和业余的娱乐休闲,卖点主要在主题和情怀上,需要抓住消费者寻求体验的心理动机,让其进入角色、深入情节、感受不一样的生活、享受不一般的快乐,真正身临其境、感同身受。约瑟夫·派恩和詹姆斯·H. 吉尔摩所预言的"体验经济时代"已经到来,因此通过传统低价策略和广告营销难以吸引和培养消费者。当代文化需求的增长越来越依赖于消费过程中获得的独特体验。[2]尤其当 VR 等新一代视觉传达技术把交互式体验推向高峰,文化娱乐方面的体验需求呈现出爆炸式增长。

在文化产业发展的早期阶段,可以说,生产决定消费,即生产者拍什么样的电影、出什么样的书籍,受众就只能看什么,处于被动接受者地位,无法提及个性化体验要求。如今,步入后现代,尤其是步入信息社会后,网络空间的"扁平化""民主化""去中心化"使得消费者真正成为市场主人公,且体验式的消费本身即成为生产的终端环节,构成参与生产的"创造体

---

① [英]约翰·霍金斯:《创意经济——如何点石成金》,第12页。
② 参见李凤亮、宗祖盼《中国文化产业发展:趋势与对策》,《同济大学学报(社会科学版)》2015 年第 1 期。

验",消费者与生产者角色合一、身份重叠。美国未来学家阿尔文·托夫勒早在1980年就在著作《第三次浪潮》中预言:生产和消费的界限将不再分明,生产者和消费者也将合二为一,"生产型消费者(prosumer)"①将出现。② 2012年,克里斯·安德森在《创客:新工业革命》一书中提出了"创客(maker)"③这一概念。由于文化产业本身是一个"高创能"的产业,可以判断,在不久的将来,"消费者即生产者"的文化消费将呈现井喷式发展。"比如影视行业出现了私人订制的情况,谁来拍、谁来演、用谁的剧本,观众可以投票来决定;文化软件如何设计、如何操作、如何改进由消费者反馈信息决定;在新闻出版方面,人们读到的、看到的不再是传统官方媒体发布的消息,每个人都成了一个信息创造中心,等等。在未来,随着文化与科技融合日益紧密,3D打印、激光切割机等新技术也会被普及到文化生产和创意设计当中,越来越多富有创造力的年轻人将摆脱资金、设备、场地等旧时代桎梏,通过计算机动手描绘心目中的产品的轮廓,并借用打印技术将数字信息转化为实体物品,真正达到生产、消费和体验的统一。"④

把握了当今文化消费者的心理特征之后,就要激发其消费动机。首先要做好定位,进行市场细分,瞄准特定人群。因为不同的文化产品有不同的消费主力,对待不同对象要采取不同方法。在这方面,政府可提供给市场经营者信息咨询、市场调研相关的服务平台。其次要深挖消费动机、发掘消费潜力,即制造消费机会,如可以设定一定的免费开放期、免费体验次数,以及举办公益性文化活动等,来催旺人气,积累潜在消费者。在这方面,政府可帮助企业与行业第三方机构携手合作,使企业顺利找到市场策划、宣传包装渠道,提高企业知名度。

4. 营造文化商业氛围,加大文化产品营销力度

文化经营主体要善于发掘商机,利用多重手段,与相关行业合作,联合发力激发民众消费欲,营造热烈的商业氛围。

就文化市场现状而言,各类直接面对消费者的文化商户在营销手段上还有所局限,在营销力度上还有所欠缺,亟待改进,有许多商业营销"套路"可以借鉴。比如:旅游景点、展馆等可实行文创产品消费满额免票或票价打折制度,对于消费到一定数额者还可加赠电影、演出、健身打折券等文化消费优惠券,反复激励消费;电影院、剧院等也可推出购买指定衍生品免票观影、看剧以及参与明星见面会等活动;书店可以采用满额赠书的营销方式,也可采用"你买书,我赠票"的跨界推广营销方式,购书满额即赠各类文化消费票券;各类文化消费场所可以开展打卡积点活动,前来消费一次且满一定金额给予一定积点,所积累点数可以直接抵扣消费金额。此类营销手段,不仅可以锁定特定的文化消费群体,还可以促进"连环消费"和"消费成瘾"。

并且,政府应当积极引导各类文化商户建立联合营销机制,注意"冷热搭配",即,使小众化的冷门文化消费项目搭上大众化的热门文化消费项目的便车。比如可促进影院和剧院联合营销,推出看电影送剧票折扣券之类的活动,观众电影消费满一定金额,可赠送剧票折扣

① 该英语单词即 producer(生产者)和 consumer(消费者)的合成;后来又有了"专业型消费者"(即 professional 和 consumer 的合成词)这一说法。
② [美]阿尔文·托夫勒:《第三次浪潮》,朱志焱、潘琪、张焱译,北京:新华出版社,1996,第33—34页。
③ [美]克里斯·安德森:《创客:新工业革命》,萧潇译,北京:中信出版社,2015,第3页。
④ [美]克里斯·安德森:《创客:新工业革命》,第3页。

券,从而用看电影这种大众文化消费带动看戏剧演出这类小众文化消费。

三、全面协调政策端

1. 完善社会保障制度,增加中低层可支配收入

我国经济自步入新世纪起,也就是从"十五"起,就一直保持在一个比较高速的增长水平上,GDP 年增幅在 7% 左右;"十五""十一五""十二五"这 3 个五年,我国经济发展势头强劲;"十三五"时期起,我国经济发展步入新常态,增速趋缓,基调平稳,保持中高速的稳中有增势头。应该说,我国经济建设取得了骄人的成绩,相应的,人民收入水平也一直在上台阶。然而,相对于经济和收入的稳健增长态势来说,我国民众的消费增幅谈不上显著。国家统计局每年发布的《国民经济和社会发展统计公报》数据显示,在"十二五"时期,年增 9% 左右;"十三五"时期,2016 年,全国居民人均消费支出 17111 元,比上年增长 8.9%,扣除价格因素,实际增长 6.8%;[①]2017 年,全国居民人均消费支出 18322 元,比上年增长 7.1%,扣除价格因素,实际增长 5.4%;[②]2018 年,全国居民人均消费支出 19853 元,比上年增长 8.4%,扣除价格因素,实际增长 6.2%;[③]2019 年,全国居民人均消费支出 21559 元,比上年增长 8.6%,扣除价格因素,实际增长 5.5%;[④]2020 年,全国居民人均消费支出 21210 元,比上年下降 1.6%,扣除价格因素,实际下降 4.0%。[⑤] 可见,居民消费年增幅呈现波动,居民消费动力显得不足。再加上 CPI 一路走高的影响因素——虽然全国 CPI 每年涨幅只有 2% 左右——但是应当考虑到商品价格增幅较高的大多是非必需消费品,对于整体消费水平影响较大;而且一二线城市呈现出商品价格虚高情形,直接导致消费水平呈现虚高。再去除房产消费这一消费大项,那么,消费就显得止步不前,消费对于经济的拉动仍显不足。就文化消费水平而言,虽然其年增幅均高于总消费年增幅,但就"十三五"时期而言,其年增幅为 11% 左右,未见高涨势头,若抛开教育消费这一文化消费大项,则可得出文化消费增势缓慢、景象平平的结论。

为什么会产生这样的困境?主要原因在于最大多数民众,即中低收入阶层的可支配收入实在不多。虽然,在连续多年拉动内需政策的影响下,民众的消费观念起了一定变化,单纯的储蓄已不再是家庭理财的首选。然而,我国传统的保守消费观仍未被根本性扭转,储蓄习惯依旧不依不饶存在着,只是变了形式,变为投资理财——如购房、买黄金、买基金、买理财产品以及炒股等"变相储蓄"——而已。根本上,普遍民众仍旧在刻意压抑自己的消费欲望。深入观察可知,绝大多数人储蓄和变相储蓄并不意味着存够了钱去消费,而意味着延后

① 《中华人民共和国 2016 年国民经济和社会发展统计公报》,国家统计局,http://www.stats.gov.cn/tjsj/zxfb/201702/t20170228_1467424.html,访问日期:2017 年 2 月 28 日。
② 《中华人民共和国 2017 年国民经济和社会发展统计公报》,国家统计局,http://www.stats.gov.cn/tjsj/zxfb/201802/t20180228_1585631.html,访问日期:2018 年 2 月 28 日。
③ 《中华人民共和国 2018 年国民经济和社会发展统计公报》,国家统计局,http://www.stats.gov.cn/tjsj/zxfb/201902/t20190228_1651265.html,访问日期:2019 年 2 月 28 日。
④ 《中华人民共和国 2019 年国民经济和社会发展统计公报》,国家统计局,http://www.stats.gov.cn/tjsj/zxfb/202002/t20200228_1728913.html,访问日期:2020 年 2 月 28 日。
⑤ 《中华人民共和国 2020 年国民经济和社会发展统计公报》,国家统计局,http://www.stats.gov.cn/tjsj/zxfb/202102/t20210227_1814154.html,访问日期:2021 年 2 月 27 日。

消费计划,直至彻底删除消费计划。假如一个人看到某件心仪之物,当时未舍得买,心想钱存多一些时再买,那么,等钱存多了,冲动已过,则会想:既然当时没买,说明并不十分需要。可谓时过境迁矣——以前没买,以后也没必要买!

深层次地看这个现实问题,民众即便有钱也不愿意花,说明了什么问题?说明我国民众普遍缺乏安全感,抗风险意识很高,有钱却不敢花。主要花钱在住房、教育、医疗、养老、保险等方面——花钱买平安、买保障,不敢买享受,"享受"对于大多数人来说,还是奢侈品。这种情形显而易见:购房压力节节攀升造成房产消费俨然成为当今社会的典型排浪式消费;教育资源分配不公炒热天价学区房,以及高昂的择校费等,削减民众消费力;"看病难、看病贵"症结难解,一场大病就能压垮一个中产家庭,导致民众仍要大量储蓄;人口老龄化矛盾日益凸显,人们存钱、买房均为养老。

可见,民众消费水平要出现质的飞跃,文化消费要异军突起,社会保障要托底。政府要加大力气实施"民生工程",使政策完全倾向基层民众。不但要兑现标准化、均等化的基本保障,还要增加额外的福利。在经济发达、人口素质高的地区,可率先研究福利型社会的建构方案。

2. 压缩一般教育开支,释放文化消费意向空间

长期以来,我国普通家庭的教育消费占据了文化消费的大半空间,导致休闲娱乐文化消费乏力。教育消费不仅费用支出高,而且时间支出多,致使民众不但闲钱少,而且空闲少,极大地弱化了民众的正常文化消费意愿。因此,要释放文化消费意向空间,必须大幅度压缩一般教育开支。这里所言"一般教育",是根据我国当前普遍教育水平而言,指直至本科或专科毕业的教育,一般包括学前、小学、初中、高中、大学和大中专教育,既包括义务教育阶段,也包括非义务教育阶段。据抽样统计,当前,我国家庭教育支出的现状是:义务教育阶段支出已经很大,除去购买教材教辅的花费,单是让子女参加有偿补课和各类才艺特长培训班的开销少则占据家庭开支的 10%左右,多则占据 50%以上;而非义务教育阶段的消费,更是让为数众多的中低阶层家庭不堪重负;此外还有昂贵的择校费、学区房购置费等,更是使一般家庭雪上加霜。

面对以上严峻现实状况,必须采取强有力的政策,给教育减压,给学生减负,给家庭减负。政策方向有五个:第一,不遗余力地持续深化教育改革,切实减负,严控学校和教师的有偿补课、推销教材教辅等行为。第二,使各种对于"特长生"的优待政策力度锐减,使各类才艺奖项难以在普遍教育体系中发挥作用,同时加大对艺术生、体育生等特殊学生的选拔考试难度,打消家长让子女进行才艺培训的热情。第三,研究合理的学区划片、集团办学、多校联盟连片等政策措施,下大力气降低地势地位等外在条件造成的教育资源优势。第四,扩大义务教育辐射范围,一是向下推,把学前教育,即幼儿园阶段纳入义务教育体系,规范幼儿园收费;二是向上推,即直接利用现成体制,顺理成章地把高中、中专纳入义务教育体系。第五,对于大学、大专教育阶段的消费,研究普遍适用的补贴政策,进一步减少家庭的教育投资成本,缓解家庭负担。

3. 合理运用政策导向,降低文化商品价格水平

客观地说,目前我国文化产业处于勃兴期,大众文化市场已经呈现出"百花齐放"的繁盛景象,文化产品的形式和内容无奇不有、无所不包,趋合于消费者的希图彰显个性、希望深度体验的心理。但是,不少民众反映,多种多样的文化消费项目虽然充满吸引力,但是价格偏高,抑制了消费冲动。比如:买一本书通常要花 50 元;观看一场 3D 电影平均要花 30 元;带小孩去一趟游乐场起码要花 60 元;工薪阶层健身爱好者每月花近两成工资进行体育锻炼;大量文化场馆、主题公园门票不菲,动辄过百;艺术培训、旅游等在中低收入群体眼中还是奢侈消费;至于演出、音乐会、舞剧等高雅文化,消费价格则更加不亲民。

况且,文化消费不同于物质消费。大多数文化消费是一次性消费,消费过程短暂,而且文化消费品也不具备实用性,几乎不存在使用价值。因此,人们往往愿意花几千几万元买一个名牌包,却不高兴花区区几十几百元看一场戏。很显然,价值不菲的包可以天天炫耀,也比较耐用,而一场戏看完就完了,不能吃不能穿也不能用。如此一比,看一场戏要花百十元就显得昂贵、显得不值。可见,大量文化商品价格虽未超出人民的经济承受能力,却远远超出了人民的心理价位。

所以,要提高人民群众文化消费的积极性,政府有必要适度调控文化市场价格走势,控制大众文化产品的价格在合理区间内浮动;并要积极运用财税杠杆,削减文化企业的运营成本;还要大力推动项目集群,使文化企业得以利用生产要素聚集的优势,降低生产成本;还可以对市场反映好、品牌影响大的潜力型文化企业进行一定的财政补贴,鼓励其降价惠民。而根本上,是要全面开放文化市场,让激烈的市场竞争来迫使经营者打"价格战",最终使得商家微量得利而广大消费者大量获益。

另外,对于国内一些主题乐园、游乐场等禁止游客自带食品饮料入园的"霸王条款",相关部门应当积极进行司法和行政干涉。因为这些卖方的单方规定,迫使游客只能在园区内消费高价甚至天价餐饮,也就间接地提高了单次游玩消费价格,以至于让许多潜在消费者望而却步,导致潜在消费需求无法转化为现实消费行为。

4. 培育文化消费理念,正向引导文化消费行为

承上所述,政府要高调调控引导人民的消费需求。一方面要通过宣传教育,鼓励人民进行文化消费,让人民认识到文化消费和物质消费没有可比性,不应当在两者间做权衡取舍——文化消费是意义消费,消费得值;还要提倡重文化、有节制的理性消费,反对无视文化价值、无节制的纵欲消费,以此对文化市场走向、文化商品价格施加反作用力。另一方面要借助新闻媒体,报道物美价廉的、社会效益佳的具有示范性的文化企业和文化商品,在帮助提升品牌知名度的同时传播市场"正能量"。

具体措施有:第一,打造全媒体文化传播平台,特别注重利用微博、微信等移动微平台发布文化市场动向及文化消费信息,开展各式各样的主题宣传活动,营造打动人心、鼓舞人心的文化消费氛围;并且用一些奖励手段鼓励民众将文化消费信息转发到微信群、朋友圈等,增强人际传播、口碑传播效应。第二,促进各地区编制《文化消费指南》,绘制《城市文化消费场所、平台总览图》等,建立强大的文化市场资讯和文化消费引导平台。第三,鼓励各类文化企业采取直销模式,如开展文化服务和文化消费进社区、进校园、进企业、进机关、进乡村等活动。第四,支持文化企事业单位和社会组织广泛开展各类群众文化活动,如社区才艺竞赛、"每月荐书"、科普博览、"艺术作品欣赏周"等,并联合文化企业推出"文化创意园区一日游""文化科技免费体验""艺术免费课""参观返利活动"等,培养文化兴趣爱好,挖掘潜在消费者,帮助公众树立科学、健康、理性的文化消费理念,从而引导文化消费态势。第五,携手商户、银行、社会组织等,研究设计并发放形式多元的文化消费补贴,如文化惠民卡、文惠信用卡、文化产品折扣券和抵用券、文化消费"万用金"等。

5. 贯彻"不破不立"思路,提升财政投入效率效益

政府要在投入上有所"破""立",通过精准控制资金投向,优化资金管理使用,形成有机衔接、无缝对接的政商协同格局,体现政府引导的"强机制"和市场运作的"强运营",使有限的资金效率最优化、效益最大化。

首先,要进一步加大财税支持力度,完善各项优惠政策,发挥政策杠杆作用,体现应有的普惠效应。其次,要建立健全文化消费项目配套基础设施建设的投入机制,多渠道、多层次地加大投入力度,改进政府投入方式,吸引社会资本充分投入。再次,要创新专项资金管理方式方法,不断探索财政资金在竞争性领域科学投放问题。最后,要扎实推进文资监管的基础工作。

按照中央文资办的说法,"总的思路就是要向基金化转型,由直接分配变为间接分配,由无偿补助变为有偿支持,但原有的支持方向和重点仍保持不变,并根据国家新出台的有关政策要求及时进行调整完善,确保中央部署的各项重点任务能够及时落地"①。

四、全面创新作息端

1. 提高人民话语意识,严格保障休息休假权利

文化消费不同于物质消费的一大特征就在于,文化消费是一种过程性消费,需要相当的时间支撑,可以看作闲暇消费,是一种由时间自由带来心灵自由的自由消费。消费者不但要有闲钱,更重要的是要有闲暇。时间是民众开展文化消费的必要条件,也是第一保障因素,阅读、旅游、健身、看电影、学习艺术、亲子游乐等都需要投入时间。只有有了充裕的时间,有了支配时间的相对自由,人民大众才有消费并生产文化、参与并创造文化的充沛精力,文化消费潜力才能得到充分释放。因此,必须严格保障民众休息休假的权利。不但要发动媒介舆论、动用政策导向监督、干涉、批判、反对企业使职工超负荷劳动、超时工作以及侵占法定节假日等的种种做法,还要想尽办法增加劳动者的休息机会,延长休息时间。

首先,要完善劳动相关法规政策,加强制度建设,朝着构建和谐劳动关系的方向迈进,依法依规保障劳动者休息休假权利。对于加班加点和剥夺劳动者假期的行为,要从严、从重处罚,给予权利受损者较高的赔偿,起到较强的惩戒作用。

其次,要健全劳动关系协商协调和劳动关系矛盾调处机制。一是推行具有中国特色的集体协商制度,推动劳动关系三方协调机制进一步健全;二是着力化解基层劳动矛盾,提高基层劳动争议调解效率,形成联动式调解工作体系,更有效地发挥仲裁办案制度的社会效应;三是深化劳动保障监察执法体制改革,强化制度保障、推进机构建设,形成多部门联动执法机制和综合治理格局;四是健全应对群体性劳动纠纷的协调机制,要强化监测预警机制和优化应急处置机制。

最后也最重要的一点,是要提高人民话语意识,使得个人权利意识和权力空间得到大大提升,形成一股能够和内部权力、权威话语抗衡的外部力量。一是要引导劳动者积极捍卫其

---

① 《财政部文资办主任王家新:坚持"破""立"结合,使有限的财政资金效益最大化和效率最优化》,中国财经报网,http://www.cfen.com.cn/tjzzl/201602/t20160215_1694354.html,访问日期:2016年2月15日。

合法权益;二是要鼓励劳动者对于用人单位侵犯劳动权利、侵占休息时间等行为进行投诉举报、控告索赔、联合抗议、集体协商等,并正面报道一些典型案件,以期在全社会起到示范性作用;三是要强化工会组织作用,使得工会切实地站在最广大劳动者一边,成为制衡用人方的有力有效工具;四是要不遗余力地深化反腐斗争,完善行政诉讼制度,使得"官商勾结、官官相护"的局面被打破。总之,要使人民群众大胆发话发言,"不择手段"地捍卫自身权利,面对不合情理的加班要求,要敢于拒绝,或者主动"讨价还价",争取性价比合理的报酬,从而让用人单位意识到,不是不可以加班,而是加班成本相当高,于是望而却步。久而久之,形成良性循环,让用人方彻底断绝侵犯劳动者权益的不当念头。

2. 理性开发规划假期,分散假日文化消费人流

当前我国居民在文化消费上普遍"不差钱",而普遍"差时间",这就必然引发假期文化消费"扎堆"现象,难免导致"黄金周"文旅消费"乱成一锅粥",消费体验大打折扣,影响了后续消费的热情。

节假日是文化消费的高峰期,被文化经营者形象地喻为"黄金假日",文化产业在很大程度上呈现为"周末经济"。然而,当前我国节假日还不够充足,规划也不尽合理,导致节假日文化消费时常呈现尴尬局面,呈现乱哄哄的文化消费乱象,导致假日休闲品质大打折扣,导致民众对于假日文化消费满意度普遍偏低。这种情形在旅游市场表现得最为突出,大多选择在"五一"、国庆、春节等假期出游的游客反映,除了感受到人潮汹涌,以及被欺被"宰",什么也没感受到,毫无愉快的消费体验,于是表示不会再次进行假日文化消费,导致大众假日文化消费积极性普遍下降。

要扭转这种局面,有几种方法。第一,鼓励民间自行开发各种原创节日,吸引社会组织、群众团体、企事业单位参与这些节日活动,从而起到增补节假日、促进节假日文化消费的作用。第二,完善职工带薪休假制度,并用法规政策对这一制度加以强化、规范,应出台法规规定职工每年无理由、自选时间带薪休假不得少于 5 天。第三,合理规划节假日,尊重人民群众的意愿,给予民众自行安排、灵活调整假期的空间,还休假权于人民,真正落实"我的假日我做主"。可以探索改革休假模式,打破集中式和常规式休假模式,增加年假天数、次数,把集中式、常规式休假的天数补偿到年假中,实现假期自主化。笔者的设想是:逢重要节日只在节日当天放一天假,取消"鸡肋"的调休制,把以往节日集中休"小长假""大长假"的多余天数补进年假当中。即,缩减不可自主支配的假期,增加可以自主支配的假期;尝试打破逢周末放假的常规放假模式,在保障劳动者休息权利的前提下,企事业单位灵活安排作息时间,充分尊重劳动者意愿,劳动者可以选择每月连续工作后连续休息 8 天,甚至可以选择连续工作更久,一年休一次超长假期。并且,要致力于提高劳动效率,进一步缩短每日劳动时间,尤其要改变企业的"996 模式""加班文化"等。

3. 推广延时超长营业制,试推居家网络办公模式

文化消费的主力是忙碌的上班族,也只有这一群体最具有文化消费的能力,特别是其中的中等收入阶层和中产阶级家庭。而现实中,相当一部分有能力也有意愿进行文化消费的群体,无时间进行文化消费。这其中一部分原因在于文化消费场所开放时间不够人性化,为服务对象考虑不周,导致上班族消费不便,甚至产生了文化消费场所中退休者居多的现象。因此,要在书店、健身馆、影院等大众文化消费场所探索推广延时超长营业制,如 24 小时营业制,在展览馆、主题公园、全域旅游景区、文化街区等广泛举办夜场活动、推广"夜公园"模式、打造夜游景观带、发展夜间经济等。并且,要针对夜间消费群体的特征,推出合乎其胃口的文化娱乐活动,如针对追求时尚夜生活的中青年为主的职场白领推出各种"夜场秀"、针对放学后随同家长一同前来的中小学生推出寓教于乐的亲子活动等。不但要使文化消费场所营业时间和主力消费者的作息时间、生活节奏密切吻合,还要使文化娱乐活动与其生活方式、生活情趣紧密贴合。

另外,为了更进一步释放有消费能力和消费意愿者的消费潜力,可以引导条件适合的单位试推居家网络办公模式,并引导用人单位对于条件适合的工作者不强制考勤和坐班,使得一部分群众能够更加自主地支配作息时间,安排更多的文化消费活动,并且也可实现错峰消费,提高消费质量。这种做法还低碳环保,可以缓解城市交通压力、节约办公场所能耗等,大有好处。

五、全面充实服务端

1. 转变文化服务思路,推动服务消费双向渗透

文化产业和文化事业有诸多结合点,完全可以互相融合、互补互生。这是当今大融合(跨界融合)趋势下"文化+"的内部融合。要解放思想、与时俱进,不能以公益性和准公益性的"老调调"去看待当今的公共文化服务,不能把思路框定在文化事业的旧框框内;要利用公共文化场馆集纳文化资源、吸引文化群体的地利条件,转变公共文化服务供给思维,变以基础重复工作为主的机械式"运行"为效果驱动、及时优化、对接市场、培育用户的"运营",对市场开放,实现现代化经营、社会化运营,平衡公共利益和商业利益;要推动文化事业和文化产业界线消弭,合为"你中有我,我中有你"的一体,促进两者结构同步更新,促进处于两者交集地带的公共文化服务转型升级。

融合文化事业和文化产业,要以公共文化服务转型升级为重点。不必只是一味地供给公益、准公益的免费、廉价服务,亦可适当加入商业运营,增加商业供给渠道,在尊重市场规律的前提下,供给平价、折价服务,起到拉动文化市场的作用;在城市文化街区、新型文化商区、城乡文化综合体、文化创意园区开业试运营期,可由政府购买一部分服务,供给人民,起到带动客流、示范宣传作用,促进文化产业发展;此外,还可先行在人民消费水平高的发达地区探索试验,尝试让一部分公共文化服务走"准商业化"路线。如此,最终实现文化服务和文化消费双向渗透,使得服务中有消费,消费中有服务。

2. 结合公共文化服务,多元多向惠补文化消费

为了拉动文化消费内需,政府要加大人均文化投入,切实地投入到人,使得人民群众切实共享文化发展成果。结合公共文化服务发放文化消费补贴是一种可行手段,这种补贴的形式应当是灵活多变的,要适应具体情况、针对具体需求,促进供需有效对接。

2015年,原文化部、财政部实施"城乡居民文化消费试点项目",由中国社会科学院文化研究中心、武汉大学国家文化财政政策研究基地、中国人民大学创意产业技术研究院具体执行。[①] 中部地区试点的思路是,"变相购买"居民对公共文化服务的评价,激发居民参与公共

---

① 参见《文化部财政部启动拉动城乡居民文化消费试点项目》,新华网,http://www.xinhuanet.com/fortune/2015-06/18/c_1115657188.htm,访问日期:2015年6月18日。

文化服务体系建设的积极性,同时激发居民文化消费的积极性,以达到"一举两得"地促进文化事业与文化产业共同发展的目的。① 具体来说,对前往公共文化场馆并评价其服务的居民给予奖励积分,而后居民根据自身的消费需求用奖励积分兑换不同类型的优惠券(如电影、演出、图书等),并前往文化商户进行消费。② 示范性案例有二:

给予合肥市 300 万元专项补贴资金,全部用于补贴文化企业。合肥市于 2015 年 8 月 31 日—10 月 31 日开展试点工作,市民在 6 家公益性文化场馆参与活动可获得积分,将积分兑换成优惠券后,可在 15 家指定影院、剧院、书店使用。工作收到一定效果:截至 11 月 30 日,参与试点项目人次为 79.02 万人次,已兑换并发放补贴资金 282.38 万元,补贴资金拉动的居民直接文化消费总额为 448.46 万元,拉动文化消费比例为 1∶1.59。③

同期,中央补贴专项资金 350 万元,武汉市武昌区人民政府补贴专项资金 350 万元,共计 700 万元,武昌区于 2015 年 10 月 10 日—2015 年 12 月底进行试点工作,市民在 5 家公益性文化场馆参与活动可获得积分,将积分兑换成优惠券后,可在 14 家指定影院、剧院、书店使用。工作效果颇为可观:截至 11 月 30 日,已兑换并发放补贴资金 102.2 万元,补贴资金拉动的居民直接文化消费总额为 465.5 万元,拉动文化消费比例为 1∶4.56。

2016 年 4 月 28 日《文化部、财政部关于开展引导城乡居民扩大文化消费试点工作的通知》下发,明确从 2016 年 6 月起在全国范围内开展扩大文化消费试点工作。2016 年 6 月,武汉申报成为首批国家扩大文化消费试点城市后,武汉市委、市政府在总结武昌区文化消费试点成功经验的基础上,于 2017 年 10 月 9 日出台了《武汉市开展引导城乡居民扩大文化消费试点工作实施方案》,确立了通过引导居民通过参与和评价公共文化服务获取积分奖励,兑换为文化消费补贴的"武汉模式",目标在于打通文化事业和文化产业的关节,改变两者二分对立的格局,促进文化体制机制改革创新,发挥文化消费补贴资金杠杆作用,推动公共文化服务体系和文化产业形成良性互动关系。文化消费试点"武汉模式"收到了一定效果,其实践经验为:政府的主要补贴对象为中低收入群体;文化商户广泛参与试点,试点商户占比 60%以上;商户被要求向消费者的让利幅度不得低于政府补贴额度,以保证实际优惠额度为财政补贴额度的 2—3 倍,使财政专项资金撬动社会资源的杠杆作用得到切实发挥。

2017 年 2 月 20 日,文化部公布了首批国家文化消费试点城市(第二次)名单,郑州市名列其中。该市的文化消费试点工作采取两种方式惠补居民文化消费:一种是直接对文化消费金额按照一定比例给予财政补贴,即传统的"降价促销"模式;另一种是"评价积分激励消费",思路和"武汉模式"相仿,即鼓励居民前往公共文化场馆或关注数字文化场馆参与公共文化服务活动并进行评价,每日 App 签到/订阅号打卡、评价服务、分享场馆活动至微信朋友圈均可获得相应积分,积分可用以兑换电子文化消费券。此种方式在激励自主文化消费的同时,带动了居民参与并评价公共文化服务的积极性。④

① 参见《文化部:东中西部拉动城乡居民文化消费试点政策各有侧重》,新华网,http://www.xinhuanet.com/politics/2015-12/09/c_128514255.htm,访问日期:2015 年 12 月 9 日。
② 参见苏丹丹《推动供给侧改革 释放文化消费潜力》,《中国文化报》2015 年 12 月 16 日第 6 版。
③ 本段及下一段均见《文化部:东中西部拉动城乡居民文化消费试点政策各有侧重》,新华网,http://www.xinhuanet.com/politics/2015-12/09/c_128514255.htm,访问日期:2015 年 12 月 9 日。
④ 参见宋晓宇《郑州市文化消费试点工作全面开启》,《中国文化报》2017 年 9 月 28 日第 10 版。

这些试点案例提供经验如下：一是通过评价公共文化服务获取文化消费补贴的方式，有效联通了公共文化服务体系和文化产业两者；二是创新财政支持方式，从单纯帮扶供给方，促使其降价，转变为同时补贴供给方和消费方，调动消费方积极性；三是变相解决了政府采集居民文化活动和消费意愿相关信息以及购买居民公共文化服务评价成本高、难度大的问题。[①]

3. 大力发展生活服务，充分解放潜在的消费者

前面已经论证过，要开展文化消费，时间是前提和保障。因此，只有把人民群众从繁琐的生活琐事中解放出来，让家务事等不再过分挤占业余时间，使人"不累于庶务"，才能最大程度地激发文化消费潜力。

因此，政府有必要增加公共服务项目，要开辟生活服务领域，在街道、社区创设基层综合性生活服务中心。与此同时，政府要引导家政服务业快速发展，促进该市场竞争，以达到提质量、降价格的效果，要提高就业者层次和素质，制定服务规范和标准。尤其要引导相关教育培训业的发展，进一步引导专业职业技术院校，甚至高等院校设置家政管理服务等专业，从而培养造就一批拥有专业素养的、适应现代社会的新型生活服务人才，改变人们认为这类从业者"文化低、素质低、层次低"的偏见眼光和刻板印象。并且，要积极研究探索在这一就业领域，如何变雇用制为劳动合同制，可考虑由政府或第三方机构介入，实施人才托管等，改变从业者"受雇于人"的处境，从而提升其社会地位和社会安全感（被保障感），进而吸引新一代人和高素质人才就业，逐步使从业群体整体改观、层次提升。最终，使得广大人民群众对该服务业从业者们信任感加强，双方关系和谐融洽，促使越来越多的人选择购买生活服务、更加依赖生活服务，进而充分解放自我，尽情投入文化消费。

六、全面规范法治端

1. 推进文化消费立法，关注文化消费"话题领域"

当前，在文化消费领域，还缺乏专门的法律法规对于经营者进行约束，对于消费者进行保护。这就造成了文化消费领域存在法律空白地带，也造成了某些文化消费领域成为"话题领域"。

其一，网络文化消费领域容易滋生"话题"，亟待健全法律法规。随着网络传媒的快速发展，尤其是以智能手机为载体的移动互联网用户规模迅速扩张，网络文化消费已经成为最大众化、最日常化的文化消费。然而，关于网络文化消费的社会话题也频频引起公众关注，如：各种网络平台靠"刷单"进行数据造假，破坏市场秩序，影响消费者判断力，并且成为滋生谣言和虚假信息的温床；色情、暴力、奇葩内容的网络直播如同毒瘤一般，严重侵蚀消费者身心健康，而一些疯狂打赏主播的行为更是累及消费者家庭；网络文学、网络动漫等也是色情暴力文化的重灾区，而其消费者呈现低龄化趋势，引发社会焦虑；网络游戏致人沉迷上瘾，非理性的游戏"氪金"行为社会影响恶劣，屡有未成年人偷偷刷光家长银行卡玩游戏的新闻曝出，令人担忧。并且，网络文化消费维权难，常见纠纷大体有四类：一是消费者认为产品或服务

---

① 参见傅才武《国家文化消费试点城市政策思路与实践模式探索》，《人文天下》2017年第9期。

质量未达到预期,但由于网络产品和服务属性特殊,无法退换;二是消费者付款后,服务提供商单方面变更服务内容,导致消费者陷入消费陷阱;三是消费者付款后,发现根本不能享受服务,由于版权或其它原因导致已购买的产品服务终止;四是平台、商家私自扣费、变相扣费。无论发生哪种情况,想要维权的消费者通常都会遭遇平台商家互相推诿的情况,导致网络文化消费始终是付费容易维权难。因此,网络文化消费领域亟待健全法律法规,要从严监管,并要建立高效申诉机制。

其二,文化旅游消费领域是"话题"高发区,亟待加强《旅游法》执法力度。近年来,我国民众"游兴大增",旅游消费俨然成为最热门的一项大众文化消费,然而,各种"话题"也随之而来,如:游客身陷"低价团陷阱",遭到价格欺诈和强制交易;"黑导游"威胁侮辱游客,甚至侵犯游客人身、财产安全;旅行社私自随意更改行程、线路,导致服务质量大打折扣,而游客申诉无门、维权无望。尽管我国2013年3月颁布、10月施行的《中华人民共和国旅游法》对于旅游业经营者可能存在的各种不法行为进行了法律界定,并明确了法律责任,但实施至今,旅游业种种乱象犹存,法律震慑力并未高度体现。依法查处上主要面临"三难",即取证难、界定难、执法难,而部分游客"贪便宜"的心理也是旅游市场乱象屡禁不止的一大根源。因此,要使得文化旅游消费领域经营者更加规范,消费者更加放心,就必须加强《旅游法》执法力度,同时加强对于消费者的教育引导。

其三,文化娱乐场所消费是"话题"集中区,亟待强化法治监管。网吧(网咖)、游艺场、电竞馆、歌舞厅、KTV、酒吧、棋牌室等文化娱乐场所是黄、赌、毒问题的易发场所,历来是文化市场执法部门进行"扫黄打非"的重点场所。净化这些文化消费场所对于净化社会文化风气具有关键意义。

2. 优化文化消费环境,强化文化消费权益保护

政府相关部门要加强组织领导,建立健全文化市场运营、监管体制机制,做好顶层设计,强化统筹协调和督促落实工作。对于文化消费环境,要从三个方面来优化:第一,改进执法和监管方式方法。实现联网执法和实时监管,依法严厉打击扰乱文化市场秩序行为和各种盗版侵权行为,净化文化市场,扫除有悖于社会主义核心价值观、有违公序良俗、有害人民身心健康的文化产品及服务,建立健全文化市场信用监管机制,推进文化法治化进程。第二,做好文化消费统计监测工作。在相关部门间建立文化消费大数据资源共享平台,深入基层开展文化消费采样调查工作,将宏观数据和微观样本综合分析,动态监测文化消费规模和结构的变化情况,研判市场行情,预测消费走向,为相关决策的研究制定提供可靠依据。第三,研究建立文化消费满意度评价体系。以市场为导向,以消费者为主体,由第三方负责实施,让消费者客观地评价对于文化消费环境、文化消费体验、文化消费价格、文化消费方式等的满意度,突出和强化作为市场主体的消费者的主动权,使民众反馈成为文化市场改进的依据,从而促进市场供求有效对接;进而,使得各项激励政策更趋科学化、理性化,即政府根据市场认可度来决定给予需要继续扶持的文化项目以多大支持力度。

同时,必须更周到地保护好文化消费者的各项权益。首先,要制定文化产品生产和服务供应最低标准,使得文化消费环境整体维持在一个水平之上,用严格的标准规范产品和服务,支撑起安全可信的消费环境。其次,要加强保护知识产权,完善文化产权市场建设,活跃文化产权交易,确保文化产品及相关知识产权的流通合理有序,对于网络文艺、文创设计、文案策划、数字创意等创作研发人员起到激励作用。再次,要强化文化消费维权服务,要使消费者监督举报渠道更广泛、更便捷,鼓励消费者反映造假贩假、价格欺诈、强买强卖以及不良文化经营等问题,并且要最大程度发挥第三方机构作用,由政府帮助其开展业务培训,提高其权责界定水平,使其对于文化消费纠纷及时介入、正确处理。最后,也要引导消费者文明消费、理性消费,保持良好的消费心态,与经营者互相尊重、互相信赖,形成和谐关系,对于一些不尊重服务人员、贪图小便宜、以差评勒索经营者、散布谣言损害品牌声誉、仗着"顾客就是上帝"胡搅蛮缠甚至寻衅滋事的消费者,要予以舆论谴责乃至法律惩处。

七、全面开放贸易端

1. 提升对外文化贸易,扩大海外文化消费市场

发展文化消费,不仅仅要拉动文化内需,繁荣国内文化市场,也要拉动文化外需,扩大海外文化市场。然而,就现状而言,我国文化产品中的创意内容产品占国际市场份额很小,仅有 3% 左右,是一个文化产业和文化出口弱国,[①]与我国预期建成的"文化强国"地位不相匹配。

我国文化贸易呈现总体顺差和结构性逆差并存局面。出口文化产品中传统优势产品是工艺品、传统技艺表演等,主要为附加值低的劳动密集型产品,而以版权为核心的文化创意产品在国际市场竞争中处于劣势,还未打造出国际性文化品牌。整体而言,我国对外文化贸易额呈逐年递增态势。根据联合国商品贸易统计数据库(UN Comtrade),我国 1996 年至今,文化贸易整体呈现顺差趋势。[②] 然而,从文化贸易结构上看,存在一些问题:第一,文化贸易占对外贸易比重低,新世纪(2000 年)以来,文化产品进出口总额占比从未突破1%,最高年份仅有 0.85%(2012 年),因而增长空间巨大。[③] 第二,文化贸易虽然保持总体顺差,却长期存在结构逆差。作为对外文化贸易核心层的创意版权贸易长期以来呈现逆差,"十三五"时期,各类创意版权输入输出比例约为 3∶1,且文化服务、文创设计出口表现疲弱,[④]传统工艺品、文化设备器材等创意含量低、文化附加值低的文化产品出口占比始终过高,反映我国文化产业内容创意匮乏,缺乏国际竞争力,导致我国文化影响力偏弱,严重制约了我国文化软实力发展。第三,我国文化贸易持续期普遍较短。[⑤]特别是相关文化出口品的贸易持续期普遍远高于核心文化产品持续期。而从不同目的国的出口持续期来看,我国对发达国家的贸易持续期均值一直高于发展中国家。如何突破文化贸易持续期短的周期性瓶颈,是我国文化贸易要实现跨越式发展的一个难题。

我国文化产品现占据国际市场份额还很小,有很大上升空间。首先,要优化整个贸易结构,提高文化贸易占对外贸易的比重,大力推动"文化走出去";其次,要着力提升文化创意,提升文化产业实质性内容,从而提升创意版权贸易占文化贸易的比重,扭转结构性逆差,大力推动中国文化内容走向世界;最后,要设法突破与对象国贸易持续期短的瓶颈,可采取的

① 参见黄文迁《中国文化贸易增长与结构研究》,博士学位论文,华东师范大学国际贸易专业,2017,第 92 页。
②⑤ 参见景小勇、李海龙《中国文化贸易发展现状及问题分析》,《艺术教育》2016 年第 1 期。
③ 参见曹麦《中国文化贸易统计分析》,《调研世界》2016 年第 6 期。
④ 参见魏鹏举、戴俊骋、魏西笑《中国文化贸易的结构、问题与建议》,《山东社会科学》2017 年第 10 期。

做法有深掘海外市场进行深度营销、拓展中华文化圈加强地缘贸易、利用外交关系打文化交流与文化贸易"同唱一台戏"的"组合拳"等。特别要利用好"一带一路"倡议带来的对外贸易合作契机,建设文化交流贸易平台,通过项目开发、产业创投、金融合作等方式寻求战略伙伴,搭建经贸平台。

并且,随着我国外交事业不断向前,友好国家、国际友城不断增多,乐于接受我国文化产品的人也逐渐增多。特别是华人足迹遍布全球,许多国家都有"中国城""唐人街",《中国侨资企业发展年度报告(2010—2011)》反映:北美华人从 1990 年的 200 多万增至 2010 年的 550 万,欧洲华人从 10 万增至 200 多万;仅在 2000—2010 年这 10 年间,在美华人猛增近 100 万,而西班牙华人从 2.8 万增至 15 万;在东南亚地区则已形成了高达 400 万人的华人聚居都会区。① 要大力挖掘海外华人消费我国文化产品的潜力。

2. 基于共享价值理念,塑造中华文化国际形象

我国文化产业要开拓海外市场,激发世界人民消费中华文化的热情,必然要应对由于各国文化语境不同带来的"文化折扣"和"文化误读"挑战。"文化折扣"亦称"文化贴现",最早由霍斯金斯和米卢斯在他们 1988 年发表的论文《美国主导电视节目国际市场的原因》中提出,指因文化背景差异,国际市场中的文化产品不被其它地区受众认同或理解而导致其价值的减低。"文化误读"是指对自己本族或其它民族文化中的某些生僻或普遍问题产生误解的现象,主要来源于文化偏见,尤其是意识形态差异较大时,这种由偏见引发的误解尤为强烈。由于中华文化具有很高的特殊性,所以这两个问题造成了自由贸易环境下的非市场壁垒。亨廷顿的"文明冲突论"系统地论证了异质文化和文明之间的冲突。而文化意识形态是文化价值观的根本,表层的文化价值观的冲突其实是深层的意识形态不和。我国作为世界上为数不多的社会主义国家,与多数的资本主义国家存在意识形态对立矛盾。这点根本性的矛盾是难以消解的,导致许多国家,尤其是西方国家,对于我国文化产品有敌对情绪和拒斥心理。

面对上述问题,我国对外文化贸易必须"走心"。要克服我国对外文化贸易这块贸易领域的短板,关键在于克服文化"即便走得出去,也走不进去"的问题,即难以深入人心的价值缺位问题。在彰显中国特色、体现文化差异的同时,更重要的是寻求文化共性,谋求文化共识,创造"共享价值",注重"中华文化国际表达",从而融入贸易对象国"文化语境"。也就是要在民族与世界、本土与国际、传统与现代之间寻找平衡点,以"共享价值"消除"文化折扣"和化解"文化误读";并且要淡化出口类文化产品的意识形态属性,缓和横亘在我国与西方国家之间的文化意识形态冲突矛盾。最终要在世界人民的心中建立一种友好、美好的中华文化国际形象,这种形象吸取中华传统文化的和合精神,展示一种博大宽厚的胸襟和一种打动人心的情怀,以一种"和而不同"的开放包容心态来看待各国文化的相互激荡、传统与现代文化的历史演进,根本上秉持"共享价值",不同于文化霸权式的"普世价值"。

---

① 转引自安扬《基于新政策环境下我国对外文化贸易发展研究》,硕士学位论文,对外经济贸易大学国际贸易学专业,2015,第 20 页。

第二节 我国文化消费前景展望

一、量与质的飞跃

1. 文化消费占比提升:文化消费成为消费重头戏

对未来我国消费趋势进行预测,笔者认为,我国将出现物质消费"降级"与文化消费升级并存的样态。

一方面,物质消费"降级"本质上是消费理性化的表现。中国社会近年来出现了方便面、榨菜销量上涨,共享单车出行大热,"拼多多"等低端购物平台大受追捧,大众热衷于"拼单""团购"等消费现象,表面上似乎说明了我国社会正在经历一场"消费降级";尤其是 2018 年 5 月统计数据显示,社会消费品零售总额增速为 8.5%,是过去 15 年来最低,这似乎证明了"消费降级"的判断。① 然而,事实上,这一说法是失之偏颇的。当下我国民众在物质消费方面不再一味追求高消费、追求名牌、追求奢侈品,并且在出境旅游时疯狂抢购的冲动也有所下降,这恰恰说明了我国民众消费观念和消费心态的升级:注重物美价廉、讲求经济实惠、摈弃虚荣浪费、拥抱共享经济。这反映了消费领域的理性化趋势。需要认识到的是,目前"消费降级"主要集中在物质消费领域。宏观数据显示,2013—2017 年,全国居民生活用品及服务支出占比仅从 6.10% 微增至 6.12%,中间一年还经历了一个下降的过程。② 有关专家分析认为,在物质消费领域,此种情形确属正常。因为,物质消费需求一旦得到满足,就不可能保持高速增长态势,而我国城乡居民基本物质消费需求已普遍得到满足。随着消费者变得更加理性,更加注重节约、实用、绿色等,物质消费极有可能出现下降。对此,有人提出"花最合理的价钱,买最合适的商品,理性地消费,过更聪明的生活"③,本质上是一种消费观的升级。

另一方面,在物质消费领域呈现"降级"趋势的同时,文化消费领域正呈现升级趋势。一系列数据显示:2016 年,我国体育服务业营业收入 438 亿元,同比增速超 20%,增势强劲;2016 年,我国人像摄影行业年营收突破 3000 亿元,增速高达 17%,说明我国审美需求和审美消费增长旺盛;2017 年,我国电影市场票房收入超 500 亿元,观影人次也超 16 亿,增速高于 15%,呈现良好态势;2006—2016 年,经旅行社组织的出境游人数增速大多数年份均高于全国旅游人数增速,2017 年其更是超过全国旅游人数增速 12 个百分点,占比也突破了1.2%。④ 可见,我国民众对文娱休闲的消费需求正以较高速度增长,这些行业均呈现出一派欣欣向荣的景象。这种文化消费升级的趋势根本上反映了我国民众的消费重点正逐渐转移向精神文化消费领域。

文化消费升级的趋势还直观地表现为文化消费潮流迭出,如:传统文化热催旺非遗文化

---

① ② ③ ④ 参见《方便面榨菜热销＝消费降级? 文化消费可不同意!》,中经文化产业,http://mp. weixin. qq. com/s/jqc_Wka36Wsrbx-mcvXVbg,访问日期:2018 年 9 月 10 日。

消费、乡土文化消费等;数字文化热直接得益于文化科技的不断升级,科幻型文化产品滋长人们的想象空间,开启未来世界大门;自媒体文化热带来了文化消费与文化传播的并轨,促使文化消费主体的主体性前所未有地彰显。总之,未来我国人民必将在纷呈的文化消费潮流中体验"文化狂欢"。

2. 文化消费模式切换:"精准供给"带来"精细消费"

未来我国文化产品和服务供给将更加精准,文化消费也将更加精细。这种趋势当前已经显露端倪。

我国文化产业增长模式正由粗放型向集约型转化,文化企业更加注重琢磨消费者的潜在需求和微妙心理,在垂直领域深入挖掘、精耕细作,如:文娱企业注重打造优质 IP 培育并锁定一批"原始粉丝";知识付费和在线学习平台产生了打破同质化发展瓶颈的要求,不再把供给重点集中于英语、职场、人际、理财等大众化内容上,而是着力凸显独家优势,针对一些小众化的学习工作需求,推出产品与服务;实体书店纷纷谋求转型,跨界经营茶艺咖啡、画廊展览、文创设计、艺术沙龙、读者派对、生活美学手工艺等,致力于培养一批需要缴纳会员费的会员,为其提供专属化的 VIP 阅读服务。

并且,随着我国社会方方面面的转型,我国开始出现了一些新的消费细分客群,引起了商家前所未有的关注,诸如"单身族""银发族""新中产""二孩家庭"等。这些新客群都有着大众化的文化产品和服务难以满足的较为特殊的需求,催生了新的文化产品和服务——随着晚婚甚至不婚的"单身族"数量不断增加,文化消费领域众多商家开始看好"一人经济""陪伴经济",推出了独享体验空间、独身文艺活动、旅行伴游服务、智能机器人玩伴等,诠释"空巢青年"的内心需求,击中都市"单身贵族"的消费痛点。随着我国社会日益呈现老龄化景象,"银发经济"俨然成为新的经济增长点,在文化消费领域,红色旅游线路是比较受老年人欢迎的;民乐表演、传统戏曲、年代情怀影片、小剧场话剧等得到部分老年人的青睐;KTV 逐渐被年轻人冷落,却在中老年文化消费圈逐渐流行起来,一些 KTV 在传统唱歌聚会功能之外,还增设简餐、按摩等服务项目,迎合中老年人的需求。"新中产"作为一个新的社会阶层,具有较好的消费能力和较为挑剔的审美眼光,特别是具有较高的文化消费需求,他们对于生活审美化的追求、对于子女教育的重视,为文化市场带来了巨大商机。"二孩家庭"是近几年的产物,他们在旅行时对于住宿的特殊需求、在学校假期时产生的特殊文化消费需求等对于文化供给提出了新的要求。

总之,"精准供给"必然带来"精细消费",消费者对于文化供给的精准度要求还会越来越高,未来,个性化定制式文化产品和服务很有可能成为消费者的首选。

3. 文化消费环境优化:人文精神与文化价值提升

前面的章节论述过我国当下文化消费社会环境存在"文化消费层次偏低,文化价值在消费中流失"的问题,这一问题直接表现为大众文化消费以庸俗化的娱乐为主,既缺乏高尚的精神追求,也缺乏寓教于乐的文化教益意义,不利于消费者审美感知力的提升,造成了文化消费不但无文化可言,事实上还存在某些败坏社会精神文明的成分。未来,这种情况必须得到改善,文化消费将始终围绕文化主题,不断彰显文化内涵,文化消费环境中的人文精神与文化价值必须得到提升。

首先,我国文化产品与服务的供给将更加注重凸显社会效益,注重文化价值观导向。文化产品作为精神食粮,也要注重"食品安全",这不但为我国政府大力强调,更逐渐成为我国文化生产经营者的共识。近年来,我国文化消费领域治理能力不断提升,文化消费市场不断净化,如一些网络文化消费平台进行多次整改,下架触及道德底线、触及敏感话题、触及国家文化安全问题的网络文化产品。笔者访问的一些社会公众反映:近几年已经越来越少看到篡改经典文艺作品、恶搞英雄烈士形象、展示变态行为、兜售奇葩技艺的网络视频;一些带有色情暴力属性的文化产品不像早些年那样招摇于世;青少年上网安全问题有所改善。

其次,我国人民群众的文化素质将大幅度提升,文化消费层次必将实现跃迁。随着我国教育水平的提升,特别是美育水平的提升,人民群众的文化素质尤其是审美感知力必然得到很大程度的提升,这必将直接促使我国文化消费层次整体性跃迁。庸俗化的大众娱乐将逐渐被遗弃,新的大众娱乐注重真、善、美的结合,消费者将更关注文化故事、更易解读文化意义、更追求文化价值,新时代的文化消费必将体现新的品质。

最后,我国文化消费质量全面升级将起到革新社会人文景象的作用。有关专家指出,文化消费质量的内涵主要在于"人均文化消费水平、文化消费占总消费支出的比重、文化消费与收入的匹配度、文化消费的内部结构、文化消费的差异以及文化消费的成本与消费效果"六个维度。[1] 未来,我国文化消费的这六个维度将协同提升,文化消费质量将全面升级。这必然造就社会人文景象焕然一新——崇尚文化、喜爱艺术的社会氛围不断形成;"雅文化"消费比重逐步提升至与"俗文化"消费平分秋色的程度;人民生活节奏有所放缓,社会整体休闲时间有所增加;城乡都形成公共空间和文化艺术空间融为一体的人文景观;人民群众对于文化消费的满意度全方位提升,尤其是对于国产文化产品的满意度大幅度提升,我国社会展现出高度的文化自信。

二、社会文化资本积淀与结构升级

1. 理解"社会文化资本"

文化资本理论的创始人布尔迪厄所提出的身体的(人格的)、客观的(物质的)、体制的三种形态的文化资本都是对于个体(和家庭)而言的。笔者依循其理论逻辑,把文化资本的概念外延扩大,提出"社会文化资本"这一概念——社会文化资本就是某一国家、民族或地区的社会范围内个体(和家庭)文化资本的总和,也就是文化资本的社会总量。

社会文化资本同样具有布尔迪厄所言的三种形态,而这三种形态的文化资本在社会总量的意义上发挥着社会文化语境建构的巨大作用。首先,身体(人格)形态的社会文化资本直接作用于整个社会文化氛围、文化风气的形成。以同一思路进一步延伸布尔迪厄的理论,可以认为:个体文化习性(惯习)的总和就构成了社会文化习性(惯习),而整个社会的文化习性(惯习)又会无时无刻地作用于其中每个个体文化习性(惯习)的生成和发展全过程。因此,身体(人格)形态的社会文化资本对于整个社会文明程度的影响是显著的。其次,客观(物质)形态的社会文化资本直观体现着社会文化产品、文化财富的丰富程度。这些客观(物质)形态的社会文化资本即公共文化产品和文化商品,其总量多寡决定了社会公众能分享和

---

① 毛中根等:《中国文化消费提升研究》,北京:科学出版社,2018,第191页。

消费多少文化产品。再次,体制形态的社会文化资本直观反映出社会教育水平和公众文化素养程度。显然,学历文凭、技能证书、职位头衔这类体制形态文化资本的社会总量越高,则这个社会的教育水平越高、公众文化素养越高,或言人力资源质量越高,发展潜力也越大。

社会文化资本这一概念能更好地揭示社会文化宏观结构的演变过程。社会文化资本的积累过程就是社会文化的演进发展过程,这个过程即一种"结构再生产"的过程,这种再生产并非机械复制,而是充满微妙变化的曲折渐进式发展。分别来看三种形态的社会文化资本对于宏观意义上社会文化结构的作用:身体(人格)形态的社会文化资本中高尚艺术趣味成分的增加,会对整个社会雅文化和俗文化的结构分布起到一定作用,提高雅文化的结构性占比;客观(物质)形态的社会文化资本中书籍出版量和家庭总藏书量的增加,能促进"书香社会"的建构;体制形态的社会文化资本中高等学历人数的增加,直接提升了社会整体文化水平,而人口文化学识程度提升、审美感知力提升也间接提升了整个社会的文化消费能力。

2. 文化消费结构升级推动社会文化资本结构升级

文化消费无疑是社会文化资本积累的重要途径,我国文化消费总量正逐步提升,社会文化资本总量亦随之提升。随着文化消费比例结构、自身结构、区域结构、群体结构等的全面升级,社会文化资本结构也必然实现升级。

第一,设想不久的未来我国居民文化消费占总消费之比突破 30%。这意味着我国每一个个体公民所积累的文化资本量相当于发达国家的水平:每一个社会个体习惯于享受丰富的文化生活,拥有良好的文化情操;拥有多样的文化产品,善于利用各种文化学习工具;普遍接受过高等教育,文化素质和职业技能水平较高。于是,社会文化资本总量就到达了一个可观的水平,从根本上反映了文化软实力建设水平。

第二,设想不久的未来我国居民教育消费在文化消费中的占比降至 50% 以下。这意味着我国每一个家庭的文化消费支出项目更加多元、文化娱乐消费动力大大增长,直接推动身体(人格)形态的社会文化资本结构跨越式发展——丰富的文化娱乐活动能促进健全人格形成,促进审美心理发展,造就注重休闲、崇文尚美的社会文化习性(惯习)。同时,设想不久的未来我国居民阅读消费在文化消费中的占比升至 10% 以上。这意味着我国已经基本建成了"书香社会",突破"低智社会"瓶颈,个体社会公民的文化智识大增,社会文化资本结构有了质的飞跃。

第三,设想不久的未来我国城乡和各地区文化消费水平都比较接近。这意味着我国农村文化市场富有生机,农村居民文化消费需求旺盛且能力充足,城市和农村文化生活水平相近,城乡之间原本存在的社会文化资本拥有量上的巨大落差明显缩小;也意味着我国各个地区的文化经济发展均衡协调,社会文化资本的区域结构趋于合理。

第四,设想不久的未来我国中等以上收入群体的文化消费潜力被充分激发,低学历群体的文化消费意愿被有效强化,某些消费者文化消费动机上的功利倾向被明显弱化。这意味着我国文化消费群体结构得到长足的发展,各阶层共同积累社会文化资本的速率将有所提升,并且,文化消费心态优化直接促使身体(人格)形态的社会文化资本结构优化。

第十三章　乡村振兴战略下提振农村文化消费研究

第一节　乡村振兴战略下农村文化消费问题的提出

一、从建设社会主义新农村到实施乡村振兴战略

1. 乡村振兴战略提出是新农村相关政策不断积累与发展的必然

城乡二元格局难打破、城乡发展不均衡是我国经济社会发展中长期存在的一个问题,构成了我国全面建成小康社会道路上的一大障碍。从 2005 年党的十六届五中全会提出"建设社会主义新农村"以来,党和政府不断探索统筹城乡发展、加快农村发展的措施,努力推进城乡一体化和新型城镇化,提出了一系列政策,这些政策不断积累和发展,到 2017 年党的十九大,"乡村振兴战略"提出,被列为党和国家未来发展的"七大战略"之一。下面简要梳理一下政策历程。

一、社会主义新农村建设。2005 年 10 月,党的十六届五中全会通过的《中共中央关于制定国民经济和社会发展第十一个五年规划的建议》提出:"积极推进城乡统筹发展。建设社会主义新农村是我国现代化进程中的重大历史任务。要按照生产发展、生活宽裕、乡风文明、村容整洁、管理民主的要求,坚持从各地实际出发,尊重农民意愿,扎实稳步推进新农村建设。"2006 年中央一号文件为《中共中央、国务院关于推进社会主义新农村建设的若干意见》。2007 年 10 月,党的十七大报告提出"统筹城乡发展,推进社会主义新农村建设"。2007年中央一号文件为《中共中央、国务院关于积极发展现代农业扎实推进社会主义新农村建设的若干意见》。

二、美丽乡村建设。2008 年浙江安吉县率先提出"中国美丽乡村"计划,出台《建设"中国美丽乡村"行动纲要》,提出"10 年左右时间,把安吉县打造成为中国最美丽乡村"。中央农村工作办公室主任陈锡文在考察安吉后说:"安吉进行的中国美丽乡村建设是中国新农村建设的鲜活标本。"[1]此举在全国引起强烈反响,"十二五"时期起,从浙江省开始,全国各地纷纷兴起美丽乡村建设热潮。2013 年中央一号文件《中共中央、国务院关于加快发展现代农业进一步增强农村发展活力的若干意见》正式提出:"推进农村生态文明建设。加强农村生态建设、环境保护和综合整治,努力建设美丽乡村。"此后一系列政策文件都不断强调美丽

---

[1] 转引自范建华《乡村振兴战略的时代意义》,《行政管理改革》2018 年第 2 期。

乡村建设。

三、特色小镇建设。2016年2月6日,《国务院关于深入推进新型城镇化建设的若干意见》(国发〔2016〕8号)提出"加快特色小镇发展",要求"与疏解大城市中心城区功能相结合、与特色产业发展相结合、与服务'三农'相结合"。可见,建设特色小镇是农村转型发展、城乡融合发展的一条可行路径。此后,国家多部委和各地地方政府出台了一系列引导特色小镇建设发展的政策文件。

四、田园综合体试点工作。2017年中央一号文件《中共中央、国务院关于深入推进农业供给侧结构性改革加快培育农业农村发展新动能的若干意见》提出:"培育宜居宜业特色村镇。围绕有基础、有特色、有潜力的产业,建设一批农业文化旅游'三位一体'、生产生活生态同步改善、一产二产三产深度融合的特色村镇。支持各地加强特色村镇产业支撑、基础设施、公共服务、环境风貌等建设。打造'一村一品'升级版,发展各具特色的专业村。支持有条件的乡村建设以农民合作社为主要载体、让农民充分参与和受益,集循环农业、创意农业、农事体验于一体的田园综合体,通过农业综合开发、农村综合改革转移支付等渠道开展试点示范。深入实施农村产业融合发展试点示范工程,支持建设一批农村产业融合发展示范园。"为贯彻落实该意见的部署与要求,实现"村庄美、产业兴、农民富、环境优"的目标,2017年5月24日,财政部下发《关于开展田园综合体建设试点工作的通知》(财办〔2017〕29号),提出扶持政策为:"按照三年规划、分年实施的方式,2017年,财政部确定河北、山西、内蒙古、江苏、浙江、福建、江西、山东、河南、湖南、广东、广西、海南、重庆、四川、云南、陕西、甘肃18个省份开展田园综合体建设试点,中央财政从农村综合改革转移支付资金、现代农业生产发展资金、农业综合开发补助资金中统筹安排,每个试点省份安排试点项目1—2个,各省可根据实际情况确定具体试点项目个数。"

五、乡村振兴战略。2017年10月,党的十九大报告提出"实施乡村振兴战略",其总要求是"产业兴旺、生态宜居、乡风文明、治理有效、生活富裕"。2018年中央一号文件为《中共中央、国务院关于实施乡村振兴战略的意见》。2018年9月,中共中央、国务院印发《乡村振兴战略规划(2018—2022年)》,对实施乡村振兴战略作出阶段性谋划,明确发展目标为:"到2020年,乡村振兴的制度框架和政策体系基本形成,各地区各部门乡村振兴的思路举措得以确立,全面建成小康社会的目标如期实现。到2022年,乡村振兴的制度框架和政策体系初步健全。"远景谋划为:"到2035年,乡村振兴取得决定性进展,农业农村现代化基本实现。""到2050年,乡村全面振兴,农业强、农村美、农民富全面实现。"

除了上述政策,乡村振兴相关思想亦反映在习近平新时代中国特色社会主义思想当中,主要思路如:关于正确处理生态保护与发展经济之间关系的"两山理论"(2005年8月提出);强调保留村庄原始风貌、传承乡土文化的"记住乡愁"的呼唤(2013年12月提出);"走符合农村实际的路子,遵循乡村自身发展规律,充分体现农村特点"的新农村建设原则(2015年1月提出);把发展乡村旅游作为农村脱贫攻坚的新路子(2017年10月提出);把厕所革命这项工作作为乡村振兴战略的一项具体工作来推进,"努力补齐这块群众生活品质的短板"(2017年11月提出)等。[①] 可见,乡村振兴战略的提出有着深刻的思想根源,这是一个系统性战略,

---

① 转引自范建华《乡村振兴战略的时代意义》,《行政管理改革》2018年第2期。

要求农村地区硬件、软件建设全面提升,经济和生态、政治和民生、社会和文化等协调发展。

2. 乡村振兴战略是社会主义新农村建设的升级版

建设社会主义新农村系列政策的不断丰富为乡村振兴战略提供了政策源泉,乡村振兴战略在高度上、着力点上、发展要求上均体现了创新性,是新农村建设的升级版。

首先,党的十九大报告第一次把"乡村振兴"提升到国家战略高度,足见对其重视程度。城乡差距大是我国区域发展不平衡、不充分的一个主要问题表现。尽管当前我国城市发展水平已经越来越接近发达国家,但是与发达国家的农村相比,我国农村明显落后得多,是我国经济社会发展的短板。我国城乡结构长期对立,城乡矛盾尤为突出。乡村能否振兴关系到我国能否从根本上解决城乡结构性矛盾,能否从结构上解决"三农"问题,能否实现城乡一体化发展。

其次,实施乡村振兴战略必须牢牢把握农业和农村两大着力点。党的十九大报告提出的乡村振兴战略的根本目标是"加快推进农业农村现代化"。把"农业现代化"和"农村现代化"并列提出的提法,在党的重大文献中是第一次出现,以往都是单提"农业现代化"。这说明了党和政府日益认识到农村现代化的重要性,认识到这两个现代化必须置于同等地位,缺一不可,"没有农村现代化,农业现代化所必须的人、财、物就无法满足;同时,没有农业现代化,农村现代化的产业基础也无法建立"[①]。这一提法突出地将农村作为和城镇对等的对象进行统筹规划,并且强调了战略实施必须扎根于农村的突然之中,既明确了战略所针对的地理空间属性,更着眼于使城乡两个不同的地理空间发展为平等平行的经济社会空间。

再次,党的十九大报告对于实施乡村振兴战略的总要求是"产业兴旺、生态宜居、乡风文明、治理有效、生活富裕",相比于党的十六届五中全会提出的建设社会主义新农村"要按照生产发展、生活宽裕、乡风文明、村容整洁、管理民主的要求",体现了全方位升级。一是"生产发展"升级到"产业兴旺",强调发展新型农业,培育农村特色产业,形成新业态,发展现代农业产业体系,使农村经济更加繁荣,推动农民创新、创业、创富;二是"村容整洁"升级到"生态宜居",依据《乡村振兴战略规划(2018—2022年)》,不仅仅要求对于村庄的脏乱差问题进行有效治理,着力提升村容村貌,更要朝着"生活环境整洁优美、生态系统稳定健康、人与自然和谐共生"的目标,建设生态宜居的美丽乡村;三是"管理民主"升级到"治理有效",要求从"管理"迈向"治理",凸显治理体系和治理能力的双重现代化,要求农村治理的理论、机制、路径都得到创新,以满足农村居民各方面需要为标的更加科学高效地推进农村社会治理;四是"生活宽裕"升级到"生活富裕",体现了全面建成小康社会离不开农村和农民的小康,要求使全体农民脱贫致富奔小康,过上富足的生活;五是"乡风文明"四个字虽然没变,但内容得到了进一步拓展、要求得到了进一步提升,《乡村振兴战略规划(2018—2022年)》指出:"实施乡村振兴战略是传承中华优秀传统文化的有效途径。中华文明根植于农耕文化,乡村是中华文明的基本载体。乡村振兴,乡风文明是保障。实施乡村振兴战略,深入挖掘农耕文化蕴含的优秀思想观念、人文精神、道德规范,结合时代要求在保护传承的基础上创造性转化、创新性发展,有利于在新时代焕发出乡风文明的新气象,进一步丰富和传承中华优秀传统文化。"中国社会科学院农村发展研究所研究员李周对乡村振兴战略20字总要求解读为:"产

---

① 许经勇:《乡村振兴战略是新农村建设升级版》,《厦门日报》2018年3月26日第B06版。

业兴旺是实现乡村振兴的基石;生态宜居是提高乡村发展质量的保证;乡风文明是乡村建设的灵魂;治理有效是乡村善治的核心;生活富裕是乡村振兴的目标。"[1]总的看来,乡村振兴战略的各点要求同社会主义新农村建设相比,逻辑递进关系更加清晰,内容内涵更加丰富,为在新时代推动"农业全面升级、农村全面进步、农民全面发展"指明了方向。

二、提振农村文化消费对于乡村振兴的意义

1. 提振农村文化消费有利于"文化兴农",促进乡村文化振兴

2018 年 1 月 2 日发布的中央一号文件《中共中央、国务院关于实施乡村振兴战略的意见》提出要"繁荣兴盛农村文化,焕发乡风文明新气象";2018 年 9 月 26 日中共中央、国务院印发的《乡村振兴战略规划(2018—2022 年)》提出要"繁荣发展乡村文化",明确要求"推动乡村文化振兴"。乡村文化是中国文化的根,"中国这个国家,仿佛是集家而成乡,集乡而成国"[2],梁漱溟先生在《乡村建设理论》中就提出"从乡村入手"的传统社会转型和国家治理整体方案,着力解决近代以来导致社会崩溃的文化失调问题,乃至政治、经济、社会的种种问题。显然,乡村兴方能国家兴,乡村文化新方能国家文化新。

要实现乡村文化振兴,离不开大力发展农村文化消费,因为这一消费活动可以起到"文化育农""文化富农""文化惠农"的"三位一体"式综合"文化兴农"效果。首先,引导广大农村居民开展健康向上的文化消费活动,培育格调高尚的文化消费兴趣,对于农村居民思想道德建设有着积极作用。推动农村居民文化消费水平和品质提升,无疑是"文化育农"的第一途径,能推动文明乡风形成。其次,发展农村文化消费为农村文化产业升级带来机遇,并且能推动农村建成现代文化市场体系。农村文化产业蒸蒸日上和文化市场繁荣兴旺能发挥带动农村居民脱贫致富的现实作用,实现"文化富农"。再次,文化消费是社会大众接受文化、参与文化的最普遍、最主要的方式,也是各种文艺作品为全民共享的最主要方式。因此,通过各种激励扶持手段使得农村居民文化消费活动越来越精彩,能够体现"文化惠农"效果,提升农村居民"文化获得感"和"文化生活幸福指数"。

2. 提振农村文化消费有利于消费升级,激活农村文化市场

农村地区是我国文化消费的低洼地区,其拉低了我国文化消费的整体水平。因此,发展文化消费的重点和难点都在农村。只有农村居民文化消费热情倍增,农村居民的消费结构才会有质的升级;只有农村消费升级,我国消费才能实现整体升级。

当前,阻碍农村文化消费发展的一大障碍是农村文化市场严重落后、欠缺活力。一是农村文化消费基础设施建设落后,文化消费场所少,且离农村居民生活区较远;二是农村文化市场供给水平低,品类单一、品质偏低,一些有较强个性、有文化情趣的新型农民的文化消费需求得不到满足;三是农村居民文化市场经营信心不足,许多农村缺乏文化创业"带头人";四是农村居民储蓄习惯顽固,大部分农村居民文化消费意识和意愿不足,这种低需求必然导致市场的低供给。对此,2018 年中央一号文件《中共中央、国务院关于实施乡村振兴战略的

---

[1] 李周:《深入理解乡村振兴战略的总要求》,《理论导报》2018 年第 2 期。
[2] 梁漱溟:《乡村建设理论》,北京:商务印书馆,2015,第 182 页。

意见》提出:要"活跃繁荣农村文化市场,丰富农村文化业态,加强农村文化市场监管"。中共中央、国务院印发的《乡村振兴战略规划(2018—2022年)》提出:要"活跃繁荣农村文化市场,推动农村文化市场转型升级,加强农村文化市场监管"。只有激活农村文化市场,才能培育农村居民文化消费兴趣,满足农村居民文化消费需求,拉动农村文化消费,提升我国文化消费整体水平。

3. 提振农村文化消费有利于"三农"工作,发展新时代"新三农"

党的十九大报告指出中国特色社会主义已经进入新时代,新时代要求"乡村振兴",呼唤发展"新三农",构建新型三农关系。

提振农村文化消费,对于发展新型农业、建设新型农村、壮大新型农民队伍都有着积极意义。首先,提振农村文化消费要求发展农村文化产业、活化农村文化消费市场,这对于农业与文化产业融合起着直接作用:推动农业供给侧改革,以供给侧牵引需求侧(消费侧),构建现代农业供求关系。[1] 其次,农村特色文化产业形成规模,农村文化消费市场焕发生机,必然促进农村的地理空间和社会文化都展现新风貌:在地理空间上形成文化新地标、文旅景观带、文化商区等;在社会文化上呈现城乡文化融合共生,传统农耕文化、乡土文化在农村文化市场上得到新生、广受城乡民众喜爱,农村居民文化生活丰富多彩,农村文化生态良性发展。再次,农业与文化产业融合,农村业态布局革新,农村居民文化消费升级,不仅要依靠新型农民创业创新,而且直接促进新型农民生成:新型农民应具有较高的综合文化素质、现代文化观念,能为农村带来新思想、注入新血液。总之,提振农村文化消费对于实施乡村振兴,与时俱进推进农业、农村、农民的新文化建设有着关键意义。

三、国内农村文化消费研究述略

1. 研究现状

早在20世纪,许多国家就纷纷启动了类似"新农村"和"乡村振兴"的运动,如韩国的"新村运动"、日本的"造村运动"、法国的"农村社会转型"、英国的"乡村旅游运动"等,[2]这些运动无一不是既关注农村的经济新发展,又关注农村的文化新生和再造问题,积累了可资借鉴的农村经济文化建设经验。然而,它们所提供的有关农村文化消费问题的资料却寥寥无几。由于明显的、长期的城乡二元分化问题是中国的典型问题,把文化产业和文化消费上升到政策高度加以研究关注也是典型的中国课题,所以专就农村文化消费进行研究亦是具有中国特色的研究,在国外尤其是发达国家鲜有对该问题的专门性研究。从研究对象和角度对于国内相关研究进行简要梳理,可以归纳出主要的几类研究:第一,研究发展农村文化消费的意义;第二,研究农村文化消费的影响因素;第三,研究阻碍农村文化消费的问题;第四,研究提升农村文化消费的对策;第五,研究农村居民文化消费需求;第六,从农村文化产业发展角度研究农村文化消费;第七,从农村文化市场建设角度研究农村文化消费。

① 参见刘年艳《创新推动传统"三农"向"新三农"发展转型》,《农民日报》2017年5月20日第3版。
② 详见李明泉主编《田野的风——社会主义新农村文化建设研究》,北京:光明日报出版社,2015,第7—9页。

2. 研究趋势

总体而言,从研究趋势上看,关于中国农村文化消费的研究成果随着"三农"相关战略政策的丰富而丰富。如今,乡村振兴战略作为一项国家战略提出,为这一课题的研究提供了全新的背景和更高的视角,相关研究必然更加深入。笔者提出以下几个值得深入研究的题目方向。

第一,农村进入消费社会的进程和消费文化以及文化消费动向。中国当下中等收入群体不断扩大,大多数城市都进入了消费社会,消费拉动经济增长的作用已经超过了生产。然而,城乡发展不平衡是中国长期以来的具体国情,尽管当前中国农村的绝对贫困状况正在不断减轻,但是相对贫困的情形仍难以在短时间内消除,[①]农村还未进入消费社会,消费文化不发达,文化消费在农村居民的消费支出中占比还很低。但是应当注意到,虽然农村地区商业氛围弱,农村居民消费能力低,但是消费需求逐渐增旺,特别是随着中国电子商务的普及,农村居民网购热情高涨。因此,中国农村有进入消费社会的可能性,研究如何提升农村居民的消费水平,特别是激发农村居民的文化消费热情,有着现实的意义。

第二,农村文旅产业如何吸引城镇居民到农村进行文化消费。从广义上理解农村文化消费,则不仅包括农村居民的文化消费,也包括城镇居民到农村进行的文化消费。当前,广大农村地区发展特色文旅产业、打造田园综合体等,能够提升农村文化经济活力,发挥"精准扶贫"功能,切实促进农村居民增收致富,提高其文化消费能力;并且,城镇居民到农村旅游休闲、购买工艺品、体验乡风民俗等,可以起到传播当代消费文化、促进城乡文化融合、增进农村文化消费氛围的良好作用。对此,有待展开深入研究。

第三,进城务工农村居民的文化消费现状与问题。农村居民大量进城务工是中国的典型国情,这些进城务工农村居民的精神文化生活状况亟待得到各方关注,值得学界深入研究。其中,他们的文化消费水平、结构、方式、偏好以及存在的问题等都有待展开研究。

第四,农村文化与城市文化交融互动中农村居民文化消费方式的变化。随着城乡交往的日益密切,特别是城市大众文化以网络为最主要媒介广泛传播和大量农村居民进城务工蔚然成风,农村居民的文化观念、文化习性、文化消费行为等受到了城市文化的影响,城市文化作为强势文化,对于农村文化具有一定的同化作用。城市文化如何影响农村文化,对于农村居民文化消费方式的变化起到何种作用,都是值得研究的问题。

第二节　以江苏农村为例的农村居民文化消费样本调研报告(2019)

一、调研项目综述

1. 项目背景

自 2005 年提出"建设社会主义新农村"以来,我国的新农村建设已经取得了卓越的成

---

① 参见张翼《社会结构急剧变化是机遇也是挑战》,《南京日报》2018 年 9 月 26 日第 A11 版。

效。在党的十九大报告中,习近平总书记又提出实施乡村振兴战略。乡村振兴战略是社会主义新农村建设的升级版,也是新农村相关政策不断积累和发展的必然。

乡村振兴战略的提出,是基于近 20 年来中国的乡村与城市之间的发展出现的不平衡的情况。实施乡村振兴战略,是更好地实现城乡一体化发展、更好地实现全面建成小康社会的重大举措。故而,在党的十九大报告中,乡村振兴战略与科教兴国战略、人才强国战略、创新驱动发展战略、区域协调发展战略、可持续发展战略、军民融合发展战略并列为党和国家发展的"七大战略"。

实施乡村振兴战略,不仅要振兴乡村经济,还要振兴乡村文化;要以经济振兴促进文化振兴,以文化振兴引领经济振兴。丰富健康的文化生活,可以满足农村居民的精神生活需要,也可以提高其思想觉悟以及文化素质;健全繁荣的农村文化市场,可以促进农村文化产业的发展,也可以切实帮助农村居民脱贫致富。因此,要调研农村居民文化消费现状,针对发现的问题,提出引导扩大其文化消费的切实举措。

2. 项目主旨

(1)摸清农村居民的文化消费现状

了解当前农村常住居民的群体特征,了解其文化消费的空间、时间,心理、行为、水平、氛围、评价等。

(2)研究农村文化消费现存的问题

依据农村居民文化消费变化发展情况,发现其文化消费过程中存在的问题,进一步剖析问题原因。

(3)为农村居民文化消费的发展提出针对性建议

基于对农村居民文化消费现存问题、问题原因的分析,提出具有针对性的建议,以期切实改善农村文化消费环境,提升农村居民文化消费结构和水平。

(4)为引导扩大农村文化消费研究提供数据支撑

本项目采集一手数据,有效解决了数据偏宏观、数据缺乏、数据统计口径不一、数据滞后、数据浮夸等问题,为研究引导扩大农村文化消费提供一定的数据支撑。

3. 研究方法

本项目并行采用实证研究法和规范研究法。实证研究法用以分析现实问题,回答当前农村文化消费"是怎样"的问题,通过样本研究获得,具体采用结构性问卷调查法;规范研究法用以提出建议策略,回答今后农村文化消费"应怎样"的问题,用于概念界定、路径探索、机制建构和前景展望等方面。本项目数据采集执行方为江苏中创市场调研咨询有限公司(中国市场信息调查协会理事单位、江苏省统计局主办的江苏省统计调查服务行业协会副会长单位)。

4. 调研指标

本项目旨在摸清农村居民文化消费现状,调研问卷设计的问题尽量贴近农村居民文化消费实际,调研项目有 7 项:农村居民文化消费空间、农村居民文化消费时间、农村居民文化消费心理、农村居民文化消费行为、农村居民文化消费水平、农村居民文化消费氛围、农村居民文化消费评价。每项调研项目各对应 3 条调查指标(表 13.1)。

表 13.1 江苏农村居民文化消费现状问卷调查指标

调研项目	调研指标	调研说明
1. 农村居民文化消费空间	1.1 居住地附近文化消费场所	居住地附近场所指:使用任何一种交通出行方式,可在 30 分钟以内到达的场所。
	1.2 网媒空间文化消费情况	网媒空间指:网络和数字媒体空间,主要包括电脑网络、移动网络、有点播功能的电视等。
	1.3 更喜欢媒体空间还是实体空间中的文化娱乐	媒体空间和实体空间,即线上、虚拟和线下、真实的两个空间。
2. 农村居民文化消费时间	2.1 每天闲暇时间有多少	闲暇时间指:除去生活必需时间(吃饭、睡觉、个人卫生、家务劳动、照料家人/子女时间)和工作学习时间(上班、上学时间和通勤路途时间),节余的真正可支配时间。
	2.2 闲暇时间通常做什么	
	2.3 每周花多少时间进行文体娱乐	
3. 农村居民文化消费心理	3.1 对文化消费的重视程度	即文化消费的心理优先级问题,注意考察文化消费是否会在经济紧张时第一个被挤出消费清单,说明文化消费是否被认为是必需性质的消费。
	3.2 文化消费动机	
	3.3 文化消费偏好	
4. 农村居民文化消费行为	4.1 有无对文化产品和服务付费的习惯	
	4.2 有无网媒文化消费的习惯	
	4.3 有无进城文化消费的习惯	
5. 农村居民文化消费水平	5.1 每月文化消费支出和占比	以个体/家庭为单位,有工作的单身者按个体算,其余按核心家庭算。核心家庭指由一对夫妇及未婚子女(无论有无血缘关系)组成的家庭,俗称"小家庭"。
	5.2 教育消费在文化消费中的占比	
	5.3 文化消费经济压力	
6. 农村居民文化消费氛围	6.1 农村文化市场的文化消费氛围	这里的文化市场主要指实体文化消费场所。
	6.2 农村居民亲友圈的文化消费氛围	
	6.3 受感染程度	

调研项目	调研指标	调研说明
7. 农村居民文化消费评价	7.1 对农村文化市场满意度	
	7.2 对城市文化市场满意度	
	7.3 对网媒文化消费满意度	

5. 调研方案

（1）调研范围

本项目调研范围为江苏农村。基于科学、客观、全面的调研原则,本项目选择的调研地囊括苏南、苏中、苏北地区的农村,分别是苏南的南京(省会)和苏州,苏中的泰州,苏北的淮安和宿迁。

（2）调研对象

本项目调研对象需满足以下三个条件:第一,农村户口;第二,在农村居住两年及以上,且每周在农村居住 5 天及以上;第三,年龄为 18 周岁及以上。

（3）团队架构

针对本项目所有参与人员进行如下(图 13.1)职能分工,以保证在项目进行过程中,所有项目人员可以各尽所长,各司其职,并且做到责任到个人,保障项目的有效开展。

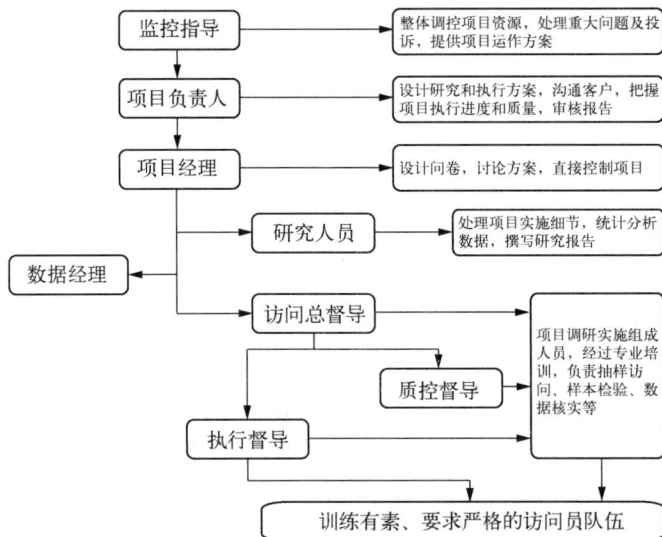

图 13.1 调研项目参与人员的职能分工

（4）调研方式

本项目调研方式为农村入户访问。访问督导及访问员在规定的时间内在指定的地点选择符合要求的农村居民进行入户访问,在甄别合格之后由访问员对其进行一对一的访问。

这种方式适合农村地区的调研,能够保证找到所需对象;在受访者熟悉的情境下进行,问卷受访率高;访问较为仔细,回答较为翔实,且可以视情况加入开放性聊天;访问结果真实可靠,客观性强;访问质量的可控性高;可直接得到结果反馈。

（5）样本数量

农村地区"空心化"情况严峻,"青黄不接"现象明显,要较为均匀地分布各个年龄阶段的样本较为困难;农村常住居民文化素质偏低,对于问卷问题的理解能力较为不足,且沟通表达能力较为欠缺,有些居民甚至无法以普通话沟通;占农村常住居民多数的老年人中许多人不问家事,对于家庭的消费支出情况不了解,不能作为合格的被访者。以上种种因素,导致找到合适的访问对象并不容易,且问卷题量大、题目细,多道题目需要进行估算、计算,访问时间较长。因此,本项目进行小规模、高质量采样,计划在江苏5个市的农村进行,采集600个样本。虽然样本数量较少,但是通过一系列手段保证样本质量,降低误差。本项目实际完成全部样本量为638,其中有效样本量为618,有效样本率为96.9%。具体样本量执行情况如下:

第一,执行地点样本量:本项目共选定5个执行地点,每个执行地点完成样本量见表13.2:

表 13.2　调研项目实际完成执行地点样本量

区域	城市	村庄	全部样本量	有效样本量
苏北	淮安	果林村	42	40
		星光村东区	41	40
		星光村西区	41	40
	宿迁	孙陈村	42	42
		水汉村	42	44
		关庙村	49	48
合计			257	254
苏南	南京	顾陇村	42	42
		新塘村	42	40
		瑶宕村	41	40
	苏州	江泽村	41	40
		屯村	42	40
		方岗村	42	40
合计			250	242
苏中	泰州	陈家村	44	42
		陆家村	42	40
		金马村	45	40
合计			131	122
全部合计			638	618

第二,性别样本量:本项目计划调研性别样本量各占半数,允许上下浮动10%,即男女各完成240—360的样本量。实际完成性别样本量见表13.3:

表 13.3　调研项目实际完成性别样本量

性别	有效样本量
男	286
女	332

第三,年龄样本量:本项目受访者要求年龄在18周岁以上,分为18—30周岁、31—40周岁、41—50周岁、51—60周岁以及60周岁以上5个年龄段,具体见表13.4:

表 13.4　调研项目实际完成年龄样本量

年龄区间	有效样本量
18—30 周岁	122
31—40 周岁	98
41—50 周岁	132
51—60 周岁	126
60 周岁以上	140

（6）项目进程

项目调研进程主要包含项目方案设计、项目执行、数据审核与清洗、数据统计与分析、报告撰写五个阶段,具体时间安排见表13.5:

表 13.5　调研项目进程安排

项目阶段	阶段任务	起止日期
1. 项目方案设计	设计调研方案、调研问卷等	2019.4.1—4.21
2. 项目执行	南京、苏州、泰州、淮安、宿迁共计15个农村入户调研	2019.4.24—5.31
3. 数据审核与清洗	录音抽听、废除无效样本、清洗数据	2019.6.1—6.3
4. 数据统计与分析	统计数据、分析研究	2019.6.4—6.9
5. 报告撰写	撰写报告、讨论结论	2019.6.10—6.30

在5个所选地点的项目执行日期见表13.6:

表 13.6　调研项目在 5 个所选地点的执行日期

地点（农村）	日期
南京	2019.4.24—4.26
苏州	2019.4.27—4.29
泰州	2019.5.8—5.10
淮安	2019.5.15—5.17
宿迁	2019.5.22—5.24
补卷	2019.5.29—5.31

（7）质控体系

本项目采用过程管理方法，建立了执行前、执行中、执行后三阶质控（QC）体系，具体如下（表 13.7）：

表 13.7　调研项目质控（QC）体系

阶段	QC 方法	说明
1. 执行前	1.1 访问员统一培训	在项目执行前，根据项目执行手册，统一培训访问员了解项目要求、问卷内容、执行要点、询问问题的方式、解释名词概念的标准等，保证不同访问员在访问端的标准统一。
	1.2 前期风险控制机制	在项目正式执行前，确定测评工具统一采用装有"访问专家"软件的平板电脑，通过技术手段规避违规执行方式；在访问执行前明确访问员首份问卷需要进行 100% 审核，对于审核发现问题的访问员进行再次培训，直至后期样本执行规范。
2. 执行中	2.1 项目督导现场质控	在项目执行过程当中，项目督导对调研测评的全过程进行监控，还对各个测评现场进行摄像、摄影、录音等记录，以保证测评结果真实可靠，此外，项目督导还需对执行问卷进行 100% 复审，避免问卷出现漏答及逻辑错误。
	2.2 设置独立质控人员	在项目执行过程中，设置独立的项目质控人员进行执行过程的质控，其还需对 30% 的执行录音进行抽听，保证访问内容的合规有效，针对不符合项目要求的问卷作废卷处理。
3. 执行后	3.1 数据处理分析质控	对所采集的数据进行预处理，分析访问所得数据之间的逻辑关系，对数据逻辑存在疑问和前后矛盾的问卷进行废卷处理，并对数据库查重，必要时电话复核，以保证数据质量，最后运用各类分析软件及分析方法进行统计分析和撰写报告。

（8）问卷设计

本次调研问卷依照普通人的认知、思考、回答习惯来设计，前期进行了大于 100 个样本的试访问,经过不断调整版块和问题,最终确定了问卷;版块和问题并不和上面指标表中的调研指标顺序对应,但是覆盖所有调研指标;最终分析报告的结论基本按照调研指标所列顺序进行输出;问卷题量较大,题目较细,单个样本采集(访问一人)时长为20—40分钟。

6. 调研问卷

江苏农村居民文化消费现状调研项目问卷

_____女士/先生:

您好!我是江苏中创公司的访问员,我们正在进行一项关于江苏农村居民文化消费现状的研究,以便政府相关部门根据你们的实际情况和需求制定相关政策,提升你们的文化消费体验,丰富你们的文化休闲生活。需要耽搁您一些时间,回答我们的一些问题。请问您愿意接受我们的访问吗?谢谢您的支持和配合!

【基金支持】2017年度国家社科基金艺术学项目"文化资本与消费社会双重视阈下的当代中国文化消费研究"(批准号:17CH221)研究范畴,项目负责人:徐望(江苏省文化艺术研究院)。

访问员承诺:

我清楚本人的访问态度对调查结果的影响;我保证本份问卷的各项资料都是由本人按照公司规定的访问程序进行访问和记录的,绝对真实;若发现一份作假,本人访问的所有问卷全部作废,并对因此而给公司造成的损失做出赔偿。

访问员		编号	

甄别问卷

S1. 请访问员记录访问地点:(具体农村村名)

_____

S2. 请问您过去3个月内是否参与过市场调研活动?

是	1	【终止访问】	否	2	【继续访问】

S3. [出示PAD]请问您的周岁年龄处于以下哪个区间?【单选】

18周岁以下	【终止】
18—30周岁	【继续】
31—40周岁	【继续】
41—50周岁	【继续】
51—60周岁	【继续】
60周岁以上	【继续】

S4. 请问您是农村户口吗?

否	1	【终止访问】	是	2	【继续访问】

S5. 请问您在农村居住多长时间了?

不满两年	1	【终止访问】	两年以上	2	【继续访问】

S6. 请问您一周在农村居住是否有达到五天以上?

没有	1	【终止访问】	有	2	【继续访问】

主体问卷:江苏农村居民文化消费现状调查指标

第一部分:农村居民空闲时间行为习惯

A1. 〔出示PAD〕请问您每天的空闲时间大概是多久?除去生活必需时间(吃饭、睡觉、个人卫生、家务劳动、照料家人/子女时间)和工作学习时间(上班、上学时间和通勤路途时间)【单选】

半小时以下	1
0.5—1 小时	2
1—2 小时	3
2—3 小时	4
3—4 小时	5
4 小时以上	6

A2. 〔出示PAD〕请问您在空闲的时候通常做些什么?包含工作日和周末【复选,注意充分追问】

	走亲访友	1
其它类	逛街	2
	睡觉休息	3
文化类	纸质阅读	4
	数字阅读	5
	打球	6
	游泳	7
体育类	健身	8
	跑步	9
	其它,请注明:_____	10

休闲类	本地游玩(本市内,如逛公园)	11
	外地旅游	12
娱乐类	去娱乐场所(电影院、剧院、歌舞厅和KTV、网吧、游戏厅等)	13
	看戏、听曲艺(如京剧、昆曲、相声、评弹、评书等)	14
	棋牌活动(如打牌、打麻将)	15
	玩游戏(手机或电脑)	16
	唱歌跳舞	17
	上网娱乐(手机或电脑,包含看电影、看电视、看视频等,不包含玩游戏、购物和学习)	18
	网络电视(电视有点播功能等,需付费)	19
	普通电视(无需付费)	20
艺术类	文学创作	21
	美术创作(主要指书画创作,即书法和绘画)	22
	摄像摄影	23
	玩乐器	24
	观摩艺术展(如书画展,博物馆、美术馆、纪念馆等主题艺术展)	25
	DIY手工艺	26
	唱戏(自己学唱如京剧、越剧、黄梅戏等)	27
其它,请注明:		28

A3. [出示PAD] 请问您每周在文体娱乐活动上 [引用A2答案]大约花多少时间【单选】

半小时以下	1
0.5—2小时	2
2—4小时	3
4—6小时	4
6—9小时	5
9—12小时	6
12—18小时	7
18—21小时	8
21—24小时	9
24—26小时	10
26—30小时	11
30小时以上	12

第二部分:农村居民文化消费行为

B1.〔引用 A2 题答案〕请问您对以下哪些文体娱乐活动进行过消费?(文体娱乐活动包括业余读书看报、体育锻炼、旅游、上网和玩手机、看电影、看电视、棋牌活动、各类艺术活动等)【复选】

B2. 请问您进行文体娱乐活动的消费频次是?〔引用 B1 答案选项分程度询问〕【单选】

很频繁	1
频繁	2
一般	3
偶尔	4
几乎不	5

B3.〔出示 PAD〕请问您家附近文体娱乐活动消费场所有哪些?(附近是指使用任何一种交通出行方式,30 分钟以内到达的地方)【复选】

文化类	书店	1
	书吧(比较小型,可提供餐饮)	2
体育类	球馆	3
	游泳馆	4
	健身房	5
	综合型运动场馆	6
	需要消费的其它运动场所,请注明:_____	7
休闲类	需要门票的公园和景点	8
	休闲广场、休闲街区(文创街区)、商业综合体(MALL)	9
娱乐类	电影院	10
	剧院	11
	棋牌室	12
	歌舞厅和 KTV	13
	网吧	14
	游戏厅和电竞室	15
艺术类	书画馆、画廊	16
	摄像馆	17
	DIY 手工艺作坊	18
	艺术展厅	19
	文创商店	20
	乐器店	21
其它,请注明:		22

B4. ［出示PAD］请问您有对文化产品和服务付费的习惯吗？比如：买书而不是在书店蹭书；买票看电影而不是下载免费电影；为网络文化产品和服务付费；付费点播电视节目而不是只看免费节目等。【单选】

有	1	没有	2

B5. ［出示PAD］请问您有通过网络和数字媒体进行文化娱乐并产生消费的习惯吗？（网络和数字媒体空间主要包括电脑网络、移动网络、有点播功能的电视等）【单选】

有	1	没有	2

B6. ［出示PAD］通过网络媒体（如爱奇艺、bilibili、抖音）进行文化娱乐和在真实的场所（如电影院、歌舞厅、棋牌室）进行文化娱乐，请问您更喜欢哪一个？【单选】

更喜欢网络媒体	1
更喜欢真实场所	2

B7. ［出示PAD］请问您是否有进城进行文体娱乐并产生消费的习惯？【单选】

有	1	无	2

B8. ［出示PAD］请问您进行文体娱乐的目的是什么？【复选】

丰富生活，增添趣味	1
培养兴趣，陶冶情操	2
学习文化，增加知识	3
强身健体，减肥塑形	4
打发时间，排遣无聊	5
其它，请注明：	6

第三部分：农村居民文化消费氛围

C1. 请问您觉得您家附近文体娱乐消费场所吸引人吗？【单选】

吸引	1	不吸引	2

C2. 请问您觉得您家附近文体娱乐消费场所的消费氛围热烈吗？【单选】

热烈	1	不热烈	2

C3. 请问您周围的文化消费氛围对您感染程度怎样?【单选】

几乎无感	1
受到一点感染	2
受到一般感染	3
受到较大感染	4
深受感染	5

C4. 请问您的多数亲朋好友喜欢进行文体娱乐消费吗?【单选】

喜欢	1	不喜欢	2

C5. 请问您的多数亲朋好友的消费态度和方式会影响您吗?【单选】

会影响	1	不会影响	2

C6. [出示 PAD] 请问您认为进行文体娱乐重要吗?【单选】

重要	1	不重要	2

C7. [出示 PAD] 请问您认为进行文体娱乐是生活必需吗——就像吃饭睡觉一样必需吗?【单选】

必需	1	非必需	2

第四部分:农村居民文化消费水平

D1. 请问您每年个人/家庭文化消费支出大约是多少? (以个体/家庭为单位,有工作的单身者按个人算,不包含教育消费支出)【单选】

600 元以内	1
601—1200 元	2
1201—2400 元	3
2401—3600 元	4
3601—4800 元	5
4801—6000 元	6
6001—7200 元	7
7201—8400 元	8
8401—9600 元	9
9601—10800 元	10
10801—12000 元	11
12000 元以上	12

D2. 请问近3年来,您家庭文化消费总体是增加还是减少? 去年(2018年)比前年(2017年)大约增幅多少或减幅多少?【单选】

		减幅10%以内	11
减少	1	减幅10%—30%	12
		减幅30%以上	13
不变	2		
增加	3	增幅10%以内	31
		增幅10%—30%	32
		增幅30%以上	33

D3. 请问近3年来,您个人文化消费总体是增加还是减少? 去年(2018年)比前年(2017年)大约增幅多少或减幅多少?【单选】

		减幅10%以内	11
减少	1	减幅10%—30%	12
		减幅30%以上	13
不变	2		
增加	3	增幅10%以内	31
		增幅10%—30%	32
		增幅30%以上	33

D4. 请问您每年个人/家庭教育消费支出大约是多少? (以个体/家庭为单位,有工作的单身者按个人算)【单选】[教育消费支出包括:学业教育消费支出(主要有:学杂费,即学费和教材教辅费;补习费;应试课程培训班费以及相关书本费等)、艺术培训消费支出(如:参加美术、音乐、舞蹈等培训课程的费用)、体育培训消费支出(如:参加球类运动、水上运动、武术运动、冰雪运动等培训课程的费用)]

1200元以内	1
1201—6000元	2
6001—12000元	3
12001—18000元	4
18001—24000元	5
24001—30000元	6
30001—36000元	7
36001—42000元	8

42001—48000 元	9
48001—54000 元	10
54001—60000 元	11
60000 元以上	12
不清楚	

D5. ［出示 PAD］请问您是否感到在文体娱乐消费和教育消费方面有经济压力？
【单选】

文化消费支出大项	是否有压力	
文体娱乐消费	是	否
教育消费	是	否

D6. ［出示 PAD］请问您觉得文体娱乐消费和教育消费两者中哪一个带来的经济压力更大？【单选】

文体娱乐消费	1	教育消费	2

D7. ［出示 PAD］请问当您经济紧张时，需要缩减消费支出，您会按照怎样的先后次序降低各项消费，请排序，以 1（首先降低）、2（其次降低）、3（最后降低）标出。

降低消费支出大项	先后次序
降低物质消费（少吃、少穿、少用）	
降低文体娱乐消费（少休闲、少娱乐）	
降低教育消费（减少各类用于个人或子女的教育培训费用）	

第五部分：农村居民文化消费评价

E1. 请问您对以下居民文化消费市场满意度如何？请在 1—10 分之间打分。

城乡两个文化消费市场	1分	2分	3分	4分	5分	6分	7分	8分	9分	10分	不了解
农村文体娱乐市场											
城市文体娱乐市场											

E2. 请问您对网络和数字媒体文体娱乐消费适应度、满意度如何？请在 1—10 分之间打分。

网络和数字媒体文体娱乐消费	适应度	1分	2分	3分	4分	5分	6分	7分	8分	9分	10分
	满意度	1分	2分	3分	4分	5分	6分	7分	8分	9分	10分

E3. ［各项选择6—10分被访者回答］请问您对当前农村文体娱乐市场/城市文体娱乐市场/网络和数字媒体文体娱乐消费满意的原因是？【复选】

文化消费体验的种类丰富	1
文化消费体验的价格合适	2
文化消费体验的内容符合自身兴趣	3
文化消费体验的品质符合自身要求	4
文化消费体验的场所离家较近	5
文化消费体验的场所较多	6
其它,请注明_____	7

E4. ［各项选择1—5分被访者回答］请问您对当前农村文体娱乐市场/城市文体娱乐市场/网络和数字媒体文体娱乐消费不满意的原因是？【复选】

文化消费体验的种类有限	1
文化消费体验的价格高	2
文化消费体验的内容不符合自身兴趣	3
文化消费体验的品质不符合自身要求	4
文化消费体验的场所离家较远	5
文化消费体验的场所较少	6
其它,请注明_____	7

背景资料

P1. 请问您家庭每年所有消费支出大约多少？【单选】此题访问员访问时可以问：一年赚多少钱？可以存多少钱？即算出年消费。

12000 元以下	1
12001—24000 元	2
24001—36000 元	3
36001—48000 元	4
48001—60000 元	5
60001—72000 元	6
72001—84000 元	7
84001—96000 元	8
96001—108000 元	9
108001—120000 元	10
120000 以上	11

P2. [出示 PAD] 请问您的最高学历是？【单选】

未接受过正规教育	1
小学	2
初中	3
高中	4
技术/职业学校/中专	5
大专	6
大学本科—国内	7
大学本科—国外	8
研究生及以上—国内	9
研究生及以上—国外	10

P3. 请问您的职业是？【单选】

国家机关、党群组织、事业单位和公众团体的管理人员	1	服务业从业人员	10
普通公务员	2	产业一线工人	11
专业技术人员(教师、医生、律师等)	3	家庭主妇	12
公司管理层(主管、经理、总监等)	4	离退休人员	13
公司普通员工(从事一般性事务工作的人员)	5	失业/无业	14
私营企业主	6	在校学生	15
个体户	7	其它,请注明:_____	16
自由职业者(作家、摄影师、画家等)	8		
从事农林牧渔业的劳动者	9		

P4. 请问最近一年内您的居住状态属于？（其中子女仅指和亲代/姻亲代同住的子女）【单选】

一代居,夫妻二人(含准夫妻)未育,即"准核心家庭"	1
一代居,夫妻二人已育,子女不在身边(一对老人)	2
两代居,子女未婚(夫妻与未婚子女),即"核心家庭"	3
两代居,子女已婚未育(夫妻与老人)	4
三代居,最小一辈子女未婚(老人、夫妻与未婚子女)	5
三代居,最小一辈子女已婚未育(夫妻与两代老人)	6

续表

四代居,最小一辈子女未婚(两代老人、夫妻与未婚子女)	7
未婚单身独居	8
鳏寡孤独型独居(如独居空巢老人)	9
合租、大学或单位宿舍	10
其它,请注明:＿＿＿＿＿＿＿	11

P5. 请问您家一周同住 5 天以上的家庭成员有几人?【包括您自己】

家庭常住＿＿＿＿＿＿＿人。

P6. 请访问员记录被访者性别?【单选】

男	1	女	2

姓名:＿＿＿＿＿＿＿

联系方式:＿＿＿＿＿＿＿＿＿＿＿＿＿＿

·················感谢被访者并赠送礼品·················

7. 报告数据输出说明

为了减少误差和便于浏览,以下调研报告的数据输出均四舍五入至一位小数,精确数据可查看 excel 数据源表。

二、主要结论和建议

1. 农村居民文化消费现状主要结论

(1) 农村居民文化消费水平偏低,缺乏增长动力

经济基础决定上层建筑,在传统观念中,人们通常只有在满足了自身日常生活需求之后,才会把钱花费投资在其它方面。在农村居民的认知里更是如此。其文化消费支出在整体消费支出中占比 26.1%;而其中给子女(及自身)的硬性教育消费在整体消费支出中占比 21.8%,在文化消费中占比 83.6%,真正的文体娱乐消费在整体消费支出中仅占比 4.3%,在文化消费中仅占比 16.4%。可见,在农村居民看来,文体娱乐消费是在满足自身物质需求和教育需求之余所进行的。除了文化消费被教育消费占据过大空间,在 63.8% 的受访居民观念里,开展文体娱乐的目的就是"打发时间,排遣无聊",只有 14.2% 和 11.3% 的居民认为他们的动机是"学习文化,增加知识"和"培养兴趣,陶冶情操"。因此,缺乏精神追求也导致农村居民文化消费支出动力不足。

(2) 农村居民文化消费层次不高,文化消费层次结构亟待优化

文化消费层次与居民的价值观、受教育水平等息息相关。而农村地区常住居民的人群结构较为特殊。本次调研对象中,51 周岁及以上的中老年人占比达 43.1%,多数居民是老人和孩子(未婚子女);调研对象学历偏低,初中学历以下的占比超过六成,为 63.2%,其中更

有 11.7％表示自己并未接受过正规教育；农村地区常住居民的职业选择也较为单一。这些因素都导致了其文化消费层次偏低。其文化消费活动以娱乐类为主，占比 59.5％。在有限的文化消费中，上网娱乐、玩游戏、网络电视、打麻将、唱歌跳舞等娱乐类文化消费频次较高，消费频次为一般以上的（一般＋频繁＋很频繁）的人群占比均大于五成；而仅有 2.9％的居民有较高层次的艺术类文化消费，可见艺术在农村居民的文化生活中不占地位，其艺术消费参与度低下。

（3）农村居民文化消费"有闲没场所"，受到空间的刚性制约大于时间

农村居民居住地附近有文化消费场所、有闲暇时间，是其进行文化消费的刚性条件。从此次调研反映情况来看，对农村文化市场不满的居民中有 68.5％认为农村文化消费场所匮乏；47.7％认为农村文化消费场所中提供的产品和服务单一，即"菜单选择少"，这显然制约了其文化消费。而在时间条件上，农村居民的闲暇时间均值为 2.8 小时/天，生活节奏并不高；他们花在文体娱乐活动上的时间均值为 1.7 小时/天，时间并不构成制约其文化消费的主要因素。

（4）农村文化市场消费氛围不足，居民满意度低

农村地区的文化基础设施缺乏，居民居住地附近的文体娱乐消费场所有限。在这有限的文体娱乐消费场所中，65.0％的受访居民表示他们感受不到消费场所中热烈的消费氛围；居民对于农村文化市场的满意度均分为 5.7 分，不达及格分（满分 10 分，及格 6 分）。可见，农村的文化市场有待改善。

2. 农村常住居民的群体特征结论

（1）居民中老人和孩子偏多

农村常住居民中，中老年人群占比偏大，51 周岁及以上的人群占比 43.1％。并且，农村的家庭结构多以"三代居，最小一辈子女未婚（老人、夫妻与未婚子女）"为主，占比高达44.3％；其次是"两代居，子女未婚（即夫妻与未婚子女构成的'核心家庭'）"，占比 26％；再次是"一代居，夫妻二人已育，子女不在身边（一对老人）"，占比 17％。可见，农村常住居民中多为老人和孩子（未婚子女）。

（2）学历普遍偏低

农村常住居民学历普遍偏低，大专及以上学历者（受过高等教育者）占比仅为15.8％，而初中及以下学历占比超过六成，为 63.2％，其中还有 11.7％表示自己并未接受过正规教育。

（3）职业类型单一

在农村，可供选择的职业有限，常住居民中 56.0％是从事农林牧渔业的劳动者、个体户以及家庭主妇。

3. 农村居民文化消费空间结论

（1）居住地附近文化消费场所总结

农村居民居住地附近（30 分钟内可达）的场所以娱乐类和休闲类为主。娱乐类场所最多，占比 75.1％；其次是休闲类场所，占比 51.8％；而艺术类场所最少，占比不足两成，为17.5％。

（2）各类主要的实体空间文化消费场所总结

第一，娱乐类文化消费场所中，数量较多的是棋牌室、电影院、网吧，分别占比 79.3％、

54.3%、53.9%。

第二,休闲类文化消费场所中,休闲广场、休闲街区、商业综合体等休闲类文化消费场所占比 68.8%,需要门票的公园和景点等文化消费的场所占比 59.4%。

第三,体育类文化消费场所中,健身房和综合型运动场馆数量较多,分别占比 71.2%和58.9%。

第四,文化类文化消费场所中,书店是最主要的,占比 96.1%。

第五,艺术类文化消费场所中,较多的是摄像馆和乐器店,分别占比 59.3%和 53.7%。

（3）媒体空间文化消费情况总结

69.3%的农村居民表示他们并没有通过网络和数字媒体进行文化娱乐并产生消费的习惯;58.9%的居民表示他们还是更喜欢在线下的、真实的文化消费空间进行文化消费,对于线上的、虚拟的文化消费空间并不偏好。他们对于网媒文化消费的适应度均分为 5.7 分,未达到及格分;而满意度均分为 6.3 分,达到了及格分（满分 10 分,及格 6 分）。可见农村居民对于线上的、虚拟的文化消费空间正在逐渐适应,这一文化消费空间在农村仍有很大发展空间。

4. 农村居民文化消费时间结论

（1）闲暇时间总结

近五成农村居民每天闲暇时间在 3 小时以上,占比 48.2%;其每天空闲时间的均值为2.8 小时。他们每天有足够的闲暇时间来进行文化活动及文化消费。

（2）闲暇时间开展活动总结

农村居民在闲暇时间通常开展的活动以娱乐类和其它类活动为主,分别占比 86.4%和71.8%;文化类和休闲类活动占比也分别达到了 44.7%和 43.0%;艺术类活动占比最少,仅为 5.8%。

（3）对各类闲暇时间活动的开展偏好总结

第一,闲暇时间开展娱乐类活动的居民中,56.2%收看普通电视（无需付费）,43.8%偏好上网娱乐,31.5%选择网络电视。

第二,农村居民劳作辛苦,所以其它类活动中的睡觉休息也是他们在闲暇时间主要进行的活动之一,闲暇时间开展其它类活动的居民中 74.8%都喜欢睡觉休息。

第三,闲暇时间开展文化类活动的居民中,79.0%用数字阅读来打发时间。

第四,闲暇时间开展休闲类活动的居民中,88.0%进行本地游玩。

第五,闲暇时间开展体育类活动的居民中,77.9%选择跑步。

第六,闲暇时间开展艺术类活动的居民仅有 5.8%,玩乐器和 DIY 手工艺是他们较为喜欢的活动。由于此类样本过少,比值参考价值不高。

（4）每周进行文体娱乐活动的时间总结

农村居民每周进行文体娱乐活动所花费的时间均值为 11.6 小时,38.8%的居民每周进行文体娱乐活动的时间超过均值。

5. 农村居民文化消费心理结论

（1）对教育以外文化消费的重视程度总结

教育以外文化消费即文体娱乐消费。在受访的农村居民中,62.8%的居民认为进行文体娱乐活动重要;但是认为文体娱乐活动是生活必需的不达半数,56.3%的居民认为其并非生活必需;并且,当感受到经济紧张时,有62.8%的居民表示会首先降低文体娱乐的消费。可见农村居民并不看重文化消费。

（2）文化消费动机总结

"打发时间,排遣无聊"是63.8%的农村居民进行文化消费的主要动机;其次,32.7%是为了"丰富生活,增添趣味";只有14.2%和11.3%是出于"学习文化,增加知识"和"培养兴趣,陶冶情操"的目的;另有19.1%是为了"强身健体,减肥塑形"。可见,农村居民较缺乏学习文化和体验艺术的主动性,缺乏较高的精神追求。

（3）文化消费偏好总结

农村居民最为偏好娱乐类文化消费,86.4%的居民表示对娱乐类文化产品和服务进行过消费;其次,比较偏好的是文化类和休闲类文化消费,分别占比44.7%和43.0%;最不偏好的是艺术类文化消费,仅有5.8%的居民表示他们进行过艺术类文化消费。

6. 农村居民文化消费行为结论

（1）教育以外文化消费整体情况总结

娱乐类和休闲类文化消费是农村居民进行最多的教育以外文化消费,分别占比59.5%和27.2%;最不受欢迎的是艺术类文化消费,占比仅2.9%。

（2）教育以外文化消费偏好总结

第一,娱乐类文化消费,以占比41.8%的网络电视和占比39.1%娱乐场所为主。

第二,休闲类文化消费,其中78.6%为外地旅游。

第三,文化类文化消费,其中进行纸质阅读和数字阅读的人群占比均为58.0%,可见居民对两者偏好程度一样。

第四,体育类和艺术类活动的消费人群占比偏低,数据参考价值不高。

（3）教育以外文化消费频次总结

第一,进行娱乐类文化消费的居民中,对上网娱乐、玩游戏、网络电视、打麻将、唱歌跳舞消费频次为一般及以上（一般＋频繁＋很频繁）的各项居民占比均超过五成。显然,开展这些活动都是比较便利的。

第二,进行文化类文化消费的居民中,对纸质阅读的消费频次整体高于数字阅读。对纸质阅读消费频次为一般及以上的居民占比75.8%;而对数字阅读消费频次为一般及以上的居民占比69.0%。

第三,进行休闲类文化消费的居民中,对本地游玩的消费频次整体高于外地旅游。对本地游玩消费频次为一般及以上的居民占比70.0%;对外地游玩消费频次为一般及以上的居民占比33.3%。

第四,进行体育类和艺术类文化消费的居民过少,人群占比偏低,数据参考价值不高。

（4）对文化产品和服务付费的习惯情况总结

不需要进行付费的文化产品和服务对农村居民更有吸引力,64.7%的居民偏好不需要付费的文化产品和服务;仅有35.3%的居民表示自己有对文化产品和服务进行付费的习惯。

（5）进行网媒文化消费的习惯情况总结

近七成农村居民表示他们并没有通过网媒空间进行文体娱乐并产生消费的习惯,占比

69.3％。

（6）进城进行文化消费的习惯情况总结

农村文化市场与城市文化市场存在较大差距。许多农村文化市场尚不能提供的文化消费场所、文化产品和服务种类，在城市文化市场都可以找到。即便如此，由于城市文化消费场所离家远、城市文化产品和服务价格高等原因，多达65.0％的居民表示自己并无进城进行文化消费的习惯。

7. 农村居民文化消费水平结论

（1）整体消费水平现状总结

农村居民每月所有消费支出的均值为3739.5元，近半数居民每月的所有消费支出在均值以下，可见其消费水平偏低；只有20.8％的居民每月所有消费支出在5000元以上。

（2）文体娱乐消费水平现状总结

在农村地区有限的消费水平下，居民对于文体娱乐的需求难以转化为现实的消费。农村居民每月文体娱乐消费支出的均值为160.4元，仅占所有消费支出的4.3％；近五成居民表示自己的每月文体娱乐消费在50元以内，占比48.9％，也就是说几乎没有教育以外文化消费。

（3）教育消费水平现状总结

相较于每月在文体娱乐上的微薄消费支出，农村居民每月在教育上的消费支出明显增多，均值为814.9元，占每月所有消费支出的21.8％，远高于文体娱乐消费4.3％的占比；教育消费在整体文化消费中占比83.6％。可见，教育消费是农村居民文化消费的重中之重。

（4）文体娱乐消费水平变化幅度总结

虽然国家政策与相关部门一直在为乡村振兴努力，发展农村文化市场，培育农村居民文化消费观念，但是，农村居民的教育以外文化消费，即文体娱乐消费并没有得到实质性提升。江苏农村地区依旧有56.6％和63.8％的居民认为自己的家庭和个人文体娱乐消费水平近3年来没有变化。认为自己的文化消费近3年来有所变化的居民中，六成左右认为自己的家庭文化消费增减幅度在10％以内；个人文化消费增减幅度在10％以内的居民占比同样为六成左右，总体变化幅度不大。

（5）文化消费经济压力总结

农村居民的教育消费支出远高于文体娱乐消费支出，85.8％居民都认为教育消费给他们带来的压力要大于文体娱乐消费给他们带来的压力，并且48.2％居民感觉到教育消费给他们带来了较为明显的经济压力。可见，教育投资是农村居民的一项经济负担，挤压其文体娱乐消费空间。

8. 农村居民文化消费氛围结论

（1）农村文化市场的文化消费氛围总结

农村地区文化基础设施缺乏，居民居住地附近的文体娱乐消费场所有限，这有限的文体娱乐消费场所传递的消费氛围对于居民而言并不具备吸引力，70.2％的居民认为农村文体娱乐消费场所缺乏吸引力；65.0％的居民表示他们的农村消费场所没多少消费氛围。

（2）农村居民"亲友圈"的文化消费氛围总结

农村居民"亲友圈"的整体文化消费氛围并不强，47.2％的居民认为他们的亲朋好友并不喜欢进行文体娱乐消费,这必然削弱了农村地区整体的文化消费氛围。并且,76.4％的居民认为其亲朋好友的文化消费态度和方式并不会影响自己。可以说,农村居民的"亲友圈"还未形成文化消费氛围。

（3）受感染程度总结

农村还未形成一个可以感染人的文化消费氛围,56.6％的居民表示他们几乎感受不到周围的文化消费氛围。

9. 农村居民文化消费评价结论

（1）对农村文化市场的满意度总结

农村居民对于农村文化市场的满意度偏低,满意度均分仅为 5.7 分,不达及格分（满分10 分,及格 6 分）。值得注意的是,27.8％的居民回答"不了解",显然,身处农村却对于农村文化市场不了解,更加说明了农村文化市场发展不足、缺乏吸引力。

打分低于 6 分的居民中,68.5％不满于"文化消费体验的场所较少";其次,47.7％不满于"文化消费体验的种类有限"。

但是还是有 36.2％的居民打分为 6 分及以上,即对于农村文化市场感到基本满意及以上。其中 63.4％满意于"文化消费体验的场所离家近";24.1％满意于"文化消费体验的价格合适"。

（2）对城市文化市场的满意度总结

农村居民对于城市文化市场的了解度不高,43.7％的居民认为自己不了解城市文化市场。而了解的居民对城市文化市场的满意度明显较高,满意度均分为 7.9 分,临近优秀分（8 分）。

打分为 6 分及以上的居民中,59.2％满意于"文化消费体验的种类丰富";其次,46.7％满意于"文化消费体验的场所较多"。

当然,万事难以尽如人意,也有 7.1％的农村居民对城市文化市场的满意度评分在 6 分以下。其中 63.6％不满于"文化消费体验的场所离家较远";59.1％不满于"文化消费体验的价格高"。

（3）对网媒文化消费的适应度及满意度总结

数字时代已然到来,网络和融媒体文化不断发展,农村地区网媒文化消费日益普及。农村居民对于网媒文化消费的适应度均分为 5.7 分;对于网媒文化消费的满意度均分为 6.3分。可见,网媒文化消费在农村文化市场具有发展前景。

打分为 6 分及以上的居民中,62.9％满意于"文化消费体验的种类丰富";43.8％满意于"文化消费体验的内容符合自身兴趣"。

而在打分为 6 分以下的居民中,27.5％不满于"文化消费体验的品质不符合自身要求";15.3％不满于"文化消费体验的内容不符合自身兴趣";13.0％居民不满于"不懂网络,不会进行网络和数字媒体消费"。

10. 农村居民和相关部门提出的主要建议

本次调研除细致访问农村常住居民以外,也走访了各个村的村委会、农村文化消费场所经营者,并咨询了文化行政部门,获得如下建议:

（1）完善农村地区文化消费基础设施的建设

文化消费基础设施是开展文化消费活动的刚性条件,而当前一些村庄附近连一个电影院、一个书店都没有,对于农村居民的文化消费形成了刚性制约。因此,完善农村地区文化消费基础设施的建设迫在眉睫,要为农村居民提供更多的文化消费场所。

(2)提高农村居民收入水平和消费水平

农村居民可支配收入的增长,是其文化消费增长的必要经济基础。只有先满足农村居民的物质生活需求,他们才会拥有更高层次的精神生活追求。因此,想方设法使他们脱贫致富,提高他们的收入水平,是拉动他们文化消费需求的第一步;第二步是要激发他们的消费意愿,扭转一部分人过分节俭导致的消费不足(也是一种消费异化)状态。

(3)树立和强化农村居民的文化消费意识

随着农村生活水平的不断提高,农村居民的消费观念亟待革新。当前,衣食住行等物质消费仍是农村居民消费中的主要部分,教育以外的文化消费水平还很低,反映了农村居民文化生活贫瘠的现实。对此,要引导和培育农村居民的现代文化消费观,提升他们的文化消费意识。

(4)提升农村居民文化消费动机和层次

"打发时间,排遣无聊"是当前农村居民进行文体娱乐消费的主要动机,这就造成他们的文化消费大多是低层次的娱乐性消费,其中甚至有不文明、不健康的成分,对于其自身文化素质和农村社会精神文明程度提升均无益。这种情形亟待改善,农村居民需要增加"丰富生活,增添趣味""培养兴趣,陶冶情操""学习文化,增加知识"等文化消费动机,从而提升文化消费层次。要培育农村居民的文化艺术兴趣,使其文化生活的首选项不再集中于上网、玩游戏、看电视等娱乐类活动,而是加入文化类、艺术类等活动,进而提升其自身文化素质和农村社会精神文明程度。

(5)推进农村文化市场供给侧改革和增强市场氛围

只有当农村文化市场提供的文化产品和服务与农村居民的需求精准对接,才能充分激发他们的消费热情。因而要研究需求、因地制宜,发展农村特色文化消费市场。并且可通过打造农家书市、乡村文创集市、村民文艺大舞台以及民俗民艺节、地方戏曲节等原创性节庆活动等方式,增强市场氛围,营造有感染力的文化消费空间。

三、调研对象群体基本特征画像

1. 性别特征

如图 13.2 所示,受访农村居民中,男性 286 人,占比 46.3%;女性 332 人,占比 53.7%。

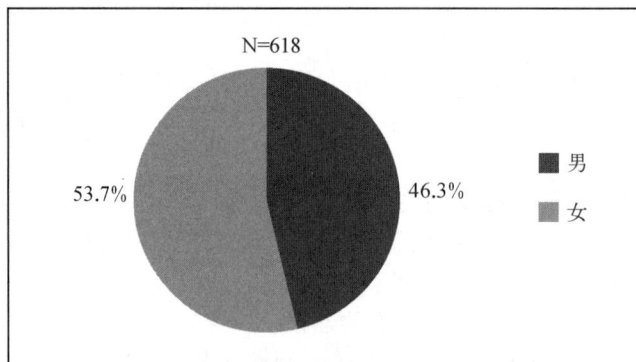

图 13.2　调研对象群体基本特征画像——性别

2. 年龄特征

如图 13.3 所示,受访农村居民中,41 周岁及以上的人占比 64.5%,18—30 周岁的人占比 19.7%,31—40 周岁的人占比 15.8%。

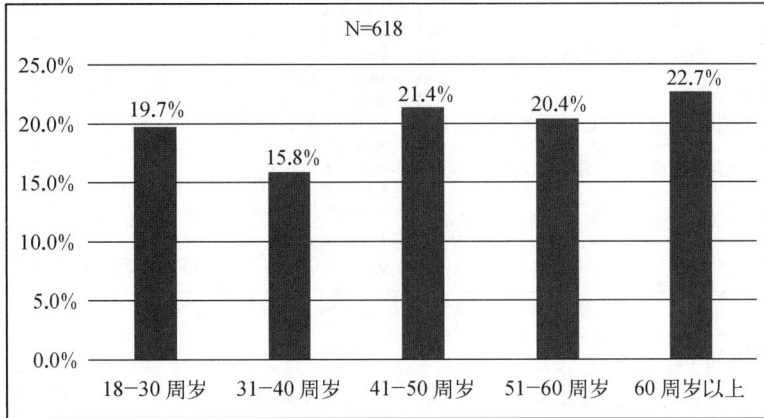

图 13.3　调研对象群体基本特征画像——年龄区间

3. 学历特征

如图 13.4 所示,受访农村居民学历普遍偏低,大专及以上学历者(受过高等教育者)占比仅为 15.8%;初中及以下学历者占比超过六成,达到 63.2%,其中还有占比 11.7% 的受访者表示自己并未接受过正规教育。

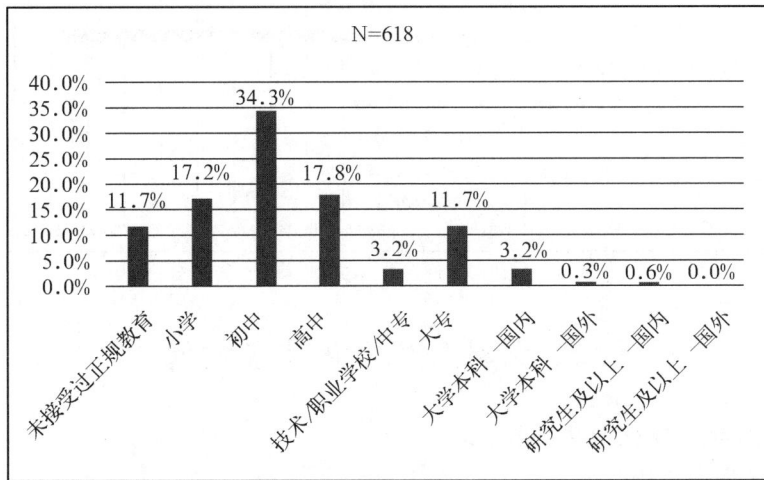

图 13.4　调研对象群体基本特征画像——学历

4. 职业特征

如图 13.5 所示,在农村,可供选择的职业有限,受访居民中 56.0% 都是从事农林牧渔业的劳动者、个体户以及家庭主妇。

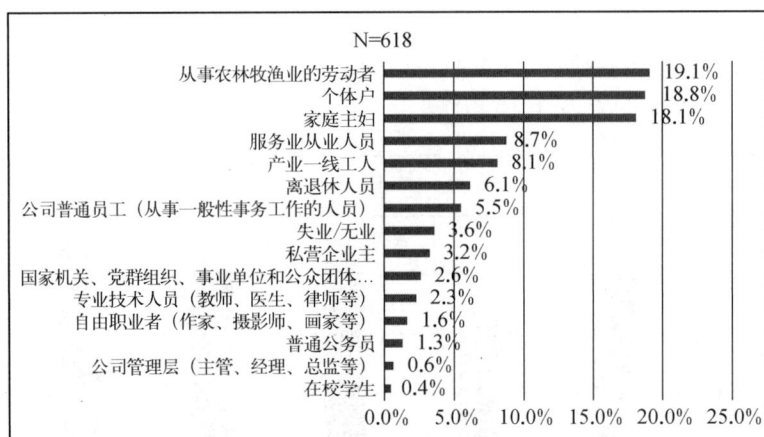

图 13.5　调研对象群体基本特征画像——职业

5. 家庭结构特征

如图 13.6 所示,农村的家庭结构以"三代居,最小一辈子女未婚"为主,占比高达 44.3%;其次是"两代居,子女未婚",占比 25.6%;再次是"一代居,夫妻二人已育,子女不在身边",占比也略高,为 16.5%。

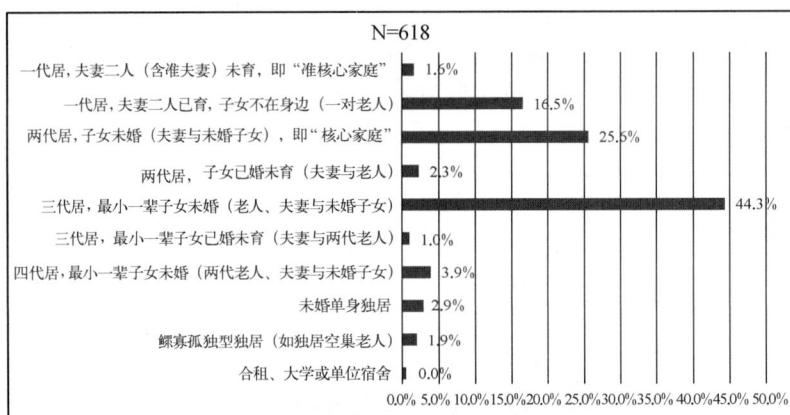

图 13.6　调研对象群体基本特征画像——家庭结构

四、农村居民文化消费空间

1. 居住地附近的文化消费场所

（1）整体文化消费场所

如表 13.8 所示,农村地区文化消费场所以娱乐类和休闲类为主。在居民从其住所出发,使用任何一种交通方式,30 分钟内可达到的文化消费场所中,娱乐类场所占比最高,为 75.1%;其次是占比 51.8% 的休闲类场所;最少的是艺术类场所,占比 17.5%。

苏中地区农村居民居住地附近的文化消费场所较为丰富,基本各类占比都偏高,其中娱乐类场所占比高达 91.8%,休闲类场所占比 73.8%,均远高于苏南和苏北地区。

表 13.8　江苏农村地区文化消费场所整体情况

文化消费场所类型	整体 N=618	苏南 N=242	苏中 N=122	苏北 N=254
娱乐类	75.1%	71.9%	91.8%	70.1%
休闲类	51.8%	39.7%	73.8%	52.8%
体育类	47.2%	28.1%	68.9%	55.1%
文化类	33.3%	22.3%	44.3%	38.6%
艺术类	17.5%	15.7%	13.1%	21.3%

（2）娱乐类文化消费场所

如表 13.9 所示，棋牌室、电影院和网吧是农村居民居住地附近的主要娱乐类文化消费场所。选择棋牌室的居民占比79.3%；选择电影院和选择网吧的居民占比分别为 54.3%、53.9%；选择最少的是游戏厅和电竞室、剧院，仅占比 23.7%和20.3%。

苏南地区的电影院、网吧、歌舞厅和 KTV 等娱乐类文化消费场所占比都低于50%，低于苏中和苏北地区，较之整体也偏低。

表 13.9　江苏农村地区娱乐类文化消费场所情况

娱乐类文化消费场所	整体 N=618	苏南 N=242	苏中 N=122	苏北 N=254
棋牌室	79.3%	73.6%	87.5%	79.8%
电影院	54.3%	46.0%	66.1%	55.1%
网吧	53.9%	37.9%	58.9%	66.3%
歌舞厅和 KTV	47.8%	39.1%	50.0%	55.1%
游戏厅和电竞室	23.7%	13.8%	17.9%	37.1%
剧院	20.3%	9.2%	30.4%	24.7%

（3）休闲类文化消费场所

如表 13.10 所示，反映其居住地附近有休闲类文化消费场所的农村居民中，68.8%反映有休闲广场、休闲街区、商业综合体等；59.4%反映有需要门票的公园和景点。

苏南地区的休闲类文化消费场所中，需要门票的公园和景点占比 77.1%，高于休闲广场、休闲街区、商业综合体等；而苏北地区则是休闲广场、休闲街区、商业综合体等占比88.1%，远高于占比 40.3%的需要门票的公园和景点。

表 13.10　江苏农村地区休闲类文化消费场所情况

休闲类文化消费场所	整体 N=320	苏南 N=96	苏中 N=90	苏北 N=134
休闲广场、休闲街区、商业综合体	68.8%	50.0%	60.0%	88.1%
需要门票的公园和景点	59.4%	77.1%	68.9%	40.3%

（4）体育类文化消费场所

如表 13.11 所示，健身房和综合型运动场馆是农村居民居住地附近主要的体育类文化消费场所。表示居住地附近有体育类文化消费场所的居民中,71.2%反映有健身房,58.9%反映有综合型运动场馆。

表 13.11　江苏农村地区体育类文化消费场所情况

体育类文化消费场所	整体 N=292	苏南 N=68	苏中 N=84	苏北 N=140
健身房	71.2%	76.5%	81.0%	62.9%
综合型运动场馆	58.9%	35.3%	59.5%	70.0%
游泳馆	45.2%	67.6%	45.2%	34.3%
球馆	27.4%	26.5%	38.1%	21.4%
需要消费的其它运动场所	5.5%	17.6%	4.8%	0.0%

苏中、苏北地区的农村居民居住地附近的体育类文化消费场所与整体情况相近;而苏南地区有 67.6%的居民认为在他们居住地附近有游泳馆,只有 35.3%的居民表示在他们居住地附近有综合性运动场馆。

（5）文化类文化消费场所

如表 13.12 所示,农村居民居住地附近的文化类文化消费场所中,书店最为普遍。表示居住地附近有文化类文化消费场所的居民中,选择书店的占比 96.1%;还有 32.0%选择了书吧(比较小型,可提供餐饮)。

苏南地区的书吧(比较小型,可提供餐饮)较之苏中和苏北地区更多,苏南地区农村居民选择书吧的占比 55.6%,远高于苏中和苏北地区 22.2%和 24.5%的占比。

表 13.12　江苏农村地区文化类文化消费场所情况

文化类文化消费场所	整体 N=206	苏南 N=54	苏中 N=54	苏北 N=98
书店	96.1%	92.6%	100.0%	95.9%
书吧(比较小型,可提供餐饮)	32.0%	55.6%	22.2%	24.5%

（6）艺术类文化消费场所

如表 13.13 所示,农村居民居住地附近的艺术类文化消费场所中,59.3%的居民选择摄像馆,53.7%的居民选择乐器店。

苏南地区与苏北地区的艺术类文化消费场所与整体情况接近,而苏中地区则是乐器店和艺术展厅占比均为 50.0%,摄像馆占比只有 37.5%。

表 13.13　江苏农村地区艺术类文化消费场所情况

艺术类文化 消费场所	整体 N=108	苏南 N=38	苏中 N=16	苏北 N=54
摄像馆	59.3%	63.2%	37.5%	63.0%
乐器店	53.7%	42.1%	50.0%	63.0%
DIY手工艺作坊	38.9%	31.6%	37.5%	44.4%
书画馆、画廊	37.0%	42.1%	12.5%	40.7%
艺术展厅	31.5%	31.6%	50.0%	25.9%
文创商店	31.5%	42.1%	12.5%	29.6%

2. 网媒空间文化消费情况

如图 13.7 所示,农村地区网媒空间文化消费普及率偏低,居民通过网络和数字媒体来开展文化娱乐活动并产生消费的现象并不多。69.3%的农村居民表示他们并没有通过网络和数字媒体进行文化娱乐并产生消费的习惯,只有 30.7%的居民认为他们有此消费习惯。虽然农村居民经常上网进行文化娱乐,但产生消费并不多。

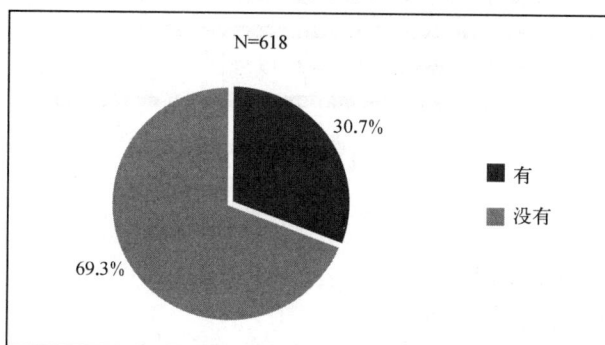

图 13.7　有无通过网络和数字媒体进行文化娱乐并产生消费的习惯

3. 更偏好的文化娱乐消费空间

如图 13.8 所示,农村地区较为偏僻,网络媒体普及率以及接受度偏低,只有 41.1%的农村居民表示更加偏好于网络媒体的文化消费空间,而有 58.9%的居民表示更喜欢真实的文化消费空间。

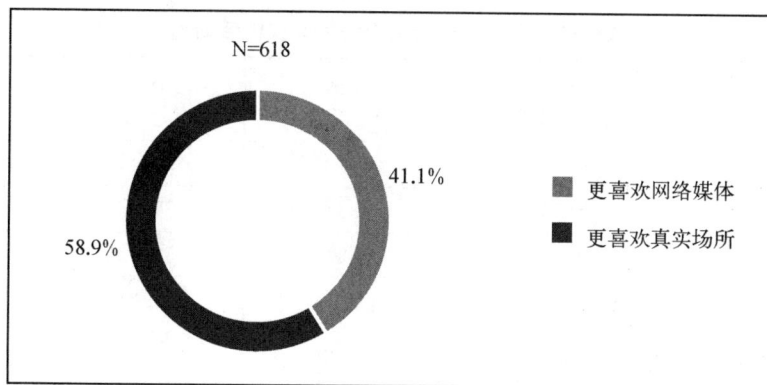

图 13.8　更偏好的文化消费空间

五、农村居民文化消费时间

1. 每天闲暇时间

如图 13.9 所示,受访农村居民中,32.7%认为其每天空闲时间超过 4 小时,15.5%认为其每天空闲时间为 3—4 小时,23.9%认为其每天空闲时间为 2—3 小时,20.1%认为其每天空闲时间为 1—2 小时,仅有 2.9%选择 0.5—1 小时,4.9%认为其每天仅有半小时以下的空闲时间。总体而言,农村居民每天空闲时间的均值为 2.8 小时。可见,农村生活节奏较为舒缓,居民闲暇时间较为充分。

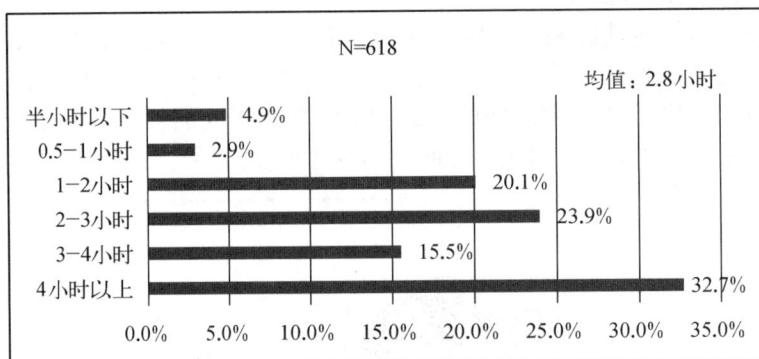

图 13.9 江苏农村居民每天空闲时间

2. 闲暇时间通常开展的活动

（1）农村居民闲暇时间整体活动

如表 13.14 所示,娱乐类和其它类活动是农村居民闲暇时间主要开展的活动,其中,娱乐类占比 86.4%,其它类占比 71.8%;艺术类活动是选择最少的,仅有 5.8%的居民在闲暇时间开展艺术类活动。

苏中地区的农村居民在闲暇时间进行文化类和休闲类活动的占比都超过了 50%,分别为 52.5%和 50.8%。

表 13.14 江苏农村居民闲暇时间整体活动情况

闲暇时间 活动类型	整体 N=618	苏南 N=242	苏中 N=122	苏北 N=254
娱乐类	86.4%	86.0%	98.4%	81.1%
其它类	71.8%	71.1%	67.2%	74.8%
文化类	44.7%	40.5%	52.5%	44.9%
休闲类	43.0%	35.5%	50.8%	46.5%
体育类	24.9%	17.4%	39.3%	25.2%
艺术类	5.8%	9.9%	3.3%	3.1%

（2）娱乐类活动

如表 13.15 所示，随着网络"村村通"的实现，选择在闲暇时间开展娱乐类活动的农村居民中，除 56.2％选择普通电视（无需付费）外，还有 43.8％和 31.5％表示上网娱乐和网络电视也是他们在闲暇时间的主要的娱乐活动。

苏中地区的农村居民在闲暇时间的娱乐活动中，普通电视（无需付费）和上网娱乐的占比基本持平，上网娱乐占比 60.0％，普通电视（无需付费）占比 58.3％，可见，较之苏南、苏北地区，苏中地区的受访者对网络类娱乐偏爱度较高。

表 13.15　江苏农村居民闲暇时间娱乐类活动情况

娱乐类活动	整体 N＝534	苏南 N＝208	苏中 N＝120	苏北 N＝206
普通电视 （无需付费）	56.2％	55.8％	58.3％	55.3％
上网娱乐	43.8％	33.7％	60.0％	44.7％
网络电视	31.5％	31.7％	31.7％	31.1％
去娱乐场所	29.6％	32.7％	35.0％	23.3％
棋牌活动	20.2％	28.8％	13.3％	15.5％
唱歌跳舞	19.5％	17.3％	21.7％	20.4％
玩游戏	14.2％	25.0％	10.0％	5.8％
看戏、听曲艺	12.4％	13.5％	6.7％	14.6％

（3）其它类活动

如表 13.16 所示，睡觉休息是农村居民在闲暇时间进行的其它类活动中占比最高的活动，占比 74.8％；其次是逛街，占比50.0％；选择走亲访友的居民最少，占比 32.4％。

苏中地区的农村居民在闲暇时间选择逛街的人群占比仅为 39.0％，远低于苏南、苏北地区，也低于整体。

表 13.16　江苏农村居民闲暇时间其它类活动情况

其它类活动	整体 N＝444	苏南 N＝172	苏中 N＝82	苏北 N＝190
睡觉休息	74.8％	75.6％	73.2％	74.7％
逛街	50.0％	52.3％	39.0％	52.6％
走亲访友	32.4％	31.4％	31.7％	33.7％

（4）文化类活动

如表 13.17 所示，选择在闲暇时间进行文化类活动的农村居民中，数字阅读是他们更加偏好的。选择数字阅读的居民占比 79.0％，而选择传统纸质阅读的居民占比 42.8％。出现这种情况和移动网络、智能手机在农村的普及有很大关系，也和农村地区书店较少、农村居民文化层次偏低有关。农村居民不太热衷于深度阅读。

表 13.17　江苏农村居民闲暇时间文化类活动情况

文化类活动	整体 N＝276	苏南 N＝98	苏中 N＝64	苏北 N＝114
数字阅读	79.0％	77.6％	78.1％	80.7％
纸质阅读	42.8％	40.8％	43.8％	43.9％

（5）休闲类活动

如表 13.18 所示，选择在闲暇时间进行休闲类活动的农村居民中，本地游玩是他们主要开展的活动，占比 88.0％；随着农村居民生活水平的提高，外地旅游也是他们较为喜欢的休闲类活动，占比 51.9％。

表 13.18　江苏农村居民闲暇时间休闲类活动情况

休闲类活动	整体 N＝266	苏南 N＝86	苏中 N＝62	苏北 N＝118
本地游玩(本市内，如逛公园)	88.0％	86.0％	90.3％	88.1％
外地旅游	51.9％	58.1％	54.8％	45.8％

（6）体育类活动

如表 13.19 所示，选择在闲暇时间进行体育类活动的农村居民中，选择跑步的最多，有近八成。可见跑步是农村居民在闲暇时间进行的主要体育类活动；其次，健身也是农村居民在闲暇时间比较喜欢的体育类活动，占比为 28.6％。

游泳是农村居民在闲暇时间开展最少的体育类活动，仅占体育类活动的 7.8％。苏中地区农村没有居民选择在闲暇时间游泳；苏北地区选择在闲暇时间游泳的居民也仅占 6.3％；苏南地区选择率稍高，占比 19.0％。这种情况和农村地区缺乏游泳场馆直接相关。

表 13.19　江苏农村居民闲暇时间体育类活动情况

体育类活动	整体 N＝154	苏南 N＝42	苏中 N＝48	苏北 N＝64
跑步	77.9％	76.2％	75.0％	81.3％
健身	28.6％	42.9％	29.2％	18.8％
打球	19.5％	28.6％	12.5％	18.8％
游泳	7.8％	19.0％	0.0％	6.3％

（7）艺术类活动

农村居民在闲暇时间选择进行艺术类活动的仅占 5.8％。如表 13.20 所示，在选择艺术类活动的居民中，玩乐器和 DIY 手工艺是他们主要偏好的活动，其中玩乐器的居民占比

38.9%,DIY手工艺的居民占比33.3%;而选择文学创作的居民占比最低,仅为5.6%。

由于选择在闲暇时间开展艺术类活动的农村居民数量很少,在618个回答有效的受访居民中,仅有36个居民开展过。可见这属于个别行为,所以数据参考意义不大。

表13.20 江苏农村居民闲暇时间艺术类活动情况

艺术类活动	整体 N=36	苏南 N=24	苏中 N=4	苏北 N=8
玩乐器	38.9%	41.7%	50.0%	25.0%
DIY手工艺	33.3%	16.7%	50.0%	75.0%
摄像摄影	22.2%	25.0%	0.0%	25.0%
美术创作	16.7%	8.3%	0.0%	50.0%
观摩艺术展	16.7%	16.7%	0.0%	25.0%
唱戏	16.7%	16.7%	0.0%	25.0%
文学创作	5.6%	0.0%	0.0%	25.0%

3. 每周进行文体娱乐的时间

如图13.10所示,共有588名农村居民在闲暇时间进行过文体娱乐活动,其中超过七成的农村居民每周花在文体娱乐活动上的时间为2—18小时;21.8%的居民每周花在文体娱乐上的时间为2—6小时;49.3%的农村居民花在文体娱乐上的时间为6—18小时。

农村居民每周进行文体娱乐所花费的时间均值为11.6小时,有38.8%的居民每周花费在文体娱乐上的时间超过平均时间。可见,农村居民并不缺乏享受文化生活的时间。

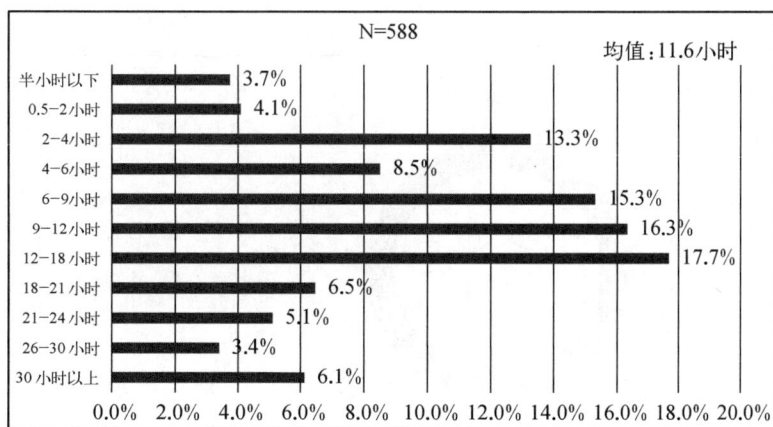

图13.10 每周进行文体娱乐花费的时间

六、农村居民文化消费心理

1. 对教育以外文化消费的重视程度

（1）是否认为文体娱乐重要

如图13.11所示，中国人对于教育的重视毋庸置疑，城市和农村基本一样。因此，这里主要考察居民对教育以外文化消费，即文体娱乐消费的重视程度。受访的农村居民中，有62.8%的居民认为进行文体娱乐重要，也有37.2%的居民认为进行文体娱乐并不重要。可见，农村居民对于精神文化生活的重视程度一般，对于文化消费的重视程度一般。

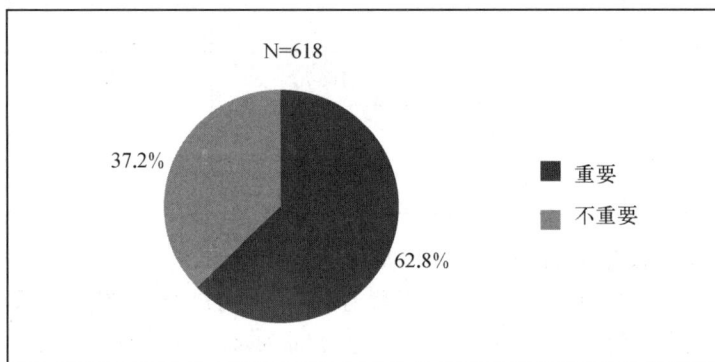

图 13.11　进行文体娱乐是否重要

（2）是否认为文体娱乐必需

如图13.12所示，受访的农村居民中，认为文体娱乐是生活必需的不达半数，56.3%的居民认为其并非生活必需。这更进一步地证明了农村居民对文体娱乐不够看重，对文化消费欠缺热情。

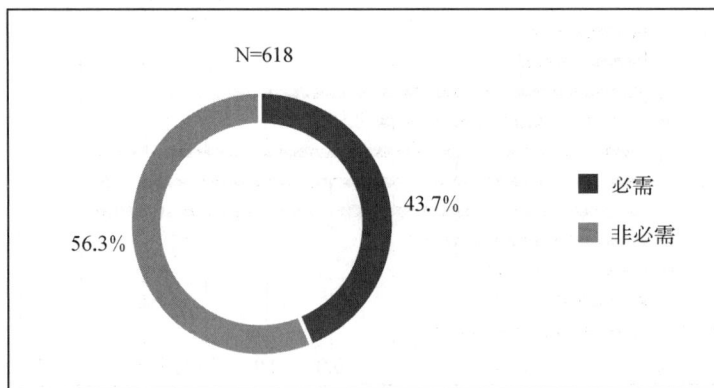

图 13.12　文体娱乐是否生活必需

（3）经济紧张时降低各项消费的先后次序

如图 13.13 所示，当感受到经济紧张时，受访居民中 62.8% 表示会首先降低文体娱乐的消费，而有 35.6% 的居民选择会首先降低自己的物质消费；61.5% 表示自己其次降低的会是物质消费，而 35.3% 的居民表示自己其次降低的会是文体娱乐消费；选择最后降低教育消费的居民占比高达 95.2%，可见，教育消费对于农村居民而言十分重要。更可见，教育以外文化消费的心理优先级等级较低，往往会在经济紧张时第一个被挤出消费清单。这再次验证了文化消费不被认为是必需性质的消费。

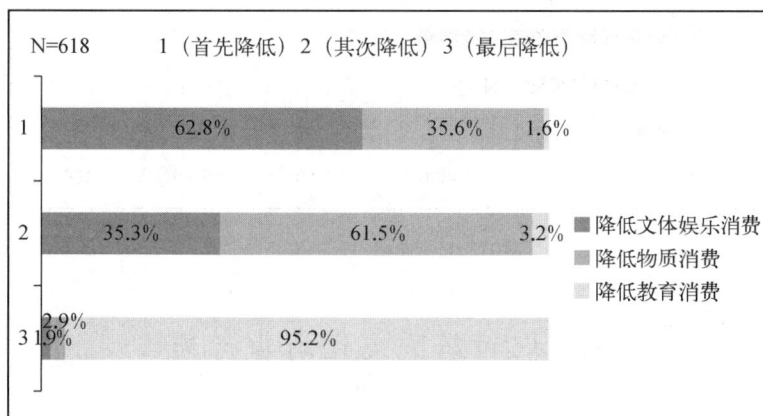

图 13.13　当经济紧张时，降低各项消费的先后次序

2. 文化消费动机

如图 13.14 所示，"打发时间，排遣无聊"是农村居民进行文体娱乐的主要动机，占比63.8%；32.7% 的居民认为他们是为了"丰富生活，增添趣味"；还有 19.1% 的居民是为了"强身健体，减肥塑形"；只有 14.2% 和 11.3% 的居民是为了"学习文化，增加知识"和"培养兴趣，陶冶情操"。可见，农村居民开展文化消费活动缺乏较高层次的精神追求。

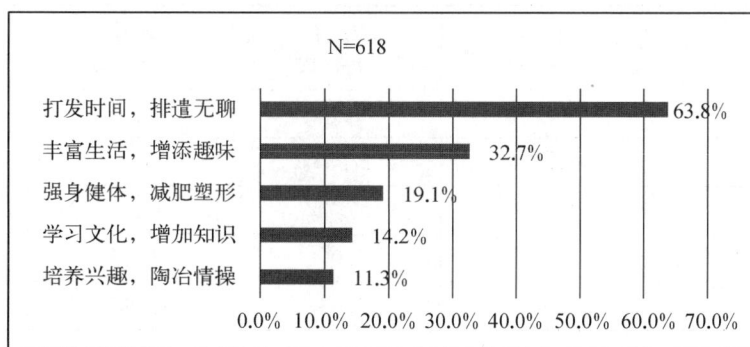

图 13.14　进行文化消费的目的

3. 文化消费偏好

如图 13.15 所示，农村居民在文化消费上比较偏好的是娱乐类文化产品和服务，占比

86.4%;其次偏好的是文化类和休闲类文化产品和服务,分别占比 44.7%和 43.0%;不太偏好体育类文化产品和服务,占比 24.9%;最不偏好的是艺术类文化产品和服务,占比仅为5.8%。

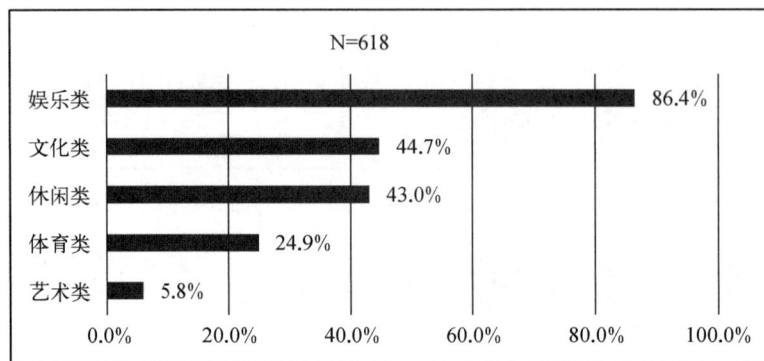

图 13.15　文化消费的偏好

七、农村居民文化消费行为

1. 教育以外各类文化消费情况

(1)教育以外整体文化消费情况

如表 13.21 所示,教育以外的文化消费即文体娱乐消费,农村居民文体娱乐消费中最多的是娱乐类,占比 59.5%;其次是休闲类,占比 27.2%;再次是文化类,占比 16.2%;最不受欢迎的是艺术类,占比仅 2.9%。

苏南、苏中、苏北分地区来看,和整体区别不大,以娱乐类为主,其次是休闲类。

表 13.21　江苏农村居民的教育以外整体文化消费情况

文体娱乐消费类型	整体 N=618	苏南 N=242	苏中 N=122	苏北 N=254
娱乐类	59.5%	65.3%	67.2%	50.4%
休闲类	27.2%	27.3%	31.1%	25.2%
文化类	16.2%	15.7%	16.4%	16.5%
体育类	4.2%	5.0%	6.6%	2.4%
艺术类	2.9%	5.0%	1.6%	1.6%

(2)娱乐类文化消费情况

如表 13.22 所示,农村居民娱乐类文化消费较多的是网络电视,占比 41.8%;其次是去娱乐场所,占比 39.1%。

苏南、苏中、苏北分地区来看,和整体区别不大。苏南地区农村居民棋牌活动占比也较高,为 36.7%。

表 13.22　江苏农村居民娱乐类文化消费情况

娱乐类文化消费	总体 N=368	苏南 N=158	苏中 N=82	苏北 N=128
网络电视(电视有点播功能等,需付费)	41.8%	39.2%	43.9%	43.8%
去娱乐场所(电影院、剧院、歌舞厅和KTV、网吧、游戏厅等)	39.1%	43.0%	46.3%	29.7%
上网娱乐(手机或电脑,包含看电影看电视看视频等,不包含打游戏、购物和学习)	29.9%	26.6%	34.1%	31.3%
棋牌活动(如打牌、打麻将)	26.6%	36.7%	19.5%	18.8%
玩游戏(手机或电脑)	9.2%	13.9%	7.3%	4.7%
看戏、听曲艺(如京剧、昆曲、相声、评弹、评书等)	7.1%	3.8%	0.0%	15.6%
唱歌跳舞	6.5%	7.6%	0.0%	9.4%

（3）休闲类文化消费情况

如表 13.23 所示,农村居民休闲类文化消费中,总体上外地旅游占比 78.6%,本地游玩占比 47.6%。

苏中地区农村居民外地旅游和本地旅游占比都最高。

表 13.23　江苏农村居民休闲类文化消费情况

休闲类文化消费	总体 N=168	苏南 N=66	苏中 N=38	苏北 N=64
外地旅游	78.6%	72.7%	84.2%	81.3%
本地游玩	47.6%	51.5%	52.6%	40.6%

（4）文化类文化消费情况

如表 13.24 所示,农村居民文化类文化消费中,纸质阅读和数字阅读占比都为 58.0%。

苏中地区农村居民的纸质阅读占比明显高于苏南和苏北,高达 90.0%;苏南地区农村居民的数字阅读占比高于苏中和苏北,为 68.4%。

表 13.24　江苏农村居民文化类文化消费情况

文化类文化消费	总体 N=99	苏南 N=38	苏中 N=20	苏北 N=41
纸质阅读	58.0%	42.1%	90.0%	57.1%
数字阅读	58.0%	68.4%	20.0%	66.7%

（5）体育类文化消费情况

如表 13.25 所示,农村居民整体上体育类文化消费很少,仅有 26 人表示有过这类消费,有效样本过少(少于 30),数据不建议参考。这种情况除了和农村地区体育消费场所和设施少直接相关,也和农村居民消费习性有关,大多数农村居民虽会参加体育活动,但不会为此消费。

在仅有的 26 个有过体育类文化消费的样本中,健身占比过半,为 53.8%。苏北地区没有居民选择健身,和整体情况反差大;苏南地区有过体育类文化消费的农村居民,除了健身,选择游泳的也占比过半。

表 13.25 江苏农村居民体育类文化消费情况

体育类文化消费	总体 N=26	苏南 N=12	苏中 N=8	苏北 N=6
健身	53.8%	66.7%	75.0%	0.0%
打球	30.8%	33.3%	25.0%	33.3%
游泳	30.8%	50.0%	0.0%	33.3%
跑步	23.1%	33.3%	0.0%	33.3%

(6)艺术类文化消费情况

如表 13.26 所示,受访农村居民中,有过艺术类文化消费的仅有 18 人,有效样本过少(少于 30),数据不建议参考。这说明了农村居民接受美育和艺术教育的程度低,对于艺术活动缺乏兴趣。

在仅有的 18 人中,选择玩乐器的人占比较高。

表 13.26 江苏农村居民艺术类文化消费情况

艺术类文化消费	总体 N=18	苏南 N=12	苏中 N=2	苏北 N=4
玩乐器	55.6%	50.0%	100.0%	50.0%
摄像摄影	33.3%	33.3%	0.0%	50.0%
DIY 手工艺	33.3%	16.7%	0.0%	100.0%
观摩艺术展	22.2%	16.7%	0.0%	50.0%
文学创作	11.1%	0.0%	0.0%	50.0%
美术创作	11.1%	0.0%	0.0%	50.0%
唱戏	11.1%	0.0%	0.0%	50.0%

2. 教育以外各类文化消费频次

(1)娱乐类活动消费频次

如图 13.16 所示,农村地区居民消费频次较高的娱乐类活动是上网娱乐、玩游戏、网络电视、打麻将、唱歌跳舞,选择消费频次为一般及以上(一般+频繁+很频繁)的各项人群占比均超过 50%。农村居民消费频次最低的娱乐类活动是去娱乐场所,65.3% 的有过此类消费的居民表示自己只是偶尔去或几乎不去。

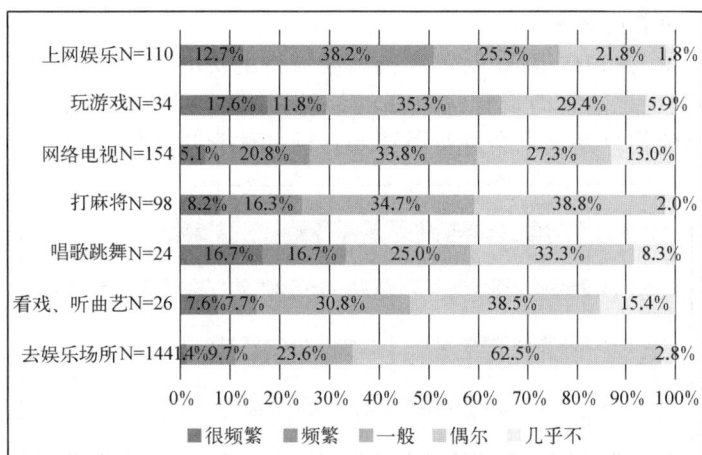

图 13.16　娱乐类活动消费频次

（2）文化类活动消费频次

如图 13.17 所示,纸质阅读是农村居民消费比较频繁的文化类活动,有过此类消费的居民中,表示自己消费很频繁的占比 20.7%;而消费过数字阅读的居民中,只有 6.9% 表示自己有很频繁的数字阅读消费行为,还有 3.4% 表示自己几乎不消费数字阅读,的确,很多有数字阅读行为的人只是免费阅读。

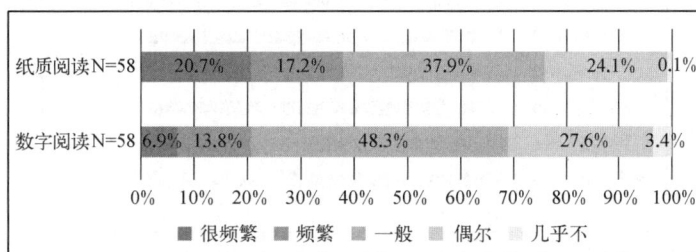

图 13.17　文化类活动消费频次

（3）休闲类活动消费频次

如图 13.18 所示,本地游玩是农村居民消费频次较高的休闲类活动。有过此类消费行为的居民中,70.0% 认为他们的消费频次为一般及以上,7.5% 认为他们的消费频次为很频繁;而有过外地旅游消费行为的居民中,选择频次为一般及以上的居民仅占比 33.3%。

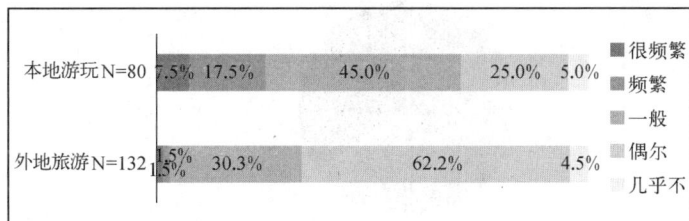

图 13.18　休闲类活动消费频次

（4）体育类活动消费频次

如图 13.19 所示，在农村地区，对体育类活动进行消费的人很少。在有过此类消费行为的居民中，跑步和健身是他们消费频次较高的活动，100％消费频次为一般及以上。而各有25.0％的居民表示他们只是偶尔会进行游泳和打球的体育类文体娱乐消费。

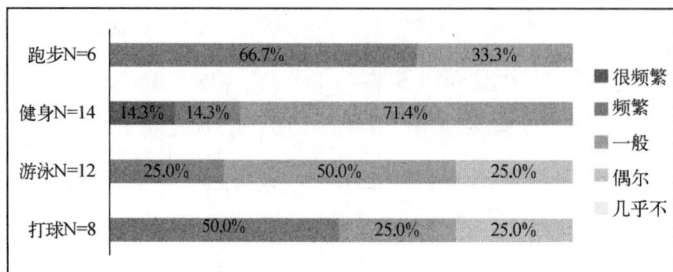

图 13.19　体育类活动消费频次

（5）艺术类活动消费频次

如图 13.20 所示，农村地区进行艺术类文化消费的人很少。从有过此类消费行为的居民回答看，唱戏、DIY 手工艺、美术创作、文学创作等活动的消费频次略高，频次达到了一般。

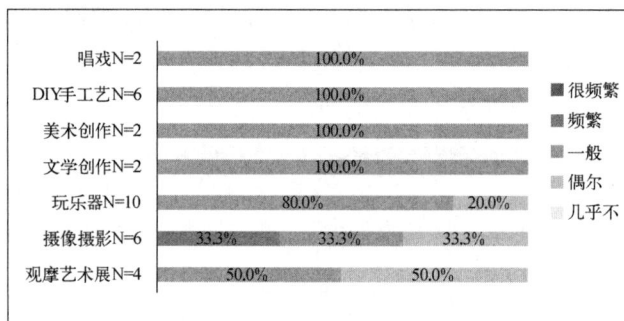

图 13.20　艺术类活动消费频次

3. 对文化产品和服务付费的习惯情况

如图 13.21 所示，农村居民并无明显的对文化产品和服务进行付费的趋势。受访居民中，64.7％都没有对文化产品和服务进行付费的习惯，仅有 35.3％表示已经有此习惯。

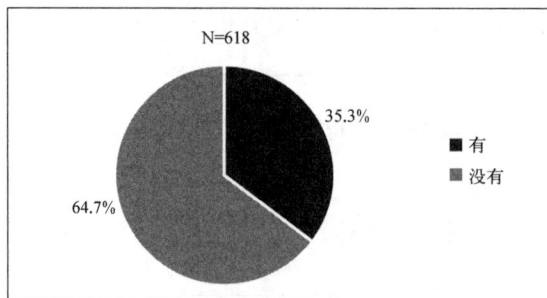

图 13.21　有无对文化产品和服务付费的习惯

4. 进行网媒文化消费的习惯情况

如图 13.22 所示,在农村地区,多数居民并没有进行网媒文化消费的习惯,仅有 30.7%的居民表示自己有这样的文化消费习惯。可见,在农村地区,在线上消费文化产品和服务并非主流。尽管上网娱乐已经比较普及,但对此消费并不多见。

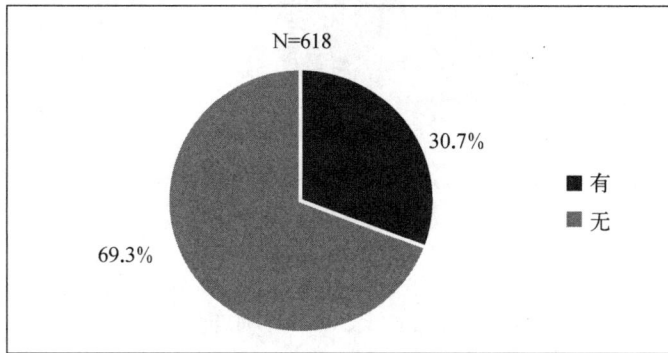

图 13.22　有无网媒文化消费习惯

如图 13.23 所示,通过对有网媒文化消费习惯的人群的年龄结构进行细分可知,在农村地区,有网媒文化消费习惯的居民中,70.5%为 40 周岁以下的青年、中年人群,而 50 周岁以上的中老年人群仅占 12.7%。40 周岁以下的青年、中年人群对于新兴的网媒文化接受度更高,也更加愿意进行网媒文化消费。

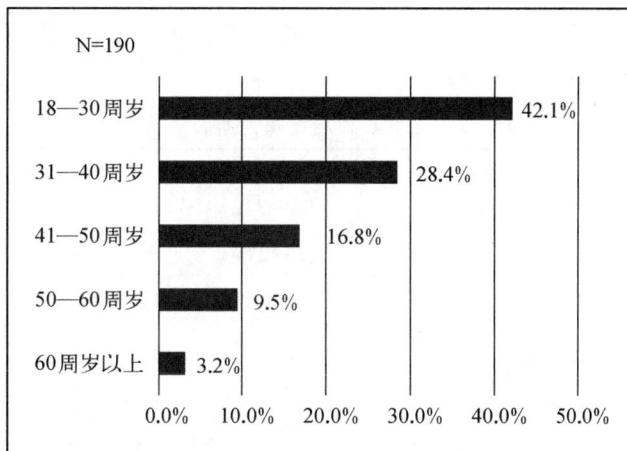

图 13.23　有网媒文化消费习惯的人群年龄结构

5. 进城进行文化消费的习惯情况

如图 13.24 所示,多数农村居民对于进城进行文化消费兴趣不高,65.0%的居民表示自己并无进城进行文化消费的习惯,仅有 35.0%的居民认为自己有进城进行文化消费的习惯。这多半和距离较远、路途耗时较长、一些地区交通较为不便以及城市文化消费价格高有关。

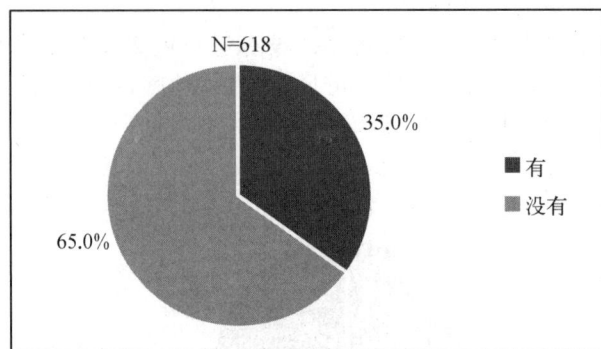

图 13.24　有无进城进行文化消费的习惯

八、农村居民文化消费水平

1. 每月所有消费支出

如表 13.27 所示,近七成受访农村居民每月所有消费支出为 1001—5000 元。每月消费支出 1001—2000 元的居民占比 19.1%;2001—3000 元的居民占比 18.4%;4001—5000 元的居民占比 17.5%;3001—4000 元的居民占比 14.2%。20.8% 的居民每月消费支出在 5000 元以上。

农村居民整体的每月消费支出均值为 3739.5 元。苏中地区均值最高,为 4073.8 元/月;苏北地区均值最低,为 3433.1 元/月,低于整体均值 306.4 元;苏南地区的消费均值为 3892.6 元/月,与整体均值最为接近。

表 13.27　江苏农村居民每月所有消费支出

每月所有消费支出	整体 N=618	苏南 N=242	苏中 N=122	苏北 N=254
1000 元以下	10.0%	13.2%	4.8%	9.4%
1001—2000 元	19.1%	23.1%	13.1%	18.1%
2001—3000 元	18.4%	14.0%	23.0%	20.5%
3001—4000 元	14.2%	8.3%	19.7%	17.3%
4001—5000 元	17.5%	17.4%	14.8%	18.9%
5001—6000 元	5.5%	4.1%	4.9%	7.1%
6001—7000 元	3.6%	1.7%	6.6%	3.9%
7001—8000 元	2.3%	5.0%	1.6%	0.0%
8001—9000 元	1.3%	0.8%	3.3%	0.8%
9001—10000 元	3.2%	5.0%	3.3%	1.6%
10000 元以上	4.9%	7.4%	4.9%	2.4%
月支出均值(元)	3739.5	3892.6	4073.8	3433.1

2. 每月教育以外文化消费支出和占比

（1）每月文体娱乐消费支出

如表 13.28 所示，农村居民每月文体娱乐消费支出水平偏低，集中在 100 元以内，可以说是寥寥无几，文化生活贫瘠。近五成居民消费不超过 50 元/月，占比 48.9%；每月消费 51—100 元的居民占比 21.7%，每月消费 100 元以上的居民占比 29.4%。

受访农村居民每月文体娱乐消费支出的整体均值为 160.4 元。苏南地区均值为 206.2 元，高于苏中、苏北地区，也高于整体水平；苏北地区均值为 107.9 元，低于整体水平 32.7%，和苏北地区经济落后正相关。

表 13.28　江苏农村居民每月文体娱乐消费支出

每月文体娱乐消费支出	整体 N=618	苏南 N=242	苏中 N=122	苏北 N=254
50 元以内	48.9%	43.0%	44.3%	56.7%
51—100 元	21.7%	18.2%	24.6%	23.6%
101—200 元	9.3%	9.9%	6.5%	10.2%
201—300 元	5.2%	6.6%	3.3%	4.7%
301—400 元	3.6%	5.8%	6.6%	0.0%
401—500 元	3.9%	5.8%	6.6%	0.8%
501—600 元	1.3%	0.8%	1.6%	1.6%
601—700 元	1.3%	2.5%	1.6%	0.0%
701—800 元	0.0%	0.0%	0.0%	0.0%
801—900 元	0.6%	0.8%	0.0%	0.8%
901—1000 元	0.6%	0.8%	1.6%	0.0%
1000 元以上	3.6%	5.8%	3.3%	1.6%
月消费均值(元)	160.4	206.2	179.1	107.9

（2）每月文体娱乐消费占比

如表 13.29 所示，农村居民整体的每月文体娱乐消费支出在所有消费支出中占比 4.3%。

苏南地区占比 5.3%，高于整体水平；苏中地区占比 4.4%，最接近整体水平；苏北地区占比 3.1%，低于整体水平，是三个地区中最低。显然，经济基础决定上层建筑，苏南地区较为发达，居民文化生活相对丰富；苏北地区最为落后，居民文化生活也最贫瘠；苏中地区经济中等，居民文化生活情况一般。

表 13.29　江苏农村居民每月文体娱乐消费占比

地区	占比
整体	4.3%
苏南	5.3%
苏中	4.4%
苏北	3.1%

3. 每月教育消费支出和占比

（1）每月教育消费支出

如表 13.30 所示,农村居民每月教育消费支出在 100 元以内的占比超过三成,为 31.5%;每月教育消费支出为 101—500 元和 501—1000 元的居民均为 14.2%。在受访的居民中,也有 13.3% 的居民(多数为不当家的老人)表示自己并不清楚其家庭每月的教育消费是多少。

受访农村居民每月整体的教育消费均值为 814.9 元,远超文体娱乐消费均值。苏南地区均值为 827.8 元,最接近整体水平;苏中地区均值为 921.6 元,高于整体水平 13.1%;苏北地区均值为 753.6 元,低于整体水平 7.5%。

表 13.30　江苏农村居民每月教育消费支出

每月教育消费支出	整体 N=618	苏南 N=242	苏中 N=122	苏北 N=254
100 元以内	31.5%	36.3%	19.7%	32.3%
101—500 元	14.2%	14.0%	9.8%	16.5%
501—1000 元	14.2%	13.2%	21.3%	11.8%
1001—1500 元	9.4%	5.8%	11.5%	11.8%
1501—2000 元	8.4%	8.3%	9.8%	7.9%
2001—2500 元	4.5%	1.7%	11.5%	3.9%
2501—3000 元	1.0%	1.7%	0.0%	0.8%
3001—3500 元	1.9%	4.1%	0.0%	0.8%
3501—4000 元	0.0%	0.0%	0.0%	0.0%
4001—4500 元	0.0%	0.0%	0.0%	0.0%
4501—5000 元	0.3%	0.0%	0.0%	0.8%
5000 元以上	1.3%	2.5%	0.0%	0.8%
不清楚	13.3%	12.4%	16.4%	12.6%
月消费均值(元)	814.9	827.8	921.6	753.6

（2）每月教育消费占比

如表 13.31 所示,农村居民整体的每月教育消费支出在所有消费支出中占比 21.8%。

苏南、苏北地区占比接近整体水平;苏中地区占比 22.6%,稍高于整体水平。可见,苏中地区居民对于教育较为重视。这和苏中地区教育消费支出额最高也是相符的。

表 13.31　江苏农村居民每月教育消费占比

地区	占比
整体	21.8%
苏南	21.3%
苏中	22.6%
苏北	22.0%

（3）每月教育消费与文体娱乐消费占比的对比

如表 13.32 所示,观察单纯的消费金额不能说明问题,因为各地经济发展水平不一样,物价也不一样。因此,观察比值更能说明问题。比较可见,农村地区居民的教育消费支出占比远高于文体娱乐消费支出占比。

地区之间对比而言,苏南、苏北、苏中三地,教育消费支出占比和文体娱乐消费支出占比之间的比值差距呈现增大态势。两者比值上苏南差距最小,苏中差距最大。

表 13.32　江苏农村居民每月教育消费与文体娱乐消费占比的对比

地区	教育消费支出占比	文体娱乐消费支出占比
整体	21.8%	4.3%
苏南	21.3%	5.3%
苏中	22.6%	4.4%
苏北	22.0%	3.1%

（4）每月教育消费在文化消费中的占比

如表 13.33 所示,文化消费为文体娱乐消费与教育消费之和。数据显示,农村地区文化消费支出均值为 975.3 元,其主体部分显然是教育消费,占比超过八成,为 83.6%;只剩下不足两成是文体娱乐消费,占比 16.4%。

苏南地区的教育消费在文化消费中的占比相对较低,低于整体水平,为 80.1%;苏中地区占比最接近整体水平,为 83.7%;苏北地区占比最高,高于整体水平,达到 87.5%。此种情形,一方面说明了苏南作为经济发达地区,文体娱乐消费相对较多;另一方面也说明了苏北虽经济比不上苏南、苏中,却持有"再穷不能穷教育"心态。

表 13.33　江苏农村居民每月教育消费在文化消费中的占比

地区	占比
整体	83.6%
苏南	80.1%
苏中	83.7%
苏北	87.5%

4. 近3年来教育以外文化消费水平变化幅度

（1）家庭文体娱乐消费水平变化幅度

如图13.25所示,对于家庭近3年来教育以外文化消费,即文体娱乐消费水平,56.6%的居民表示没有变化;35.9%的居民表示有所增加;7.4%的居民表示有所减少。总体而言,增加的比减少的多,呈现平缓上升趋势。

苏南地区居民家庭近3年来文体娱乐消费水平发生变化的占比最高,其中39.7%增加,10.7%减少;苏中地区保持不变的占比最高,为67.2%。

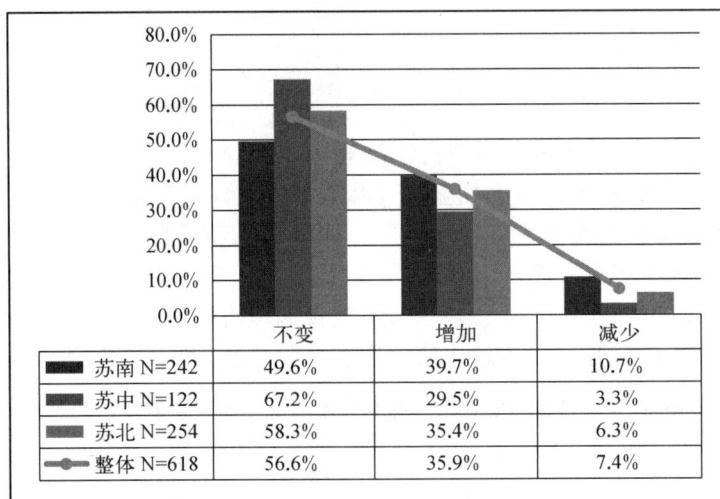

	不变	增加	减少
苏南 N=242	49.6%	39.7%	10.7%
苏中 N=122	67.2%	29.5%	3.3%
苏北 N=254	58.3%	35.4%	6.3%
整体 N=618	56.6%	35.9%	7.4%

图13.25　家庭近3年来教育以外文化消费的变化幅度

如表13.34所示,近3年来教育以外文化消费增加的农村居民家庭中,增幅在10%以内的占比61.3%;增幅10%—30%的占比26.1%;增幅30%以上的占比12.6%。

表13.34　江苏农村居民家庭近3年来教育以外文化消费增加情况

家庭增幅	整体 N=222	苏南 N=96	苏中 N=36	苏北 N=90
增幅10%以内	61.3%	60.4%	66.7%	60.0%
增幅10%—30%	26.1%	25.0%	22.2%	28.9%
增幅30%以上	12.6%	14.6%	11.1%	11.1%

如表13.35所示,近3年来教育以外文化消费减少的农村居民家庭中,减幅在10%以内的占比56.6%;减幅10%—30%和30%以上的均占比21.7%。

表13.35　江苏农村居民家庭近3年来教育以外文化消费减少情况

家庭减幅	整体 N=46	苏南 N=26	苏中 N=4	苏北 N=16
减幅10%以内	56.6%	61.5%	50.0%	50.0%
减幅10%—30%	21.7%	23.1%	0.0%	25.0%
减幅30%以上	21.7%	15.4%	50.0%	25.0%

（2）个人文体娱乐消费水平变化幅度

如图 13.26 所示,对于居民个人近 3 年来教育以外文化消费,即文体娱乐消费水平,63.8% 的居民表示没有变化;26.2% 的居民表示有所增加;10.0% 的居民表示有所减少。总体而言,增加的比减少的多,呈现平缓上升趋势。

苏南地区的居民个人文体娱乐消费水平发生变化的占比最高,其中 32.2% 增加,10.7% 减少;苏中和苏北地区的保持不变的占比相差无几,而苏中地区增加的占比 26.2%,高于苏北地区的 20.5%;减少的占比 4.9%,远低于苏北地区的 11.8%。这再次验证了苏北经济落后导致精神文化消费不发达的推论。

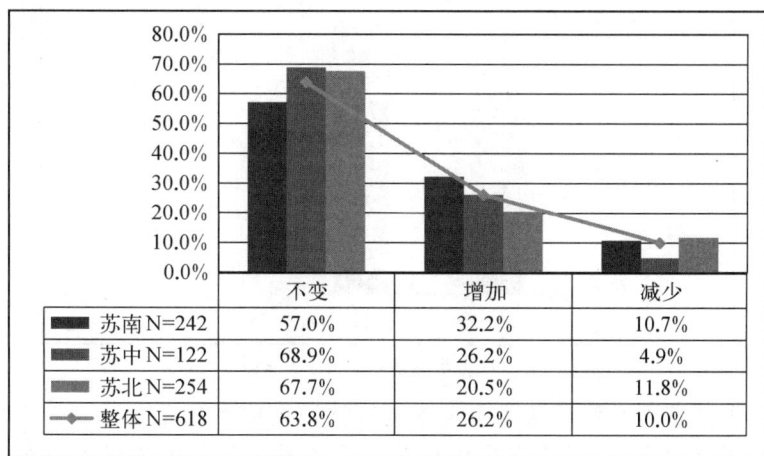

	不变	增加	减少
苏南N=242	57.0%	32.2%	10.7%
苏中N=122	68.9%	26.2%	4.9%
苏北N=254	67.7%	20.5%	11.8%
整体N=618	63.8%	26.2%	10.0%

图 13.26　个人近 3 年来教育以外文化消费的变化幅度

如表 13.36 所示,近 3 年来教育以外文化消费增加的农村居民个人中,增幅在 10% 以内的占比 63.0%;增幅 10%—30% 的占比 24.7%;增幅 30% 以上的占比 12.3%。

表 13.36　江苏农村居民个人近 3 年来教育以外文化消费增加情况

个人增幅	整体 N=162	苏南 N=78	苏中 N=32	苏北 N=52
增幅 10% 以内	63.0%	61.6%	56.2%	69.3%
增幅 10%—30%	24.7%	25.6%	31.3%	19.2%
增幅 30% 以上	12.3%	12.8%	12.5%	11.5%

如表 13.37 所示,近 3 年来教育以外文化消费减少的农村居民个人中,减幅在 10% 以内的占比 64.5%;减幅 10%—30% 的占比 16.1%;减幅 30% 以上的占比 19.4%。

表 13.37　江苏农村居民个人近 3 年来教育以外文化消费减少情况

个人减幅	整体 N=62	苏南 N=26	苏中 N=6	苏北 N=30
减幅 10% 以内	64.5%	61.5%	66.7%	66.7%
减幅 10%—30%	16.1%	15.4%	33.3%	13.3%
减幅 30% 以上	19.4%	23.1%	0.0%	20.0%

5. 文化消费经济压力

(1) 文体娱乐消费和教育消费方面存在经济压力与否

如图 13.27 所示,48.2% 的农村居民表示自己在教育消费上有经济压力;只有 20.4% 的农村居民认为在文体娱乐消费上存在经济压力。显然,文化消费中只有教育消费是刚性的;而文体娱乐消费对于多数人而言水平可高可低,对于多数农村居民而言可有可无,可以任意削减,也就构不成经济压力。

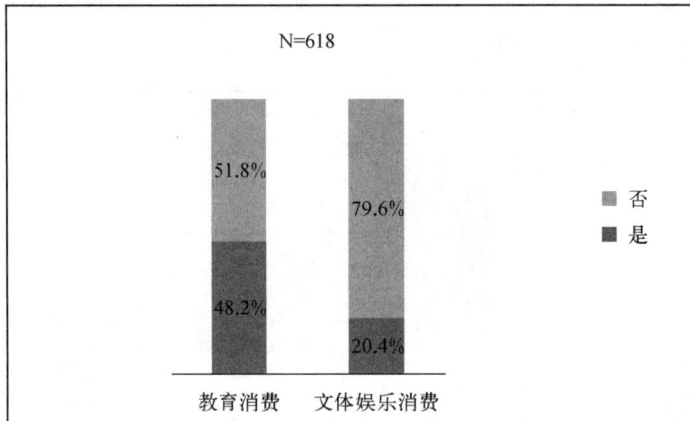

图 13.27　在文体娱乐消费和教育消费方面是否有压力

(2) 文体娱乐消费和教育消费哪个带来的经济压力更大

如图 13.28 所示,85.8% 的农村居民认为教育消费给他们带来的经济压力要比文体娱乐消费大。这再次验证了教育消费对于文体娱乐消费的挤压事实。

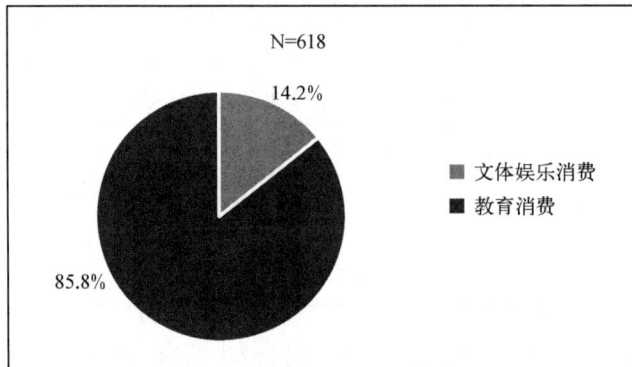

图 13.28　文体娱乐消费和教育消费哪个带来的经济压力大

九、农村居民文化消费氛围

1. 农村文化市场的文化消费氛围

(1) 居住地附近的文体娱乐消费场所是否吸引人

如图 13.29 所示,在农村,文体娱乐消费场所对于居民的吸引力不强,七成居民认为他们居住地附近的文体娱乐消费场所并不吸引他们,占比70.2%;三成居民认为有吸引力,占比29.8%。

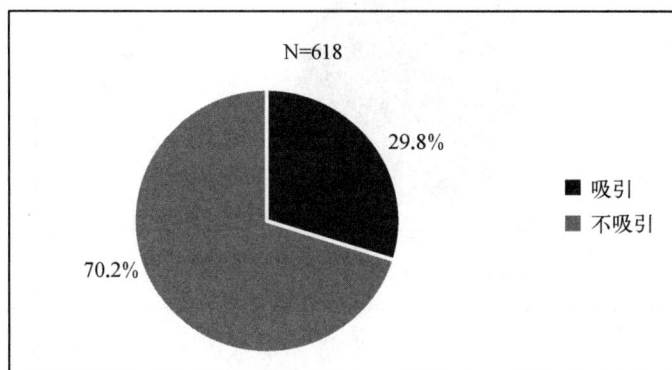

图13.29　居住地附近的文体娱乐消费场所是否吸引人

（2）居住地附近的文体娱乐消费场所消费氛围是否热烈

如图13.30所示,超过六成的农村居民居认为其居住地附近的文体娱乐消费场所消费氛围并不热烈,占比65.0%;但也有三成居民表示能感受到热烈的消费氛围,占比35.0%。

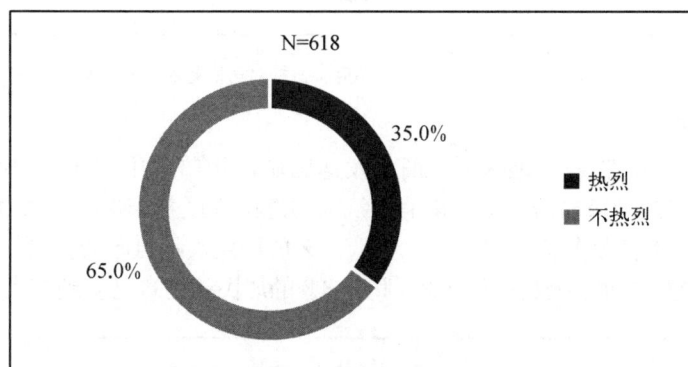

图13.30　居住地附近的文体娱乐消费场所的消费氛围是否热烈

2. 农村居民"亲友圈"的文化消费氛围

（1）居民亲朋好友是否喜欢进行文体娱乐消费

如图13.31所示,在农村居民的亲朋好友中,超过五成是喜欢进行文体娱乐消费的,也有47.2%并不喜欢。

（2）亲朋好友的消费态度和方式对居民是否具有影响

如图13.32所示,农村居民的文体娱乐消费态度和方式受"亲友圈"影响程度不高。76.4%的居民认为亲朋好友的文体娱乐消费态度和方式对自己并不会有影响;只有23.6%的居民认为有影响。

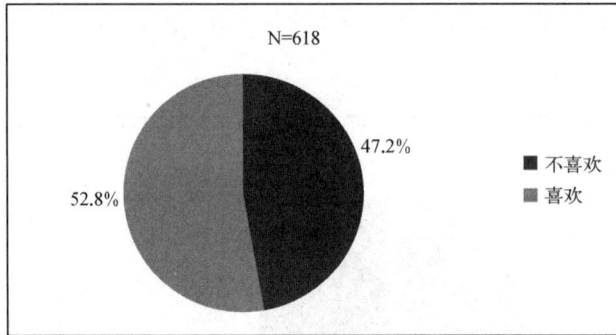

图 13.31　亲朋好友是否喜欢进行文体娱乐消费

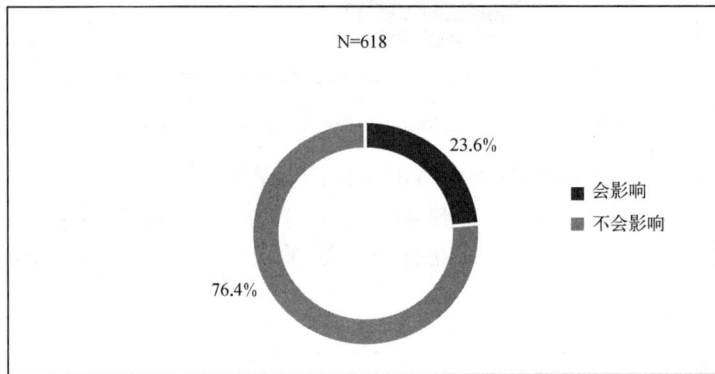

图 13.32　亲朋好友的消费态度和方式对居民是否具有影响

3. 受感染程度

如图 13.33 所示,显然,农村地区不是商业发达区域,当前的中国农村也不是人口集聚区域,消费氛围自然难以形成。农村居民受文化消费氛围的感染程度普遍偏低。过半居民表示自己几乎感受不到周围的文化消费氛围,占比 56.6%;18.8% 的居民表示自己会受到一点感染;18.1% 的居民表示自己的受感染程度一般;仅有 4.2% 和 2.3% 的居民认为自己受到较大感染和深受感染。

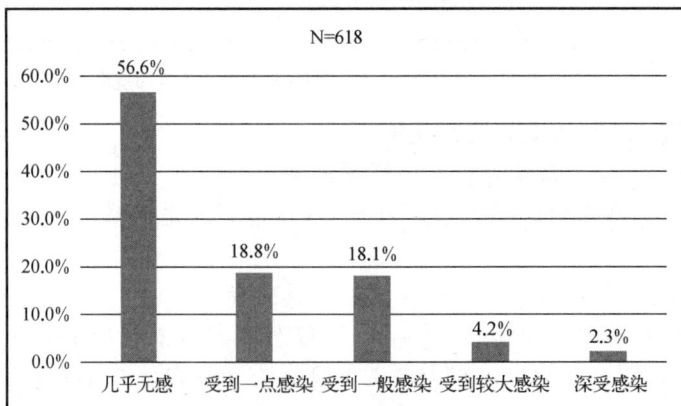

图 13.33　农村居民文化消费氛围受感染程度

十、农村居民文化消费评价

1. 对农村文化市场的满意度

如表 13.38 所示，农村居民对于农村文化市场的满意度偏低，均分为 5.7 分，不达及格分 6 分。只有 36.1% 的居民打分在及格分 6 分及以上，36.1% 的居民的打分在平均分以下；6.9% 的居民打分为最低分 1 分，但也有 7.3% 的居民打分为满分 10 分。打分高于平均分的分值集中在 5—8 分，占比 42.5%。还有 27.8% 的农村居民表示他们对于农村文化市场并不了解，可见其文化消费兴趣低、文化消费体验少，对于文化市场既不关注也无体验。

苏南和苏中地区的满意度均分都为 5.9 分，高于整体满意度均分；苏北地区的满意度均分为 5.3 分，低于整体满意度均分。看来，苏北不仅是经济洼地，也是文化洼地。

表 13.38　江苏农村居民对农村文化市场的满意度打分

打分	整体 N=618	苏南 N=242	苏中 N=122	苏北 N=254
1 分	6.9%	8.3%	1.6%	7.9%
2 分	1.9%	1.7%	1.6%	2.4%
3 分	7.1%	5.8%	6.6%	8.7%
4 分	4.6%	3.3%	11.5%	2.4%
5 分	15.6%	18.2%	16.4%	12.5%
6 分	11.3%	9.9%	8.2%	14.2%
7 分	3.6%	4.1%	3.3%	3.1%
8 分	12.0%	15.7%	13.1%	7.9%
9 分	1.9%	0.8%	1.6%	3.1%
10 分	7.3%	10.7%	8.2%	3.9%
不了解	27.8%	21.5%	27.9%	33.9%
满意度均分	5.7	5.9	5.9	5.3

（1）满意原因分析

打分为 6 分及以上的农村居民属于感到满意者。如表 13.39 所示，在满意原因上，其中 63.4% 的居民选择"文化消费体验的场所离家较近"，这是令他们满意的主要原因。仅有 10.7% 的居民选择"文化消费体验的场所较多"。

苏南和苏中地区的农村居民对农村文化市场感到满意的原因与整体情况相近；苏中地区认为"文化消费体验的品质符合自身要求"的居民低于 20%，仅占 14.3%；苏北地区认为"文化消费体验的品质符合自身要求"的居民占比 24.4%，比选择"文化消费体验的内容符合自身兴趣"的居民多一倍。

表 13.39　江苏农村居民对农村文化市场感到满意的原因

满意原因	整体 N＝224	苏南 N＝100	苏中 N＝42	苏北 N＝82
文化消费体验的场所离家较近	63.4%	56.0%	71.4%	68.3%
文化消费体验的价格合适	24.1%	24.0%	23.8%	24.4%
文化消费体验的内容符合自身兴趣	21.4%	28.0%	23.8%	12.2%
文化消费体验的品质符合自身要求	20.5%	22.0%	14.3%	24.4%
文化消费体验的种类丰富	17.0%	24.0%	14.3%	9.8%
文化消费体验的场所较多	10.7%	12.0%	9.5%	9.8%

（2）不满意原因分析

打分为 6 分以下的农村居民属于感到不满意者。如表 13.40 所示,在不满意原因上,其中 68.5% 的居民选择"文化消费体验的场所较少";47.7% 的居民选择"文化消费体验的种类有限"。选择最少的不满意原因是"文化消费体验的场所离家较远"和"文化消费体验的品质不符合自身要求",占比均低于 10%。

苏南、苏中、苏北地区的农村居民对农村文化市场感到不满意的原因都与整体情况相近,"文化消费体验的场所较少"和"文化消费体验的种类有限"是令他们不满意的主要原因。

表 13.40　江苏农村居民对农村文化市场感到不满意的原因

不满意原因	整体 N＝222	苏南 N＝90	苏中 N＝46	苏北 N＝86
文化消费体验的场所较少	68.5%	57.8%	73.9%	76.7%
文化消费体验的种类有限	47.7%	33.3%	47.8%	62.8%
文化消费体验的内容不符合自身兴趣	13.5%	20.0%	8.7%	9.3%
文化消费体验的价格高	10.8%	15.6%	8.7%	7.0%
文化消费体验的品质不符合自身要求	9.0%	6.7%	13.0%	9.3%
文化消费体验的场所离家较远	7.2%	8.9%	0.0%	9.3%

2. 对城市文化市场的满意度

如表 13.41 所示,农村居民对于城市文化市场的了解程度不高,43.7% 的居民表示并不了解城市文化市场。了解城市文化市场的居民中,满意度打分较高,49.3% 的居民打分在及格分 6 分及以上;39.2% 的居民打分在 8 分及以上;12.6% 的居民打分为满分 10 分;均分为 7.9 分,临近优秀分 8 分。可见,他们对于城市文化市场是比较满意的。

苏南、苏中、苏北地区的农村居民对城市文化市场的满意度都与整体情况相近。苏中地区的满意度均分为 8.1 分,稍高于整体满意度均分,也高于苏南和苏北地区满意度均分。

表 13.41　江苏农村居民对城市文化市场的满意度打分

打分	整体 N=618	苏南 N=242	苏中 N=122	苏北 N=254
1 分	0.6%	0.8%	0.0%	0.8%
2 分	0.0%	0.0%	0.0%	0.0%
3 分	1.3%	1.7%	0.0%	1.6%
4 分	1.0%	0.0%	3.3%	0.8%
5 分	4.1%	7.5%	1.6%	2.3%
6 分	4.9%	5.8%	3.3%	4.7%
7 分	5.2%	4.1%	8.2%	4.7%
8 分	17.2%	16.5%	21.3%	15.7%
9 分	9.4%	9.1%	11.5%	8.7%
10 分	12.6%	16.5%	13.1%	8.7%
不了解	43.7%	38.0%	37.7%	52.0%
满意度均分	7.9	7.8	8.1	7.8

（1）满意原因分析

打分为 6 分及以上的农村居民属于感到满意者。如表 13.42 所示，在满意原因上，其中 59.2% 的居民选择"文化消费体验的种类丰富"；46.7% 的居民选择"文化消费体验的场所较多"。这两点是令他们满意的主要原因。

苏南、苏中、苏北地区的居民对城市文化市场感到满意的原因都与整体情况相近。苏南地区的居民对城市文化市场各方面满意度都较高，各项满意原因的选择率均在 20% 以上。可见，苏南的确是经济和文化建设都较好的地区。

表 13.42　江苏农村居民对城市文化市场感到满意的原因

满意原因	整体 N=304	苏南 N=126	苏中 N=70	苏北 N=108
文化消费体验的种类丰富	59.2%	49.2%	65.7%	66.7%
文化消费体验的场所较多	46.7%	41.3%	51.4%	50.0%
文化消费体验的品质符合自身要求	27.0%	25.4%	25.7%	29.6%
文化消费体验的内容符合自身兴趣	17.8%	22.2%	14.3%	14.8%
文化消费体验的价格合适	15.1%	20.6%	5.7%	14.8%
文化消费体验的场所离家较近	13.8%	20.6%	0.0%	14.8%

（2）不满意原因分析

打分为 6 分以下的农村居民属于感到不满意者。如表 13.43 所示，在不满意原因上，其中 63.6% 的居民选择"文化消费体验的场所离家较远"；59.1% 的居民选择"文化消费体验的价格高"。这两点是令他们不满意的主要原因。没有人选择"文化消费体验的品质不符合自身要求"和"文化消费体验的种类有限"。

苏南和苏中地区的农村居民对城市文化市场感到不满意的原因与整体情况相近。苏北地区因"文化消费体验的价格高"而不满意的居民占比远低于苏南和苏中地区，这应该和苏北地区整体消费水平偏低、物价偏低有关。

表 13.43 江苏农村居民对城市文化市场感到不满意的原因

不满意原因	整体 N=44	苏南 N=24	苏中 N=6	苏北 N=14
文化消费体验的场所离家较远	63.6%	50.0%	100.0%	71.4%
文化消费体验的价格高	59.1%	75.0%	66.7%	28.6%
文化消费体验的内容不符合自身兴趣	9.1%	8.3%	0.0%	14.3%
文化消费体验的场所较少	4.5%	0.0%	0.0%	14.3%
文化消费体验的品质不符合自身要求	0%	0%	0%	0%
文化消费体验的种类有限	0%	0%	0%	0%

3. 对网媒文化消费的适应度和满意度

（1）适应度

如表 13.44 所示，随着数字时代的到来，农村居民对于网媒文化逐渐适应，适应度打分在及格分 6 分及以上的居民占比达到 57.6%；但是，仍然有 23.0% 的居民打了最低分 1 分，也就是完全无法适应，可见网络媒体在农村还未完全普及。总体上，农村居民对于网媒文化消费的适应度均分为 5.7 分，没有达到及格分 6 分。

苏南地区对于网媒文化消费适应度为 1 分（完全不适应）的人群占比为 11.6%，远低于整体 23.0% 的占比，以及苏中地区 24.6% 和苏北地区 33.1% 的占比。可见苏南地区现代文化传播体系建设较好，网媒文化消费普及率略高于苏中和苏北地区。苏南、苏中地区的农村居民适应度均分都略高于整体 5.7 分的均分；而苏北地区适应度均分为 5.1 分，低于整体均分 0.6 分。这再次加深了苏南发达、苏北落后的印象。

表 13.44 江苏农村居民对网媒文化消费的适应度打分

打分	整体 N=618	苏南 N=242	苏中 N=122	苏北 N=254
1 分	23.0%	11.6%	24.6%	33.1%
2 分	0.3%	0.8%	0.0%	0.0%
3 分	1.6%	1.7%	1.6%	1.6%

续表

打分	整体 N＝618	苏南 N＝242	苏中 N＝122	苏北 N＝254
4 分	1.0%	0.0%	1.6%	1.6%
5 分	16.5%	24.8%	6.6%	13.4%
6 分	11.3%	14.9%	8.2%	9.4%
7 分	12.3%	11.5%	18.1%	10.2%
8 分	16.5%	16.5%	16.4%	16.5%
9 分	4.9%	6.6%	1.6%	4.7%
10 分	12.6%	11.6%	21.3%	9.4%
适应度均分	5.7	6.2	6	5.1

　　如图 13.34 所示,通过对网媒文化消费适应度评价为 1 分(完全不适应)的人群进行年龄细分,发现该人群年龄全部在 30 周岁以上,其中 62.0% 的人群年龄在 60 周岁以上。可见,农村居民中的老年人几乎无法体验网媒文化。

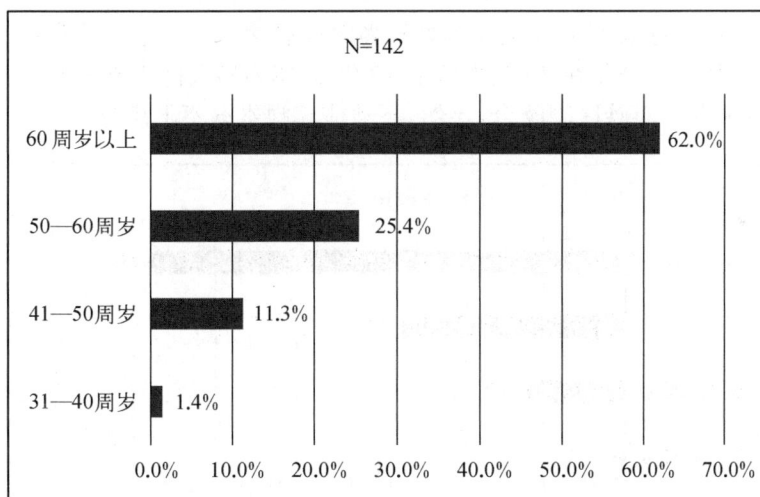

图 13.34　对网媒文化消费适应度评价为 1 分的人群的年龄细分

(2)满意度

　　如表 13.45 所示,农村居民对于网媒文化消费的满意度打分集中在 5—8 分,均分为 6.3 分。57.9% 的居民打分为 5—8 分,67.3% 的居民打分在及格分 6 分及以上,14.9% 的居民打分为满分 10 分,仍有 17.8% 的居民打了最低分 1 分。

　　苏南地区对于网媒文化消费满意度为 1 分的人群占比 9.1%,远低于整体 17.8% 的占比,以及苏中和苏北地区 23.0% 和 23.6% 的占比。苏南地区均分为 6.6 分,略高于整体均分;苏中地区均分与整体均分持平;而苏北地区均分为 6 分,略低于整体均分。

表 13.45 江苏农村居民对网媒文化消费的满意度打分

打分	整体 N=618	苏南 N=242	苏中 N=122	苏北 N=254
1 分	17.8%	9.1%	23.0%	23.6%
2 分	0.3%	0.8%	0.0%	0.0%
3 分	0.0%	0.0%	0.0%	0.0%
4 分	1.0%	0.8%	1.6%	0.8%
5 分	13.6%	19.8%	6.6%	11.0%
6 分	11.0%	10.8%	13.0%	10.2%
7 分	13.9%	15.8%	14.8%	11.8%
8 分	19.4%	23.1%	11.5%	19.7%
9 分	8.1%	9.1%	4.9%	8.7%
10 分	14.9%	10.7%	24.6%	14.2%
满意度均分	6.3	6.6	6.3	6

如图 13.35 所示,通过对网媒文化消费满意度评价为 1 分(完全不满意)的人群进行年龄细分,发现该人群年龄全部在 30 周岁以上,其中 58.2% 的人群年龄在 60 周岁以上。基本和上面适应度低分人群年龄区间吻合,显然,不适应就根本谈不上满意。

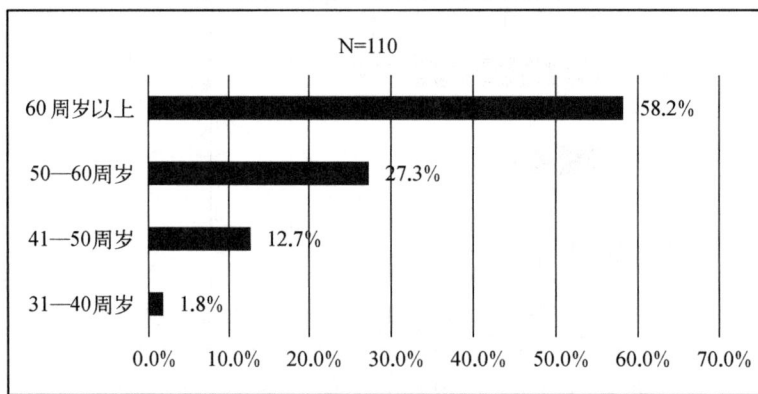

图 13.35 对网媒文化满意度评价为 1 分的人群的年龄细分

一方面,分析满意原因:如表 13.46 所示,打分为 6 分及以上的农村居民满意原因主要为"文化消费体验的种类丰富"和"文化消费体验的内容符合自身兴趣",选择这两项的居民占比分别达到了 62.9% 和 43.8%。

苏南、苏中、苏北地区的居民满意原因都与整体情况相近。苏北地区对于"文化消费体验的内容符合自身兴趣"感到满意的居民占比超过 53.1%,高于其它两个地区和整体占比。

表 13.46　江苏农村居民对网媒文化消费感到满意的原因

满意原因	整体 N=356	苏南 N=144	苏中 N=80	苏北 N=128
文化消费体验的种类丰富	62.9%	51.4%	70.0%	71.9%
文化消费体验的内容符合自身兴趣	43.8%	43.2%	27.5%	53.1%
文化消费体验的品质符合自身要求	23.6%	18.9%	17.5%	39.1%
文化消费体验的价格合适	21.9%	17.6%	15.0%	31.3%
文化消费体验的场所离家较近	16.9%	25.7%	10.0%	9.4%
文化消费体验的场所较多	12.9%	14.9%	5.0%	14.1%

　　另一方面,分析不满意原因:如表 13.47 所示,打分为 6 分以下的农村居民不满意原因主要为"文化消费体验的品质不符合自身要求",占比 27.5%;其次是"文化消费体验的内容不符合自身兴趣",占比 15.3%。这里增添两个与上述不同的不满意原因,一是"不懂网络,不会进行网络和数字媒体消费",占比 13.0%;二是"网络虚假信息太多",占比 3.8%。

　　苏中和苏北地区的居民中,因为"不懂网络、不会进行网络和数字媒体消费"而感到不满意的人群占比分别为 23.8% 和 28.6%,占比均超过 20%。可见,苏中和苏北农村地区网络媒体普及率较低,苏北尤其需要注意。

表 13.47　江苏农村居民对网媒文化消费感到不满意的原因

不满意原因	整体 N=262	苏南 N=94	苏中 N=42	苏北 N=126
文化消费体验的品质不符合自身要求	27.5%	25.5%	33.3%	23.8%
文化消费体验的内容不符合自身兴趣	15.3%	21.3%	4.8%	14.3%
不懂网络,不会进行网络和数字媒体消费	13.0%	14.9%	23.8%	28.6%
文化消费体验的价格高	10.7%	14.9%	9.5%	7.9%
文化消费体验的场所较少	3.8%	8.5%	4.8%	0.0%
网络虚假信息太多	3.8%	0.0%	9.5%	6.3%
文化消费体验的种类有限	3.1%	6.4%	0.0%	1.6%
文化消费体验的场所离家较远	1.5%	4.3%	0.0%	0.0%

第三节 农村文化消费问题解剖

一、农村地区文化消费瓶颈与突破可能性

1. 农村文化消费水平低

农村居民消费水平本就不高,江苏地区农村居民文化消费样本调研(2019)数据显示,农村居民平均每月消费支出为3739.5元。平均每月文化消费支出为975.3元,占全部消费支出的26.1%。而其中,平均每月文化消费(教育以外)仅为160.4元,仅占全部消费支出的4.3%和文化消费支出的16.4%,还不足文化消费支出的二成。月支出低于50元的样本占比48.9%,占比最大;其次是50—100元,占比21.7%。也就是说,月支出100元以内的是大多数,占比70.6%。从101—1000元,每百元一个区间,任何一个区间的样本占比都未超过10%。数据整体呈现消费数额越大样本占比越小的趋势。不过,月支出1000元以上的样本占比达到了3.6%,反映了少数经济条件好、文化需求高的农村居民的文化消费现状。

参考其它数据,华中师范大学国家文化产业研究中心从2012年开始,开展了农村居民文化生活的问卷调查项目,到2017年已获得数据10000余份。文立杰、张杰、李少多选取样本量最大的2013年数据进行研究,统计分析了来源于东、中、西三地15个省、直辖市、自治区农村的4380份有效样本,数据反映:农村居民文化消费(教育以外)水平普遍偏低,年度支出100元以下的样本占比33.55%,占比最大;其次是101—300元,占比31.09%;301—500元占比18.09%;501—800元占比6.46%;801—1000元占比5.96%;1000元以上占比4.86%。[①] 这组正态分布数据呈现出明显的"消费数额越大,样本占比越小"的规律,直观地反映了农村居民文化消费不足的现状,也可从中窥见农村居民吝啬于文化消费支出的心态。其和本项调研数据反映的情况也基本吻合。

另外,从本项调研数据反映的农村居民近3年来文化消费(教育以外)水平变化趋势来看,56.6%和63.8%的受访居民认为自己的家庭和个人文体娱乐消费水平在近3年来没有变化;而认为有所增加或减少的居民中,六成左右都认为只有10%以内的小幅度增减。尽管这其中有所增长的样本数量大于有所减少的样本数量,但是,考虑到商品价格上涨等大环境因素,以及有些居民增添子女、子女成长等个体因素都会直接造成消费支出增加,那么10%的增幅也完全可被抵冲。可见,农村文化消费存在增长乏力的问题。

更加权威的《中国统计年鉴(2020)》数据显示:2019年,城镇居民人均教育文化娱乐消费支出为3328.0元,农村为1481.8元,差距超过1倍。并且,国家统计局数据还反映:尽管2016年,农村居民人均教育文化娱乐消费突破了千元,但其中刚性的教育消费占了绝大部分,教育以外的文化娱乐消费十分有限。除去教育消费支出,2014—2017年,城镇居民人均

---

① 文立杰、张杰、李少多:《农村居民文化消费支出及其影响因素分析——基于个体因素视角和对应分析模型》,《湖南农业大学学报(社会科学版)》2017年第3期。

文化娱乐消费支出年均增长 9.1％,农村居民人均文化娱乐消费支出年均增长10.5％,城乡居民人均文化娱乐消费支出之比 2013 年为 5.4∶1,2017年为 5.1∶1。[①] 可见,尽管农村居民人均文化娱乐消费支出增速高于城镇居民,差距仍然很大。

2. 农村文化消费结构存在缺陷

农村文化消费结构有着显著缺陷,主要有三点:一是教育消费占比过大,二是文化消费形式单一,三是文化消费层次偏低。

首先,江苏地区农村居民文化消费样本调研(2019)数据显示:农村居民个人或家庭平均每月教育消费支出为 814.9 元,占全部消费支出的 21.8％,占文化消费支出的 83.6％,占据了文化消费的绝大部分空间,支出数额是文体娱乐消费的 5 倍以上。当然,教育消费在文化消费中占比过大,并不是农村地区的特殊问题,在中国,无论城乡都存在教育消费挤压文化消费空间的问题。国家统计局发布数据显示:2017 年全国居民人均教育文化娱乐消费支出 2086 元,其中 1236 元为教育消费支出,占比 59.3％,接近六成。[②] 而本项调研结果反映,农村居民教育消费支出在文化消费中占比超过八成,问题更加严重。可以说,有的农村家庭除了给子女上学、上培训班,文化消费几乎为零。

其次,农村居民文化消费(教育以外)形式较为单一,缺乏丰富多彩的文化生活。他们闲暇时间开展的文体娱乐活动多为收看普通电视(无需付费)、上网娱乐、网络电视点播、去娱乐场所、打牌和打麻将、唱歌跳舞;而其中会产生文化消费的文体娱乐活动多为网络电视点播、去娱乐场所、上网娱乐、打牌和打麻将,都属于娱乐消费;进行阅读消费、旅游消费、体育消费、艺术消费的样本占比均不足五成,艺术类消费样本最少,占比仅 2.9％。可见,农村居民的文体娱乐形式较少,看电视和上网是最主要的,文化生活比较单调;像城市居民消费支出很大的旅游活动,农村居民开展并不普遍。

再次,农村居民文化消费(教育以外)层次较为低下,缺乏学习发展型的文化消费。本项调研中,超过六成的农村居民进行文体娱乐活动和文化消费主要是为了"打发时间,排遣无聊",占比 63.8％;超过三成还有"丰富生活,增添趣味"的目的,占比 32.7％;而为了"学习文化,增加知识"和"培养兴趣,陶冶情操"的样本占比均不到 15％。可见,农村居民文化需求层次较低,还未形成关注自身修养和发展的精神文化追求。有什么样的动机就会有什么样的消费,农村居民文化消费以娱乐类为主,占比为 59.5％;有过上网娱乐、玩游戏、网络电视点播、打麻将、唱歌跳舞等消费行为的人中,消费频次为一般及以上(一般＋频繁＋很频繁)的各项人群占比均大于五成。可见,农村居民的文化生活是低智、低趣、低品的,他们大多数是低端文化消费者,处于文化消费链的下游。

3. 农村居民文化消费观念落后

总体而言,农村居民还未形成现代文化消费观。尽管在像江苏这样的发达地区,农村已经逐渐步入了消费社会,但是农村居民的消费升级基本还处于物质层面。如今,农村居民的物质生活水平已经得到了很大程度的提升,江苏农村家庭普遍过上了小康生活,有些乡村经济水平较高,有的农村家庭已经较为富足。然而,物质需求基本满足后,文化需求和文化消

[①][②]《文化事业建设不断加强 文化产业发展成绩显著——改革开放 40 年经济社会发展成就系列报告之十七》,国家统计局,http://www.stats.gov.cn/ztjc/ztfx/ggkf40n/201809/t20180913_1622703.html,访问日期:2018 年 9 月 13 日。

费却并未实现相应的升级。

在农村迈入消费社会、迎来消费升级的今天,农村居民攀比物质消费的"面子"心理日益膨胀。他们对于房、车、中高档家电、智能手机、名牌服饰等的消费欲望不断攀升,因为这些物质能够进行展示炫耀,满足虚荣心;而他们通常不会攀比文化消费,因为很大一部分文化消费不具备物质形式,无法进行展示炫耀,不会带来"面子";他们比较舍得花钱的文化消费项目主要是礼俗消费项目,即对于红白喜事大操大办,这同样是基于"面子"心理,其中物质成分大于文化成分。

相对于物质消费而言,农村居民文化消费意识淡薄、意愿不强。在他们的意识形态里,教育以外的文化消费是可有可无的"非必需"消费。江苏地区农村居民文化消费样本调研(2019)数据显示:农村居民虽有62.8%认为文体娱乐活动对于生活而言是重要的,但也有56.3%认为其不是必需性质的;当出现经济压力需要削减开支时,62.8%表示会首先降低文体娱乐的消费,而选择首先降低物质消费的居民占比35.6%,选择最后降低教育消费的居民占比高达95.8%。显然,教育在居民心目中的地位最高。而把文化消费(教育以外)与物质消费相比,大多数居民还是更加重视物质消费。这种"重物质,轻文化"的心理在农村社会是较为顽固的,有其历史原因。农村经济长期以来相对落后,因此,很长一段时期,农村居民把满足物质需求放在第一位。尽管现在农村经济发展迅速,但农村居民的文化心理还存在"堕距"[1],滞后于经济发展,也滞后于文化发展,跟不上消费升级的节奏。他们从物质消费升级到文化消费升级还需时日。并且,农村地区职业选择有限,本项调研的受访居民56.0%都是从事农林牧渔业的劳动者、个体户以及家庭主妇;从事农林牧渔业的劳动者占比最大,为19.1%。可见,农村居民还是以务农为主,务农赚钱辛苦,因此他们舍不得花钱进行看来"可有可无"的文化消费。

农村居民还具有不文明、不健康的文化消费观,他们的文化娱乐消费时而围绕色情、赌博、迷信等展开。虽然这种不良文化消费现象在城市也存在,但是在农村更为显著。由于农村文化土壤贫瘠,如同"文化荒地",文化消费基础设施差,文化市场供应不足,农村居民无法开展丰富多彩的文化活动,无法体验多种多样的文化消费。他们必然也有精神文化需求,这种需求却无法被正常的方式满足。于是,大量不良、不雅文化充斥农村文化市场,侵袭、填补着他们空虚的精神世界。

另外,农村社会长期以来"文化对于消费的控制"[2]也导致农村居民深层的思想观念上不认可文化消费,认为在文体娱乐上花钱是不必要、不值得的,是一种浪费。费孝通先生在《江村经济》中揭示:被要求安于简朴是农村居民早年教育的一部分,除非在婚丧礼仪场合[3],节俭文化根深蒂固。尽管今天农村居民的物质消费已经迈进了一大步,但他们对于文化消费仍旧不够大方,仍旧以为消费"文化"这种"非生存必需品"是违背节俭的传统美德的。

---

[1] Brinkman R L, Brinkman J E, "Cultural Lag: Conception and Theory," *International Journal of Social Economics*, No. 24(6) (1997): 609—627.

[2] 费孝通:《江村经济》,上海:上海人民出版社,2013,第95页。

[3] "但在婚丧礼仪的场合,节俭思想就烟消云散了。人们认为婚丧礼仪中的开支并不是个人的消费,而是履行社会义务。孝子必须为父母提供最好的棺材和坟墓。如前面已经提到,父母应尽力为儿女的婚礼准备最好的彩礼与嫁妆,在可能的条件下,摆设最丰盛的宴席。"——费孝通:《江村经济》,第96页。

而这种文化上的消费不足,也是一种消费异化。

4. 农村文化消费潜力有挖掘可能性

从国家统计局发布的年度数据来看,"十三五"时期,全国居民恩格尔系数整体持续下降,2016 年为 30.1%,城镇为 29.3%,农村为 32.2%,城乡相差 2.9 个百分点;2017 年为 29.3%,城镇为 28.6%,农村为 31.2%,城乡相差 2.6 个百分点;2018 年为 28.4%,城镇为 27.7%,农村为 30.1%,城乡相差 2.4 个百分点;2019 年为 28.2%,城镇为 27.6%,农村为 30.0%,城乡相差 2.4 个百分点;2020 年为 30.2%,城镇为 29.2%,农村为 32.7%,城乡相差 3.5 个百分点,此反弹与新冠肺炎疫情直接相关。

可见,农村居民恩格尔系数不断下降,且与城市的差距日益缩小。并且,统计数据还显示:2014—2017 年城镇居民人均文化娱乐消费支出年均增长 9.1%;而农村居民人均文化娱乐消费支出年均增长 10.5%,增速高于城镇;2013 年城乡居民文化娱乐消费支出之比为 5.4∶1,2017 年降至 5.1∶1。[1] 可见,农村居民文化消费的能力在逐步提升。

并且,当前我国发达地区的农村也已进入消费社会。农村地区的消费升级也是先由物质消费升级开始的,逐渐产生文化消费升级的趋势。在江苏地区农村居民文化消费样本调研(2019)项目执行过程中,有些受访农村居民就表达了较强的文化消费意愿,如对文艺表演、休闲旅游、创意产品等有消费兴趣,但农村文化市场尚无这些产品和服务供给。可以推想,随着农村文化市场的健全和繁荣,农村居民的文化消费潜力必然得以挖掘。还有一些受访的村委会工作人员反映,农村年轻人对于网络文娱、旅游等的消费兴趣大大超过他们的父辈,而他们的消费观念也对其父辈造成一定程度的影响,如子女教父母上网娱乐、安排父母出门旅游等,为其父母打开了文化生活和文化消费的新天地。这样,从短期来看,随着农村居民经济能力越来越好,农村文化市场建设越来越好,文化消费有所增加是必然的;从长期来看,随着农村人口的新陈代谢,新一代取代老一代,文化消费日渐多元化也是必然的。

当然,应当客观地看到,农村居民的文化心理和文化价值观的转变无法在短期内实现。他们赚的钱多为辛苦钱,舍不得花在文体娱乐上;他们也没有享受文化生活的消费习惯;他们多数缺乏文化艺术素养。因此,在农村,从物质消费升级过渡到文化消费升级,是比较缓慢的,需要一个漫长的过程。

二、导致农村文化消费动力不足的因素

1. 农村居民可支配收入低

查看我国"十三五"时期的各年度国民经济和社会发展统计公报:2016 年,全国居民人均可支配收入 23821 元,中位数 20883 元;城镇居民人均可支配收入 33616 元,中位数 31554 元;农村居民人均可支配收入 12363 元,中位数 11149 元。2017 年,全国居民人均可支配收入 25974 元,中位数 22408 元;城镇居民人均可支配收入 36396 元,中位数 33834 元;农村居民人均可支配收入 13432 元,中位数 11969 元。2018 年,全国居民人均可支配收入 28228

---

[1]《文化事业建设不断加强 文化产业发展成绩显著——改革开放 40 年经济社会发展成就系列报告之十七》,国家统计局,http://www.stats.gov.cn/ztjc/ztfx/ggkf40n/201809/t20180913_1622703.html,访问日期:2018 年 9 月 13 日。

元,中位数 24336 元;城镇居民人均可支配收入 39251 元,中位数 36413 元;农村居民人均可支配收入 14617 元,中位数 13066 元。2019 年,全国居民人均可支配收入 30733 元,中位数 26523 元;城镇居民人均可支配收入 42359 元,中位数 39244 元;农村居民人均可支配收入 16021 元,中位数 14389 元。2020 年,全国居民人均可支配收入 32189 元,中位数 27540 元;城镇居民人均可支配收入 43834 元,中位数 40378 元;农村居民人均可支配收入 17131 元,中位数 15204 元。可见,城乡居民可支配收入差距大,农村居民可支配收入低,不及城市水平的一半,从未达到全国平均水平。低收入必然造成低消费,对于非刚性的文化消费(教育以外)的抑制作用更加明显。

农村居民显然不舍得把有限的收入,并且通常是辛劳所得,花在文体娱乐上。虽然他们会开展文体娱乐活动,但倾向于不消费或者进行小额的消费。江苏地区农村居民文化消费样本调研(2019)数据显示:超过六成的农村居民没有对文化产品和服务进行付费的习惯,占比 64.7%,看免费视频、下载免费电影、进行免费阅读、去不需要门票的公园等是他们文化生活的日常姿态。并且,虽然农村文化市场落后,文化供给不足,但是超过六成的农村居民都没有进城进行文化消费的习惯,占比 65.0%,主要因素在于路远和价格高。显然,农村居民可支配收入远不及城市居民,城市居民消费得起的文化产品和服务,农村居民往往消费不起,或者心理上认为消费不起(感到价格偏高)。

2. 农村居民受教育程度低

江苏地区农村居民文化消费样本调研(2019)数据显示:农村居民受教育程度普遍偏低,63.2%都只受过初中及以下教育,仅有 15.8%受过高等教育(大专及以上教育),3.5%受过本科及以上教育,还有 11.7%未接受过正规教育的文盲和半文盲。教育水平低下必然造成文化消费水平低下,因为他们在文化消费上既缺乏经济能力,更缺乏文化能力;既难以产生较高层次的精神文化需求,又不能够充分地欣赏和体验文化艺术。如果说经济能力是能够以较快的速度、在较短的时期内提升的,那么文化能力则不太可能以很快的速度在短期内实现质的飞跃。可见,农村居民文化素养和文化能力的提升任重道远。

由于受教育程度低,农村居民很难进行艺术欣赏和创作活动,本项调研显示,在所有类型的文化消费中,艺术类消费的确是最少的,样本占比仅为 2.9%。并且,对于城市居民热衷的旅游活动,农村居民也缺乏兴趣,这和他们不会说普通话(甚至不识字),不会出远门(不会乘火车、飞机,不会坐车,不会乘地铁),在不熟悉的环境里拘谨内向、和人沟通困难,不喜拍照、不擅长使用社交媒体等直接相关。他们也不喜进城,觉得城市的环境往往让其无所适从,65.0%都没有进城体验文体娱乐的习惯。在如今的数字时代,他们还是更偏好真实的线下文化空间,占比 58.9%;69.3%没有在网络和各种媒体上进行文化消费的习惯;对于网媒文化消费的适应度均分为 5.7 分(满分 10 分,及格 6 分),满意度却在及格以上,均分达到了 6.3 分。之所以满意度的评分高于适应度,恐怕是因为网络和各种媒体上的文化泥沙俱下,娱乐性较强,符合他们较低层次的文化消费需求。

3. 农村"空心化"状态严重

中国的大规模城镇化进程在产生诸多正效应同时,也带来了"十村九空"的负效应。农村的青壮年劳动力纷纷进城务工、经济条件较好者通常选择迁居城镇、拥有较高学历者不甘心留在农村,村里剩下的多是老人、妇女、儿童;低学历者和低经济能力者,这些人构成了农村居民的主体部分,他们"一没钱,二没文化",势必导致农村居民整体消费水平低下,文化消费水平更加低下。

本项调研过程中,为了按照预先设定的样本性别、年龄配额来寻找对象,颇费周折,找男性比找女性困难,有时候一整天都找不到一个符合甄别条件的年轻人。最终样本呈现出女多男少、中老年人居多的分布样态。

4. 农村文化消费市场落后

农村文化市场无论是基础设施建设,还是文化产品和服务供给,均远远落后于城市。江苏地区农村居民文化消费样本调研(2019)数据显示:农村地区主要的文化消费场所类型为娱乐类、休闲类,分别占比 75.1%、51.8%;体育类、文化类、艺术类文化消费场所占比均不足五成;艺术类场所最少,占比仅 17.5%。农村居民对于农村文化市场的满意度偏低,均分为 5.7 分(满分 10 分,及格 6 分),没有达到及格分;只有 36.1% 的居民打分在及格分 6 分及以上。打分为不及格的居民不满意原因主要是"文化消费体验的场所较少",选择率 68.5%;"文化消费体验的种类有限",选择率 47.7%。本项调研还发现,27.8% 的农村居民表示他们对于农村文化市场并不了解,说明他们很少进行文化消费,对于文化市场发展得怎样抱着"无所谓"心态,既不关注也无体验;这也从另一个侧面说明了农村文化市场缺乏吸引力。

显然,农村文化市场的落后对于农村居民开展文化消费造成了刚性制约。一方面,缺乏各种各样的文化消费场所,一些村庄附近连一个电影院、一个书店都没有;另一方面,文化市场供应品类有限,一些层次稍高的文化消费需求都无法满足。

5. 农村文化消费氛围缺乏

农村居民文化消费水平低、追求低、大多缺乏文化消费观念,会攀比物质消费,而不会去攀比文化消费。比如,他们会攀比谁家盖的楼阔、买的车好,谁买了最新款的手机,而对于谁去旅游了、谁去看演出了则漠不关心,或者关注程度很低。显然,农村地区没有形成对居民具有感染力的文化消费氛围。

江苏地区农村居民文化消费样本调研(2019)数据显示:农村地区缺乏商业气息,还存在严重的"空心化"问题,难以聚集人气,消费氛围难以形成,文化消费氛围更为稀薄。落后的农村文化市场难以吸引和触动消费者,超过七成居民否认其具有吸引力,占比 70.2%;超过六成居民否认农村的文体娱乐场所有消费氛围,占比 65.0%。农村居民生活习性和消费习惯与城市居民相差甚远,尽管现在很多农村居民的物质消费都开始升级,但是对文化消费有所追求的人并不多,47.2% 的居民反映他们的亲戚朋友并不喜欢进行文体娱乐消费;并且,76.4% 的居民认为亲朋好友的文体娱乐消费态度和方式对自己没有影响。可见,他们"亲友圈"的文化消费氛围较弱,缺乏传导性和感染性。超过五成的居民表示自己几乎感受不到周围的文化消费氛围。

第四节　引导与扩大农村文化消费的路径

一、切实增加农村居民可支配收入

1. 扶持农村居民增收

要通过多元渠道助力农村居民增收致富。一是依托地方资源，开发新型农副产品，发展创意农业，从而推进农业结构和布局调整，提升农业产业特色及知名度。二是创新农业经营模式，如打造线上农家菜场、生态体验农场、"一带一路"农业国际合作项目等。三是将田园综合体建设和全域旅游结合起来，营造田园景观、鼓励民宿经营、创设文旅项目，建设一批融采摘、观光、娱乐等为一体的农村生态旅游园区，吸引城市居民体验消费，不断推动农业向生态农业、设施农业、高效农业、休闲农业方向转型升级。四是积极扶持壮大家庭农场、种粮大户、农业专业合作社等形式的新型农民合作组织，继续推进农村土地流转工作，将土地流转与新品种推广、龙头企业引进相结合，加大劳务输转力度。五是扶持农业产业化龙头企业、各类新创中小微企业发展，既要积极培育"龙头企业＋农民合作社＋农户"的发展格局，又要完善农村"双创"环境，政策全方位支持各类中小微企业创立和发展。

2. 帮助农村居民减支

首先要加强农村社会保障体系建设。目前我国农村社保体系还不够健全，存在制度公平性不到位、多元主体责任不明确、保障项目不全面等问题。对此，要促进社保体系更加公平公正，优化资源配置结构，向着城乡保障均等化迈进。要引入社会力量，形成多元主体共建共享模式，壮大合力，尤其要使各个主体权责清晰，整个体系层次分明。要强化政策顶层设计，根据乡村振兴的需要，补齐社保体系短板，如完善失业保障制度，配套供给技能培训、就业帮扶等福利；促进城乡社保体系有效衔接，在社保领域破除城乡二元格局。

其次要减轻农村居民教育消费负担。和城市的情况基本一样，大多数子女处于义务教育阶段的农村居民家庭的教育经济压力并非来自正常的上学费用，而是来自给子女上各种课外班；而当子女处于非义务教育阶段时，农村居民家庭所感到的经济压力是大于城市居民家庭的。因此，要帮助农村居民减少教育支出，一是要不遗余力地平衡城乡教育资源，并从学生考试、升学、就业，教师考核、评职、晋升，教育培训企业管理等机制设计入手，让各类课外培训班丧失价值，丧失市场土壤。如破除应试制度，或者使考试成绩难以通过补习培训等途径获得提升；对兼职补课创收的在校教师设置行业内职业上升障碍；对以学生为主要对象的教育培训企业严格管控等。二是要不断加强对处于非义务教育阶段的农村学生的补助和奖励机制建设，并且政府可以引导农村金融支持农村教育，鼓励农村金融机构开发针对农村居民受教育的金融服务产品，不断创新农村金融服务。

二、努力提升农村文化教育水平

1. 改善教育条件,优化农村文化教育环境

农村居民受教育程度低主要在于两个投入主体对教育质量的投入不足,一是农村学校对于教育资源投入不足,态度消极;二是农村家庭对于优质教育投入不足,力不从心。[①] 后者直接关联于前者,两者均正相关于农村经济水平。今天,农村居民日益增长的优质教育需求与不平衡不充分的教育制度供给和教育产品供给之间矛盾日益凸显,成为我国新时代农村教育的主要矛盾。"在供给侧,表现为县域教育发展不平衡,农村教育质量不高;在需求侧,人口地理学劣势稀释了农村学校规模效应。"[②]对此,在基础教育阶段,要实施创新驱动型素质教育,使农村教育理念和城市接轨、和现代化接轨;要使得教育资源配置不断向农村倾斜,并注重结合农村教育实际,如学校规模小、数量多,学生寄宿多、走读少,师资力量薄、需引进等特征;要特别关注农村学校生源不佳的问题,对于贫困学生、留守儿童、问题家庭和问题学生等进行包容悦纳,建立包容型、友好型农村教育治理体系;要完备师资引入和城乡师资交换共享机制,大力提升农村教师的待遇水平,铺平和拓宽农村教师的职业发展道路;要推进城乡教育一体化,打破城乡二元教育结构,共享城市教育资源,利用社会教育资源,提升农村教育质量;[③]要设置农村学校标准化、均等化建设指标,保障农村教育公平。

要特别关注我国高等教育服务农村不到位、高等教育在农村社会未普及的问题。尽管一系列政策不断出台保障农村学生获得优质高等教育的机会公平,并促进农村成人高等教育发展,如农村贫困地区专项招生政策、面向农村的自学考试政策等,但是农村仍是高等教育普及化的"塌陷区"[④],高等教育人口比例偏低:2015 年,我国高等教育人口为 1.71 亿,占全国总人口的12.4%;在城乡分布上,城市地区高等教育人口为 1.15 亿,占比 67.4%,其次是镇 21.2%,再次是乡村 11.4%。[⑤] 这就造成了农村是"教育荒地"和"文化荒地",更是"人才荒地"的局面。要化解这一困境,可以实施的举措有:进一步塑造农村居民的教育观念和加大对农村学生的奖助力度,激励农村学生接受高等教育;积极发展农业高等教育,推动农村特色专业和农业研究机构创立;借鉴台湾"一县一大学"的高等教育扩张政策,增加县级市的高校数量,增加农村人口上大专、上大学机会;"借鉴美国社区学院的办学经验,建立立足社区和服务社区的农村社区学院"[⑥]等。

2. 开展乡村美育,提升农村居民文艺素质

当前农村居民普遍欠缺文化艺术素养,大部分既不懂得欣赏艺术,更不会进行艺术创造。他们无法享受艺术给生活带来的情致与乐趣,也不能以审美的态度来面对人生,文化需求尚未从求真、求善上升到求美的高度。这既不利于农村居民人格的全面发展,也不利于农

---

① 参见[美]西奥多·舒尔茨《经济增长与农业》,郭熙保译,北京:中国人民大学出版社,2014,第 116 页。
② 秦玉友、曾文婧:《新时代我国农村教育主要矛盾与战略抉择》,《中国教育学刊》2018 年第 8 期。
③ 参见王广飞、符琳蓉《城乡教育一体化推进义务教育均衡发展的困境与对策》,《农村经济》2018 年第 3 期。
④ 参见闵琴琴《农村高等教育扶贫:缘起、困境和突围》,《高等教育研究》2018 年第 5 期。
⑤ 参见张银锋《高等教育人口占比提升至新水平》,《中国社会科学报》2017 年 5 月 3 日第 6 版。
⑥ 孙涛、邬志辉:《高等教育服务农村社会的政策支持及其反思》,《高等教育研究》2018 年第 2 期。

村社会文化艺术氛围的形成。因此,开展乡村美育、普及农村公共艺术教育显得尤为迫切。

首先,要对农村学生普及美育与艺术教育,强化制度保障、投入保障、人才保障,"破解农村学校艺术教育开课不足、'三轻三重'①突出、师资短缺、参与面小、设备落后、教学效果差等突出问题"②;要实现"馆校互动",把各类文化艺术场馆作为学校艺术教育的"第二课堂"③,并定期让文化艺术场馆工作人员给学生开办艺术讲座;要实现"城乡互动",不断引入城市艺术教育优质资源,推动农村学校教育朝着现代素质教育方向迈进,推进公平普及、全面优质的农村艺术教育体系建立健全。

同时,要依托美术馆、博物馆、纪念馆、文化站、农家书屋等公共文化服务机构,以全体农村居民为服务对象,把"文化普惠"和"艺术普惠"结合起来,推进乡村美育,加大公共文化服务体系中的公共艺术教育供给力度,如开办村民艺术大讲堂、举办村民文艺汇演和比赛、支持策划农民画展、增加艺术类书籍的供给等,对这些活动要广泛宣传、营造气氛,动员尽可能多的农村居民参与进来;要改变粗放式的农村文化服务供给,针对农村缺艺术的问题,注重挖掘本土人文资源,实现"一村一品",各村至少打造一个艺术惠民品牌项目并推出基层特色艺术活动;要积极培养农村文艺骨干,激励"乡土艺术家"成长和创造,让他们成为农村文艺发展的"领头羊",形成"一人带一户,一户带一片,一片带一村,一村带一镇"的格局,可以借鉴江苏农村实行的"文艺导师"制,即由城市或农村知名艺术家担任农民文艺团队的导师,进行文艺"传、帮、带",培育农村文艺人才、繁荣农村文艺事业。

最终,乡村美育和农村公共艺术教育要落脚在"以美育农,艺术娱农"上,从而正向引导农村居民文化消费观念,扭转不良文化消费之风。

三、积极化解农村人口流失问题

1. 充分激发城乡人才下乡和返乡积极性

农村人口流失、人才缺失是乡村振兴面临的突出矛盾。由于农村留守居民大多低收入、低文化,既缺乏文化消费的经济能力,也缺乏文化能力;而且年龄结构青黄不接,缺乏年轻人,文化消费跟不上时代、跟不上潮流,因此,要拉动农村文化消费,就要激励各类人才下乡返乡。

要促进人才下乡返乡,就要统筹规划,多方协同发力,为人才创业、就业提供有利条件。一是要政策先行,出台配套的农村创业、就业政策,进行税收减免,创新融资服务、提供专项补贴、提高人才待遇和生活保障等;二是要健全设施,完善农村各方面硬件条件,加强对水电、互联网、物联网、物流体系、文体娱乐等设施的建设;三是要优化平台,提供激励人才发展的外部环境,推动建设一批下乡返乡创业孵化园区,发挥农村新生企业的集群效应、规模效

---

① 即"重应试轻素养、重少数轻全体、重比赛轻普及"。——中共中央办公厅、国务院办公厅:《关于全面加强和改进学校美育工作的意见》,2015 年 9 月 15 日。
② 夏海鹰:《农村学校艺术教育发展保障机制研究》,《教育研究》2016 年第 7 期。
③ Illeris, Helene, "Learning bodies engaging with art: Staging aesthetic experiences in museum education," *International Journal of Education Through Art*, No. 12(2) (2016):153—165.

应、示范效应,提升区域创业项目的承载能力,①并且推动制度建设更加公开透明,推动市场环境更加公平有序。

要积极涵育"新乡贤",打造"新乡贤"人才队伍,在政策制度、经济条件、社会环境、文化治理等维度综合施力,形成新乡贤人才孵化和扶持机制,打通人才下乡返乡的立体化通道,使新乡贤"回得来、留得住、干得好"。②

2. 壮大农村产业经济,防止本土人才外流

解决农村"空心化"问题的关键是充分激活农村资源要素,健全农村基础设施,整治农村生态环境,壮大农村产业经济,使更多能人留在农村、扎根农村、建设农村,提升农村生活的获得感和幸福感。

农村企业是推动农村产业经济发展的第一主体,因此要推进"企业兴乡",要扶持一批农民企业家。习近平总书记在 2018 年两会期间参加广东代表团审议时提出:"乡村振兴也需要生力军。要让精英人才到乡村的舞台上大施拳脚,让农民企业家在农村壮大发展。"③乡村振兴的时代,农村拥有广阔的空间发展新产业、新业态,农民企业家拥有广阔的舞台一展身手,广大农村居民有了更多留在家乡从业的机遇。今天发展农村企业,要吸取乡镇企业发展的成败经验。20 世纪七八十年代,乡镇企业在中国乡土社会萌芽壮大,突破了陈旧的思想观念和单一僵化的体制机制,对利用乡土资源、整合乡村产业要素、发展乡村经济做出了创造性尝试和有益贡献,体现了改革精神和时代逻辑;④然而到了 90 年代,多地"一刀切"式地对乡镇企业进行强制股份制改革,导致集体资产流失,百姓分毫股份未得,其中也有一些村庄没有跟风,坚持走自己的路,结果越来越兴旺。⑤ 乡镇企业的兴衰值得反思,今天激励农村开办多种类型、多种规模的企业,要避免过去"强推"某种政策、制度的做法,创造自由的创新创业环境,鼓励各地创造自身独有的发展模式。

四、大力培育农村文化消费市场

1. 兴建农村文化消费基础设施

文化消费场所是居民进行文化消费的硬件条件。从现状看,农村地区居民居住地附近可供休闲娱乐和学习文化的场所有限,直接导致他们与文化市场距离较远,文化需求得不到较好满足。因此,必须兴建农村文化消费基础设施,增加文化消费场所的建设。

要在农村居民居住地附近打造"文化消费圈",圈内应该包括一个书店、一个电影院、一个戏台、一个体育场馆、一个文创商店,让农村百姓的家门口有更多体验文化的去处;并且结合地方民俗,逢年过节举办"文化市集"。政府要对在农村地区经营文体休闲、文化娱乐项目者给予政策扶持,打出"金融服务＋税费优惠＋指导管理＋供给策划宣传服务"的组合拳,吸

---

① 参见王轶、熊文《返乡创业:实施乡村振兴战略的重要抓手》,《中国高校社会科学》2018 年第 6 期。
② 参见钱再见、汪家焰《"人才下乡":新乡贤助力乡村振兴的人才流入机制研究——基于江苏省 L 市 G 区的调研分析》,《中国行政管理》2019 年第 2 期。
③ 转引自郭芳《从精准扶贫到乡村振兴——来自东中西五个县市的实践报告》,《中国经济周刊》2018 年第 47 期。
④ 参见陆远、王志萍《传统与现代之间:乡镇企业兴衰与中国农村社会变迁——以苏州吴江区七都镇为例》,《浙江学刊》2019 年第 1 期。
⑤ 参见郑风田《乡村振兴战略给乡村企业带来哪些新机遇》,《人民论坛》2018 年第 17 期。

引文化艺术从业者来农村投资、创业、经营。

2. 引导农村文化市场精准供给

供不适求是当前农村文化市场存在的一个问题。一方面,文化供给层次偏低、类型单一,主要是娱乐类的文化产品和服务,满足不了一些农村居民文化类、艺术类需求,也不能引导其产生这些需求,并且还存在定价高于农村居民心理预期,让其感到"价格不友好"的问题;另一方面,文化供给不能体现乡村振兴应有的乡村文化振兴,既缺乏乡土特色,又缺乏优质文化成分。这些问题的产生原因都在于农村文化供给基本还停留在粗放式的供给模式上,所供给的大多不过是城市文化产品和服务的低端版本。

因此,要使农村文化供给朝着精细化、精准化迈进。第一,相关部门可以和专业市场调研机构合作,定期采集农村居民的文化消费需求,对于农村文化商户提供信息指导和市场咨询服务。第二,要给予农村文化经营者更多的扶持,促进其降低文化产品和服务价格。第三,要设法使经营性文化和公益性文化有机结合,注重以公共文化供给引导居民文化需求层次提升,并尝试使公共文化服务机构与文化商户合作,在公共文化服务中引入消费性文化,如对于去农家书屋看书、借书的居民赠予指定书店消费折扣券;对在文化站进行文体娱乐的居民赠予指定电影、演出、体育场馆等消费折扣券等。此种做法一是锁定了"关键人群",捕捉了原本就对文化比较感兴趣的一批人,他们的消费需求是比较容易被激发的;二是使文化经营者在与公共文化服务机构的合作中切实获利,有效地吸引消费者,因此是比较可行的。

3. 文化消费试点工作向农村推进

2015年11月,国务院办公厅发布《关于加快发展生活性服务业促进消费结构升级的指导意见》,提出:"开展拉动城乡居民文化消费试点工作,推动文化消费数字化、网络化发展。"2015年6月,原文化部、财政部启动"拉动城乡居民文化消费试点项目"。2016年4月,原文化部、财政部发布《关于开展引导城乡居民扩大文化消费试点工作的通知》,附件中的《引导城乡居民扩大文化消费试点工作实施方案》详细部署了各项工作。2016年6月,原文化部公布了26个第一批国家文化消费试点城市。2017年2月,原文化部办公布了第一批第二次国家文化消费试点城市名单,共19个城市,加上第一批第一次26个城市,共有45个试点城市。这些试点城市因地施策,取得了一定的效果。

然而,这些文化消费试点工作多在城镇地区开展,专门针对农村地区的文化消费试点工作还未展开,农村居民受益较少。从目前情况看,农村低水平的文化消费拉低了我国文化消费的整体水平,因此,文化消费试点进农村势在必行。在农村进行文化消费试点,要借鉴已有的经验,但不能照搬现成模式,要研究农村居民文化需求,结合农村实际情况;并且,要促进城乡文化消费试点融为一体,第一步就是要使各个试点城市的文化消费惠民办法为更多农村居民所知悉,并解决他们进城进行文化消费所面临的路程远、交通不便等问题,如开通剧院班车接送服务等。

五、不断增强农村文化消费氛围

1. 构建城乡融合的文化消费新格局

要解决农村地区人气低、消费氛围差的问题,就要推动城乡不断融合,形成"以城带乡,以乡乐城"的新型文化消费格局,不断吸引城市居民去农村进行文化消费。

第一,以"文化＋农业"促进农村特色文旅产业发展。此举既可以直接促进农村居民增收,也能够为寂寞的乡村攒起人气、注入活力、带来文化潮流,更能带动农村居民在经营文旅产业的过程中接触外界、拓宽眼界,逐步转变文化消费观念,使农村居民在体验自家门口的"文化＋农业"消费项目时,发现文体娱乐新天地。首先,要由政府引导广大农村居民创新创业,充分发挥乡村能人、乡村艺人、非物质文化遗产传承人和民间团体的主体带动作用,[①]政社、政民共建良好的文化市场体制机制,并注重培养专业农村文旅产业研究、管理、经营、服务人才。其次,要注重内涵式发展,寻求内生动力。基于本土资源优势的特色化创意和特色化经营是关键,并且要提升品牌意识,打造可以"一鱼多吃、一鱼永吃"的"大 IP"。再次,要注意农村文旅产业过度开发与快速发展对于农业生态环境的威胁,坚持走"文旅产业＋生态农业"的协同发展道路。[②] 坚持"绿水青山就是金山银山"的生态优先发展理念,始终以农业为基础性依托,多打造农业体验项目,以文旅产业促进农业,而不能本末倒置;以良好的生态环境为市场"卖点",吸引城市居民消费体验,绝不能为了在短期内扩大经营规模而破坏生态环境,以至得不偿失。最后,要借助数字平台推动农村文旅项目宣传推广、文旅服务线上营销、文创产品线上销售等,真正助推乡村文旅"走出去"。既要健全农村文化传播基础设施,又要对农村居民提供网络技术、数字技术的培训服务。

第二,推动乡土情怀文化消费形成城乡共同潮流。乡村是绝大多数中国人的根,乡土文化能够引发广泛共鸣,有形成"网红"消费效应的可能性。要形成完整的乡土文化价值链网络,具体环节应当包括:确立乡土文化主题、开发乡土文化消费体验项目、设计乡土文化创意产品、打造乡土文化品牌和进行 IP 延伸、积聚消费人气形成"网红"效应。要围绕乡土情怀开发文化消费体验项目。可以打造"寻根"之旅,如修建文旅性质的家族宗祠等;营造生动的农家场景,吸引中老年游客重温旧时和年轻游客体验探索;复兴乡村戏台,重现社戏的辉煌。尤其要重视非物质文化遗产对于振奋农村文化精神和发展农村文旅产业的作用[③],围绕非遗手工艺、表演艺术、民俗节庆、风味美食、家族文化等活态展现乡土文化,复活历史记忆,叙说传奇故事,融入当代生活场景,形成非遗生产性保护和农村文旅产业共生共荣的格局。

第三,注重与农村节庆礼俗相结合开发文旅精品。农村节庆礼俗不仅对于城里人有吸引力,激发好奇心和体验欲,而且本身就是农村百姓生活中必不可缺的成分。因此,围绕农村节庆礼俗做文章,开发文旅产品和服务,既吸引城市居民消费,又因地制宜,使村民和市民形成强烈互动,对于增强农村文化消费氛围必然有效。比如:乡村婚俗既可以进行动态的表演性展示,也可以静态地以物件陈列在婚俗博物馆中,还可以进行婚庆文旅策划,吸引城市居民去农村进行婚纱拍摄,举办村俗婚礼仪式和婚庆活动等;当然农村居民也很可能向往体验传统村俗,复兴传统仪式。可见,这类乡村礼俗性文化消费对于城乡居民都具有吸引力,在农村地区大有前景。

---

① 参见谭元亨、吴良生《激发农村文化产业发展的内生动力》,《人民论坛》2018 年第 36 期。

② 参见孙希国《乡村旅游与生态农业协同发展研究》,《社会科学家》2019 年第 2 期。

③ 参见黄永林《乡村文化振兴与非物质文化遗产的保护利用——基于乡村发展相关数据的分析》,《文化遗产》2019 年第 3 期。

2. 利用农村文艺演出拉动文化消费

农村居民虽然平时在文体娱乐活动上消费支出水平低,文化生活处于贫瘠状态,但是逢年过节和办红白喜事时往往有观看文艺演出的习俗。而且农村社会通常"事儿多":村民办婚宴请文艺团队来现场表演,办丧事请"戏班子"①来唱一台戏;村里逢年过节举行祭祖仪式、集会和庙会等重大仪式和活动,通常会有村民喜闻乐见的戏曲演出助兴;一些富人举办返乡会、企业下乡宣传等,也会安排文艺表演。这些演出,尤其是地方戏演出,通常很接地气,合乎农村居民的文化口味,风俗性强、传统味重,而且观看这些演出完全用不着买票,所以广受欢迎。往往"村里来了戏班子",村民们早早便翘首以盼,开演时台下人山人海、人头攒动,甚至有人爬上树看戏。鲁迅先生笔下的《社戏》中就有对农村居民看戏热闹场景的描绘。虽然现在距离"没有电视的时代"已经很远,农村居民看电视、上网等都很方便,但是他们仍然对于挤在简陋的"土戏台"(大多没有固定的标准戏台,而是临时搭起的露天戏棚子)下看戏情有独钟。这种文娱活动尤其符合农村社会的强群居特征,农村居民通常人际关系紧密,乡里乡亲互动频繁,喜欢热闹、热衷扎堆,不像城里人姿态"高冷","老死不相往来"。看戏这类文化活动,不但内容上是村民喜闻乐见的,也给他们提供了很好的社交场合。

显然,这种场合的氛围是相当热烈且富于传导感染性的。虽然看演出的观众并不花钱买票,但事实上是发生了文化消费。出资请村民看演出者,或者是一个富人、一户人家,或者是村集体。无论出资方式是私是公,由于高度的社会参与性,都带有集体文化消费的属性。这是一种农村特有的文化消费形式,形成了农村文化消费的独特风景。因此,要增强农村文化消费氛围,不可错过农村特有的"集体看大戏"这类文化消费场合。相关部门要指导文化经营者借助这种场合,营造可与之结合、可嵌入其中的文化消费场景,如在戏台旁边设立戏曲创意产品展销铺,举办乡村戏曲文化节,由演员在舞台上诙谐地呈现和宣传文旅消费项目等。公共文化服务部门要推动"送戏下乡"式的"送文化"向"种文化""创文化"转变,多组织农村群众文化活动,鼓励村民自导自演、自娱自乐,以增强文化氛围。

六、数字平台助力农村文化消费

1. 运用大数据技术采集反馈农村居民文化消费需求

目前,专门对于农村居民的文化消费需求和偏好进行研究的并不多。无论是相关决策部门,还是各类文化产业经营主体,都未能给予农村文化市场足够的注意力。这难免导致农村地区文化供给的粗放化和简单化,造成供需错位。今天,大数据技术已经运用于各行各业,用以统计分析和可视化呈现农村文化市场供需关系是必然之举。

首先,相关决策部门和各类文化产业经营主体要主动采集三类数据:一是农村居民文体娱乐活动数据,包括活动空间、活动时间、活动项目、活动频次、有无消费等,重点观察他们的文化活动喜好;二是农村居民文化消费数据,包括消费空间、消费时间、消费项目、消费频次、

---

① 民间业余剧团被村民们称为"戏班"。这些戏班阵容大的有二三十名演职员,小的有十来人。以前戏班成员多为本乡本土的年轻子弟,目前大多聘请退职退休演员"撑台柱"。因为演出市场有淡旺季之分,不可能常年"天天有戏演",收入不稳定,所以演员平时各谋职业,多数是务农或打工,有演出任务时被召集而来。

消费价格、消费水平等,重点观察他们的文化消费趋势;三是农村居民由于各种主客观因素暂未开展但想要开展的文体娱乐活动数据,重点观察他们愿意为之消费的文化活动类型、项目等。

其次,相关决策部门要积极建立农村居民文化消费评价反馈平台,重点观察他们对于农村文化市场和各类文化消费活动的满意度评价情况,着重分析其中的不满意原因。

再次,各类文化产业经营主体对于运用大数据技术激发消费需求,不应止步于目前线上购物都有的"猜你喜欢""偏好推荐"等模式,为了更好的消费体验,甚至应当淡化这种同类商品推荐功能;消费数据分析应当和农村居民的日常生活数据分析密切结合,比如和乡村民俗数据相结合,打造线上民俗展示、讲解和消费平台。

总之,要先拥有数据,再转变为使用数据;要运用量化思维细化对消费者和消费场景的描述,对消费者精准画像,使消费场景立体呈现,解读消费心理,预测消费行为;要使数据资源从集中转向整合,为相关部门和相关经营主体做出优质决策提供参考,为农村文化市场和文化消费的发展提供实验思维。

2. 打通农村居民乐享数字文化消费平台"最后一公里"

2019 年 5 月 16 日,中共中央办公厅、国务院办公厅印发了《数字乡村发展战略纲要》。这是对于 2019 年一号文件《关于坚持农业农村优先发展做好"三农"工作的若干意见》《乡村振兴战略规划(2018—2022 年)》以及《国家信息化发展战略纲要》等文件中关于建设"数字乡村"构想的明确化、具体化。"数字乡村"建设是对于"智慧城市"建设的呼应,也是"数字中国"建设必不可少的一步。

当前,城乡之间的"数字鸿沟"亟待弥合。在文化消费领域,就是要打通数字文化通向农村的"最后一公里"。要健全农村信息基础设施,普及并繁荣农村数字文化,推动各类数字艺术平台、数字文创平台、智慧文旅服务平台向农村覆盖、在农村居民中普及,并使农村居民参与到平台设计、建构中来,培育不但懂数字技术,而且会进行数字创新的"信息时代新农民"。[①]

打通"最后一公里",除了要建设施、建平台,关键步骤之一是要解决一部分农村居民不懂网络、不会使用网络和数字设备(如不会上网、不会用智能手机等)的问题,也就是要对数字时代的"数字文盲"(网络文盲/信息文盲)进行"扫盲"作业。为此,要优化农村公共文化服务供给体系,在农村公共文化服务机构(乡村文化大礼堂、文化站和各类文化场馆等)开设公益性的日常数字技术培训班,广泛动员有数字文化障碍、有相关学习需求的居民报名上课;并且,派遣志愿者上门"手把手"教上网、教用智能手机、教用各类 App 等(上门服务主要供给行动不便的居民,如腿脚不便的老年人、残障人士等)。此举既体现公共文化服务的均等性、普惠性,又能促使农村居民无差别地享受现代数字文化生活,丰富他们的文化娱乐和文化消费方式;还能解决一些现实的社会问题,如在培训教学中加入防范电信诈骗、防范线上消费陷阱、防范个人信息泄露、抵制不良网络文化、识别网络虚假信息等内容,以期发挥良好的社会效益。

---

① 参见中共中央办公厅、国务院办公厅《数字乡村发展战略纲要》,2019 年 5 月 16 日。

第十四章　民族地区文化消费与民族文化协同发展研究

第一节　民族地区文化消费相关研究述略

一、对于民族地区文化产业的研究

1. 总体研究情况

本章主要探讨我国民族地区的文化消费,由于文化产业和文化消费难以分割,提及此必然就涉及彼,因此有必要把握我国民族地区文化产业研究现状;且从当前可检索到的研究文献数量上看,研究民族地区文化产业问题的文献数量远远大于研究民族地区文化消费问题的文献数量。此处述略专门反映国内研究动态,因为我国的民族结构、民族文化和民族发展情况具有高度的中国特色,不同于其它国家,他国的研究对我国参考意义不大;而且,我国文化产业自21世纪以来快速崛起,远不同于西方国家所走过的道路,形成了中国文化经济的特有发展轨迹,亦不能套用西方理论来解释。

在我国文化产业政策推动实践发展、实践引发理论研究热潮的背景下,不少学者聚焦于区域文化产业发展问题。民族文化产业发展问题就是其中一个研究重点,近年来涌现了大量论文、著作。大多数学者都认识到了发展文化产业是民族地区转变经济发展方式、提升文化生产力、摆脱贫穷落后状况、实现跨越式发展的重要契机,许多研究与民族文化遗产保护、民族传统文化传承、民族文化生态发展、民族文艺产品生产相结合,研究如何对民族地区尤为丰富的文化资源进行产业化开发,使这些民族特色文化资源转化为能实现价值增值的文化资本,从而以文化优势弥补民族地区的区位劣势,使得我国文化产业总体布局更加均衡。

2. 主要研究角度

我国学者对于民族地区文化产业的研究角度主要有:第一,民族地区文化产业运营研究;第二,民族地区文化产业与民族文化发展研究;第三,民族地区"文化+"产业融合发展研究;第四,民族地区文化产业与民族文艺生产研究;第五,民族地区文化产业支撑手段与保障制度研究;第六,民族地区文化产业发展评价研究;第七,民族地区发展文化产业脱贫创富研究。

二、对于民族地区文化消费的研究

1. 总体研究情况

在文化消费研究中,民族文化消费研究是一个特殊的领域,涉及文化的民族性与世界性、文化的传统性与现代性、文化消费的社会整合与民族心理建构功能、民族文化产业与文旅融合等,具有较强的理论与现实意义。

然而,和对于民族地区文化产业的研究相比,对于民族地区文化消费的研究显得明显不足。一是研究文献数量很少,截至 2021 年 10 月,中国知网学术期刊库仅载有 17 篇篇名包含"民族"和"文化消费"的论文、541 篇主题包含"民族"和"文化消费"的论文。二是研究水平相对较低,篇名检索所得的 17 篇论文中有 10 篇发表于核心期刊(CSSCI 来源期刊及其扩展版、中文核心期刊),其中 2 篇为笔者文章;而主题检索所得的 541 篇论文中仅有 202 篇发表于核心期刊(CSSCI 来源期刊及其扩展版、中文核心期刊),其中 2 篇为笔者文章,高水平论文不足半数。三是鲜有系统化的研究,截至 2021 年 10 月,检索不到题名包含"民族"和"文化消费"的博士学位论文;相关专著亦寥寥无几,仅有杨秀芝、孙明福的《民族民间审美文化消费式传承:以湖北省五峰土家族自治县为例》(2015)、王莹的《文化消费视野下的西部民族节庆》(2017)等几部。四是研究视角不够丰富,主要是把民族地区文化消费和民族民间文化传承发展、民族文艺发展等相结合,缺乏明确和民族文化产业相结合的研究,亦缺乏对于提升民族地区文化消费水平的应用对策研究,对于当前文化产业领域研究热点把握不够。但是,笔者检索到了一些主流报纸文献,如 2012 年 6 月 15 日《中国民族报》上的《民族地区扩大文化消费的途径》[①],2018 年 7 月 7 日《中国文化报》上的《培育地方特色文化市场新主体,开辟藏区民族文化消费新渠道——青海省黄南藏族自治州文化消费试点工作全面开启》[②]等。通过这些报纸刊文,可以知道我国政府正积极拉动民族地区文化消费,启动了民族地区文化消费试点工作。因此,可以预见,未来对于民族地区文化消费的研究将增多。由于当前国内这方面研究资料较缺乏,以下先评介一些国外相关研究,以期产生启发作用。

2. 国内外相关研究

(1) 国外文化人类学角度的相关研究

西方文化人类学研究中,消费是一个重要的课题,虽然尚缺乏专门对于民族文化消费的研究,但是一些民族志、地方志、初民社会田野调查研究中,研究者都关注到了消费的文化意义,并着重研究一些文化意义强于物质功用的宗教性、仪式性、情感性消费等,触及文化消费领域,且对我们研究民族地区文化消费有所启示。M. 哈里斯指出,20 世纪初,人类学家发现某些原始部落存在着"摆阔气"的铺张浪费习俗,"夸富宴"是原始部落一种特有的消费习俗和生活方式,[③]具有超物质的文化属性,是一种仪式/礼俗消费。博厄斯在《夸扣特尔印第安人的社会组织和秘密结社》中分析哥伦比亚的夸扣特尔印第安人的"夸富宴"消费,探寻这

① 苏振锋:《民族地区扩大文化消费的途径》,《中国民族报》2012 年 6 月 15 日第 8 版。

② 《培育地方特色文化市场新主体,开辟藏区民族文化消费新渠道——青海省黄南藏族自治州文化消费试点工作全面开启》,《中国文化报》2018 年 7 月 7 日第 4 版。

③ M. 哈里斯、李侠祯:《夸富宴——原始部落的一种生活方式》,《民族译丛》1986 年第 6 期。

种典型仪式色彩浓厚的铺张浪费背后的超越商品供需关系的文化意义。[①] 马林诺夫斯基在《西太平洋上的航海者》中对于新几内亚东部南马西姆海域诸岛土著之间形成的"库拉圈"礼物交换习俗进行了详述,揭示了"库拉"交换制度背后的文化象征意义,即物的符号价值。[②] 莫斯在《礼物》中探究人与人之间是如何通过物形成联结关系的,阐述了由"总体呈献体系"延伸而成的"礼物经济",认为礼物消费在社会关系生产和再生产中发挥了很大作用。[③] 道格拉斯和伊斯伍德在《商品世界》中基于对人类学民族志中有关消费问题的分析,解读了消费的社会结构属性和社会文化意义,指出商品具有"使文化成为可见的稳定的"和"生产并维持社会关系"的功能。[④]

（2）国内主要专著和论文的主要视角

国内的研究视角主要有：第一,人类学和民俗学视角;第二,民族艺术视角;第三,民族传统文化传承发展视角;第四,民族文化经济发展视角。总体而言,民族文化消费研究重要理论根基为文化人类学。我国作为一个统一的多民族国家,对于民族文化消费的研究视角丰富。但和对于民族文化产业的研究相比,尚显不充足,尤其缺乏宏观视角的研究。由于生产和消费是"一体两翼"的关系,因此,要对我国民族文化消费的特点和现状进行研究把握,从而探寻潜力发掘路径。

第二节　民族地区文化消费特点与现状

一、民族地区文化消费特点

1. 民族文化消费多具有超消费的文化心理意义

一个民族的文化是由客观和主观两种因素共同决定的,客观因素即自然地理环境、经济生产力和社会历史等因素,主观因素则在于民族文化心理,这是一种基于"想象的共同体"[⑤]而建构的具有高度同构性的文化心理结构。格尔茨的"深描说"[⑥]深刻分析阐释了这种深层的民族文化心理结构,提供了一种民族志和民族文化的研究方式,揭示了文化的民族心理结构意义。任何民族的文化心理都具有层次复杂且衍生意义丰富的架构,既有层叠积淀的历史文化层,又必然无时无刻不受时代文化和外来文化的影响,导致各种"文化混血"和文脉变迁。但是,可以确定的是,民族文化心理具有相对稳定性,诚如法国艺术哲学家丹纳所言：

① 转引自谢国先《北美印第安人的散财宴》,《今日民族》2014 年第 6 期。
② [英]布罗尼斯拉夫·马林诺夫斯基：《西太平洋上的航海者》,张云江译,北京：中国社会科学出版社,2009,第 281 页。
③ [法]马塞尔·莫斯：《礼物——古式社会中交换的形式与理由》,汲喆译,上海：上海人民出版社,2005,第 2 页。
④ Mary Douglas, Baron Isherwood, *The Word Of Goods: Towards an Anthropology of Consumption* (London: Allen Lane,1979), pp. 59—60.
⑤ [美]本尼迪克特·安德森：《想象的共同体——民族主义的起源与散布》,吴叡人译,上海：上海人民出版社,2005,第 3 页。
⑥ [美]克利福德·格尔茨：《文化的解释》,第 3 页。

"在最初的祖先身上显露的心情和精神本质,在最后的子孙身上照样出现。"①一个民族原生的原初形态的文化心理结构往往历经不同历史时期,经过了反复取舍和不断改造而积淀下来,因而适应了各种文化形态,成为一种既具有深层结构又相对稳定的成分。但也不能说,民族文化心理是一成不变的。在特定社会的物质和精神文化交互作用之下,其中和时代文化要求相融的成分会发展得更好,而相悖的成分就会被抛弃。其必然位于历史(时间)纵坐标和社会(空间)横坐标共同建构的时空坐标系中以优化的原则不断更迭演进。

研究民族文化消费无论如何无法跳脱民族文化心理的研究范畴,研究者们也必然会发现:民族地区民众的各种文化消费行为,在很多时候,并不纯然是一种经济活动,而更该被视为一种文化活动;其不是一种仅仅为取得商品使用价值的消费活动,其所追求的商品背后的符号价值亦不同于一般大众所追求的品牌价值、美学价值、个性价值、阶层表征价值等,而是一种特殊的民族文化符号价值,因而具有丰富的超消费的民族文化心理意义。少数民族人民对于其民族传统服饰的消费,超越了通常的服饰消费的意义,应当被视为传统民族文化消费——这些服饰通常工艺繁复、穿戴不便,舒适性和功能性都不如现代服饰,它们被保留至今,是民族文化心理延续和巩固的典型写照,是民族文化凝聚力的直观反映;少数民族都有着丰富多彩的节日,举办各种盛会、仪式时对于衣着服饰、节日饮食等的消费,都是为了巩固民族记忆、深化民族心理认同的文化消费,不能视为一般的衣食消费,而节日期间开展的歌舞游戏、体育竞技等活动,就更是一种民族文化心理的外化;少数民族独具特色的文艺和工艺,始终是少数民族人民文化消费的重心,侗族大歌、傣族孔雀舞、藏族唐卡、苗族银帽等不但是该民族人民文化生活的重要内容,也是颇具标识性的民族文化符号。

2. 民族文化语境造就民族文化消费心理和习性

可以认为,民族文化语境就是一个民族特有的价值观念和生活方式的总和,最主要地体现于特定的民俗习惯上,展现出特色鲜明的民族和地域风情。民族文化语境对于民族文化心理和文化习性的作用是决定性的,塑造、支配、调整着民族中每一个个体的心理模式和行为方式。② 因此,民族文化语境必然造就民族文化消费心理和习性。在文化消费心理方面,民族地区民众对于民族文艺娱乐、民族体育活动、民族工艺产品、民族宗教艺术等的心理卷入度显然较高,对于民族风格的心理认同感和依恋性较强;在文化消费习性方面,民族地区民众具有围绕民族节日、民族宗教、民族语言等开展文化消费的习性,往往颇为注重仪式感和传达符号象征意义。特定民族特定的文化消费习性集合体就形成了特定的民族文化习俗,可见,民族文化消费是民族文化传统的重要部分。

尽管处于全球化、数字化、大众文化时代,民族文化语境还是保持了相对的独立性,民族文化心理在纯洁性上虽然有所消减——受到了外来文化、现代文化、城市大众文化的影响,尤其是在一些文化旅游经营活动中完全呈现为一种虚情假意的商业化表演——但是,根本上看,民族文化绝没有被颠覆。这是由于民族文化价值观具有稳定性和遗传性。一个民族的文化价值观主要源于民族世界观哲学、民族宗教信仰、民族神话传说等,其在各种民族文化仪式中被反复"外化于形",最终达到"内化于心"。而纷繁的民族文化仪式为民族文化消

---

① [法]丹纳:《艺术哲学》,傅雷译,北京:人民文学出版社,1963,第56页。
② Verkuyten M, *The social psychology of ethnic identity* (New York:Psychology Press,2005),p.55.

费提供了最重要的契机,这其中,以民族节日为典型。民族节日是一种很好的民族文化循环式展演固化,其"通过不断地重复展演来显示一种共同的文化意义,它的存在可以将群体的身份认同体系保持活跃的状态而不至于陷入停滞"①。在我国,同汉族节日相比,少数民族节日无论在形式上,还是在流程上,都明显更加繁缛,承载的文化意义十分厚重,发挥着民族文化再生产的作用。少数民族人民在民族节日上的文化消费是不吝啬的,甚至是铺张的。他们在节日期间盛装打扮、狂歌纵舞、铺设丰宴,节日俨然是民族文化艺术事象最宏大的汇聚展示场,并且,这种汇聚展示还有着超越时空、与民族神灵和祖先对话的意义,于是,他们的服饰、文娱、吃喝等一系列消费都充满了文化性、审美性和神圣性。可见,这种由民族文化语境造就的民族文化消费心理和习性是根深蒂固的。

并且,在我国不断强调坚定文化自信、走中国特色文化发展道路的今天,中华民族的多民族文化被发扬光大,少数民族的文化传统和文化遗产得到更好的传承保护,民族文化语境得到维护,民族文化心理得以巩固。今天,我国少数民族文化产品的消费者已经遍及各地,民族文化消费生机勃勃,民族民俗文化大放异彩。

3. 民族地区民众对于本民族文化易生审美疲劳

民族文化语境具有高度稳定性,民族地区民众对于本民族文化的高度心理认同是毋庸置疑的。但是,民族地区民众对于具有高度本民族文化属性的文化产品进行消费,特别是凭借民族文化习俗的契机进行集中式、规模化的消费,究竟是延续文化传统的惯性使然,还是完全出于自身的兴趣爱好,很难判断哪一种动机成分更多一些。客观辩证地看问题,应该说两种因素皆有。民族地区民众对于本民族文化固然充满深情,但是也不见得拥有多么强烈的兴趣爱好,很多时候进行文化消费是为了完成某些民俗仪式;而且,应当注意到,他们对于本民族文化的审美疲劳度在当下城市文化、商业文化盛行的年代,时有升高迹象。审美疲劳是审美主体在审美活动中产生的感觉疲劳②、情感疲惫③、精神疲乏④等心理现象,由对象、环境特性与主体生理机制、心理定势、审美需要、期待视野等的不适应、不协调所引起,包括审美感觉、知觉、情感、精神等方面的疲劳、懈怠、厌倦、反感等。这是一种消极的审美心理现象,阻碍了人的审美活动,抑制了人的审美感受力、创造力,需通过改变环境,感受新的审美对象,新的刺激和主体心理、精神的自我调节,逐渐克服、消除。现实美(生活美)的贫乏、单调、重复,艺术美的公式化、概念化或过于虚假、繁琐、怪诞、偏僻、晦涩,外部环境的芜杂混乱、沉闷压抑以及主体的心态不良,都会降低、损害人的审美感受力和审美意趣,使人兴味索然,美感被窒息,乃至对审美活动产生厌倦,从而阻遏人的生命活力和自由创造力。

具体分析民族地区民众对于本民族文化产生审美疲劳的原因,发现有如下三点:

---

① 张东赞:《从传统节日文化意义的循环透视民族文化心理》,《理论月刊》2018 年第 5 期。

② "感觉疲劳是因对象单调、贫乏、冗长、信息量小、缺少变化,缺乏新颖性、独特性和刺激强度,或因主体受不良环境限制,多次反复接受同一对象的同样方式、强度、频率的刺激,使大脑兴奋中心受到抑制,感受器未及或超过感觉阈限所产生的生理、心理的疲劳。"——朱立元主编:《美学大辞典》,上海:上海辞书出版社,2010,第 355 页。

③ "情感疲惫是因对象情感淡薄、矫饰,使审美期待失去张力,未能引起主体相应的情绪反应,或因主体长时间受同一情感支配,或因环境压抑、主体心境不佳以及过于紧张、亢奋等,超过了情感的承受力,从而引起情感的衰退、萎缩,对对象情感失去相应的情绪反应和内心体验。"——朱立元主编:《美学大辞典》,第 355 页。

④ "精神疲乏是因对象内涵空虚而又对主体进行反复刺激,或因主体某种消极心理活动过久、过度以及在不良环境下心理失衡、精神抑郁所引起的心理疲惫、精神萎靡。"——朱立元主编:《美学大辞典》,第 355 页。

第一，缺乏审美距离导致审美疲劳。19世纪的德国美学家R·费肖尔曾说："我们只有隔着一定的距离才能看到美,距离本身能美化一切。"①瑞士心理学家、语言学家、美学家 E·布洛1912年于《英国心理学杂志》第5卷第2期发表《作为艺术的一个要素与美学原理的"心理距离"》,其中提出"审美的心理距离"说②,这种距离被他作为美感产生的主要机制,甚至当作美学原理。他所说的"距离"既非空间距离,亦非时间距离,而是心理距离,即指审美主体与对象在实用性、具体性方面的一种心理间隔,是"一种对经验的特殊的心理态度或看法"③,这种距离的产生并不在于审美者观赏视点的移动、观赏时间的缩短或延长,而在于观赏者的心理变化。这种心理变化是通过把对象所生的感受与一个人的自我分离开和把对象放到实用的需要和目的考虑之外而得到的。审美的心理距离使主体摆脱现实的利害和欲望,而着重于对象形象的观赏。这样,物我关系即由实用的转变为审美的。根据这一理论,显然,民族地区民众时刻都处于本民族文化的包围之中,缺乏有效的审美距离,必然产生审美疲劳。

第二,审美眼光功利导致审美疲劳。康德在《判断力批判》中严格区分了逻辑判断与审美判断。逻辑判断要运用人的理性思维,涉及目的、概念、属性、内容等;审美判断是一种情感判断,只关乎人的主观感觉,反映人对于形式的快感或不快感。依此逻辑推理可得:美虽然是一种快感,却不同于一般的因功利、欲念的满足而生成的快感;美感与利害无涉,与对象的"存在"(存在属性、内容等)无关,只是因为对象的形式产生兴趣或感到适悦而生,因此,审美只是一种观照活动,而非实践活动。并且,美与善有别,因为善也涉及利害计较、道德推理、内容认识等,涉及目的和概念。总之,美是无利害的快感、无概念的形式、无目的的合目的性,且美所引起的快感是普遍的、必然的。④康德的这一理论说明了审美活动本质上是一种无功利的活动。据此看来,民族地区民众对于本民族文化之所以产生审美疲劳,很大程度上是由于他们带着功利眼光来看待其文化。例如:游客去民族地区旅游,认为少数民族的建筑别有风情,是一道景观,这是由于游客纯粹是观光旅游,眼光毫无功利;而生活在当地的民众则难以做到无功利地审美,他们看到的是不够现代化、是落后破旧,恨不得"把这些破房子全拆了,盖上城里式样的楼房"。

第三,文化自信不足导致审美疲劳。民族地区大多是欠发达地区,许多还是贫困地区,这种经济落后的现状导致当地民众缺乏文化自信,认为经济落后就一定是各方面都落后,自认为文化也是落后的。这种文化自卑心理导致他们不能正确审视其民族文化的美好优长之处,还导致他们对于一些外来文化产生莫名的崇拜之情。这和在世界近代史上一度落后的中华民族的整体上"崇洋媚外"的心理根源有相似之处。

---

① 转引自陈文育《审美距离的当代演绎》,载江苏省美学学会《城市文化与艺术审美——江苏省美学学会专题资料汇编》,2008,第9页。
② 转引自唐小林《布洛说反了:论审美距离的符号学原理》,《中国人民大学学报》2015年第1期。
③ 李泽厚、汝信主编:《美学百科全书》,北京:社会科学文献出版社,1990,第401页。
④ [德]康德:《判断力批判(上卷):审美判断力的批判》,宗白华译,北京:商务印书馆,1964,第93—135页。

二、民族地区文化消费现状

1. 民族地区文化消费深受当代大众文化影响

当今时代,大众文化借助现代文化艺术传播体系,呈现出大融合(包括媒介融合和文化融合)和超时空的传播趋势,表现出强大的渗透性和同化性,广泛且深刻地影响着少数民族的文化结构、文化形态和文化心理。今天民族地区文化消费深受大众文化影响,呈现出文化口味杂交化、文化消费娱乐化、民族文化符号化等新的特征。

首先,大众文化的广泛流行导致了民族文化杂交化,并影响了民族地区人民的文化消费口味。少数民族人民通过大众传媒接触到本民族以外的多元文化,导致文化观念产生变化、文化生活方式逐渐转型,比如:在穿着打扮上追逐都市时尚和国际风潮,女士穿短裙、男士穿西装十分普遍,民族服装早已不被作为日常装束,只在民族节日和特定仪式场合才穿戴;在建筑装潢装饰上,许多人喜欢欧式、美式、现代式的风格;甚至在饮食习惯上,一些民族也逐渐汉化、西化,如蒙古族人民由于深受各种媒体和广告中对于健康饮食宣传的影响,逐渐摒弃"肉食为主""大块吃肉"的游牧民族饮食传统,开始注重食素。可以说,在今天,典型的、纯粹的民族原生生活方式已经不复存在,今天的民族文化是注入了多元文化的形态糅杂、观念混杂的杂交体。于是,民族文化消费口味也呈现出这种杂交倾向,少数民族人民对于加入了外来文化元素、流行文化样式的文化产品表现出更多的喜好,如爱看好莱坞电影、日本动漫,崇拜非本民族偶像,青睐非本民族风格的艺术设计产品等。

其次,盛行于当代的大众文化的一大特征就是高度娱乐化,少数民族受此影响,其文化消费活动也日趋娱乐化。少数民族人民不但热衷于消费文化娱乐产品,如刷短视频、参加娱乐性节目、追逐娱乐明星等,而且,其传统文化的神圣性、仪式性也日益消解,民族传统文化还常常消融在娱乐文化当中,成为一种有民族特色的娱乐文化元素,以吸引消费。显然,大众文化要求文化消费品具有亲民性、娱乐性,呈现出文化后现代化的草根化倾向;要求文化去精英化、去经典化、世俗化、娱乐化;要求文化从形式到内容都符合现代化、产业化的文化生产方式。诚如英美社会文化学者约翰·费斯克所指出:"文化不是指在艺术杰作中能找到什么形式或美的理想,也不是指什么超越时代国界和永恒普遍的'人类精神',而是工业化社会中意义的生产和流动,是工业现代化中社会的方法。"①

再次,由于民族文化不断消融在大众文化之中,今天的民族文化更像是抽象的符号,而日渐丧失具体的内容和内涵,民族文化消费即对于这种符号化的民族文化的充满象征意味的消费。文化市场所谓的民族文化消费,如购买民族工艺品、观赏民族歌舞等,大多都仅仅是消费了民族文化的符号形式,而非消费其中的内容内涵。可以说,类似于20世纪美国哲学家、艺术学家阿瑟·丹托的"艺术终结论"所言之典型的、纯粹的艺术叙事已告终结那样,典型的、纯粹的民族文化艺术也已经走向了终结。当下,民族文化艺术往往只是作为一种象征符号而存在,消费者消费它们只是为了占有符号象征意义,而不必具体了解其中的文化意蕴;民族文化产品中复杂的、具体的文化意蕴被消费者忽视,只有浅显的、抽象的符号形式才

①[美]约翰·费斯克:《理解大众文化》,王晓珏、宋伟杰译,北京:中央编译出版社,2001,第120页。

被关注。这些符号形式如民族造型图案、民族舞蹈动作等,消费者通常认为只要接触这些表层的符号形式,就等于消费了民族文化。

2. 民族地区文化旅游产品吸引大量外来消费

从整个文化艺术潮流的历史变迁来看,我们经历了由现代主义转到后现代主义的历程,也即从"祛魅"到"复魅"的循环变更。当前,我们正处在后现代文化语境当中。"后现代主义"这一术语最早见于西班牙的腓德列可·德·翁尼斯 1934 年出版的《西班牙及西属亚美利亚诗选》[①],其作为对现代主义的回应,排斥"整体"的观念,背离工业化、现代化生产模式下标准化、一元化的产品特征,反对"功能第一,美学第二"的设计理念,强调异质性、特殊性和唯一性,注重凸显文化艺术的民族性、历史性,以体现文脉传承。"越是民族的,就越是世界的"这句话就是典型的后现代文化的写照。今天,具有民族风情的文化旅游产品对于消费者的吸引力是巨大的,我国作为一个民族众多、历史悠久的国家,在这方面拥有得天独厚的优势。

我国少数民族的文化艺术吸引大量外来消费。进入文化消费领域的少数民族文化艺术主要分为有物质载体和无物质载体两大类:前者主要有民族建筑、民族工艺品、民族服饰以及民族特产、民族医药等,如土家族吊脚楼、藏族唐卡、苗族银饰、侗族酸鱼等,几乎所有游客都会对这些产品进行消费;后者主要有民族文艺、民族体育、民族宗教活动、民族节庆仪式、民族风俗习惯等,如傣族孔雀舞、蒙古族赛马、畲族舞蹈祭祀、彝族火把节、苗族刀梯风俗等,因其观赏性、娱乐性、体验性以及神秘性的特征,也是游客非参加不可的项目。

我国少数民族的风光古迹吸引大量外来消费。民族地区大多地理环境特殊,民居式样特别,拥有神奇旖旎的自然风光和闻名遐迩的名胜古迹,如西双版纳热带雨林、呼伦贝尔草原、贵州黄果树瀑布、桂林漓江山水、四川九寨沟、广西龙胜梯田、云南元阳梯田、拉萨布达拉宫、昆明的云南民族村、丽江古城等,有的是纯粹的自然景观,有的是名胜与美景相得益彰,吸引了络绎不绝的游客。现在,形成了三种主要的旅游景区模式:依托知名自然风光和人文古迹的经典景区模式,依托富于观赏性、休闲性的农田农业的农业景区模式,依托民族村镇的古镇村寨景区模式。[②]

今天,民族地区走文旅融合的文化产业振兴之路,吸引大量外来消费,必然造成民族传统文化商业化。应当看到,民族传统文化商业化为民族文脉传承带来契机,也是民族传统文化现代化的必经之路。

3. 民族地区文化消费和文化产业潜力待挖掘

民族地区文化资源存量极为可观,在发展文化产业和文化消费方面具有先天优势。然而,受制于欠发达的经济水平、尚未到位的文化经营产业化和市场化水平、较为薄弱的基础建设水平、还未打通"最后一公里"的文化传播体系,以及当地居民文化消费观念的迟滞等,民族地区的文化资源存量还未能充分转化为文化资本增量,文化消费和文化产业大有潜力可挖。

第一,民族地区居民文化消费潜力待挖掘。纵观"十三五"期间民族自治区和少数民族

---

① 参见廖盖隆、孙连成、陈有进等编《马克思主义百科要览》(下卷),第 1791 页。
② 参见邢启顺《西南民族文化产业与旅游融合发展模式及其社会文化影响》,《云南民族大学学报(哲学社会科学版)》
　2016 年第 4 期。

人口较多省份居民年人均文化消费数据(表14.1),可见这些地区的年人均文教娱乐消费支出金额均低于全国水平,且涨幅微小。从客观因素上看,这是和民族地区经济生产力欠发达、人民生活水平不够高直接相关的;从主观因素上看,民族地区居民还未把文化消费(尤其是教育以外的文化消费)看作和物质消费同等重要或者重要程度超过物质消费的必需性消费,并且文娱休闲的方式和一二线城市相比也不够丰富。

第二,民族地区文化产业规模潜力待挖掘。以我国少数民族最多的省份云南省为例,"十一五"和"十二五"的10年间,云南省文化产业以年均增长20%的速度发展。"十三五"期间,2016年,云南省文化产业增加值为453.65亿元,比上年增加6.73%,占GDP比重为3.1%;2017年,云南省文化产业增加值为517亿元,比上年增加13.96%,占GDP比重为3.16%;2018年,云南省特色文化及相关产业增加值686.02亿元,占全省GDP比重为3.3%,旅游文化产业增加值2111.16亿元,占全省GDP比重为10.1%;2019年,云南省特色文化及相关产业增加值为784.32亿元,占全省GDP比重为3.38%。[1] 同时,从《中国统计年鉴》中"分地区规模以上文化及相关产业法人单位数"来看,"十三五"期间,2016年云南省规模以上文化及相关产业法人单位有628家;2017年有743家;2018年有763家,2019年有731家,显现整体增加势头;虽然排名一直比较靠后,处于中下游位置,和非民族地区差距较大,但正因为有差距,才有上升空间。[2] 并且,民族地区通常是旅游业繁荣的地区,仍以云南省为例,"十三五"期间,2016年旅游总收入4726.25亿元,同比增长44.01%,接待海内外游客4.31亿人次,同比增长31.09%;2017年旅游总收入6922.23亿元,同比增长46.46%,接待海内外游客5.73亿人次,同比增长32.95%;2018年旅游总收入8991.44亿元,同比增长29.89%,接待海内外游客6.88亿人次,同比增长20.07%;2019年旅游总收入11035.2亿元,同比增长22.73%,接待海内外游客8.15亿人次,同比增长42.23%。[3] 其旅游业增速一直超过全国平均水平。可见,民族地区文旅融合大有可为。

第三,民族地区文化产品"走出去"拉动国际消费的潜力待挖掘。目前,我国民族地区文化产品在国内和国际这两个终端消费市场上的贸易情况极不均衡,对外文化贸易(尤其是版权贸易)始终是一块短板,结构性逆差巨大。以广西壮族自治区为例,查询其历年统计年鉴中"主要出口商品数量及金额",发现其最主要的出口商品是农产品,其次是工业原料、工业制品等,仅有一些手工艺品属于出口量较大的文化商品,如竹编结品、藤编结品、草编结品等。当前,民族地区文化市场基本处于片面的内向型发展状态,不符合我国全面改革始终开放的姿态和对文化市场进一步开放、文化产业国际影响力提升的要求;而文化外贸的强势区域几乎都在东南沿海地区,也不符合我国协调均衡的区域发展要求。民族地区文化产品走向世界的潜力亟待挖掘。

---

① 数据来源:根据云南省人民政府及相关部门官方网站公布数据,进行整理和计算得出。
② 数据来源:2017—2019年《中国统计年鉴》。
③ 数据来源:根据云南省人民政府及相关部门官方网站公布数据,进行整理和计算得出。

表 14.1　"十三五"期间民族自治区和少数民族人口较多省份居民年人均文化消费

自治区/省	2016 年			2017 年			2018 年			2019 年			2020 年		
	生活消费支出（元）	文教娱乐消费支出（元）	文化消费占比（%）	生活消费支出（元）	文教娱乐消费支出（元）	文化消费占比（%）	生活消费支出（元）	文教娱乐消费支出（元）	文化消费占比（%）	生活消费支出（元）	文教娱乐消费支出（元）	文化消费占比（%）	生活消费支出（元）	文教娱乐消费支出（元）	文化消费占比（%）
全国	17110.7	1915.3	11.20	18322.1	2086.2	11.39	19853.1	2225.7	11.21	21558.9	2513.1	11.66	21209.9	2032.2	9.58
内蒙古	18072.3	2165.8	11.98	18945.5	2227.8	11.76	19665.2	2245.4	11.42	20743.4	2407.7	11.61	19794.5	1835.9	9.27
广西	12295.2	1444.0	11.74	13423.7	1585.8	11.81	14934.8	1798.9	12.05	16418.3	2007.0	12.22	16356.8	1766.2	10.80
四川	14838.5	1284.8	8.66	16179.9	1468.2	9.07	17663.6	1599.7	9.06	19338.3	1813.5	9.38	19783.4	1650.5	8.34
贵州	11931.6	1602.5	13.43	12969.6	1783.3	13.75	13798.1	1660.0	12.03	14780.0	1865.6	12.62	14873.8	1636.7	11.00
云南	11768.8	1429.8	12.15	12658.1	1573.7	12.43	14249.9	1772.7	12.44	15779.8	1950.0	12.36	16792.4	1835.8	10.93
西藏	9318.7	370.1	4.03	10320.1	441.6	4.28	11520.2	609.3	5.29	13019.2	690.3	5.30	13224.8	550.9	4.17
青海	14774.7	1568.2	10.61	15503.1	1686.6	10.88	16557.2	1655.6	10.00	17544.8	1731.8	9.87	18284.2	1521.3	8.32
宁夏	14965.4	1772.1	11.84	15350.3	1955.6	12.74	16715.1	2139.5	12.80	18296.8	2352.4	12.86	17505.8	1760.6	10.06
新疆	14066.5	1471.2	10.46	15087.3	1599.3	10.60	16189.1	1762.5	10.89	17396.6	1876.1	10.78	16512.1	1488.4	9.01

资料来源：2017—2021 年《中国统计年鉴》。

第四，民族地区仍是我国脱贫攻坚的重点地区，"文化扶贫"还在路上。贫困问题在我国民族地区还未被消除，还存在"被脱贫""数字脱贫"现象。这制约了民族地区居民文化消费的能力和文化生活的质量。而比物质贫困更严重的问题是"精神贫困""文化贫困"。近年来，许多地区都大力倡导"文化扶贫"，主要包括"扶志"和"扶智"两个层面，手段主要有传承发展优秀传统文化、优化公共文化服务、发展特色文旅产业，以及加大文化教育事业资金与人力等各方面投入的倾斜力度等。只有推动民族地区"文化脱贫"，才能使得少数民族文化生机勃发、民族地区居民文化消费观念升级、民族地区文化产业腾飞。

第三节　以文化消费促进民族文化传承发展的路径

一、民族文化传承与发展辩证统一

1. 民族文化要在传承中发展，要促进对传统民族文化消费

文化传承形成绵延不绝的文脉和源源不断的艺术之流，任何时代的文化都是在传承以往时代文化基础上的革新发展。民族文化要在传承中发展，根据民族文化基因，体现民族文化底蕴，展现民族文化特有的魅力。文化消费是一条有效路径，要促进大众对于传统民族文化的消费，从而在两个方面上推动民族文化传承。

一方面，通过文化消费，传扬民族文化艺术精神。在文化消费中进行文化传承，当然不是要去追捧某些复制古代经典、套用既有文化艺术模式的文化产品，关键是要传扬民族传统文化艺术精神和哲学层面的东西，即对于形而上的"道"的传扬。这其中，至少包括三点：一是传扬民族传统文化价值观。如蒙古族谚语中"善良的人，可以走遍草原"的友善价值观，回族世代相传的"回汉一条心，黄土变成金"的团结价值观，传统游牧、渔猎民族的敬畏自然、注重生态和谐的价值观等。这些价值观在少数民族的戏剧、影视作品中反映得尤为直接生动，通过这些文化消费，可以起到很好的传承作用。二是传扬民族传统文化艺术思想。如古代苗族人民在生产实践活动中创造出来的充满了浪漫主义和理想主义色彩的宏大史诗——苗族古歌，其中生动地反映了苗族先民对天地、万物、人类起源的解释，对艰苦奋斗开创历史的讴歌。此类蕴含深刻思想的民族文学不胜枚举，对这些作品及衍生产品进行消费，可以使民族传统文化艺术思想得以传扬。三是传扬民族传统文化艺术情感。文化艺术产品作为精神产品的基本特征之一就是情感性，表意传情、抒发心灵是其重要功能，民族文化艺术产品包含着丰富的民族感情，如表达爱情的壮族山歌、白族香包等，通过文化消费，民族情感能被传达得更广、诠释得更新。

另一方面，通过文化消费，传习民族文化艺术技艺。民族文化消费具有推动民族文化艺术技艺传习的作用。首先，观看演出等文化消费活动能够培育学习某种民族艺术的兴趣，如对于民族歌舞、民族乐器的学习兴趣等；其次，一些民族工艺可以直接通过文化消费的方式进行传习，如民族陶瓷、剪纸、印染、编结工艺等，可以进行 DIY 消费；再次，我国今天提倡的非物质文化遗产活态传承之命题核心就在于对于古老技艺的传习，少数民族有着丰富的非

物质文化遗产,许多技艺有很高的展示价值,通过消费民族非遗产品,能起到传承民族技艺的作用。

2. 民族文化要在发展中传承,要促进对新型民族文化消费

民族文化要在新的时代展现旺盛的生命力,就必须要在古老传统基础上不断扬弃、不断创新,从而在发展中传承。而消费者对于经历了文化改造的新型民族文化进行消费,既起到了传承民族文化传统的作用,也起到了刺激民族文化创新的作用。

新型民族文化产品应当既保留民族传统文化特色,又具有符合当代消费者审美趣味、消费方式的新元素、新风格、新形式、新载体,并且部分和现代传媒技术结合紧密。比如:带有传统民族图案的家居装饰、服饰箱包等,民族地区旅游景点的大型实景演出,抖音直播民族文艺、民族风俗等。民族文化艺术产品的生产经营者应该积极从本民族文化艺术传统中汲取养料,使其转化为创新的素材。而这种汲取传统养分的开拓创新,事实上也起到了传承传统的作用,赋予了传统新的生命力。

在当代,随着文化产业的快速发展,民族文化市场呈现出一派民族文化复兴的景象。本民族消费者感到越来越多的文化自信和越来越强烈的文化归属感,外来消费者体验到各式各样的文化风情;本民族文化经营者则更受鼓舞,对于传统民族文化的创新更富热情。而文化消费带来的"文化趣缘"能够促进本民族文化产品生产经营者与本民族和其它民族消费者的社会交际,并且增进民族身份认同。这些不但对于消费者个体精神世界的建构有积极意义,也能很好地发挥文化凝聚和文化传播的作用。

二、文化消费是民族文化资本积淀与活化的有效途径

1. 民族文化资本必须通过文化消费体现时代价值

布尔迪厄在社会学范畴内提出的文化资本理论主要探讨的是家庭与个体的文化资本积累与转化问题,其后该理论被从多学科视角不断阐释。缘于文化生产方式的现代化变革,这一理论被引入经济学范畴,和文化产业关联起来。扩大布氏理论的外延,把家庭与个体文化资本拓展为"民族文化资本",并结合民族文化经济加以研究,目前看来,还是一个较新的视角。

简单地说,民族文化资本即由民族文化资源资本化而形成。借鉴布尔迪厄划分的三种形式文化资本理论,民族文化资本亦包括身体的(即人格的)、客观的(即实物的)、体制的三种形式。而将三种形式的民族文化资本纳入文化经济领域,从文化消费角度解释,则会获得更丰富的内涵。其一,人格形式的民族文化资本即民族文化习性,能通过民族文化消费不断固化,并且能培育民族消费审美观,提升民族文化艺术情操。其二,实物形式的民族文化资本主要是民族文化遗产、民族艺术等,能通过民族文化消费实现经济价值,而艺术的形象性之特征也起到塑造和彰显民族形象的作用。其三,跳出文化教育体制框架,换种思维思考诠释布氏理论,可以认为,体制形式的民族文化资本在社会学领域有民族宗教、民族礼俗等,民族文化消费使得这些文化制度褪去神秘色彩,具有展示性和观赏价值,大众文化色彩渐浓,日益世俗化;在经济管理学领域则有民族文化市场模式、民族文化管理体制等。正是民族文化消费需求的变化和增长,对于文化经营管理体制提出了更高要求,促进了民族文化产业在

制度层面革新进步。

久经历史积淀的民族文化资源,一旦成为进入现代经济体系中的民族文化资本,就必须通过文化消费体现时代价值(图 14.1)。从文化层面看,文化消费促进民族文化价值认同——通过现代化的文化消费方式,赋予古老的民族文化以时代价值,使民族文化历久弥新、活在当下;形成与国际流行文化、汉族文化、主流文化形式相异、别具情趣的多元文化形态;还起到增强民族地区居民文化自信的效用,由于我国民族地区大多是经济欠发达地区,经济落后造成了其居民在各方面的自卑心态,然而经济落后并不意味着文化落后,民族文化产品在市场上广受各族各地消费者欢迎,这就使得少数民族文化自信心备受鼓舞。从经济层面看,文化消费盘活民族文化资本运营全过程——实现民族文化资本循环积累并延展民族文化资本价值链,尤其是在我国强调文化经营的社会效益和经济效益"双效合一"的当下,民族文化资本的运营由于通常注重"文化为魂",善于凸显民族文化特色,体现了对民族文脉的承载,往往能够收到较好的社会效益。

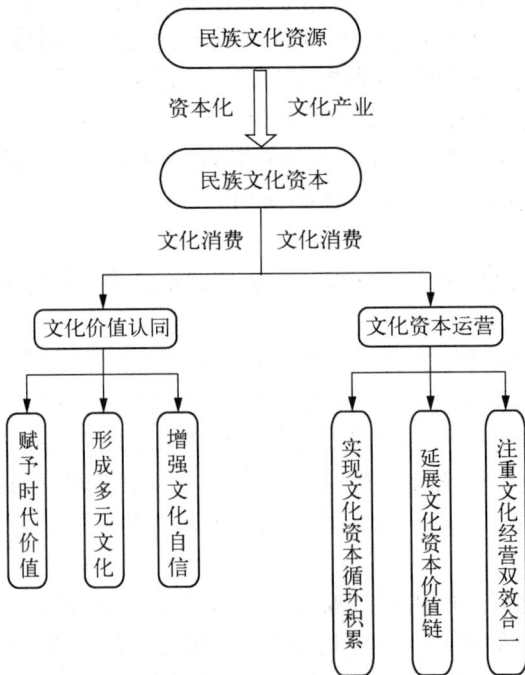

图 14.1 民族文化资本与文化消费关系图

2. 民族地区文旅融合是拉动文化消费的主要手段

无论对于一个民族本身的文化而言,还是对于全世界文化的多元性而言,文化消费都是一种文化实现其价值的最主要终端;无论对于民族地区居民而言,还是对于外来消费者而言,文旅融合都是当下最主流的拉动民族文化消费的手段。

文旅融合是民族文化"去同化"的第一步,激活本民族文化认同,赋能深层文化消费。对于少数民族而言,"文化被同化"主要表现为四点:一是主流文化造成的汉化,少数民族人民全部讲汉语、习汉俗,接受主流意识形态和文化价值观引导;二是文化全球化造成的西化,少数民族人民普遍着西服、学英语,在各方面都追求国际化;三是文化现代化造成的"祛魅",即前现代社会中丰富、复杂甚至繁琐的文化意义被祛除,生活仪式感下降,文化制度感荡然无存;四是文化后现代化"复魅"仅停留于浅表,后现代化是对现代化的反叛,要求复兴传统文化和地方文化(民族文化)、找回文化意义,然后这股潮流仅仅是在象征性的符号层面进行了"复魅",惯用拼贴戏仿手法,其所复归的通常是一种不伦不类、不古不今、不中不洋的文化,带有"文化杂耍"的意味,给人一种"文化杂陈"的既视感。面对这四点"文化被同化"的挑战,少数民族发展文旅融合产业,是迈出了民族文化"去同化"的第一步,提振民族文化自信心、激活并加深民族文化认同,从而使本民族民众在对民族文化的深层理解基础上充分消费其深层意义。

文旅融合之民族文化商业化功大于过,能够增加民族文化吸引力、扩大文化符号消费。诚然,文旅融合走的是文化资本化运营路线,发展的是一种商业文化。对于文化商业化,一些观点保守者往往求全责备,认为商业化导致了文化纯洁性、纯粹性流失;而文化商业化的确时常造成"经济效益"碾压"文化效益",导致文化低俗化、奇葩化。然而,应当看到少数民族发展文旅融合产业虽不免造成文化商业化,但是功大于过。民族文旅产业为了吸引消费,必然注重凸显民族特色,这就提升了少数民族人民的文化保护意识,传统的民族文化符号、民族艺术元素都可被包装,成为市场"卖点",从而吸引文化消费者。

文旅融合是有效的"文化扶贫"手段,可以提升民族地区居民的消费能力。我国大多数民族地区还未从根本上摆脱贫困问题,开展文旅融合,能起到"文化扶贫"作用。民族地区居民通过经营民宿、农家乐,买卖民族工艺品,参与民族演艺业、旅游服务业等,把自己习以为常的东西变为游客的兴趣点,找到了脱贫致富的途径,点燃了民族地区文化创业激情,增添了民族地区文化经济活力。其直接的效果就是:民族地区人民收入水平提升,消费能力增强,恩格尔系数下降,文化消费比例上升。

文旅融合是有效的吸引客流手段,吸引各地消费者前来打卡体验。我国大多数民族地区都是旅游热门地,这些地区加强文旅深度融合,能够使原本经典的旅游目的地文化色彩更浓、游玩项目更多,使原本的观光游发展为体验游,如黄果树漂流、阳朔攀岩、蒙古包住宿、新疆沙漠骑骆驼、西双版纳傣族泼水节体验、西江千户苗寨民俗体验等;也能够打造一批全新的"网红"文旅目的地,如湘西凤凰古城、桂林"千古情"景区、云南普者黑景区、四川阿坝桃坪羌寨、四川稻城亚丁风景区等,吸引消费者打卡体验,增加本地文化消费收益。

三、民族地区文化消费提升路径

1. 创意为王,推进民族传统文化创造性转化与创新型发展

文化生产区别于一般技术和工业生产的根本之处在于:文化产品具有独创性,是灌注了主体创意思想的精神产品(虽然大部分要有物质形式和载体),即便是批量化生产的产品,也具有独特的匠心和创意。因而,文化生产中创造性大于生产性;而通常本身少有实用价值的文化产品之所以吸引人消费,也是由于内在创意打动人心。

创意不但是文化艺术生命力的源泉,也是文化传统得以传承的时代精神依托。往往古老的艺术元素、文化符号借助新型的包装、形式,就能焕发新的生机,如故宫推出的胶带、口

红、咖啡、火锅等"爆款"文创设计、文创餐饮,就是用创意激活古老文化,发掘了传统文化的无尽价值,收到了良好的社会效益和经济效益。今天,民族地区要利用创意手段结合传统文化与现代文化,推动传统文化创造性转化和创新性发展,可以借鉴故宫经验,培育"网红"创意经济,打造民族文化品牌。当前,已有一些成功案例,如:云南普洱市利用普洱茶原产地和"中国咖啡之都"的地利条件,开发一系列普洱茶、普洱生态咖啡产品,设计茶饮文创产品,成为热门游客伴手礼;[1]由"吉祥三宝"团队历时四年创作的鄂温克族原生态大型舞台剧《敖鲁古雅》,对鄂温克族民歌、舞蹈、器乐、造型艺术作品和驯鹿、游猎肢体语言进行了抢救性整理和文化整合,以中国最后的狩猎部落的古老文化撩动人心,在国内外演出市场上大获成功;"多彩贵州"、"七彩云南"、《云南映象》、《印象·刘三姐》等民族文化品牌令人耳熟能详;云南的楚雄彝绣和永仁直苴彝族赛装节将民族服饰文化与传统节庆文化有机结合,成为云南文旅产业发展的重要突破口,目前彝绣产业年产值已超过1.5亿元,预期2035年形成"10万绣娘、10亿产值"的产业规模。[2]

并且,我国少数民族文化资源的物质和版权保护措施、保护政策日益完善,加之少数民族文化艺术本身难以复制、仿制和学习,具有较强的排他性竞争优势,[3]这是民族地区创意产业发展的天然优势。

以文化传承与发展辩证统一的眼光来看,民族文化的创造性转化重在传承,即"借古开今",要使民族传统文化价值实现现代性转化,使古老传统在当代绵延不绝;而创新性发展重在发展,要推动民族传统文化变化发展,使其以开放姿态融入时代文化、对接国际文化,使其从表现形式到传播手段都令人耳目一新,才能广受当代消费者欢迎。

2. 平台为基,加强民族文旅线上产品和智能平台开发力度

今天,我们已经进入了"数字时代",文化艺术传播已经经历了口语时代—印刷时代—电子时代—网络时代—数字时代的变革历程。每一次变革,都推动了文化艺术表现形式革新、文化艺术消费手段变革。数字时代,传播媒介呈现出大融合、超时空趋势,这为民族文化艺术传播开辟了新天地。民族地区要扩大其文化影响力,吸引国内外消费者,就要积极利用新的文化传播平台和技术手段,紧密结合"工业4.0"的智能革命进程。

第一,促进民族文化资源数字化可视化转化,提升文化科技含量。首先要对民族地区的文化遗产、艺术档案等进行数字化整理,健全民族文化资源数据库,以利于保护。其次要利用数字媒体呈现民族特色文化艺术,激发新的民族艺术形式产生,如把民族歌舞与动漫游戏进行跨界融合等,使得民族艺术更加异彩纷呈。再次,要充分利用数字媒体传播民族文化艺术,如网络直播、网剧、微电影等。最后,要认识到视觉文化是当今时代的强势文化,诚如海德格尔所言,"世界被把握为图像"[4],当代视觉文化是一种与新技术紧密相联的,对于消费极具影响力、形成"眼球经济"的消费主义文化。因此,要进一步拉动文化消费,还要尽可能

① 参见陆平《文化资本视域下中国边境地区民族文化产业发展研究——以云南省普洱市为例》,《西南民族大学学报(人文社科版)》2018年第9期。
② 参见《打造云南文化产业高质量发展"新爆点"》,中国文明网,http://www.wenming.cn/dfcz/yn/201906/t20190612_5147336.shtml,访问日期:2019年6月12日。
③ 参见朱应雨《少数民族文化产业向创意产业的转型研究》,《贵州民族研究》2017年第2期。
④ 周宪:《视觉文化的转向》,北京:北京大学出版社,2008,第15页。

使民族文化资源可视化、图像化,用影视、动画形式讲述民族神话传说,提升民族文化视觉传达设计水平,可借鉴《国家宝藏》对文物"前世今生"的演绎形式。

第二,实现民族地区文旅线上线下"一条龙"服务,发展 O2O 文旅模式。要善于利用线上平台,对接线下文旅需求,通过开设文旅服务微信公众号、开发文旅娱乐微信小程序、开创民族村寨旅游淘宝店等方式,提供 O2O 线上下"一条龙"文旅服务。建立健全游客在线查询、提前预订、网上支付、实地消费、事后评价的文旅 O2O 平台[①],实现对政府导向的契合,并为经营者带来实际收益,为消费者提供实际便利。

第三,对接时代要求发展民族地区"智慧文旅",研发智能导游 App。在全域旅游时代,"景点游"向"全域游"转换、"观光游"向"体验游"转换,散客"自由行"蔚然成风,无计划"任性游"("说走就走")不在少数,这些新兴的旅游方式都不适用于传统的导游模式,广大旅游爱好者对于旅游智能化的需求日渐强烈。尤其是在地形复杂、交通不便的大多数民族地区,游客对于智能化旅游服务平台的需求更加迫切。因此,民族地区要尽快研发集成地区地图、景点导览、景点解说、景点评价及排行、天气预报、票务服务、交通服务、食宿服务、民族民俗注意事项提示、特产介绍、文创纪念品推荐等功能的智能导游 App,推动"智慧文旅"建设。以云南省为例,2018 年 3 月 1 日,由云南省旅游发展委员会、腾讯公司联合打造的全域旅游智慧平台"一部手机游云南"上线试运行,标志着云南旅游跨入智慧时代。"一部手机游云南"包括"游云南"App、微信公众号、微信小程序三个用户端,形成"三位一体"式的"互联网+旅游服务"集成工具箱,应用功能覆盖游客的游前、游中、游后各类需求,使游客充分享受吃住行游购娱各环节"一键订单""一码通行""一键投诉",更加省心、安心、放心地畅游云南。对比去哪儿、途牛旅游、携程旅行等平台,"一部手机游云南"更加专业,旅游信息发布权威准确;具有"诚信体系"和"一键投诉"两大核心功能,保障感更强;景点门票价格也更优惠。

第四,完善民族地区文化传播基础设施建设,加大投入保障力度。目前,我国还有不少民族地区文化传播基础设施建设不到位,还存在"三网融合"程度低、未实现 100% 覆盖,公共空间 WiFi 网不开放,网络传输速度低等问题,民族地区文化传播"最后一公里"亟待打通。由网宿科技于 2019 年 2 月 19 日发布的《网宿·中国互联网发展报告 2018 年》统计数据显示,截至 2018 年 12 月,全国互联网普及率 57.7%,八成省市高于 50%。排名前六的省市为北京、上海、广东、福建、天津、浙江,无一为民族地区;而排名末六位省份为云南、甘肃、西藏、四川、河南、贵州,普及率均未达到 50%,除河南外,其余五省均为少数民族较多省份,云南作为少数民族最多省份排名末位。[②] 并且,各个民族地区利用新媒体的程度不一,观念差异较大,丽江、凤凰、西江苗寨等"网红"旅游地在利用新媒体宣传造势上就比较成功,但也有一些经济文化落后地区,特别是生产方式还停留在前现代时期的民族部落、村落,新媒体普及率还偏低。因此,要加大各方面投入保障力度,不仅要投入财力,改善基础设施条件,还要投入人力,大力培养民族地区文化传播人才。

---

① 参见张中奎、任小宇《全域旅游视域下构建民族村寨旅游淘宝的研究——以贵州雷山县域为分析对象》,《原生态民族文化学刊》2017 年第 2 期。

② 网宿科技股份有限公司:《网宿·中国互联网发展报告 2018 年》,2019,第 6 页。

3. 需求为准，注重民族文旅产品精准对接并激发市场需求

以需求为准绳，生产端以消费端为转移，供给侧由需求侧牵动，实现文旅产品精准供给，是调整民族地区文旅产业结构、扩大民族文旅消费市场的必然举措。具体而言，举措如下。

第一，注重对接不同类型的旅游需求。要精分、细分旅游需求类型。按照需求导向可初步分为家庭型、休闲型、学习型、康养型四种，这四种又可进一步划分：家庭型包括情侣游、亲子游、陪老游等，休闲型包括观光游、体验游、度假游、探险游、运动游等，学习型可分为研学游、主题游、会议游，康养型包括养生游、医药文化游等。显然，每一种旅游对于衣、食、宿、行和相关服务的要求各不相同，而当前民族地区对一些小众型、新型旅游需求的供给还存在空白，如：对"二孩"家庭未能普遍提供适合的住宿条件，对使用新媒体不熟练的老年游客的引导和帮助服务不完善，对探险爱好者未能打造安全系数高的旅游环境，对研学旅游者未能提供专业的文化知识服务，对以健康养生为目的的游客提供的相关产品和服务存在故弄玄虚问题等。这些问题都亟待解决。

第二，注重对接不同层次的旅游需求。大体上，不同层次的旅游需求即高端和中低端需求两种，前者比较小众化，时有私人定制的需求，而这点在民族地区文旅市场上还未能充分实现。后者的大众化需求，看似都能满足，却易导致经营模式单一化、文化元素表面化、商业气息过浓的"同质化"供给问题。这一问题在一些全域旅游型民族村寨、民族古城、民族古街的建设打造中反映得尤为明显，导致游客新鲜感和满意度降低。可见，民族地区文旅产业无论在对接高端的小众化需求，还是在对接中低端的大众化需求时，都有很大改进空间。

第三，注重对接国内国外的旅游需求。目前，民族地区文旅产业的国际化程度很低。将少数民族最多的省份同时也是国内旅游大省的云南省，同并非典型旅游地的北京旅游数据对比：云南省 2018 年旅游总收入 8991.44 亿元，旅游外汇收入 44.18 亿美元，折合人民币约305 亿元，占比 3.4%；接待国内外游客 6.88 亿人次，海外入境游客（包括港澳台和外国游客）706.1 万人次，占比 1.03%。[①] 北京市 2018 年旅游总收入 5921 亿元，旅游外汇收入55.2亿美元，折合人民币约 381 亿元，占比 6.4%；接待国内外游客 3.14 亿人次，海外入境游客（包括港澳台和外国游客）400.4 万人次，占比 1.28%。[②] 可见差距还是比较明显的。民族地区文旅产业市场是典型的内向型市场，市场结构很不均衡，这说明民族地区文旅产业经营者对于国外游客的需求研究还不到位、提供的产品和服务还比较欠缺，如：大多旅游 App 都没有外文版本，很不便于国外游客使用；景区中外多语种标志、多语种地图、多语种导游等服务不够健全，小语种服务十分稀缺；许多旅游演艺项目缺少外文字幕、外文解说等。这些不利于民族地区文旅市场向外拓展的问题都亟待解决。

第四，既要突出特色，又要全面发展。当前一些民族旅游景区突出某一单一特色，而全面发展不够。比如：着力彰显民族传统文化，注重"原生态"风景、建筑、歌舞、礼俗等的展示，而科技含量偏低，VR、AR、MR、AI 等文化科技元素较少，与现代游客嗜赏"科技奇观"的趣味相异；景区内的博物馆、非遗馆、美术馆等服务于学习型游客的设施建设水平整体偏低，大多展陈有限且未运用新型文化科技布展，有的建筑简陋，几乎是形式性的摆设，这从一个侧

---

① 数据来源：根据云南省人民政府、云南省统计局及各相关部门官方网站公布数据，进行整理和计算得出。
② 数据来源：根据北京市人民政府、北京市统计局及各相关部门官方网站公布数据，进行整理和计算得出。

面反映出文旅产业知识含量远远低于娱乐含量;娱乐、游艺、体育项目是景区体验类活动的主角,而智力型、探险型项目还比较缺乏。上述问题,需要引起重视,使其改观。总之,民族文旅产业在供给内容和形式上,可以有所偏胜,但不可有所偏废,要发展"文化＋旅游＋多元X"模式。

第五,既要对接需求,又要创造需求。要对接需求,就要充分运用当代大数据、云计算等技术,对各个类型游客进行"画像",分析其消费偏好,从而做到供求精准对接。要创造需求,就要在分析游客消费偏好的基础上,通过新建旅游消费场所、人际传播等方式,对其原有喜好进行深度挖掘,或对其进行兴趣培育,激活潜在消费需求,如:在销售民族工艺品的街市上建设民族工艺 DIY 作坊,吸引正在逛街的游客前去消费;用各种奖励鼓励游客使用社交媒体带动宣传营销,借助微信朋友圈、抖音、Facebook、YouTube 等国内外社交媒体,打造旅游品牌和旅游项目口碑,吸引一些本来不知道该旅游地的人前来,或激发一些本来无甚兴趣者的兴趣。

4. 服务为辅,提升民族地区文旅产业服务效能度和满意度

要增进民族地区文旅产业活力,拉动相关消费,离不开健全的配套公共服务。优化服务的关键在于地方政府发挥好文化治理与市场管理职能。地方政府要面对文旅产业经营者、文旅产业消费者分别提供适当服务,提升公共服务效能度;并下大力气整治文旅市场,改善文旅消费市场环境,实现"安心游、放心购",提升消费者满意度。

对于民族地区文旅产业经营者,地方政府要增强服务意识,促进产业有序发展。政府管理的本质就是服务,无论是进行宏观管控、政策引导、法治保障,还是提供基础设施、信息数据等,都是在面向全社会进行服务。在对民族地区文旅产业发展方面,政府首先要完善法律法规体系,以法治为根本依托,应对其中的法律法规空缺点进行填补,并从法律层面明确文化产权归属,[1]健全版权保护制度。还要持续推进政府职能转变和服务型政府建设,简政放权,减少项目审批流程和对文化市场干预度,优化创业指导、技术帮扶、信息咨询、财税金融等各领域服务。

对于民族地区文旅产业消费者,地方政府要完善服务设施,创新文旅服务手段。大众旅游时代,地方政府要创造更加安全、舒适、便利的旅游环境。首先,要守住安全红线,防范旅游安全事故,做好预警提示、监督检查、应急处置工作,构筑旅游安全保障体系。其次,要缓解节假日及高峰期出行难、停车难、入园难、赏景难、如厕难、网络差、酒店和餐饮卫生不达标、相关服务不规范等问题,升级硬件设施和软件服务。再次,要运用 AI 等新型科技优化服务,如投放机器人导游、无人驾驶游览车等。另外,还可通过政府购买公共文化服务,使民族民间文化艺术成为公共文化产品,如组织民族民间艺人将民族舞改编为适于公众参与的广场舞,[2]将公共文化服务与文化产业有机结合,给商业化景区注入公益性文化。

对于民族地区文旅消费市场,地方政府要强化机制建设,治理文旅市场乱象。民族地区经济相对落后,而文旅资源却十分丰富,大多数民族地区都以旅游产业为支柱性产业,然而,"云南低价团欺诈勒索游客""桂林黑导强制消费""西江苗寨高价宰客"等负面新闻频繁曝

① 参见麻书豪《我国民族文化产业发展与政府管理探讨》,《管理世界》2017 年第 2 期。
② 参见孙岿、田文霞《少数民族文化创造性转化与创新性发展的新路径》,《贵州民族研究》2017 年第 8 期。

出,可见诚信缺失、无序竞争、无良经营、景区过度商业化等问题广泛存在于民族地区旅游市场上。对这些市场乱象,地方政府要通过机制建设来规范治理。一方面,要保证旅游信息流通顺畅,健全旅游信息发布机制。旅游市场大量"卖方失信,买方挨宰"的事实反映出,由于信息不对称,"黑旅行社"欺诈游客就易如反掌;由于信息不对称,在完全竞争市场下,价格战必然愈演愈烈,因为游客最先也最易接触到的信息就是价格,于是"宰客低价团"就难以根除;由于信息不对称,老老实实的经营者反而竞争不过违法违规的市场投机分子,逆向淘汰("劣胜优汰")的恶性市场竞争机制事实上已然形成。因此,地方政府要建立健全官方旅游信息发布平台并普及使用,如官方旅游微信公众号、当地旅游 App 等,使游客能"一键式"查询景区、门票、交通、实时人流量、景区内消费指导价、旅行团指导价等信息。另一方面,治理旅游市场须双管齐下严控"一进一出"。首先要严卡"进入关",设置旅游市场诚信准入门槛。要健全旅游诚信制度,建立征信系统,运用大数据技术,广泛采集一个较长时期内旅游市场经营主体的信息,仔细考察其从业记录,确保只有无诚信污点的经营者才能进入市场。同时要用实退出机制,切断失信经营者生路。要将违法违规者纳入"黑名单"并及时清退。可以规定,一旦被清退,其至少 5 年不得从事旅游及其相关行业。并且,对于"旅游失信事故""旅游业经营失信黑名单"进行全媒体曝光,利用反面教材加强宣传教育,防止游客上当;再者,把一些情节恶劣的旅游失信行为的直接责任人(如胁迫游客购物的"黑导游"、"天价宰客"的饭店或商铺老板等)和主要责任人(如"黑导游"所在旅行社的负责人、"黑店"所在景区的相关行政管理部门负责人等)加入"失信黑名单",在一定时期内对其生活各个方面造成不利影响。如此,则旅游业经营主体和从业人员违法违规、欺诈失信无异于自杀,此举有望从根本上遏制旅游乱象的滋生。

第十五章 改革开放以来文化消费相关政策法规梳理与评价

第一节 伴随文化消费市场变迁的文化消费相关政策法规梳理

一、文化消费市场开局期(1978—1985)

1. 阶段界定与相关概况

文化消费市场开局期也是市场经济开局期,也就是改革开放初期,笔者将这一阶段界定为1978—1985年。改革开放是中国共产党在社会主义初级阶段基本路线的一个重要内容,是"两个基本点"之一。自1978年12月党的十一届三中全会中后,经济建设开始成为我国工作重心,陆续出台了一系列新的方针政策,政策基本逻辑是对内改革、对外开放。这一阶段覆盖了计划经济为主、市场调节为辅的"六五"时期(1981—1985)。

1978—1985年的改革开放初期,主要有这几件大事。1978年12月13日,邓小平在十一届三中全会前的中央工作会议闭幕式上作了题为《解放思想,实事求是,团结一致向前看》的重要讲话,为随即召开的十一届三中全会作了充分准备,该讲话实际上成了三中全会的主题报告。1978年12月18—22日,党的十一届三中全会作出了把工作重点转移到社会主义现代化建设上来和实行改革开放的重大战略决策,标志着我国进入了社会主义现代化建设的新时期。1979年7月,中共中央和国务院批转了广东、福建省委关于对外经济活动实行特殊政策和灵活措施的报告,并决定先在广东的深圳、珠海试办出口特区,取得经验后,再在广东的汕头、福建的厦门设置。1980年3月,中共中央决定将"出口特区"定名为"经济特区",对特区建设的方针、步骤和方法作了明确规定;8月,全国人大常委会正式批准深圳、珠海、汕头、厦门为经济特区。1980年8月,邓小平在中央政治局扩大会议上发表了题为《党和国家领导制度的改革》的讲话,指明了新时期中国政治经济体制的改革方向。1981年12月,广东省决定海南岛实行对外开放。1982年1月,中共中央批转《全国农村工作会议纪要》,确立家庭联产承包责任制。1982年9月,党的十二大明确提出:"正确贯彻计划经济为主、市场调节为辅的原则,是经济体制改革中的一个根本性问题。"1984年4月,党中央和国务院决定进一步开放大连、秦皇岛、天津等14个沿海港口城市。1984年10月,党的十二届三中全会通过《中共中央关于经济体制改革的决定》。这是全面进行经济体制改革的纲领性文献,比较系统地提出和阐明了经济体制改革中的一系列重大理论和实践问题,确认中国社会主义经济是公有制基础上的有计划的商品经济,确认改革的基本任务是建立起具有中国特色的、充满生机和活力的社会主义经济体制,促进社会生产力的发展,提出了"社会主义商品经济"的新概念,并明确指出:社会主义经济是"在公有制基础上的有计划的商品经济";"商品经济的充分发展,是社会经济发展的不可逾越的阶段,是实现我国经济现代化的必要条件。只有充分发展商品经济,才能把经济真正搞活……而这是单纯依靠行政手段和指令性计划所不能做到的"。① 其明确要求:进一步贯彻执行对内搞活经济、对外实行开放的方针,加快以城市为重点的整个经济体制改革的步伐。该文件的出台具有划时代的重大意义,是我国政府与市场关系变革历程中的一个里程碑,并且标志着改革由农村到城市的转变。经济体制改革的展开和深入对政治体制的改革提出了愈为紧迫的要求。政治体制的改革与经济体制的改革基本上是同步进行的。1985 年 2 月,中央批准将长江、珠江三角洲和闽南的厦门、漳州、泉州三角地区开辟为沿海经济开放区,建立以外向型为主的经济,按贸—工—农顺序安排生产,调整工农业生产结构,多出口创汇。②

随着经济领域拉开改革开放的序幕,科技、社会、文化等各个领域的改革开放也相继启动。我国在这一阶段,实现了从计划经济体制向市场经济体制的转型过渡,完成了经济体制破冰,国内从"没有市场"到"形成市场",供应书刊、戏剧、电影等文化娱乐产品的文化消费市场也得以形成。

2. 改革开放对于文化消费市场形成的政策效应

我国自 1978 年起实行改革开放,建立社会主义市场经济体制,实现了新中国成立以后消费市场从无到有的质的转变。1978—1985 年,是我国市场化改革的起步阶段,主要取得了四点突破:一是以农村经济改革为起点,在农村推行家庭联产承包责任制,促进了农业产值、农民生活水平的提高;二是探索企业改革,向国营企业放权,向企业经营者让利;三是恢复城乡商品市场,发展城镇个体工商业和农村集市贸易,使得沉寂已久的商品市场复苏;四是设立和开放经济特区,推动对外贸易。这样,我国市场经济在改革开放初期获得新生。据不完全统计,这一时期,我国人均年消费额增加了 108 元,③在长期的计划经济之后,消费市场的局面终于打开。于是,文化消费市场也得以形成。

这一阶段,我国文化市场刚刚萌芽,在经济相对发达、开放程度较高的沿海地区,出现了营业性的文艺演出和娱乐场所,成为当时的新鲜事物。但那时的文化市场化程度和市场效益整体处于低水平阶段,市场上文化商品种类少、人民的文化消费意识低。

这一阶段,关于文化市场的政策法规制定也刚刚起步,但由于面临新的市场环境,经验不足,基本停留在对于文化市场产生问题的稽查整改方面,大多是滞后性的、弥补性的措施,未能先于自发性的市场行为发挥较好的预防问题、引导态势的作用。

3. 1985 年全国消费经济研讨会首提"文化消费"概念

"文化消费"这一概念进入我国学界视野,始于 1985 年全国消费经济研讨会。我国消费经济领域学者认识到,文化消费是一个特殊的消费领域,区别于一般的物质消费。两者的主要区别在于:第一,消费目的不同,物质消费是为了满足物质使用需求,文化消费是为了满足

① 参见高长武《改革开放以来党对政府与市场关系的认识历程及启示》,《理论学刊》2014 年第 9 期。
② 参见卢之超主编《马克思主义大辞典》,北京:中国和平出版社,1993,第 187—188 页。
③ 参见李晓西、林永生《改革开放 40 年的中国市场经济发展》,《全球化》2017 年第 7 期。

精神文化需求;第二,消费层次不同,物质消费是生存必需消费和生活基本消费,文化消费则不然,属于层次更高的消费;第三,消费对象不同,物质消费对象一般是某种产品,是具有物质实体的物品,而文化消费对象包括产品和服务,不一定都有物质实体;第四,有些文化消费具有在场性、即时性和一次性的特点,如观看现场演出、进行娱乐活动等,和物质消费具有很大不同。

"文化消费"这一概念的提出,是消费经济理论研究上的一个飞跃。理论界终于不再把文化消费和物质消费混为一谈,而是单独界定了文化消费的消费领域,主要包括文化娱乐消费和文化教育消费两个部分,后来又进一步把文化消费和教育消费区分开来,文化消费专指文化娱乐消费。

"文化消费"这一概念的提出,对于文化消费市场建设管理相关理论的发展具有直接促进作用。这在当时,对于用理论引导我国文化消费市场开局具有重要的意义。理论界认识到文化市场是一个特殊的市场领域,是文化消费这一特殊的消费活动的直接产物,把握文化消费规律,对于引导文化市场发展至关重要。并且,文化市场问题更加复杂,往往不是简单的商品问题,如商品种类、价格、质量等问题,而是社会问题和法理问题,如文化商品社会效益问题、文化商品知识产权问题等。

二、文化消费市场建成期(1986—1995)

1. 阶段界定与相关概况

文化消费市场建成期也是市场体制基本建成期,笔者将这一阶段界定为 1986—1985 年,也就是"七五"和"八五"两个五年计划时期。

这一阶段,改革开放全面推进。"七五"时期(1986—1990),国家对市场和企业的管理逐步由直接控制为主转向间接控制为主,逐步完善各种经济手段和法律手段,辅之以必要的行政手段,来控制和调节经济运行。"八五"时期(1991—1995),初步适用以公有制为基础的社会主义有计划商品经济发展的、计划经济和市场调节相结合的经济体制和运行机制。1986年 12 月 5 日,国务院出台《关于深化企业改革增强企业活力的若干规定》,提出"推行多种形式的经营承包责任制,给经营者以充分的经营自主权"。1987 年 10—11 月,党的十三大阐述了社会主义初级阶段理论,确立了"一个中心、两个基本点"的基本路线,即以经济建设为中心,坚持四项基本原则,坚持改革开放,并制定了到 21 世纪中叶分三步走、实现现代化的发展战略,提出了政治体制改革的任务;十三大报告阐述了有计划的商品经济理论,提出了"计划与市场内在统一的体制",明确了"国家调节市场,市场调节企业"的方针,市场化改革取得初步进展。1988 年 9 月 5 日邓小平在会见捷克斯洛伐克总统古斯塔夫·胡萨克时,提出了"科学技术是第一生产力"的著名论断。1992 年 1—2 月,邓小平先后赴武昌、深圳、珠海和上海视察,沿途发表了重要谈话——"南方谈话",在深刻把握社会主义本质的基础上创新阐述了政府与市场的关系:"计划多一点还是市场多一点,不是社会主义与资本主义的本质区别。计划经济不等于社会主义,资本主义也有计划;市场经济不等于资本主义,社会主义也有市场。计划和市场都是经济手段。社会主义的本质,是解放生产力,发展生产力,消灭剥削,消除两极分化,最终达到共同富裕。"此后,该讲话作为中共中央 1992 年第 2 号文件印发全党。

邓小平的精辟论断"从根本上解除了把计划经济和市场经济看作属于社会基本制度范畴的思想束缚,使我们在计划与市场关系问题的认识上有了新的重大突破"①,直接推动改革进入新阶段。1992年10月,党的十四大明确了"我国经济体制改革的目标是建立社会主义市场经济体制",提出"我们要建立的社会主义市场经济体制,就是要使市场在社会主义国家宏观调控下对资源配置起基础性作用"。从此,我国全面进入发展社会主义市场经济阶段。1993年11月,中共十四届三中全会通过了《中共中央关于建立社会主义市场经济体制若干问题的决定》,贯彻了党的十四大精神,系统论述、具体部署了经济体制改革的目标、原则和任务,对于中国建立社会主义市场经济体制做出了总体规划,指出:"社会主义市场经济体制是同社会主义基本制度结合在一起的。建立社会主义市场经济体制,就是要使市场在国家宏观调控下对资源配置起基础性作用。要进一步转换国有企业经营机制,建立适应市场经济要求,产权清晰、权责明确、政企分开、管理科学的现代企业制度。"②1993年12月15日,国务院作出《关于实行分税制财政管理体制的决定》;12月25日,作出《关于金融体制改革的决定》。1994年1月11日,国务院作出《关于进一步深化对外贸易体制改革的决定》。1995年9月,中共十四届五中全会通过了《中共中央关于制定国民经济和社会发展"九五"计划和2010年远景目标的建议》,提出"两个根本性转变"目标:一是经济体制从传统的计划经济体制向社会主义市场经济体制转变,二是经济增长方式从粗放型向集约型转变。③

这一阶段,我国进行市场化改革的理论跨越式发展,政策法规不断完善,为文化消费市场建设奠定了有力的理论基础,营造了宽松的发展环境,民营文化企业开始出现。为了应对我国文化市场的变化发展,1989年,国务院批准设立了文化市场管理总局。

2. 本阶段出台的涉及文化消费市场的政策法规

这一阶段,并无专门性的文化消费政策法规,但是有一些涉及文化消费市场的政策法规。主要有:1988年9月,国务院批转《文化部关于加快和深化艺术表演团体体制改革的意见》;1991年3月,中宣部、文化部、广播电影电视部印发《关于当前繁荣文艺创作的意见》;1994年4月,文化部印发《关于加强文化市场管理的若干意见》;1994年11月,中共中央办公厅、国务院办公厅印发《关于加强和改进书报刊影视音像市场管理的通知》。这些文件的具体相关内容如下:

1988年9月,国务院批转《文化部关于加快和深化艺术表演团体体制改革的意见》提出:"建立完善的文化市场体系,为艺术表演团体和艺术表演人员提供一个良好的竞争环境。"要求开放演出市场和演出人才市场、放开演出票价、建立演出经纪人制度、加强剧场经营和管理;提出"凡是有条件的艺术表演团体,经工商行政管理部门核准后,都可以充分利用现有条件,积极开展各种有偿服务和多种经营活动";鼓励"大力发展艺术系统音像制品的生产,使越来越多的舞台艺术作品转化为音像制品";强调"在放开和搞活各种营业性演出活动的同时,由政府文化主管部门负责,建立和发展文化稽查队伍,在公安、工商行政管理等部门的支持和配合下,依法加强对各种营业性演出活动以及其它各种文化经营活动的管理";提出"政

① 高长武:《改革开放以来党对政府与市场关系的认识历程及启示》,《理论学刊》2014年第9期。
② 王会全、方恭温主编:《学习党的十四届三中全会〈决定〉党员读本》,北京:光明日报出版社,1994,第3页。
③ 中共中央党校教务部、中共中央党校经济学教研部编:《学习中共十四届五中全会文件十讲》,北京:中共中央党校出版社,1995,第5页。

府文化主管部门对艺术表演团体实行间接管理",明确了"间接管理"的职能和权限。

1991年3月,中宣部、文化部、广播电影电视部印发《关于当前繁荣文艺创作的意见》,有两处涉及文化市场管理的内容。一是"加强文艺作品传播手段的管理"。提出"文艺书刊、音像制品的出版,文艺作品的演出、播放和展览等,是文艺作品的传播手段,是文艺创作与人民群众发生联系的媒介。文艺作品只有通过这些手段进行传播,才能发挥社会作用,实现文艺的繁荣"。要求加强人才队伍建设,同时"文化部门、广播影视部门、出版部门和文艺团体对其所属的出版单位、影视和音像制作机构、文艺报刊、演出公司、剧场影院、书店、展厅等,一方面要帮助他们端正业务方向,明确方针任务,正确处理社会效益和经济效益的关系;另一方面要帮助他们加强管理,建立和健全奖惩分明的工作规章,完善检查监督制度"。提出"为保证代表国家文明水准和突出主旋律的优秀作品的生产和传播,经济上要采取适当的保护措施,政策上要有所倾斜"。二是"加强文艺法制建设,促进文艺创作繁荣,保证文艺事业健康发展"。提出"要依法保护作家艺术家和广大文艺工作者的正当权益,合理调整作者、传播者和社会大众的利益关系,保护精神劳动成果权。各单位要组织广大文艺工作者认真学习《著作权法》,帮助他们学会运用法律的武器维护自身的合法权益。政府文化部门、广播影视部门要抓紧制定与《著作权法》配套的法规和规章,保证《著作权法》的贯彻执行。运用法律手段管理文艺事业是一个新的课题。各级文化部门、广播影视部门都要提高对文化法制建设的认识,建立和健全文化法制机构和法制工作队伍,积极协助国家和地方立法部门做好文化法制建设工作,努力为文艺事业的繁荣与发展创造一个良好的法律环境"。

1994年4月,文化部出台《关于加强文化市场管理的若干意见》,指出:"改革开放以来,我国文化市场的崛起和发展,已成为当代中国最引人注目的文化经济现象。特别是党的十四大确立的建立社会主义市场经济体制的目标,给文化市场的发展带来了空前的机遇。"进一步,"在消费上,已形成多门类、多层次的立体文化消费结构,消费特点趋新求异。目前,文化市场初步形成了演出、娱乐、音像、书刊、美术、电影、文物、业余艺术培训、对外文化交流等九大门类。文化市场的拓展为消费者提供了更多的选择时空,而能够在文化市场中不断选择新的消费热点,又是市场繁荣的一个重要标志"。为了落实1993年11月党的十四届三中全会通过的《中共中央关于建立社会主义市场经济体制若干问题的决定》提出的"依法加强文化市场管理"的要求,针对当时文化市场发展问题,提出:"根据全国文化市场工作会议的部署和目前形势,在今后一段时间内,文化市场的管理要采取以下主要措施,力争在1994年取得阶段性成果。(一)加快文化市场的立法进程;(二)建立和完善文化市场稽查体系;(三)全面实行《文化经营许可证》制度;(四)限制高价演出,制止偷税漏税;(五)查禁色情、赌博活动,净化娱乐市场;(六)采取有效措施,治理音像市场;(七)实行归口审批,开发美术市场;(八)抓住有利时机,推动管理体制规范化;(九)建立市场监控信息系统,实现管理手段科学化;(十)搞活流通渠道,促进创作繁荣;(十一)深入贯彻落实会议精神,搞好市场检查。"

1994年11月,中共中央办公厅、国务院办公厅发布《关于加强和改进书报刊影视音像市场管理的通知》,旨在"保证书报刊、影视、音像市场繁荣健康发展",强调"充分认识加强和改进书报刊影视音像市场管理的重要性",明确"做好管理工作的指导思想和原则要求",提出"明确市场管理责任""对市场发展要进行宏观调控""加强书报刊市场管理""加强影视市场管理""加强音像市场管理"等一系列要求,以及"进口书报刊、影视片和音像制品要认真把关""坚决打击非法出版经营活动""健全规章制度,加快立法步伐""建立健全文化市场管理检查队伍""积极开展社会监督""充分发挥行业组织的作用""正确引导群众文化消费行为""管理工作要常抓不懈"等。

通过以上摘要,可见,这一阶段,我国逐步放开文化经营市场,搞活文化经营活动,并且相应地加强对文化市场的管理、对文化消费的引导,从而推进我国文化消费市场得以建成。

三、文化消费市场发展期(1996—2005)

1. 阶段界定与相关概况

文化消费市场发展期也是我国市场体制稳步发展期,笔者将这一阶段界定为1996—2005年,也就是"九五"和"十五"两个五年计划时期。这10年,可以看作我国建设"文化大国"的时期。

这一阶段,在市场经济发展方面,市场对资源配置的基础性作用逐渐显现。"九五"时期(1996—2000),通过深化改革,市场经济不断放开放活,市场机制在更多领域发挥作用,影响几乎一切经济活动,不但竞争性行业主要由市场配置资源,基础性产业也引入市场竞争机制,使得经济活力增加、效率提升。"十五"时期(2001—2005),在政府宏观调控下,充分发挥市场配置资源的基础性作用,市场主体的积极性和创造性被不断激发。1997年9月,党的十五大首次使用"邓小平理论"的科学概念并将其确立为党的指导思想写入党章,提出了社会主义初级阶段的基本纲领,规划了跨世纪发展的战略部署。大会报告提出"充分发挥市场机制作用,健全宏观调控体系",要求"尽快建成统一开放、竞争有序的市场体系,进一步发挥市场对资源配置的基础性作用"。十五大上,"非公有制经济是中国社会主义市场经济的重要组成部分"这个提法首次出现。1999年3月,九届全国人大二次会议通过了《中华人民共和国宪法修正案》,修改相关法条以明确非公有制经济是中国社会主义市场经济的重要组成部分。2000年10月,党的十五届五中全会通过了《中共中央关于制定国民经济和社会发展第十个五年计划的建议》,提出"进一步深化改革,完善社会主义市场经济体制","进一步扩大对外开放,发展开放型经济"。2001年11月11日,中国签署加入WTO议定书;12月11日,正式成为WTO成员,标志着中国的对外开放取得新进展、进入新阶段。2002年11月,党的十六大提出全面建设小康社会的战略目标,把"三个代表"重要思想作为党的指导思想写入党章。大会报告提出:"健全现代市场体系,加强和完善宏观调控。在更大程度上发挥市场在资源配置中的基础性作用,健全统一、开放、竞争、有序的现代市场体系。""为贯彻落实党的十六大提出的建成完善的社会主义市场经济体制和更具活力、更加开放的经济体系的战略部署,深化经济体制改革,促进经济社会全面发展",2003年10月,党的十六届三中全会通过了《中共中央关于完善社会主义市场经济体制若干问题的决定》。2005年10月,党的十六届五中全会通过了《中共中央关于制定国民经济和社会发展第十一个五年规划的建议》,提出"建设社会主义新农村是我国现代化进程中的重大历史任务",为做好"三农"工作指明了方向;提出"深化体制改革和提高对外开放水平"。

这一阶段,在文化建设发展方面,我国不断以改革促发展。1996年10月,党的十四届六中全会通过了《中共中央关于加强社会主义精神文明建设若干重要问题的决议》,提出:"积极培育和完善文化市场,一手抓繁荣,一手抓管理。深化文化体制改革,增强文化事业的活力,坚持把社会效益放在首位,力求实现社会效益与经济效益的最佳结合。"2000 年 10 月,党的十五届五中全会通过了《中共中央关于制定国民经济和社会发展第十个五年计划的建议》,"文化产业"这一概念首次在中央政策性文件中出现,共出现了三次:"推动信息产业与有关文化产业结合。""完善文化产业政策,加强文化市场建设和管理,推动有关文化产业发展。"这标志着文化产业正式进入国家政策视野,正式成为国民经济一个产业部门,我国政府开始引导推动文化产业发展。2001 年 3 月 15 日第九届全国人民代表大会第四次会议批准《中华人民共和国国民经济和社会发展第十个五年计划纲要》,复述了《建议》中的相关提法。2002 年 11 月,党的十六大提出"积极发展文化事业和文化产业",阐述:"发展文化产业是市场经济条件下繁荣社会主义文化、满足人民群众精神文化需求的重要途径。完善文化产业政策,支持文化产业发展,增强我国文化产业的整体实力和竞争力。"紧接着提出"继续深化文化体制改革",要求"按照一手抓繁荣、一手抓管理的方针,健全文化市场体系,完善文化市场管理机制,为繁荣社会主义文化创造良好的社会环境"。2003 年 6 月,中央政治局常委召开了文化体制改革试点工作会议,通过了《文化体制改革试点工作方案》,中办、国办转发《中共中央宣传部、文化部、广电总局、新闻出版总署关于文化体制改革试点工作的意见》,确定在北京等 9 个综合性试点地区和 35 个文化单位开展试点。此举标志文化体制改革在全国范围正式推开。到 2005 年 12 月,经过两年多的探索实践,试点工作取得明显成效,为改革全面推开提供了示范、积累了经验、奠定了基础。[①] 2003 年 10 月,党的十六届三中全会通过了《中共中央关于完善社会主义市场经济体制若干问题的决定》,提出"深化文化体制改革",要求"按照社会主义精神文明建设的特点和规律,适应社会主义市场经济发展的要求,逐步建立党委领导、政府管理、行业自律、企事业单位依法运营的文化管理体制",具体要求包括"转变文化行政管理部门的职能""健全文化市场体系""完善文化产业政策""依法规范文化市场秩序"等。2004 年 9 月,党的十六届四中全会通过了《中共中央关于加强党的执政能力建设的决定》,提出"深化文化体制改革,解放和发展文化生产力"。"文化生产力"的提法首次正式出现在中央文件中,反映了党对于文化体制改革的认识更加深入,深刻把握了改革根本目的和改革发展本质。该文件强调"进一步革除制约文化发展的体制性障碍","以体制机制创新为重点,增强微观活力,健全文化市场体系",并进一步提出"加强文化发展战略研究,抓紧制定文化发展纲要和文化体制改革总体方案"。2005 年 12 月,中共中央、国务院下发《关于深化文化体制改革的若干意见》,对于深化文化体制改革作了全面部署。

这一阶段,在信息技术革命浪潮中,全球化进程加速,我国与发达国家同步进入了信息化时代。在 20 世纪 90 年代中后期,电脑开始进入千家万户,随后网络开始普及。据国家统计局公布的数据,1996—2005 年,我国互联网上网人数(网民数量)为(图 15.1):1996 年,10万;[②]1997 年,62 万人;1998 年,210 万人;1999 年,890 万人;2000 年,2250 万人;2001 年,3370 万人;2002 年,5910 万人;2003 年,7950 万人;2004 年,9400 万人;2005 年,11100 万人

---

① 详见傅才武《文化体制改革》,武汉:湖北人民出版社,2012,第 43—56 页。
② 国家统计局公布数据显示,1996 年我国互联网拨号用户为 3.6 万户,约 10 万人。

（1.11亿人）。于是，新的信息传播技术带来新的文化传播媒体，网络文化开始出现。这是我国文化发展领域的一个重要变化。

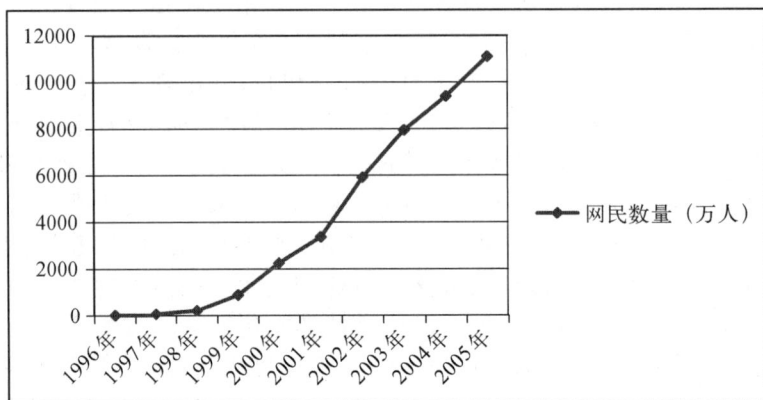

图 15.1　1996—2005 年我国互联网上网人数(网民数量)

2. 本阶段出台的有关文化消费市场、文化产业发展的政策法规

这一阶段，并无专门性的文化消费政策法规，但是有关文化消费市场、文化产业发展的政策法规比起上一阶段有了大幅度增长。笔者将检索到的相关主要政策法规按照时间顺序罗列如下：1996 年 4 月，《文化部关于加强对新兴文化娱乐经营项目管理的通知》；1996 年 11 月，《文化部关于促进农村文化市场繁荣发展的若干意见》；1997 年 2 月，文化部《文化事业发展"九五"计划和 2010 年远景目标纲要》；1997 年 8 月，《文化部关于学习和贯彻〈营业性演出管理条例〉的通知》；1997 年 12 月，《文化部关于修订〈营业性歌舞娱乐场所管理办法〉、〈文化市场稽查暂行办法〉、〈美术品经营管理办法〉等行政规章的决定》；1998 年 3 月，《文化部关于加强文化娱乐业管理整顿文化娱乐场所经营秩序的通知》；1998 年 11 月，《文化部关于进一步加强农村文化建设的意见》；2000 年 1 月 1 日，文化部《文化产业发展第十个五年计划纲要》；2000 年 5 月，《文化部关于实施西部大开发战略加强西部文化建设的意见》；2000 年 10 月，党的十五届五中全会通过了《中共中央关于制定国民经济和社会发展第十个五年计划的建议》；2001 年 10 月，《文化部关于印发〈文化事业发展第十个五年计划纲要〉和〈文化产业发展第十个五年计划纲要〉的通知》；2002 年 5 月，《文化部关于加强网络文化市场管理的通知》；2002 年 7 月，《文化部关于贯彻执行〈营业性演出管理条例实施细则〉的通知》；2003 年 1 月 1 日，文化部《2003—2010 年文化市场发展纲要》；2003 年 9 月，《文化部关于支持和促进文化产业发展的若干意见》；2003 年 10 月，《文化部关于建立营业性演出项目审批信息互联网发布制度的通知》；2003 年 11 月，《文化部关于进一步加强和改进歌舞娱乐场所管理的通知》；2003 年 12 月，《国务院办公厅关于印发〈文化体制改革试点中支持文化产业发展〉和〈经营性文化事业单位转制为企业〉的两个规定的通知》；2004 年 4 月，国家统计局《文化及相关产业分类》；2004 年 7 月，《文化部关于落实打击淫秽色情网站专项行动、加强网络文化市场管理的通知》；2004 年 8 月，《文化部关于贯彻实施〈行政许可法〉转变政府职能改进和加强文化市场监管工作的通知》；2004 年 10 月，《文化部关于鼓励、支持和引导非公有制经济发展文化产业的意见》；2004 年 11 月，《文化部关于命名文化产业示范基地的决定》；2004 年 12 月，

《文化部关于高度重视农民工文化生活切实保障农民工文化权益的通知》；2005年4月，《国务院关于非公有资本进入文化产业的若干决定》；2005年6月，《文化部、中央文明办、信息产业部、公安部、国家工商行政管理总局关于净化网络游戏工作的通知》；2005年7月，《文化部、信息产业部关于网络游戏发展和管理的若干意见》；2005年7月，《文化部关于贯彻〈营业性演出管理条例〉的通知》；2005年11月，《文化部、财政部、人事部、国家税务总局关于鼓励发展民营文艺表演团体的意见》；2005年12月，《中共中央、国务院关于深化文化体制改革的若干意见》。下面，笔者选取其中较为重要的文件，进行摘要，以梳理这一阶段的文化消费市场、文化产业发展相关政策法规线索。

1996年4月，《文化部关于加强对新兴文化娱乐经营项目管理的通知》关注了文化娱乐市场的变化发展态势，提出"促进新兴文化娱乐经营项目健康发展，维护娱乐市场秩序"。

1996年11月，《文化部关于促进农村文化市场繁荣发展的若干意见》论述道："十一届三中全会以来，我国农村经济迅速发展，广大农民的物质生活水平大幅度提高，农村文化市场随之兴起。当前，以党的十四届六中全会精神为指针，总结农村文化市场的发展现状，探索与社会主义市场经济体制相适应、与社会主义精神文明要求相一致的农村文化市场的发展道路和管理模式，促进农村文化市场的健康繁荣，是摆在我们面前的迫切任务。"

1997年2月，文化部《文化事业发展"九五"计划和2010年远景目标纲要》提出："坚持'一手抓繁荣，一手抓管理'的方针，大力培育和发展社会主义文化市场。扶持积极向上、文明健康的文化产品，引导文化消费，繁荣文化市场，丰富文化生活。"并提出："到2020年，文化消费在人们日常消费中的合理比例增大，文化生活质量显著提高，中华民族优秀文化在国际上的影响日益扩大。"特别提出"发展文化产业，增强文化活力"，要求"进一步解放思想，转变观念，按照中央'两个根本转变'的要求，在办好各项事业的同时，继续开展'以文补文'活动，充分利用文化资源兴办文化产业，并逐步形成规模效益，不断增强文化事业在社会主义市场经济条件下的自我调节能力和'造血'功能"。发展目标是"文化产业产值年均增长达到15％以上。力争有条件的文化单位有一个好产品，每个县有一项支柱产业"。

1998年11月，《文化部关于进一步加强农村文化建设的意见》基于"随着农村经济发展，农民物质生活水平的逐步提高，文化消费占生活开支比例逐年上升，农村电影、音像、演出、书报刊等市场非常广阔，农村文化市场具有很大的潜力"，提出"加强农村文化市场的培育和管理"，"开发文化资源，促进农村文化产业的发展"。

2000年10月，党的十五届五中全会通过了《中共中央关于制定国民经济和社会发展第十个五年计划的建议》，提出了"文化产业"这一概念。这是这一概念首次于中央层面正式提出，《建议》并明确提出"完善文化产业政策，加强文化市场建设和管理，推动有关文化产业发展"。2001年3月15日，第九届全国人民代表大会第四次会议批准《中华人民共和国国民经济和社会发展第十个五年计划纲要》，复述了《建议》的提法。2001年10月，文化部印发《文化事业发展第十个五年计划纲要》和《文化产业发展第十个五年计划纲要》。《文化产业发展第十个五年计划纲要》分"前言""我国文化产业的发展状况""发展文化产业的基本方针""加快文化产业发展的主要目标和基本任务""主要行业发展目标和任务""加快文化产业发展的主要措施"等几个部分，系统规划了我国"十五"时期的文化产业发展。其中多处提及"文化消费"，具体表述有："随着我国人均收入水平的提高和人民群众休闲时间的增加，人们在精神文化方面的消费需求会有更大幅度的提高,文化消费市场潜力巨大。1997 年我国的实际文化消费总量约为 650 亿元,而文化的潜在消费能力约为 3000 亿元。到 2005 年,文化的潜在消费能力将达到 5500 亿元,如此巨大的文化消费需求为我国文化产业的发展提供了广阔的市场发展空间。""以市场为导向,以不断满足人民群众的精神文化需求为目标,充分发挥市场机制的积极作用。在社会主义市场经济条件下,市场集中反映广大人民群众多样化精神文化需要,文化产业单位要围绕市场从事生产经营活动,政府积极鼓励和引导群众的文化消费。""强化文化企业自身的经济责任和经济利益,激励企业竞争。进一步完善文化产业价格形成机制,对确需国家垄断经营的文化行业或产品,要逐步引入市场机制,改革部分不合理的作价计价办法,促进文化消费。""对于新兴的文化产业项目和民族的、大众的文化产品和服务逐步实行税收优惠政策,对于高档豪华的文化消费加征高额消费税。"

2002 年 5 月,《文化部关于加强网络文化市场管理的通知》针对"网络游戏中充斥色情、赌博、暴力、愚昧迷信等不良内容;'网吧'等互联网上网服务营业场所无证经营、未成年人违规进入和经营非网络游戏等现象相当严重"的问题,要求"切实加强网络文化市场的管理"。为此,"中央编制部门根据职责分工增加了文化部的人员编制,文化部为此增设了网络文化处,负责全国网络文化市场的规划、建设与管理"。

2003 年 1 月 1 日,文化部《2003—2010 年文化市场发展纲要》"为贯彻党的十六大精神,健全文化市场体系,完善文化市场管理机制"而拟定,阐述了文化市场发展的主要目标和基本思路、分类发展目标、加强文化市场建设和管理的保障措施等。

2003 年 9 月,《文化部关于支持和促进文化产业发展的若干意见》指出了发展文化产业的战略意义,分析了发展现状及其问题,提出了指导思想、发展目标和基本思路,阐述了主要措施,强调了领导工作。其中多处探讨了文化需求和文化消费,以及培育文化消费市场等问题。

2004 年 4 月,国家统计局《文化及相关产业分类》列出了"文化及相关产业分类表",并提供了两个附件——《附件 1:含有部分文化活动的行业类别》《附件 2:〈文化及相关产业分类〉编制说明》。附件 2 专门论述了《文化产业分类》的制定方法,划分了"文化产业核心层""文化产业外围层"和"相关文化产业层"。

2004 年 10 月,《文化部关于鼓励、支持和引导非公有制经济发展文化产业的意见》"为深入贯彻党的十六大、十六届三中和四中全会精神,在巩固发展公有制经济、发挥国有文化企业主导作用的基础上,进一步鼓励、支持和引导非公有制经济进入文化产业领域,推动我国文化产业快速发展,更好地满足人民群众日益增长的精神文化需求",提出了 10 条意见。

2004 年 12 月,《文化部关于高度重视农民工文化生活切实保障农民工文化权益的通知》特别提出:"深入研究农民工文化生活特点,探索和推广适合农民工的文化消费方式。"要求"各级文化行政部门要贴近农民工,研究农民工,深入开展针对农民工的社会文化调查,深刻分析农民工文化需求特点,掌握消费习惯,总结消费规律,积极探索适合于农民工文化生活的艺术形式,为农民工提供健康有益的文化产品和服务"。

2005 年 4 月,《国务院关于非公有资本进入文化产业的若干决定》提出:"进一步引导和规范非公有资本进入文化产业,逐步形成以公有制为主体、多种所有制经济共同发展的文化产业格局,提高我国文化产业的整体实力和竞争力。"

2005 年 12 月,《中共中央、国务院关于深化文化体制改革的若干意见》提出"形成以公有制为主体、多种所有制共同发展的文化产业格局"和"形成统一、开放、竞争、有序的现代文化市场体系,更大程度地发挥市场在文化资源配置中的基础性作用"等文化体制改革的目标任务。

通过以上摘要,可见,这一阶段,我国文化消费市场较之前几个阶段有了长足的发展,"文化消费"一词在多个政策法规文件中出现,我国开始发展文化产业,并开启了文化体制改革,这些做法,形成了对于文化消费的牵引力。

四、文化消费市场繁荣期(2006—2015)

1. 阶段界定与相关概况

文化消费市场繁荣期也是我国市场经济的繁荣期,笔者将这一阶段界定为 2006—2015 年,也就是"十一五"和"十二五"两个五年计划时期。这 10 年,也是我国由建设"文化大国"跨越到建设"文化强国"的 10 年。"十一五"时期是我国由"文化大国"向"文化强国"迈进的质的飞跃期,"十二五"时期我国正式奋起建设"文化强国"。并且,自 2012 年党的十八大以来,我国已经迈入"新时代"。这一阶段之所以"新",是由于我国社会主要矛盾发生了根本性转化。2017 年党的十九大报告总结前五年的发展,论述道:"中国特色社会主义进入新时代,我国社会主要矛盾已经转化为人民日益增长的美好生活需要和不平衡不充分的发展之间的矛盾。"相应的,在精神文明与社会文化建设领域,主要矛盾在于人民日益增长的美好精神文化生活需要和不平衡不充分的发展之间的矛盾。大力建设"文化强国",正是为了解决这一矛盾。

此前阶段,从 1992 年党的十四大到 1997 年党的十五大,再到 2002 年党的十六大,不断强调市场对于资源配置的"基础性作用";这一阶段,从 2007 年党的十七大到 2012 年党的十八大,市场对于资源配置的"基础性作用"被进一步强调;直到 2013 年党的十八届三中全会作出《中共中央关于全面深化改革若干重大问题的决定》,指出"经济体制改革是全面深化改革的重点,核心问题是处理好政府和市场的关系,使市场在资源配置中起决定性作用和更好发挥政府作用"——"基础性作用"这一关键词才被"决定性作用"取代。可见,1978 年改革开放以来漫长的"量的积累"过程终于促成了"质的飞跃"。我国迎来了市场经济全面繁荣的时期,市场格局不断开放,市场竞争更加自由,市场秩序更加完善。

随着政策层面上高调突出市场机制对于资源配置发挥的作用,文化体制改革不断加速加深。2006 年 3 月,全国文化体制改革工作会议在北京召开,对全面推进文化体制改革作出具体部署,指出:"要以激发活力、改善服务为重点,进一步深化文化事业单位的改革;以推进经营性文化单位转企改制为重点,着力培育新型文化市场主体;以培育现代文化市场体系为重点,更好地发挥市场机制的积极作用;以创新文化管理体制为重点,不断完善文化领域的宏观调控;以调整结构为重点,努力提高文化产业发展的质量和效益。"2006 年 9 月,文化部发布《文化建设"十一五"规划》,提出"加快文化产业发展,健全文化市场体系""以体制机制创新为重点,深化文化体制改革""落实和完善文化经济政策,健全文化法制"等发展任务。2007 年 10 月,党的十七大提出"推动社会主义文化大发展大繁荣",要求"推进文化创新,增强文化发展活力",具体包括深化文化体制改革、大力发展文化产业、繁荣文化市场、创新文化生产方式和培育新的文化业态等。2009 年 7 月,国务院常务会议审议通过《文化产业振兴规划》,这是继钢铁、汽车、纺织等十大产业振兴规划后出台的又一个专项产业振兴规划,也是文化产业第一次被纳入专项规划,标志着文化产业上升为国家战略性产业。规划目标是:"完成经营性文化单位转企改制,文化市场主体进一步完善,活力进一步增强,文化产业规模不断扩大,推动经济社会发展的功能和作用得到较好发挥。"2011 年 10 月,党的十七届六中全会通过了《中共中央关于深化文化体制改革推动社会主义文化大发展大繁荣若干重大问题的决定》,提出"坚持中国特色社会主义文化发展道路、努力建设社会主义文化强国"的战略任务,标志着我国由"文化大国"建设阶段迈向"文化强国"建设阶段,是我国社会主义文化建设征程上的一座里程碑。2012 年 2 月,根据《中共中央关于深化文化体制改革推动社会主义文化大发展大繁荣若干重大问题的决定》和《中华人民共和国国民经济和社会发展第十二个五年规划纲要》,中共中央办公厅、国务院办公厅印发《国家"十二五"时期文化改革发展规划纲要》,在文化体系建设方面,提出加快发展文化产业、加快文化体制机制改革创新等任务。2012 年 11 月,党的十八大提出"扎实推进社会主义文化强国建设",要求"增强文化整体实力和竞争力",具体包括"增强国有公益性文化单位活力,完善经营性文化单位法人治理结构,繁荣文化市场"等。2013 年 11 月,党的十八届三中全会通过了《中共中央关于全面深化改革若干重大问题的决定》,提出:"紧紧围绕建设社会主义核心价值体系、社会主义文化强国深化文化体制改革,加快完善文化管理体制和文化生产经营机制,建立健全现代公共文化服务体系、现代文化市场体系,推动社会主义文化大发展大繁荣。"2014 年 10 月,习近平总书记在北京主持召开文艺工作座谈会并发表重要讲话,谈到"要通过深化改革、完善政策、健全体制,形成不断出精品、出人才的生动局面",强调了文艺生产"经济效益要服从社会效益,市场价值要服从社会价值",指出"优秀的文艺作品,最好是既能在思想上、艺术上取得成功,又能在市场上受到欢迎"。2014 年 10 月,党的十八届四中全会通过了《中共中央关于全面推进依法治国若干重大问题的决定》,针对文化领域法治化程度不够高的问题,提出:"建立健全坚持社会主义先进文化前进方向、遵循文化发展规律、有利于激发文化创造活力、保障人民基本文化权益的文化法律制度。制定公共文化服务保障法,促进基本公共文化服务标准化、均等化。制定文化产业促进法,把行之有效的文化经济政策法定化,健全促进社会效益和经济效益有机统一的制度规范。"2012 年 5 月,文化部发布《文化部"十二五"时期文化改革发展规划》,提出"推动文化产业成为国民经济支柱性产业""完善文化市场监管体系""推动文化体制机制改革创新"等发展任务。2015 年 10 月,党的十八届五中全会通过了《中共中央关于制定国民经济和社会发展第十三个五年规划的建议》,提出:"深化文化体制改革,实施重大文化工程,完善公共文化服务体系、文化产业体系、文化市场体系。"总的看来,这 10 年是我国文化建设大有作为的 10 年,我国正式从"文化大国"转型为"文化强国"。

这一阶段,新媒体快速发展,媒体大融合趋势显现,"十一五"时期规模化的网络文化空间形成,"十二五"时期"互联网+文化"的文化传播格局形成。这样的文化现象和网民数量逐年增长密切相关。据国家统计局公布的数据,2006—2015 年,我国互联网上网人数(网民数量)为(图 15.2):2006 年,13700 万人(1.37 亿人);2007 年,21000 万人(2.1 亿人);2008年,29800 万人(2.98 亿人);2009 年,38400 万人(3.84 亿人);2010 年,45730 万人

(4.57亿人);2011年,51310万人(5.13亿人);2012年,56400万人(5.64亿人);2013年,61758万人(6.18亿人);2014年,64875万人(6.49亿人);2015年,68826万人(6.88亿人)。这一阶段,在网络文化发展方面,出现了一个新现象:"十一五"后期,智能手机开始推广,移动上网(手机上网)开始出现;"十二五"时期,智能手机迅速普及,移动上网(手机上网)成为常态。据中国互联网络信息中心公布的数据,"十二五"时期(2011—2015)我国移动网民(手机网民)数量2011年为3.56亿人,占比69.4%;2012年为4.2亿人,占比74.5%;2013年为5亿人,占比80.9%;2014年为5.57亿人,占比85.8%;2015年为6.2亿人,占比90.1%(图15.3)。可见,这10年,我国民众接受文化的习惯和消费文化的方式产生了重要变化,以网络为最主要载体、以手机为最主要终端的新媒体文化获得了极大发展,线上文化市场活力显现,线上文化产品与服务越来越吸引消费者。

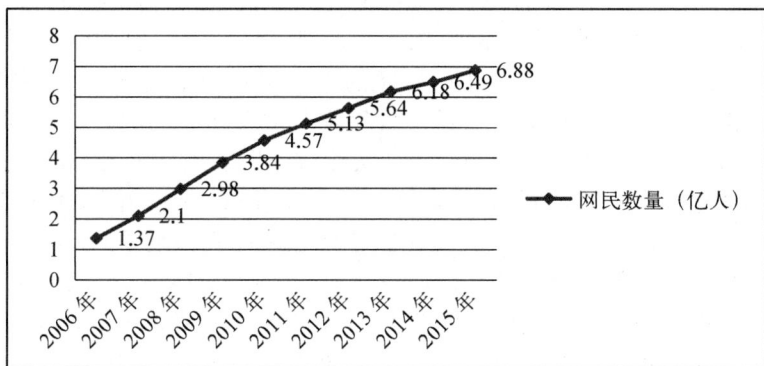

图 15.2　2006—2015 年我国网民数量

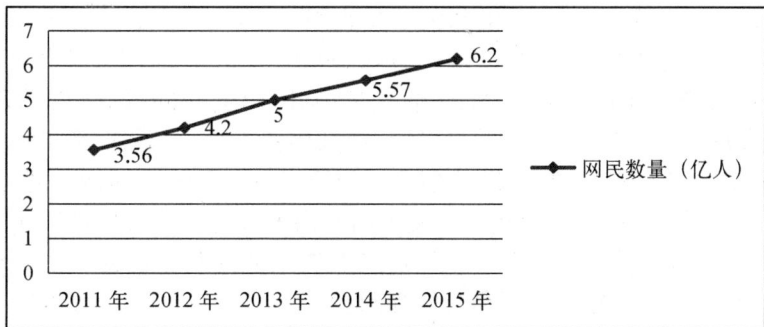

图 15.3　2011—2015 年我国移动网民(手机网民)数量

2. 本阶段出台的文化消费相关政策法规

这一阶段,"文化消费"逐渐成为有关文化建设发展的政策法规中的高频词,并且出现了专门性的文化消费政策,虽然数量寥寥无几。较之此前阶段政策法规缺乏对于文化消费的直接表述,而是间接关联于文化消费市场的情形,有了很大改观。"文化消费"一词进入国家和地方政策视野,相关政策法规渐丰。

这一阶段,提及"文化消费"一词以及直接有关文化消费的政策法规文件按照时间顺序罗列如下：2006 年 8 月，《文化部办公厅关于贯彻落实〈国务院关于解决农民工问题的若干意见〉的通知》；2006 年 9 月，《文化部关于在全国文化系统中开展法制宣传教育的第五个五年规划》；2006 年 9 月，国务院《国家"十一五"时期文化发展规划纲要》；2006 年 9 月，文化部《文化建设"十一五"规划》；2007 年 3 月，《国务院关于加快发展服务业的若干意见》；2007 年 8 月，中共中央办公厅、国务院办公厅《关于加强公共文化服务体系建设的若干意见》；2008 年 12 月，《国务院办公厅关于搞活流通扩大消费的意见》；2009 年 8 月，《文化部、国家旅游局关于促进文化与旅游结合发展的指导意见》；2009 年 9 月，《文化部关于加快文化产业发展的指导意见》；2009 年 9 月，国务院《文化产业振兴规划》（2009 年 7 月由国务院常务会议审议通过）；2010 年 3 月，《中央宣传部、中国人民银行、财政部、文化部、广电总局、新闻出版总署、银监会、证监会、保监会关于金融支持文化产业振兴和发展繁荣的指导意见》；2010 年 6 月，《文化部关于加强文化产业园区基地管理、促进文化产业健康发展的通知》；2010 年 7 月，文化部《国家级文化产业示范园区管理办法（试行）》；2010 年 12 月，《文化部关于进一步加强文化市场管理工作的若干意见》；2011 年 10 月，党的十七届六中全会通过了《中共中央关于深化文化体制改革推动社会主义文化大发展大繁荣若干重大问题的决定》；2012 年 2 月，中共中央办公厅、国务院办公厅《国家"十二五"时期文化改革发展规划纲要》；2012 年 5 月，《文化部"十二五"时期文化改革发展规划》；2012 年 9 月，《文化部"十二五"文化科技发展规划》；2013 年 1 月，《文化部"十二五"时期公共文化服务体系建设实施纲要》；2013 年 12 月，《国家广电总局关于加强数字出版内容投送平台建设和管理的指导意见》；2014 年 2 月，《国务院关于推进文化创意和设计服务与相关产业融合发展的若干意见》；2014 年 3 月，《文化部关于深入推进文化金融合作的意见》；2014 年 3 月，《文化部关于贯彻落实〈国务院关于推进文化创意和设计服务与相关产业融合发展的若干意见〉的实施意见》；2014 年 4 月，《国务院办公厅关于印发〈文化体制改革中经营性文化事业单位转制为企业〉和〈进一步支持文化企业发展〉两个规定的通知》；2014 年 4 月，《文化部关于贯彻落实〈2014 年文化系统体制改革工作要点〉及其〈分工实施方案〉的通知》；2015 年 1 月，《中共中央办公厅、国务院办公厅关于加快构建现代公共文化服务体系的意见》；2015 年 3 月，全国两会期间，国务院总理李克强作了《2015 年国务院政府工作报告》；2015 年 9 月，《中共中央办公厅、国务院办公厅关于推动国有文化企业把社会效益放在首位、实现社会效益和经济效益相统一的指导意见》；2015 年 10 月，党的十八届五中全会通过了《中共中央关于制定国民经济和社会发展第十三个五年规划的建议》；2015 年 11 月，《国务院办公厅关于加快发展生活性服务业促进消费结构升级的指导意见》；2015 年 11 月，《国务院关于积极发挥新消费引领作用加快培育形成新供给新动力的指导意见》；2015 年 12 月，财政部《中央补助地方公共文化服务体系建设专项资金管理暂行办法》。下面，笔者对其中重要文件进行摘要，以厘清这一阶段的文化消费相关政策法规脉络。

2006 年 9 月，国务院《国家"十一五"时期文化发展规划纲要》提出："鼓励和引导文化消费。适应城乡居民消费结构变化的趋势，创新文化产品和服务，培育消费热点，拓展消费领域，引导社会公众的文化消费。"要求："提高国民的阅读意识和文化消费意识，拓展教育培训、健身、旅游、休闲等与文化相结合的服务性消费。改善文化消费环境，加强文化产品价格监管，建立和完善文化产品消费投诉、受理机制，维护消费者的合法权益。"随后，文化部发布

《文化建设"十一五"规划》，基于"文化消费在居民消费结构中的比重逐步提高"的趋势，提出"到 2010 年城乡居民人均文化娱乐服务消费支出占整个消费支出的 5％以上"的发展目标。

2007 年 3 月，《国务院关于加快发展服务业的若干意见》提出："围绕小康社会建设目标和消费结构转型升级的要求，大力发展旅游、文化、体育和休闲娱乐等服务业，优化服务消费结构，丰富人民群众精神文化生活。"

2008 年 12 月，《国务院办公厅关于搞活流通扩大消费的意见》提出"发展新型消费模式，促进消费升级"，进而提出"拓展电子信息、通信产品、教育培训、家政服务、文化娱乐、体育健身、休闲旅游等消费"，"大力促进节假日和会展消费"等。

2009 年 9 月，《文化部关于加快文化产业发展的指导意见》指出"人民群众文化需求日益旺盛，文化消费快速增长，为文化产业发展提供了广阔前景"，提出"扩大文化消费"的指导意见，进而提出"促进歌舞娱乐场所健康发展，扩大群众娱乐消费""打造文化产品展示交易平台，推动文化消费和文化贸易""扩大会展、节庆的文化消费""促进文化与旅游相结合，以文化提升旅游的内涵，以旅游扩大文化的传播和消费"等具体措施。

2009 年 9 月，国务院发布《文化产业振兴规划》，规划目标包括"文化消费领域不断拓展，在城乡居民消费结构中的比重明显增加"。规划提出："扩大文化消费。不断适应当前城乡居民消费结构的新变化和审美的新需求，创新文化产品和服务，提高文化消费意识，培育新的消费热点。"

2010 年 3 月，《中央宣传部、中国人民银行、财政部、文化部、广电总局、新闻出版总署、银监会、证监会、保监会关于金融支持文化产业振兴和发展繁荣的指导意见》提出要"积极开发文化消费信贷产品，为文化消费提供便利的支付结算服务"。此后，2014 年 3 月，文化部《关于深入推进文化金融合作的意见》提出："加大金融支持文化消费的力度。鼓励金融机构开发演出院线、动漫游戏、艺术品互联网交易等支付结算系统，鼓励第三方支付机构发挥贴近市场、支付便利的优势，提升文化消费便利水平，完善演艺娱乐、文化旅游、艺术品交易等行业的银行卡刷卡消费环境。探索开展艺术品、工艺品资产托管，鼓励发展文化消费信贷。鼓励文化类电子商务平台与互联网金融相结合，促进文化领域的信息消费。"

2010 年 12 月，《文化部关于进一步加强文化市场管理工作的若干意见》指出"经过多年发展，文化市场已成为人民群众文化消费的主渠道"，提出要"培育大众性文化消费市场和新兴文化经营业态，引导和促进文化消费，满足人民群众多样化、多层次、多方面的精神文化需求"。

2011 年 10 月，党的十七届六中全会通过了《中共中央关于深化文化体制改革推动社会主义文化大发展大繁荣若干重大问题的决定》。《决定》提出："扩大文化消费。增加文化消费总量，提高文化消费水平，是文化产业发展的内生动力。要创新商业模式，拓展大众文化消费市场，开发特色文化消费，扩大文化服务消费，提供个性化、分众化的文化产品和服务，培育新的文化消费增长点。提高基层文化消费水平，引导文化企业投资兴建更多适合群众需求的文化消费场所，鼓励出版适应群众购买能力的图书报刊，鼓励在商业演出和电影放映中安排一定数量的低价场次或门票，鼓励网络文化运营商开发更多低收费业务，有条件的地方要为困难群众和农民工文化消费提供适当补贴。积极发展文化旅游，促进非物质文化遗产保护传承与旅游相结合，发挥旅游对文化消费的促进作用。"

2012 年 2 月,中共中央办公厅、国务院办公厅发布《国家"十二五"时期文化改革发展规划纲要》,提出:"扩大文化消费。增加文化消费总量,提高文化消费水平。创新商业模式,拓展大众文化消费市场,开发特色文化消费,扩大文化服务消费,提供个性化、分众化的文化产品和服务,培育新的文化消费增长点。提高基层文化消费水平,引导文化企业投资兴建更多适合群众需求的文化消费场所,鼓励出版适应群众购买能力的图书报刊,鼓励在商业演出和电影放映中安排一定数量的低价场次或门票,鼓励网络文化运营商开发更多低收费业务,有条件的地方要为困难群众和农民工文化消费提供适当补贴。积极发展文化旅游,促进非物质文化遗产保护传承与旅游相结合,提升旅游的文化内涵,发挥旅游对文化消费的促进作用,支持海南等重点旅游区建设。"随后,2012 年 5 月,《文化部"十二五"时期文化改革发展规划》提出:"扩大文化消费。把扩大文化消费作为扩大内需的重要组成部分,建立扩大文化消费需求的长效机制,以优质、丰富的文化产品和服务吸引消费者,增加文化消费总量,提高文化消费水平。营造良好的文化消费环境和氛围,引导城乡居民转变文化消费观念。鼓励各地实施文化消费补贴制度,有条件的地方要为困难群众和农民工文化消费提供适当补贴。支持建设、改造剧院等文化消费基础设施,为文化消费创造必要的基础条件。引导文化企业开发适销对路的文化产品和服务,培育新的文化消费增长点。大力开发适宜互联网、移动终端等载体的网络文化产品。提升城市文化消费的质量和层次,加强农村文化网点建设,扩大农村文化消费。"

2014 年 2 月,《国务院关于推进文化创意和设计服务与相关产业融合发展的若干意见》提出:"培育市场需求。加强全民文化艺术教育,提高人文素养,推动转变消费观念,激发创意和设计产品服务消费,鼓励有条件的地区补贴居民文化消费,扩大文化消费规模。"紧接着,2014 年 3 月,《文化部关于贯彻落实〈国务院关于推进文化创意和设计服务与相关产业融合发展的若干意见〉的实施意见》提出:"扩大市场需求。加强全民文化艺术教育,提高人文素养,提升文化消费水平。积极推进与相关部门对文化消费现状和发展规律研究,发布文化消费指数,引导文化消费。鼓励实施文化消费补贴制度,开展文化惠民活动,培育文化消费需求,扩大文化消费规模。结合公共文化服务体系建设,继续扩大各类文化产品和服务的政府采购。支持有条件的地区建设有特色、专业化的文化创意产品和设计服务的交易市场。鼓励文化创意和设计服务企业利用电子商务平台开展网络销售。"

2015 年 3 月,全国两会期间,国务院总理李克强作了《2015 年国务院政府工作报告》,提出"加快培育消费增长点",进而提出"提升旅游休闲消费""扩大教育文化体育消费"等。

2015 年 10 月,党的十八届五中全会通过了《中共中央关于制定国民经济和社会发展第十三个五年规划的建议》。《建议》中提出:"推动文化产业结构优化升级,发展骨干文化企业和创意文化产业,培育新型文化业态,扩大和引导文化消费。"

2015 年 11 月,《国务院办公厅关于加快发展生活性服务业促进消费结构升级的指导意见》提出:"开展拉动城乡居民文化消费试点工作,推动文化消费数字化、网络化发展。"

2015 年 11 月,《国务院关于积极发挥新消费引领作用加快培育形成新供给新动力的指导意见》全面部署"以消费升级引领产业升级",以"制度创新、技术创新、产品创新"增加新供给,满足并创造新消费,形成新动力。指出属于服务消费的"新兴文化产业及传统文化消费升级"是"消费升级重点领域和方向"。

通过以上摘要可见,这一阶段,文化消费问题引起了政府高度关注,"文化消费"一词在政策法规文件中出现次数较之此前阶段有了大幅度的提升,"扩大文化消费""引导文化消费"的提法也频繁出现。值得一提的是,2014 年 12 月国内首个地方性的专门性文化消费政策出台,即北京市人民政府《关于促进文化消费的意见》。其主要目标为:"到 2020 年,文化产品和服务更加丰富,文化消费市场体系更加健全,文化消费环境更加完善;全市文化消费总量、人均文化消费支出和消费满意度均实现大幅提升,文化消费年均增速保持在 10% 以上,文化消费对全市经济增长的贡献率达到 8% 以上,成为本市新的经济增长点。"提出五项重点任务:加强文化消费供给、培育文化消费理念、引导文化消费行为、丰富文化消费业态、拓展文化消费空间。提出五项扶持政策:优化文化消费发展环境、加大财税支持力度、加强文化消费金融服务、强化文化消费权益保护、积极支持文化消费项目建设。创新性地提出了"完善统计监测。加强文化消费统计,实现各有关部门数据资源的整合与共享,充分利用宏观经济与社会发展基础数据库平台,深入开展文化消费和文化市场的统计监测,准确掌握本市文化消费规模和结构的变化。组织开展文化消费调查,加强对文化消费主要领域发展特征、趋势的分析研究,为进一步促进文化消费提供决策依据。"这样的保障措施。

3. 本阶段开展的文化消费试点研究工作

这一阶段,在文化消费相关政策法规不断出台的同时,相关研究项目也开始启动。2015 年 6 月,文化部、财政部启动"拉动城乡居民文化消费试点项目"。该试点项目以课题研究为实施方式,具体由中国社会科学院文化研究中心、武汉大学国家文化财政政策研究基地和中国人民大学创意产业技术研究院开展研究,从东、中、西部选择典型地区,采取不同的文化消费拉动措施进行政策试点,分析效果,进而提出政策建议。这一研究工作是对正式实施文化消费试点工作的酝酿。

东部地区政策试点注重线上线下相结合,一方面,大力推广公众使用线上文化消费服务平台,以便了解文化消费信息;另一方面,发放专门的文化消费信用卡,以信用卡积分、商户打折返利等方式激励文化消费。

中部地区政策试点主要采取积分奖励的方法,推动公共文化服务和文化产业融合互补。对于前去公共文化场馆、参与公共文化活动并及时评价反馈的公众给予奖励积分,公众可以使用所获积分抵扣一些商业性的文化消费费用。试点选择安徽省合肥市和湖北省武汉市武昌区。据不完全统计,2015 年 9—10 月,合肥市参与试点的 6 家公共文化场馆参观人次为41 万人次,比去年同期增长了 78.26%。①

西部地区政策试点的最主要方式是财政补贴,财政部门对文化消费税(费)按照一定的比例给予补贴,从而降低文化产品和服务价格,激发公众文化消费热情。试点地区为贵州省遵义市汇川区,9 月 22 日正式启动实施,12 月中旬,当地公众开始享受政府补贴带来的文化消费实惠。

此次试点的三种政策措施,一方面,优化了相关平台建设,采集了消费者和消费数据,为大数据分析提供了基础,引导文化市场按需生产、有效供给;另一方面,激发培育了消费者的

---

① 本段及下一段均出自《文化部财政部开展拉动城乡居民文化消费试点项目 东中西各有侧重》,中国政府网,http://www.gov.cn/xinwen/2015-12/09/content_5021956.htm,访问日期:2015 年 12 月 9 日。

文化消费兴趣,发挥了扩大和引导文化消费的功能。

五、文化消费市场超越期(2016—)

1. 阶段界定与相关概况

文化消费市场超越期处于我国"文化强国"建设新时期,笔者将这一阶段界定为 2016 年以来,即"十三五"时期以来。为了进一步解决文化发展方面"不平衡不充分"的主要矛盾,我国"文化强国"建设亦步入超越期,从上一阶段奋起图强到这一阶段奋进超越。并且,我国文化科技全面迭代,融媒体传播、智能化应用、视觉影像技术更加发达,尤其是 5G 时代来临,不断为文化生产和消费开辟新天地、带来新景象。

这一阶段,是全面建成小康社会的决胜阶段。全面建成小康社会必然要求全面实现"文化小康",要求我国全面建成"文化强国"。2016 年 3 月,第十二届全国人民代表大会第四次会议通过了《中华人民共和国国民经济和社会发展第十三个五年(2016—2020 年)规划纲要(草案)》。该草案依据《中共中央关于制定国民经济和社会发展第十三个五年规划的建议》编制,提出"十三五"时期经济社会发展的主要目标、重点任务和重大举措等。其中,第十六篇"加强社会主义精神文明建设"提出:"坚持社会主义先进文化前进方向,坚持以人民为中心的工作导向,坚持把社会效益放在首位、社会效益和经济效益相统一,加快文化改革发展,推动物质文明和精神文明协调发展,建设社会主义文化强国。"2017 年 2 月,文化部印发《文化部"十三五"时期文化发展改革规划》。2017 年 5 月,中共中央办公厅、国务院办公厅印发《国家"十三五"时期文化发展改革规划纲要》,要求"牢牢把握文化发展改革的指导思想"和"把新发展理念贯穿于文化发展改革全过程",坚持创新发展、协调发展、绿色发展、开放发展和共享发展,"全面实现文化发展改革的目标任务",提出了"到 2020 年,社会主义文化强国建设取得重要进展,国家文化软实力进一步提高"的发展目标。2017 年 10 月,党的十九大报告提出"坚定文化自信,推动社会主义文化繁荣兴盛",要"坚持中国特色社会主义文化发展道路,激发全民族文化创新创造活力,建设社会主义文化强国"。2021 年 3 月,十三届全国人大四次会议通过的《中华人民共和国国民经济和社会发展第十四个五年规划和 2035 年远景目标纲要》第十篇第三十六章"健全现代文化产业体系"第一节"扩大优质产品供给"提出"加快发展新型文化企业、文化业态、文化消费模式"。

这一阶段,我国文化产业高速发展。国家统计局发布数据显示,2016 年我国文化产业增加值为 30254 亿元,首次突破 3 万亿元,占 GDP 的比重为 4.07%,首次突破 4%,迈上了新台阶。据相关研究报告分析预测,文化产业增加值到 2020 年占 GDP 的比重将突破 5%,[1]成为国民经济支柱性产业,[2]实现党的十七届六中全会《决定》提出的目标。特别是,这一阶段,随着文化科技的不断提升,以数字文化创意产业为代表的新型文化业态不断涌现。2016 年 12 月,国务院印发《"十三五"国家战略性新兴产业发展规划》,提出"立足发展需

---

① 江畅、孙伟平、戴茂堂等编:《文化建设蓝皮书:中国文化发展报告(2017)》,北京:社会科学文献出版社,2017,第 5 页。

② 支柱性产业应具备的特征之一是产业规模大。支柱性产业着重强调产业的净产出占国民经济或地区经济的比重。按照工业支柱产业的标准,产业的净产出占国民经济或地区经济的比重应在 5% 以上。——薛燕:《支柱性产业有哪些标准》,《时事报告(大学生版)》2011 年第 2 期。

要和产业基础,大幅提升产业科技含量,加快发展壮大网络经济、高端制造、生物经济、绿色低碳和数字创意等五大领域,实现向创新经济的跨越",进一步提出"促进数字创意产业蓬勃发展,创造引领新消费"。为贯彻落实这一《规划》,国家发展改革委会同科技部、工业和信息化部、财政部等有关部门对《战略性新兴产业重点产品和服务指导目录(2013 版)》作了修订完善,形成了《战略性新兴产业重点产品和服务指导目录(2016 版)》,于 2017 年 2 月在国家发改委第 1 号公告中公布。数字创意产业被列入这一文件,包括数字文化创意、设计服务和数字创意与相关产业融合应用服务。在一系列顶层设计的推动下,以"互联网＋"为引领、以数字技术为支撑、以智能应用为潮流的新型文化业态将迅速繁荣,创造引领新的文化消费需求,将文化消费市场带入新时期,迎来新格局。

这一阶段,"互联网＋文化"产业链形成,社会大众进行网络文化消费的习惯被逐渐培养起来,网络文化内容付费用户初具规模,线上文化市场活力倍增。据国家统计局公布的数据,我国互联网上网人数(网民数量)2016 年为 73125 万人(7.31 亿人),2017 年为 77198 万人(7.72 亿人),2018 年为 82851 万人(8.29 亿人),2020 年 3 月为 90359 万人(9.04 亿人)。中国互联网络信息中心 2017 年 1 月发布的第 39 次《中国互联网络发展状况统计报告》反映:2016 年我国移动网民(手机网民)数量为 6.95 亿人,占比 95.1%。该报告指出,"十三五"时期开始,我国各个经济领域进入稳健发展的"新常态"时期,我国网民规模增长率也趋于稳定,人口红利逐渐降低,告别了前 10 年的高速增长状态。我国互联网产业发展更加注重规范化和价值化,更加追求发展质量和效益,互联网发展环境整体提升。该报告特别指出,我国网民人均网络消费能力逐步提升,网络文化娱乐的人均消费不断增长,网络文化消费增长对于文化产业增加值的拉动力逐步显现,对于文化产业业态布局的影响效应也逐步显现。中国互联网络信息中心 2018 年 1 月发布的第 41 次《中国互联网络发展状况统计报告》反映:截至 2017 年 12 月,我国网民规模达 7.72 亿,普及率达到 55.8%,超过全球平均水平(51.7%)4.1 个百分点,超过亚洲平均水平(46.7%)9.1 个百分点。我国网民规模持续扩大的推动力源于互联网服务模式、行业业态不断创新,公共服务趋于线上化,线上线下融合进程加速。并且,移动网民(手机网民)规模达 7.53 亿人,占比 97.5%;使用电视上网的网民比例提高 3.2 个百分点,达 28.2%。由于手机逐渐成为最普及、最方便的个人上网设备,台式电脑、笔记本电脑、平板电脑的使用率呈下滑趋势;多数智能设备都以手机为连接使用终端;移动互联网产业创造更多价值挖掘空间,"万物互联"的物联网雏形形成。该报告还指出"网络娱乐用户规模持续高速增长,文化娱乐产业进入全面繁荣期""数字经济繁荣发展,电子商务持续快速增长"等有关网络文化消费的发展趋势。[1] 中国互联网络信息中心 2019 年 2 月发布的第 43 次《中国互联网络发展状况统计报告》反映:截至 2018 年 12 月,我国网民规模达 8.29 亿,普及率达 59.6%;手机网民规模达 8.17 亿,网民通过手机接入互联网的比例高达 98.6%。贫困边远地区网络基础设施进一步健全,网络传播"最后一公里"逐步打通,地区间的"数字鸿沟"加速弥合,互联网覆盖范围不断扩大。并且居民入网的资费门槛持续降低,移动流量资费大幅下降,跨省"漫游"成为历史,信息交流效率提升。更突出的是,网络娱

---

[1]《第 41 次〈中国互联网络发展状况统计报告〉》,CNNIC 中国互联网信息中心,http://www.cnnic.net.cn/hlwfzyj/hlwxzbg/hlwtjbg/201803/t20180305_70249.htm,访问日期:2018 年 3 月 5 日。

乐产业百花齐放,发展进入快车道,网络视频、网络音乐和网络游戏的用户规模分别为 6.12亿、5.76 亿和 4.84 亿,使用率分别为 73.9%、69.5%和 58.4%;短视频用户规模达 6.48 亿,用户使用率为 78.2%。① 中国互联网络信息中心 2020 年 4 月发布的第 45 次《中国互联网络发展状况统计报告》反映:截至 2020 年 3 月②,我国网民规模为 9.04 亿,互联网普及率达64.5%;手机网民规模为 8.97 亿,网民中使用手机上网的比例为 99.3%。庞大的网民构成了中国蓬勃发展的消费市场,也为数字经济发展打下了坚实的用户基础。2019 年,我国已建成全球最大规模光纤和移动通信网络,行政村通光纤和 4G 网络的比例均超过 98%,固定互联网宽带用户接入超过 4.5 亿户。互联网应用与群众生活结合日趋紧密,微信、短视频、直播等应用降低了互联网使用门槛,不断丰富群众的文化娱乐生活。2019 年底至 2020 年初的新冠肺炎疫情期间,大部分网络应用的用户规模呈现较大幅度增长。并且,区块链、IPV6、5G、人工智能、大数据等核心技术领域快速发展,其深度融合形成的产业互联网将成为推动数字经济发展的新动能和构建智慧型社会的新支柱。③ 中国互联网络信息中心 2021年 2 月发布的第 47 次《中国互联网络发展状况统计报告》反映:截至 2020 年 12 月,我国网民规模达 9.89 亿,较 2020 年 3 月增长 8540 万,互联网普及率达 70.4%。2020 年,我国互联网行业在抵御新冠肺炎疫情和疫情常态化防控等方面发挥了积极作用,为我国成为全球唯一实现经济正增长的主要经济体贡献力量。2020 年,"健康码"助 9 亿人通畅出行,互联网为抗疫赋能赋智;网民规模接近 10 亿,网络扶贫成效显著;网络零售连续 8 年全球第一,达11.76 万亿元,有力推动消费"双循环";网络支付使用率近九成,数字货币试点进程全球领先;短视频用户规模增长超 1 亿,节目质量飞跃提升;量子科技、区块链、人工智能等前沿技术领域不断取得突破,产业智能化升级带动应用层产业发展势头强劲;我国互联网上市企业在境内外的总市值达 16.80 万亿人民币,较 2019 年底增长 51.2%,再创历史新高,集群化发展态势明显;数字政府建设扎实推进,在线服务水平全球领先。④

2. 本阶段出台的文化消费相关政策法规

这一阶段,文化消费对于文化产业发展和经济结构调整的重要意义被进一步强调,"扩大和引导文化消费"这一提法见于多份文件中。尤其在文旅融合、文科融合、文化事业和文化产业融合、"文化+"跨界融合的态势下,文化产业和文化消费早已跃出了传统的出版、影视、娱乐、旅游等领域,全面渗透在各个产业部门,深度融入国民经济的大循环中,而国家政策与制度的供给也紧密契合着文旅产业新布局,体现着新导向。下面,罗列一系列文化消费相关政策法规并摘要。

2016 年 3 月,第十二届全国人民代表大会第四次会议通过了《中华人民共和国国民经济和社会发展第十三个五年(2016—2020 年)规划纲要(草案)》,提出"拓展发展动力新空间"和"加快发展现代文化产业"等任务,要求"促进消费升级"和"扩大和引导文化消费"。2017

① 《第 43 次〈中国互联网络发展状况统计报告〉》,CNNIC 中国互联网信息中心,http://www.cnnic.net.cn/hlwfzyj/hlwxzbg/hlwtjbg/201902/t20190228_70645.htm,访问日期:2019 年 2 月 28 日。
② 受新冠肺炎疫情影响,本次《报告》电话调查截止时间为 2020 年 3 月 15 日,故数据截止时间调整为 2020 年 3 月。
③ 《第 45 次〈中国互联网络发展状况统计报告〉》,CNNIC 中国互联网信息中心,http://www.cnnic.net.cn/hlwfzyj/hlwxzbg/hlwtjbg/202004/t20200428_70974.htm,访问日期:2020 年 4 月 28 日。
④ 《第 47 次〈中国互联网络发展状况统计报告〉》,CNNIC 中国互联网信息中心,http://www.cnnic.net.cn/hlwxzbg/hlwtjbg/202102/t20210203_71361.htm,访问日期:2021 年 2 月 3 日。

2016

年2月,《文化部"十三五"时期文化发展改革规划》提出:"扩大和引导文化消费。从供需两端发力,以创新供给带动需求扩展,努力实现更高层次的供需平衡。着力扩大文化产品和服务有效供给,改善消费条件,营造消费环境,推动建立扩大和引导文化消费的长效机制。鼓励文化文物单位和社会力量开发文化创意产品,满足多样化消费需求。充分激发市场活力和社会创新创造能力,引导文化企业提供个性化、多样化的文化产品和服务,培育新的文化消费增长点。建设文化消费服务平台。支持各地采取各种措施促进文化消费。加强宣传推广,倡导文化消费理念,提升文化消费水平。"并且把"促进文化消费计划"列入"专栏5 文化产业发展",要求"扩大试点范围,总结评估试点情况,研究提出扩大文化消费的政策措施。对文化消费数据进行分析利用,发布文化消费指数,引导文化企业扩大文化产品和服务的有效供给,提升消费者文化消费意愿,逐步建立扩大和引导文化消费的长效机制"。2017年5月,中共中央办公厅、国务院办公厅发布《国家"十三五"时期文化发展改革规划纲要》,提出"完善现代文化市场体系和现代文化产业体系"任务,要求"扩大和引导文化消费",具体要求包括"加强文化消费场所建设,开发新型文化消费金融服务模式""发展文化旅游,扩大休闲娱乐消费""鼓励开发文化消费信贷产品"等。

2016年12月,国务院《"十三五"国家战略性新兴产业发展规划》提出"坚持需求引领"原则,要求"强化需求侧政策引导"和"以消费升级带动产业升级",进而提出了多项任务,其中包括"促进数字创意产业蓬勃发展,创造引领新消费"。2017年2月,国家发改委《战略性新兴产业重点产品和服务指导目录(2016版)》明确了数字创意产业的具体产品种类和服务方向,其有望成为"十三五"时期文化消费新增长点。2017年4月,文化部《关于推动数字文化产业创新发展的指导意见》论述数字文化产业"有利于培育新供给、促进新消费",发展其是为了"满足人民群众高品质、多样化、个性化的数字文化消费需求,提升人民群众幸福感和获得感";要坚持"创新驱动,优化供给"等原则,"提供有效优质供给,促进文化消费";发展目标包括"数字文化消费更加活跃,成为扩大文化消费的主力军",到2020年,要形成"消费活跃"的数字文化产业发展格局;提出"扩大和引导数字文化消费需求",要求"顺应群众期盼和市场需求,结合引导城乡居民扩大文化消费试点工作,增加数字文化产业有效供给,补齐内容短板、丰富服务模式、提升消费体验,引领时尚消费潮流,满足现代生活方式需求。把握知识产权环境改善、用户付费习惯养成、网络支付手段普及的有利机遇,充分挖掘消费潜力和市场价值。创新网络视频、网络音乐、网络文学等数字文化内容产品付费模式,将广泛用户基础转化为有效消费需求。支持可穿戴设备、智能家居、数字媒体等新兴数字文化消费品发展,加强质量与品牌建设"。

2016年1月,文化部《艺术品经营管理办法》出台,强调保护消费者的合法权益。2016年3月,文化部《关于贯彻实施〈艺术品经营管理办法〉的通知》基于近年来我国艺术品市场"日益成为大众文化消费的重要领域"这一实际,提出了一系列加强艺术品市场管理的办法,最后提出"加强对《办法》的宣传力度,提高《办法》的知晓率,使公众充分了解在艺术消费中应享有的权利,引导合理消费"。

2016年3月,《国务院关于进一步加强文物工作的指导意见》提出:"大力发展文博创意产业。深入挖掘文物资源的价值内涵和文化元素,更加注重实用性,更多体现生活气息,延伸文博衍生产品链条,进一步拓展产业发展空间,进一步调动博物馆利用馆藏资源开发创意产品的积极性,扩大引导文化消费,培育新型文化业态。"

2016 年 4 月,《文化部、财政部关于开展引导城乡居民扩大文化消费试点工作的通知》是第一份全国性的部署扩大和引导文化消费工作的规范性文件,提出:"在 2015 年'拉动城乡居民文化消费试点项目'取得成效的基础上,在全国范围内开展引导城乡居民扩大文化消费试点工作。"要求"按照'中央引导、地方为主、社会参与、互利共赢'的原则,确定一批试点城市,充分发挥典型示范和辐射作用,以点带面,形成若干行之有效、可持续和可复制推广的促进文化消费模式,推动我国文化消费总体规模持续增长,带动旅游、住宿、餐饮、交通、电子商务等相关领域消费,不断增强文化消费拉动经济增长的积极作用"。其附件《引导城乡居民扩大文化消费试点工作实施方案》明确了工作目标、基本要求、工作任务、试点时间、确定程序、考核管理、职责分工、激励机制等。

2016 年 5 月,国务院办公厅转发《文化部、国家发展改革委、财政部、国家文物局关于推动文化文物单位文化创意产品开发若干意见》,提出"提升文化创意产品开发水平"以"满足多样化消费需求",并且提出"在国家级、部分省级和副省级博物馆、美术馆、图书馆中开展开办符合发展宗旨、以满足民众文化消费需求为目的的经营性企业试点"的政策措施。

2016 年 9 月,《文化部关于推动文化娱乐行业转型升级的意见》提出主要目标是"提升文化娱乐行业经营管理水平,使之成为场所阳光、内容健康、服务规范、业态丰富、受众多样、形象正面,适合不同消费群体,在公众文化生活中起积极作用的现代文化消费场所"。

2016 年 11 月,《国务院办公厅关于进一步扩大旅游文化体育健康养老教育培训等领域消费的意见》提出:"着力推进幸福产业服务消费提质扩容。围绕旅游、文化、体育、健康、养老、教育培训等重点领域,引导社会资本加大投入力度,通过提升服务品质、增加服务供给,不断释放潜在消费需求。"旅游、文化、体育、教育培训等消费均属于文化消费范畴。文件进一步提出"加速升级旅游消费""创新发展文化消费""大力促进体育消费""持续扩大教育培训消费"等发展任务。其中,"稳步推进引导城乡居民扩大文化消费试点工作,尽快总结形成一批可供借鉴的有中国特色的文化消费模式"是对于《文化部、财政部关于开展引导城乡居民扩大文化消费试点工作的通知》的延续。

2018 年 9 月,《中共中央、国务院关于完善促进消费体制机制,进一步激发居民消费潜力的若干意见》下发,把促进文化旅游消费、教育培训托幼消费作为"推进服务消费持续提质扩容"的重点;在"推动农村居民消费梯次升级"中,要求鼓励和引导农村居民增加文化娱乐消费,并"推动具备条件的乡镇将商贸物流与休闲农业、乡村旅游、产品加工等有机结合"。

2018 年 9 月,国务院办公厅印发《完善促进消费体制机制实施方案(2018—2020 年)》,提出在旅游、文化、体育、教育培训等领域"进一步放宽服务消费领域市场准入""完善促进实物消费结构升级的政策体系""加快推进重点领域产品和服务标准建设""建立健全消费领域信用体系""优化促进居民消费的配套保障"等措施。

2018 年 10 月,国务院办公厅印发《完善促进消费体制机制实施方案(2018—2020 年)》,明确要求进一步放宽包括旅游、文化、体育、教育培训等服务消费领域的市场准入,提出要"总结推广引导城乡居民扩大文化消费试点工作经验和有效模式"。

2018 年 12 月,《国务院办公厅关于加快发展体育竞赛表演产业的指导意见》指出:"发展体育竞赛表演产业对挖掘和释放消费潜力、保障和改善民生、打造经济增长新动能具有重要意义。"提出"引导消费理念""改善消费条件"等意见。

2018 年 12 月,国务院办公厅印发中央宣传部会同中央网信办、发展改革委、科技部、财政部、人力资源社会保障部、自然资源部、商务部、文化和旅游部、人民银行、税务总局、市场监管总局、广电总局等有关部门和单位拟定的《文化体制改革中经营性文化事业单位转制为企业的规定》和《进一步支持文化企业发展的规定》。后一个文件提及"加大对文化消费基础设施建设、改造投资力度,完善政府投入方式,建立健全社会力量、社会资本参与机制,促进多层次多业态文化消费设施发展";"鼓励开发文化消费信贷产品"。

2018 年 12 月,为贯彻落实《中共中央、国务院关于打赢脱贫攻坚战三年行动的指导意见》,国务院办公厅发布《关于深入开展消费扶贫助力打赢脱贫攻坚战的指导意见》,指出:"消费扶贫是社会各界通过消费来自贫困地区和贫困人口的产品与服务,帮助贫困人口增收脱贫的一种扶贫方式,是社会力量参与脱贫攻坚的重要途径。"提出"大力促进贫困地区休闲农业和乡村旅游提质升级"。

2019 年 8 月,国务院印发《中国(山东)、(江苏)、(广西)、(河北)、(云南)、(黑龙江)自由贸易试验区总体方案》(国发〔2019〕16 号),其中,文化和旅游领域改革发展成为重要内容。方案部署了 6 个新设自由贸易试验区打造国际文化市场、推动文化贸易、提升文化消费国际水平的任务和措施。

2019 年 8 月,科技部、中央宣传部、中央网信办、财政部、文化和旅游部、广播电视总局六部门共同印发了《关于促进文化和科技深度融合的指导意见》(国科发高〔2019〕280 号),提到"加强文化创作、生产、传播和消费等环节共性关键技术研究"。

2019 年 8 月,为贯彻落实《中共中央 国务院关于完善促进消费体制机制进一步激发居民消费潜力的若干意见》,国务院办公厅发布《关于进一步激发文化和旅游消费潜力的意见》(国办发〔2019〕41 号),要求提升文化和旅游消费质量水平,增强居民消费意愿,以高质量文化和旅游供给增强人民群众的获得感、幸福感,提出 9 项激发文化和旅游消费潜力的政策举措:推出消费惠民措施、提高消费便捷程度、提升入境旅游环境、推进消费试点示范、着力丰富产品供给、推动景区提质扩容、发展假日和夜间经济、促进产业融合发展、加强市场监管执法。并提出若干保障措施,要求用好各类资金支持各地文化和旅游基础设施建设,充分发挥财政资金引导作用,增加优质消费供给。

2019 年 8 月,紧接着《国务院办公厅关于进一步激发文化和旅游消费潜力的意见》的出台,《国务院办公厅关于加快发展流通促进商业消费的意见》(国办发〔2019〕42 号)印发,提出了 20 条稳定消费预期、提振消费信心的意见,多条意见涉及文旅业态升级和文化市场活化,为文化消费的发展提供了"政策大礼包"。

2019 年 11 月,为贯彻落实《国务院办公厅关于进一步激发文化和旅游消费潜力的意见》,国家发展改革委、中央组织部、教育部、公安部、人力资源社会保障部、交通运输部、文化和旅游部、全国总工会、中国气象局九部门联合发布《关于改善节假日旅游出行环境促进旅游消费的实施意见》(发改社会〔2019〕1822 号),提出涉及交通设施、市场供给、景区管理、休假制度、部门协作等方面的措施。

2020 年 2 月,经国务院批准,国家发展改革委、中央宣传部、文化和旅游部等 23 部门联合发布《关于促进消费扩容提质加快形成强大国内市场的实施意见》(发改就业〔2020〕293

号），出台 19 条硬措施促进消费扩容。其中多处提及文化和旅游消费，并明确提出"重点推进文旅休闲消费提质升级"，要求"丰富特色文化旅游产品""改善入境旅游与购物环境""创新文化旅游宣传推广模式"等。

2020 年 9 月，国务院办公厅印发《关于以新业态新模式引领新型消费加快发展的意见》（国办发〔2020〕32 号），指出"在常态化疫情防控条件下，为着力补齐新型消费短板、以新业态新模式为引领加快新型消费发展"，明确提出五个方面 18 项政策措施：一是加力推动线上线下消费有机融合，二是加快新型消费基础设施和服务保障能力建设，三是优化新型消费发展环境，四是加大新型消费政策支持力度，五是强化组织保障，多处明确提出了文化消费的新业态模式引领。

2020 年 10 月，国家发展改革委会同有关部门（共 14 个部门）共同研究制定和发布了《近期扩内需促消费的工作方案》（发改综合〔2020〕1565 号），多处提出促进文化消费方面的要求，如"丰富线上体育智能赛事供给""推动线上博物馆发展，带动文创产品销售""加大旅游年票和一卡通发行力度""加大旅游宣传推广"等。

2020 年 11 月，文化和旅游部出台《关于推动数字文化产业高质量发展的意见》（文旅产业发〔2020〕78 号），提出使数字文化产业"成为激发消费潜力的新引擎"的发展目标，并提出了相应要求。

2021 年 4 月，文化和旅游部发布《"十四五"文化和旅游发展规划》（文旅市场发〔2021〕48 号），将"扩大和引导文化消费"作为"健全现代文化产业体系"的主要任务。

2021 年 5 月，文化和旅游部印发《"十四五"文化产业发展规划》，提出"促进供需两端结构优化升级"："围绕满足人民群众日益增长、不断升级和个性化的文化消费需求，把实施扩大内需战略同深化供给侧结构性改革有机结合起来，加强需求侧管理，以高质量供给引领和创造新需求，以需求变化引领供给体系和结构升级，努力形成需求牵引供给、供给创造需求的更高水平动态平衡。"

通过以上摘要，可见，这一阶段，"扩大和引导文化消费"是我国文化建设发展的一项重点任务，发展文化消费作为我国经济需求侧结构性改革的一项关键任务和供给侧结构性改革相对应。

另外，2019 年底新冠肺炎疫情突然爆发并蔓延全球，对于我国国民经济造成影响，对于文化产业造成冲击。为了应对此次危机，从国家到地方，各级政府相关部门都出台了一系列应急政策，包括纾困文旅企业、促进复工复产、强化常态化疫情防控措施等，并且于危机中把握契机，提出要加快培育壮大数字文旅产业，推进"云文化消费"发展。例如，2022 年 4 月，国务院办公厅印发《进一步释放消费潜力促进消费持续恢复的意见》。该《意见》针对"受新冠肺炎疫情等因素影响，消费特别是接触型消费恢复缓慢，中小微企业、个体工商户和服务业领域面临较多困难"，其中涉及"持续拓展文化和旅游消费"。总的来看，疫情对于我国文化产业和文化消费的冲击是暂时性的，疫后复苏是必然的。在多元化政策的合力帮扶下，我国文化产业全面向好、文化消费持续升温的基本面不会改变。

3. 文化消费试点工作取得成效与扩大行动

自 2016 年《文化部、财政部关于开展引导城乡居民扩大文化消费试点工作的通知》印发以来，45 个国家文化消费试点城市的试点工作取得了良好的社会效益和经济效益。据不完全统计,截至 2018 年底,45 个试点城市创造了各具特色的多元化文化消费促进模式,积累了一定经验,累计吸引约 6 亿人次投身文化消费,拉动文化消费约 1500 亿元。① 2018 年 8 月,《国务院办公厅关于进一步激发文化和旅游消费潜力的意见》(国办发〔2019〕41 号)在试点工作基础上,提出:"推进消费试点示范。总结推广引导城乡居民扩大文化消费试点工作的经验模式,新确定一批国家文化和旅游消费试点城市(以下简称试点城市)。在试点城市基础上,择优确定国家文化和旅游消费示范城市(以下简称示范城市)并动态考核。推动试点城市、示范城市建设国际消费中心城市。鼓励建设集合文创商店、特色书店、小剧场、文化娱乐场所等多种业态的消费集聚地。到 2022 年,建设 30 个示范城市、100 个试点城市,示范城市居民人均文化娱乐支出占消费支出比例超过 6%,旅游收入增速保持两位数以上增长,进一步发挥示范引领作用。"

文化消费试点工作开展以来,各地对居民文化消费潜力的挖掘进行了丰富探索,不断落实更加有力的行动。拉动文化消费的实践主体主要是文化产业经营主体,也就是各大企业,尤其是平台型企业。

第二节　文化消费相关政策法规效能评价指标体系建立探索

一、文化消费相关政策法规应发挥的基本效能

1. 导向效能

文化消费相关政策法规应对文化生产和消费发挥双向导向效能。

一方面,引导文化生产符合文化消费需求。引导文化市场提供丰富的文化产品,以文化供给侧牵引文化需求侧,着重引导文化产品创新创精,不断适应当代消费者对于个性风格、品质品位、科技美学、新奇体验等的追求。

另一方面,引导文化消费积极、健康、理性地开展。引导广大人民群众认识文化消费的必要性和重要性,增强文化消费意识;引导广大人民群众经常开展阅读、健身、旅游等健康向上的文化消费活动,特别要注重培养欣赏舞台艺术、美术作品这样的高雅文化消费趣味,反对庸俗、低俗、媚俗的"三俗"型文化消费;引导广大人民群众端正文化消费心态,不炫耀、不攀比、不沉迷,在文化消费中感知文化、学习文化、认同文化、思考文化,达到丰富精神世界、提升认识层次的效果,以促进整个社会形成尊重文化、崇尚文化、享受文化的良好文化消费氛围。

2. 治理效能

文化消费相关政策法规的治理效能浅显直接地体现在对于文化产业和文化市场的治理上,而深层地体现在对于文化生态的治理上,根本地体现在对于社会文化的治理上。

---

① 曲晓燕:《权威解读|〈关于进一步激发文化和旅游消费潜力的意见〉》,中国文化报,https://mp.weixin.qq.com/s/3g9L6NbEyXmmQZRRABWrYA?,访问日期:2019 年 8 月 30 日。

文化消费相关政策法规对于文化产业和文化市场起着宏观调控的作用,调控产业布局、结构和市场走向、秩序等,用政府这只"看得见的手"适时适度干预市场这只"看不见的手",体现法治化治理。[①] 更重要的是,文化消费相关政策法规往往为文化产业和文化市场的意识形态和文化价值观定下基调,即"主旋律",要求围绕"主旋律"建构多样化的文化,并且推进文化生产和消费实现社会效益和经济效益"双效统一"的目标。

文化消费相关政策法规对于文化生态的治理效能反映在对于文化生产与消费过程中的文化开发生产生态、文化企业经营生态、文化市场竞争生态、文化产业链生态、文化消费链生态、文化价值观生态等的系统化治理,使得整个文化生态系统井井有条、欣欣向荣。

文化消费相关政策法规对于社会文化的治理效能集中反映在,通过对文化生产与消费各个环节的一系列治理,塑造了新的消费文化,产生新的消费理念、消费方式、消费习惯、消费风尚等,从而改变了社会文化。如追求消费中的文化含量、注重以消费表达民族文化情感、喜好消费品中加入传统文化元素、对待多元文化秉持开放的消费观、在变幻的消费时尚中促进文化的新陈代谢等。

3. 保障效能

文化消费相关政策法规应有保障效能,这种保障效能主要体现在三个层面。

第一,文化消费相关政策法规通过引领文化供给侧改革创新,逐步实现精准对接文化需求侧,从而保障供求协调,保障人民群众的精神文化需求能够通过文化消费得到满足,在文化消费中共享文化成果。

第二,文化消费相关政策法规通过规范文化市场经营活动,保障文化消费者的消费权益不受侵害,保障文化消费者充分享有文化消费权利。

第三,文化消费相关政策法规强化制度化保障,对于政策法规实施所必需的组织架构、资源经费、人才队伍等进行保障。

4. 激励效能

文化消费相关政策法规必须发挥激励效能,这种激励效能主要体现在两个方面。

一方面,激励消费者进行文化消费,培育文化消费积极性。实施政策手段如:对消费者发放各种形式的惠民补贴;文化商户联合银行开发专门用于文化消费的信用卡;促进金融市场增加文化消费信贷服务等;对商户进行财政补贴促使其降价让利等。

另一方面,激励生产者优化产品供给,通过供给侧发力,激发需求侧潜力。实施政策手段如:深化文化体制改革,进一步解放文化生产力;对于文化企业给予场地、资金和财税扶持,设立孵化器和推进器项目;用金融杠杆撬动文化市场,拓宽文化产业投融资渠道;管控文化市场竞争秩序,防范竞争失序和"马太效应",全面释放大中小文化生产经营主体的创业创新活力等。

二、文化消费相关政策法规效能评价标准与方法

1. 评价标准

当前,国内外对于政府效能(行政效能)的评价视角都比较宏观,很少针对某一特定领

[①] 参见朱岚《推进社会和文化治理现代化》,《行政管理改革》2014 年第 9 期。

域。国内外少有对文化政策法规效能进行评价的研究,尚无专门对文化消费相关政策法规进行评价的研究。因此,本研究具有较高的创新性和较大的挑战性。

关于效能评价,比较通用的标准评价体系有两种:一是 4E 标准评价体系,常用于评价公共行政效能;二是"三效"标准评价体系,应用范围更加宽泛,兼容公共领域和私有领域。

4E 标准评价体系确立 4 项标准:第一,经济(economy)标准,评价主体各项投入是否科学合理、投入经费和投入数量是否匹配需求、经费使用和分配是否平衡适度等,这一标准要求用最少经费实现最大投入,追求经济适用。第二,效率(efficiency)标准,主要测算投入与产出比,在公共行政领域,效率标准可进一步分为供给效率标准和配置效率标准,前者衡量供给数量、单位成本等,后者衡量经费投入、资源配置等是否与公共需求的优先顺序相匹配。第三,效果(effectiveness)标准,在评价公共行政效能时主要用以反映公共供给(包括制度政策供给和产品服务供给)的社会反应,包括公共需求是否得到满足和公众对于各项公共服务的满意度水平,这一指标很重要也较真实可靠,但也最难以量化。第四,公平(equity)标准,考察公共行政是否发挥缩小城乡和区域、阶层和群体差距,降低"马太效应",平衡各区域、各群体发展的效能,重点考察弱势区域(农村、欠发达区域)、弱势群体的公共需求是否得到满足和与强势区域、强势群体得到的服务是否无差异,即反映公共行政的公共性。

"三效"标准评价体系更加简易明了,即分别从效率、效果、效益三个层面确立具体标准衡量工作效能。从效率层面出发,确立标准通常包括投入产出比最小化、单位时间完成的工作量最大化、机制协调最优化等;从效果层面出发,确立标准通常包括结果与预期相符程度最大化、各方(内部和外部、社会和市场等)反应最优化等;从效益层面出发,确立标准通常包括社会效益最大化(居主)、经济效益最大化(居次)、短期效益(居次)显著化、长期效益(居主)稳定化、各方效益平衡化(公平化)等。

2. 评价方法

效能评价的方法很多,有指标体系评价法(IS)、平衡计分卡法(BSC)、层次分析法(AHP)、模糊综合评价法、TOPSIS 综合评价法、因子分析法等。在评价政策法规制定与执行的效能方面,当前国内最流行的方法是指标体系评价法。[①]

效能评价指标体系是由一系列反映评价客体各个方面效能的相对独立又相互联系的统计指标构成的有机整体[②],能科学、系统、客观地对客体效能进行量化、细化评价。建立指标体系(IS:indication system)是进行评价研究乃至进行预测研究的基础性工作。这一建立过程是化整为零、化繁为简、化抽象为具体、化感性认识为理性认识的过程,它把握评价客体的内在发展规律、本质属性和个性特征(特殊性),设立评价指标,并对每一指标赋予相应权重,将评价工作分解为可操作化的具有工作抓手性质的结构性流程。

在具体评价工作中,应用指标体系评价现行文化消费相关政策法规效能的关键方法在于建设三方(三个主体)长效评价机制。

(1)专业评价机制

主要由文化部门牵头,以政府相关部门主要负责人、专门领域政策制定人员、专业领域

---

① 详见施雪华、方盛举《中国省级政府公共治理效能评价指标体系设计》,《政治学研究》2010 年第 2 期。
② 参见陈建宏《统计学基础》,北京:北京理工大学出版社,2013,第 12 页。

专家学者为评价主体,组成考评团队,以专业理论、调研资料、统计数据为依据,从政策法规研究制定的理论角度、颁布实施的实践角度来评价政策效能,定期评价并发布报告。这是三方评价机制的内圈层,与政府职能部门联结最紧密,最具有权威性。

（2）监督评价机制

主要由宣传部门牵头,以新闻单位、传媒机构、记者协会等为评价主体,组成考评团队,站在媒体角度,对于政策效能进行观察和监督,发布评议和报道,形成时效感强、真实性强、传播力（影响力）强的常态化监督评价机制,不定期且密集地进行评价,在评价政策效能的同时起到宣传普及政策的作用。这是三方评价机制的中圈层,联结沟通政府职能部门与广大社会公众,最具有客观性。

（3）公众评价机制

主要由宣传文化部门和社区管理部门牵头,以社会各界（各区域、各阶层、各群体等）公众代表（关键公众）为评价主体,组成考评团队,通过填写调查问卷和接受民意访谈等方式对政策效能进行评价。这一机制的建立,既复杂又简单。复杂在于甄选公众代表（关键公众）具有难度,要体现广泛而典型的代表性,不该遗漏任何一个层面的公众,而且所选公众代表（关键公众）要关心文化消费领域问题,要对于现行文化消费政策有所了解;简单在于评价方式比较简单,公众能直接表达感受、反映问题、提出意见等。这是三方评价机制的外圈层,独立于政府职能部门之外,最具有公共性。

三、国内外文化指标研究理论综述

1. 国际组织对文化发展水平的衡量

文化发展水平是国家发展水平的一个重要层面,各国都在积极探索如何衡量。尽管文化内容包罗万象,文化发展具有高度的复杂性,文化往往被看作观念、理念、意识形态、价值判断、认识结构等,其主观色彩浓厚、抽象而不具体,故而统计数据不如人口、经济等客观的社会统计数据那样易于获得,但发达国家与国际组织都努力尝试用定量的方法来衡量文化状态、文化环境、文化活动、文化成果和价值等。特别是 20 世纪以来,社会指标运动兴起,新公共管理思潮影响着政府的改革。这一政府内部的改革致力于将私营工商企业的管理方法用于公共部门,强调市场竞争、服务意识,要求使行政成本更精简、使行政过程透明化、使行政绩效可评估。于是,在政府的工作指标体系中首先出现了公共文化服务指标,对公共文化机构数量、场馆设施面积、服务人数等进行统计,加以评估。随着文化产业的兴起,文化的经济效益越来越受到政府重视,相应的统计数据越来越成为重要的指标制定依据。

下面重点介绍国际组织怎样衡量文化发展水平。因为与单个国家的文化统计项目相比,国际组织实施的文化统计框架具有更强的普遍适用性、更强的国与国比较性。

联合国教科文组织在 2005 年就开始启动修订 1986 年拟定的文化统计框架。因为最初的文化统计框架偏重政府和专门机构的文化工作指标,以及反映文化经济成果的指标,已不能满足全面衡量文化发展的需求了。1986 年版的联合国教科文组织的文化统计框架共分 10 个文化统计大类:文化遗产、出版印刷业和著作文献、音乐、表演艺术、视觉艺术、音频媒体、视听媒体、社会文化活动、体育和游戏、环境与自然。2009 年的新框架则借鉴了当前各国统计分类的标准和体系,划分了文化活动的关键领域和扩展领域。关键领域包括文化与遗产、艺术表演与节日、可视艺术与手工艺、书籍出版、视听与数码媒体等 5 个领域;扩展领域包括体育与休闲、旅游 2 个领域。新框架为"纵横交叉"的文化统计框架,其为各个文化活动领域设置了纵、横两个向度的指标轴,纵轴上的指标按照从文化需求到文化供给的产业链逻辑选取,包括反映文化艺术创作、文化产品生产、文化传播和信息发布、文化接受和消费以及各项活动规模和参与度的文化统计指标;横轴上的指标涉及文化产品与文化消费市场、文化教育、传统文化、文化档案存储等四个方面,框架衡量指标主要包括就业和教育、价值量和实物量指标等。[①] 值得注意的是,新框架提出了"文化循环模式(culture cycle)"的概念,它体现了文化产品和服务的资源来源、资源分配、生产与消费过程的整体性,在尽可能广的范围内反映了文化产品与服务供求相关活动。

其实,联合国教科文组织的文化统计新框架所采用的理念和方法,都参考了欧盟的文化统计体系,尽管在分类上有所出入。欧盟的欧洲文化领导小组把可量化统计的文化限定在 8 个文化艺术领域:艺术和古迹遗产、档案、图书馆、图书及出版、视觉艺术、建筑艺术、表演艺术、视听及多媒体艺术。该文化统计体系采用了文化生产链模型(文化周期模型)选取统计指标,考察了文化生产与发展的各个步骤(创意、生产、传播、贸易、保存、培训等),对文化功能做了多角度展示。并且,该体系借鉴了欧洲已有统一标准的、较为成熟的国家统计体系,如欧盟内部经济活动统计分类(NACE)、职业统计分类(ISCO)、工业消耗用途统计分类(COICOP)、国际教育标准分类(ISCED)、欧洲内外部贸易比较统计数据库(Com Ext)以及欧洲时间利用调查(hetuscoding list)、劳动力调查、家庭预算调查等,从中选取了 60 多项文化指标,包括文化就业、文化经费/支出、文化参与情况等。

无论是联合国教科文组织的文化统计新框架还是欧盟的文化统计项目,文化指标都侧重于文化与经济、社会发展相关的方面。《联合国教育、科学及文化组织关于新的〈2009 教科文组织文化统计框架〉的工作报告》说明:《框架》界定的文化领域代表了传统上视之为"文化的"共同经济活动(如货物和服务的生产)和社会活动(如参与文化活动)的总和。此外,相关领域可能认定为"部分文化的"或更经常视之为"文娱或休闲"而不是"纯粹文化的"其它经济和社会活动构成。欧盟文化统计项目负责人则认为文化是一个特殊领域,其活动不一定符合工业经济逻辑,传统的统计体系很难全面考察文化的发展,文化领域的统计指标需要对原有的参照系进行适应性改变。所谓适应性改变意味着,虽然文化统计项目有必要区别于经济统计项目,却要沿用经济统计项目的逻辑,以便客观量化。并且,"适应性改变"解决了国际比较口径难以统一的矛盾。经济合作发展组织也曾于 2006 年发布一份衡量文化活动所起作用的报告,名为《文化的经济和社会重要性的国际测量》(*International Measurement of the Economic and Social Importance of Culture*),这一名称就明显反映了该组织对文化的经济功能、社会功能的高度重视。当然,这符合经合组织一贯的注意点。可见,国际上通用的、较成熟的文化衡量体系主要着眼于文化的社会效益和经济效益,而更关注文化的经济效益。这可能与经济数据较便于采集有关。

---

① 详见张毓强、杨晶《世界文化评估标准略论——以联合国教科文组织文化统计指标体系为例》,《现代传播(中国传媒大学学报)》2010 年第 9 期。

　　然而,文化发展水平、文化自身价值是否仅仅从社会、经济两个维度就能全面反映呢?显然,文化的价值观层面、文化的公共服务层面、文化的审美层面(纯粹的文化艺术)、文化机构的体制机制层面等都是一国文化发展应有的内容层面,都不仅仅起到促进经济、繁荣社会的作用。所以,只是在既有的统计体系中做适当调整,想要突破是存在相当难度的。然而,若不考虑体系的国际通用性(比较口径统一性)、统计习惯性(统计可量化数值)问题,针对本国文化发展的特殊性来个性化衡量,则可以将指标充分细化,并可以设计主观性、抽象性指标,能灵活多维地、相对全面地应对文化衡量难题。

2. 国内外对文化指标的研究

　　统计早已是现代社会普遍适用的衡量、分析技术手段,指标也就相应成了一种绩效评估工具。20 纪世 60—70 年代,全世界都兴起了一股社会指标研究热潮,从学者到政府,都积极尝试建立适用于考核工作的指标体系。随着文化对经济的贡献不断扩大,对社会的影响不断加深,社会指标运动的视野也投向了文化领域。发达国家为了对文化发展状况做出简明、综合的客观判断,同时也需要描述、贯彻和评价所执行的文化政策,纷纷开始研究可靠并便于比较的文化统计指标和相关数据。

　　对文化指标的理论研究及其运用的广泛讨论,自 20 世纪 20 年代早期开始,就在加拿大、澳大利亚、比利时、英国、法国、美国、哥伦比亚、新西兰、西班牙、墨西哥、欧盟以及中国香港、台湾等许多国家和地区方兴未艾。所谓文化指标(culture indicators,也译为"文化标识"),是一套标示变迁和符号环境的系统,其作用是帮助决策和指导有效的社会行为。文化指标是重要的参考信息,对于文化指数的观察和分析,既具有时效性,也具有持续性,反映着社会文化生活全貌,直接影响到文化决策。然而,文化指标具有隐藏性与复杂性。基于定量研究方法上统计数据的不易获得,加上文化问题自身的丰富性和多样性,文化认识问题的主观性和抽象性,各地区、各民族、各类人群对文化有着不同的理解与认定,部分指标的界定也具有不确定性……这些都使得类似研究的结果难以被科学准确地解读。因此,即便在西方发达国家,文化指标在文化政策的理论研究与实际操作之间仍处于不平衡状态,尚未广泛运用于决策及政策推行层面。尽管如此,文化指标作为一种政策工具还是被大多数国家政府所采用,对其深入研究对社会发展的促进意义也被大多数学者所认可,现已成为文化政策研究领域的有机组成部分。

　　西方有学者曾总结过地区层面文化指标研究所涉及的领域,它们主要包括六个方面:其一,环境改善及地区再生过程中相关的文化指标;其二,与个体福祉和个人发展相关的文化指标;其三,社会资本与社区建设过程中相关的文化指标;其四,经济发展中的文化指标;其五,社区文化活力指标;其六,考核文化部门健康及可持续发展的指标等。事实上,很多文化指标互有关联,且都不仅仅涉及单一的评估领域,而是交叉重叠成为一个复杂的系统。在实际的评估工作中,各地区通常依据自身文化发展水平和发展需要,选取适用指标,并根据实际情况自行设定指标值。

　　文化指标被成功地运用于反映文化艺术活动的开展、公民的文化素养及文化需求状况,并对文化政策、文化产业的发展也进行了监测、评估,为国家文化政策实施效果、特定决策落实程度的判定提供了依据和标尺。但它本身还存在很多普遍性的问题。国际艺术理事会和文化机构联盟(IFACCA)在 2005 年的专项研究报告中曾指出当前文化指标研究中有 4 个显著问题：第一，文化指标规划设计不良，不知如何使用。这既有文化概念难以准确界定的客观原因，也有指标设定过程中鲜有探究指标理论，或明确指标（标识）与资料库、统计数据之间关系，以及指标与政策评估、文化分析间联系的客观原因。第二，缺乏有品质的资料数据。指标的品质建立在数据基础之上，促进更多文化数据的收集有利于文化政策分析。但也有学者指出问题的关键不在于缺乏数据，而是缺乏合理地使用现有数据。第三，指标框架过于庞杂。现有的许多文化指标框架出于不切实际的美好期望，包含数量众多、涵盖范围广泛的建议指标。大量的基础性指标整合了不同的文化政策焦点、统计变量、文化价值链上的不同层面，使得庞杂的指标框架难以运用于单一政策分析目标，大量偏离的指标也阻碍了实际操作层面上的运用。因此，有学者认为缩小指标范围可能比一个详细的清单更为有用。目前，此领域研究争论的主题之一即是，如何发展限定数量的关键性指标。第四，政策目标模糊。文化政策的目标通常是抽象的，甚至是些术语的模糊表达。有些分析观点认为文化政策具有较弱的理论基础，但也有人认为这种抽象是文化政策所必然呈现的状态。无论什么原因，文化政策的抽象和模糊多少都会影响政策指标的清晰明了。此外，各国获取指标采用的方法各异，缺乏国际交流与协调。方法和架构上的差异与各国文化政策差异、文化发展侧重点不同有关。但如果有更多的合作与分享，将可以促进解决一些文化发展中普遍存在的问题，也有利于发展一套以尊重文化多样性为前提的国际标准化核心文化指标。目前，各国统计口径不一，虽然这样做是从本国特殊国情出发，却导致本国与他国做文化发展水平的横向比较难以实现。与其它社会指标一样，文化指标也要经过一个漫长的完善过程，现在有些指标只具有理论上的指导意义，未必能够直接作为科学衡量的标杆，出现这种指标设计的"瓶颈期"是很正常的。

　　与发达国家相比，我国文化指标研究相对滞后，尚处于起步阶段。总的来说，分两类研究方向：一类是把文化指标纳入其它社会指标中进行考量，如体现文化在城市可持续发展中的作用的指标、体现文化在城市综合竞争力中的作用的指标、体现文化在全面小康社会建设中所起作用的指标等；另一类是单独设计文化指标体系，用于评估文化政策的出台和执行效率。

　　尽管目前国内很多省市、各种文化部门和机构相继建立了各类文化指标体系，但绝大多数研究仅限于理论探讨层面，离实际操作还有相当距离。其对文化政策的引导、政府工作的评估、发展趋势的预测也不尽如人意。这主要存在几方面问题：第一，缺乏理论支撑，指标依据不明。第二，指标目标不确切，一味追求多而全，指标体系过于庞杂、宏观、抽象、混乱，不能集中凸显某一特定指标项。第三，由于国际上尚无统一的指标统计口径，国内更缺乏可参考的相关指标规范，各地区、各部门对于指标概念表述不一、指义不一，导致已有的指标体系间不存在可比性。第四，大量指标体系经研究制定以后，并未转化为评估工具，只是作为参考标准，即便其中某几项指标被采纳，也往往不能坚持长期采用，起不到实时监测、长效评估作用，不利于对文化发展水平进行纵向的历史性评估。第五，指标体系缺乏具体的时空参照系，评估结果无法横向、纵向比较，难以科学评估文化发展水平。

　　另外，从指标的构型来看，国内研究多偏向于尝试建立巨型（macro）文化指标及中度（meso）文化指标，前者指对文化概括性的监测与评估，如文化现代化指标、文化竞争力指标等；后者指区域性的或对专门文化项目的监督与评估，如城乡文化资源公平分配指标、公共文化服务指标、文化产业指标等。相比而言,缺乏评估特定文化项目、相关部门文化工作行为的微型(micro)文化指标的设计,如文化活动成果与民意反馈指标、文化机构日常工作绩效评估指标等,因而文化指标体系不够精细,没有考核实际工作的明确抓手。

当前,随着我国文化体制改革不断向前,文化指标研究亟待进一步深化,以期对文化政策实践起到真正的指导作用。近年来,文化产业指标研究和文化消费评价指标研究都是热门研究,以"文化蓝皮书"为代表的一系列研究报告连年出版,涉及大量文化经济指标研究。然而,针对相关政策法规进行效能评价的指标体系设计专项研究还不多见,而在我国的文化产业发展环境中,"政策供给"向来至为关键。因而,只有认真评价"政策供给"的效能,才能发现政策短板并补齐之,才能推动政策达到速效、显效、长效的理想效能。

3. 文化指标研究涉及的几大关系

(1) 文化指标与文化政策的关系

文化政策是一定社会共同体处理文化事务的指导方针和实践方法。对当代文化政策的研究始于第二次世界大战之后。到了 20 世纪 50 年代,由于福利国家的出现,文化平等、文化民主观念开始兴盛。西方国家政府开始加大对文化艺术的扶持力度,如何支持艺术创作与文化参与、鼓励社会文化发展是当时文化政策研究的主题。70 年代,文化产业被视为动态经济与社会转变的推动力,文化政策研究的焦点逐渐转移至文化的功能层面上,尤其关注文化对经济的作用。90 年代末期至今,各国源于产业动机所形成的文化政策已臻成熟,同时文化政策研究开始倾向基于如何满足人的发展需求的文化权利的实现和维护国家、民族文化主权的层面上。

文化政策研究的转向,有两方面内容触发了对文化统计与指标系统研究的需求。其一,诸如如何评估政府对民间文化扶持及资助的成效、如何衡量民众文化活动的参与率、如何考量文化多元性及其活力、如何测量文化资本存量及创意经济贡献率等问题,单纯定性分析已不能满足政策实践,政策检视日益需要建立在适当的、可比较的、可靠的统计数据及定量分析基础之上;其二,随着西方"改革政府"运动的影响持续扩大,公共机构乃至文化制度需要更加透明的运作方式,同时,政府也需要通过建立可靠、可比较的统计数据来提高公共政策及法令的可信度,因此迫切需要在社会科学及政策分析领域发展建立评估机构绩效或衡量文化政策成效的指标。此时,文化统计与指标系统就不再仅仅作为观察文化发展动向、监测文化发展水平的工具,更是评判各项特定文化政策执行效果的重要依据。

(2) 文化指标与文化统计项目的关系

全球范围的"文化统计项目"研究自 20 世纪 60 年代初逐步兴起。早在 1963 年,法国就建立了文化发展统计与预期研究局,其任务在于搜集、处理、分类以及传播关于法国文化的社会经济数据,使得这些数据信息能促成各种必要的研究,并作为公共政策的基石。20 世纪 70 年代早期,加拿大统计局已着手收集有关电影、图书馆和博物馆的数据。这些数据及其分析对制定新政策、评估已建项目极为关键。文化艺术组织及其下属机构通过这些统计数据改善自身的运作并吸引更多的私人企业、政府及社会公众的支持。此外,联合国教科文组织(UNESCO)也进行了文化统计项目研究,自 1987 年公布文化统计框架后,逐年把反映文化发展状况的统计数据纳入联合国有关报告中。从联合国教科文组织的文化统计列表中可以看到,其范围极广,反映不同国家文化发展状况的复杂指标及其相关数据。

文化指标与文化统计两者间的关系极为密切。加强文化统计研究及数据分析,特别是推进文化统计数据的国际标准化,完善统计模型的建构,是形成规范性文化指标体系的基础。文化统计是对文化现象等数据资料的搜集、整理、分析和研究,文化指标则是对反映总体文化现象数量特征的概念、具体数值在一段时间内变化的考察。统计数据与指标是两个容易混淆的概念,统计数据说明的是一种现象,更多体现描述功能;而指标具有质的规定性、具体性,量的明确性、变化性和指示的综合集成性等特点,代表隐含在现象背后的意义。在具体使用方面,文化指标所呈现出来的数据不只是政策规划时必要的参考依据,也是政策检验时重要的标尺。这正是指标不同于一般统计的主要地方。使用时应注意对两者加以区分。此外,指标(indicator)与指数(index)也是两个容易混淆的概念。指标是一种可指示和反映实际情况的可比性标识,而一个指标数的数值本身是没有比较性的,只有把不同时段的数值相比较时,才具有明显意义。指数是一种在某时期内的数值和同一现象在另一个作为比较标准的时期内的数值的比较,是通过某种约定的(加权)运算而得出的比率。指数的好处不单是把现时情况与基数进行比较,在不同时间(如:去年和今年)的指数相比也可表示出指标参数的变动情况。如联合国开发计划署(UNDP)提出的"人类发展指数(HDI-Human Development Index)"。

(3)文化指标与一般性指标的关系

文化指标属于一般性指标理论研究范畴,许多其它政策领域在使用社会、经济、生活品质及福利指标的过程中,同样也会涉及文化指标。因此,文化指标在研究方法上与一般性指标具有共通性,深受统计指标理论影响。相关研究对理想文化指标建立的要点做过大量讨论,概括了诸如可信度、可操作性、可修正、可基准化等要点,很显然,这些要点同样适用于研究和建立其它社会领域的理想指标。

此外,文化指标的建立过程也遵循一般性指标的建立程序。首先,要明确文化指标的要素,包括文化指标的功能、发展目标及评估目的;概念框架的构想(如何体现抽象的文化价值、政策的实施流程及实际执行效果);文化指标使用的解释及其社会影响等。其次,要探讨文化指标的理想选择,包括文化指标选择的原则、指标维度关键层的区分、可长期监测的有效数据的遴选、文化政策衡量重点的选取、指标隐含的价值及象征意义、指标测量方法的使用等。再次,要明晰地诠释说明文化指标,包括指标的名称、内涵、意义,统计变量的说明及结果反映的问题,操作规范及技术方法等文献资料的支持,指标的结构分析,外来因素的影响及指标测量结果的受限分析等。这三点属于指标的建立阶段。此后就是对指标相关数据资料的收集及对指标持续定时的评估监测,这是指标的运用阶段。上述程序与一般性指标相同。

可见,文化指标不但能纳入到一般性指标中,成为判断社会发展的大指标体系当中一个不可或缺的有机组成部分,也适用于研究一般性指标的研究方法。当然,文化指标有其特殊性,在研究时需要具体问题具体分析。

四、文化消费相关政策法规效能评价指标体系的建立

1. 指标设立原则
(1)战略引导原则
指标要体现战略导向,发挥引导促进作用,而非(也不可能做到)巨细无遗地监测、衡量

每一个工作步骤。因此,设立的指标应当是宏观战略性的,而不是微观琐碎性的,但这并不排斥设立具体的实务性、细节性指标,只是更加着重设立抽象的导向性、整体性指标。要使指标设立符合战略引导原则,就要使指标彰显如下几个特性:一是引领性,坚持发挥社会主义先进文化的引领作用,以高度的文化自信引领文化工作不断迈上新台阶;二是思想性,持续充实社会主义先进文化的思想内涵,以深厚的理论基础促进文化工作不断迈上新台阶;三是服务性,不断体现社会主义先进文化的服务精神,以扎实的为民服务推动文化工作不断迈上新台阶;四是创新性,充分激发社会主义先进文化的创新活力,以活跃的文化创新驱动文化工作不断迈上新台阶。

(2)长远规划原则

变化和发展永无止境,指标设立和指标体系建立不可能一蹴而就、一步到位,而要立足当下,谋划长远,体现面向未来的建设性。指标评价的虽是当前工作,却指向未来。这就要求设立的指标应当具有一定的理想性,不但要有战略高度,还要具备一定难度,要体现高瞻远瞩的发展性眼光,要使被评价的客体不至于轻而易举地在短期内达成指标,而是要下一番功夫、有一番作为,这样才能使指标在一个中长时期(5—10年)内可供参考。再者,尽管发展的趋势可以预见,发展的速度和程度却不可准确预测,所以,一个用来衡量发展水平的指标体系,也不应先入为主地凭主观经验划定一个具体的时间节点,不应人为地要求在某一时限内完成指标,而应从客观实际出发,参照客观情况不断调整、完善,持续建设、重在发展,推动各项工作取得新突破。

(3)标准设计原则

我国共有34个省级行政区域,包括4个直辖市、23个省、5个自治区和香港、澳门两个特别行政区。由于我国各区域经济文化发展不平衡,个别地区的政治制度还有差异,要在一个指标体系中体现地区性、针对性,是难以做到的。因此,建立指标体系的思路是对指标进行标准化设计,也就是评价标准无差别、统一化,评价的是我国文化消费相关政策法规制定实施工作中共性共通的方面,而非个性个别的方面。并且,不标明确切的指标值,仅建立指标体系框架。这是为了在具体的评价操作当中,各地根据其发展实际情况,各自确立符合自身发展要求的指标值。这种"留白"的做法是科学的、严谨的、负责的,既便于指标体系建立,又便于全国各地参考。基于这一原则,指标体系预期发挥规范作用,将规范文化消费相关政策法规制定实施的重要环节,并直接规范一系列考核评价工作。

(4)统筹协调原则

要建立一个全国性的指标体系,作用于时常与文化建设其它领域政策法规交叉重叠的文化消费相关政策法规,指标设计要注重统筹兼顾、多方协调,指标要有良好的兼容性,兼容文化事业与文化产业、本土文化与外来文化、传统文化与现代文化、城市文化与乡村文化以及各地区文化。并且,由于文化相关工作具有高度的复杂性,文化系统是一个十分庞大的有机系统,因此,有关文化工作的指标要既有针对性又有综合性,体现有机性、系统性。

(5)可操作性原则

这一原则要求指标值易于获取。指标的设置要适应评价主体的监测力量和技术水平,也要适应评价客体的发展实际和达标能力,尽量与统计指标一致或存在一定关联。因此实际选取的指标可能不是最优指标,而是在当前条件下可采集到的次优指标或实用性指标。

指标体系没有可能也没有必要对工作涉及的所有程序、环节一一设立指标,指标不在于全,而在于精,在于其具有较好的代表性,能体现核心导向与重点工作。

2. 指标体系层级结构

该指标体系是一个基于"宏观—中观—微观"三层视角的三级指标体系。一级指标 3 条,设定了最基本的指标维度,明确了评价现行文化消费相关政策法规效能的 3 点基本导向;二级指标 9 条,设定了评价一级指标的主要角度;三级指标 25 条,设定了评价二级指标的抓手性要点。

遵循可操作性原则,要使抽象的导向性指标变为具体的操作性指标,体现指标体系的工具性,对应每一条三级指标设立了相对明确、相对具体、相对可量化(将量化评价和非量化评价结合起来)、相对可把握的三级评价操作指标(标注＊),并明确了三级指标评分标准。

特别精选 6 条指标作为核心指标(标注★),导向性最强,是效能评价的优先指标和基本指标。有的是工作指标,让工作抓手一目了然,可以规范化、业务化、量化衡量;有的是民意指标,站在人民群众的立场看问题,让民众表达其直接体验、实际感受,使现行文化消费相关政策法规效能得到更为客观的反映,虽不便规范化、业务化、量化衡量,却具有更加现实的意义,更显重要。

3. 指标体系基本框架

该指标体系的基本框架如表 15.1 所示。

4. 核心指标解释

(1) 对策具体度

本条指标的评价操作指标为:对策具体可行度即实务性。要求评价现行文化消费相关政策法规中涉及对策的部分是否提出具体路径,是否附有具体方案,是否列出具体步骤。

(2) 实施强度

本条指标的评价操作指标为:推进速度和保障力度。要求评价现行文化消费相关政策法规的落地是否高效,保障是否到位。前者主要考察工作效率,后者主要考察保障机制运转如何。

(3) 文化消费潜力兑现度

本条指标的评价操作指标为:政策法规直接拉动的文化消费额年增幅。评价起来有较高的可操作性,可以通过测算一系列文化消费惠民项目直接拉动的文化消费额年增幅得出数据。

(4) 惠民度

本条指标的评价操作指标为:消费者获得的经济实惠额即价格减免额年增幅。评价起来有较高的可操作性,可以通过测算一系列文化消费惠民项目的价格优惠额度年增幅得出数据。但评价时需要同时考虑惠民范围和数量。

(5) 便民度

本条指标的评价操作指标为:城市"十分钟文化消费圈"和农村"十里文化消费圈"建设覆盖率。要求评价现行文化消费相关政策法规对于城乡文化消费基础设施建设的推进效能。"文化消费圈"至少应当包括:一个书店、一个影剧院(电影院/剧院)、一个体育健身场馆。

表15.1 现行文化消费相关政策法规效能评价指标体系

一级指标（权重系数）	二级指标（权重系数）	三级指标（权重系数）	三级评价操作指标	三级指标评分标准
1 顶层设计（0.3）	1.1 政策法规制定（0.1）	1.1.1 认识高度（0.03）	*1.1.1 元政策依据度和层次高度	
		1.1.2 研究深度（0.03）	*1.1.2 市厅级以上相关课题年度立项数量和增量	
		1.1.3 创新力度（0.04）	*1.1.3 年度新提法数量和增量	
	1.2 政策法规特性（0.1）	1.2.1 专属性（0.05）	*1.2.1 年度出台关于子专门领域专门问题的政策法规数量和增量	
		1.2.2 连贯性（0.05）	*1.2.2 新的政策法规对往年政策法规具有接续性和关联性	
	1.3 政策法规水准（0.1）	1.3.1 靶向精准度（0.03）	*1.3.1 问题靶向精准度即针对性	
		1.3.2 思考全面度（0.03）	*1.3.2 思考问题全面度即多角度	
		★1.3.3 对策具体度（0.04）	*1.3.3 对策具体可行度即实务性	
2 贯彻落实（0.3）	2.1 实施过程（0.1）	2.1.1 问题难度（0.05）	*2.1.1 要解决的问题复杂度和所面临的障碍数量	
		★2.1.2 实施强度（0.05）	*2.1.2 推进速度和保障力度	
	2.2 空间时间（0.1）	2.2.1 范围广泛度（0.05）	*2.2.1 覆盖地域范围、群体范围的广泛度	
		2.2.2 持续深化度（0.05）	*2.2.2 政策法规随着时间推移和实际发展的深化度	
	2.3 制度配套（0.1）	2.3.1 体制完善度（0.03）	*2.3.1 适应并促进文化体制改革不断深化而体现的体制完善度	
		2.3.2 机制协调度（0.04）	*2.3.2 领导机制、组织机制、运行机制、保障机制等的协调度	
		2.3.3 队伍充实度（0.03）	*2.3.3 人才队伍结构合理度、素质专业度和竞争公正度	

续表

一级指标（权重系数）	二级指标（权重系数）	三级指标（权重系数）	三级评价操作指标	三级指标评分标准
3　社会影响（0.4）	3.1 文化消费潜力挖掘度（0.1）	★3.1.1 文化消费潜力兑现度（0.05）	★3.1.1 政策法规直接拉动的文化消费额年增幅	每条指标总分 10 分，初分为 A、B、C、D 四档，每一档进一步细分，对应分值如下： A档： A+，10分 A，9分 A-，8分 B档： B+，7分 B，6分 B-，5分 C档： C+，4分 C，3分 C-，2分 D档： D+，1分 D，0分 D-，-1分（极差情形下倒扣分）
		3.1.2 文化消费潜力提升度（0.05）	★3.1.2 政策法规直接拉动的文化消费意愿逐年提升度	
	3.2 文化消费环境综合治理度（0.1）	3.2.1 文化消费的消费文化治理度（0.05）	★3.2.1 文化消费的消费文化对社会主义核心价值观和主流文化的匹配度	
		3.2.2 文化消费市场法治化治理度（0.05）	★3.2.2 法治思维下文化消费市场执法有序度和竞争有序度	
	3.3 人民获得感（0.2）	★3.3.1 惠民度（0.03）	★3.3.1 消费者获得的经济实惠额即价格减免额年增幅	
		3.3.2 利民度（0.03）	★3.3.2 经营者获得的政策法规让利额年增幅	
		★3.3.3 便民度（0.03）	★3.3.3 城市"十分钟文化消费圈"和农村"十里文化消费圈"建设覆盖率	
		3.3.4 育民度（0.03）	★3.3.4 "寓教于乐"的文娱产品数量年增幅和市场受欢迎度	
		3.3.5 人民知晓度（0.04）	★3.3.5 消费者对现行文化消费相关政策法规的知晓度（知晓率）	
		★3.3.6 人民满意度（0.04）	★3.3.6 消费者对现行文化消费相关政策法规的满意度（好评率）	

（6）人民满意度

本条指标是该指标体系的重心所在，是根本性指标，反映了文化消费相关政策法规的出发点和落脚点，反映了相关工作的最终目标。评价操作指标为：消费者对现行文化消费相关政策法规的满意度（好评率）。评价时需要开展广泛的民意测评，切实考察现行文化消费相关政策法规带给广大人民群众的"文化获得感"。

5. 指标维度说明

（1）顶层设计维度

这一指标维度，用以考察现行文化消费相关政策法规的顶层设计水平。其主要指涉：在政策法规制定方面的认识高度、研究深度、创新力度，在政策法规特性方面的专属性、连贯性，在政策法规水准方面的靶向精准度、思考全面度、对策具体度等。

（2）贯彻落实维度

这一指标维度，用以考察现行文化消费相关政策法规的贯彻落实水平。其主要指涉：在实施过程方面面对的问题难度、政策实施强度，在空间时间方面的实施范围广泛度、实施持续深化度，在制度配套方面的体制完善度、机制协调度、队伍充实度等。

（3）社会影响维度

这一指标维度，用以考察现行文化消费相关政策法规的社会影响效应。其主要指涉：在文化消费潜力挖掘度方面的文化消费潜力兑现度、文化消费潜力提升度，在文化消费环境综合治理度方面的消费文化治理度、市场法治化治理度，在人民获得感方面的惠民度、利民度、便民度、育民度、人民知晓度、人民满意度等。

第十六章 教育以外主要文化消费门类发展趋势报告(2016—2019)

第一节 文化消费门类分类依据和界定逻辑

一、本研究的分类依据和标准

1. 首要依据《文化及相关产业分类(2018)》

2018 年 4 月国家统计局印发了《文化及相关产业分类(2018)》,在《文化及相关产业分类(2012)》基础上进行了修订。根据定义,"本分类规定的文化及相关产业是指为社会公众提供文化产品和文化相关产品的生产活动的集合"。其将文化及相关产业分为文化核心领域和文化相关领域,划分为三层:第一层为大类,共有 9 个;第二层为中类,共有 43 个;第三层为小类,共有 146 个。九个大类中,01—06 属于文化核心领域,是"以文化为核心内容,为直接满足人们的精神需要而进行的创作、制造、传播、展示等文化产品(包括货物和服务)的生产活动。具体包括新闻信息服务、内容创作生产、创意设计服务、文化传播渠道、文化投资运营和文化娱乐休闲服务等活动"。07—09 属于文化相关领域,是"为实现文化产品的生产活动所需的文化辅助生产和中介服务、文化装备生产和文化消费终端生产(包括制造和销售)等活动"。该分类是我国文化及相关产业的标准分类依据,因而也为本章文化消费门类划分提供了首要依据和基本界定标准。

《〈文化及相关产业分类(2018)〉修订说明》中有关于新增分类内容处理原则的说明:"为确保本分类的文化特征,本次修订对新增分类内容继续坚持如下处理原则:凡属于农业、采矿、建筑施工、行政管理、体育、自然科学研究、国民教育、餐饮、金融、修理等生产活动和宗教活动的均不纳入分类;对于虽有部分活动与文化有关但已形成自身完整体系的生产活动不予纳入。"可见,"国民教育"是不纳入该分类的,而本章的文化消费分类是排除学业教育消费的,与该分类的思路吻合。

2. 同时依据官方相关统计表述

国家统计局每年发布的《国民经济和社会发展统计公报》都会对当年全国居民人均消费支出及其构成进行统计分析。根据《主要统计指标解释》:"居民消费支出是指居民用于满足家庭日常生活消费需要的全部支出,既包括现金消费支出,也包括实物消费支出。消费支出可划分为食品烟酒、衣着、居住、生活用品及服务、交通通信、教育文化娱乐、医疗保健以及其它用品及服务八大类";其中,教育文化娱乐消费支出指"用于教育、文化和娱乐方面的支出"。依据这一统计表述,可见除教育之外,文化消费一般包括文化和娱乐消费。本章的文化消费门类范畴大体符合这一表述。

3. 注重依据文化产业升级趋势

今天,文化产业已经经历了物理变化—生化变化—基因变化的质性飞跃历程,从一开始的文化资源整合和文化产业链延展,发展到今天的跨界融合与业态裂变,俨然成了一个无所不包、无所不融的超级产业。这一升级过程还在继续,呈现出四个主要趋势:第一,文旅融合。文化和旅游深度融合,"诗与远方"走到一起;我国行政机构也进行了配套调整——根据党的十九届三中全会审议通过的《中共中央关于深化党和国家机构改革的决定》《深化党和国家机构改革方案》和第十三届全国人民代表大会第一次会议批准的《国务院机构改革方案》,文化部、国家旅游局进行职责整合,新组建的中华人民共和国文化和旅游部作为国务院组成部门,已于 2018 年 4 月 8 日正式挂牌。第二,文创跨界。文化创意为各行各业注入活力并成为产业"黏合剂","文化+X"业态已然形成。第三,大 IP 产业格局形成。IP 资本成为最为重要的文化经济资本,围绕某种 IP 资本,深耕某种 IP 符号,衍生出 IP 娱乐产业、IP 文创产业、IP 文旅产业等,吸引其"粉丝"不断消费。第四,文化内容和文娱方式网络化、数字化。数字时代已然来临,人类社会的文化传播方式已经经历了口语时代—印刷时代—电子时代—网络时代—数字时代的变革历程,当下数字内容消费已成主流。本章的文化消费门类划分注重结合和体现这些趋势,与时俱进。

二、本研究对文化消费的界定逻辑

1. 侧重于内容消费

《文化及相关产业分类(2018)》划分了两大领域,一为文化核心领域,即文化内容的创造和生产;二为文化相关领域,即文化辅助生产、文化中介服务、文化制造业(包括文化装备生产、文化消费终端生产)。此处界定的文化消费大多属于对文化核心领域的文化内容的消费,大部分是对不具备物质形式和载体的服务和活动的消费,即便是对图书报刊、艺术品、工艺美术品等具备物质形式和载体的文化产品的消费,消费者所消费的也不是传统书刊的纸张、数字书刊的阅读设备和传播媒介、艺术品和工艺美术品的制作材料,而是其中的内容和意义。并且,此处涉及对文创设计产品的消费,对照《文化及相关产业分类(2018)》,这类产品有一部分不属于文化核心领域,是文化相关领域中"文化消费终端生产"的分支。但是,文创产品具有创意属性,且通常具有独特的 IP 价值,以及符号象征意味,使其区别于一般的文具、玩具等,因此,对其的消费本质上是文化内容消费。

2. 贴近人民文化生活

本章研究遵循贴近人民文化生活的原则,所列的各种类型的文化消费活动均是人民群众在日常生活中广泛开展的,具有普及性、日常性、非排他性特征。本章不研究一些专业性、特殊性、排他性的文化消费活动,如广告宣传消费、咨询消费、文化金融类投资消费等,这些文化消费活动距离一般大众较远,对本研究不具备普遍性意义。并且,本章注意结合社会文化潮流、新时代文化科技所引发的文化消费热点,列入文体休闲消费、网络文娱消费、新型娱乐场所消费等,符合当下人民文化生活的情况。

3. 增加体育等消费

《文化及相关产业分类(2018)》为确保其文化特征,并未将体育纳入其中。然而,按照社会一般认识,"文体"即文化和体育,两者常常并称;且体育是人民群众广泛开展的一项休闲活动,具有较强的休闲属性,这种休闲属性和大多数文化娱乐活动类似,因此,"文体娱乐"也是一个常用表述。参考历年《中国统计年鉴》,都有"文化和体育"一篇,"主要反映新闻出版、广电、文化、文物、档案、体育事业发展情况"。可见,在官方的统计资料中,文化和体育也往往并为一类。并且,从相关行政机构设置的情形来看,文化和体育也常常被整合为一体,如:海南省旅游和文化广电体育厅、深圳市文体旅游局、珠海市文化广电旅游体育局、台州市文化广电新闻出版局、恩施土家族苗族自治州文化体育新闻出版广电局等。因此,本章将体育消费纳入文化消费范畴来研究。

除增加体育消费之外,本章还增加了民俗类文化消费、"文化＋X"消费,以期和当前文化产业业态升级趋势紧密结合,和当前大众文化消费热点紧密贴合,进一步拓展文化消费的研究视野。

4. 仅列出主要文化消费门类

首先需要说明的是,本章的"教育以外"专指学业教育以外,即剔除接受学校教育的学杂费开支、围绕升学考试科目的课业补习消费、购买教材教辅的消费等;并不排除学业教育以外的文化教育(如知识付费)、业余艺术培训等消费项目。

在第八章中,有一张"文化消费主要项目列表"。该表显得较为琐细,一共罗列了两大类共26项文化消费项目,基本涵盖了消费者可能涉及的各式各样的文化消费项目,有些消费项目常见,有些则不常见;有些可以归入"文、教、体、旅、娱、创"的文化消费常规范畴,有些则不能归入其中。

本章的思路并不是罗列并研究具体的每一项文化消费活动,而是对文化消费门类进行划分,仅列出主要文化消费门类并加以研究。本章把文化消费分为六类(见表16.1),分别为:第一,文教类消费,主要包括阅读消费、教育培训(学业教育以外)消费;第二,体育类消费,主要包括体育健身消费、文体休闲消费;第三,旅游类消费,主要包括本地游玩参观消费、外地旅游度假消费;第四,娱乐类消费,主要包括影视消费、演出消费、网络文娱消费、娱乐场所消费;第五,产品类消费,主要包括文创设计产品消费、艺术品消费;第六,其它类消费,主要包括民俗文化活动消费,"文化＋X"消费等。

表 16.1　教育以外主要文化消费门类

文教类消费	阅读	传统阅读
		数字阅读
	教育培训 (学业教育以外)	学业教育以外的文化教育
		艺术培训

体育类消费	体育健身	大众健身
		体育培训
		体育赛事
		中华传统体育运动
	文体休闲	体育IP产品
		体育旅游
旅游类消费	本地游玩参观	公园、景区、游乐场游玩
		参观博物馆、美术馆、纪念馆等
	外地旅游度假	国内旅游
		国外旅游
		旅游演艺
娱乐类消费	影视	电影
		电视
	演出	音舞演艺
		戏剧戏曲
	网络文娱	网络游戏
		网络影视
		网络音乐
		大众自媒体娱乐
	娱乐场所	传统娱乐场所
		新型娱乐场所
产品类消费	文创设计产品	文博文创
		旅游文创
		艺术设计文创
	艺术品	艺术收藏
		工艺美术
其它类消费	民俗文化活动	礼仪活动
		节庆活动
	"文化＋X"	文化＋科技
		文化＋美食
		文化＋时尚
		文化＋医学
		文化＋其它

5. 时间段限定

以下各主要文化消费门类的发展趋势报告主要分析"十三五"时期的情形和未来趋势。2020 年新冠肺炎疫情突然爆发,对文化消费造成冲击,但这种突发事件造成的影响不会持久,文化消费的总体趋势并不会改变。故而,所查阅的数据和案例均截至 2019 年。也就是说,本报告研究的时间段为 2016—2019 年。

第二节　文教类消费

一、阅　　读

1. 传统阅读

传统阅读即纸质书刊的阅读。在数字时代,数字化已经颠覆了传统的阅读方式。据最近新闻报道,几乎全球的纸质书市场销量都在下滑。然而,短期来看,纸质阅读作为一种传统的阅读方式还不可能被数字阅读取代。许多对于纸质书情有独钟的消费者表示:纸质书的可触感、实体感令人感到踏实;可以随手在书页上勾勾画画和做笔记,而 Kindle 之类阅读器的这类功能还不够便捷灵活;可以直观具体地察觉和控制阅读进度,而数字阅读时只是抽象地知道读到百分之多少;更适于深度阅读和研究性阅读,而数字阅读更适合休闲阅读和娱乐性阅读。

2019 年 1 月 8 日,阿里巴巴发布了《2018 年中国人读书报告》。报告显示,得益于电商平台,2018 年,中国阅读人口与阅读总时长均增加显著:新增阅读人口近 3000 万;相比于 2017 年,2018 年人均多读一本纸质书,人均纸质书购买量为 5.5 本。[①]

2019 年 1 月 9 日,"阅读 X"论坛(由中国出版协会和中国书刊发行业协会共同主办,时代出版传媒股份有限公司和北京开卷信息技术有限公司共同承办)在北京举办。北京开卷信息技术有限公司发布的《全球背景下的中国图书零售市场》报告显示:2018 年中国图书零售市场码洋规模达 894 亿元,同比上升 11.3%,继续保持两位数的增长;其中,网店图书零售码洋规模达 573 亿元,增速为 24.7%;实体店销售图书码洋规模达 321 亿元,同比下降6.69%,呈现负增长。[②]

与传统的纸质阅读相伴的是传统的购书渠道,今天,在网络书店和数字读物的冲击下,实体书店经营状况着实堪忧。2016 年,《中国青年报》社会调查中心联合问卷网开展了一项购书渠道调查,共调查了 2001 人,受访者中 29.9%买书时仍常去实体书店,62.7%偶尔光顾,7.4%已经不再去;78.6%认为仍有必要存有实体书店,9.2%认为没必要,12.1%态度模棱,回答"说不好";60.6%的到店者仅仅是为享受环境。[③]　可见,实体书店作为传统购书渠

① 转引自孙强《书香中国·资讯》,《新阅读》2019 年第 2 期。
② 转引自《2018 年中国图书零售市场趋势:实体店现负增长》,新华网,http://www.xinhuanet.com/book/2019 - 01/11/c_1210035712.html,访问日期:2019 年 1 月 11 日。
③ 杜园春:《60.6%受访者去实体店买书是为享受环境》,《中国青年报》2016 年 10 月 1 日第 4 版。

道,虽面临较大转型压力,但亦有较大生机和潜力,只有精心打造阅读空间和不断优化阅读体验,才能激发更多人进店看书、买书。

2. 数字阅读

数字阅读是兴起于我们所处的这个数字时代的新型阅读方式,具有阅读对象数字化和阅读方式数字化两层含义,包括使用 Kindle 阅读器等数字阅读设备和使用电脑、手机等阅读电子书刊,也包括各种手机微平台(如微信公众号)的文章、新闻等,还包括在喜马拉雅、懒人听书、酷我听书、蜻蜓 FM、荔枝 FM 等平台上听书和阅读有声书。数字阅读的便捷性特征,使其适应于休闲阅读,比如某人想利用上班的路途时间和空闲时间看一部长篇小说,显然是选择数字阅读方式比较好,不用把一本厚重的书带在身上。今天的数字阅读还通常呈现出碎片化的时间分布状态,而且人们日常所读的绝大部分数字内容欠缺深度且篇幅碎小。

艾瑞咨询 2018 年 4 月发布的《2018 年中国移动阅读白皮书》区分了广义和狭义的移动阅读,前者"包括通过移动终端浏览或收听小说、报纸、图书、杂志、动漫及有声读物等内容";后者"指通过手机、平板电脑、电子书阅读器等移动终端设备进行文学作品的阅读,阅读内容类型仅包含网络文学与出版物的电子版"。该报告仅研究后者,报告显示:2017 年中国移动阅读市场规模稳步上升达 132.2 亿元,同比增长 32.1%,增长率相比 2016 年有所降低;2017 年中国移动阅读行业用户规模达到 3.4 亿,同比增长 13.2%,增长率较 2016 年有明显下降;移动阅读 App 不断正版化,用户付费习惯逐渐养成且持续提升,付费率高,多数受众每月花费在百元以内;影视二次元游戏全 IP 化,共享版权模式出现。[①] 艾瑞咨询 2018 年 8 月又发布了《2018 年中国数字阅读行业研究报告》,指出"广义的数字阅读包括以数字文件为内容载体的公开出版物,电子书、漫画、数字报刊以及有声读物文件;狭义的数字阅读指通过 PC、手机、平板电脑等互联网设备进行文学作品的在线或离线阅读,仅包含网络文学与出版物的电子版"。该报告仅研究狭义的数字阅读,报告显示:2017 年,中国网络文学市场规模稳步上升达 127.6 亿元,同比增长 32.1%;2017 年中国网络文学用户达到 3.8 亿,同比增长 13.5%,增长率较 2016 年略有上升;得益于网络文学版权保护受到重视,用户付费意愿提升,有更多的人愿意为优质 IP 买单。[②]

易观于 2018 年 10 月发布了《中国移动阅读市场白皮书 2018》。其分析的移动阅读是指"利用手机、平板电脑、电纸书等移动终端载体进行的所有阅读行为,通过浏览网页及书城客户端等阅读途径,浏览小说、图书、杂志、动漫等内容的阅读行为"[③]。报告显示:2017 年,中国移动阅读市场规模达 153.18 亿元,较 2016 年上涨 29.16%,主要源于 2016 年企业大幅增加的版权收入和付费阅读收入。未来,用户付费阅读观念将进一步成熟,文学、影视、动漫、游戏等产业相互融合,小说作为 IP 改编的主要源头,源头价值将被逐渐挖掘,IP 全产业链开发持续发酵,其相应的收入将成为未来市场规模稳步增长的有利推手。[④]

艾媒咨询于 2019 年 1 月发布的《2018—2019 中国有声书市场专题研究报告》指出:"作为数字阅读的延伸,有声书提高了受众对碎片化时间的利用程度,表现出强大的市场潜力。"

---

① 上海艾瑞市场咨询股份有限公司:《2018 年中国移动阅读白皮书》,2018,第 2—3 页。
② 上海艾瑞市场咨询股份有限公司:《2018 年中国数字阅读行业研究报告》,2018,第 3 页。
③ 北京易观智库网络科技有限公司:《中国移动阅读市场白皮书(2018)》,2018,第 2 页。
④ 北京易观智库网络科技有限公司:《中国移动阅读市场白皮书(2018)》,第 5 页。

报告显示:2018 年中国有声书市场规模达 46.3 亿元;2018 年中国有声书用户规模达 3.85 亿;45.4%的用户是为了轻松娱乐而选择收听有声书,而 42.6%的用户则是为了学习获取知识内容;高频用户年均收听有声书数量提高;大部分一线城市用户拥有较强付费意愿,三四线城市青年用户付费意愿更高;超五成用户相较于主播更关注内容本身;"喜马拉雅"成用户满意度最高的有声书平台。① 在有声书行业发展加速的同时,用户对深度读物偏好度也呈现明显上升趋势。

阿里巴巴于 2019 年 1 月 8 日发布的《2018 中国人读书报告》显示:自"天猫读书"App 于 2017 年 6 月上线至 2017 年底,其电子书订单总量超 2500 万单;整体而言,60 后、70 后和 80 后偏好纸质书,90 后与 00 后偏好电子书,电子书的买家中 46%为 90 后;有超过 50%的人适应于"纸电一体",既习惯于使用传统的纸质书进行沉浸式阅读,也充分利用碎片化时间进行电子书阅读。②

第五届中国数字阅读大会于 2019 年 4 月 12—14 日在杭州召开,会上发布的《2018 年度中国数字阅读白皮书》显示:截至 2018 年,中国数字阅读用户总量达到 4.32 亿,人均数字阅读量达到 12.4 本,人均单次阅读时长达 71.3 分钟。我国数字阅读整体市场规模已达到 254.5 亿元,同比增长 19.6%,大众阅读市场规模占比逾九成,是产业发展主导力量。③ 可见,"一屏万卷"的数字阅读日益成为常态。随着我们进入 5G 时代,全民阅读的数字化体验不断升级,"5G+阅读"充分体现了阅读智能化,开启智慧阅读新时代,已有产品包括面向青年用户的 AR 阅读、面向少儿的智能绘本、面向老人的智能音响,以及和听书相结合的 5G - CPE 设备④,人工智能与数字阅读的结合亦不断加深,语音合成技术使个人音库生成,语音识别、语音转写、语音翻译平台充分适应各种应用场景,"5G+万物互联"使"读书"向"听书"转变。

二、教育培训

1. 学业教育以外的文化教育

当前,学业教育以外的文化教育主要包括职业发展培训和知识付费。职业发展培训诸如职业技能培训、职场素质培训、非学历英语培训等,线上与线下课程均有。线下面授作为传统培训模式,目前仍占据主流地位,师生互动更加直接,培训效果相对显著,而且有相对固定的学习演练场所,现场指导和集中管理都相对容易,符合职业技能培训的实操要求,但是这种授课方式受所在地师资力量制约明显,较难平均配置师资力量到全国各地,只能区域化运作,并且受限于场地的承载量,产能也较低。线上课程(尤其移动端课程)越来越受欢迎,更适应碎片化、轻量化的现代教育培训需求。未来,智能化培训技术将广泛应用,如 VR 模

① 广州艾媒数聚信息咨询股份有限公司:《2018—2019 中国有声书市场专题研究报告》,2019,第 1—33 页。
②《2018 中国人读书报告:上海人读书最多》,《新民周刊》2019 年第 2 期。
③ 转引自《中国年人均阅读 12.4 本电子书 全民数字阅读迎 5G 时代》,央广网,http://news.cnr.cn/native/gd/20190415/t20190415_524577528.shtml,访问日期:2019 年 4 月 15 日。
④ 参见《中国年人均阅读 12.4 本电子书 全民数字阅读迎 5G 时代》,央广网,http://news.cnr.cn/native/gd/20190415/t20190415_524577528.shtml,访问日期:2019 年 4 月 15 日。

拟、AI 授课、双向算法测评等。知识付费产品则更加多样,主要媒介形态有文字类、音频类、视频类和媒介融合类等,具体产品形态又包括音频录播、图文分享、在线问答、视频直播、视频录播、付费传统媒体等,①典型平台有喜马拉雅、得到、网易云课堂、千聊 Live、知乎 Live、蜻蜓 FM 等,典型付费模式为专栏订阅和在线学习等。智能化应用亦是大势所趋。并且,为了满足用户的特别需求,向线下延伸也是知识付费产品形态的发展趋势之一,如在行等提供线上预约后的线下一对一咨询服务。

在职业发展培训方面,艾瑞咨询 2017 年 7 月发布的《2017 年中国在线职业资格考试培训行业报告》指出:在线职业资格考试培训市场细分考试领域众多,总量市场较为分散;受在线教育整体市场行情影响,且与国家政策关联度较大;整体市场规模正在扩大,2017 年底可达 103 亿元;未来整体市场将呈现年轻化、智能化、实践化趋势。② 艾瑞咨询 2017 年 8 月发布的《2017 年中国非学历职业技能培训行业报告》指出:"受益于庞大的人口数量和宏观利好环境,中国的非学历职业技能培训行业成为一座金矿,目前已经基本成型的细分领域包括 IT 应用类、财会类、营销类、管理类等"③,随着产业升级和越来越多的新职业出现,培训品类日益增多,且"装潢、烹饪、美甲、营养师等广泛散布在传统培训市场的职业技能也可能被挖掘出来,置于线上进行运营改造"④。报告显示:2016 年用户规模达 5414.2 万人,并持续扩大;15—30 周岁年龄区间的用户最多;用户人群主要有三类,即本专科毕业生、工作时间 0—3 年的职场新人、中等职业院校毕业生(中专和职业高中毕业生),前两类是主体用户,第三类用户也随着自身发展逐渐并入前两类之中;用户需求大致可分为就业(毕业生)和加薪(上班族)两类,为了满足自身需求,用户均有强烈付费意愿;平均培训时长、培训强度较可观;培训费用更是达到了一个数量级,多数客单价达到千元、万元的较高水平;然而,用户在一次性付清培训费用上存在困难,且呈现出在同一机构平台培训周期短、续费率低的特征;2016 年市场规模约为 432.5 亿元,而包含四大市场(职业技能类培训市场、职业资格培训市场、人才招录类考试培训、企业培训市场)的整体成人职业教育市场规模超过千亿元。⑤

极光大数据 2018 年 7 月发布《2018 年 6 月成人英语学习用户研究报告》,其数据来源于 2018 年 6 月通过极光调研平台进行网络调研回收的有效问卷 749 份。数据显示:成人英语学习群体中 35.7% 为职场人士,64.3% 为大学生,前者培训班参加意愿与消费能力均高于后者。报告的核心观点有:"英语学习已成刚需,一线城市和华南地区的职场人士学习英语更积极;背单词是成人英语学习的首选方式,占比超七成;职场人士最爱的英语类 App 是'英语流利说',大学生最爱'星火英语';线上线下结合的学习方式深受职场人士和大学生青睐;职场人士和大学生都爱'新东方',职场人士关注教师水平,大学生最在意价格。"⑥

知识付费方面,近年来用户量增势强劲,俨然成为市场新"风口"。许多大数据公司和市场调研机构都发布了相关报告,如:大数据服务商 QuestMobile 的《2017 移动互联网知识付

---

① 参见唐绪军主编,吴信训、黄楚新副主编《新媒体蓝皮书:中国新媒体发展报告 No.9(2018)》,北京:社会科学文献出版社,2018,第 266 页。
② 上海艾瑞市场咨询股份有限公司:《2017 年中国在线职业资格考试培训行业报告》,2017,第 2 页。
③ 上海艾瑞市场咨询股份有限公司:《2017 年中国非学历职业技能培训行业报告》,2017,第 19 页。
④ 上海艾瑞市场咨询股份有限公司:《2017 年中国非学历职业技能培训行业报告》,第 53 页。
⑤ 上海艾瑞市场咨询股份有限公司:《2017 年中国非学历职业技能培训行业报告》,第 20—26 页。
⑥ 深圳市和讯华谷信息技术有限公司"极光大数据":《2018 年 6 月成人英语学习用户研究报告》,2018,第 2 页。

费行业新观察》、新榜的《2017 知识付费年度报告》、36 氪研究院的《2017 年中国知识付费平台数据盘点》、企鹅智酷的《知识付费经济报告：多少中国网民愿意花钱买经验?》、艾瑞的《2018 年中国在线知识付费市场研究报告》、艾媒的《2017 年中国知识付费市场研究报告》《2018—2019 中国知识付费行业研究与商业投资决策分析报告》、易观的《中国知识付费行业发展白皮书 2017》、小鹅通的《2019 知识付费内容分销白皮书》、TopKlout 克劳锐的《2017 自媒体知识付费行业研究报告》、华菁证券的《知识付费报告》等。

　　2016 年被称为"中国知识付费元年"，知识付费用户达到近 5000 万人，较 2015 年暴涨了 3 倍,[①]一批知识付费 App 成为"网红"。据一项研究,2017 年中国知识付费产业规模约49 亿元,同比增长近 3 倍。[②] 又一项研究显示,2018 年知识付费用户规模达 2.92 亿。[③] 从消费者角度看：其消费群体和"高学历、白领、买书者"三类人群高度重合[④];过半网民有不同形式、不同程度的知识付费行为，渗透率最高的是订阅付费咨询和付费下载资料，渗透率达到 50.3%;人们倾向于为"功利性"知识付费，具有权威性、个性化的"干货"最能调动消费意愿;38% 的已有知识付费体验的消费者表示满意，会继续消费;近八成人在获取知识和资源方面经常或有时存在困难，其收入、学历和城市级别等因素都制约其获取能力。[⑤]

　　中国社会科学院新闻与传播研究所编撰出版的《新媒体蓝皮书:中国新媒体发展报告 No.9(2018)》反映:2017 年,知识付费市场热度不减,"风口"持续，用户数量达到 1.88 亿,较 2016 年的 0.93 亿,增长了 102.2%,相关收入显著增长;34.8% 的用户月收入为 5001—8000 元,集中于一二线城市，主要年龄层为 21—40 岁,即 80 后、90 后人群;用户偏好实用型知识内容，偏好金融财经内容的用户占比最高，高达 46.2%;音频类知识产品最受青睐,41.6% 的用户正在使用;用户群体价格支付意愿普遍较低，倾向于 200 元以下的低价产品,82.3% 的用户对单项产品所能接受的最高价格集中于 300 元以下。[⑥]

　　暨南大学新闻与传播学院传播大数据创新实验室与南方财经全媒体集团官方客户端——"21 财经"App 于 2018 年 9 月联合发布的《2018 年知识付费研究报告》显示:"知识付费行业自 2017 年迎来大爆发，总体上形成了较为成熟的产业链。各大主流知识付费平台也逐渐拥有了较为稳定的营利模式和自身的头部产品。但随着公众对知识付费产品的新鲜感降低、用户复购率下降、总使用时长缩水，包括喜马拉雅 FM、知乎 Live 等一线知识应用在内的整个知识付费行业开始出现营收下降问题。知识付费作为一项新兴产业，如何持续为用户提供稀缺、优质的内容应该是各大平台的主战场，同时也是付费模式能否持续的关键所在，这已然成为行业共识。同时，各大平台为提高产品市场占有度，提高用户使用时长和黏性，在付费模式、审核机制、内容维度等方面进行了一系列新的探索。"[⑦]

---

① 参见北京品新传媒文化有限公司"36 氪研究院":《2017 年中国知识付费平台数据盘点》,2017,第 3 页。
② 上海艾瑞市场咨询股份有限公司:《2018 年中国在线知识付费市场研究报告》,2018,第 3 页。
③ 广州艾媒数聚信息咨询股份有限公司:《2018—2019 中国知识付费行业研究与商业投资决策分析报告》,2019,第 2 页。
④ 参见华菁证券有限公司《知识付费报告》,2017,第 1 页。
⑤ 参见深圳市腾讯计算机系统有限公司"企鹅智酷"《知识付费经济报告:多少中国网民愿意花钱买经验?》,2016,第 3 页。
⑥ 刘友芝、张晓敏:《2017 年中国知识付费市场发展报告》,载唐绪军主编,吴信训、黄楚新副主编《新媒体蓝皮书:中国新媒体发展报告 No.9(2018)》,北京:社会科学文献出版社,2018,第 137—150 页。
⑦ 汤景泰、王子明、王嘉琪:《2018 年知识付费研究报告》,2018,第 2 页。

艾瑞咨询在 2018 年 8 月发布的《2018 年中国在线知识付费市场及发展趋势分析》中提到知识付费的下沉趋势:内容层面上,财经和职场等"成功学"内容逐渐给生活、文艺、哲学等让出空间;生产者层面上,头部流量大 V、业界知名人士逐渐给不知名而有专长的普通人让出空间;消费者层面上,三四五线城市用户数量逐渐超过一二线城市用户。① 当前,知识付费已经经历了 4 轮迭代,发展到了 4.0 阶段:1.0 阶段为"意见领袖"灌输"心灵鸡汤"阶段,很快导致用户腻烦,产生"听过很多道理,却依然过不好这一生"的痛点;2.0 阶段为"系列课"阶段,侧重于挖掘和引导用户系统化学习的需求;3.0 阶段是"实战训练营"阶段,从纸上谈兵式的听课转向实战操练,打通线上线下两个场景;4.0 阶段"与在线教育殊途同归,依托用户学情数据跟踪、线下授课、资格证书、配套教辅等方式给用户提供更深度的服务发展"。②

2. 艺术培训

早在 1795 年,席勒在《美育书简》中就指出:"要使感性的人成为理性的人,首先要使他成为审美的人。"③席勒是中西历史上第一个提出"美育"概念并加以全面阐释和理论建构的理论家。④ "美育"即审美教育。审美活动本身就是一个从感性认识到理性认识的过程,人们先感性直观地感知形式、体会情感,进而产生理性的理解、鉴赏、思考和审美评价等。席勒认为,人的身上存在"感性冲动"和"理性冲动(形式冲动)"两种冲动。前者产生于人的自然存在感和近似动物性的感性本能,要求理性形式获得感性内容,使潜能变为实在,使人成为一种"物质存在","把自身以内必然的东西转化为现实";后者产生于人的绝对存在或理性本性,要求感性内容或外在物质获得理性形式,在千变万化的现象世界中见出和谐和法则,以便于规律地把握,要"使我们自身以外实在的东西服从必然的规律"。这两种冲动使人受制于"力量的王国"和"法则的王国",使人的活动和意志受压抑,无法获得自由。由于"感性冲动"和"理性冲动"无法调和,使人感到自然要求、理性要求的强迫,第三种冲动——"游戏冲动"必然被唤起,要求消除一切强迫,使人在物质(感性)和精神(理性)两方面都恢复自由。席勒指出:"只有当人在充分意义上是人的时候,他才游戏;只有当人游戏的时候,他才是完整的人。""游戏冲动"的对象就是美和艺术,就是"活的形象",是感性与理性、内容与形式、物质存在与形象显现的统一体。因此,人把"活的形象"作为审美对象,经历审美过程,就会从"感性的人"成为"审美的人",即从受自然力量支配的人变为不受支配的人,才是自由的人。只有自由的人才能下判断和定意向,才能发挥思考和意志的主动性,才是"理性的人"。席勒继承发展康德关于审美判断力的"桥梁说",提出了美育作用的"中介论","美即是由感性冲动之存在到理性冲动之存在的过渡统一",审美活动使人经由感性认识到达理性认识,统一

---

① 上海艾瑞市场咨询股份有限公司:《2018 年中国在线知识付费市场及发展趋势分析》,2018,第 10 页。
② 参见郑芋、王玉蓉《知识付费面临爆发期?》,《中国文化报》2019 年 6 月 23 日第 1 版。
③ [德]席勒:《美育书简》,徐恒醇译,北京:中国文联出版公司,1984,第 3 页。
④ "席勒提出'美育'是针对资本主义工业化、城市化与现代化造成的人性'异化'现象,即那个时代'上层腐朽,下层粗野'的精神状况,人们物质生活富裕而精神生活贫瘠的'美与非美'的矛盾悖论。试图通过美育途径进行人性的补缺与新的人文精神的塑造。追求人性完善,提倡理性和自由是其思想核心。席勒是第一个以美育理论为武器,深刻批判资本主义制度分裂人性弊端的理论家。他明确地将美育界定为'情感教育',为后世人文主义美学的发展奠定了理论基础。席勒的把美看做感性和理性可以在现实世界中(特别是审美活动中)达到的统一,对于推动康德主观唯心主义转到黑格尔客观唯心主义起了直接作用。席勒的美育理论使得美学由静观转变为参与,主客分立的审美转变为主客合一的审美,推动了美学由狭义的认识论美学向广义的存在论、实践论、人生论美学发展。尽管其理论存在过度夸大美和艺术的作用,以及强烈的精英化倾向的缺陷。"——曾繁仁:《美育十五讲》,北京:北京大学出版社,2012,第 15—16 页。

并超越了感性冲动和理性冲动,最终使人走向自由。席勒所说的美育的最重要手段就是艺术教育,因此艺术使人走向自由。[①] 马克思主义人学理论也指出艺术活动对于人的全面自由的发展至关重要。

1994 年,美国以立法形式在《2000 年目标:美国教育法》中确立艺术课程为核心课程并颁布《艺术教育国家标准》[②],指出:"缺乏基本的艺术知识和技能的教育不能成为真正的教育。"[③]1997 年,哈佛大学提出"艺术第一"的教育理念,显然,艺术是人类认识世界的第一步,每个人都是从图像、音乐、游戏来开启认识之窗的,没有人是从政治、历史和数理化等方式来开始认识世界的;艺术也是人创造力培养的第一途径(原始途径),而且是最大众化的途径。"美国国家教育科学院在对 1999—2000 学年度与 2009—2010 学年度的艺术教育进行对比研究时,5 万本科毕业生参与做过一个问卷调查,其中一个问题是:什么知识最有用? 回答的结果颇为耐人寻味。毕业 1—5 年学生大多选择基本技能,毕业 6—10 年的回答则是基本原理,毕业 11—15 年给出的结论是人际关系,而毕业 16 年以上的则提出艺术最有用。"[④]可见,当今人们不但在自我成长中越来越期待人生的艺术化,对于艺术教育的呼声也越来越高。因此,艺术培训消费必然成为个人与家庭的一个重要消费项目。社会艺术教育培训对于学生而言,是学校艺术教育的补充,是人格塑造和特长培养的重要阵地;对于职场人士而言,是业余生活的补充,是个性发展和修身养性的重要手段。并且,美与艺术也是人之心灵终极归宿。从人生旅程上看,艺术可以是人的"最后一站",绝大多数人晚年若选择学习一种学科,艺术是首选,如学习琴棋书画、歌舞曲艺等技艺;或者只是简单地审美,包括乐山乐水、诗与远方合一的自然审美和文艺娱乐、博物大观的艺术审美等。可见,美与艺术伴随人生始终,其覆盖面是全年龄段的。

有研究宣称:"早在 2009 年,我国城市居民人均教育培训支出已达 1012.85 元,以 7.4% 的比例高居家庭消费支出的第一位。"[⑤]培训汇 2017 年 7 月发布的一项分析报告《中国艺术培训行业发展现状分析》反映:2013 年我国艺术培训行业的产值已达 330 亿元的规模,且以每年 30% 以上的增幅增长。从家长为子女消费的基础端消费分析看,家长最倾向让子女接受音乐(主要是乐器)、舞蹈、美术类培训,在众多艺术培训项目中占比近八成,分别占 30.59%、26.91%、21.81%;少年宫或行业协会开办的培训机构家长选择率最高,占比 33.23%;家长们每年为一个孩子艺术培训所花费用,2000 元以下的占 19.20%,2000—3000 元的占 30.43%,3000—5000 元的占 29.71%,5000—8000 元的占 11.59%,8000 元以上的占 9.06%。在城市消费排名方面,2012 年的数据显示:北京、上海、成都位列前三,其后是广州、南京、武汉、深圳。[⑥] 某研究机构 2017 年发布的《2016—2022 年中国音乐培训市场运行态势及投资战略研究报告》就已显示:"我国艺术教育培训市场规模从 2008 年的 64 亿元不

① 参见曾繁仁《美育十五讲》,第 13—25 页。

② 参见刘娟娟、陈巍《艺术教育认知新释——评〈艺术教育的认知原理〉》,《教育教学论坛》2013 年第 15 期。

③ 苏自红:《现代艺术教育在 21 世纪教育改革中的重要地位和作用》,《中国文化报》2007 年 1 月 20 日第 3 版。

④ 朱永新:《艺术教育的价值与深远意义》,《河南教育:基教版》2015 年第 7 期。

⑤ 《艺术培训行业潜力巨大,2018 年市场规模将超过 800 亿元!》,搜狐文化,https://www.sohu.com/a/234783039_100187777,访问日期:2018 年 6 月 9 日。

⑥ 《中国艺术培训行业发展现状分析》,培训汇,http://www.pxh360.cn/article/20170729173119.html,访问日期:2017 年 7 月 29 日。

断提升至 2015 年的 462 亿元,年均复合增速 32.62%。"①睿艺联合家长帮于 2017 年 12 月发布的《2017 年中国家庭素质教育消费报告》显示:"素质教育的主力消费群体,是一二线城市年平均收入在 20—30 万元的 70 后、80 后高学历家长;每年在素质教育上投入 1 万元以上的家庭占比 60%。已选素质教育课程中,艺术类占最大比重,为71.78%。"觅思策略 2018 年 8 月发布报告《互联网时代中国艺术教育发展新趋势》,指出素质教育已经成为刚需,艺术教育培训消费需求不断上升,并且受到密集出台的政策的高度倡导支持,艺术教育市场广阔,2016 年市场规模 574 亿元,有 7208 家机构;艺术教育培训行业集中度逐步提升;舞蹈、音乐、美术三足鼎立格局形成。② 市场调查还显示:随着我国人均 GDP 持续上升和二胎时代到来,家长对于子女进行基础端艺术培训的消费规模将突破性增长,成人的艺术素质也将不断提升并产生愈发强烈的艺术培训需求,艺术培训市场规模可超 1000 亿元。中信证券研究部测算,艺术培训市场将至少占据课外培训市场的半壁江山。③

第三节 体育类消费

一、体 育 健 身

1. 大众健身

近年来,国家政策对于大众健身的支持力度不断加大,出台了一系列顶层文件。2014 年 10 月,国务院印发了《关于加快发展体育产业促进体育消费的若干意见》,明确提出"将全民健身上升为国家战略"。2016 年 6 月,国务院印发《全民健身计划(2016—2020 年)》,明确到 2020 年,"每周参加 1 次及以上体育锻炼的人数达到 7 亿,经常参加体育锻炼的人数达到 4.35 亿","体育消费总规模达到 1.5 万亿元,全民健身成为促进体育产业发展、拉动内需和形成新的经济增长点的动力源"。2016 年 10 月,中共中央、国务院印发《"健康中国 2030"规划纲要》,其中第六章为"提高全民身体素质",要求"完善全民健身公共服务体系""广泛开展全民健身运动""加强体医融合和非医疗健康干预""促进重点人群体育活动"。2018 年"两会"期间发布的《2018 年政府工作报告》中涉及体育的内容多达 5 处。2019 年 1 月 4 日,国家体育总局、发展改革委印发《进一步促进体育消费的行动计划(2019—2020 年)》,提出:到 2020 年,"全国体育消费总规模达到 1.5 万亿元,人均体育消费支出占消费总支出的比重显著上升,体育消费结构更为合理"。2019 年 8 月 10 日,国务院办公厅印发《体育强国建设纲要》(国办发〔2019〕40 号),规划战略目标为:到 2020 年,建立与全面建成小康社会相适应的

---

① 转引自《消费升级,艺术培训市场规模逼近 1000 亿》,新浪财经,https://t.cj.sina.com.cn/articles/view/5519163257/148f7bf790010046rj?cre=tianyi&mod=pcpager_fintoutiao&loc=3&r=9&doct=0&rfunc=100&tj=none&tr=9,访问日期:2018 年 2 月 12 日。
② 觅思策略:《互联网时代中国艺术教育发展新趋势》,199IT 中国互联网数据资讯中心,http://www.199it.com/archives/801385.html,访问日期:2018 年 11 月 28 日。
③ 参见《艺术教育千亿市场,如何成为最大赢家?》,有校 ERP,http://baijiahao.baidu.com/s?id=1605050268132092745&wfr=spider&for=pc,访问日期:2018 年 7 月 4 日。

体育发展新机制。到 2035 年,体育治理体系和治理能力实现现代化,全民健身更亲民、更便利、更普及,经常参加体育锻炼人数达到 45％以上,人均体育场地面积达到 2.5 平方米,城乡居民达到《国民体质测定标准》合格以上的人数比例超过 92％;青少年体育服务体系更加健全,身体素养极大提升;竞技体育综合实力和国际影响力大幅提升,体育产业成为国民经济支柱性产业,体育文化感召力、影响力、凝聚力极大提高,体育对外和对港澳台交往更活跃、更全面、更协调。到 2050 年,全面建成社会主义现代化体育强国,人民身体素养和健康水平、体育综合实力和国际影响力居于世界前列。并明确提出:"扩大体育消费。广泛开展群众性体育活动,增强体育消费黏性,丰富节假日体育赛事供给,激发大众体育消费需求。拓展体育健身、体育观赛、体育培训、体育旅游等消费新空间,促进健身休闲、竞赛表演产业发展。创新体育消费支付产品,推动体育消费便利化。支持各地创新体育消费引导机制。"2019 年 9 月,国务院办公厅印发《关于促进全民健身和体育消费推动体育产业高质量发展的意见》(国办发〔2019〕43 号),指出"体育产业在满足人民日益增长的美好生活需要方面发挥着不可替代的作用",要"推动体育产业成为国民经济支柱性产业",提出 10 个方面政策举措,包括"促进体育消费,增强发展动力""实施'体育＋'行动,促进融合发展"等。

国家统计局和国家体育总局 2019 年 1 月 8 日发布《2017 年全国体育产业总规模与增加值数据公告》,其中显示:2017 年,全国体育产业总规模(总产出)为 2.2 万亿元,比 2016 年名义增长 15.7％;增加值为 7811 亿元,比 2016 年名义增长 20.6％。体育服务业(除体育用品及相关产品制造、体育场地设施建设外的 9 大类)增加值在体育产业中所占比重继续上升,从 2016 年的 55％上升到 2017 年的 57％,其中,直接与公众体育消费相关的体育健身休闲活动增势显著,增速达 47.5％。2017 年,我国体育用品及相关产品制造的总产出和增加值最大,分别为 13509.2 亿元和 3264.6 亿元,增速分别为 12.9％和 14.0％,可见从体育消费结构来看,我国是体育用品及相关产品的生产和消费大国。此外,我国全民健身设施建设力度不断加大,体育场馆、健身步道、体育公园等增速高达 94.7％,这一数据十分亮眼。[①]

当前,我国已经迎来全民健身时代,健身消费项目主要包括大众健身休闲项目(如跑步、游泳、健身器械、球类运动、瑜伽等)、传统文化体育项目(如太极拳、划龙舟、踢毽子等)、健身培训和购买体育用品等。艾瑞咨询于 2016 年 11 月发布的《2016 年中国全民运动健身行业报告——产业价值探索》预计:2016—2030 年中国运动健身产业发展"承载体育产值六成任务,十年大规模产业化进程开启,10 年内产业规模将增 3 倍"。2015—2030 年,每 5 年测算趋势为:经常参加体育锻炼的人数,2015 年为 3.6 亿,2020 年为 4.35 亿,2025 年为 5 亿(10年增长 39％),2030 年为 5.3 亿;人均体育场馆面积,2015 年为 1.57 平方米,2020 年为 1.8平方米,2025 年为 2 平方米(10 年增长 27％),2030 年为 2.3 平方米。预测健身休闲产业规模将从 2015 年的 8000 亿元增加至 2025 年的 3 万亿元,10 年增长 275％。[②]《经济学人》杂志于 2017 年 1 月发布了报告《中国开赛——崛起中的中国体育健身产业》,其中数据表明:2016 年 34％的中国人形成了体育锻炼习惯,中国参加体育活动的人口已高达 4.34 亿,中国

① 《2017 年全国体育产业总规模与增加值数据公告》,国家统计局,http://www.stats.gov.cn/tjsj/zxfb/201901/t20190108_1643790.html,访问日期:2019 年 1 月 8 日。
② 上海艾瑞市场咨询股份有限公司:《2016 年中国全民运动健身行业报告——产业价值探索》,2016,第 4 页。

体育健身市场规模接近 1.5 万亿元。① 艾瑞咨询于 2019 年 3 月发布《智能时代下的运动健身升级:中国运动健身行业发展趋势白皮书》指出:运动健身逐渐成为我国居民重要的生活方式之一,消费需求正在分化,其中突出表现在智能科技融合应用上,消费者期待智能服务升级,尤其是运动数据的应用和反馈。② 易观于 2019 年 3 月发布《中国互联网健身房市场专题分析(2019)》,对于"互联网健身房"这一全新业态进行了研究,认为其迎合都市消费者轻量化、碎片化的健身需求,推动着国内健身房的经营朝着更加多元灵活和智能化的方向进化。③ 第一财经商业数据中心(CBNData)于 2018 年 9 月发布《2018 线上运动消费趋势大数据报告》描摹我国居民运动消费现状,总结出"性别模糊""多元专业""时尚有型""明星效应""本土品牌"5 个线上运动消费关键词。④ 天猫运动户外联合第一财经商业数据中心(CBNData)于 2019 年 2 月发布的《2019 天猫大型健身器械消费趋势白皮书》显示:网购跑步机、划船机、椭圆机等大型健身器械的人数近年来增加迅速,"在家健身"成为众多运动爱好者的消费偏好;消费者最关注大型健身器械的静音、折叠、多功能、减震和智能特点。⑤

2. 体育培训

体育培训是体育服务业的一大消费热点,发展体育培训在国家多份政策文件中都有所体现。国务院 2014 年 10 月印发的《关于加快发展体育产业促进体育消费的若干意见》提出"改善产业结构"和"积极拓展业态",要大力培育"中介培训"等体育服务业,要推动体育与教育培训等融合。国务院 2016 年 6 月印发的《全民健身计划(2016—2020 年)》要求扩大与全民健身相关的"体育培训与教育"等体育产业规模,鼓励发展"健身在线培训教育"等全民健身新业态。国家体育总局、发展改革委 2019 年 1 月印发的《进一步促进体育消费的行动计划(2019—2020 年)》将"提升体育运动技能"作为一项重点任务,明确提出"大力发展体育培训市场"和"加强青少年体育技能培训"等要求。国务院 2019 年 8 月印发的《体育强国建设纲要》(国办发〔2019〕40 号)多处涉及体育培训,这是激发市场主体活力、加快发展体育产业、培育经济转型新动能的重要路径。国务院办公厅 2019 年 9 月印发的《关于促进全民健身和体育消费推动体育产业高质量发展的意见》(国办发〔2019〕43 号)鼓励对于体育培训的消费,要求"培养健身技能,增强体育消费黏性,激活健身培训市场",并要求大力培育体育培训业态。

在大众的体育消费当中,涉及体育培训的主要有两块,一是和现代健身相关的健身培训;二是对于子女的体育教育培训,这和艺术教育培训、英语教育培训形成三足鼎立格局。在健身培训消费当中,消费者对于私人定制、个性化培训、亲子培训的要求渐增,当下市场供给尚未满足消费需求;而一项报告也显示了中国健身培训市场尚不成熟,呈现出跃进式发展、商业模式畸形的问题,健身场馆"超卖卡——赌你不会来,拓新店——继续超卖卡"已成

---

① 转引自《中国体育人口达 4.34 亿 体育消费市场到底多火爆》,搜狐体育,http://sports.sohu.com/20170129/n479682493.shtml,访问日期:2017 年 1 月 29 日。
② 上海艾瑞市场咨询股份有限公司:《智能时代下的运动健身升级:中国运动健身行业发展趋势白皮书》,2019,第 2 页。
③ 北京易观智库网络科技有限公司:《中国互联网健身房市场专题分析(2019)》,2019,第 2 页。
④ 《2018 线上运动消费趋势大数据报告》,CBNData 第一财经商业数据中心,https://www.cbndata.com/report/1085/detail?isReading=report&page=2,访问日期:2018 年 9 月 4 日。
⑤ 《2019 天猫大型健身器械消费趋势白皮书》,CBNData 第一财经商业数据中心,https://www.cbndata.com/report/1333/detail?isReading=report&page=1,访问日期:2019 年 2 月 12 日。

为套路,甚至有卖卡之后卷款跑路者。在家庭对于子女的体育教育培训消费当中,睿艺联合家长帮于 2017 年 12 月发布的《2017 年中国家庭素质教育消费报告》显示:89.34% 的受访家长有为子女选报体育培训项目的意愿。[1] 2018 年,睿艺联合 18 家少儿体育培训机构开展了少儿体育培训家庭消费情况问卷调查,收集了 2327 份有效问卷,于 2018 年 10 月发布《2018 中国少儿体育培训家庭消费报告》。参与此次调研的家庭多是居住于一二线城市、年收入 10—50 万元的 70 后、80 后家庭群体。80.4% 的受访家长为子女选报了体育培训项目,所选项目有各种球类运动、水上运动、武术运动、冰雪运动、棋类运动、潜水、马术、骑自行车等,其中选报篮球、游泳、体适能、围棋项目的家长均超过 20%,选报亲子游泳、轮滑、跆拳道项目的家长均超过 10%。除目前已经选报的体育培训项目,有超过六成家长愿意支持子女学习其它体育培训项目,游泳占比最大,达到 41.0%,其次是篮球、轮滑、羽毛球、围棋、跆拳道等项目。在受访家庭中,有 19.6% 的家长仍未给自己的子女选报任何体育培训项目,其中 56.5% 的家长有潜在意愿,游泳仍是占比最大的项目,为 43.2%,其次是篮球、跆拳道、羽毛球、亲子游泳、围棋等项目。八成以上的家长为子女体育教育培训年消费超过 5000 元;年消费为 8000—10000 元的家庭最多,占比 21.5%。62.9% 的家长在子女 4—6 岁时就为其选报体育培训课程,反映新一代家长日益注重让子女从早期就接受体育培训。对于体育培训机构销售的周边产品,家长为子女购买的意愿正负相当。家长对于体育培训机构提供亲子运动项目的需求最高,占比 46.2%。但是,调查同时也显示:面对学习考试等压力,近半数家长表示会终止子女的体育培训课程,为学业让路。[2]

3. 体育赛事

对于普通大众而言,围绕着体育赛事的消费主要包括:观看体育赛事及相关表演,如奥运会、世界杯等;参加业余体育竞赛,如时下风靡的马拉松跑步比赛;体育赛事旅游,指为观看或参加某一体育赛事,赴赛事举办地的旅游。

国家体育总局、发展改革委于 2019 年 1 月 4 日印发的《进一步促进体育消费的行动计划(2019—2020 年)》部署了各项重点任务,其中一项是"丰富体育消费业态",要求"积极引导竞赛观赏消费"等。国家统计局和国家体育总局 2019 年 1 月 8 日发布的《2017 年全国体育产业总规模与增加值数据公告》表明:体育服务业(除体育用品及相关产品制造、体育场地设施建设外的 9 大类)增加值中直接与公众体育消费相关的体育竞赛表演活动增长速度达到 39.2%,处于高速增长状态。[3] 国务院 2019 年 8 月印发的《体育强国建设纲要》把拓展体育观赛、发展竞赛表演产业等作为扩大体育消费的重要手段。国务院办公厅 2019 年 9 月印发的《关于促进全民健身和体育消费推动体育产业高质量发展的意见》从管理、消费、设施、产业、融合发展等多方面提出和体育赛事有关的意见。

易观于 2016 年 4 月 6 日发布了《中国竞技体育市场专题研究报告(2016)》,其中分析了

[1]《2017 年中国家庭素质教育消费报告》,搜狐,http://www.sohu.com/a/212641220_99950984,访问日期:2017 年 12 月 25 日。

[2] 睿艺:《2018 中国少儿体育培训家庭消费报告》,199IT 中国互联网数据资讯中心,http://www.199it.com/archives/784856.html,访问日期:2018 年 10 月 22 日。

[3]《2017 年全国体育产业总规模与增加值数据公告》,国家统计局,http://www.stats.gov.cn/tjsj/zxfb/201901/t20190108_1643790.html,访问日期:2019 年 1 月 8 日。

体育赛事的商业运营变现模式,亦即赛事消费项目,主要有票务、演出、综艺节目、社交媒体、游戏、衍生品、旅游、广告等。① 体育易于 2017 年 3 月 22 日在北京举办的中国体育票务市场发展报告会上发布了《2017 中国体育票务市场发展报告》,报告对比分析了近几年中美票务市场,"据统计,2015 年中国体育票务市场规模仅为 18 亿元,其中在线票务市场规模 10 亿元左右。从中国体育产业总规模来看,票务市场成长空间巨大"②。艾瑞咨询于 2017 年 7 月发布的《2017 年中国互联网体育服务行业研究报告》指出:"竞技赛事类活动是体育服务业的核心部分之一,是以竞技体育运动为核心的赛事类活动。"③进而分析认为:中国职业足球和篮球赛事产业链相对比较成熟,但整体上中国竞技赛事服务业处于起步阶段,缺少头部赛事IP,除了中超和 CBA 知名度较高,是较成熟的体育赛事 IP,其它职业竞技项目规模较小且发展程度较低,欠缺成熟度,更不具备系统性。当下,互联网从赛事版权、新媒体平台和用户营销层面等角度切入,加速赛事产业链的重构和完善。④ 亿欧智库于 2017 年 9 月在一项研究中指出:2017 年,中国体育赛事市场开始爆发,相比于 2016 年,票务销售量呈现 480% 的增长。⑤ 智研咨询于 2017 年 11 月发布的《2018—2024 年中国体育赛事市场竞争现状及市场前景预测报告》反映:2015 年我国体育赛事版权市场规模约为 100 亿元,预测到 2020 年将达到 450 亿元左右,复合增速约为 36%。⑥

4. 中华传统体育运动

中华传统体育运动是中华民族文化的重要组成部分,其蕴含着中华民族的世界观、人生观、价值观,展现着中华民族的气质体魄,民族民间文化属性强。有些体育项目具有丰富的中国哲学意味,如围棋、象棋、武术(功夫)等;有些体育项目兼具很好的娱乐性、观赏性、艺术性,如荡秋千、踢毽子、跳绳、拔河、舞剑、抖空竹、放风筝、打陀螺、功夫扇等;有些体育项目是中医养生文化的一部分,如太极拳、气功、五禽戏等;有些体育项目与民俗活动、节庆活动关联紧密,如舞龙、舞狮、赛龙舟、拔河等。我国各少数民族都有民族传统体育项目,如壮族的壮拳、板鞋接力,仫佬族的"象步虎掌""凤凰护蛋",土家族的竹铃球,独龙族的溜索,以及多个少数民族都有的赛马、摔跤、跳高、射箭、骑竹马等。

我国民众对于中华传统体育运动一般具有天然兴趣,并且许多项目具有强烈的游戏趣味性,因此参与面广、参与度高、开展场合多,相应的消费除购买体育器材以外,还有培训费(训练费)、比赛费等。

---

① 北京易观智库网络科技有限公司:《中国竞技体育市场专题研究报告(2016)》,2016,第 32 页。
② 转引自《〈2017 中国体育票务市场发展报告〉发布 网络票务发展空间仍巨大》,易体网,http://www.yitisports.com/yiduhangye/963,访问日期:2017 年 3 月 23 日。
③ 上海艾瑞市场咨询股份有限公司:《2017 年中国互联网体育服务行业研究报告》,2017,第 4 页。
④ 上海艾瑞市场咨询股份有限公司:《2017 年中国互联网体育服务行业研究报告》,第 2 页。
⑤《2017 年中国体育产业迎来爆发期,体育赛事增长 480%》,亿欧,https://www.iyiou.com/p/55394.html,访问日期:2017 年 9 月 17 日。
⑥《2018—2024 年中国体育赛事市场竞争现状及市场前景预测报告》,中国产业信息,https://www.chyxx.com/research/201711/581518.html#chart,访问日期:2017 年 11 月 13 日。

<h1 style="text-align:center">二、文体休闲</h1>

1. 体育 IP 产品

体育 IP 产品主要指围绕体育赛事 IP、体育明星 IP、俱乐部 IP、体育场馆 IP 打造的体育表演活动、体育娱乐节目、体育创意产品等。国家体育总局、发展改革委于 2019 年 1 月 4 日印发的《进一步促进体育消费的行动计划(2019—2020 年)》中把"培育体育消费观念"作为一项重点任务,要求:"加强体育文化宣传。支持体育专题片、体育电影等体育文艺创作和传播,鼓励各级各类媒体开辟专题专栏,普及健身知识,营造良好的体育消费氛围。支持发展多媒体广播电视、网络广播电视、手机应用程序(App)等体育传媒新业态,促进消费者利用各类社交平台互动交流,提升消费体验。"

易观于 2016 年 4 月发布的《2016 中国竞技体育市场专题研究报告》指出,中国体育 IP 运营的核心在于体育竞赛表演业。进而指出,"互联网改造竞技体育产业链",如关键词之"在线制播",即指传统媒体与互联网企业的合作革新内容制作和播放形式,使得竞技体育的娱乐性和互动性更强,并且在线制播体育综艺节目。报告最后指出,"竞技体育赛事 IP 价值开发更加充分……为了 IP 竞争将从转播权上升到全版权,运营顶层资源",[1]可见,体育 IP 将引发消费热潮。

灼识咨询于 2016 年 12 月发布的《2016 中国 IP 行业蓝皮书》指出:2020 年我国体育赛事 IP 市场规模将达到 390 亿元,而 2015 年仅为 118.4 亿元,2011 年仅为 41.1 亿元。[2] 相关报道称:2015 年被媒体称为"中国体育产业的资本元年",顶级赛事 IP 价格猛然上涨。2015 年起,体育 IP 受到资本市场热捧,中超赛事 IP 卖出 80 亿元,令国内体育产业一度震惊;随后体育赛事 IP 版权的爆炒和争抢热潮一轮高过一轮;2016 年里约奥运会过后,游泳运动员傅园慧身价暴涨 20 倍,见证了体育 IP 的价值。[3]

近年来,一系列体育综艺节目热播,不但吸引体育迷,而且让许多非体育迷找到了"体育+娱乐"之大众体育文化消费快感。

2. 体育旅游

体育旅游主要包括体育文化旅游和体育赛事旅游(观赛游和参赛游)。在国家体育总局、发展改革委于 2019 年 1 月 4 日印发的《进一步促进体育消费的行动计划(2019—2020 年)》中,"旅游"一词出现了 6 次,属于高频关键词。发展"体育+旅游"是促进体育消费业态升级、打造体育消费品牌的一条重要途径,"支持旅游景区引入体育资源,增设体育消费项目,升级成体育与旅游高度融合的体育综合体""把美丽乡村串联成集文化、旅游、休闲、观光于一体的体育综合体"是"拓展体育消费空间"的重要手段。

---

① 易观国际:《2016 中国竞技体育市场专题研究报告》,199IT 中国互联网数据资讯中心,http://www.199it.com/archives/528285.html,访问日期:2016 年 10 月 20 日。

② 转引自《体育赛事 IP 加快步伐走来,五年内市场规模将达 400 亿》,搜狐,http://www.sohu.com/a/121277933_499186,访问日期:2016 年 12 月 12 日。

③ 《体育赛事 IP 加快步伐走来,五年内市场规模将达 400 亿》,搜狐,http://www.sohu.com/a/121277933_499186,访问日期:2016 年 12 月 12 日。

驴妈妈于 2016 年 8 月发布的《2016 体育旅游消费报告》显示:我国体育旅游市场规模渐增,前景看好。男性、80 后、90 后、一二线城市居民是体育旅游的主要消费群体;85% 是男性;80 后占比最大;上海、广州、北京、南京、杭州、大连等城市居民的体育旅游热情居于前列。从分类结构上看:由于健身类旅游体验易、花费少,故而消费群体广、参与度高,选择健身游者占比七成,代表性项目为徒步、登山、骑行等;同时,此类游客年龄跨度最大,可谓老少皆宜。极限游占比二成,代表性项目为跳伞、攀岩、滑雪、帆船、潜水等,专业性强,难度系数大,吸引高净值消费群体,人均年薪 70 万元;此类消费者最集中的地区为北京、广东、上海,全国占比分别为 17.69%、16.86% 和 14.96%,三地总和占全国半壁江山(49.51%),是极限游的最大客源地,然而大多游客仅为尝鲜,只有少数人是极限运动爱好者;近年来,一些惊险刺激程度较低的体验游玩活动广受普通游客欢迎,如室内滑雪、近海浮潜、卡丁车俱乐部等。观赛游占比一成,较为专业,长线出国观赛游费用最高,平均花费 5 万元,主要吸引体育迷,北京、上海、广州、杭州、南京、大连的游客占比最大,成为观赛游主力军,并且大型体育赛事的赛后场地也常常成为旅游景点,催生旅游消费热点。[1]

和驴妈妈的乐观分析相异,同程旅游于 2016 年 8 月发布的《中国体育旅游市场认知度及消费趋势在线调查报告》的调查对象全部为在线旅游用户,然而,数据显示:在消费观念相对前卫的在线旅游用户中,参加过体育旅游的受访者比例不足 10%,仅为 8.4%,表示"没听说过体育旅游"的受访者高达 46.8%,表明市场尚处于起步阶段,对于大部分消费者而言体育旅游尚属新鲜事物,还未普及。报告还指出:"足球等球类运动赛事是体育旅游市场最热门 IP,男女需求差别较大";"包含体育赛事门票的旅游套餐最受欢迎,自由行更受青睐";"体育旅游男性比女性更舍得花钱,预算范围多集中在 2000 至 6000 元之间"。[2]

值得一提的是,近年来,我国多地兴起马拉松参赛热潮,许多马拉松爱好者去城郊、异地参赛,助推了体育参赛游。

第四节　旅游类消费

一、本地游玩参观

1. 公园、景区、游乐场游玩

在本地的公园景区游玩是很普遍的民众休闲方式,包括普通公园、主题公园、风景名胜、乡村景区、室外和室内游乐场等的游玩。消费项目通常有门票、游艺项目、演艺项目、文创产品、附加服务(如儿童托管)、乡村民宿(本地游玩通常无需城区住宿)等。本地游玩的特点是

---

[1] 转引自《驴妈妈发布〈2016 体育旅游消费报告〉:80 后的"洪荒之力"掀起体育旅游热》,搜狐,http://www.sohu.com/a/110981431_370360,访问日期:2016 年 8 月 28 日。

[2] 转引自《同程:中国体育旅游市场认知度及消费趋势报告》,品橙旅游,http://www.pinchain.com/article/87481,访问日期:2016 年 8 月 19 日。

游玩次数多、游玩有深度、消费黏性大、时间选择灵活（本地游客通常会避开春节、国庆等长假假期）。

当前，相比于普通公园，一些主题公园成为大众"打卡网红地"，主题公园喜迎发展"拐点"。近年来，迪士尼乐园、Hello Kitty 乐园、环球主题公园等多个超大规模的主题公园竞相登陆我国城市，刺激国内主题公园不断探索转型升级。国内主题公园的建设者们日益认识到"公园"只是"主题"的载体，"主题"才是"公园"的灵魂，逐渐摆脱了初期游乐园式、影视城式的低水平、同质化建设模式，不再过分依靠过山车、摩天轮、水上乐园、仿古建筑、影视场景等游艺设施和项目，转向开发 IP 价值链，凸显公园的主题；并贯彻文旅融合的思路，注重挖掘地方特色文化资源，打造了许多彰显传统文化、展现民间风俗和民族风情的体验活动，致力于增强文化内涵；同时利用新型科技，打造虚拟式、互动式、沉浸式、感应式、科幻式场景，带来新奇游玩体验，赋予主题公园新的魅力；主题公园还不断横向拓展经营范围，纷纷开设主题酒店、主题餐厅、主题文创商店等，多元化服务增加了其吸引力和盈利能力，从而实现了华丽逆袭。

同时，伴随我国新型城镇化进程和"乡村振兴"成为国家战略，"文化＋农业"开辟了农村文旅产业新天地，造就了农业现代化的新面貌。美丽乡村建设，农家乐、乡镇游、田园综合体等带动地区"周末经济"，一些别具风土人情的乡村古镇脱颖而出，成为游客新宠；一些村民老手艺、乡土老物件打动城市人民的心；一些乡村民宿环境、装潢颇具格调，吸引游客入住体验。可以说，乡村文旅消费道路越走越宽、越走越顺。

近年来，应和花季的"赏花游"景区、打造观灯体验的"夜游"景区、搭载新型文化科技的室内游乐场等迅速增加，使民众日常化的本地游玩选择大大丰富。

2. 参观博物馆、美术馆、纪念馆等

在本地参观博物馆、美术馆、纪念馆也是较为日常化、普遍化的文化生活方式，这种方式尤其受学生、家长、文艺青年等群体青睐，这些文化场馆发挥着社会艺术教育的功能。这些文化场馆中，大部分是公共文化场馆，是公共文化服务体系的重要载体和固有组成部分，免费对公众开放，但亦有商业经营部分，如销售文创产品、特展门票、演出门票等；亦有一部分是需要门票的旅游景区，如故宫博物院、秦始皇帝陵博物院、南京市民俗博物馆（甘熙故居／甘家大院）等；还有小部分非免费开放的公共文化场馆，如南京的六朝博物馆，以及民营场馆，如观复博物馆。

关于博物馆文创产品的消费，后文有一小节专述，故此处主要讨论这些场馆的参观消费热点趋势。一是近年来文化场馆注重提升文化服务供给效能，进行调整开馆时间的有益尝试，更好地与公众作息时间衔接，如推出"博物馆奇妙夜"、夜间展览、夜场声光秀、交互体验式夜游等活动，收到了较好的效果。二是近年来文化科技高速发展，VR、AR、MR、AI 技术越来越广泛地应用于展览展示，打造沉浸式观展体验，伴随着"体验经济"大火，"沉浸式体验展"一时间成为"文化＋科技"的最强有力的表现形式之一，具有全方位场景营造、科技感华丽耀眼、互动性强、适合拍照等特点，自然成为市场新宠，吸睛无数。火爆全球的日本 teamLab"花舞森林"展就是一个典型案例。对于新兴的"沉浸式体验展"，观众和专业人士褒贬不一，有人认为带火了艺术消费、激发了一般大众的艺术兴趣；也有观众吐槽展览质量低劣，华而不实，缺乏实质性内容，没有给人以艺术品应当带来的精神享受感；还有专业人士认为"科技给予艺术新的展现方式,但是似乎也难以避免过度娱乐化所带来的弊端"①,以及"和观众有很强的互动性将成为新式展览区别于网红拍照展览很重要的一点,而一旦缺乏这种互动性,很可能就会变成一个现代的共享摄影棚"②。

当前,文化艺术展馆已成都市购物中心"标配",购物中心布展引客已成常态。商场内的艺术展,尽管票价不菲,仍然挡不住消费者热情,并很好地带动了商场消费,俨然形成"双赢"格局。

二、外地旅游度假

1. 国内旅游

国内旅游是较受大众偏爱也较为普遍的文化消费活动。文化和旅游部 2019 年 5 月发布的《中华人民共和国文化和旅游部 2018 年文化和旅游发展统计公报》和国家统计局 2019年 8 月发布的《消费市场日益强大 流通方式创新发展——新中国成立 70 周年经济社会发展成就系列报告之十一》显示:2018 年我国人均出游 4 次,国内旅游人数 55.39 亿人次,是1994 年的 11 倍,年均增长 10.3%,比上年同期增长 10.8%;国内旅游收入超过 5 万亿元,是1994 年的 50 倍,年均增长 17.7%;③入出境旅游总人数达 2.91 亿人次,同比增长 7.8%;全年实现旅游总收入 5.97 万亿元,同比增长 10.5%。初步测算,全年全国旅游业对 GDP 的综合贡献为 9.94 万亿元,占 GDP 总量的 11.04%。④ 央视财经 2019 年 3 月发布的《2018—2019 中国经济生活大调查》显示:"旅游"持续 5 年被受访者列在消费意愿的第一选项,其中二、三线城市旅游意愿全面超过一线城市。⑤

途牛于 2017 年 5 月发布的《2017 国内游消费分析报告》反映:国内游用户以 80 后的中青年居多,年龄集中在 26—35 岁,占比约 23%。国内游用户人均消费约 3000 元,上海地区用户以人均消费超过 5000 元排名第一;全国用户平均国内游次数为 1.5 次,基本每年度出游 1 次以上,其中,华东沿海地区用户平均出游次数最高,达到 2 次。可见,在我国经济发达地区,旅游消费已是日常消费,反映了消费升级趋势。"互联网＋旅游"模式已经普及,逾八成用户喜欢在移动端咨询和预订,80 后、90 后为绝大部分;定制游、红色游、影视游等用户增加,呈现出一些国内游小热点。⑥ 艾瑞咨询 2018 年 5 月发布的《2018 年中国景区旅游消费研究报告》显示:近年来国内旅游市场游客数量逐年增长,2017 年已经达到 50 亿人次;2013—2017 年国内高星景区在线门票市场规模和渗透率不断增长,2017 年在线交易额超过

---

① 《别光顾着打卡! 沉浸式体验不能忽视艺术的本质!》,搜狐文化,http://www.sohu.com/a/327590908_182272,访问日期:2019 年 7 月 17 日。
② 《价格高还一票难求,沉浸式娱乐展请别沦为"打卡展"》,搜狐文化,http://www.sohu.com/a/324877230_160257,访问日期:2019 年 7 月 4 日。
③ 《消费市场日益强大 流通方式创新发展——新中国成立 70 周年经济社会发展成就系列报告之十一》,国家统计局,http://www.stats.gov.cn/tjsj/zxfb/201908/t20190802_1688781.html,访问日期:2019 年 8 月 2 日。
④ 《中华人民共和国文化和旅游部 2018 年文化和旅游发展统计公报》,2019 年 5 月 30 日。
⑤ 《数字文旅时代已到 中国如何趁势而为?》,中经文化产业,https://mp.weixin.qq.com/s/qlF53dORtAs3hmaVrSc2KA,访问日期:2019 年 8 月 14 日。
⑥ 途牛:《2017 国内游消费分析报告》,199IT 中国互联网数据资讯中心,http://www.199it.com/archives/598292.html,访问日期:2017 年 5 月 27 日。

188 亿元,在线渗透率达到 14.3%;线上购票已经普及,74.3% 的用户首选旅游网站、App 和微信平台等购票;景区更加重视官网、电商旗舰店、微信、App 等线上票务直销渠道的开发运营;未来景区发展的趋势主要是景区 IP 打造和软硬件设施的智能化升级。[1]

当前我国推进文旅融合,"文化+旅游"是新兴产业与传统产业的深度相加,加出了情怀旅游、影视旅游、学研旅游等新型旅游产品。随着我国迎来"大众旅游""全域旅游"时代,国内旅游模式不断升级:景点游向全域游转化,游客更加注重文化体验;许多新生的文旅特色小镇、乡村旅游景区、田园综合体等起到了游客分流作用;主题公园、影视城、文创园区等不断增多,吸引游客,但是存在同质化建设问题;定制游、度假游等品质旅游需求渐增,对旅游市场供给侧提出改革要求。

2. 国外旅游

当前,出国旅游已经成为我国公众热衷进行的一项消费活动,并且已经成为衡量生活幸福感的一项标准。文化和旅游部 2019 年 5 月公布的《中华人民共和国文化和旅游部 2018 年文化和旅游发展统计公报》显示:2018 年出境旅游人数 14972 万人次,比上年同期增长 14.7%。国家统计局 2019 年 8 月发布的《国际地位显著提高　国际影响力持续增强——新中国成立 70 周年经济社会发展成就系列报告之二十三》指出:2017 年我国出境旅游人数和境外旅游支出居世界第一位,是全球最大的出境游市场。[2] 中国旅游研究院 2020 年 3 月发布的《2019 年旅游市场基本情况》显示:2019 年出境旅游人数达到 1.55 亿人次,比上年同期增长 3.3%。[3]

中国旅游研究院、携程旅游集团于 2018 年 3 月联合发布了《中国游客中国名片,消费升级品质旅游——2017 年中国出境旅游大数据报告》。报告显示:2017 年,我国民众出境旅游突破 1.3 亿人次,同比增长 7%;花费达 1152.9 亿美元,同比增长 5%;人均花费 5800 元,同比增长 7%,保持世界第一大出境旅游客源国地位。目前,"消费升级+品质旅游"趋势在出境游市场上日益显著,个性化、升级型、深度体验型的旅游产品越来越受游客青睐;"观光+购物"模式的选择热度下降,享受国外优质生活环境和感受异域文化风情成为选择主导项。中国旅游研究院院长戴斌表示,随着"一带一路"倡议下沿线国家开放联结、多国纷纷推出"旅游年"项目,出国旅游便利程度大大提升,如同"串门儿"一般简单和日常化,目的地成为当地居民和游客共享的文化和生活空间。[4]

3. 旅游演艺

旅游演艺是文旅融合的一项代表性项目,其发掘旅游目的地的历史故事、文化风情,以舞台演艺的方式给游客呈现一场视听盛宴,常常被游客认为是不可错过的一道"旅游文化大餐"。

相关统计数据显示,2013—2017 年的五年间,我国旅游演艺市场呈现高速发展态势:节

---

[1] 艾瑞咨询:《中国景区旅游消费研究报告》,《艾瑞咨询系列研究报告》2018 年第 5 期,第 57 页。
[2]《国际地位显著提高　国际影响力持续增强——新中国成立 70 周年经济社会发展成就系列报告之二十三》,国家统计局,http://www.stats.gov.cn/tjsj/zxfb/201908/t20190829_1694202.html,访问日期:2019 年 8 月 29 日。
[3]《2019 年旅游市场基本情况》,中国旅游研究院,http://www.ctaweb.org/html/2020-3/2020-3-10-16-48-64712.html,访问日期:2020 年 3 月 10 日。
[4]《2017 年中国出境旅游大数据报告》,199IT 中国互联网数据资讯中心,http://www.199it.com/archives/695529.html,访问日期:2018 年 3 月 2 日。

目台数从 187 台增加到 268 台,增长了 43%;场次从 53336 场增加到 85753 场,增长了 61%;观众人次从 2789 万人次增加到 6821 万人次,增长了 145%;票房收入从 22.6 亿元增长到 51.5 亿元,增长了 128%。[1] 中国演出行业协会(CAPA)2019 年 7 月发布的《2018 中国演出市场年度报告》显示:2018 年旅游演出场次为 6.31 万场,同比增加 9.93%,票房收入 37.47 亿元,同比增加 9.21%。[2] 当前旅游演艺业获得政策大力扶持,经历了从内容到服务再到经营模式的全面供给侧升级,可谓生机勃发。随着我国进入"大众旅游"和"全域旅游"时代,旅游演艺市场呈现出消费大众化、需求品质化、竞争国际化的趋势。

　　然而,"八亏、一盈、一平是目前经营现状的大概率"[3],旅游演艺市场和游客消费潜力还需深入挖掘。智研咨询 2016 年 7 月发布的《2016—2022 年中国旅游演出行业研究及发展趋势研究报告》表明:在"十三五"初期,国内已有 100 多个城市有旅游演艺经营活动,但观众转化率(游客转化为观众的概率)[4]高于 4% 的城市仅有 8 个,与国际成熟的旅游演出城市纽约 23% 的转化率相比,差距悬殊。[5] 道略演艺产业研究院于 2019 年 9 月在"演艺中国"博览会上发布的《2018 中国旅游演艺市场发展报告》显示:2015—2018 年,旅游演艺市场尽管规模不断扩大,但是票房增速明显下降,2015 年票房增速为 34.9%,2016 年为 20.8%,2017 年为 18.2%,2018 年跌到了 13.5%。[6] 对此,2019 年 3 月 14 日,文化和旅游部印发了《关于促进旅游演艺发展的指导意见》(文旅政治发〔2019〕29 号),提出"着力推进旅游演艺转型升级、提质增效,充分发挥旅游演艺作为文化和旅游融合发展重要载体的作用",主要目标为"到 2025 年,旅游演艺市场繁荣有序,发展布局更为优化,涌现一批有示范价值的旅游演艺品牌,形成一批运营规范、信誉度高、竞争力强的经营主体。旅游演艺产业链更加完善,管理服务体系基本健全,在推动文化和旅游融合发展中的重要作用充分彰显,对相关产业行业的综合带动作用持续发挥"。并提出了"提升创作生产水平""推进业态模式创新""壮大演艺经营主体""积极开展惠民服务""深化跨国跨境合作""强化节目内容审核""加大市场监管力度""牢牢守住安全底线"等一系列主要任务。

　　中国旅游研究院(文化和旅游部数据中心)于 2019 年 1 月发布《2018 旅游经济运行盘点系列报告:旅游产业》。报告显示:我国旅游演艺市场呈现集中化趋势,长三角、珠三角、西南地区为产业集聚区;三亚、丽江等一线旅游目的地旅游演艺收入增长趋缓,二三线旅游城市的优质景区资源成为新的投资目标;从投资额、产品能级、市场知名度对比,"印象"系列、"山水盛典"系列、"千古情"系列位居前三;三大演艺公司尝试国际化,操作模式上以自建为主;

---

[1]《文化和旅游部印发指导意见 促进旅游演艺转型升级》,人民网,http://culture.people.com.cn/n1/2019/0329/c1013-31002653.html,访问日期:2019 年 3 月 29 日。

[2]《2018 中国演出市场年度报告——主要市场类型概况分析》,中国演出行业协会,https://mp.weixin.qq.com/s/7OtD34NglQyGadSqsW-97w,访问日期:2019 年 7 月 24 日。

[3] 王兴斌:《旅游演艺 从兴起到繁荣》,中国经济网,http://www.ce.cn/culture/gd/201907/15/t20190715_32618607.shtml,访问日期:2019 年 7 月 15 日。

[4] 观众转化率＝全市旅游演出观众数/全市游客数。

[5] 智研咨询集团:《2016—2022 年中国旅游演出行业研究及发展趋势研究报告》,2016,第 53 页。

[6] 转引自《旅游演艺年报:票房增速明显放缓,沉浸式演出爆发式增长》,道略演艺,https://mp.weixin.qq.com/s/oP5ydiD3kpS_Dxtq-dCYuQ,访问日期:2019 年 8 月 26 日。

旅游演艺呈现高投入、高科技、大制作、名导制作趋势。①

第五节　娱乐类消费

一、影　视

1. 电影

看电影是大众较为日常化的文化消费行为之一。"十三五"时期以来,全国电影票房数据呈现不断攀升趋势:2016年,全国电影总票房为457.12亿元,同比增长3.73%;国产电影票房为266.63亿元,占票房总额的58.33%;城市院线观影人次为13.72亿次,同比增长8.89%。② 2017年,全国电影总票房达559.11亿元,同比增长13.45%;国产电影票房301.04亿元,占票房总额的53.84%;城市院线观影人次为16.21亿次,同比增长18.15%。③ 2018年,全国电影总票房为609.76亿元,同比增长9.06%,比1991年增长超过25倍,年均增长约12.7%;④国产故事影片902部,科教、纪录、动画和特种影片180部,国产电影票房378.97亿元,占票房总额的62.15%;票房过亿元国产影片82部,其中国产电影44部;城市院线观影人次17.16亿次,同比增长5.86%;城市院线观影场次1.11亿次,首度破亿。⑤ 2019年,全国电影总票房为642.66亿元,同比增长5.4%;其中,院线影院票房641.23亿元(注:以下均指院线影院统计数据),同比增长34.13亿元,增幅5.62%;国产影片票房410.72亿元,在总票房中占比64.07%,同比增长34.72亿元,增幅9.23%。⑥ 从消费趋势上看,我国电影观众渐趋理性,越来越注重影片的题材、内容和制作水准,"口碑为王"的时代已然到来,影片品质对于市场效益的影响不断增强。并且,国产动画电影频频带来惊喜。

2. 电视

看电视是大众最为日常化的文化娱乐活动之一,但是单纯地打开电视机进行收看的行为并不构成本项研究所定义的文化消费行为,因为这其中所产生的消费基本只是有线电视费,属于信息通讯消费,并不在本项研究所界定的文化消费范畴之内。本项研究认为只有付费点播电视节目、在线付费观看电视节目等行为才构成文化消费,而这些行为,随着带点播

---

① 中国旅游研究院:《2018年旅游经济运行盘点》,199IT中国互联网数据资讯中心,http://www.199it.com/archives/819231.html,访问日期:2019年1月19日。

② 《国家新闻出版广电总局:2016年全国电影总票房为457.12亿元 同比增长3.73%》,199IT中国互联网数据资讯中心,http://www.199it.com/archives/552657.html,访问日期:2017年1月2日。

③ 《国家新闻出版广电总局:2017年全国电影总票房达559.11亿元 同比增长13.45%》,199IT中国互联网数据资讯中心,http://www.199it.com/archives/671799.html,访问日期:2018年1月4日。

④ 《消费市场日益强大 流通方式创新发展——新中国成立70周年经济社会发展成就系列报告之十一》,国家统计局,http://www.stats.gov.cn/tjsj/zxfb/201908/t20190802_1688781.html,访问日期:2019年8月2日。

⑤ 《国家电影局:2018年全国电影总票房为609.76亿元》,199IT中国互联网数据资讯中心,http://www.199it.com/archives/816722.html,访问日期:2019年1月13日。

⑥ 《电资办》2019全国电影票房年报》,199IT中国互联网数据资讯中心,http://www.199it.com/archives/991041.html,访问日期:2020年1月2日。

功能的网络数字电视的普及,以及优酷、腾讯视频、爱奇艺、bilibili 等平台用户付费习惯的日渐养成,当下也是比较普遍的。

我国电视剧产量一向很高,制作水准亦不断提升。我国民众本身就有看电视的娱乐习惯,加之选择愈加丰富,自然产生消费热情。"十三五"时期以来,引发全民追剧的爆款剧迭出。同时,国产动漫亦获得较好的国内二次元市场占有率,口碑不断提升,产生了一系列豆瓣高分佳作。并且,近年来,我国生产了一批既富有文化含金量,又不乏新潮表现方式和流行元素的综艺节目,如《国家宝藏》《中国诗词大会》《经典咏流传》等,实现了社会效益和市场效益的双丰收。

二、演　出

1. 音舞演艺

在我国,观看音乐会、演唱会、综合演艺以及马戏、杂技等属于高雅文化消费,也是小众文化消费。此类文化消费价格较高,一般只有在经济发达地区才有一定市场;消费群体一般具有较好的教育文化背景,有较高的文化艺术欣赏能力,达到中等收入水平。当前,我国此类文化消费具有一些发展契机:其一,我国自 2015 年起启动文化消费试点工作,在多个试点城市开展形式多样的文化惠民活动,拉动演出消费是试点工作中的一项重要工作,政府相关部门投入了大量财力惠补民众观看演出,切实降低了票价,激发了一部分民众的消费热情;其二,我国学校大力发展素质教育,日益重视美育和艺术教育,家长亦热衷于培养孩子的审美素养和艺术才能,一些成年人本身并不喜爱观看演出,但有了孩子之后会带着孩子观看,以期达到调动艺术兴趣的目的,而孩子在学校里受了文艺熏陶之后,也会自发地产生观看演出的需求。

第一财经商业数据中心(CBNData)联合大麦网、中国演出行业协会于 2017 年 12 月共同发布了《2017 年中国现场娱乐消费洞察报告》,指出:"从整体来看,现场娱乐消费发展保持逐年增长趋势,文化演艺类消费规模的过去五年复合增长率达 12%。"[1]另据艾瑞咨询、艾媒咨询、艺恩咨询等分析,八成以上观众都会选择线上购票。中国演出行业协会 2019 年 7月发布的《2018 中国演出市场年度报告》显示:音舞演艺市场热度上升。2018 年,在专业剧场举办的音乐会演出场次 2.42 万场,同比增加 8.52%,演出票房 14.34 亿元,同比增加7.50%;演唱会、音乐节演出场次 0.26 万场,同比增加 8.33%,票房收入 39.85 亿元,同比增加5.87%;舞蹈类演出场次 0.64 万场,同比增加 3.23%,票房收入 9.25 亿元,同比增加1.31%。[2] 该报告还显示:30 岁以下观众占比 42.4%,年轻人是现场演出的消费主力;男性观众数量同比增长 5%,一些男性由观看体育赛事转为观看文艺演出;演唱会跨城观演率最

① 《CBNData& 大麦网:2017 年中国现场娱乐消费洞察报告》,199IT 中国互联网数据资讯中心,http://www. 199it. com/archives/668287. html,访问日期:2017 年 12 月 28 日。
② 《2018 中国演出市场年度报告——主要市场类型概况分析》,中国演出行业协会,https://mp. weixin. qq. com/s/7OtD34NglQyGadSqsW-97w,访问日期:2017 年 7 月 24 日。

高,占比45%,有不少观众是专程跨城观演。①

此外,近年来,文科融合推动沉浸式演出成为新时尚。

2. 戏剧戏曲

戏剧主要指话剧、歌剧、舞剧、舞台剧、音乐剧等,戏曲主要指中国传统戏曲。和上面的情形一样,此类高雅文化消费价格高,对观众文艺素养要求高,虽难以成为大众所好,但也存在一些市场契机。并且,此类文化消费虽然是小众性的,但是这一小批观众通常较为稳定,长期热衷于观剧品戏。

中国演出行业协会2019年7月发布的《2018中国演出市场年度报告》显示:2018年,话剧类演出场次1.75万场,同比增加9.38%,票房收入26.20亿元,同比增加3.11%;儿童剧演出场次2.46万场,较2017年上升14.95%,票房收入10.81亿元,较2017年上升7.35%;2017年以来中国音乐剧市场显现繁荣景象,2018年音乐剧演出场次0.30万场,票房收入3.43亿元,无论是作品的数量、演出场次还是票房收入都呈现出良好的上升势头;戏曲类演出的消费情况不佳,2018年演出场次1.57万场,同比减少3.09%,票房收入8.06亿元,同比减少10.54%;曲艺杂技类演出市场形势较好,2018年演出场次1.05万场,同比增加14.13%,票房收入10.95亿元,同比增加13.12%。②

除了经典剧目一票难求,近年来,我国新创了一批"叫好又叫座"的戏剧戏曲佳作,演出时常常座无虚席。

另外,和城镇地区相异的是,农村地区对于传统戏曲的接受度较高,简陋的乡村戏台上民间戏班的演出常常吸引大批村民观看,热闹的景象和鲁迅先生在《社戏》中描绘的一样。但是,农村居民文化消费习惯迥异于城镇居民,他们看戏通常不用买票。乡村戏班的演出费用通常有人承担,比如,庆典庙会时、富裕家庭办红白喜事时、企业宣传时都会有人出资请戏班唱戏。可见,农村地区戏曲消费的模式和城镇地区差别很大。

三、网　络　文　娱

1. 网络游戏

网络游戏成熟用户通常消费较大,因此游戏产业被称为"氪金"产业。中国互联网络信息中心(CNNIC)于2019年2月发布的《第43次中国互联网络发展状况统计报告》显示:截至2018年12月,网络游戏的用户规模为4.84亿,使用率为58.4%。③ 工信部于2019年1月31日公布的《2018年互联网和相关服务业经济运行情况》显示:2018年网络游戏(包括客户端游戏、手机游戏、网页游戏等)业务收入1958亿元,比2017年增长17.8%(2013—2018年网络游戏业务收入增长情况见图16.1)。截至2018年12月底,在我国移动应用程序

---

① 《2018中国演出市场年度报告——市场用户特征》,中国演出行业协会,https://mp.weixin.qq.com/s/nkRLN9ZdMzgSJP-jbcWU0g,访问日期:2017年7月24日。

② 《2018中国演出市场年度报告——主要市场类型概况分析》,中国演出行业协会,https://mp.weixin.qq.com/s/7OtD34NglQyGadSqsW-97w,访问日期:2017年7月24日。

③ CNNIC中国互联网络信息中心:《第43次中国互联网络发展状况统计报告》,2019,第95页。

（App）数量增长方面,游戏类 App[①] 规模保持领先,数量约 138 万款,数量规模排名第一;并且其下载量达到 3099 亿次,排名第一。[②]

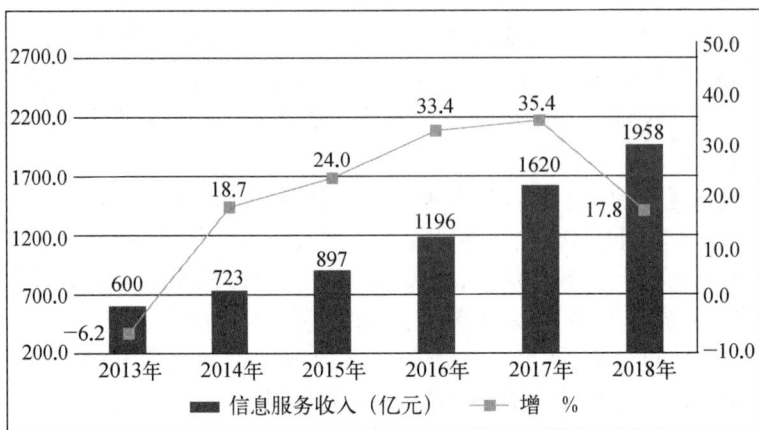

图 16.1　2013—2018 年网络游戏业务收入增长情况

另据各大咨询公司的相关分析,近年来国家政策注重扶持文化产业,为游戏电竞产业带来了利好;并且 80 后、90 后乃至 00 后玩家数量急剧增长,消费习惯形成;加之社会对于游戏的偏见一定程度上减少,这一切使得游戏电竞产业成为网络文娱产业的支柱。易观于 2018 年 3 月发布报告指出:2017 年,我国网络游戏市场规模达到 2124.1 亿元,用户规模达到 5.88 亿;伴随着网络游戏的空前发展,我国电子竞技市场发展空间巨大,2017 年市场规模达到 908 亿元。[③] 艾媒咨询于 2019 年 2 月发布的《2019 年中国小游戏产业研究与发展趋势分析报告》指出:中国游戏市场 2018 年实际销售收入约 2150 亿元,随着微信等社交 App 的高度普及,移动化、轻度化的小程序游戏渐成游戏产业新动力。作为微信小程序的头部应用,微信小游戏数量超过 7000 个,日均活跃用户数量达到 1 亿,用户人均日使用小程序游戏约 13 分钟。随着 5G 技术的发展,小游戏市场规模还将扩大,但存在用户黏性弱、同质化严重、盈利模式成熟度低等问题。[④] 艾瑞咨询于 2019 年 7 月发布《2019 年中国移动游戏行业研究报告》,指出:2018 年中国移动游戏市场保持上升趋势,市场规模为 1646.1 亿元,同比增长 10.5%,用户规模 6.26 亿,同比增长 2.7%。[⑤]

2. 网络影视

目前,我国网民已经初步形成了网络文化产品付费习惯。中国互联网络信息中心

---

① 工信部将手机应用程序划分为游戏、影音播放、生活服务、资讯阅读、日常工具、社交通讯、系统工具、办公学习、拍照摄影、运动与健康、电子商务、网络支付、智慧物流、互联网金融、主题、外文等 16 个领域。

② 《2018 年互联网和相关服务业经济运行情况》,中华人民共和国工业和信息化部,http://www.miit.gov.cn/n1146312/n1146904/n1648355/c6633265/content.html,访问日期:2019 年 1 月 31 日。

③ 《2017 年中国电子竞技产业规模达 900 亿,产业在探索中前进是机遇也是挑战》,易观,https://www.analysys.cn/article/analysis/detail/1001238,访问日期:2018 年 3 月 23 日。

④ 《艾媒大文娱产业研究中心:2019 年中国小游戏产业研究与发展趋势分析报告》,艾媒网,https://www.iimedia.cn/c400/63663.html,访问日期:2019 年 2 月 20 日。

⑤ 上海艾瑞市场咨询股份有限公司:《2019 年中国移动游戏行业研究报告》,2019,第 2 页。

(CNNIC)于 2019 年 2 月发布的《第 43 次中国互联网络发展状况统计报告》显示：截至 2018 年 12 月，网络支付用户规模达 6.00 亿，年增长率为 13.0%，用户付费习惯持续巩固。得益于正在形成的网络文娱消费氛围，"互联网娱乐进入规范发展轨道，短视频用户使用率近八成"，网络视频用户规模为 6.12 亿，使用率高达 73.9%，在用户规模和使用率上均高于网络音乐和网络游戏。[①]

随着流媒体技术的成熟，大部分网络视频用户有通过网络端（包括移动网络端）观看影视节目的行为，其中付费用户亦不在少数，在线追剧、追番、看大片、看微电影等网络影视消费是网络视频消费中最为普遍的消费行为。第七届中国网络视听大会 2019 年 5 月 27 日在成都开幕，中国网络视听节目服务协会（CNSA）在大会上发布了《2019 年中国网络视听发展研究报告》。报告显示："付费用户规模迅速扩大，头部平台内容付费成营收主力"，截至 2018 年底，爱奇艺订阅会员人数达 8740 万，较 2017 年底增加 72.0%，其中付费会员占比达到 98.5%；2018 年爱奇艺会员服务收入占总营收的 42.4%，超越广告收入（37.2%），成为营收主力；腾讯视频会员达 8900 万，同比增长 58%；阿里巴巴 2019 财年第一季度（2018 年 4 月到 6 月）业绩显示，优酷日均付费用户同比增长率达到 200%。[②]

我国 2014 年开启"网络自制剧元年"，多部网剧掀起在线付费追剧热潮。网剧在 2015 年进入爆发期，并且，网剧电视剧化趋势日益显现，网剧不断"反哺"影视行业并逐渐获得"主动权"。[③] "十三五"时期以来，网剧进入增势期，热门网剧为播放平台吸引消费客流，巩固付费习惯。

3. 网络音乐

当下，网络音乐消费是音乐消费的主流。中国互联网络信息中心（CNNIC）于 2019 年 2 月发布的《第 43 次中国互联网络发展状况统计报告》显示：截至 2018 年 12 月，网络音乐用户规模为 5.76 亿，使用率为 69.5%。[④] 易观于 2018 年 6 月发布的《中国移动音乐市场年度综合分析（2018）》显示：2017 年我国移动音乐市场月活用户数量超过 5 亿，且全年活跃用户增长率在 5% 上下波动。[⑤] 其又于 2019 年 5 月的分析报告《移动音乐行业数字化进程分析》中指出：在经历了 2018 年第四季度 1.9% 的缓慢增长后，移动音乐类 App 的用户规模迎来了新一轮的爆发，再创历史新高。2019 第一季度，移动音乐类 App 活跃用户规模达到 7.9 亿，较上一季度增长 7.9%；同时使用时长超过 59 亿小时，较上一季度增长 21.7%，"中国用户对于音乐内容 App 的使用持续高频"。[⑥]

然而，《第 43 次中国互联网络发展状况统计报告》显示：尽管我国网络音乐用户使用率接近七成，付费率却不足一成。艾瑞咨询 2019 年 4 月发布的《商业化的复兴：2019 年中国数字音乐产业研究报告》显示：2018 年中国数字音乐平台用户付费率为 5.3%，预测 2020 年达

---

① CNNIC 中国互联网络信息中心：《第 43 次中国互联网络发展状况统计报告》，2019，第 95 页。

②《CNSA〈2019 年中国网络视听发展研究报告〉(PPT)》，网经社，http://www.100ec.cn/index/detail-6510524.html，访问日期：2019 年 5 月 28 日。

③ 参见邱玥、陈晨、刘坤《告别 2015，文化消费持续发力》，《光明日报》2016 年 1 月 14 日第 14 版。

④ CNNIC 中国互联网络信息中心：《第 43 次中国互联网络发展状况统计报告》，第 95 页。

⑤ 易观智库：《中国移动音乐市场年度综合分析（2018）》，2018，第 11 页。

⑥《移动音乐行业数字化进程分析——易观：2019 年第 1 季度移动音乐市场用户使用时长大幅增长，持续推进音乐付费》，易观，https://www.analysys.cn/article/analysis/detail/20019350，访问日期：2019 年 5 月 28 日。

到 8.0%。[1] 其又于 2019 年 7 月发布《2019 年中国数字音乐内容付费发展研究报告》,指出:2018 年中国数字音乐市场规模为 76.3 亿元,增长态势较为显著。自 2015 年大力加强网络音乐版权保护以来,中国数字音乐的内容付费业务起步,2018 年用户付费率为 5.3%,已经实现了大幅度增长,相比于 2015 年,增长率高达 113.2%。但对比 2018 年美国主流数字音乐平台 Spotify 用户 46.4% 的付费率,相差了近十倍,可见我国数字音乐用户还处于付费意识初现的阶段。并且,与我国网络游戏、网络视频、网络文学等网络文化产品的付费率做横向对比,数字音乐付费率也是偏低的。[2] 但是,由于流媒体形式进一步养成和巩固用户付费习惯,以及音乐社交布局下的粉丝经济效应等因素,应该看到,网络数字音乐付费率总体趋势是上升的,拥有很大消费潜力。

艾媒咨询于 2019 年 3 月发布的《2019 年中国在线音乐市场监测报告》反映:近年来中国手机音乐客户端用户规模持续增长,2018 年第四季度用户规模达到 5.42 亿。其中付费用户的付费内容主要为:付费会员(33.3%)、付费音乐包(29.4%)、单曲购买(26.4%)、数字专辑(21.9%)。[3] 另外,艺恩咨询于 2018 年 1 月发布了《2017 中国视频音乐市场研究报告》,关注了用户从"听音乐"向"看音乐"转化的音乐欣赏行为新趋向。[4]

4. 大众自媒体娱乐

大众自媒体娱乐消费是自媒体平台迅猛发展的产物,是文化消费领域的新生事物,具有强烈的"眼球经济"性质,尤其突出的是短视频自媒体平台的用户消费,当下,刷"抖音""快手""火山"等短视频平台以及在微博浏览短视频,已经成为大众娱乐常态;尤其是进入 5G 时代之后,自媒体娱乐将更加花样迭出。中国互联网络信息中心(CNNIC)于 2019 年 2 月发布的《第 43 次中国互联网络发展状况统计报告》反映:我国数字化进程加速,数字经济快速发展,互联网应用场景不断扩大,承载的服务类型愈加多样。短视频是近年来迅速兴起的一种网络娱乐,具有大众自媒体娱乐属性。截至 2018 年 12 月,短视频用户规模达 6.48 亿,用户使用率为 78.2%。[5]《第 43 次中国互联网络发展状况统计报告》显示:20—39 岁青年群体在全国整体网民中占比高达 50.3%。[6] 显然,作为中国网民主力军的青年群体早已习惯了碎片化的信息传播和接受方式,也习惯了通过网络进行即时娱乐。短视频的即时性、移动性、互动性、碎片化、制作简单、视觉冲击力强等产品特征,高度契合自媒体时代最主要的网络用户的互联网社交和内容消费需要。中国网络视听节目服务协会(CNSA)于 2019 年 5 月 27 日在第七届中国网络视听大会上发布了《2019 年中国网络视听发展研究报告》,报告显示:截至 2018 年 12 月底,中国短视频用户规模为 6.48 亿,网民使用率为 78.2%,短视频用户使用时长占总上网时长的 11.4%,超过综合视频(8.3%),成为仅次于即时通讯的第二大应用类型。并且,短视频对新增网民的拉动作用最为明显,最近半年新入网的网民对短视频的使

[1] 上海艾瑞市场咨询股份有限公司:《商业化的复兴:2019 年中国数字音乐产业研究报告》,2019,第 2 页。
[2] 上海艾瑞市场咨询股份有限公司:《2019 年中国数字音乐内容付费发展研究报告》,2019,第 2—5 页。
[3]《2019 年中国在线音乐市场监测报告》,艾媒网,https://www.iimedia.cn/c400/63766.html,访问日期:2019 年 3 月 7 日。
[4]《艺恩咨询:2017 中国视频音乐市场研究报告》,199IT 中国互联网数据资讯中心,http://www.199it.com/archives/683390.html,访问日期:2018 年 1 月 29 日。
[5] CNNIC 中国互联网络信息中心:《第 43 次中国互联网络发展状况统计报告》,第 95 页。
[6] CNNIC 中国互联网络信息中心:《第 43 次中国互联网络发展状况统计报告》,第 23 页。

用率为 53.2%,仅次于即时通信、网上搜索和网络音乐,排在第四位;2018 年 12 月,手机网民平均每天上网时长达 5.69 小时,较 2017 年 12 月净增 62.9 分钟,其中,短视频的时长增长贡献了整体时长增量的 33.1%,排在首位。报告还指出:在男女老少、高低学历、高低收入群体中,短视频均表现出极强的渗透性,并且日益加速渗透。① 显而易见,当前"抖音""快手""火山"等短视频 App 已经成为多数民众的手机必备 App。

　　易观 2018 年 4 月发布的《2018 短视频行业年度盘点》分析认为:当前中国短视频行业正处于高速发展的初期阶段。在用户消费方面表现为:短视频用户规模增长速度快,且用户获取与留存能力可观;短视频占据大量碎片时间,符合时下用户消费习惯。② 其后 2018 年 8 月发布《中国短视频市场商业化发展专题分析(2018)》指出:缘于资本、技术、平台、内容、用户的共同发力,中国短视频市场自 2016 年进入高速发展期,到 2018 年 6 月,短视频综合平台和短视频聚合平台活跃用户规模分别达到 4.72 亿和 1.61 亿,流量价值和用户价值高涨,商业价值凸显。③ 艾媒咨询 2019 年 2 月发布的《2018—2019 中国短视频行业专题调查分析报告》指出:2018 年中国短视频用户规模达到 5.01 亿,仍有较大的上升空间;短视频行业中MCN 机构增长迅速,营销模式更为多样化。总体看来,2018 年中国短视频行业商业化进程加速。④ 酷鹅用户研究院 2019 年 6 月发布的《2019 短视频用户洞察报告》指出:短视频时代已然来临,短视频是继文字、图片之后影响强大的内容表达形态,且具有社交功能;65% 的用户会安装 2 个及以上短视频 App,34% 安装了 3 个及以上,10% 安装了 5 个及以上,短视频平台使用呈现多元化趋势;40% 的用户在过去半年内受短视频内容影响而产生过消费,短视频平台营销价值凸显。⑤

　　中国演出行业协会(CAPA)2019 年 7 月发布的《2018 中国演出市场年度报告》显示:2018 年,网络表演(直播)用户规模达到 4.35 亿,互联网用户使用率达 53%,市场营收超 400亿元,相比 2017 年的 304.5 亿元同比增长 31%。⑥ 这一行业发展已具规模并趋于成熟,头部平台资本化进程加快。其体现了网络文化供给从技术到内容再到商业模式的全方位创新,成为当代网络文化典型代表,是网络文化市场的重要组成部分。

　　值得一提的是,武汉大学媒体发展研究中心联合字节跳动平台责任中心共同完成《抖擞传统:短视频与传统文化研究报告》,于 2019 年 5 月 13 日在"传统文化短视频的传播及其创新意义高端论坛"发布,对于短视频与传统文化融合的可能性、两者融合的前者价值进行了

---

① 《CNSA:〈2019 年中国网络视听发展研究报告〉(PPT)》,网经社,http://www. 100ec. cn/index/detail - 6510524. html,
　　访问日期:2019 年 5 月 28 日。
② 易观智库:《2018 短视频行业年度盘点》,2018,第 6—7 页。
③ 《中国短视频市场商业化发展专题分析(2018)》,易观,https://www. analysys. cn/article/analysis/detail/20018798,访
　　问日期:2018 年 8 月 15 日。
④ 《2018—2019 中国短视频行业专题调查分析报告》,艾媒网,https://www. iimedia. cn/c400/63582. html,访问日期:
　　2019 年 2 月 3 日。
⑤ 《酷鹅用户研究院:2019 短视频用户洞察报告》,199IT 中国互联网数据资讯中心,http://www. 199it. com/archives/
　　899218. html,访问日期:2019 年 6 月 28 日。
⑥ 《2018 中国演出市场年度报告——主要市场类型概况分析》,中国演出行业协会,https://mp. weixin. qq. com/s/
　　7OtD34NglQyGadSqsW - 97w,访问日期:2017 年 7 月 24 日。

探寻,认为短视频之于传统文化传播,表现为"唤醒、激活、复现"三大功能。[1] 并以数据佐证:截至 2019 年 5 月初,传统文化相关短视频"抖音"平台上传量超过 6500 万条,累计播放量超过 164 亿次,累计点赞数超过 44 亿次;2018 年,"抖音"播放量排名前五的传统文化门类为书画、手工艺、戏曲、武术和民乐。[2] 可见,传统文化与流行文化正通过"抖音"这一短视频平台融合共生。

四、娱 乐 场 所

1. 传统娱乐场所

依据《娱乐场所管理条例(2016 年修订版)》,"娱乐场所,是指以营利为目的,并向公众开放、消费者自娱自乐的歌舞、游艺等场所"。传统娱乐场所大致包括三类,一是"社交向"的歌舞厅、KTV 等;二是依靠游艺设备的电子游戏厅、游艺厅等;三是提供场地和设施的棋牌室、台球厅等。并且,在大众的认识当中,一般把网吧(网咖)、酒吧也视为娱乐场所,虽然两者主营项目都不是文化娱乐,而只是能够提供文化娱乐相关或配套服务。

虽然人民群众可以自行开展多种自娱自乐活动,如玩乐器、唱歌、跳广场舞、打牌、打麻将等,这些活动本身都是无需消费的,但是去娱乐场所进行自娱自乐消费还是很普遍的文化消费行为。公众光顾娱乐场所主要出于三点:一是开展社交活动,满足人际交往需求,如去歌舞厅、KTV 等;二是利用环境设施(一般家里不具备),如去游戏厅、棋牌室、台球厅等;三是感受场所氛围,寻求感官享受,如去酒吧等。不同年龄段的消费者选择取向不同,中老年人偏爱去歌舞厅、KTV、棋牌室等,年轻人偏爱去游戏厅、台球厅、网吧(网咖)、酒吧等。

2. 新型娱乐场所

新型娱乐场所多是传统娱乐场所的衍生体和变体,其出现和文化科技发展、大众娱乐消费习惯转变密切相关。首先是依靠游艺设备的电子游戏厅、游艺厅等伴随文化科技发展实现迭代,出现了 VR 游戏馆、9D-VR 体验蛋、AI 游戏厅等,网吧(网咖)升级为电竞馆、手游馆;其次是经营者迎合新一代消费者碎片化、轻量化、即时化、自助化、单身化的娱乐消费习惯,以及"共享经济"和"单身经济"的消费模式,城市商业休闲区自助唱吧、迷你 K 歌房、共享娃娃机、共享口红机、共享跳舞机等遍地开花。这类新型娱乐场所及设施的消费群体基本是年轻人,而且尤其符合单身青年的精神需求。脉脉数据研究院对上万名职场人士的"孤独感"进行调查,并联合小猪短租于 2018 年 1 月共同发布了《2017 年度职业数据白皮书:孤独经济》,其中画像式、场景化地描绘道:"看电视电影、打游戏、去酒吧、运动健身、听音乐、KTV 唱歌、看网红直播、看书学习、约朋友吃饭等是职场人排解孤独的主要方式。""他们沉浸在网络游戏中厮杀,游戏公司从中赚得盆满钵满。""孤独难耐,想要通过放声歌唱去发泄,

---

① 参见《吴屹桉:〈抖擞传统:短视频与传统文化研究报告〉发布》,中国社会科学网,http://www.cssn.cn/zx/bwyc/201905/t20190513_4886925.shtml,访问日期:2019 年 5 月 13 日。

②《抖擞传统:短视频与传统文化研究报告(附下载)》,199IT 中国互联网数据资讯中心,http://www.199it.com/archives/875154.html? from=singlemessage,访问日期:2019 年 5 月 15 日。

却又不想在包房中与人抢麦,他们在迷你 KTV 里孤独地释放着。"[①]

中国互联网上网服务行业协会 2019 年 3 月发布的《2018 中国互联网上网服务行业发展报告》显示:2018 年,上网服务行业经营业态更为丰富,手游咖、电子竞技场馆、电竞酒店、自助网咖等模式的兴起加速了行业经营模式的多样化;上网服务行业已经升级至 3.0 版本,集电竞、餐饮、社交、休闲、公共服务、电商等功能为一身,在举办赛事、带动就业、传播公共文化、惠及民众等方面起到了重要的作用;云技术在行业的落地应用也将给行业注入新的动力,重塑行业生态;全年全行业新增投资约 45 亿元,主要用途为场所设备更新换代,终端配置提升、店面装潢、餐饮升级以及新兴电子竞技馆、手游馆(手游吧)、电竞酒店的投入。[②] 腾讯研究院、腾讯应用宝、腾讯开放平台联合出品的《腾讯数字生活报告 2019》2019 年 5 月在腾讯全球数字生态大会应用生态主题论坛上发布,报告分析:无线技术与智能终端的普及推动娱乐4.0时代到来。娱乐更加轻量化、碎片化,体量更小、投资门槛更低、灵活性更强的娱乐媒体和设施取代了传统娱乐方式,如在线 KTV 软件、迷你 KTV 冲击了传统 KTV 行业。[③]

第六节　产品类消费

一、文创设计产品

1. 文博文创

文博文创主要包括博物馆文创和非遗文创两大类。其依托物质文化遗产和非物质文化遗产资源,或进行文物复制仿制,或提炼历史文化元素,或与二次元结合,或注入 AI、VR 等现代科技,创造出纪念品、工艺品、办公用品、家居用品、科技用品、日用品、服饰乃至饮食等丰富产品。这些产品以文博为素材,以创意为内核,以满足消费者的精神文化、艺术审美、日常生活需求。近年来的文博文创消费热,体现了当今社会生活美学化、消费文化化的生活消费升级趋势。

阿里数据 2018 年 6 月发布的《2018 年天猫博物馆文创数据报告》显示:博物馆文创消费整体增速显著,最爱买文创的是公司上班族,其次是学生党;90 后消费者过半,其中 95 后占比最高,为 30%,75 后—95 后占比 90%;女性消费者占比 76%,北上广"剁手"排名稳居前三,三四线城市增速较快;博物馆文创商品在天猫的年增速超 100%,全球已有 11 家博物馆在天猫、淘宝上开了 16 家店,包括自营和授权两种经营模式,其中故宫就有 5 家店之多。故

---

① 《2017 年度职业数据白皮书:孤独经济》,199IT 中国互联网数据资讯中心,http://www.199it.com/archives/672245.html,访问日期:2018 年 1 月 6 日。

② 《2018 中国互联网上网服务行业发展报告(最新)》,中国互联网上网服务行业协会,http://www.iasac.org.cn/research/390/436658.shtml,访问日期:2019 年 3 月 30 日。

③ 《腾讯研究院:2019 腾讯数字生活报告》,199IT 中国互联网数据资讯中心,http://www.199it.com/archives/880232.html? weixin_user_id=d9o6ETQjsQy50gJ－Yk8vMTCAayTZYY,访问日期:2019 年 5 月 23 日。

宫是绝对的"人气王",其粉丝比其它几个博物馆的粉丝总数还多 100 多万;在天猫"618"前,它的年访问量就已突破 6000 万人次,是故宫博物院参观人数(1700 万)的 3 倍多。[①] 天猫新品创新中心 2018 年 12 月发布的《博物馆文创市场趋势洞察》显示:电商平台上博物馆相关词汇成为热搜关键词,热度持续上升;2018 年 1—10 月在天猫、淘宝上搜索"博物馆"的人数是 2016 年同期的 2.5 倍之多;近九成用户所浏览的均为博物馆周边文创产品信息,而非票务、书籍等;博物馆文创市场有四大发展趋势,即选购标准多元化、使用场景生活化、偏好风格多样化、购买渠道线上化。[②] 清华大学文化经济研究院和天猫 2019 年 8 月联合发布的《新文创消费趋势报告》显示:国内外博物馆都在经历"集体上网潮",国内博物馆的天猫旗舰店累计访问量为 16 亿人次,是全国博物馆参观人次的 1.5 倍。[③]

2. 旅游文创

旅游文创主要是旅游纪念品,依托旅游目的地景区景点文化资源进行创意设计。由于各地博物馆本身也是旅游景点,因此旅游文创和文博文创常有重叠之处,但两者差异更大。旅游文创具有自身特征,如:宣传展示旅游目的地形象,彰显地方、民间文化特色,常融入旅游景区景点标志性景物,创意素材除历史文化外还包括当地风景、特产、动植物等,制作材料常取自当地石材、木材、布料、金属等,制作技艺常突出当地民间手工艺,与非遗关系紧密。旅游文创消费通常是在旅游消费过程中自然而然发生的,且往往是不可或缺的一部分。从阿里数据的相关分析可知:中国游客中男性占比 51%,略高于女性;以 24—40 岁的年轻人群为主,占比高达 76.4%;85.7%的客群具有中高级消费能力。在旅游文创消费客群中,女性多于男性,占比近七成;90 后多于 80 后,80 后—95 后占整个客群 74%的比重。[④]

整体上,我国旅游文创产品呈现出全品类化、生活化、IP 化三点升级趋势。近年来,文创消费市场整体升温,文旅融合不断深化,人民群众旅游消费正在升级,旅游文创正在成为旅游景区的新增盈利点。

3. 艺术设计文创

艺术设计文创涵盖面很广,包括文具、玩具、生活器物、家居装饰、礼品、服饰等,是人民群众广泛消费并于日常生活中普遍使用的产品。其与一般的办公用品、生活用品、服饰等相区别的关键在于含有创意设计成分和文化艺术内涵。一方面,其或与某 IP 相结合,如含有热门影视剧、动漫卡通、流行品牌等元素;或本身设计独特,如造型奇特、使用方式新颖、文化科技感突出等。另一方面,其文化性和艺术性(美学性)通常高于本身的器物和器用属性,即文化价值大于实用价值。其创意往往源于"故事",如从《西游记》《红楼梦》等中提取创意素材;其价值高度契合于时下文化潮流、文化现象,如与"国学热""汉唐潮"等潮流结合,与"单身狗""云吸猫"等现象结合;其产品在使用功能之外还有丰富的欣赏、把玩、消遣功能和符号

---

① 《阿里数据:2018 年天猫博物馆文创数据报告》,199IT 中国互联网数据资讯中心,http://www. 199it. com/archives/893520. html? weixin_user_id=91o6ETQjpYf5Yh36rt-PqWzQcHUcjg,访问日期:2019 年 6 月 19 日。

② 转引自中经文化产业《大数据解读博物馆文创:整体增速明显,有四大发展趋势》,搜狐,http://www. sohu. com/a/320324009_160257,访问日期:2019 年 6 月 13 日。

③ 转引自《争相"触电"的背后 博物馆文创迎"黄金时代"》,中经文化产业,https://mp. weixin. qq. com/s/3vX2nQmvjClLjO5y2UNyKw,访问日期:2019 年 8 月 16 日。

④ 转引自任国才、何方方《文旅融合趋势下,旅游文创产品如何开发与运营?》,奇创旅游规划,https://mp. weixin. qq. com/s/UgtuBcHv3cUS04x1ILC2qg,访问日期:2019 年 8 月 8 日。

象征意义,并可能含有需要细致品味和深度解读的内涵。当前,艺术设计文创产品的衍生和跨界趋势显著,受到消费者欢迎。

当下,电商模式严重冲击了实体购物,商场、MALL 面临危机。应对危机,发展体验式消费、增加文创商业比重成为购物中心吸引客流的重要方式,已形成抢占品牌引进先机、连接消费者心智情感、推行"情商运营"的"通行打法"。购物中心比较偏好布局实体书店、文创产品店、DIY 店和文化艺术展馆。赢商大数据中心监测发现:2015—2018 年全国一二线城市购物中心文创业态平均占比由 0.5% 上升至 2.2%。① 2012—2018 年,进驻购物中心的书店数量年均增长率为 5%—11%,营造独特文化商业氛围、提供文创产品和体验的实体书店正成为购物中心的重要"软实力"之一。② 如今,书店文创业态已成规模,形成了一道道独特亮丽的文化商业风景线。实体书店朝着复合文创店发展是大势所趋。

二、艺 术 品

1. 艺术收藏

艺术收藏消费的范围包括珍贵的美术作品(书画、雕塑、综合材料美术、装置艺术等)、工艺美术品、可移动文物、古董、古玩等,"收"需财力,"藏"需眼力,这类消费的经济和文化门槛均高,属于高端消费,距离大众较远。

欧洲艺术和古董展览会(TEFAF)的艺术经济研究中心 2018 年 5 月发布《2018 全球艺术市场报告》,统计数据反映:2017 年,全球艺术市场总成交额为 637 亿美元,在经历连续两年的下滑之后实现了 12% 的增长,成交量也同比增长了 8%。美国(42%)、中国(21%)、英国(20%)的全球占比达到了创纪录的 83%,相较其它国家和地区优势明显。中国市场 2017 年成交额为 132 亿美元,同比上涨 14%,其中 70% 来自拍卖,中国市场占据了全球 33% 的拍卖市场份额;尽管拍卖引领艺术品成交额增长,但是中国画廊 2015—2017 年的 3 年间发展缓慢,2017 年中国画廊举办本土艺术家的展览数量同比下降 37%,为 10 年来最低;唯一亮点是卓纳画廊、豪瑟沃斯画廊等国际大牌画廊开始落户中国香港。③ 世界著名艺术市场信息公司——"艺术市场信息领域的全球领导者"Artprice,联合雅昌艺术网(Artron)于 2019年 4 月发布《2018 年全球艺术市场年度报告》,其中涉及中国艺术市场的信息有:中国艺术市场显现增势,未售出率下降 14%,降幅较大;在成交额上,中国仅次于美国,位居全球第二,达到 45 亿美元;2018 年,名列世界 500 强的中国艺术家占 26.2%,而美国艺术家仅占17.4%,这表明了中国的强大实力。④

2. 工艺美术

普通的(不具备收藏价值的)工艺美术品包括工艺品和手工艺品,被民众广泛用于家居

---

① 广东赢商网数据服务股份有限公司:《购物中心休闲娱乐、文创类新奇业态研究报告》,2019,第 12 页。
② 广东赢商网数据服务股份有限公司:《购物中心休闲娱乐、文创类新奇业态研究报告》,第 14 页。
③《TEFAF:2018 全球艺术市场报告》,199IT 中国互联网数据资讯中心,http://www.199it.com/archives/729438. html? from=groupmessage,访问日期:2018 年 5 月 29 日。
④《Artprice:2018 年全球艺术市场年度报告》,199IT 中国互联网数据资讯中心,http://www.199it.com/archives/854825.html,访问日期:2019 年 4 月 4 日。

摆设、趣味把玩和日常使用,既有纯粹美术装饰性的摆件、手把件,也有美术装饰性与实用性兼具的生活器物,如木雕帆船、玉石屏风、盆景假山、刺绣香包、陶瓷花瓶、琉璃笔筒、紫砂茶壶、藤编篮筐、扎染丝巾、虎头鞋帽、檀香木扇、红木家具等。这类产品渗透在广大民众日常生活之中,消费面非常广。特别是随着我国近年来非遗保护传承的深入人心,非遗工艺品市场需求渐旺,消费者渐增。艾瑞咨询 2019 年 6 月发布的《2019 年非遗新经济消费报告》指出:随着我国文化产业跨界融合、多元赋能格局形成,非遗正融入现代生活与消费,渐成时尚,非遗从"深闺"走向市场,商业化运作日益成熟,匠人、手艺人、经营者队伍扩大。加之"消费升级"这一时代契机,非遗消费正当时。整体上看,非遗市场机遇与挑战并存,挑战主要反映为消费者虽然单次消费金额高,但消费频次低,可见市场渗透率低,还有较大增长空间。[1]

第七节　其它类消费

一、民俗文化活动

1. 礼仪活动

每个人的一生总要经历大大小小的各种礼仪,如生日派对、成人礼、毕业典礼、婚礼、葬礼等。举办礼仪活动通常涉及场地租用、布景陈设、艺术设计、服装购置、吃喝接待、人员组织、策划创意、道具配备、文艺演出以及红包礼金等费用,其中的布景陈设、艺术设计、策划创意、道具配备、文艺演出等相关消费就属于文化消费范畴。另外,中国人参加红白喜事等通常需要出"份子钱",这虽然不属于消费,且带有"礼尚往来""有来有往"性质,但也是民俗文化方面的支出,并且这类支出金额一般不会低于 100 元/次。

当代中国,普通民众在礼仪上花费最大的显然是婚礼。婚礼对于多数中国家庭而言是一项重大的"面子工程",仪式隆重,花费巨大。婚礼消费支出项目繁多,其中一项重要支出就是婚礼策划,其通常包含了庆典主题创意、庆典摄像摄影、新人造型、婚车租赁装饰、场地营造布置、灯光音乐设计、仪式流程安排、司仪主持、文艺表演乃至婚纱照拍摄(尤其旅拍)等一整套内容,具有文化消费属性。中商产业研究院(CTR)2017 年 11 月发布的《2018—2023年中国婚庆行业市场前景及投资机会研究报告》数据统计显示,2017 年狭义婚庆消费(包括婚礼策划、婚纱摄影、婚纱礼服、婚宴四大核心产业)市场规模达 1.46 万亿元。[2] 艾瑞咨询2018 年 7 月发布的《2018 年中国垂直结婚服务市场移动互联网案例研究报告》显示:备婚人群婚礼预算平均为 9.6 万元,其中婚礼策划预算平均为 2.2 万元,而实际消费通常至少比预算高出 20%。[3] 今天中国处于消费升级时期,青年一代日益强调个性化消费,对于婚礼策划的消费需求显著提升。

---

① 上海艾瑞市场咨询股份有限公司:《2019 年非遗新经济消费报告》,2019,第 45—71 页。
② 深圳中商智业投资顾问有限公司中商产业研究院:《2018—2023 年中国婚庆行业市场前景及投资机会研究报告》,2017,第 2 页。
③ 上海艾瑞市场咨询股份有限公司:《2018 年中国垂直结婚服务市场移动互联网案例研究报告》,2018,第 23—24 页。

2. 节庆活动

节庆可分为两类,第一类是传统节庆,如春节、端午节、中秋节等;第二类是拥有各种主题的原创节庆。围绕节庆活动的消费开支项目很多,其中属于文化消费范畴的亦可分为两类:第一类是传统节庆活动中的民俗性文化产品和服务消费,如对节庆风俗仪式、节庆工艺品、节庆文创产品、节庆文娱等的消费;第二类是文化类原创节庆活动中的文化消费,如戏剧节时观看戏剧演出的消费、变装狂欢节时的艺术服装和道具消费等。由于第二类消费可以归类到娱乐消费当中,且本身并不具备民俗文化消费的性质,所以此处主要探讨第一类消费。

传统节庆活动中的民俗文化消费十分普遍,比如春节祭祀祈福、买春联、燃放烟花爆竹(农村地区),元宵节观灯、买灯,端午节买香囊,七夕买爱情主题文创礼品,中秋节买文创月饼等。对于这些消费,尚无专门的统计数据,据观察,随着我国人民生活水平的提升,此类消费水平自然水涨船高。另外,传统"压岁钱"和近年来流行的"微信拜年红包"等和上述"份子钱"一样,属于非消费性民俗文化支出,是我国民众岁末年初的一项较大支出,支出频次高;尤其是"压岁钱",在我国大部分地区(除广东省)是比较大的开支;不过这类开支通常"有去有回",收支基本可相抵。

二、"文化+X"

1. "文化+科技"

"文化+科技",是以科技手段来表现艺术,将文化之灵注入科技,使得文化产品及服务的科技感、现代感、品质感、时尚感更强,科技趣味感、视觉审美感、感官愉悦感、娱乐体验感更好,是年轻人尤其热衷的文化消费领域。随着数字时代的到来,文化产业业态迭代加速,"文化+科技"营造新奇文化景观、创造独特文化体验,对于消费者具有吸引力,消费市场都方兴未艾。如:票价不菲的沉浸式艺术展常常成为"打卡展",VR游戏电竞日渐取代了传统的游戏模式,AI文学艺术作品吸引世人关注,虚拟偶像拥有大批粉丝等。

并且,一些文化性、娱乐性、艺术性的文化科技设备虽尚未普及,但消费市场具有潜力,如文教娱乐智能机器人、智能翻译设备、VR/AR头戴式显示设备、家用3D打印机等,以及相比于文化科技设备,更偏于信息科技设备的谷歌眼镜、智能手表、智能手环等可穿戴设备。

2. "文化+美食"

随着食品餐饮业掀起文创潮,文创食品应运而生。文化和品牌IP常常与节日消费、礼品消费、旅游消费默契结合,将食品设计包装成蕴含传统民俗、潮流元素、某种文化情怀或地方文化特色的馈赠佳礼、旅游伴手礼等;同时,"餐饮+拍照+文创产品"的文创餐厅、艺术咖啡厅等也不断涌现,成为城市青年扎堆的"打卡网红店"。

在文创食品方面,将文化创意概念融入食品的开发与设计的案例很多。"文创月饼"就是典型的文创食品。2018年是"文创月饼"风头大盛的一年,多家博物馆、互联网企业、潮流品牌跨界经营"文创月饼",令人眼花缭乱、目不暇接。此举实属"醉翁之意不在酒",主要目的是延伸品牌形象并与新生代消费者建立高黏性的关系。"文创月饼"一年比一年更花样百出。

在文创餐饮方面,餐饮店铺利用文化 IP 塑造颜值高、情怀感强烈、特色鲜明的场景,使食客变为观众,甚至不为吃饭,专门排队打卡拍照。

3."文化＋时尚"

"文化＋时尚"跨界组合不仅是文化行业内的一股新潮,也为时尚行业进一步发掘 IP 价值提供了新思路。除了文化与时尚行业,其它行业(如食品、药品等行业)通过 IP 创意跨界时尚行业,亦具有"文化＋时尚"的属性。今天,在文化创意的力量下,国货不断掀起"国潮",实现华丽逆袭。

值得一提的是,近年来,汉服消费渐成热潮。2019 年 10 月 25 日,央视《经济信息联播》公布,目前全国汉服市场的消费人群已超过 200 万,产业总规模约为 10.9 亿元。[①] 汉服本身古色古香,别具韵致,加之电商平台营销、抖音等短视频平台等助推,这个原本的小众爱好正在催生一个大产业,折射出民族文化传承与文化自信。

另外,还有一类"文化＋时尚"的消费更加普遍,就是艺术摄影消费。腾讯营销洞察(TMI)2019 年 7 月发布《2019 年婚纱写真摄影行业用户报告》分析道:写真摄影市场前景大,2019 年市场渗透率已高达六成,三四线城市需求高于一二线;单价较低,平均 1000 元,因而频次较高,属于多次轻投入消费;覆盖人群广,涵盖各年龄阶段,拍摄对象从个体扩展到孩子、家庭,拍摄场景范围广;"留住美好时刻"是主动拍摄写真的最主要动因,同时"被种草"的写真拍摄群体也在崛起;91％的 90 后消费者从线上被动获取写真摄影信息;相比于传统室内布景,外景、旅拍的拍摄需求日益增加。[②]

4."文化＋医学"

"文化＋医学"主要指我国传统的中医药通过文化创意和 IP 开发,焕发时代活力,形成文化业态。国务院办公厅 2015 年 4 月印发的《中医药健康服务发展规划(2015—2020 年)》(国办发〔2015〕32 号)明确提出"培育发展中医药文化和健康旅游产业";国务院 2016 年 2 月印发的《中医药发展战略规划纲要(2016—2030 年)》(国发〔2016〕15 号)多处提及关于发展中医药文旅产业和弘扬中医药文化的任务;中共中央、国务院 2016 年 10 月印发的《"健康中国 2030"规划纲要》提出,"加强中医药非物质文化遗产的保护和传承运用,实现中医药健康养生文化创造性转化、创新性发展","培育健康文化产业"。

中医药是中华民族传统文化的有机组成部分和显性载体,是重要的非物质文化遗产,习近平总书记说:"中医药学是中国古代科学的瑰宝,也是打开中华文明宝库的钥匙。"这把"钥匙"是医学和文化的结合。推进中医药文化传承发展的一条路径就是"文化＋医学",发展中医药文化产业。其可分为四部分:中医药文化基础产业、中医药文化应用产业、中医药文化工具产业、中医药文化技术产业。[③] 中国互联网金融行业协会 2015 年 7 月发布的《互联网金融对产业园区发展的影响及应对策略研究报告》论及"用互联网金融打造中药产业集群",指出中药产业集群的大健康产业链已具雏形,一个集药材种植、加工、仓储、销售、医疗、中药、养生、保健、中医药旅

---

① 《汉服热衍生"大产业",彰显中国人的文化自信与文化自觉》,文化大数据,https://mp. weixin. qq. com/s/aYwFm9gJmpX5sgh8X - ryJw,访问日期:2019 年 10 月 26 日。

② 《腾讯:2019 婚纱写真摄影行业用户洞察报告》,Useit 知识库,https://www. useit. com. cn/thread - 24240 - 1 - 1. html,访问日期:2019 年 7 月 25 日。

③ 参见樊新荣《探索中医药文化产业发展新思路》,《中国中医药报》2018 年 3 月 26 日第 3 版。

游、中医药影视、培训、药膳、日用品、衍生品开发等在内的多元化、复合型产业链正在形成。[1]

我国进入新时代以来,人民群众对于美好生活的向往日益迫切,健康是追求和享受美好生活的前提条件。当前中医药健康养生文化产业的消费需求旺盛,中医养生方式渐成生活风尚。"需求是第一生产力","文化＋医学"从广大民众的健康养生需求出发,"对医养、食养、术养等进行更为时尚、实用、便捷的创造性优化和完善",尤其聚焦"当代多发病、高发病、慢性病等中医优势病种",满足医养消费需求,注重"解答养生困惑,将中医的体质差异、个性化医疗与多种方法选择等内容进行深入浅出的解读",并与文化创意、文化旅游融合,使中医养生文化渗透在医养消费之中。[2]

5."文化＋其它"

当前,我国文化产业结构和业态正在革新升级,在产业结构上,"大文化产业"景象显现;在产业形态上,新文化业态层出不穷。这一切,都使得"大文化消费"格局随之形成,新消费观、新消费方式、新消费现象频生。

现在的文化消费,并不是主要发生在文化领域以内,其常态是应和着"文化＋"跨界融合趋势向各个领域延伸。除了上述几种常见的"文化＋"消费,还有许多新的形态,民众或有所接触,或有所了解,如:"文化＋金融"是文化创业者关注的消费领域;由于文化产权(版权)交易渠道越来越广、方式越来越灵活,"文化＋版权"市场形成;文化类股票买卖初兴,艺术品变身理财产品,"文化＋理财"出现;"文化向"投资性消费渐渐进入大众视线,"文化＋地产""文化＋城市"等都为地区经济文化发展创造新动力,也成为大众投资性消费的新趋势。这些新的"文化＋"消费形态不为大众所熟悉,在此略作提及,以显全面,不展开详述。还需补充的是"文化＋"与"互联网＋"相结合也催生了一系列新的文化消费方式,如线上艺术品交易、线上文博、众包服务、众筹募资,特别是催生了"众创"空间和"创客"经济,高效地把文化消费者和生产者合为一体,不断创生出新的需求。

可以说,"文化＋"无所不加,文化无所不融合、无处不渗透,消费市场从被产品吸引转变为被文化潮流所牵引,文化创意成为最强的消费驱动力,获取文化价值和投资以升值是消费的直接目的。

---

[1]《互联网金融对产业园区发展的影响及应对策略研究报告》,199IT中国互联网数据资讯中心,http://www.199it.com/archives/365301.html,访问日期:2015年7月15日。

[2] 参见李海英、梁尚华、王键、裘陈江:《中医药养生文化产业创新发展的多维度思考》,《世界科学技术—中医药现代化》2018年第10期。

结　语

一、研究概述

本项研究将研究对象"当代中国文化消费"置于"文化资本"和"消费社会"这两个理论与现实视阈之下,突出"文化资本时代"的时代坐标。经过学术史梳理,在学理层面关注当代中国文化消费意识形态问题、文化消费伦理问题、文化消费生态问题等,说明文化消费基本知识点,初步建立文化消费心理学体系;在应用层面,发掘文化消费现实意义,剖析我国文化消费现状与问题,探索推动文化消费升级的系列路径,对农村地区、民族地区文化消费展开专题研究,梳理与评价改革开放以来文化消费相关政策法规,对教育以外各个主要文化消费门类的发展趋势进行了分析。

二、研究结论

1. 处于"文化资本时代",文化消费对文化资本积累转化具有显著作用

文化资本化是当代文化发展的显著趋势,"文化资本时代"已然到来。文化既能作为人生资本,实现价值变现,又能作为产业资本,实现文化创富。资本场是一个积累场,文化资本同样可以积累。文化消费既是促进人生文化资本积累的主要途径,也是加速产业文化资本积累的主要途径。并且,文化资本可转化为社会资本,文化消费具有社交功能;文化资本可转化为经济资本,文化消费繁荣文化产业。

2. 中国基本进入消费社会,消费社会与文化资本间存在双向互动关系

中国步入消费社会的外因在于全球化背景下中国受西方消费文化影响,内因在于中国市场经济不断发展。当前中国消费社会的发展在区域和群体方面都具有不均衡性。消费社会中,无形的文化资本和有形的物质结合之后,使物拥有了独一无二的文化意义。文化资本对商品符号价值的生产具有重要意义,并因此而诱发消费。消费社会与文化资本之间构成一种双向互动的关系。

3. 在文化商品化的大趋势下,我国大众与分众文化消费市场发展成型

文化商品化是中外经济和社会发展的大势所趋。我国市场经济体制日益完善,正处于文化商品化进程之中。我国大众文化市场不断繁荣,但社会效益与经济效益矛盾凸显;分众文化市场日益兴盛,凸显消费分流作用。要辩证看待大众文化市场矛盾,引导文化市场"双效统一";把握分众文化市场发展趋势,培育发展新型文化业态。

4. 面对文化商品化大潮,要基于文化消费伦理建构文化消费文明生态

文化商品化是消费社会的必然产物,带来消费主义的资本主义意识形态,对此要分解消费主义,巩固社会主义主流意识形态,用社会主义核心价值观引导文化消费态势。尤其要关注文化商品化大潮引发的文化消费生态危机,将文化消费伦理作为文化消费生态文明建设的重要支撑,建构文化消费生态的现代化治理体系。

5. 文化消费心理可诱导,文化产业经营主体可实施文化营销心理战术

文化消费心理的形成和消费者所处的文化语境息息相关;很多文化消费并无对于物质实体的消费,消费者较难全凭自身感知去了解和把握消费对象,因此消费决策常受外界因素左右;消费者面对存在争议的文化娱乐产品并不会像对待口碑不佳的物质产品那样格外谨慎,"差评高流量"是文化娱乐消费领域特有的现象。可见,相比于物质消费心理,文化消费心理具有更强的可诱导性。因此,文化产业经营主体可实施一系列心理战术,包括:运用大数据技术精准读心、产品创意设计要精准攻心、注重情感导入以精准贴心、文化价值言说要深入人心、提升供给品质以长效走心。

6. 我国文化消费总体趋势向好,但存在制约其实现升级的多方面问题

我国步入后消费时代,消费者消费诉求升级;文化介入供需双侧改革,文化产业供需结构升级。文化消费总体趋势向好,需求增加,潜力巨大,并且呈现新趋势,包括跨领域文化消费兴起、跨国境文化消费风行、跨阶层文化消费普遍、新媒体文化消费大热、新文化休闲方式盛行等。但是文化消费仍是短板,其结构发展不尽如人意,增长速率未达到预期且消费环境欠佳。

7. 推动文化消费全面升级,采取多端口协同发力的文化消费拉动对策

通过改革供给端、优化消费端、协调政策端、创新作息端、充实服务端、规范法治端、开放贸易端的多端口协同发力的文化消费拉动对策,能够推动我国文化消费实现量与质的飞跃,进一步推进社会文化资本积淀与结构升级。

8. 我国农村文化消费存在瓶颈,引导扩大农村文化消费有助于乡村振兴

乡村振兴要求实现乡村文化振兴,农村文化消费的提升有助于乡村振兴。当前农村文化消费水平低、结构存在缺陷、观念落后,但农村文化消费潜力有挖掘可能性。剖析农村文化消费动力不足的原因主要有:农村居民可支配收入低、农村居民受教育程度低、农村"空心化"状态严重、农村文化消费市场落后、农村文化消费氛围缺乏。对此,要增加农村居民可支配收入、提升农村文化教育水平、化解农村人口流失问题、培育农村文化消费市场、增强农村文化消费氛围、数字平台助力。

9. 民族地区文化消费具有特殊性,提升其有助于民族地区文化传承发展

民族文化消费特点有:多具有超消费的文化心理意义,民族文化语境造就民族文化消费心理和习性,民族地区民众对于本民族文化易发生审美疲劳。当前,民族地区文化消费深受当代大众文化影响,民族地区文化旅游产品吸引大量外来消费,民族地区文化消费和文化产业潜力待挖掘。文化消费是民族文化资本积淀与活化的有效途径,要以文化消费促进民族文化传承发展,从文化创意、智能平台、对接需求、服务效能几个方面进行优化。

10. 文化消费相关政策法规应发挥四大效能,要建立效能评价指标体系

我国文化消费市场经历了开局期、建成期、发展期、繁荣期、超越期,文化消费相关政策法规亦随之产生相应变化。文化消费相关政策法规应发挥导向、治理、保障、激励的基本效

能。建立指标体系对于现行文化消费相关政策法规效能进行评价,有利于明确工作抓手,促进效能发挥。

三、主 要 价 值

本项研究的价值从形而上至形而下可分为三级:最高一级为社会价值,中间一级为学术价值,基底一级为应用价值。据此,可建设一个三级价值体系(详见下表)。

本项研究三级价值体系

三级价值		具体表现
高	社会价值	1. 应和我国"文化强国"战略,本项研究对发展文化经济、提升文化软实力具有意义。 2. 契合全面建成小康社会的内涵,本项研究对促进人与社会的全面发展具有意义。 3. 处于"文化资本时代",本项研究对个体与社会文化资本结构升级、学习型社会建设等具有意义。 4. 处于"消费社会",本项研究对消费结构升级、文化消费意识形态和价值观引导等具有意义。
中	学术价值	1. 基于社会学与经济学双重视阈,阐释发展"文化资本"概念,确立"文化资本时代"的时代坐标,为相关研究提供新视野。 2. 反思消费社会带来的消费主义意识形态、文化商品化等问题,学理化地探索了文化消费伦理体系和文化消费生态现代化治理体系的构建,对社会主义文化建设理论有所增益。 3. 初步建立了文化消费心理学的理论体系,推动文化消费领域的消费心理学研究。
基	应用价值	1. 细致剖析我国文化消费现状与问题,并佐以文化消费采样分析和教育以外主要文化消费门类发展趋势分析,为相关部门、文化经营者、文化消费者提供参考。 2. 提出了一系列文化消费拉动对策,并分别研究了农村地区和民族地区的文化消费升级举措,为相关决策部门展开顶层设计提供新思路。 3. 系统化爬梳改革开放以来文化消费相关政策法规,并探索建立效能评价指标体系,供文化政策法规制定部门把握政策轨迹,全盘审视思辨,明确前进方向,提出优化策略。

四、创 新 之 处

1. 新时代:与我国新时代社会背景密切结合,聚焦新时代的文化经济领域新矛盾,面向美好生活,具有时代感。

2. 新视阈:将研究置于"文化资本和消费社会双重视阈"之下,打通社会学和经济学的关节,激发对文化消费与文化资本、文化消费与消费社会的新思考,产生了对于我国大众与分众文化市场、文化消费伦理、文化消费生态治理体系建构等的新论证。

3. 探心理:文化消费心理学研究较为系统,对于文化消费心理可诱导性的分析较为新颖,基于当代中国民众文化消费心理变化发展趋势,探讨了诱导文化消费的心理战术。

4. 梳政策:对于我国改革开放以来的文化消费相关政策法规系统地梳理,探索效能评价指标体系的建立,进一步尝试进行评价,是一项新工作。

5. 多路径:提出了多端口协同发力的文化消费拉动对策,涵盖了对供给端、消费端、政策端、作息端、服务端、法治端、贸易端的不同优化策略,路径全面;对于农村地区、民族地区的文化消费拉动对策同样具有紧扣现状、全面解决问题的特点。

6. 多学科:涉及社会学、经济学、艺术学、心理学、管理学、统计学、民族学、文化人类学等多学科领域,学科跨度广、借鉴理论多、研究方法多。

五、深 化 方 向

1. 持续深化理论,不断扩大论域

沿着文化资本理论和笔者原创的"文化资本时代"命题持续深化理论研究。本项研究的论域主要在社会学和经济学两个学科领域,这也是当今学者阐发文化资本理论的主要学科视阈。文化资本理论还可以从更多的学科视阈进行新的阐发,用于研究文化生产和消费,使论域不断扩大,如:延伸至传播学论域,与新时代文化传媒相结合;延伸至政治学论域,与国家文化制度、文化形象、文化安全等相结合;延伸至民族学论域,与民族文化相结合。

2. 秉持多元视角,继续丰富论题

对于文化消费的研究,不应局限在文化社会学和文化经济学的主要视角之内。可以从管理学、教育学、文艺学等视角,把文化消费和公共文化供给、公共艺术教育、社会美育、文艺评论等结合研究,使论题更加丰富。进而,推动文化消费理论体系形成一种间性结构。

3. 关注文化法学,研究"依法治文"

《中华人民共和国公共文化服务保障法》于 2016 年 12 月发布,2017 年 3 月施行;《中华人民共和国文化产业促进法(草案送审稿)》于 2019 年 12 月公开征求意见。在全面依法治国的背景下,我国文化治理逐步步入法治正轨,"依法治文"的进程不断加速。因此,研究文化建设领域的问题,必然要关注文化法学,从而做出既有学理性又有法理性的研究。

4. 认识现有不足,夯实研究功底

本项研究现有两点主要不足:一是基础理论研究和应用对策研究未能"天衣无缝"地融为一体,尚且显示出分立状态;二是研究架构较大,涉及问题较多,无法面面俱到,对一些问题的研究只是"蜻蜓点水"式地一笔带过,显得单薄。今后的研究中,要注意改进这两点不足之处,要努力提升学术积淀,在研究中反复"炼题""炼思""炼论",以期达到炉火纯青的境界,巧妙地把基础研究和应用研究熔于一炉;要多训练"小题大做"的能力,把具有研究价值的问题做深、做透、做实。

另有一点,本项研究主体部分于新冠肺炎疫情暴发前已基本完成,因而未能详尽剖析疫情对于我国文化消费的影响并提出相应对策。尽管此次疫情是突发事件和暂时性事件,不会改变我国文化消费的总体趋势,但此次疫情对我国化产业相关管理部门与经营主体提出了新的问题。经历此次疫情,亟待进一步研究文化生产与消费领域面对风险的应急机制如何健全。要着手研究政府如何强化其危机调控职能,确保政策精准供给,及时纾困市场主体;要积极探索文化产业和文化消费的云端化进程;要对于"后疫情时代"文化消费提质升级的趋势和远景进行分析把握。

后 记

我于 2017 年 12 月出版了我的第一本学术专著《文化资本时代的中国文化产业论》,该书是在我的硕士学位论文《文化资本时代的中国文化产业政策研究》的基础上拓展修改而成的。生产离不开消费,研究文化产业必然要探索文化消费,因此,接着写这本《文化资本时代的中国文化消费论》是自然而然且不得不做的事。应该说,从初入学术之门,我便对文化资本理论产生了兴趣,出于一种"春蚕吐丝式的必要",一发不可收拾地研究了十来年文化资本和文化产业的关系。我提出了"文化资本时代"这一时代命题。当今时代,文化不但是现实的经济资本,还是重要的人生资本,更是全球化环境中颇具影响力的国家政治资本;文化不仅致富、创富,推动"大众创业、万众创新",更立人、育人,促进人格发展、社会进步;文化不仅是民族的基因,更是国家的灵魂,是"形于中"而"发于外"的"软实力"之源。

我于 2012 年正式入职江苏省文化艺术研究院,开启了科研生涯。就职以来,我幸运地申请到了多个课题项目,研究方向集中于文化政策、文化产业等。近年来,我聚焦于我国文化消费,于 2014 年成功申报了江苏省文化厅江苏省文化科研课题"江苏文化消费模式创新与结构升级路径研究"(立项批准号:14YB11);于 2015 年成功申报了文化部文化艺术科学研究项目"激活我国大众文化消费潜力的研究"(立项批准号:15DH70);在这两项课题研究的基础上,于 2017 年成功申报了国家社科基金艺术学青年项目"文化资本与消费社会双重视阈下的当代中国文化消费研究"(立项批准号:17CH221),本书即是这一课题的结项成果。对于我这样一个资历尚浅的青年学人而言,能够接连承担从市厅级到省部级,再到国家级的课题项目,是好运、是福气、是荣誉,更是鞭策、是挑战、是责任。拿到课题项目后,我既为之兴奋,更常常烦恼,废寝忘食,不舍昼夜地查资料、写文章成了生活常态。我擅长"堆砌文字",当年我的硕士学位论文初稿即达 50 余万字之多。而这本书,我从 2017 年到 2020 年,三年间,也写了 50 余万字。这使得出版本书的工作量巨大,从上交书稿到三审三校,直到付梓印行,历经雕琢打磨,耗费近两年的时光,终于成书。我要特别感谢本书责任编辑胡海弘老师,她为此付出了艰巨的劳动,不厌其烦地敦促我修改,为我编校,尽职尽责,细心专业,使本书增色不少。

2019 年我怀孕,2020 年我当上了妈妈,喜得贵子之后,我愈发感到,学术研究就是一趟思想孕育的旅程。构思酝酿就是思想的种子萌芽,研究和创作的过程就好比"怀胎十月",发表和出版就如同孩子诞生,这真是一趟漫长而艰辛的旅程。途中,有美好的风景、有"诗与远方"的情怀,也有曲曲折折的道路、有荆棘和坎坷,我常感疲惫和徒劳,产生厌烦和焦虑情绪。但一想到我的"孩子",我就充满了动力——生命因孕育而丰盈,光阴因希望而灿烂!早已过了而立之年,才成为新手妈妈的我,还是一名博士生,也是一个上班族。身兼三职的我每天好似脚踩风火轮,真恨不得长出三头六臂!在育儿、读博、工作的同时,我能顺利完成研究项目并出版这本书,离不开许许多多的支持和帮助。

　　我要感谢国家社会科学基金艺术学项目的支持。这一基金项目不但是我研究、出版的经费来源,也是我这个"科研小菜鸟"进入"国家队"的象征,是我"学术资本"(套用"文化资本"概念)积累的一个里程碑。

　　我要感谢江苏省文化和旅游厅。江苏省文化和旅游厅作为国家社科基金艺术学项目的中级管理单位,一方面积极响应全国艺术规划领导小组的要求,坚持全流程跟进督查;另一方面,充分发挥江苏省文化科研课题研究平台的作用,当好"孵化器"和"助推器",鼓励全省文化领域研究人员积极申报国家社科基金艺术学项目。江苏省文化科研课题是推进文化创新理论研究、促进文化创新发展的重要举措,同时也为锻炼、提高全省文化领域工作者的科研能力提供了专属研究平台。近年来,国家社科基金艺术学立项的项目中,有多个项目负责人出自省文化科研课题研究平台,我就是这其中幸运的一分子。感谢江苏省文化和旅游厅创建了这样的好平台。

　　我要感谢江苏省文化艺术研究院的领导们。他们提供了适合科研人员发展的工作环境。张超院长青眼相待于我,支持我申报并主持各级各类课题项目、支持我在职读博、支持我各项发展,为我提供了起飞的平台,我由衷地感谢他!

　　我要感谢匿名评审我结项成果的专家们。虽然不知道他们的名字,但我通过他们给我评定的"良好"等级,得知我的成果既被肯定,也有进一步提升的空间。我将再接再厉,推进后续研究。

　　我要感谢武汉大学国家文化发展研究院的傅才武教授。我能够认识他这位文化领域的顶级专家,何其有幸!他于百忙之中拨冗为拙著作序,对于文化消费理论进行了建构性的论述与评论,激励后辈、指点得失,令我感到莫大的荣幸!

　　我要感谢我的硕士导师王列生教授。他不但引我入学术之门,授我以治学之道,更以端直的言行和骏爽的意气让我领略了士之风骨,深深地感染了我,使我获得了独特的文化陶养,积累了宝贵的文化资本。

　　我要感谢我的博士导师康尔教授。他不弃我在职读博,收我入门,领我上学术之阶,励我于书山寻宝、学海泛舟,使我积累了更深厚的文化资本。他有着严肃的眼睛和幽默的嘴角,思想渊深、情操高尚、谈笑风生、趣味风雅,听他讲课、教诲全然如沐春风;他有着钻研的精神和开放的态度,治学严谨、涉猎广阔、开朗豁达、包容随和,鼓励学生拥有"独立之精神、自由之思想";他是一位"宝藏"导师,循循解惑、切切求真、策志励行、跬步千里,有鸿儒之范而无学究之气,时时让我感到春风化雨、暖阳普照般的师德师恩。

　　我要感谢所有曾与我进行学术交流,指点开悟过我的相关领域专家们。我从与他们的交谈中获得了启发,从他们的著述中汲取了养分。我在此向他们致以深深的敬意与诚挚的谢意!

　　我要感谢江苏省文化艺术研究院的同事们。宋长善、栾开印等科研人员参与了研究工作,帮我查找了相关资料;周飞、耿心波、颜山红、张婷婷、王鹏等行政人员为我开展研究提供了保障与服务。我的同事们皆是有情有义之人,不但在学习工作上与我共勉,也互相关怀生活,令我倍感温暖。我与他们同荣辱、共进退!

　　我要感谢江苏中创市场调研咨询有限公司。该公司协助我开展了"南京市大众文化消费现状与潜力调研(2017)""江苏农村居民文化消费现状调研(2019)"项目,调研方案设计严谨,抽样调研方法科学,样本选取合理,具有代表性和全面性,数据分析质量高、效率高。该公司研究总监冯学悟女士多次为我修改调研问卷、跟进调研项目,有力地推动了调研项目的开展,对于调研质量进行了严格把关,保证了所采集数据的真实可靠性,为本项研究提供了扎实的数据支撑,促进了研究成果的产出。

最后,我要感谢我的家人!我的父母,他们辛勤地把我养大,教我踏实做人、认真做事,培养了我对待学习和工作、对待自己和他人的真诚态度,为我的人生积累了第一份无价的文化资本。现在他们都已年过花甲,本可安享退休后的悠闲时光,去游山玩水或开展文艺活动,却仍把我当孩子看,并义不容辞地帮我带孩子。近年,我的父亲不幸患癌,治疗的花费是巨大的,我家落入"因病致贫"的境地。父亲为了不拖累我而殚精竭虑,不顾高危病症苦力支撑他的公司运营。母亲则更加辛勤地操持家计,既要照顾生病的父亲,又要照顾我幼小的孩子,含辛茹苦,无私奉献。若没有父母,我绝不可能走到今天!

我的先生,他宽容大度、温和谦让,从不对我提什么要求。我自从和他共同生活以来,他几乎包揽了家务;我们添了孩子之后,他也勤于照料。对于我这个"不像样"的妻子和"不称职"的母亲,他不但不埋怨,还纵容我像孩子般任性、淘气。我很幸福!却也因我对他时常疏忽,对孩子时而"母爱缺席",每每心生愧疚。他对我的呵护与支持,令我十分感动!

感谢的人写不完,感谢的话说不尽!千言万语,难表无尽谢意!

本书虽已写完,我头脑中的思考还未止歇,我将持续拓展和深化研究。由于我当前读博的专业方向是美育与艺术教育,亦能与文化资本理论较好衔接,延续研究。我将探讨美育和艺术教育如何更好地供给全社会公众(包括公益化和市场化地供给),以促进终身教育事业的发展、学习型社会的建设和"艺术人生"的建构;我将结合现代公共文化服务体系的建设,探索博物馆(与美术馆)美育、文化馆美育、图书馆美育等公共文化事业中的社会美育事业;我将联系"大文化产业"和"文旅融合"等趋势来研究美育与艺术教育,讨论休闲美育、旅游美育、生态美育、科技美育、文创美育、生活美育等;我将关注文化艺术滋养民众身心、提升民众审美素养和文化资本的事实,对于文化消费提升社会美育程度、促进整个社会的文化资本实现结构性升级进行探究。总之,研究工作应有高度持续性、延展性。对于文化资本理论,要结合时代趋势、结合现实问题、结合前沿理论,进行多学科的跨界融合,不断阐释和深发。学术研究的道路上充满艰难与挑战,也充满乐趣与希望,这正是这份工作的魅力所在!下面一首打油诗,记叙我的这段研究历程:

> 春长秋消岁月匆,笔耕不辍意兴浓。
> 无边美景书山取,有为前程墨海攻。
> 纵有万般艰难处,师长亲朋来相助。
> 犹忆挑灯夜战时,不觉东方日已红。

最后需要补充说明的是,已持续两年多的新冠肺炎疫情全球大流行,直接冲击了我国居民的文化消费,为本项研究带来了困难,也给本书的出版工作造成了一些阻碍。本书初稿完成于 2020 年,此后的修订与编辑出版期间,文化消费领域状况不断变化,政策、数据、现象等不断更新,以至尚有诸多未能尽善之处,望读者包涵。

徐 望

2022 年 6 月 10 日